Lieber Leser,

wenn der Inhalt dieses Buches Sie beim Lesen berührt, wird es Sie näher zu Gottes Herz bringen. Ich hoffe, dies ist Inspiration genug für Sie, mir zu helfen, Gottes Welt auf dieser Erde zu errichten. Eine Möglichkeit wäre, dass Sie dieses Vorhaben mit einer Spende unterstützen, damit dieses Buch auch anderen Menschen kostenlos überreicht werden kann. Gleichzeitig suche ich aber auch Menschen, die mir helfen, diese Bücher zu verteilen. Ich bin dankbar für jede Art von Unterstützung, die mir zu Teil werden kann.

Spendenkonto
Kontoinhaber: Zahid Khan
IBAN: DE71 5085 2651 0055 1807 72
BIC: HELADEF1DIE

Tel: +49 (0)1781792178

Tel: +49 (0)15253558127
Email: khanverlag@gmx.de

facebook: khanzahid

https://www.facebook.com/khan.zahid.98

Bei einer Gelegenheit während meiner geistigen Reisen sprach unser Himmlische Vater zu mir: „Alle Bücher, die du in meinem Namen geschrieben hast, sind meine Bücher. Wer immer in der Gegenwart oder in der Zukunft, den Inhalt, sei es auch nur auszugsweise ändert, indem er etwas wegnimmt, verändert oder hinzufügt, wird vom Baum der Wahrheit und vom Baum der Liebe getrennt werden."

Anmerkung: Jeder Prophet oder jede Prophetin, die eine lebendige Beziehung in der Gegenwart oder in der Zukunft mit Gott haben, können den Inhalt der Offenbarungen Gottes und seiner Worte besser erklären oder ihnen einen besseren Ausdruck vermitteln. Dies soll jeder dieser Propheten in einem anderen Buch unter seinem eigenen Namen festhalten. Auf keinen Fall dürfen der Inhalt oder die Worte der Offenbarungen Gottes in den Büchern von Zahid Khan und in keiner seiner anderen Veröffentlichungen verändert werden.

Die neue menschliche Ära

Gott
offenbart sich der Menschheit als sichtbarer
Gott

Zahid Khan

ISBN 978-3-00-006817-1

Khan Verlag – Vöhl – Deutschland
© 4. Auflage 2019 –
Gedruckt in Deutschland

Inhaltsverzeichnis

Einleitung zur zweiten Auflage

17 Jahre nach der ersten Veröffentlichung meines Buches „Gott offenbart sich der Menschheit als sichtbarer Gott" habe ich mich entschlossen in der nun vorliegenden zweiten Auflage detaillierter über meine Erfahrungen in der geistigen Welt zu berichten. Zum einen sind dies neue Informationen, aber auch Dinge über die ich eigentlich niemals sprechen wollte. In der Zeit von 2000 bis 2017 haben sich viele Dinge ereignet. So hat sich die Einstellung der wohl bekanntesten Propheten Mohammed, Abraham, Jesus und Buddha verändert, was mich heute zwingt, zum Wohl der zukünftigen Menschheit, darüber zu schreiben.

Ich weiß, dass die Zukunft der Menschheit Gott gehört und nicht einem Propheten oder Erlöser. Würde ich diese erstaunliche Wahrheit mit mir nehmen, wäre es der Menschheit gegenüber nicht fair und auf mich würde nach meinem Tod ein Leben in Schmerz und Traurigkeit in der geistigen Welt warten. All die Wahrheit, die ich von Gott erhalten habe und all die Beobachtungen und Erfahrungen, die Er mich machen ließ, wurden mir zum Wohle der Menschheit zuteil.

Als Gott mir auftrug, mein Heimatland zu verlassen und meine Religion, Kultur und Tradition zu vergessen, offenbarte Er mir, Er habe fernab im Westen, Deutschland auserwählt. Er sagte mir, dass dieses auserwählte Volk seine Liebe und sein Licht über Europa und den Rest der Welt verbreiten würde. In den vergangenen 50 Jahren dieser langen Reise für den Willen Gottes, musste ich viele Kreuze auf mich nehmen, durch viele dunkle Nächte gefüllt mit Leid und Schmerz gehen. Dennoch habe ich all diese Kreuze, ohne mich jemals zu beklagen, auf mich genommen. Gott sprach damals zu mir: „Du tröstest mein Herz und Ich bin sehr glücklich mit dir. Obwohl Du der Messias bist, wirst du für immer in meinem Herzen leben."

Diese Offenbarungen wurden mir durch Gottes erstaunliche Gnade als Geschenk gegeben. In den vergangenen 50 Jahren konnte ich mit Gottes Hilfe die Grundlage legen, um dieses Buch kostenlos dem auserwählten deutschen Volk, sogar der ganzen Welt, als eBook in digitaler Form zur Verfügung zu stellen. Aber das ist nicht genug. Gott sagte zu mir: „Dir wurde all die Wahrheit umsonst gegeben und du musst sie auch umsonst weitergeben." So ist mein Auftrag und Ziel, diese göttlichen Offenbarungen als ein Geschenk Gottes an sein auserwähltes Volk in gedruckter Form kostenlos zu überreichen. Einige Tausend Exemplare habe ich bereits verteilt. Meine finanzielle Grundlage reicht aber nicht aus, um dieses Buch kostenlos an 83 Millionen Mitmenschen weiterzugeben. Mein irdisches Leben währt nicht ewig. Selbst wenn ich 24 Stunden am Tag arbeite, reichen meine Anstrengungen nicht aus, um in diesem Leben finanziell in der Lage zu sein, um jedem Menschen ein Exemplar in die Hand zu drücken. Dies kann nur gelingen, wenn mich viele Menschen unterstützen. Lieber Leser, wenn der Inhalt dieses Buches Sie beim Lesen berührt, wird es Sie näher zu Gottes Herz bringen. Ich hoffe, dies ist Inspiration genug für Sie, mir zu helfen, Gottes Welt auf dieser Erde zu errichten. Eine Möglichkeit wäre, dass Sie dieses Vorhaben mit einer Spende unterstützen, damit dieses Buch auch anderen Menschen kostenlos überreicht werden kann. Gleichzeitig suche ich aber auch Menschen, die mir helfen, diese Bücher zu verteilen. Ich bin dankbar für jede Art von Unterstützung, die mir zu Teil werden kann. Gesegnet ist die Nation, die von Gott auserwählt ist, sein Herz den Menschen gegenüber zu repräsentieren.

Mit besten Wünschen

Ihr Zahid Khan

Vorwort

Um Gott kreist die älteste Frage in der menschlichen Geschichte. Die Menschen haben viele Ozeane überquert, um diese Welt in eine bessere zu verwandeln, in der sie Glück und Zufriedenheit finden. Diese bessere Welt bezeichnen wir mit dem menschlichen Verstand als die Welt der Wissenschaft, der Ökonomie, des Geschäftslebens, der Politik oder wir können sie die Welt der sozialen Bildung nennen. Dies ist die Reise, welche die äußerliche menschliche Entwicklung bestimmt. Aber es gibt noch eine weit wichtigere, innere Reise. Die Menschen müssen ebenso viele Berge überwinden, um ihre geistige Glückseligkeit zu finden. Mit unseren Worten nennen wir diese Reise eine religiöse Reise. Ursprünglich sollen uns die Religionen den Weg weisen, auf dem wir unsere totale Vereinigung und unser Glück mit Gott finden.

In unserer heutigen Welt gibt es einige führende, große Religionen, wie das Judentum, das Christentum, den Islam, den Hinduismus, den Buddhismus und den Konfuzianismus. Ich, der Autor dieses Buches, setze mich hier nicht mit ihrer Struktur und ihren äußerlichen Systemen auseinander, denn in meinen Augen laden sie alle zu einer geistigen Reise ein. Es stellen sich aber Fragen wie: In welche Richtung führen uns diese Religionen und was ist deren ursprüngliches Ziel? Wer ist das ursprüngliche Zentrum, in dem alle Religionen verweilen möchten?

Wenn die Religionen die Wege sind, was ist dann letztendlich die Bestimmung, welche sie ausfindig machen wollen? Symbolisch sind Religionen Flüsse, die aus verschiedenen Richtungen kommen, um sich im Weltmeer zu vereinigen. Aber wie lange können sie ihre eigene Identität auf dieser geistigen Reise behalten? Und WER ist ihre ursprüngliche Heimat, die sie vergessen haben? Alle religiösen geistigen Reisen haben einen Höhepunkt ihrer Entdeckungen – und dies ist der Ursprung, den wir Gott nennen -. In Ihm werden sie ihre immerwährende und ewige Glückseligkeit finden. Der Verstand und das Herz eines jeden Menschen werden in Gott wahren Frieden und wahre Freiheit finden und sie werden all das göttliche Wissen erben. Dort können sie in nicht endender Liebe leben. In dieser mystischen Umgebung wird die Liebe Dienerin Gottes und der Menschheit sein.

Dies sind die spirituellen Momente, in denen die Reise des religiösen Menschen, seine ursprüngliche Heimat zu finden, ununterbrochen weitergeht. Wir wissen, dass die Menschheit durch ihre ganze Geschichte hindurch versucht hat, wahre Liebe zu erfahren. Besonders von uns religiösen Menschen wird mehr oder weniger angenommen, dass uns die Liebe Gottes zu Teil wird. Aber dies ist nicht die Wirklichkeit. Die Wahrheit ist, dass wir Gottes Kinder weit weg von ihrem ursprünglichen Ziel gebracht haben. Wir sind nicht im Stande, ja wir sind sogar unfähig, die Liebe Gottes zu erfahren. Und da wir dies nicht vermögen, können wir die Liebe Gottes auch nicht an unsere Mitmenschen weitergeben.

Die religiösen Menschen müssen sich darum selber die Frage stellen: Warum ist es so schwierig, ein ideales Umfeld in diese Welt zu bringen? In sämtlichen religiösen Büchern steht das Versprechen Gottes geschrieben, dass diese Welt eine ideale Welt, zentriert auf den universellen Gott, sein wird. Einer der Gründe dafür ist, dass wir nach der Liebe Gottes oft an den falschen Plätzen suchen. Die Liebe Gottes muss in Gott gefunden werden. Wir vermuten Gottes Sitz an einem hohen Platz oben im Himmel, doch Gottes Liebe beginnt an den niedrigsten Orten. Das ist die erste Lektion, welche die religiösen Menschen lernen müssen. Die Menschheit sollte ihre innere Reise hinunter an die niedrigsten Orte antreten, um sich mit der Vibration der Liebe Gottes verbinden zu können. Aber warum sollte sie dies tun? Weil Gott zuerst alle Menschen befreien möchte. Wer immer Gottes Traurigkeit und seinem Leiden ein Ende bereiten kann, wird derjenige sein, der das Herz Gottes und der Himmel kennenlernen wird. Dieser Mensch wird auch derjenige sein, welcher die Reise zum ewigen Leben antreten wird.

In der Vergangenheit wie in der Gegenwart, behauptet jede Religion, sie sei die Einzige, welche die Erde besitzen wird. Jede Religion glaubt an ihren Sieg und an den Untergang der in ihren Augen falschen Religionen auf der Erde. Am erstaunlichsten ist jedoch die Tatsache, dass jede von ihnen nichts unversucht lässt, ihre Lehre auf einem weltweiten Niveau zu verbreiten. Auf der anderen Seite sorgt sich jedoch keine von ihnen, diese Wahrheit in ihrem täglichen Leben umzusetzen. Denn sonst würde es auf der Erde ein anderes geistiges Umfeld geben. Die Repräsentanten aller Religionen bevorzugen es, über die höchste Wahrheit ihrer religiösen Bücher zu reden. Sehr oft vergessen sie nach der Wahrheit ihrer heiligen Bücher den nächsten Schritt nach vorne zu tun, um zu Prinzen und Prinzessinnen der Liebe Gottes zu werden und Gottes Wesen zu erben. Gott ist weder zu finden mit dem Stadium des Wissens der Wahrheit, noch mit Reichtum oder Macht. Deshalb kann es für die Menschen auch schmerzhaft sein, das Wissen über die Wahrheit zu erlangen. Es kann sie sogar traurig machen oder in Verlegenheit bringen. Die Liebe aber kann die Menschheit heilen.

Alle Religionen können ihrer Lehre durch geschickte Wortwahl bestmöglichen Ausdruck verleihen, um sie der Menschheit näher zu bringen. Aber das wird nicht genug sein, jemanden auf lange Sicht zu befriedigen, wenn sie nicht den Diamanten ihrer noblen Taten zum Vorschein bringen. Sie können jede Art der Öffentlichkeitsarbeit praktizieren oder Zeugnis über ihre Religion ablegen. Doch im Grunde wird uns immer die traurige Geschichte der Religionen daran erinnern, dass sie alle nicht ihre vertikale Beziehung mit Gott errichten konnten. Keiner der Gründer der Religionen wäre auch nur einen Schritt nach vorne gekommen, wenn er nicht seine Beziehung mit Gott und den Himmeln hätte errichten können. Keine noch so heftig geführte Debatte im religiösen Dialog kann irgendjemanden im ewigen Leben bewahren. Der primäre Zweck des Lebens besteht darin, sich mit Gott für immer im ewigen Leben niederzulassen. An diesem Punkt trennen sich Gut und Böse für immer voneinander. Gott ist ein Gott des absoluten Guten. In Ihm existieren keine 85% des Guten und 15% des Bösen. Das ist auch der Punkt, an dem die religiösen Menschen erfahren müssen, was es bedeutet, sich mit Gott niederzulassen: Für die Menschen wird eine neue Ära anbrechen. Es wird der Beginn für ein neues Umfeld für die ideale Welt sein. Alles andere wird sich ergeben, nachdem die vertikale Beziehung mit Gott errichtet ist.

Der Autor dieses Buches möchte zu der alten Frage zurückkommen: Wer ist dieser ursprüngliche Gott, den die religiöse Welt bis zum heutigen Tag nicht ins Licht bringen konnte? Wo kommt Er her? Wie existiert Er und wie zeigt Er seine ursprüngliche Identität? Und warum hat Er das menschliche Leben beeinflusst und ist so tief mit ihm verbunden? Welches ursprüngliche Ziel verfolgte Er, als Er Mensch und Schöpfung ins Leben rief? Die Antwort darauf ist denkbar einfach: Er wollte frei und als ein sichtbarer Gott mit den Menschen zusammenleben. Hier können die Menschen mit Ihm auf unterschiedliche Art und Weise kommunizieren. Sie können mit Ihm reden, Ihn sogar umarmen und so aus den Wolken der Dunkelheit, der Sorgen und der Ängste herauskommen. Sie werden in ein Licht eintreten, in dem sie ihre Ignoranz in der Liebe Gottes abwaschen können. Das Leben wäre kein geheimes Phänomen für die Menschen. Gott wird sie bei jedem ihrer Schritte im äußerlichen und innerlichen Leben führen. Die Menschheit wäre dann ein Spiegel, in dem sich dieser universelle Gott selber sehen kann. Aber dieser Spiegel hat heute mehr als einen Sprung. Möchte sich Gott selber in diesem Spiegel betrachten, sieht Er nur die zerbrochenen Teile eines Bildes.

Deshalb möchte ich alle Menschen in dieser Welt bitten, ihr besonderes Augenmerk darauf zu richten, dass der Autor dieses Buches nicht nur geistige Wahrheit offenbart. Ich bin 30 Jahre einen sehr traurigen und einsamen Weg gegangen, bevor ich diesem Gott mit dem gebrochenen Herzen begegnen, Ihn erleben und die letztendliche Wahrheit Gottes entdecken konnte. Gott bat mich, sein Herz zu repräsentieren. Da ich auch zur zukünftigen Geschichte spreche, muss ich noch einmal hervorheben: Gott nennt mich sein Herz und gab mir diese Mission, damit ich sein Herz und seine Seele der Menschheit nahe bringe.

Das ist der Grund, warum ich mich in meinem Buch in einfachen und klaren Worten ausdrücke. Ich möchte, dass Gottes Kinder nicht nur die Bedeutung der Worte verstehen, sondern auch die Bedeutung dahinter. Darum bitte ich alle Geschwister dieser Welt: Legt, bevor ihr dieses Buch in eure Hände nehmt, eure Vorurteile und eigene Überzeugung beiseite! Ich werde euch, der Menschheit, nicht nur die geistige Wahrheit übermitteln, sondern auch Gottes gebrochenes Herz, seine Traurigkeit, Einsamkeit und innere Leere. Ich möchte außerdem darlegen, welche Motivation und welches Herz Er bei der Erschaffung der Schöpfung des inneren und äußeren Universums hatte. Ich möchte ebenso sein gebrochenes Herz vermitteln, als die Engel und die Menschen von ihrer ursprünglich vorgesehenen Entwicklung abwichen. Dadurch konnten sie ihre Reise nicht vollenden und vergaßen ihre ursprüngliche Heimat.

Ich hatte oftmals das Verlangen, meine Erfahrungen mit Gott niederzuschreiben. Über viele Jahre hinweg ereignete sich Folgendes immer wieder: Sobald ich meinen Füller in die Hand nahm, um mit dem Namen Gottes zu beginnen, war ich nicht in der Lage, auch nur ein Wort zu Papier zu bringen. Tränen rannen von meinen Augen, die es mir viele Jahre unmöglich machten, das niederzuschreiben, was ich wünschte. Nachdem ich Gott getroffen hatte, wurde mein innerstes Selbst so mystisch, dass ich nur noch schweigsam oder stumm sein konnte. Das Wasser der Ozeane hätte sich zu Tränen verwandeln und aus meinen Augen fließen müssen, um Gottes Herz befreien zu können.

Eines Tages fragte ich Gott: „Wie kommt es, dass ich nicht die richtigen Worte finde, um Dich, Gott, zu beschreiben? Meine Beobachtungen kann ich nicht in Worte fassen und mein Wissen kann nicht das Stadium der Beobachtung begreifen. Gott antwortete mir: „Selbst wenn der gesamte Raum des ewigen Himmels und der Erde zu Tinte und die Herzen aller Wesen des inneren und äußeren Universums sich in Füller verwandeln, wäre dies niemals genug, mich zu beschreiben. Sie alle würden an der Traurigkeit zerbrechen, bevor sie mein Herz und meine Seele befreien könnten." Ich bat Ihn: „Oh ewiger Gott, schaffe in meiner Seele und in meinem Herzen eine neue Heimat, die das neue Gelobte Land sein wird. Gib mir die Stärke und die Kraft, die Mission zu erfüllen, die Du mir gabst. Oh Gott, ich möchte zuerst Wissen über Dich vermitteln. Bitte hilf mir und führe mich, auf dass ich die richtigen Worte finde, wenn ich über Dich rede." Daraufhin sagte Gott zu mir: „Schreib dein Buch, mein Geist ist immer mit dir; Ich werde dich nie verlassen." In diesem Buch habe ich meine Erfahrungen und Beobachtungen den Vorrang eingeräumt und das Wissen an zweiter Stelle platziert.

Genau genommen hatte ich meine erste Begegnung mit Gott im Alter von 12 Jahren. Meine Eltern waren so arm, dass sie nicht einmal ein Dach über dem Kopf hatten. Ich musste zusammen mit ihnen unter freiem Himmel leben. Eines Tages, es war nachmittags gegen 16 Uhr, schlief ich neben einer von viel Verkehrslärm und vorübergehenden Menschen frequentierten Straße. Engel kamen zu mir und nahmen meinen geistigen Körper mit. Sie brachten mich zu den „Bergen der Verwunderung" und sagten zu mir, dass ich von diesem Punkt aus alleine weitergehen müsste. Nach etwa 40 Schritten auf einem schmalen Weg, sah ich ein extremes Licht, in dem ich nichts erkennen konnte. Aber ich konnte förmlich den Geschmack von Liebe wahrnehmen, den man mit Worten nicht ausdrücken kann. Es herrschte dort absoluter Friede für den Verstand und für das Herz. Ich hörte eine Stimme aus dem Licht sagen: „Ich bin Gott, der Gott aller Wesen. Wie heißt du?" Ich antwortete: „Zahid." Und Gott sagte: „Es ist ein guter Name. Doch Ich, die Menschheit und alle Wesen werden sich deiner bei dem Namen der Liebe erinnern, denn du wirst mein Herz repräsentieren." Danach brachten die Engel mich zur Erde zurück. Drei Tage hintereinander hatte ich dieses gleiche Erlebnis. Die Engel nahmen mich zu den gleichen Bergen mit und ich hörte immer die Stimme sagen: „Dein Name wird der der Liebe sein und du wirst mein Herz repräsentieren."

Dieses Erlebnis beeinflusste meine Kindheit sehr tief. Die zweite Erfahrung dieser Art hatte ich im Alter von 16 Jahren. Ich betete in einer traditionellen muslimischen Moschee und setzte mich nach dem Gebet in eine Ecke. Zu dieser Zeit war niemand außer mir dort. Ich fühlte, wie mich die Müdigkeit übermannte. Plötzlich sah ich ein blaues Licht auf mich zukommen. Es prallte auf mich und riss meinen Geist aus meinem Körper heraus. Es zog ihn vertikal nach oben in den Himmel. Im gleichen Moment als ich dort ankam, fühlte ich mich von absolutem Frieden, absoluter Freiheit und Liebe umgeben.

Ich hörte die gleiche Stimme von damals sagen: „Ich bin der Gott aller Wesen, du sollst dein Heimatland verlassen und nach Deutschland reisen. Diese Nation habe Ich auserwählt, in ihr wirst du deinesgleichen und ein neues Zuhause finden. Dort werde Ich dir erscheinen. Alle Nationen dieser Welt werden durch Deutschland gesegnet werden. Ich offenbare dir in diesem Land viele Geheimnisse und gebe dir die Mission für die letztendliche Erlösung der Menschheit. Hör gut zu! Ich versprach den Menschen in ihren heiligen Büchern, dass eines Tages die Erde denen gehören wird, die mich lieben. Die Zeit ist jetzt gekommen, dieses Versprechen einzulösen. Die Menschen werden eine Weltfamilie sein. Du bist mein ewiges Sein." Dann brachte mich Gottes Licht zurück zur Erde. Ich weinte sehr. Ich betete zu diesem ewigen Gott und schwor Ihm: „Ich werde diesen Weg mit Glauben, absoluter Liebe und mit Loyalität gehen. Wenn ich auf diesem Weg mein Leben lassen muss, wird dies für mich eine große Ehre sein. Selbst mit meinem letzten Atemzug werde ich Dich preisen."

Dies ist das Buch Gottes! Ich möchte deshalb darin nicht meine Schmerzen und Leiden erwähnen. Ich möchte nur eins sagen; ich habe Jahre gebraucht, um nach Deutschland zu kommen und darin für mich einen Platz zu finden.

Ich danke Gott aus dem Tiefsten meines Herzens, dass Er mir diese Gelegenheit gab, sein Kanal zu werden, um seine Liebe allen Menschen zu bringen.

Ich hoffe, dass meine Leser aufmerksam und mit ganzer Ernsthaftigkeit dieses Buch lesen. Ich bat um Gottes Segen und Liebe, damit ich sein Herz und seine Seele gegenüber allen Menschen zum Ausdruck bringen kann. Ich bat Ihn ebenso: „Lass mich zu deinem Kanal werden, um deine verlorenen Kinder in ihre ursprüngliche Heimat zurückzubringen, wo sie für immer mit Dir, Gott zusammenleben können."

Mein Warten auf Gott und meine zwölf Jahre des Gebetes im Wald

Vom Verlassen meiner alten Heimat bis zum Betreten dieses Landes verstrichen sieben Jahre, in denen ich verschiedene Länder legal oder illegal durchquerte. Als ich anfing in Deutschland zu leben, hörte ich die Stimme Gottes. Sie trug mir auf, jeden Tag zum Beten in den Wald zu kommen, damit mein Herz und meine Seele eins mit Ihm – Gott – werden können. Obwohl der Erschaffer dieser Schöpfung mir versprach, Er werde sich mir eines Tages im Wald zeigen, verriet Er mir weder die Zeit, das Jahr, den Monat, den Tag, noch die Stunde. Während ich beharrlich wartete, konnte ich viele Geheimnisse über das geistige Leben enträtseln und fand heraus, dass es zwischen Gott und den Menschen solch eine Tür gibt, zu deren Öffnung die menschliche Anstrengung allein nicht genügt. Ich vermochte auch das Geheimnis zu lüften, dass geistiges Wissen, Anbetung, Meditation etc. horizontal gute Übungen auf dem geistigen Weg sind. Doch sie reichen nicht aus, um die Tür zwischen Gott und den Menschen zu öffnen.

Was ist dann das wahre Geheimnis, was der Menschheit die ewige Tür zu Gott für immer öffnet?

1. Das göttliche Wissen ist die immerwährende Wahrheit, welche durch die Ewigkeit bestehen wird. Mit dieser göttlichen Wahrheit und diesem göttlichen Wissen im Einklang zu leben, setzt voraus, dass die Menschen Gott durch Gott selbst kennenlernen.

2. Nur dann können sie so ernsthaft und aufrichtig sein, dass sie all ihre Schwächen überwinden und sich selbst vom Bösen trennen können.

3. Im Leben solcher Menschen gibt es eine Zeit in der Beziehung zwischen Gott und ihnen, in der sie geduldig mit absolutem Glauben, Liebe und gehorsamen Herzen warten.

4. Die Menschen sollten sich mit brennendem Herzen und brennender Seele danach sehnen, Gott zu umarmen. Sie müssen aus eigenem Willen heraus die Aufgabe erfüllen, die Gott ihnen bei ihrer Schöpfung zudachte.

Wenn das Herz wie ein Feuer in der Liebe Gottes brennt, kommt es zu den Momenten, in denen das Herz Flügel bekommt, um den Käfig des Körpers zu verlassen und in der Ewigkeit je nach Ausmaß seines geistigen Verlangens zu reisen. In diesem Stadium ist der Mensch wirklich frei. Er kann sich die Freiheit nehmen, in der Ewigkeit nach Gott zu forschen. Der Geist wird dann zur Rakete und das Herz zum Piloten und wenn beide zusammen in Gott Harmonie finden, können sie viele Geheimnisse über das Leben nach dem Tod entdecken. Im Ergebnis öffnet sich solch ein Fenster für die Menschheit, von dem aus alle möglichen Arten von Beobachtungen und Erfahrungen gemacht werden können. Dies führt die Menschheit zu dem Punkt in der Ewigkeit, an dem Gott und die Menschen die absolute Vereinigung finden. Dadurch werden die menschlichen Geistwesen so vor Gott stehen, dass es keinem Dritten in diesem Universum jemals gelingt, sich zwischen Gott und sie zu stellen. Solch ein Geistwesen wird von Gottes Licht bedeckt und fällt in den Ozean der Erleuchtung, in dem es keine Fragen und Antworten mehr gibt. Das ist das Stadium, in dem der Mensch die Vollkommenheit und die gesamte Erleuchtung Gottes entdecken kann. Es entspricht der ursprünglichen Ambition Gottes, dass die Menschen dieses ursprüngliche Niveau erreichen.

Dies ist auch das Stadium, in dem alle Sinne und jede Bewegung ihre Heimat finden. Das brennende Feuer der Liebe Gottes ist auch das Feuer, in dem die gefallenen Wünsche der menschlichen Natur verbrennen. Es verhilft den Menschen somit zu einer erneuten Geburt, zurück zu ihrer ursprünglichen Natur. Sie werden emporgehoben und stehen Zeit und Raum. Solch eine Person nennen wir einen vollkommenen Menschen, der zum Vermittler zwischen Gott und seiner inneren und äußeren Schöpfung wird. Ursprünglich und letztendlich ist dies die Bestimmung eines jeden Menschen, weil Gott einen jeden Einzelnen einzigartig erschaffen hat. Das ist ein Geheimnis der Liebe. Man kann dieses Geheimnis nur lüften, wenn man wahrhaftig Gott und die Menschen liebt.

Jeden Tag ging ich gehorsam, mit absolutem Glauben und Liebe in den Wald. Ich wollte die Wahrheit herauszufinden und welche Tür Gott zwischen sich und der Menschheit öffnen wird. Meine geistige Reise sollte mehr Erleuchtung bringen, damit die Menschen letztendlich ihre Heimat finden. So verstrichen 12 Jahre. Eines Tages, während ich betete, sagte ich zu Gott:

„Oh, geliebter Gott, Du verkörperst die einzig wahren Eltern für die gesamte Menschheit und alle anderen Wesen. Es ist so dunkel im Wald, dass ich nicht einmal meine eigene Hand vor Augen sehen kann. Es ist niemand außer uns hier. Ich möchte Dir etwas sagen, wonach sich mein Herz schon so lange sehnt. Als ich ein kleines Kind war, warst Du derjenige, der seine Engel sandte und mich in die Himmel brachte. Auch wenn ich Dich im Himmel nicht sehen konnte, hörte ich doch deine Stimme und Du hast mir damals viele Dinge versprochen. Du warst derjenige, der mich bat, mein Land zu verlassen, um in dieses fremde Land zu gehen, obgleich ich dieses und seine Menschen ganz und gar nicht kannte. Ich war für lange Zeit sehr einsam auf diesem Pfad. Es kam sogar die Zeit, in der mich die Himmel allein gelassen haben. Selbst mein Herz konnte sich in diesem Land nicht anpassen. All die Jahre hindurch empfand ich innere Einsamkeit und Leere, denn die Menschen dieser Nation haben andere Charaktere und Gewohnheiten. Ihr Verstand arbeitet fast vollkommen in der äußeren, materiellen Richtung. Gott, aber ihre Herzen sind so weit weg von Dir. Manchmal habe ich gedacht: Wie kann dies mein Land und die Menschen darin meine Leute sein? Wie ist es möglich, dass die Nationen dieser Welt den Segen durch die Deutschen erhalten werden?

Doch ich habe nicht mein Herz geöffnet, um Dir im Gebet solche Fragen zu stellen, denn im Innersten meiner Seele möchte ich Dich nicht traurig machen. Für all das, was Du bis jetzt in meinem Leben zu mir gesprochen hast, werde ich Dich für immer lieben. Ich habe mein Heimatland vergessen und da Du diese Nation auserwählt hast, habe ich mein ganzes Herz, meine Seele und meine Liebe in den Dienst dieser Nation gestellt. Jedoch musste ich in diesem Land noch eine andere bittere Realität erfahren: Die Menschen möchten hier mit Fremden nichts zu tun haben. Trotzdem werde ich diese Nation lieben und immer mit deinen Augen sehen, weil Du es so wünschst.

Lieber Himmlischer Vater, sollte mein Kommen in den Wald ein Test sein, um meine Geduld, Treue und Liebe für Dich zu sehen, dann komme ich bis zum letzten Tag, an dem ich sterbe. Sogar im Leben nach dem Tod wirst Du in mir den wahren Menschen finden, der auf Dich wartet. Ich bin mir sicher, dass Du eines Tages zu mir kommen wirst. Aber, oh Himmlischer Vater, mein Leben auf dieser Erde ist sehr kurz. Wenn ich etwas für Dich tun kann und Du durch mich eine noble Aufgabe ausführen willst, dann sei bitte dieser Menschheit gegenüber gnädig. Du hast versprochen, mir eine große Mission zu übertragen. Ich flehe Dich an, sie mir bald zu geben, denn eine lange Reise liegt vor mir, die ich in der kurzen Zeit meines Lebens vollenden muss, um die Menschheit zu erreichen. All die Leiden, Schmerzen, Traurigkeit und Opfer sind Blumen für mich auf diesem Pfad, aber meine Liebe zu Dir wird jeder Herausforderung standhalten und jedes Hindernis in dieser Welt überwinden.

Die deutsche Nation, die Du auserwählt hast, hat ein Herz aus Stein, weit weg vom geistigen Gefühl. Du weißt Gott, mein ganzes Leben muss ich mich mit dieser Nation auseinander setzen, nur so besteht Hoffnung, dass ich dein Licht in die Herzen dieser Menschen bringen kann."

Danach konnte ich nicht mehr beten, sondern ich weinte und weinte. Nur ein Satz kam immer und immer wieder über meine Lippen: „Bitte vergib der Menschheit und zeig mir den Weg, auf dass wir unsere Bestimmung finden." Nachdem ich mein Gebet beendet hatte, versiegten allmählich meine Tränen. Es war ca. 2 Uhr in der Nacht, als ich mich im Wald auf den Heimweg machte.

Meine ersten Beobachtungen und Erfahrungen mit Gott

Es war bereits weit nach Mitternacht, als ich aus dem tiefen Wald nach Hause gehen wollte. Plötzlich sah ich ein goldenes, feuriges Licht in großer Entfernung zu meiner linken Seite. Erstaunlicherweise brannte der Wald aber nicht. Das goldene, feurige Licht begann sich auf mich zuzubewegen. In diesem Moment konnte ich zwei Dinge erfahren. Zum einen verspürte ich solch eine Angst, dass mein ganzer Körper gelähmt und nicht in der Lage war, sich zu bewegen. Zum anderen konnte ich in diesem mystischen Moment, in dem ich das goldene, feurige Licht Gottes beobachtete, immerwährende Liebe und Frieden in meinem Körper und in meiner Seele erfahren.

Das Licht kam näher und näher und begann sich, um mich herumzudrehen. In diesem Augenblick empfand ich eine überwältigende Glückseligkeit mit all meinen Sinnen. Selbst wenn ich versuchen würde, die Erfahrung in diesem Moment in Worte zu fassen, wäre ich Millionen Jahre dazu nicht in der Lage.

Ich kniete vor dem Licht nieder und sah, wie mein Geist aus meinem Körper herauskam und vertikal mit dem Licht aufstieg. Das Licht umgab meinen Geist wie ein Kreis. Ich durchreiste endlose Dimensionen verschiedener geistiger Lichtwelten. Wo immer das Licht vorbeireiste, haben sich die Wesen der geistigen Welt vor ihm verbeugt. Ich habe unzählige Dimensionen der geistigen Welt gesehen, in denen verschiedene Seelen gemäß ihrer geistigen Entwicklung leben. Ich lernte auch Jesus, Buddha, Mohammed, Konfuzius und viele andere Heilige kennen. Sie leben in ihren eigenen Dimensionen und wachsen immer noch geistig. Sie alle knieten vor dem Licht nieder. Doch das goldene Licht reiste langsam und kontinuierlich immer höher, wobei es nie an einem Platz verweilte.

Eine Sache möchte ich an dieser Stelle noch erklären, bevor ich meine Erfahrungen mit Gott weiter schildere. Ich habe Jesus und Mohammed im weißen Lichtbereich der geistigen Welt in unterschiedlichen Entwicklungsstadien gesehen. Jesus' Geist erstrahlte in weißem Licht mit einem goldenen Rand. Der Geist Mohammeds bestand ebenso aus weißem Licht, nur mit einem blauen Rand. Buddha sah ich im grünen Lichtbereich der geistigen Welt. Sein Geist erstrahlt vollkommen im grünen Licht. Der weiße Lichtbereich, in dem Jesus lebt, wird in der geistigen Welt als relative Welt der

Wahrheit und relative Welt der Ehre Gottes bezeichnet. Mohammed befindet sich in der relativen Welt der Wahrheit, welche die Richtung zur Identität Gottes einschlägt. Der Lichtbereich, in dem Buddha lebt, wird als Welt der Loyalität, der Aufopferungen und des Friedens bezeichnet; es ist eine relative Welt der ethischen und moralischen Werte.

Anmerkung: Über geistige Farben und deren Qualität werde ich in einem der folgenden Kapitel dieses Buches mehr erzählen und erklären.

Eine Sache erstaunte mich sehr. Während das göttliche goldene Licht durch die geistigen Welten von Jesus, Mohammed und Buddha reiste - diese Welten nennen wir im religiösen Bereich das Paradies - wurden deren Dimensionen wie bei einem Erdbeben erschüttert. Alle Wesen verbeugten sich und zitterten. Sie konnten nicht in das goldene Licht Gottes schauen. Aus dem goldenen Licht erklang die Stimme Gottes: „Diese Dimensionen haben noch nicht den geistigen Standard erreicht, den Ich von ihnen erwarte."
Ich habe auch hohe weiße Lichtbereiche des Paradieses gesehen, in denen Engelwesen und Propheten leben, die gemeinsam geistig wachsen. Solche Dimensionen gibt es Billionen Mal. In einer dieser habe ich Erzengel Michael, Erzengel Gabriel und andere Erzengel gesehen. Diese höheren Bereiche des Paradieses werden als Erzengeldimensionen bezeichnet. Diese geben den niederen Bereichen geistige Führung und Hilfe. Und selbst diese geistigen Engelwelten verbeugten sich vor Gottes Licht. Dann sagte das göttliche Licht zu mir: „Gabriel ist der Heilige Geist und Ich habe ihm diesen Titel gegeben." Da dies die göttliche Wahrheit ist, muss ich sie der Menschheit zuliebe überbringen. Über das Leben der genannten Propheten und der Engelwelten werde ich speziell in den dafür vorgesehenen Kapiteln dieses Buches berichten.

Nun komme ich zurück zu meiner geistigen Reise mit Gottes goldenem Licht. Ich bewegte mich, besser gesagt, ich flog durch immer höhere Bereiche, bis ich die goldenen Dimensionen erreichte. Dort leben verschiedene Wesen und goldene Engel in unterschiedlichen Dimensionen. Die goldenen Dimensionen erschienen mir wie endlose Bereiche in der Ewigkeit. Auch hier knieten alle Wesen und goldenen Engel vor dem göttlichen Licht nieder und das göttliche Licht war ihnen so nahe, dass sie es sehen konnten. Hier sagte Gott zu mir: „Sie haben meine Ehre und meine Kraft geerbt." Das göttliche goldene Licht und ich erreichten nun die blauen Dimensionen, die wir vertikal durchflogen. Auch diese erschienen mir endlos. Eins war in allen Bereichen gleich, egal ob es die weißen, goldenen oder blauen Bereiche waren. Je höher wir sie vertikal durchreisten, desto intensiver wurde ihre Farbe.

Wir erreichten einen Punkt in der Ewigkeit, an dem alle blauen Dimensionen endeten. Nun reiste das goldene Licht mit mir durch die Dunkelheit. Hier sah ich, wie sich ein blaues Licht von oben mit einer riesigen Geschwindigkeit auf uns zu bewegte. Das mich noch immer kreisförmig umhüllende goldene Licht, stieß mit dem blauen, göttlichen Licht zusammen. Das blaue, göttliche Licht nahm uns in seinem Inneren auf. Umgeben vom goldenen und blauen Licht flogen wir mit millionenfacher Lichtgeschwindigkeit immer weiter und höher durch die Dunkelheit der Ewigkeit. Zum ersten Mal in meinem Leben erfuhr ich wahre elterliche Liebe von beiden Lichtern. Hier erkannte ich, dass das goldene, göttliche Licht die weibliche Vibration der Liebe und das blaue, göttliche Licht die männliche Vibration der Liebe ausdrückt. Das größte Geheimnis offenbarte sich mir in diesem Moment: Gott ist wahre Realität. Er verkörpert die wahren Eltern für die gesamte Menschheit, alle Wesen und Engel.

Wir kamen in eine so schwarze Ewigkeit, in der mich selbst meine Emotionen und Sinne verließen. Ich konnte weder sehen noch hören. Und immer noch währte unsere Reise durch die schwarze Ewigkeit. Ich kam in eine neue Ewigkeit, in der ein Licht bestehend aus unterschiedlichsten Farben ausgestrahlt wurde. Das goldene und das blaue Licht, die mich bis hierher gebracht hatten, rasten mit einer hohen Geschwindigkeit in das extrem leuchtende Licht. Die gesamte Ewigkeit erstrahlte hier in diesem Licht und nichts erinnerte mehr an die Dunkelheit. Je schneller ich mit dem göttlichen Licht reise, desto stärker strahlte es.

Das Licht dieser Ewigkeit, das goldene und das blaue Licht brachten mich zu einem Wesen, in welches sie hineinströmten. Ich fiel vor diesem Wesen nieder und verbeugte mich. Als ich dieses Wesen bewundernd und zugleich erstaunt betrachtete, bemerkte ich, dass sein Rücken der dunkeln Ewigkeit und seine Vorderseite dem Licht der Ewigkeit zugewandt war. In diesem Moment fing mein ganzer

Geist an zu weinen und ich schluchzte: „Oh Gott, oh mein Vater, ich würde nie hier sein, wenn Du mich nicht hierher gebracht hättest." Meine ganze Seele und mein ganzer Geist zitterten. In diesem Moment beugte Gott sich über mich. Hier erfuhr ich den Höhepunkt der Mystik. Ich erlebte wahre Liebe, absolute Freiheit, absoluten Frieden sowie vollkommene Glückseligkeit, nach denen sich meine Seele und mein Geist in der gesamten Ewigkeit hindurch gesehnt hatten. Gott richtete sich auf und sprach: „Ich bin der Gott aller Wesen und Ich bin der Schöpfer des inneren und äußeren Universums." An mich gewandt sagte Er: „Komm zu mir und berühre mich." Ich konnte Ihn gar nicht schnell genug umarmen. In diesem Moment konnte ich die ganze Liebe Gottes fühlen, die Er für alle Wesen empfindet. Dann sprach Gott:

„Verkünde all den farbigen Engeln, allen Wesen und der Menschheit, dass Ich ein **sichtbarer Gott** bin. Du bist der erste Mensch, der bis zu diesem Punkt vordringen konnte. Du wirst mein Herz sein für die gesamte Ewigkeit hindurch."

Danach hielt Gott meine Hand und sagte: „Dies ist die Göttliche Botschaft. Sprich mir nach:

Die Göttliche Botschaft

Ich bin Gott, Ich bin der Göttliche Geist. Als nichts da war, existierte Ich und wenn nichts sein wird, werde Ich da sein. Als es nur Dunkelheit gab, war Ich da. Das Licht kam durch mich. Vor mir hat nichts existiert.

Alles in der ganzen Ewigkeit und im gesamten Universum kann seine Schönheit verlieren. Aber Ich werde da sein. Nichts kann mich verändern, nichts kann mich zerstören, nichts kann mich beeinflussen. Ich stehe über Zeit und Raum.

Wenn Ich etwas einen Sinn gebe, wird es durch die ganze Ewigkeit existieren. Ich bin die Schönheit und die Verkörperung der Liebe. Ich war unverändert in der Vergangenheit und Ich werde unverändert in der Zukunft sein.

Mein Weg ist vollendet und vollkommen. Ich stehe über der gesamten Ewigkeit. Ich bin der Ursprung allen Seins, und Ich bestimme den unveränderlichen Sinn. Von meinem Geist kommt jegliche Segnung, und Ich bin der wahre Schöpfer der gesamten Ewigkeit.

Ich bin der Ursprung des Lichts. Ich bin das Licht des Himmels und der Erde und Ich bin absolut unveränderlich. Was Ich denke, werde Ich tun. Das Universum ist durch meinen Willen entstanden und kann nur meinem Willen folgen.

Ich bin das wahre Konzept von Liebe, Frieden und Glück, und alle Ideale werden durch mich als Mittelpunkt ihre Erfüllung finden. Wahre Befreiung kommt, wenn jemand mich liebt. Ich bin der ursprüngliche stille Frieden des Herzens für all das ewige Glücklichsein. Derjenige, der sich nach mir sehnt, wird ewige Glückseligkeit finden. Ohne mich ist alles unvollkommen und ohne mich ist jeder Geist leer.

Ich habe die Dunkelheit beobachtet und durch meinen Willen habe Ich das Licht hervorgebracht. Als Ich angefangen habe, die Ewigkeit zu erschaffen, hat sich alles zu seiner Vollkommenheit hin entwickelt.

Oh Zahid, mein Herz, du sagst, dass Ich der Göttliche Geist bin. Ich werde durch die ganze Ewigkeit hindurch leben. Sowohl das Leben als auch der Tod dienen mir. Ich kam aus der Dunkelheit, um die Liebe zu erfüllen und Ich bin der Ursprung, wo sich die Liebe niederlässt und ihre Heimat findet.

Niemand ist wie Ich, war es nicht in der Vergangenheit, ist es nicht in der Gegenwart und wird es nicht in der Zukunft sein. Und selbst die gesamte Ewigkeit ist keine Alternative für mich. Würde Ich den Menschen die gesamte Ewigkeit geben und Ich wäre nicht da, würde die Glückseligkeit nicht ihre Erfüllung und die Liebe niemals ihre ursprüngliche Heimat finden. Sag noch einmal, dass Ich Gott, der Göttliche Geist, bin.

Ich wiederholte alles, was Er sprach. Dann sagte Gott zu mir: „Diese Göttliche Botschaft ist für alle Wesen, Engel und für die Menschheit bestimmt. Wer immer sich nach mir sehnt, wird die gleiche Wirklichkeit wie du erfahren. Teile ihnen mit, dass Ich ein lebendiger Gott bin. Ich kenne die Situation eines jeden. Folgt mir! Und Ich werde euch alle nach Hause bringen." Dann sagte Gott mir noch einmal: „Sag allen Menschen, dass Ich ein sichtbarer Gott bin. Wer immer auch sagt, Ich wäre nur Licht, dem sage: Das ist nicht wahr! Wer immer auch sagt, Ich wäre nur Energie, dem sage: Das ist nicht wahr! Wer sagt, Ich wäre nur ein unsichtbarer Gott, dem sage: Das ist nicht wahr! Erinnere dich! All das Licht und all die verschiedenen Energien kamen durch mich."

Danach nahm Gott meine beiden Hände und sprach: „Komm mit mir, oh mein Herz, Ich bringe dich in die Vergangenheit, wo du mehr über mich erfahren wirst. Du wirst all diese Erfahrungen den Menschen erzählen, und immer werde Ich dafür dein Zeuge sein. Ich bin immer bei dir."

Gott und meine Reise in seiner Vergangenheit

Bevor ich über meine Erfahrungen und Erlebnisse in der Vergangenheit Gottes berichte, möchte ich eins sagen: Ich bin mir sehr wohl darüber im Klaren, dass der moderne, intellektuelle Mensch und die religiöse Welt diese göttliche Wahrheit nicht einfach annehmen und verstehen werden. Vermutlich, sogar wahrscheinlich, werden die verschiedenen Religionen durch diese göttliche Wahrheit verwirrt und durcheinander gebracht. Doch ich muss diese Wahrheit verkünden, da ich zu den zukünftigen Generationen und zur zukünftigen Geschichte spreche. Verschweige ich etwas von Gottes Wahrheit, weiß ich sehr genau, dass ich dafür in der geistigen Welt und auch in diesem Leben extrem leiden werde. Dies könnte ich niemals ertragen, zumal die Menschheit in geistiger Ignoranz weiterleben und sich die göttliche Vorhersehung lange nicht erfüllen würde. Zu welchem Ergebnis könnte das führen? Die gesamte Menschheit würde leiden und nichts von der wahren Realität des geistigen Lebens kennenlernen. Gott hat mir diese Mission gegeben. Und nun liegt es an mir, diese substantiell auf der Erde zu erfüllen, damit die Menschheit als eine Familie auf dieser Welt zusammenleben kann. Ein Teil meiner Mission besteht darin, die Hindernisse zwischen Gott und den Menschen zu beseitigen.

Natürlich weiß ich, dass das Böse diese Welt seit langer Zeit dominiert. Luzifer, der gefallene Erzengel, und andere gefallene Engelwelten setzen in der geistigen Welt ihre Aktivitäten weiterhin fort, um die geistige Reise der Menschen zu Gott zu erschweren. Auch ich hatte viele traurige Erfahrungen und musste Leid und Entbehrungen auf mich nehmen, die Luzifer 30 Jahre lang in mein Leben brachte. Dies blockierte meine geistige Arbeit in dieser Zeit. Er stellte sich mir viele Jahre im Wald entgegen. Über Luzifers Identität werde ich in einem speziellen Kapitel dieses Buches berichten. Die Menschheit muss erfahren, wer Luzifer ist und wie er fiel, während er sich eigentlich zum Guten hin in der geistigen Welt entwickeln sollte. Ebenso soll die Menschheit alles über seine gefallene Natur und seine üblen Aktivitäten in dieser und in der geistigen Welt erfahren.

Gott hielt meine Hand und wir reisten vertikal durch die dunkle Ewigkeit. Ein goldenes Licht, gleich einem Feuer, strahlte aus Gottes

Geist so extrem, dass die dunkle Ewigkeit hell erleuchtet wurde. Ich war Gott sehr nahe und als ich Ihn anschaute, konnte ich die Form seines Geistes, seine Augen, Hände und Füße sehen. Doch gab es einen Unterschied. Ich sah keine Augäpfel. Stattdessen strahlte an dieser Stelle ein extrem blaues Licht. Seine äußere Form bestand aus goldenem Licht und seine innere Form aus blauem Licht. An seinen Händen waren keine Finger, wie bei den Menschen oder Engelwesen. Er hatte einen Daumen und die anderen Finger standen eng zusammen, ähnlich einem Boxhandschuh. Ebenso seine Füße, der große Zeh stand ab und die anderen waren eng zusammen. Er ist solch ein einzigartiges Wesen, welches ich nie zuvor in der gesamten Ewigkeit gesehen habe und auch in der zukünftigen Ewigkeit nicht sehen werde.

Gott schaute mich an und sagte: „Komm in mich hinein. Die folgenden Erfahrungen, die Ich dich machen lassen möchte, kannst du nur erleben, wenn du in mir bist." Ich ging in Gottes geistige Form hinein. Oh Menschheit, ich sah, dass im Inneren Gottes eine Ewigkeit in blauem Licht erstrahlte. In Gott herrscht absoluter Friede und absolute Freiheit. In Ihm ist so viel Liebe. Summiert man die gesamte Liebe aller Eltern der Menschen, Engel und anderen Wesen, die sie für ihre Kinder haben, so ist sie, im Vergleich zur Liebe Gottes für seine Kinder, nur ein Tropfen Wasser. Gottes Liebe ist wie ein Ozean ohne Ende. Das ist ein mystisches Geheimnis, welches die Menschheit und alle anderen Wesen durch eigene Erfahrungen in Gott entdecken müssen. Ich weiß absolut, dass dies die ewige Heimat und das Ziel aller Menschen ist.

Es fällt mir schwer, in Worte zu fassen, welche Erfahrungen Herz und Seele in diesem Moment machen. Gott ist nicht nur die wahre Liebe. Da wo die wahre Liebe mystisch wird und ihre Sinne verliert, beginnt Gott selbst. Als ich im Inneren des Geistes Gottes war, reisten wir mit einer vielfachen Lichtgeschwindigkeit. Ich sah, wie Gottes äußeres, goldenes Licht verschwand und zurück blieb nur sein inneres, blaues Licht. Dann kam der Moment, als sogar das blaue Licht Gottes geistige Form verließ. Ich beobachtete und erlebte, wie der Geist Gottes sich langsam in den dunklen Rauch hineinbewegte und schließlich von totaler Dunkelheit umgeben war. In dieser dunklen Ewigkeit gab es nichts zu fühlen und zu sehen. Es gab nur Gottes

Geist und Seele. Es gab nichts zu hören, außer der langsamen Bewegung des Geistes Gottes.

Wir kamen in eine noch tiefere Dunkelheit und hier verschwand auch Gottes geistige Form. Ich schrie auf: „Oh meine wahren Eltern, oh mein Gott. Bist Du hier in dieser dunklen Ewigkeit?" Ich hörte die Stimme Gottes sagen: „Halte durch, mein Sohn. Ich werde dich nicht in dieser dunklen Ewigkeit verlieren." Wie kann ich der Menschheit erklären, dass ich sogar in solch einen Bereich der Dunkelheit hineinkam, in der nur Gottes Bewusstsein existierte. In dieser sehr dunklen Ewigkeit konnte ich drei Dinge erfahren: Gottes Bewusstsein befand sich in der Vergangenheit in totaler Einsamkeit und Leere. Es herrschte eine unfassbare Traurigkeit, denn die Emotion der Liebe war da, aber niemand, der sie hätte erwidern können. Durch dieses Erlebnis wurde mir eins bewusst. Kommen die gesamte Menschheit, alle Engel und anderen Wesen eines Tages in Einheit mit Gott zu Ihm zurück, wird es einen Moment in der Zukunft geben, in dem wir Gott von seiner Einsamkeit, Leere und Traurigkeit befreien können. Gott war immer allein und schließlich hat Er uns als seine Partner der Liebe und als seine Kinder erschaffen. Gottes Traurigkeit war tief verwurzelt und erstreckte sich weit in der dunklen Ewigkeit. Die Erfahrung, dass Gottes Liebe bereits da war, aber es niemand gab, der sie hätte erwidern können, müssen die wahren Kinder Gottes machen, damit sie verstehen, warum Gott so lange geduldig gewartet hat, bis Er sein Ideal erschuf. Als Gottes Familie werden wir in Erfahrung bringen, warum es diesen Zeitraum gab, in dem Gott so allein war.

Gott enthüllte mir dieses Geheimnis und als Repräsentant seines Herzens kann ich es der Menschheit offenbaren. Es gab eine Zeit in Gottes Vergangenheit, in der Er wirklich noch nicht wusste, wie Er seinen Partner der Liebe erschaffen kann. Als Gott endlich aus dem Stadium der Dunkelheit herauskam, erschuf Er das Licht für seine Lieben. Sie sollten in der tiefen Liebe Gottes leben, Ihn von seiner Leere befreien und Ihn bedingungslos als Partner lieben. Die Menschen und die Engelwelt erfüllten nicht Gottes Erwartung. Stattdessen brachen sie Gottes Herz. Sie verließen Ihn und brachten Kummer, Schmerzen, Leid. Mehr Einzelheiten zu diesem Thema werde ich im Kapitel über den Fall der Menschen zusammen mit Luzifer in der geistigen Welt erklären. Luzifer spielt dabei eine zentrale Rolle mit seinen üblen Aktivitäten. Im Kapitel „Die Identität Luzifers" werde ich mehr über die göttliche Wahrheit sprechen und darüber, warum der Gott der Liebe nicht in die Freiheit des Gewissens und die Liebe der Menschen und Engel eingreift.

Nun komme ich zu meinem ursprünglichen Thema zurück. Gott führte mich hinter das Stadium seines Bewusstseins. Hier wurde mir klar, dass es für Gott, nach menschlichem Verständnis, unvorstellbar lang dauerte, von einem in ein anderes Stadium zu gelangen. Wir müssen bedenken, dass für Gott damals die Zeit noch nicht existierte. Er steht über Zeit und Raum. Während Gott mich in die Zeit mitnahm, in der Er sich seiner Existenz noch nicht bewusst war, erfuhr ich, dass seit Erlangung seines eigenen Bewusstseins, sich jeder Entwicklungsprozess in drei Stufen vollzog, die symbolisch wie der Abend, die Nacht und der Morgen zu sehen sind. Der Abend steht für die Zeitperiode, in der Gott anfing, sich seinem Ideal entgegen zu bewegen. Die Nacht kann man vergleichen mit dem Zeitraum, in dem Gott geduldig wartete, sich jedoch nicht in den Entwicklungsprozess einmischen konnte. Der Morgen symbolisiert die Zeit, in der die Verwirklichung stattfand. Mit anderen Worten war es eine Entwicklung durch die Stufen der Formation, des Wachstums bis hin zur Vollendung. Jede Phase dieser Entwicklung benötigte fast unbegrenzt viel Zeit. Danach brachte mich Gott in die tiefste Dunkelheit, wo ich die Bewegung sehr dunkler Elementarzellen aus geistiger Materie fühlen und beobachten konnte.

Gott sagte zu mir: „Hier begann der geistig, mechanische Prozess meines Bewusstseins. Dann kam das Stadium, in dem Ich das Bewusstsein erlangte und begann, alles zu entwickeln. Deshalb bin Ich der erste Ursprung der Ewigkeit." Gott fügte noch hinzu: „Das Licht kam durch mich, deshalb wird es für immer bestehen. Ich musste die Kraft der Prinzipien anwenden, da diese dunkelste Materie keinen Kompromiss mit mir schloss. Deshalb leben alle materiellen äußeren Existenzen nur eine bestimmte Zeit. Auch das äußere Universum existiert nicht ewig. Aber Ich kann immer wieder Energie erzeugen.

Denkt immer daran: Das ewige Leben wird für immer bestehen, da Ich der ewige Generator bin."

Das war es, was mir Gott, der Himmlische Vater, erlaubte, über seine Existenz zu beobachten. Ich konnte erfahren, welche Gefühle Gott in jedem Stadium hatte. Ich weiß, das was ich schreibe, kann zu vielen

wissenschaftlichen Diskussionen führen. Aber wir dürfen eines nicht vergessen:
Auch die Wahrheit an sich, braucht Beobachtung und Erfahrung.

Gottes verschiedene Entwicklungsstadien und seine ursprünglichen Wesensarten

Während ich dieses Buch schreibe, fehlt mir oftmals das Wissen, dem modernen, intellektuellen Menschen Gott, Gottes Entwicklung und seine ursprünglichen Wesensarten in wissenschaftlichen Fachausdrücken zu erklären. Wie ich bereits erwähnte, bewegten sich im tiefsten Stadium der Dunkelheit Elemente des Lebens ohne bestimmtes Ziel. In einer Art schwarzem Loch waren diese Elemente des Lebens zuerst unsichtbar, umhüllt von tiefster Dunkelheit. Später wurden sie sichtbar, doch sie hatten weder eine Ordnung, eine Form von Disziplin, noch folgten sie bestimmten Prinzipien.

Gott zeigte mir, dass hier der Ursprung seines mechanischen Wachstumsprozesses begann. Danach kam das zweite Stadium, in dem Er den mechanischen Prozess hinter sich ließ und in das unbewusste Stadium der Ewigkeit gelangte. Auch in diesem gab es weder Ordnung, Disziplin, noch Prinzipien. Im dritten Stadium erlangte Gott Bewusstsein und nahm das dunkle Umfeld um sich herum wahr. Gott war selbst im Inneren der dunklen Ewigkeit von vielen dunklen Hüllen umgeben und nicht in der Lage, irgendetwas zu tun. Die äußere Hülle der Dunkelheit dominierte und hinderte Ihn daran, aus der Dunkelheit herauszukommen. Es ist erstaunlich, dass der Anfang des mechanischen Wachstumsprozesses Gottes in tiefster Dunkelheit stattfand. Aber selbst zu Beginn dieses Prozesses, blockierten und dominierten die vielen Hüllen der Dunkelheit Gottes Bewusstsein. Ein Durchbrechen dieser Kapseln war Ihm anfangs nicht möglich

Die Leser dieses Buches sollen wissen, dass mein Herz dabei aufschreit, wenn ich diesen traurigen Abschnitt in Gottes Leben wiedergebe. Ich kenne auch die größte göttliche Wahrheit: Gott ist in der Ewigkeit viel mehr als nur wahre Eltern für uns. Ganz gewiss wird es in der nahen Zukunft Kinder Gottes geben, die Ihn über dieses Buch hinaus lieben werden. Sie werden Gott mit ihrem ganzen Körper, ihrem Bewusstsein, Verstand, Gewissen und vor allem von ganzem Herzen und mit ganzer Seele lieben.

Während Gottes Bewusstsein im Inneren der tiefsten Dunkelheit existierte, wollte Er deren Hüllen durchbrechen. Gott sehnte sich danach, der Dunkelheit zu entkommen. Gott sagte zu mir: „Oh, Zahid, zuerst entwickelte sich in mir das Gefühl der Liebe und Ich erkannte, dass Ich allein war. Wäre dieses Gefühl nicht in meinem Bewusstsein entstanden, hätte Ich nicht aus den Schalen dieser unvorstellbaren Dunkelheit herauskommen können." An dieser Stelle konnte ich noch eine andere göttliche Wahrheit erfahren. Die Emotion der Liebe ist die Mutter der universellen Urkraft. Gottes Emotion hat so gesehen die Ursubjektposition inne, da sie der universellen Urkraft, man kann sie auch Ursprungsenergie nennen, zur Geburt verhalf. Dementsprechend nimmt die universelle Ursprungsenergie Urobjektposition zu Gott ein. Oder mit anderen Worten: Gottes Emotionen sind das innerliche, ursprüngliche Subjekt und Gottes universelle Ursprungsenergie ist das dazugehörige, innerliche, ursprüngliche Objekt. Gott offenbarte mir: „Durch ein Geben und Nehmen zwischen meinem universellen Bewusstsein und meinen Emotionen der Liebe ist meine universelle Ursprungsenergie entstanden.

Ich beobachtete eine große Explosion im Inneren, der aus tiefster Dunkelheit bestehenden Schalen. All die Millionen, dunklen Schalen wurden unter gewaltigem Rauch auseinander gesprengt. Als der Rauch verschwand, kam ein sehr kleines blaues Licht zum Vorschein, in das Gottes universelles Bewusstsein hineinging. Ich beobachtete, wie dieses blaue Licht sich ausbreitete. Gottes Emotionen, sein Intellekt und sein Wille waren nun im Inneren des blauen Lichtes. Sie zusammen bilden das ursprüngliche, positive Subjekt, welches eine männliche Position einnimmt.

Durch wechselseitige Reaktionen zwischen Gottes Emotionen und dem blauen Licht, was man als Geben und Nehmen bezeichnen kann, kam es erneut zu einer Explosion, aus der das goldene, feurige Licht entstand. Dies ist Gottes ursprüngliches negatives Objekt und nimmt die weibliche Position ein. Ich konnte danach erkennen, dass im Inneren des ursprünglichen, positiven, blauen Lichtes (Subjektposition) und im Innern des ursprünglichen, aber entgegengesetzten negativen, goldenen, feurigen Lichtes (Objektposition) ein Wesen existierte.

Dann sagte Gott zu mir: „Mein teuerster Zahid, für jedes Stadium des Wachstumsprozesses brauchte es unendlich, lange Zeit." Das ist der Grund, warum Gott der erste Ursprung in der Dunkelheit der Ewigkeit ist. Er wiederum nimmt eine Subjektposition zu den beiden anderen Charakteristika ein: dem ursprünglichen, innerlichen, positiven Subjekt und dem ursprünglichen, äußerlichen, negativen Objekt. Gottes ursprüngliches Inneres und sein ursprüngliches Äußeres sowie sein ursprüngliches Plus und sein ursprüngliches Minus nehmen die Subjektposition gegenüber der inneren und äußeren Schöpfung ein. Gott ist der erste Ursprung, welcher im Ergebnis die innere und äußere Schöpfung hervorbrachte. Seine Emotion ist die ursprüngliche Essenz und das ursprüngliche Zentrum. Gott liebt alle Engel, alle anderen Wesen und die Menschheit uneingeschränkt. Als Gott schließlich die Menschen erschuf, schenkte Er ihnen immerwährende Liebeselemente. Nur der ursprüngliche, wahre, vollkommene Mensch, der mit Gottes Herz eins ist, kennt den tiefen Wert und die Liebe Gottes, die Gott uns allen vorbehaltlos gegeben hat. Deshalb ist der wahre Mensch entzückt und mystisch in Gott.

Gottes innere geistige Schöpfung – Die verschiedenen Engel und Dschinnwesen und die menschlichen Geistwesen in der geistigen Welt

Die Menschen und ihre Heimat

Die Menschen haben ihre Heimat verloren, seit sie vom Willen Gottes getrennt leben. Sie sind von einer großen Ignoranz des Lebens umgeben. Die Menschen kennen weder die göttliche Wahrheit, die sie befreien möchte, noch die göttliche Liebe, die sich danach sehnt, sie zu heilen und zu umarmen.

Die Menschen haben viele Fragen über das Leben und das Universum. Sie möchten wissen, woher sie kommen und was ihr Ursprung ist. Sie fragen zu ihren Lebzeiten auf Erden zum einen nach dem Sinn des Lebens und wie sie dieses Ziel in dieser kurzen Zeit erreichen können. Zum anderen fragen sie, wo sie nach dem Tode leben werden und was ihre Bestimmung sein wird. Sie möchten auch das Geheimnis des Lebens in der geistigen Welt kennenlernen. Diese verschiedenen Fragen beschäftigen die Menschen schon die ganze Geschichte hindurch und doch haben sie alle eine gemeinsame Antwort.

Hätten die Menschen jemals ihren Glauben, ihre Liebe und ihren Gehorsam Gott gegenüber gezeigt, dann würde der Weg des Lebens für sie sehr einfach sein. Die wirkliche Liebe Gottes zu erfahren, wäre keine Schwierigkeit. Die Menschen würden selbst das Geheimnis der Wahrheit herausfinden, denn der Gott der Liebe wird ihnen erlauben, diese durch ihre eigene geistige und wahrhaftige Beobachtung zu entdecken. Sie werden den Gott der Liebe durch ihre eigenen Erfahrungen kennenlernen. Doch leider ist dies nie Realität geworden. Die Geschichte der Menschheit hat nicht die vorgesehene Richtung eingeschlagen. Ihr abtrünniger Weg führte die Menschen zur Lüge und zur falschen Realität.

Während Gottes blaues, männliches Licht und sein goldenes, weibliches Licht sich ausbreiteten, verschwand die Dunkelheit. Es war nicht einfach für Gott, sein eigenes Ebenbild zu erschaffen. Es dauerte lange, bis Er das Konzept in die Wirklichkeit umsetzen konnte. Diese lange Zeitspanne wäre für uns Menschen bereits eine Ewigkeit.

Deshalb sollten die Menschen Gott als ihre eigene, geliebte Familie betrachten. Daran fehlte es bereits die ganze Geschichte hindurch und ebenso in der religiösen Welt. Die Religionen lieben ihre Propheten oder Erlöser in vielen Fällen mehr als Gott. Gott wurde mehr oder weniger zum Konzept für sie, der außerhalb der Reichweite ihres menschlichen Verstandes lebt. Manchmal haben sie Gott verehrt und gerühmt, aber sie haben solch einen Gott niemals in ihr eigenes Leben gebracht. Er wurde nie zu einem Teil von ihnen. Die religiöse Welt vertraut Gott, obwohl sie Ihn nie wirklich kennen gelernt hat. Das ist die erstaunliche Tragödie aller Religionen und Menschen.

Jetzt möchte ich zurückkehren zu meinen Beobachtungen und Erfahrungen. Gott erschuf zuerst die blauen, danach die goldenen und die weißen Engel, die Dschinns und anderen Wesen. Zum Schluss erschuf Er die menschlichen Seelen in der geistigen Welt. Das bedeutet, dass jede menschliche Seele älter ist als das äußere Universum. Dies erkläre ich ausführlicher in einem der nächsten Kapitel und warum es notwendig war, eine äußere Schöpfung für die Menschen zu kreieren.

Gott hat einen Teil seines eigenen Lichtes genommen, um die Engel, die Dschinns und die Menschen zu erschaffen. Ihre Wesensart mag zwar verschieden sein, aber eins haben sie gemeinsam - Gottes Liebe. Sie können durch ein wechselseitiges, auf Gott ausgerichtetes, harmonisches Geben und Nehmen miteinander wachsen. Die blauen Lichtengel möchten beispielsweise Gott von seiner Leere, seiner Einsamkeit und seiner Traurigkeit befreien. Sie repräsentieren potentiell diese Wesensart. Die goldenen Engel spiegeln Gottes Liebe, seine Sensibilität und Gottes friedfertige Natur wieder. Die weißen Engel repräsentieren Gottes Wahrheit und deren Realisierung. Gottes Wesen, seine Kraft und Energie verherrlichen die Dschinnwesen. Die Menschen spiegeln Gottes Inneres und Äußeres, sein Herz und seine Liebe wieder. Was ich bereits vorher erwähnte, dürfen wir auf keinen Fall vergessen: All diese Wesen können durch ein harmonisches, auf Gott ausgerichtetes, Geben und Nehmen wachsen. Dadurch werden sie ihren einzigartigen Wert in Gott finden.

Während sich das blaue und goldene Licht in der Dunkelheit ausbreiteten, sah ich, dass Gott mit seinem eigenen Licht kommunizierte, nachdem Er einen großen Teil seines eigenen Lichtes von sich getrennt hatte. Von diesem Teil des Lichtes erschuf Er unsere

Seelen. Bevor Er unsere Seelen von diesem Licht kreierte, war dieses formlos und reiste zusammen mit Gott. Gott sprach unzählige Male zu diesem Licht: „Ich bin dein Gott, Ich bin dein Vater." Und dieses Licht gab unbewusst wieder: „Ja! Ich gehöre zu Dir!" Viele Male ging dieses Licht in das Innere Gottes hinein und kam wieder heraus, genauso als ob ein Kind geboren würde. Deshalb müssen die Engel, Dschinns und die Menschen dem Ruf Gottes jetzt bewusst folgen und Ihm antworten. Erinnere dich! Als Gott zu seinem eigenen Licht, das Er von sich getrennt hatte, sprach: „Ich bin dein Gott, Ich bin dein Vater.", wer war da, um Ihm zu antworten? NIEMAND! Aber Gott liebte uns so sehr, dass Er die Antwort in unserem Namen gab. Diese Stimme Gottes ist in jeder menschlichen Seele und in jedem menschlichen Herzen. Nun ist es an uns, Ihm jetzt bewusst zu antworten.

Meine Beobachtungen

Gott erschuf die Engel, Dschinns und die Menschen in der Dunkelheit. Das Licht, das Gott von sich trennte, war formlos. Deshalb umgab Er es mit schwarzen Hüllen. Seine Wärme und Liebe ließen diese wie Eierschalen auseinander brechen. Dieser Prozess glich dem, als Gott die Engel, Dschinns und die menschlichen Seelen erschuf. Der einzige Unterschied besteht darin, dass Gott in die menschlichen Seelen innerliche und äußerliche Elemente gab. Deshalb nennen wir die Menschen auch Wesen des Mikrokosmos. Sie repräsentieren beide Aspekte Gottes, den Inneren und den Äußeren.

Nachdem Gott die verschiedenfarbigen Engel, die Dschinns, die anderen Wesen und zum Schluss die menschlichen Seelen erschaffen hatte, wuchsen und entwickelten sich diese in ihren eigenen Dimensionen. Sie hatten auch die Möglichkeit, einander zu treffen und sich gegenseitig kennenzulernen, basierend auf einer wechselseitigen Beziehung des Gebens und Nehmens. Am Anfang existierte Gott über einen schier ewigen Zeitraum nur mit den Engelwesen. Dann kam die Zeit, als Gott die neu erschaffenen Dschinnwesen den Engeln vorstellte. Hier kam zuerst Neid unter den Engeln auf, da diese für immer mit Gott allein in der geistigen Schöpfung leben wollten. Sie fragten Gott sogar, ob ihnen etwas fehlt, was sie Ihm nicht geben können und beteuerten ihren Gehorsam Gott gegenüber. Sie befürchteten, dass die neuen Wesen möglicherweise Konflikte

37

zwischen sie und Gott bringen könnten. In ihnen stieg das beängstigende Gefühl hoch, dass Er der neuen Schöpfung mehr Aufmerksamkeit widmen und dadurch die Liebe Gottes ihnen gegenüber nicht die gleiche wie vorher sein würde.

Dieses mangelnde Verständnis ist einfach nachzuvollziehen. Die Engel hatten noch keine perfekte Liebesbeziehung mit Gott, da sie immer noch wuchsen. In der Zeit der Entwicklung ist der Neid wie ein schwarzer Schatten in einer Beziehung. Erreicht man aber eine ideale, vertikale Beziehung mit Gott, kann keine Macht in diesem Universum diese Beziehung zerbrechen. Und dies ist das ganze Geheimnis. Gott wartet deshalb geduldig auf jedes Wesen. Als Gott aus der Dunkelheit herauskam und sich Seiner bewusst wurde, schwor Er sich, dass Er jedem Wesen dieselbe Freiheit des Bewusstseins, des Friedens, des Gewissens und der Liebe geben wird. Ich muss an dieser Stelle erwähnen, dass die Engel, die in unseren Augen eine Ewigkeit mit Gott gelebt haben, das Geheimnis dieser göttlichen Wahrheit kennen. Ebenso kennt Luzifer, der zu Satan wurde, dieses Geheimnis. Alle Wesen wissen: Gott wird weder Gewalt anwenden in dieser idealen Beziehung, noch in dem Prozess, sie zu erreichen. Aber warum hat Gott überhaupt diese Freiheiten den Engeln, den Dschinns und den Menschen zugestanden? Wir dürfen nicht vergessen, dass die Freiheit des Bewusstseins, des Gewissens und der Liebe immer auf natürliche Weise ihre ideale Beziehung erfüllen möchten.

Es stellt sich jedoch die Frage, warum die Engel, Dschinns und letztendlich auch die Menschen fielen? Die Antwort ist die: Es war der Missbrauch der Liebe in dem Wachstumsprozess, bevor die Vollkommenheit einer vertikalen, idealen Beziehung mit Gott erreicht wurde. Diese Wesen sind Gott in ihrer Entwicklung nicht bis zu Ende gefolgt. Aus diesem Grund leidet die ganze innere und äußere Schöpfung. Die Religionen waren demnach ein vorübergehendes Werkzeug für Gott, um seine Wesen zurück zu dem Punkt zu bringen, an dem sie ihre ursprüngliche, natürliche, dem Willen Gottes entsprechende Entwicklung wieder aufnehmen können. Gott hatte ursprünglich nicht die Absicht, Religionen in dieser Welt für die Menschheit entstehen zu lassen. Die Religionen entstanden nur durch ihren Fall. Ansonsten hätten die Menschen und die anderen Wesen niemals irgendeine Religion kennen gelernt, geschweige denn für ihre geistige Entwicklung und Führung benötigt. Auch darüber werde ich in einem der folgenden Kapitel sprechen. Oft weiß ich nicht, wo ich mit meinen Erklärungen ansetzen soll. Ich habe über so viele Dinge im Namen Gottes zur Menschheit zu sprechen und natürlich auch über seine Traurigkeit, Einsamkeit und sein gebrochenes Herz.

Ich komme noch einmal zurück zu meinem ursprünglichen Thema. Ich sprach über die Engelwelt, die tatsächlich und sehr häufig Gott rieten, diese Dschinnwesen nicht zu kreieren. Gott sagte jedoch zu ihnen: „Lasst uns noch einige Schritte auf unser Ideal zugehen." Die Dschinnwesen waren natürlich in vielen Fällen anders, als die Engel es erwarteten. Die Dschinns und die Engel verhielten sich wie zwei entgegengesetzte Pole. Es bedarf eines starken Hauchs von Gottes Liebe, um sie zusammenzubringen. Die Liebe Gottes ist so überwältigend, dass sie jedes Wesen erreichen kann. Die Wesensarten und Interessen der Engel sind so verschieden zu denen der Dschinnschöpfung und hätten gegensätzlicher nicht sein können. Die Dschinnwesen waren unmündig, noch nicht voll erwachsen und entwickelten sich immer noch in Richtung Gott, um eine ideale Beziehung zu haben. In dieser Phase der Entwicklung hätten die Engel, da sie schon so lange mit Gott lebten, mehr Liebe dieser neuen Dschinn-Schöpfung entgegenbringen müssen. Verständlicherweise haben die Dschinns mehr Liebe in diesem Wachstumsprozess von Gott erhalten, weil sie noch relativ jung waren. Sie hätten Gott nur gehorsam folgen müssen. Aber dies geschah nicht. Die Wesen dieser Schöpfung wollten in ihren eigenen Dimensionen leben.

Dies ist mit ein Grund für die vielen Trennungen zwischen den geistigen Schöpfungen. Zum Schluss erschuf Gott die menschlichen Seelen, die den Höhepunkt seiner Schöpfungen darstellen. Gott hat alles in die Schöpfung der Menschen investiert. Die Menschen sind die einzigen in den Augen Gottes, die alle Wesen vereinigen können und dadurch in der Lage sind, Gottes Herz zu befreien. In den Augen Gottes sind die menschlichen Wesen der Mittelpunkt seiner Schöpfung. Als die menschlichen Seelen von Gott in der geistigen Welt kreiert wurden, waren die Engel und Dschinns sehr neidisch, denn Gott äußerte ihnen gegenüber sehr oft, dass die Menschen seine Kinder seien. Gott sagte über sie, dass Er jedes Fünkchen Energie in sie investiert hätte. Vorher lebten alle anderen Wesen gruppenweise in der geistigen Welt ihrer eigenen Dimensionen, aber nicht weil Gott dies wollte. Die Menschen hätten dies ändern können.

Die Menschen lebten sehr, sehr lange in der geistigen Welt, bevor Gott die äußere Schöpfung für sie erschuf. Jetzt stellt sich die Frage, warum Gott diese äußere Schöpfung für die Menschen benötigte? Die Antwort, die von Gott auf diese Frage gegeben wurde, ist folgende: Selbst in der Ewigkeit dauert es für die verschiedenen Wesen sehr lang, ihre Seelen zu entwickeln. Das bedeutet, dass es in der geistigen Welt kein vergleichbares Konzept der Zeit gibt. Der Entwicklungsprozess der Seelen in der geistigen Welt ist sehr langsam. Die Zeit vergeht in der äußeren Welt viel schneller, und dies spielt eine große Rolle für das Wachstum der Seelen durch den physischen Körper. Wenn ein Mensch mit seinem physischen Körper 80 Jahre auf der Erde lebt, entspricht dies einer Zeitperiode in der geistigen Welt von 29.200.000 Jahren. Gott erschuf eine äußere Schöpfung für seine Kinder, damit diese in der kürzesten Zeit wachsen und sich entwickeln können; darin ist auch Gottes höchster Ausdruck von Liebe zu sehen.

Die äußere Schöpfung, Gottes Wille und die Menschen

Durch Gott habe ich erfahren, dass die äußere Schöpfung nur eine bestimmte Zeit existiert. Einzig allein Gott weiß, wann diese Zeit vorbei sein wird. Andererseits ist es aber eine Tatsache, dass dieses Universum für unsere geistige Entwicklung eine große Rolle spielt. Ursprünglich repräsentieren die Menschen hauptsächlich Gottes Herz und Seele. Die anderen Wesen repräsentieren dagegen nur einen Aspekt von Gottes Charakter. Gleichzeitig können sie, ausgerichtet auf Gott, durch ein Geben und Nehmen mit anderen Wesen und mit den Menschen wachsen. Gott, der das Subjekt des innerlichen und des äußerlichen Lebens und der Liebe ist, sehnt sich danach, dass die Engel, die Dschinns und die Menschen auf natürliche Weise ihre Liebe vertikal mit Ihm verbinden.

Die Frage ist nun, warum für Gott diese Beziehung so wichtig ist? Wir dürfen nicht vergessen, dass Gott der Ursprung der Ewigkeit ist. Wir sind das Ergebnis, durch das Gott seine Liebe vervollkommnen kann. Ich kann dieses Geheimnis allen Menschen erzählen, da ich das äußere Universum Millionen Mal mit meinem Geist durchreist habe und weiß, dass in vielen Teilen dieses Universums Leben existiert. Eines Tages wird sich das Leben des Universums mit dem irdischen Leben verbinden. Durch die mir von Gott verliehene Kraft und Autorität, kann ich mit meinem Geist Billionen von Himmeln durchfliegen. Natürlich spreche ich hier von geistigen Himmeln. Den Menschen und anderen Wesen gehören all das Glück dieser Himmel. Sie können selber die Schönheit des äußeren und des inneren Universums besitzen. Und trotzdem werden eines Tages in dieser Ewigkeit Fragen aufkommen wie:

Wo werden all die Engel, Dschinns und die Menschen ihren immerwährenden Frieden, und ihre ewige Freiheit entdecken? Wo werden sie die endlose Glückseligkeit für ihren Geist und ihre Seele und ihre endlose Liebe in der Ewigkeit finden?

All diese Ideale und noch viele mehr existieren in Gott. Alle Wesen und Menschen, die diese Ideale in Gott entdecken, werden sich an diesem Tag vor Gott mit den Worten verbeugen: „Gott, nur Du bist unser Vater, nur Du bist unser wahres Subjekt und nur Du kannst die wahren Eltern für uns sein. Lieber Gott, du bist für uns, wie auch für unsere Familien, die Welt, die Himmel und die gesamte Ewigkeit die wahre Mutter und der wahre Vater. Du bist das Subjekt von allen und von jedem."

All die verschiedenen Engelwesen und die Dschinns kennen aber auch ein anderes Geheimnis: Gott war so mystisch und verliebt in die Menschen, dass Er viele Male die materiellen Elemente küsste, aus denen Er den äußeren, physischen Körper der Menschen erschaffen wollte. Genau jetzt sollten sich die Menschen und vor allem die Leser dieses Buches einen Moment der Ruhe gönnen und versuchen, nachzuempfinden, wie sehr Gott sie liebte, als sie in der geistigen Welt lebten, wo die Zeit viel langsamer verstreicht und das Wachsen viel länger dauert. Deshalb erschuf Gott das äußere Universum für seine Kinder, wo sie sich schneller geistig entwickeln können. Doch es liegt an der Ignoranz der Menschen, dass diese die göttliche Wahrheit nicht kennen und auch nicht kennenlernen wollen. Seitdem die Menschen Gott gegenüber ungehorsam waren und ihren Glauben an ihren Schöpfer verloren, vollzieht sich auch der Fall nach unten. Die Menschen haben ihre Heimat verloren. Gott ist ihre Heimat. Die gesamte Menschheit ist seit dieser Zeit von Ignoranz umgeben und lebt in Konflikten und mit Widersprüchen seit Beginn der Geschichte. Seit ihrem Fall bis heute begleiten sie Unglück, Unfälle, Krankheiten, Entbehrungen, Habgier, Ignoranz und all das Schlechte.

Die Menschen möchten auch nicht ihre Augen öffnen und sich selber fragen, warum diese Bestimmung gerade für sie ist. Sie möchten sich nicht fragen: Was habe ich falsch gemacht, dass ich nun das Opfer all dieser Umstände bin? Die ganze Geschichte hindurch bis heute gab es niemals einen Moment für die Menschheit, wo sie in Frieden leben konnte. Die Antwort ist auch hier sehr einfach! Die Menschen machten die gleichen Fehler wie die Engel und Dschinns. Sie haben ihre geistige Reise zu Gott nicht beendet. Das, worüber ich hier spreche, ist die reale Wirklichkeit. Die Menschen werden sich wundern, welche Barrieren sie in der geistigen Welt umgeben. Über ihnen existieren unzählige Himmel, aber sie sind leer. Nur wenige Engel, andere Wesen oder Menschen haben es geschafft, bis dorthin zu kommen. Ich möchte noch einmal betonen, dass es nur einigen gelungen ist, in die Himmel vorzudringen, in denen Gott sichtbar ist. Gott hat mir diese Mission gegeben, damit die Menschheit auf ein höheres Niveau gelangen kann. Doch was soll und kann ich tun?

30 Jahre sind vergangen. Ich konnte nicht einmal ein paar Leute finden, die mir glauben, dass ich durch Gott und die Himmel gesandt wurde. In dieser Zeit habe ich versucht, einigen Leuten zu helfen, sich zu einer Familie Gottes zu entwickeln. Ich musste immer wieder mit ansehen, wie diese mich verließen. Sogar heute noch bin ich allein. Manchmal spreche ich zu den Bäumen, Vögeln und Tieren. Sogar der Natur erzähle ich über viele, viele Stunden die göttliche Wahrheit unseres Schöpfers. Ich sagte zu Gott: „Ich habe es nicht geschafft, deine Botschaft zu den Menschen zu bringen und ihnen dein Herz zu erklären. Ich bitte dich Gott, gib mir 40 Jahre mehr. Dann werde ich sicher deine Mission, zu deren Erfüllung ich durch deine einzigartige Liebe erwählt wurde, vorantreiben und erfüllen können."

Während ich dieses Buch schreibe, weint und sehnt sich mein Herz danach, die Menschheit zu erreichen. Luzifer hat jeden meiner Schritte blockiert, den ich in Liebe gehen wollte, um die Menschheit zu befreien. 30 Jahre waren so dunkel für diese Mission, dass die einzige Hoffnung und das einzige Licht, auf die ich mich verlassen konnte, nur Gott selber war.

Wie bekommt der menschliche Geist einen physischen Körper, damit er auf Erden leben und sich geistig entwickeln kann?

Gott selber hat zwei Aspekte des Lebens, d.h. zwei Charakteristika, einen innerlichen Charakter und eine äußerliche Form. Und deswegen hat Gott auch beide Elemente seinem Partner der Liebe, dem Menschen, gegeben. In Gottes Schöpfung repräsentieren die Menschen als Mikrokosmos den Makrokosmos. Das innere und das äußere Universum, die immer in Bewegung sind, können durch die Menschen verbunden werden. Das innere, geistige Universum, als auch das äußerliche Universum haben jeweils ihre eigene extreme Gravitation, welche sich gegenseitig anziehen und gleichzeitig voneinander abstoßen. Es ist nicht einfach, vom inneren zum äußeren Universum zu gelangen, denn diese extremen Kräfte müssen erst überwunden werden. Das gleiche Prinzip herrscht natürlich auch, wenn man vom äußeren zum inneren Universum wechselt. Es bedarf einer unglaublich starken Kraft, um ein Wesen von einer zur anderen Seite zu ziehen. Dieser Vorgang wird von den Engeln überwacht. Das innere Universum hat die Position des Subjektes inne und kann daher die äußere Gravitation überwinden und sie zu sich ziehen. Das äußere Universum ist dazu nicht in der Lage. Es kann das innere Universum nicht zu sich ziehen. Selbst wenn das innere Universum, das äußere zu sich heranzieht, gehen nicht die extrem abstoßenden Kräfte zwischen beiden verloren, sondern werden überlagert.

Das Leben auf der Erde begann mit einer Zelle und dieser Prozess vollzog sich immer weiter, bis die Form des Menschen entstand. Gott und die Engel hatten ein klares Konzept über die Form des menschlichen, physischen Körpers. Was passierte, als das Umfeld etabliert war für den menschlichen, physischen Körper? Gott begann den menschlichen Geist auf die Erde zu senden. Er sollte sich so schnell wie möglich in seinem physischen Körper entwickeln und so die Zeit verkürzen, die er für seinen geistigen Wachstumsprozess benötigt.

Doch wie findet dieses Phänomen statt? Wenn die Frau durch den Mann schwanger wird, entsteht die physische Form des Kindes nicht zufällig! Zu Beginn der Schwangerschaft, dem Zeitpunkt der Empfängnis, sendet die geistige Welt den menschlichen Geist. In diesem Zeitpunkt vereinigen sich die beiden Zellen, männlich und weiblich. Der menschliche Geist, der aus der geistigen Welt kommt, presst die physischen Zellen derart, dass die physische Form sich im Bauch der Mutter herausbildet. Diese Form entspricht nur ungefähr dem Aussehen dieses weiblichen oder männlichen Geistes. Die physische Materie hat ihre eigene Identität und erlaubt dem menschlichen Geist nicht vollkommen, den physischen Körper zu formen und zu prägen. Aufgrund dessen entspricht das Aussehen des menschlichen Körpers zu 80 % dem des menschlichen Geistes. Die Engel kontrollieren im Namen Gottes die Systeme in diesem Prozess.

Für den menschlichen Geist gibt es drei verschiedene Perioden in der Zeit der Schwangerschaft. In den ersten drei Monaten nach der Empfängnis kann der Geist, aufgrund seiner eigenen freien Entscheidung, jederzeit den Körper verlassen. Er kann zurück in die geistige Welt gehen und wieder in den Körper hineinfahren. Er ist in der Lage, von der geistigen Welt in die äußere Welt zu gehen und umgekehrt. In diesen drei Monaten wird von der Engelwelt nicht in diesen Prozess eingegriffen. In der zweiten Phase, den nächsten drei Monaten, braucht der menschliche Geist die Erlaubnis, um zwischen den beiden Welten zu wechseln. In den letzten drei Monaten der Schwangerschaft muss der menschliche Geist ständig im Bauch der Mutter bleiben. Zum Zeitpunkt der Geburt verliert er im physischen Körper des Kindes jegliche Erinnerung an die geistige Welt. Nur in seinem Unterbewusstsein bleibt sie erhalten. Während der Geist auf der Erde wächst, kommt auch seine geistige Erinnerung relativ zurück, so dass er weiß, wo er vor der physischen Geburt in der geistigen Welt gelebt hat.

Die Aufgabe des Menschen besteht nun darin, in diesem irdischen Leben sein geistiges Leben im physischen Körper zu entwickeln. Der Geist kann also in verhältnismäßig kurzer Zeit geistig wachsen. Leider geschieht dies nicht sehr oft, weil wir in einer uns falsch beeinflussenden Umwelt aufwachsen und leben. Der Fall der Menschen brachte eine so schlimme Umgebung, dass der Geist seine erste Priorität, seine eigentliche Aufgabe, nicht erkennen kann. Der Mensch kam unter den starken Einfluss Luzifers. Deshalb ist sein Leben auf der Erde stark nach materiellen Dingen ausgerichtet. Die Geschichte der Religionen ist so gesehen relativ eine Geschichte der Wiederherstellung für den Menschen.

Einige Menschen haben relativ ihr geistiges Wachstum zum Guten erreicht und eine Basis des Gebens und Nehmens mit Gott gefunden und viele Teile des geistigen Lebens entdecken können. Ich kenne einige Menschen, denen es gelungen ist, dieses Geheimnis zu lüften. Unter ihnen befinden sich berühmte Persönlichkeiten wie Abraham, Moses, Jesus, Mohammed und aus dem Fernen Osten Buddha und Konfuzius sowie viele andere. Ich selber habe viele Abschnitte meines früheren geistigen Lebens kennen gelernt.

Jetzt stellt sich die Frage, ob dieser physische Körper nur einmal der menschlichen Seele gegeben wird? Oder kann die menschliche Seele vielleicht immer wieder einen neuen Körper bekommen? Die umfassende Antwort darauf werde ich in dem Kapitel über die Reinkarnation am Ende dieses Buches geben. Eine kurze und einfache Antwort, die ich durch meine Beobachtungen und Erfahrungen in den Himmeln und auch von Gott erhalten habe ist, dass der physische Körper der menschlichen Seele nur einmal gegeben wird und dann nie wieder!

Dies ist eine sehr schmerzhafte Antwort für die Leute, die daran glauben, dass sie immer wieder in verschiedenen menschlichen Körpern wiedergeboren werden, um sich selber zu korrigieren. Aber die Wahrheit schließt mit niemandem Kompromisse! Hat man erst einmal seinen physischen Körper verloren, wird man auch erfahren, was für eine wunderbare Möglichkeit Gott einem zum Geschenk machte, um in geistiger Vollkommenheit zu wachsen. In der geistigen Welt werden die Menschen, verbunden mit einem tiefen Schmerz in ihrem Herzen, erkennen, was sie verloren haben. Hier kann man nichts mehr ändern und wird seinem geistigen Bereich zugewiesen. Dort wird man für falsche Aktivitäten auf der Erde Tausend und Millionen Jahre leiden. Deshalb ist es sehr wichtig, dass die Menschen erfahren, welch wunderbares Glück sie haben, ihre Reise in Richtung Gott mit ihrem physischen Körper zu vollenden. Sie können ihre geistige Glückseligkeit vertikal und horizontal finden und all die Ideale realisieren, mit denen sie Gott ursprünglich gesegnet hat.

Folgende drei große Segen hat Gott den Menschen als seinen Kindern gegeben:

1. Vollenden sie ihre Vollkommenheit mit Gott vertikal und horizontal, können sie wie Gott handeln und wie Er für das Gute und Heilige leben.

2. Mann und Frau müssen dies ausgerichtet auf Gott realisieren, so dass sie beide mit Ihm kommunizieren können. Dann werden sie Kinder haben, welche die Natur des Guten in sich tragen. In bereits sehr jungen Jahren können sich diese Kinder mit Gott verbinden. Von diesem Punkt an, kann eine Gesellschaft, eine Nation und letztendlich eine Welt substantiell ausgerichtet auf Gott realisiert werden.

3. Tatsächlich entspricht es dem Wunsch Gottes, dass der Mensch über die äußerliche und die innerliche Schöpfung im Namen Gottes herrscht und zum wahren Eigentümer dieses Universums und eines jeden anderen Universums wird.

Aber jetzt ist die Frage, warum diese Ideale, die Gott für die Menschen wollte, nicht Wirklichkeit geworden sind?
Darüber werde ich in dem Kapitel über Adams Familie sprechen.

Meine geistigen Reisen und Erfahrungen mit Gott

Ich hatte viele Reisen und Erfahrungen mit Gott und anderen geistigen Wesen. Deshalb entschloss ich mich, der Menschheit einige meiner Erfahrungen mit Gott mitzuteilen. Sie soll erfahren, wer unser Himmlischer Vater ist.

1. Eines Tages, als ich um Mitternacht für die Menschheit betete, bat ich Gott, die Herzen der Menschen zu öffnen. Ich sprach zu Gott: „Das Leben sollte wie ein gerader Weg für die Menschen sein, auf dass sie ihr inneres Leben bereits sehen können, bevor sie ihr Zuhause erreichen. Die Menschheit muss nicht nach oben in den Himmel schauen, um den Berg voller Sorgen überwinden zu können. Als Kinder Gottes würden sie die Antworten dieser anderen Seite bereits kennen. Jetzt ist aber der Weg der geistigen Glückseligkeit nicht der Weg zur Freiheit, sondern eher ein Weg des Leides und der Entbehrungen. Wir reisen auf diesem Weg, in der Hoffnung, irgendwo anzukommen. Endet das irdische Leben, finden die Menschen heraus, dass noch viele Hindernisse zu überwinden sind, was fast unmöglich erscheint. Jetzt habe ich Dich, Gott, im Namen der Menschheit gebeten, unsere Hände zu halten, damit wir unseren zukünftigen Morgen auch treffen können. Hilf mir, den Weg der Liebe für die Menschheit zu errichten, auf dass die Reise deiner Kinder sicher und ungestört in deinem Königreich endet."

Während ich dies betete, vernahm ich die Stimme aus den Himmeln: „Wir haben alle Tore der Himmel geöffnet, damit dein Gebet Gott erreichen kann." Ich sah, wie ein blaues Licht auf mich zukam. Als es mich berührte, flog ich vertikal nach oben. In jedem Himmel, den ich passierte, sagte ich zu den Engeln: „Haltet mich nicht auf, lasst mich weiterziehen. Ich trage die Sorgen meiner Mitmenschen. Ich muss diese zu Gott bringen." Ich vernahm aus den Himmeln, dass seit langer Zeit kein Kind Gottes hier vorbeigekommen ist. Im Königreich Gottes angelangt, verbeugten sich verschiedenfarbige Engel vor mir und sprachen: „Dein gebrochenes Herz für Gott und die Menschheit hat dich bis hierher gebracht." Mit eigenen Augen sah ich, dass die Engel, nur um eine Brücke zwischen Gott und den Menschen zu errichten, es vergessen haben, in ihre eigene Heimat zurückzukehren. Indem sie das Leid und die Traurigkeit für die Menschheit trugen, konnten sie nicht zu ihrem Himmlischen Vater zurückgehen. Die unzähligen Himmel erschienen mir bei meinen Reisen wie ein Wunder, aber Gottes Kinder waren nicht da.

Ich traf blaue Engel, die ich fragte: „Warum konnten Gottes Kinder nicht hierher gelangen?" Sie antworteten: „Der Tod trennte sie von ihrem himmlischen Zuhause." Ich bat die Engel, mir dies mit einfachen Worten zu erklären. „Die Sünde ist der Tod", erwiderten sie. „Sie verhindert einen vertikalen Flug in die Himmel." „Welcher ist der einfachste Weg für die Menschheit, hierher zu gelangen?", wollte ich wissen. „Sie müssen wie Gott werden. Ihr Vater im Himmel ist heilig und die Himmel sind heilige Orte. Sag den Menschen, dass sie ein empfindsames Herz für ihren Schöpfer haben müssen, der alles nur für seine Kinder gegeben hat. Noch wissen seine Kinder nicht, dass die gesamte Schöpfung und die Himmel Gottes Kinder rufen, sich in Frieden, Freiheit und Harmonie dort mit ihrem Himmlischen Vater niederzulassen. Sag ihnen, sie müssen Gottes Liebe erfahren. Kommt die Liebe in den Himmeln des Himmlischen Vaters an, wird sie mystisch. Überschreitet die Liebe das Territorium Gottes, verliert sie ihre Sinne. Erzähl den Menschen, dass es das Ziel der Liebe ist, in die Himmel zu gelangen und dort den ewigwährenden, unbeschreiblichen Gott zu entdecken."

Zurückgekehrt von dieser Reise war ich noch immer mystisch. Ich lief in die Stadt und rief: „Ich habe die Antwort für meine Mitmenschen." Doch die Menschen waren beschäftigt und in Eile. Von Zeit zu Zeit sahen sie mich an, als wäre ich verrückt. Ich konnte niemanden finden, dem ich hätte die Geheimnisse der Himmel mitteilen können. Nach Mitternacht waren die Bürgersteige leer, und ich kehrte als müder, alter Mann mit gebrochenem Herzen in den Wald zurück.

2. Bei einer anderen geistigen Reise ließ Gott mich so weit in die Vergangenheit zurückgehen, in der selbst das innere Leben noch nicht erschaffen war. Ich sah, wie Gott mit seinem blauen und seinem goldenen Licht durch die Ewigkeit reiste, ohne eine bestimmte Richtung zu haben. Als ich mich Gott näherte, erblickte ich, wie Tränen aus seinen Augen liefen. Seine Tränen fielen auf meine Seele. So erfuhr ich, dass Gottes Einsamkeit tief in Ihm verwurzelt ist. Ich erlebte Situationen in der dunklen Ewigkeit, in denen Gott noch nach seiner Bestimmung suchte.

3. Als ich in das Königreich Gottes kam, traf ich Gott. Er küsste mich auf die Stirn. Die Engel sangen, dass heute ein bedeutenderer Tag als der ist, an dem Jakob seinen Sohn Josef nach jahrelanger Trennung wieder traf.

Gott sprach zu mir: „Ich gehöre zu dir und du gehörst zu mir." Er umarmte mich, nahm meine Hand, spazierte mit mir durch die Himmel und sagte: „Ich habe zu lange in der Ewigkeit gewartet, einen Mann, wie dich, zu sehen. Du bist meine Familie."

4. Eine andere geistige Erfahrung hatte ich, nachdem ich, mit Tränen in den Augen, im Wald für die Menschheit betete. Es war drei Uhr Nachts, als ich in meine Wohnung zurückkehrte. Ich legte mich in mein Bett. Plötzlich explodierte blaues Licht vor meinen Augen und Engel standen vor mir. Sie sagten zu mir: „Geh mit uns! Gott hat dich gerufen." Wir reisten mit Lichtgeschwindigkeit vertikal nach oben ins Königreich Gottes. Dort angekommen, sprachen die Engel zu mir: „Hier beginnt das Königreich Gottes." Ich hörte, wie die Engel meine Ankunft mit Trompeten ankündigten. Ich erblickte unzählige farbige Engel. Aus ihren Händen, ja aus ihrem ganzen Geist, schossen Lichtblitze heraus. Viele Geistwesen verbeugten sich vor dem Thron Gottes. Ich fragte die Engel, wer diese seien. Sie antworteten mir, dies wären Propheten. Ich ging an diesen Propheten vorüber und sah, wie Engel mit extrem blauen, goldenen oder weißem Licht um den Thron herum standen. Ich verbeugte mich vor Gott und ließ mich in der Nähe seines Thrones still nieder.

Ich vernahm die Stimme Gottes, die zu mir sagte: „Komm zu mir". Ich ging auf Ihn zu. Gott erhob sich und forderte mich auf: „Setz dich auf meinen Thron". Ich antwortete: „Ich liebe dich aber nicht deshalb." „Das weiß ich sehr wohl.", gab Er zur Antwort. „Auf diesem Thron zu sitzen gebührt nur Dir.", sprach ich zu Ihm. Er nahm daraufhin meine Hand, führte mich zu seinem Thron und bedeutete mir, mich dort niederzulassen. Er sprach sehr leise in mein Ohr: „Wenn du dich nicht freiwillig setzt, dann tut es in Zukunft vielleicht jemand anderes. Und was ist, wenn er meine Identität verzerrt?" Als ich dies hörte, setzte ich mich freiwillig auf seinen Thron. Gott lächelte.

Er stand hinter mir und hielt meine Schultern. In diesem Moment konnte ich alles sehen, was in diesem Universum und im inneren Leben passierte. Die Engel priesen Gott im Himmel. „Du bist mein geliebter Sohn und du bist mein Herz", sprach Gott. Ich erwiderte daraufhin: „Himmlischer Vater, ich habe niemals auch nur in meinen Träumen daran gedacht, Dir so nahe sein zu dürfen. Ich habe seit langer Zeit auf die Antwort für die Menschen gewartet. Ich dachte, ich könne mich glücklich schätzen, wenn die Engel mich führen würden. Und jetzt sitze ich hier auf deinem Thron. Berichte ich darüber den Menschen in meinem Buch, wird dies sicherlich zu viel Verwirrung führen. Ich weiß, dass Du mich gesegnet hast. Früher oder später wird jeder diese erstaunliche, göttliche Gnade und Gunst beobachten und erfahren können. Was wird aber sein, wenn die Menschheit mir, die nur Dir zustehende Aufmerksamkeit und Liebe entgegenbringt? Das möchte ich auf keinen Fall, Himmlischer Vater. Ich möchte nicht zwischen Dir und deinen Kindern stehen. Dieses ehrenvolle Ansehen gebührt nur Dir. Deshalb lieber Gott, lass keine Verwirrung über deine Identität als Schöpfer aufkommen. Erlaube mir, mich von deinem Thron zu erheben und in der Reihe der anderen Propheten und Messiasse Platz zu nehmen, die sich vor Dir verneigen."

Gott sprach zu mir: „Hab keine Sorge, diesmal wird keine Verwirrung entstehen, denn du hast mich niemals um diese Anerkennung gebeten. Um was immer du mich heute auf diesem Thron bittest, sei dir gewährt." „Ich bitte Dich im Namen der Menschen und aller anderer Wesen um Vergebung. Bitte heile unsere Seelen. Erleichtere den Menschen den Weg zu Dir. Beseitige alle Hindernisse, die Luzifer und seine gefallenen Engel der Menschheit auf dem Weg zu Dir errichtet haben. Mach es uns leichter, Dich kennenzulernen. Vernichte bereits in naher Zukunft all die Höllen, die Luzifer und seine gefallenen Engel erschufen.

Lieber Himmlischer Vater, obwohl mich bis jetzt niemand auf der Erde kennt, noch mir irgendjemand zuhört, so kann ich doch nachts, wenn ich über die Millionen Höllen fliege, den Schrei der Menschheit vernehmen. Ich weiß nicht, was ich zu ihrer Befreiung tun kann. Hätte ich Millionen Leben, würde ich jedes einzelne dafür hingeben, deine Kinder zu befreien.", antwortete ich Ihm.

Ich sah, wie Gott, all die Engel und alle Propheten im Himmel anfingen, zu weinen. Gott sagte zu mir: „Sag der Menschheit, Ich werde sie befreien. Seit langer Zeit warte und arbeite Ich für ihre Erlösung. Sag ihnen, dass Ich ihnen näher als ihr eigener Atem bin. Ich warte vor den Türen ihrer Herzen. Sie müssen mir nur erlauben, hereinzukommen. Sag ihnen, sie sollen mir, Gott, erlauben, sie an die Hand zu nehmen, um in meinen Fußspuren zu gehen. Es steht in meiner Macht, jedes Wesen zu befreien und zu erlösen. Sag ihnen, sie sollen mich an ihrem Leben teilhaben lassen. Dann werden sie weder Angst, Sorgen noch Kummer haben, etwas zu verlieren. Ich werde ihnen in jedem Moment zur Seite stehen, sie führen und beschützen. Niemand wird auf diesem Weg verloren gehen und vermisst werden." Ich dankte Gott und Tränen standen in meinen Augen, als ich mich verbeugen wollte. Aber Gott erlaubte es mir nicht. Er sagte mir, dass mein Platz nicht dort sei. Er trug mich auf seinen Schultern. In den Himmeln wurde gesungen und Gott tanzte dazu. Er küsste mein Gesicht, meine Hände und meine Füße und sagte: „Ich liebe dich, du bist mein Kind." Niemand weiß, welches mystisches Umfeld und welche tiefe Liebe in den Himmeln existieren. Das können nur die Söhne und Töchter Gottes wissen, die bis dorthin vordringen konnten.

5. Eines Tages flog ich in den Himmel. Plötzlich hörte ich, wie Gottes goldenes Feuerlicht sich näherte. Je näher es kam, desto weniger konnten Ihm die Engel und die anderen Wesen standhalten. Sie sprangen alle nacheinander in blaues Wasser und warteten, bis Gott an ihren Himmeln vorüberzog. Als ich dies sah, schleuderte ich meinen Atem Gottes goldenem und blauem Licht entgegen. Dreimal tat ich dies und dann kühlte sich das Licht Gottes ab. Ich rief in die Himmel: „Kommt heraus aus dem blauen Wasser und schaut auf euren Himmlischen Vater." All die Engel und anderen Wesen kamen aus dem blauen Wasser und schauten zu Gott auf. Die Himmel waren erfüllt mit Gesang und alle tanzten. Endlich war jemand gekommen, der die Hitze von Gottes Licht abkühlen konnte und dem Gottes Feuerlicht gnädig gestimmt war. Der Himmlische Vater schaute mich an und sagte: „Dein Atem konnte mein Licht abkühlen." Gott berührte meinen Mund. In diesem Moment strömte blaues und goldenes Licht aus meinem Mund, meinen Augen und Händen.

6. Es war 3 Uhr Nachts, als ich zum Gebet aufstand. Ich wurde geradewegs zu Gott gebracht und dieser sprach: „An deinem Namen wird man sich immer in Verbindung mit meinem erinnern. Du kannst mich Mutter nennen." Und ich fragte Ihn: „Soll ich Dich wirklich Mutter nennen?" Er antwortete mir: „Durch dich hat eine neue Ära im ewigen Leben begonnen. Jetzt können mich die Menschen und anderen

Wesen auch Mutter nennen." „Du bist für mich der einzige Vater und die einzige Mutter", erwiderte ich. „Komm mit mir, ich habe ein Geschenk für dich", sagte Gott. Wir flogen aufwärts und Gott brachte mich zu einem neuen Himmel. Tränen rannen aus meinen Augen und ich umarmte Gott, während ich zu Ihm sprach: „Oh, meine über alles geliebte Mutter. Ich liebe Dich nicht wegen all dieser herrlichen Himmel." Gott schaute mich an und sagte: „Nimm sie! Ich habe sie nur für dich gemacht und Ich habe noch unzählige andere Himmel für dich. Wenn du für immer im ewigen Leben weilst, werde Ich sie dir alle geben." Bei der nächsten Frage sah Gott mir direkt in die Augen: „Was für Bedingungen wirst du den Menschen, Engeln und anderen Wesen stellen, damit sie in deine Himmel gelangen können?"

Ich antwortete Ihm, ohne zu zögern: „Es wird weder für deine Kinder, noch für all die anderen Wesen irgendwelche Bedingungen geben. Was dein ist, ist mein. Und was mir gehört, ist nicht nur für die Menschen, sondern für alle Wesen. Ich werde in meinem Leben auf der Erde und im ewigen Leben alles daran setzen, deine Söhne und Töchter zu dir zurückzubringen. Ich werde sie solange auf meinem Rücken tragen und durch die Himmel fliegen, bis auch das letzte deiner Kinder aus der Hölle befreit ist."

Ich weinte und Gott umarmte mich. Dann sagte Er: „So sollen meine Söhne und Töchter denken und leben." Ich beteuerte: „Es ist mein innigstes Gebet, dass jeder erfährt, wer Du wirklich bist."

7. Nachdem ich das Kapitel „Die Identität Gottes" beendet hatte, nahm ich die geschriebenen Seiten um Mitternacht zu meinem Gebetsplatz im Wald. Ich betete zu Gott unter Tränen, die Seiten, die über Ihn berichteten, zu segnen. Ich sah, wie blaues Licht vom Himmel kam und diese besonderen Seiten berührte. Das Papier und selbst ich erstrahlten im blauen Licht. Ich sagte: „Oh Gott, bitte komm auf die Erde, wenn ich Dich in vierzig Jahren darum bitte, damit deine Kinder Dich sehen." Danach öffneten sich über mir die Himmel und ich sah Gott und die Engel. Gottes Stimme ertönte: „Auf diese Art und Weise werde ich erscheinen, wenn du mich rufst." Vor Gott kniend sagte ich: „Ich ließ mir dieses Versprechen, um der Menschheit willen, von Dir geben."

Die Identität Satans (Luzifers) in der Engel- und in der Dschinnwelt und der Fall der Menschen zusammen mit Luzifer

Der Ursprung der Liebe und der wahren Heiligkeit ist Gott. Diese Tatsache ist allen Wesen in der geistigen Welt bekannt. Seitdem die Menschheit Gott nicht mehr folgte, wandten sich auch die wahre Heiligkeit und die wahre Liebe von ihnen ab. Sie leben nur noch mit ihrer gefallenen Natur, was nichts mit Gott zu tun hat. In der menschlichen Geschichte findet man bis zum heutigen Tag Kriege und große Konflikte. Die Menschen leben mit dem Ursprung des Bösen, mit Luzifer, der von seiner Position gefallen ist. Bis zum heutigen Tag weiß niemand, wer Luzifer wirklich ist und welche üblen Aktivitäten er in der geistigen Welt entfaltet. Ich möchte hier über ihn und sein Leben berichten. Gott hat mir viele Ausschnitte aus Luzifers Leben in der geistigen Welt gezeigt. Ich werde ebenso über meine Beobachtungen und Erfahrungen sprechen, die ich machte, als mir Luzifer gegenüber stand.

12 Jahre lang verbrachte ich viele Nächte im Wald und wartete, wie mir von Gott aufgetragen, auf den himmlischen Vater. In dieser Zeit erschien mir in der Dunkelheit der Nacht Luzifer viele Male. Er demonstrierte seine üble Macht, damit ich davon ablasse, auf Gott zu warten. Da ich keine Angst zeigte, riet er mir, meine Hoffnung aufzugeben, da Gott mich nicht treffen würde. Auch damit hatte er keinen Erfolg. Er schlug mir daraufhin einen Handel vor; ich sollte zuerst den Wald verlassen und er würde dafür sorgen, dass all das irdische Glück mir zu Teil wird. Dies lehnte ich ebenso ab. Dann bot er mir all das irdische Glück an, wenn ich nur endlich den Wald verließe. Als ich darauf nicht einging, wurde er unwahrscheinlich wütend und hasserfüllt. Viele Schlangen und gefallene, gefährliche Wesen ließ er vor mir erscheinen. Sie alle versuchten, mir Angst einzujagen und zu überzeugen, dass Gott nicht existiert. Sie wollten mir suggerieren, es gäbe neben den vielen geistigen Wesen noch viele Götter und nicht nur einen. Ich ignorierte jedoch alles. Während dieser 12 Jahre saß Luzifer häufig in einiger Entfernung von mir im Wald und beobachtete mein Mitternachtsgebet.

Eines Nachts, als ich gerade mein mitternächtliches Gebet beendet hatte, kam Luzifer auf mich zu. Er sprach ganz ruhig, aber mit

Nachdruck zu mir: „Auch wenn ich dich von jetzt an verlasse, werde ich warten und sehen, was für eine neue Wahrheit Gott dir übermitteln wird. Selbst wenn du viele Geheimnisse über Gott erfahren wirst, so wisse, dass diese Welt mir gehört. Außerdem gehören ein Großteil der Menschheit sowie viele gefallene Engel und Dschinns zu mir. Gott ist allein und all die Himmel sind leer. Es leben nur wenige Wesen da. An dem Tag, an dem dir Gott die höhere Wahrheit übermittelt und du aus dem Wald herauskommst, um mit den Menschen zu reden, werde ich dafür sorgen, dass du den Rest deines Lebens allein auf diesem Weg gehen wirst.

Diese neue Wahrheit wird zusammen mit dir begraben werden. Dir wird es genauso ergehen wie Jesus, der viele Geheimnisse des Himmels mitnehmen musste, über die er auf der Erde nicht sprechen konnte. Allen anderen Propheten ist es gleich ergangen. Und dies wird auch dir widerfahren. Ich werde niemals erlauben, dass diese Mission auf der Erde erfolgreich sein wird. Ich hasse dich und ich hasse deine Mission tausendmal mehr. Erst wenn du stirbst, werde ich frei und zufrieden sein. Wenn ich mit eigenen Augen sehe, dass dein Körper begraben wird, werde ich mich erholen." Danach wandte er mir seinen Rücken zu und ging davon. Möchte jemand wissen, wie Luzifer in der geistigen Welt aussieht, kann ich sagen: Er ist groß und dünn und hat einen schmalen, kleinen Kopf. Aus seinem Gesicht stechen seine scharfen kleinen Augen, seine lange Nase und seine sehr kleinen Lippen hervor.

Jetzt möchte ich über Luzifers Leben in der geistigen Welt reden. Vor langer, langer Zeit lebte dort ein Engel mit Namen Dan in den weißen Bereichen der geistigen Welt. Diesen Teil der geistigen Welt nennen wir "Gehorsam zur Wahrheit". Dan lebte dort schon sehr, sehr lange. Eines Tages entschied er sich in die Dimensionen der Dschinns zu reisen. Während seines Aufenthaltes verliebte er sich in ein weibliches Dschinnwesen. Später brachte er sie in seinen Bereich der Engelwelt. Ihr Name war Qualla. Er heiratete sie und sie gebar zwei Kinder. Das erste Kind war ein Sohn und hieß Luzifer, das zweite war ein Mädchen. Der Name Luzifer ist auch in der Bibel bekannt. Im Koran wird er Iblis genannt. Mütterlicherseits floss in seinen Adern das feurige Blut der Dschinnwelt und väterlicherseits das Blut der weißen Lichtengel.

Luzifer wuchs heran und lebte im Bereich der weißen Lichtengel, die der Wahrheit gehorsam sind. Während er aufwuchs, die Schule und später die Universität besuchte, interessierte er sich am meisten für geistige Wissenschaften. Diese wurden zu seinem Lieblingsfach, welches er anschließend studierte. In seiner Entwicklung war er ein sehr dominierendes Wesen. Später beschäftigte er sich mit den geistigen Wissenschaften so intensiv, dass er viele Dinge entdecken konnte. Er selbst sagte zu den Wesen der geistigen Welt, dass alles durch die geistigen Wissenschaften entdeckt werden könne. Auf der anderen Seite machte er große Fortschritte bei seiner geistigen Entwicklung und demonstrierte in vielen Dingen, seine Betrachtungsweise des geistigen Lebens. Dabei folgte er dem Weg der Prinzipien, den man auch als „Gehorsam der Wahrheit" bezeichnet. Wir dürfen nicht vergessen, dass die weißen Lichtbereiche der Engel, welche wir auch Paradies nennen, ebenso Wachstums- bzw. Entwicklungsbereiche der Engel sind. Diese Bereiche stehen nicht unter der direkten Herrschaft Gottes, da Gott für die Engel und die anderen Wesen in diesen Bereichen unsichtbar ist. In diesen Dimensionen kann nur das einzelne Individuum gemäß seinem Wachstum die Stimme Gottes hören.

Es kam die Zeit in Luzifers Leben, in der er von Gott zum Propheten berufen wurde. Später wurde er zum Vater des Glaubens in der geistigen Welt ernannt; genauso wie Abraham, der die gleiche Position bei der Menschheit einnimmt. Durch Abrahams Nachkommen entstanden die großen Religionen, wie das Judentum, das Christentum und der Islam. Und ebenso gab es unter den Nachkommen Luzifers eine bedeutende Ahnenlinie. Schließlich verlieh ihm der Himmel den Titel „Morgenstern". Aber auf keinen Fall war Luzifer ein vollkommenes und perfektes Wesen in den Augen Gottes. Er wuchs auf die gleiche Weise, wie Abraham heute in der geistigen Welt wächst. Der einzige Unterschied besteht darin, dass Abraham auf der Seite Gottes ist und mit Ihm aufwächst; Luzifer dagegen fiel und verließ Gott vor langer Zeit.

Ich möchte noch weiter zurück in die Vergangenheit Luzifers gehen. Es gab hier eine Zeit, in der Luzifer zum Erlöser für seinen Engelbereich wurde und diesen Gott näher brachte. Natürlich war er der Kanal für einen Bereich der weißen Lichtdimensionen. Bevor er fiel, war er einer der Erzengel, dem es erlaubt wurde, die höheren, goldenen und blauen Lichtdimensionen zu besuchen. Genauso ein Erzengel ist auch Gabriel. Gott gab Gabriel damals den Namen "Heiliger Geist". Durch die Gnade Gottes konnte Gabriel soweit vordringen, dass Gott für ihn sichtbar wurde. Und ebenso war es Luzifer durch die Gnade Gottes möglich, in sehr hohe goldene und blaue Welten zu gehen, in denen Gott bedingt sichtbar ist. Die Engel im Paradies und die vielen anderen Schöpfungen der Engel können Gott nur als goldenes Feuerlicht erblicken, welches keinerlei Form hat, während es fliegt. Es scheint, als ob Gottes Licht alle Dimensionen überstrahlt. Erblickt man das goldene Licht Gottes, fühlt man sich befreit, belebt und geheilt. Gleichzeitig kann man eine wunderbare große Liebe spüren. Im selben Moment, in dem das goldene feurige Licht Gottes durch die Engelwelten und das Paradies fliegt, kommt es einem vor, als ob diese geistigen Welten von einem Erdbeben heimgesucht werden. Alles bebt und droht zu zerstören. Deshalb haben die Wesen dieser Dimensionen auch Angst, Gott gegenüber zu stehen.

Ich selbst, der Autor dieses Buches, hatte solche Erfahrungen im Paradies bereits sehr früh während meines geistigen Wachstums. Zu dieser Zeit ging ich sehr oft in die Engelwelten und das Paradies, um Abraham, Jesus, Moses, Mohammed und andere Propheten kennenzulernen. Ich konnte dort folgende Situation immer wieder beobachten. Wann immer Gottes goldenes Licht durch diese Dimensionen reist, verbeugen sich die Propheten und knien augenblicklich nieder. Nichts und niemand, auch keines der Wesen hat in diesem Moment genug Courage, Gottes goldenes Licht anzuschauen. Reist Gott durch diese Dimensionen, scheint es so, als ob das gesamte Licht des Universums sich auf einem zubewegt. Es kommt einem vor, als sei der Tag des Jüngsten Gerichtes angebrochen. Diejenigen, die in Harmonie mit Gott sind, fühlen sich frei. Doch diejenigen, die noch der Harmonie mit Gott fern sind, wünschen sich, dieses göttliche Licht würde so schnell wie möglich an ihnen vorüberziehen.

An dieser Stelle möchte ich meinen Lesern ein weiteres Erlebnis schildern. Eines Tages, als ich im Paradies war und Erzengel traf, näherte sich plötzlich Gottes goldenes Licht und flog hoch über unseren Köpfen hinweg. Alle verbeugten sich ängstlich. Jedes Wesen, auch ich, verspürte den Wunsch, dass Gottes Licht so schnell wie möglich vorüberziehen würde. Als das Licht in einiger Entfernung über uns anhielt, ertönte aus seinem Inneren eine Stimme: „Komm zu mir, mein Sohn." Eine goldene Hand zog mich in das goldene Licht hinein. Ich reiste im Inneren des goldenen, feurigen Lichtes und es brachte mich in einen rosafarbenen Himmel. Dieser sah aus wie eine einzige große Blume. Überall duftete es nach Rosen. Solchen wunderbaren lieblichen Duft hatte ich niemals zuvor auf der Erde gerochen. Gott und die goldenen Engel zeigten mir viele Teile dieses Himmels.

Danach sprach Gott zu mir: „Ich habe diesen Himmel eigenhändig für dich erschaffen." Ich erwiderte: „Geliebter Himmlischer Vater, auch wenn dieser Himmel mir wie ein Wunder erscheint, sehnen sich meine Augen trotzdem nur danach, Dich zu sehen. Der Sinn meines Lebens besteht nur darin, Dich zu treffen und zu umarmen." Daraufhin lächelte Gott und bat mich zu Ihm zu kommen. Ich rannte zu Ihm und umschlang Ihn fest mit meinen Armen. Ich weinte und weinte, Tränen liefen über mein Gesicht, als ob sie aus einem Ozean kommen würden. Gott sagte zu mir: „Schau mich an, du wirst immer in meinem Herzen leben."

Nun kehre ich zu der Stelle in Luzifers Kapitel zurück, in der ihm bedingt erlaubt wurde, in höhere Himmel zu gehen. Dort sah er zuerst die goldenen Engel und später die blauen Engel. Schließlich erlaubte ihm Gott, in sein eigenes Königreich zu kommen. Hier konnte Luzifer Gott anfangs nur aus der Ferne sehen, später durfte er Gott treffen. Als Luzifer von seiner Reise aus den höheren Dimensionen zurückkam, brachten ihn die Phantasie und die Einzigartigkeit dieser Himmel, speziell aber, Gott getroffen zu haben, völlig aus der Fassung. Sein rationaler Verstand erwachte und fing an zu kalkulieren: „Gott ist auch nur ein Wesen, und es gibt vielmehr Geheimnisse oberhalb meiner Dimension. Alles wird erschaffen gemäß der geistigen, wissenschaftlichen Wahrheit." Nach seiner Rückkehr war sein Verstand ziemlich verwirrt, weil Luzifer ein sehr intellektuelles Wesen war.

Was hätte sich ereignet, wenn Luzifer in tiefer Liebe zu Gott aufgewachsen wäre? Auf keinen Fall hätten ihn diese Erlebnisse verwirrt. Vor allem wäre er Gott gegenüber geduldiger und demütiger gewesen. Bereits bevor er Gott kennenlernte und noch viele Male später, reiste Luzifer durch die Dimensionen der menschlichen Geistwesen. Er beobachtete die Menschen sehr genau aus der Nähe. Er erkannte, dass Gott diese sehr liebte und ebenso nahm er wahr, dass Gott eine physische Schöpfung nur für die Menschen erschuf, wo diese so schnell wie möglich geistig mit dem physischen Körper wachsen können. Gleichzeitig gab Gott Luzifer die Aufgabe, die menschlichen Seelen zu unterrichten und ihnen bei ihrem Wachstum in der geistigen Welt zu helfen.

Als Gott die äußere Welt erschuf, beobachtete ich folgendes. Durch die Beziehung des Gebens und Nehmens zwischen dem blauen und dem goldenen Licht Gottes entstand ein weißer Lichtball. Dieser bewegte und drehte sich in einiger Entfernung vor Gottes blauem und goldenem Licht. Gottes blaues und goldenes Licht waren das Subjekt und der weiße Lichtball das Objekt. Die himmlischen Engel erzählten mir, dass der weiße Lichtball 3000 Mal größer als die Sonne war.

Anmerkung: Im Universum gibt es unzählige Sonnen, die viel größer als unsere Sonne sind. Aus diesem Grund kann ich nicht genau sagen, welche Sonne gemeint ist.

Dann kam die Zeit, in der Gott sein Licht vom Licht des weißen Balls zurückzog. Der weiße Lichtball verlor dadurch sein Zentrum und explodierte in Stücke, die sich im Weltall verteilten. Von dieser Zeit an breitete sich das äußere Universum immer weiter aus.

Wie ich bereits vorher erwähnte, gibt es Leben in vielen Teilen dieses Universums. Wir sind nicht allein. Es gibt auch Wesen wie uns, jedoch mit einem anderen Naturell und Aussehen. Ihr Aussehen ist den Umständen und Lebensbedingungen ihres Planeten angepasst. Eines Tages werden wir sie in unserem Universum kennenlernen. Luzifer hat dies vor langer, langer Zeit gesehen. Zudem erfuhr er viel von Gott. Was hat Luzifer von Gott erfahren?

Das möchte ich hier erzählen. Gott erzählte den blauen und den goldenen Engeln, den Dschinns, den weißen Engeln und allen anderen Wesen Folgendes: An dem Tag, an dem Gott sich Seiner bewusst wurde und Er ins Licht kommen wollte, schwor und versprach Er sich selber, dass Er die gleiche Freiheit der Liebe auch seinem Partner gibt, den Er erschaffen wird. Er wird dem Verstand sowie dem Gewissen die absolute Freiheit geben. Und noch mehr als das. Er wird niemals gewaltsam seine Partner der Liebe auf seine Seite bringen und niemals die Seele irgendeines Wesens zerstören.

Ich habe noch ein anderes göttliches Geheimnis erfahren: Die Seele kann nicht ohne die Anweisung Gottes leben, denn dies ist ein direkter göttlicher Akt. Gott nahm sich den Schwur ab, niemals die Seele irgendeines Wesen sterben zu lassen. Brüder und Schwestern dieser Welt, ich möchte euch sagen, dass Gott unveränderbar und einzigartig ist und niemals sein Versprechen brechen wird! In der Bibel oder im Koran kann man lesen, dass Gott seine gewaltigen Kräfte benutzte. Die Ereignisse, die in diesen Büchern beschrieben werden, fanden aufgrund von Aktivitäten der Engel, Dschinns oder der menschlichen Welt statt. Sie hatten niemals etwas mit Gott zu tun! Ich weiß sehr wohl, welche Schwierigkeiten ich zu überwinden habe, wenn ich mich mit dieser Wahrheit an die religiöse Welt wende. Doch das spielt keine Rolle für mich, denn Gottes Wahrheit muss verkündet werden.

Diese Wahrheit kennt auch Luzifer, der später zu Satan wurde. Sein Vorteil ist, dass er seit langer Zeit in der geistigen Welt lebt. Dieser Zeitraum würde uns wie eine Ewigkeit vorkommen. Er ist extrem schlau und weise und kann dadurch Dinge schnell zu einem Ganzen zusammenfügen. Bildlich gesprochen kann er die Dinge an ihrem Geruch in der Luft erkennen. Ich möchte der Menschheit mehr über Luzifer mitteilen. Es gab eine Zeit in der Vergangenheit in der geistigen Welt, in der Luzifer dort zu einem sehr einflussreichen Wesen wurde, obwohl es auch andere Erzengel wie Michael oder Gabriel gab. Luzifers Einfluss und Macht erstreckten sich über die Dimensionen der weißen Lichtengel, der Dschinns und der menschlichen Geistwesen.

Während er die menschlichen Seelen über Gott unterrichtete, beobachtete und erfuhr er viele Geheimnisse in den oben erwähnten Dimensionen. Die Wesen dieser geistigen Welten machten viele Fehler während ihrer Entwicklung und brachten dadurch viele Konflikte in diese Dimensionen. Luzifer wurde mit der Zeit sehr eifersüchtig, denn, obwohl er den Weg der Prinzipien und der Wahrheit folgte, ja sogar sein Bestes tat, dieser Wahrheit gehorsam zu sein, liebte Gott die Menschen mehr als die Engel. Luzifer beobachtete, während er in den Dimensionen der menschlichen Geistwesen und der Dschinns verweilte, dass diese Gott gegenüber ungehorsam waren. Sie brachten nicht nur viele Konflikte, sondern versuchten sich sogar umzubringen. Dies war ein Aspekt der menschlichen Seelen und der Dschinns in ihrer Reformations- und Wachstumszeit in der geistigen Welt. Auf der anderen Seite hatte die Engelwelt einen besseren und höheren Standard, Gott auf dem intelligenten und intellektuellen Weg zu folgen. Ich werde an einer anderen Stelle dieses Buches erklären, wie viele Stadien nötig sind, um vollkommen mit Gott zu sein, denn Gott hat mir diese göttliche Wahrheit übermittelt.

Luzifer fing langsam an, die Dimensionen der weißen Lichtengel, der Dschinns und der menschlichen Seelen zu seinen Gunsten zu dominieren. Später verdrehte er die Wahrheit und brachte so viel Verwirrung. Letztendlich log er im Namen Gottes. All dies geschah, weil Luzifer verärgert über Gott war und in ihm Hassgefühle gegenüber den menschlichen Seelen wuchsen. Dies alles ereignete sich, bevor die äußere Schöpfung entstand. Luzifer verdrehte nicht nur die Wahrheit, sondern verbreitete, dass Gott ein unsichtbares Wesen und eigentlich nur kosmischer Verstand ist. Er behauptete, er, Luzifer, sei der Körper Gottes, in den Gott hineingeht. Luzifer wusste, dass Gott, solange die Engel, Dschinns und die menschlichen Geistwesen nicht direkt mit Ihm verbunden sind, immer einen Kanal bzw. ein Medium benutzt, damit diese Wesen sich ohne Druck entwickeln und wachsen können. Erreichen sie eines Tages das Ende bzw. den Höhepunkt ihrer Entwicklung, muss jedes Individuum allein seine Reise in Richtung Gott antreten, um seine Vollkommenheit zu erreichen. Dort angekommen, werden sie direkt in Gottes Königreich sein, wo sie unter der direkten Herrschaft der Liebe Gottes leben. Andererseits weiß Luzifer auch, dass, nachdem die Menschen ihre Einheit mit Gott erreicht haben, durch diese die Engel, Dschinns und andere Wesen ihre Perfektion mit Gott basierend auf Herz und Seele erreichen können.

Diese Geschichte vollzieht sich seit Billionen von Jahren in der geistigen Welt. Genau genommen hat Luzifer seit langer Zeit einen großen Einfluss auf die geistige Welt. Er brachte viele Revolutionen gegen Gott und schürte den Hass gegen die menschlichen Geistwesen. Er schaffte es, die Dimensionen der Engel und Dschinns, sowie die der menschlichen Geistwesen gegeneinander und untereinander aufzuwiegeln.

Als er Gott verließ, fielen mit ihm zusammen viele Engel, Dschinns und menschliche Geistwesen. Dies konnte passieren, da er eine symbolische Position inne hatte und als Kanal Gottes galt. Als Luzifer solch eine konfuse Situation erschuf, wollten aber Erzengel, wie Michael, Gabriel sowie andere Engel, Dschinns und menschliche Geistwesen, die bereits einen höheren Entwicklungsgrad in Richtung Gott erreicht hatten, keinen Kompromiss mit Luzifer und seinen gefallenen Wesen schließen. So kam es zum Krieg in der geistigen Welt. Dadurch wurde die geistige Welt in zwei Lager gespalten. Die Wesen auf der Seite Gottes gewannen den Krieg und verwiesen alle schlechten Geistwesen etc. aus ihren Dimensionen. Seit dieser Zeit agieren Luzifer und seine gefallenen Engel mit ihren üblen Aktivitäten in den niederen Bereichen, die sehr dunkle Orte sind. Im religiösen Sinne nennen wir diese Bereiche die Hölle. Luzifers Vater Dan und seine Schwester fielen nicht, aber seine Mutter Qualla. Sie lebt heute mit Luzifer in einer gefallenen Dschinnwelt in den Höllen.

Dan erzählte mir eines Tages, dass er seine Frau immer noch sehr liebt. Schließlich wuchsen ja beide in Richtung Gott. Doch seit Qualla sich mit ihrem Sohn Luzifer, der zu Satan wurde, verbunden hatte, ist Dan niemals in diese dunklen, gefallenen Welten gegangen, um seine Liebe zu sehen. Dan sagte, er würde Gott nie verlassen und eines Tages würden alle Wesen erfahren, dass die, die mit Luzifer fielen, einen großen Fehler gemacht haben. Sogar heute tut es Dan in der geistigen Welt leid, dass solch ein Sohn durch ihn geboren wurde, der so großes Leid und so viel Entbehrungen brachte. Dieser Sohn hat Gottes Herz gebrochen, obwohl Gott so viel für ihn, Luzifer, getan hat.

Erzengel Gabriel sagte zu mir im Paradies: „Es war notwendig, Luzifer aus dem Paradies zu verbannen, weil er zum Ursprung für viele, üblen Wesen wurde. Sein dunkler Schatten durfte auf keinem Fall in den guten Dimensionen bleiben." Gabriel sagte ebenso, dass Luzifer die Menschen nicht wie Gott lieben und sie auch nicht mit seinen Augen sehen konnte. Obwohl Gott ihm eine hohe Position verlieh und ihm seinen Segen gab, hat Luzifer Ihn verlassen. Er verwirrte die meisten geistigen Dimensionen in Bezug auf Gott und die göttliche Wahrheit. Und nicht nur dies. Er kehrte die Herrschaft Gottes um. Mit seiner Diktatur, d.h. mit seiner gewalttätigen und gefallenen Natur, versuchte er bis in die heutige Zeit zu regieren. Er übte einen sehr dunklen und schlechten Einfluss auf die geistige Welt aus. Durch ihn war es möglich, dass sich die große Sünde multiplizierte.

Gabriel sagte einmal zu mir: „Wenn du mich ganz ehrlich fragst, brauche ich nur ein Wort, um Luzifer zu beschreiben. Er hat das Wesen einer Schlange. An dem Tag, an dem sich die Welt zum Guten wendet, wird Luzifer sehr hart gerichtet werden." Gabriel ist der Erzengel, der den Titel „Heiliger Geist" von Gott erhalten hat. Ihm wird erlaubt, direkt ins Königreich Gottes zu reisen. Ein Geheimnis, das ich, der Autor, an dieser Stelle offenbaren möchte, ist Folgendes: Die goldene und die blaue Schöpfung wurden noch niemals von Luzifers üblen Schatten berührt, weil er das geistige Niveau, um in diesen Dimensionen leben zu können, noch nicht erreicht hatte. Selbst die höheren weißen Lichtbereiche der geistigen Welt werden durch die guten Engel dieser Dimensionen beschützt. Nur die Orte, die als Dimensionen der Mittelwelt oder als die mittleren Welten der Dschinns bezeichnet werden, stehen unter dem Einfluss Luzifers. Die niedrigen geistigen Welten, auch Höllen genannt, sind die Bereiche, die am meisten von ihm dominiert und regiert werden. Gott gab Luzifer eine hohe Position und einen großen Segen.

Gabriel sagte deshalb zu mir: „Würde Erzengel Luzifer die Menschen lieben so wie Gott es tut, wäre er niemals gefallen und würde auch nicht bis heute seinen üblen Aktivitäten kontinuierlich nachgehen. Hätte sich Luzifer damals mit mir und den anderen Erzengeln vereinigt, wäre er niemals gefallen. Luzifers erste Priorität bestand darin, Gott absolut zu vertrauen und Ihm zu glauben. Hätte er Gott von ganzem Herzen geliebt und wäre er Ihm absolut gehorsam gewesen, würde diese extrem gefallene Geschichte niemals ihren Anfang gefunden haben. Gott zu lieben ist ein sehr natürlicher Prozess, dem die Menschen und alle anderen Wesen leicht folgen können. Sobald dies passiert, werden die Menschen in naher Zukunft ihre wahre Heimat finden."

Wenn ich über Gabriel rede, dann muss man sich immer bewusst sein, dass dieser mit vielen Propheten seit Beginn des dunklen menschlichen Zeitalters gearbeitet hat. Oft gelang es ihm in dieser Zeit, eine Brücke zwischen Gott und den Menschen zu sein. Gabriel ist nicht nur der geistige Vater vieler Propheten, sondern er ist auch ein bedeutender und nobler Lehrer. Er ist derjenige, der viele religiöse Gründer inspirieren konnte. Er arbeitet intensiv mit dem Juden- und

Christentum sowie dem Islam zusammen. Er beeinflusste und inspirierte Abraham, Moses, Jesus, Mohammed und eine unbegrenzte Zahl anderer Propheten.

Meine Konfrontation mit Luzifer

Ich hatte unzählige Begegnungen mit Luzifer. Ein paar möchte ich hier erwähnen:

1. Jedes Mal, wenn ich in den Höllen der geistigen Welt unterwegs war, musste ich feststellen, dass Luzifer den Krieg den guten Geistern und Engeln erklärt hat. Wann immer diese in die dunklen Höllen herabkommen, werden sie von Luzifer und seiner üblen Gefolgschaft angegriffen und verfolgt. Deshalb gehen die guten Geister und die Engel geschlossen als „Himmlische Armee" in diese Bereiche. Einem oder zwei guten Geistwesen ist die Reise in die Höllen nicht gestattet, insbesondere dann, wenn ihr Licht noch nicht dem eines Kristalls gleicht. Luzifer und seine Anhänger versuchen die guten Geistwesen zu attackieren und einzufangen.

Reise ich in diesen dunklen Höllen, entströmt meinem Geist blaues und goldenes Licht. Deshalb halten sich Luzifer und seine Gefährten von mir fern. Für kurze Zeit ziehen sie sich zurück. Sobald ich diese Bereiche verlassen habe, erscheinen sie wieder, um ihre Herrschaft fortzusetzen. Das Hauptproblem in den dunklen Höllen besteht darin, dass sämtliche gefallene Wesen, egal ob es Engel, Dschinns oder menschliche Geistwesen sind, sich mit Luzifer verbündet haben. Sie wollen an den dunkelsten Orten der Höllen leben. Luzifer erschuf Millionen dieser dunklen Dimensionen. Hier demonstriert er seine dunkle Macht.

Jeder schlechte Geist, der auf der Erde gelebt hat, findet hier eine Basis für seine üblen Aktivitäten, die alle zu Luzifer gehören. Sie leben hier in dunklen Dimensionen gemäß ihren schlechten Aktivitäten auf der Erde. Wenn das Licht der himmlischen Engel diese Höllen berührt, verkriechen sich die gefallenen Geister an die dunkelsten Orte. Luzifer und ihm ähnliche Geistwesen hassen es, wenn dieses Licht die dunkelsten Höllen beleuchtet, in denen er und seine Anhänger sich aufhalten. Sie schreien den guten Engeln zu: „Verschwindet von hier. Ihr wollt mit Gewalt unsere Dimensionen an euch reißen." Sie hegen einen tiefen Groll gegen Gott und die Himmel. In diesen Höllen finden ständig Vergeltungskriege statt.

Eines Nachts, als ich in den Abgrund der dunkelsten Hölle stieg, traf ich Luzifer dort. Er war gerade dabei, seine übelsten

Gesinnungsgenossen zu unterrichten. Er sagte zu ihnen: „Zuerst müsst ihr euch sexuelle Praktiken aneignen. Danach lernt ihr, euch zu lieben. Zum Schluss betet ihr zu mir, denn ich bin die Antwort für all die Gebete meiner Jünger." Ich unterbrach Luzifer und fragte: „Warum betrügst du all diese Geister?" Er antwortete mir: „Siehst du nicht, dass sie zu mir und ich zu ihnen gehöre?" „Wie dem auch sei, Luzifer, ich möchte dich trotzdem korrigieren. Zuerst beginnt man mit dem Gebet, damit die Menschen ihren Schöpfer kennenlernen. Liebe bedeutet, eine vertikale Beziehung zwischen Gott und den Menschen zu haben. Und drittens, das was du Sex nennst, ist eine Form der von Gott gegebenen Liebe zwischen Mann und Frau, um als ideales Paar die Familie Gottes zu verwirklichen. Durch den Sexualakt kann die Geburt von Gottes Söhnen und Töchtern stattfinden.

Aber du hast diesen Teil aufgrund deiner gefallenen Natur missbraucht. Und deshalb hast du diese falsche, auf Sex basierende Liebe vorgestellt, die die Menschen zerstört. Ich wünschte, du wärest Luzifer geblieben, der die Engel in die richtige Richtung führte und der die Dinge mit Gottes und der Himmel Augen sehen konnte." Luzifer erwiderte daraufhin: „Ich brauche gar nicht die Dinge aus der Sicht Gottes und der Himmel zu sehen. Ich wollte meine eigene Welt erschaffen und habe es bereits geschafft. Jetzt bist du derjenige, der meine Dimensionen stört." Danach riefen die üblen Geister mir zu: „Verschwinde aus unseren Dimensionen. Wir brauchen dich nicht. Wir sind mit Luzifer zusammen. Er ist unser Meister und wir wollen ihm folgen. Er wird uns die Erlösung bringen."

Als ich diesen Ort verlassen wollte, trat Luzifer nahe an mich heran und sagte: „Weißt du, wohin ich von hier aus gehen werde?" Ich entgegnete: „Ich weiß es nicht." „Ich werde von hier aus in die anderen Höllen gehen, in denen sich deutsche Geistwesen befinden. Durch sie und meine besten Jünger werde ich Deutschland ökonomisch in die Knie zwingen, auf dass es ein armes Land wird." Ich fragte ihn: „Warum Deutschland? Warum nicht irgendein anderes Land?" Er antwortete mir: „Die Antwort ist einfach, schon weil du dich dort aufhältst. Gott hat Deutschland als Gelobtes Land auserkoren und du beginnst von da deine Mission." Ich entgegnete ihm gelassen: „Tu es und du wirst sehen, wie weit dich deine Bemühungen bringen werden. Kann sein, dass Deutschland ökonomisch zu Grunde geht, doch es wird stark auf der geistigen Seite sein." Luzifer konterte: „Die

Deutschen brauchen keine Spiritualität. Alles was sie brauchen ist Arbeit. Wenn ich ihnen die Sicherheit des materiellen Lebens entreiße, wird sich dort Angst und Verwirrung breit machen." Danach verließ er mich.

2. Als ich, wie so oft, um Mitternacht im Wald betete, erschien mir Luzifer erneut mit unzähligen, üblen Geistern. Er rief mir hasserfüllt und verärgert zu: „Bist du derjenige, der gegen mich und meine Kinder gewinnen wird?" Ich blieb ruhig. Er rief erneut: „Bist du derjenige, der die Religionen vereinigen will?" Er und seine üblen Kameraden lachten laut auf. Ich antwortete ihm nun: „Das wird geschehen, denn dies ist der Wille Gottes!" Luzifer erwiderte: „Lass dir sagen, was ich mit all diesen Religionen tun werde. Ich werde mit einem Hammer auf ihren Kopf schlagen, um sie zu überzeugen, dass nur ihre eigene Religion die einzig wahre ist und nicht die anderen. Ich werde sie beeinflussen, damit die Gläubigen sich einander nicht annähern. Ich werde sie in Versuchung bringen, sich gegenseitig zu hassen. Ich werde Zwietracht und Konflikte unter ihnen schüren und sie inspirieren, einen heiligen Krieg im Namen ihrer eigenen Religionen zu beginnen." Anschließend drückte er symbolisch zwei Fingerspitzen gegeneinander und sprach: „Ich werde sie verführen, immer und immer wieder gegeneinander zu kämpfen. Ich werde sie glauben machen, nur ihre Propheten seien die größten und einzig wahren und niemals die anderen. Ich werde zusammen mit meinen Kindern alles daran setzen, dass sie Gott in den Hintergrund abdrängen und ihre Propheten in den Vordergrund stellen."

Ich rief zurück: „Du bist nicht nur der falsche Vater für deine Kinder, sondern auch noch der schlimmste." Er blickte mich mit seinen schlangengleichen, kalten Mörderaugen an und sagte: „Meine größte Herausforderung besteht darin, dich zu töten und die Mission zu zerstören, die du erhalten hast." Ich sagte: „Ich sitze hier allein mitten in der Nacht im Wald. Neben mir ist noch nicht einmal eine zweite Person, die mir folgt. Aber es scheint mir, dass ich deinen wunden Punkt berührt habe, denn du bist ständig wütend auf mich."

Er befahl all seinen Geistern sich auf die Erde zu legen. Er legte sich dazu und sie verwandelten sich in Schlangen. Als Schlange kroch er auf mich zu und zischte: „Meine Macht habe ich bereits in der Geschichte demonstriert und ich habe immer gewonnen." Ich entgegnete: „Deine letzten Tage sind bereits durch Gott und die Himmel gezählt. Die dir verbleibende Zeit wird kürzer und kürzer. Ich werde in meinem Buch diese geheime Unterhaltung zwischen dir und mir erwähnen und insbesondere hervorheben, dass du hinter allem steckst."

Luzifer setzte dem entgegen: „Wenn du dein Buch veröffentlicht hast, werde ich nach geraumer Zeit dafür sorgen, dass du es auch recyceln kannst." Er machte mit seinen Kumpanen einen Höllenlärm, bevor sie zusammen verschwanden.

3. Ich habe während meiner nächtlichen Reisen durch die Höllen viele Wände eingerissen, um die dort befindlichen Geistwesen zu befreien. Immer wieder musste ich feststellen, dass sie keine Kraft besaßen, sich aus diesen Kreisen zu bewegen. Sie waren zu dunkel und schwerfällig. Zum anderen werden diese Höllen von Luzifers Armee umringt. Als diese mich erblickte, attackierte sie mich. Luzifer und seine Gefährten konnten mich jedoch nicht bezwingen und deshalb befahl er, diese Seelen noch mehr zu peinigen, nachdem ich diese Hölle verlasse. Des Weiteren verkündete er mir, vor einem neutralen Gericht der Engel Anklage gegen mich zu erheben, da ich versuche, mit Gewalt die Geistwesen aus der Hölle zu befreien.

Zu mir hingewandt sagte er: „Was forderst du von Gott für diese Mission? Du musst Ihn um etwas bitten, was dir zum eigenen Vorteil gereicht. Ich werde dir ein Geheimnis verraten. Hast du keine Mission mehr und bist bereits in der geistigen Welt, wird dir Gott nicht die gleiche Aufmerksamkeit wie jetzt zu Teil werden lassen. Wenn du mir nicht glaubst, kannst du die Propheten befragen, die in den verschiedenen Dimensionen leben. Jetzt sind diese Propheten sehr einsam. Gott rief sie nur aus diesem besonderen Anlass. Doch hier sind sie nicht mehr so optimistisch, wie damals auf der Erde. Jetzt verstehen sie selbst nicht, warum sich Gott von ihnen distanziert. So wird auch dein trauriges Ende in der geistigen Welt aussehen. Ich gebe dir deshalb den weisen Rat: Bitte Gott um einen besonderen Vorteil, damit du eine Sicherheit im ewigen Leben hast. Binde Gott an sein Versprechen. Ich könnte dein bester Freund sein. Warum siehst du in mir deinen Feind? Wie kannst du nur daran denken, ich sei dir feindlich gesinnt?

Ich kenne viele Geheimnisse über Gott. Hast du vergessen, dass ich selbst einmal ein Erzengel war? Erzengel wie Gabriel oder Michael gehorchten mir. Sie mussten sich meinem Befehl unterziehen. Ich habe viele Millionen Jahre mit Gott zusammen gelebt. Ich kenne Ihn so gut, wie du es dir im Traum nicht ausmalen kannst. Du bist ein verrückter, kleiner, böser Junge. Wach endlich auf! Ich gebe dir einen intelligenten Rat. Schau, Krischna und Buddha wünschten zum Lord ernannt zu werden. Die Menschen sollten sie anbeten. Ihr Wunsch wurde ihnen gewährt. Jesus fragte nach Ruhm und Anerkennung, nach Autorität und einer Stellung als Lord. Auch er hat alles bekommen. Mohammed bat um Glückseligkeit im ewigen Leben. Er band Gott und Gabriel damit an ihr Versprechen. Sie mussten ihm viele Dimensionen im Paradies geben. Du weißt noch nicht einmal, welchen Handel Gabriel mit Mohammed machte. Das Vernünftigste ist nun, dass du selbst Gott ein Versprechen abringst. Bitte Ihn, dir den Thron zu überlassen, auf dem Er dich viele Male Platz nehmen ließ. Er soll für immer dir gehören. Gott soll dir absolute Macht geben, über das ewige Leben zu regieren. Ich habe persönlich nichts gegen Gott. Ich möchte nur, dass sich der geliebte Gott zur Ruhe setzen kann. Er soll sich erholen. Ich weiß ganz genau, dass Gott deinen Wunsch nicht abschlagen kann, denn momentan hast du die Mission. Du bist die zentrale Person! Gott hat keine andere Wahl. Deshalb binde Ihn an sein Versprechen. Du weißt nicht, dass in den Millionen Jahren der Geschichte viele Propheten und Erlöser Abkommen mit den Himmeln getroffen haben. Gott sollte unsichtbar bleiben und sie selbst wollten zum sichtbaren Gott erklärt werden. Krischna und Buddha sind dafür ausgezeichnete Beispiele. Es gibt sogar ein paar Menschen in deiner Zeit. Ich verzichte darauf, ihre Namen zu nennen. Du wirst sie früher oder später selber kennenlernen. Nimm dir den zustehenden Vorteil, sonst wird es dir später leidtun. Es ist bedauerlich, dass du Gott nicht bereits ein paar wertvolle Versprechen abgerungen hast. Es gab in der Vergangenheit bereits zentrale Persönlichkeiten, die so mystisch wie du in der Liebe Gottes waren. Aber als sie in das geistige Leben kamen, tat es ihnen leid, denn hier müssen sie ein sehr isoliertes Leben führen."

Nach dieser, von Luzifer schlau eingefädelten Rede, sprach ich zu ihm: „Wahrlich, wenn jemand die Wahrheit verdrehen möchte, dann kann er es von dir lernen. Du hast bereits deine Perfektion in dieser üblen

Richtung erreicht. Du bist sehr listig und hast Adams Kinder die ganze Zeit in die Irre geführt. Jetzt gebe ich dir einen neuen Ausdruck der Wahrheit: Du brauchst um nichts zu bitten, denn alles wurde dir bereits von Gott gegeben, auch ohne diese Forderungen! Erfülle jetzt deinen Teil und bring Gott in dein Leben!"

Luzifer erwiderte: „Du bist ein Narr. Du bist nicht so wie die anderen Gesandten. Jetzt verstehe ich auch, warum Gott dich einen „Bauern" nennt. Du solltest besser im Wald oder auf dem Lande leben. Was weißt du schon über das Leben in der Stadt." In diesem Moment erschien Jesus in der Hölle. Er küsste mich zur Begrüßung auf die Stirn und sprach zu mir: „Wie wunderbar es klingt, wenn du sagst: Bitte um nichts, denn alles wurde dir bereits von Gott gegeben! Lieber Zahid, heute hast du das Neue Testament vollendet." An Luzifer gewandt sagte er: „Ich wünschte, du könntest deinen Mund halten und auf Zahid hören." Und an mich gerichtet sprach er: „Seit Luzifers Fall hat es keine Zeit gegeben, in der er nicht selbstsüchtig und eigennützig sprach. Er hat die Menschheit ins Verderben geführt. Dabei riss er viele Engel und andere Wesen mit sich. Und das Schlimme ist, er spricht immer noch von seiner Unschuld."

Als Luzifer dies hörte, beschimpfte er Jesus aufs Übelste. Doch Jesus sagte zu mir: „Widme ihm keine Aufmerksamkeit. Seine Zeit ist bald abgelaufen. Nur noch kurze Zeit wird er diesen Unsinn von sich geben. Gott und die Himmel werden ihn und seine Kameraden für immer in die Schranken weisen und ihnen zeigen, wo ihre Grenze ist." Danach flogen Jesus und ich vertikal nach oben und ließen Luzifer allein in der Hölle zurück.

4. In einer anderen Nacht reiste ich durch eine mittlere geistige Welt. Dort sah ich einen großen Tempel von einigen Tausend Metern Höhe. Von der Spitze des Tempels erstrahlte Licht. Am Fuße, nahe dem Tempel, sah ich Luzifer und seine Kumpanen. Als er mich erblickte, sagte er: „Bis zum heutigen Tage konnte noch kein Prophet diesen Tempel erklimmen. Ich habe immer gewonnen. Es scheint so, als ob du hierhergekommen bist, auch dein Glück zu versuchen. Es ist nicht erlaubt zu fliegen. Weder darfst du ein Wunder, noch Gottes Autorität oder Kraft in Anspruch nehmen. Du musst ihn einfach hinaufklettern. Nur dann werde ich dir glauben."

Als ich auf den Tempel zuging, um nach oben zu klettern, rief Luzifer seinen Kumpanen zu: „Er glaubt, er könne die menschliche Geschichte ändern. Nie und nimmer! Er ist nur hierhergekommen, es zu versuchen." Ich antwortete Luzifer: „Der Wunsch, diesen Tempel zu erklimmen, ist so tief in mir, dass ich es Millionen Mal erneut versuche, falls ich scheitere. Ich versuche es solange, bis ich es geschafft habe." Luzifer richtete sich an seine Schar: „Kennt ihr Zahid Khan? Er ist derjenige, der sich selber als Gottes Herz bezeichnet." Ich entgegnete ihm: „Du lügst. Ich habe nie von mir aus behauptet, Gottes Herz zu sein. Sondern Gott sagte, ich sei sein Herz."

Bevor ich meinen Fuß ansetzte, um den Tempel der Religionen zu besteigen, betete ich zum Himmlischen Vater: „Du bist der Einzige, den ich liebe. Durch Dich habe ich die Identität der Liebe kennengelernt." Danach setzte ich zum Klettern an. Luzifer näherte sich mir von hinten, um mich hinunterzustürzen. Einmal kam er mir so nahe, dass er fast mein Bein hätte ergreifen können, um mich nach unten zu ziehen. Er sieht aus wie eine Schlange, ist absolut schwarz und genauso listig und schnell. Bis zur Hälfte des Weges konnte er mich nicht einholen. Ich war entschlossen und inspiriert. Nach der ersten Hälfte wurde es schwieriger. Ich konnte keinen richtigen Halt finden. Ich sammelte deshalb noch mal meine ganze Kraft und erinnerte mich an meine Liebe für Gott. Dies inspirierte mich so sehr, dass ich wieder Halt an den rutschigen Wänden des Tempels fand. So gelangte ich bis zu dem Teil, von dem ein extrem starkes weißes Licht strahlte. Dort stellten sich mir weiße Lichtengel in den Weg, damit ich nicht die Spitze des Tempels der Religionen erreiche. Hier offenbarte sich mir das Geheimnis, dass die Religionen durch die Engelwelten inspiriert wurden. Ich nahm den Kampf gegen diese Engel auf. Schließlich verschwanden sie alle von der Spitze des Tempels. Als Luzifer sah, wie ich kämpfte und über alle Engel siegte, verfolgte er mich nur noch zögernd. Ich konnte an seinem Gesichtsausdruck erkennen, dass er daran zweifelte, mich besiegen zu können. Trotzdem kletterte er langsam weiter in der Absicht, mich einzuholen. Jetzt näherte ich mich bereits der leuchtenden Kuppel des Tempels. Hier spürte ich, wie ich neue Kraft und Energie erlangte. Das letzte Stück konnte ich gelassen nach oben klettern. Als ich zurückblickte, sah ich, wie Luzifer nur noch mit Mühe diesem extrem leuchtenden Licht des Tempels standhalten konnte. Es hinderte ihn an seinem

Vorwärtskommen. In diesem Moment gab er sein Vorhaben endgültig auf. Ich vernahm seine Stimme laut und deutlich: „Wir müssen auch noch sicher diesen Tempel hinabsteigen. Wer als erster wohlbehalten unten ankommt, hat gewonnen." Ich rief ihm daraufhin zu: „Das ist nicht wahr. Wir müssen durch das leuchtende Licht hindurch die Kuppel des Tempels erreichen. Danach springen wir auf die Spitze der Kuppel und versuchen auf ihr zu stehen." Luzifer entgegnete mir: „So haben wir das nicht abgemacht. Und nun lass mich sicher nach unten gehen." Ich sagte zu ihm: „Entweder springst du, um die Spitze zu erreichen, oder ich stürze dich von hier aus runter."

„Es ist äußerst faszinierend was du sagst", entgegnete Luzifer. „Wenn du selber von hier aus nach unten springst, werden Gottes Engel dafür sorgen, dass du nicht auf dem Boden zerschmetterst." Ich rief ihm zu: „Nein, ich werde dich nach unten stürzen. Wir werden ja sehen, ob deine üblen Geister dir helfen." Luzifer erwiderte: „Gut, du springst zuerst zur Spitze hinauf." Ich stimmte dem zu. Bevor ich zum Sprung ansetzte, betete ich noch einmal zum Himmlischen Vater. „Lieber Gott, mit Sicherheit gibt es keinen Tod für deine heiligen Kinder." Danach sprang ich, hielt mich an der Spitze der Kuppel fest und stellte mich auf sie. Als ich nach oben in den Himmel blickte, sah ich Gott. Ich rief Ihm zu: „Ehre und Ruhm gebühren nur Dir. Du bist der, der die innere und äußere Schöpfung entstehen ließ und ebenso die ewigen Himmel für deine Kinder." Gott erhob sich von seinem Thron. Die Engel lobpreisten meinen Sieg über Luzifer.

Dann sah ich nach unten. Luzifer hatte nicht einmal die Absicht, zum Sprung anzusetzen. Ich rief ihm zu: „Na du listige Schlange, was zögerst du noch?" Da er mir nicht antwortete, rief ich: „Bis zum heutigen Tag hast du den anderen den Tod gebracht und die Menschen vor Gott angeklagt." Ich las in seinen Schlangenaugen: ‚Was soll ich jetzt tun. Wen kann ich nun zum Opfer auswählen, um mich selber zu retten?' Ich sprach zu ihm: „Das ist genau das, was du bereits die ganze Geschichte hindurch gemacht hast. Du hast andere geopfert, um dich selber zu schützen. Du hast dich der Menschheit auf dem Weg zu Gott entgegengestellt und sie irregeführt. Die Himmel verrieten mir, dass du alle Engel belogen hast, die mit dir fielen. Das gleiche hast du den Menschen angetan. Ich werde dich jetzt nicht sicher nach unten gehen lassen." Zum ersten Mal sah ich, wie sich Angst im Gesicht Luzifers breit machte. Ich sprang zu ihm hinunter.

Nach einem kurzen Kampf stürzte ich Luzifer vom Tempel. Er konnte sich an nichts festhalten. Während Luzifer fiel, rief er seine üblen Geister um Hilfe. Diese attackierten ihn jedoch, als er auf dem Boden aufschlug. Er steckte so viele Schläge ein, wie niemand zuvor. Anschließend begruben die üblen Geister Luzifer lebend. Ich hörte sie flehen: „Hilf uns! Vergiss uns nicht!" Ich antwortete ihnen: „Ich werde euch helfen und befreien."

Danach richtete ich meinen Blick nach oben und sprach zu Gott: „Ich habe niemals mit Angst den Weg dieser Mission beschritten." Ich sprang in die Luft. Der himmlische Wind und die Engel brachten mich in den Schoß Gottes. Dort sagte ich zu Ihm: „Heute werde ich zum ersten Mal sehr lange im ewigen Leben schlafen." Gott lächelte und sprach: „Von nun an werde Ich dich nicht mehr schlafen lassen. Heute hast du mein Herz befreit und meine Sorgen vertrieben. Von heute an gehört ihr Menschen alle zu mir. Ich werde mein Gesicht nicht mehr vor meinen Kindern verbergen."

5. In den Höllen gibt es ständig Kriege. Eines Nachts begab ich mich in den Untergrund einer sehr dunklen Hölle. Dort waren die Geistwesen extrem schwarz. Aus ihrem Mund quoll beim Sprechen Eiter und fiel auf den Boden. Ihre Hände und Füße bluteten. Dort sah ich auch gefallene Engel, die die üblen menschlichen Geistwesen attackierten, um sie in noch tiefere Höllen zu stoßen. Meistens waren die Engel dabei erfolgreich. Kommen neue, üble, menschliche Geistwesen in diesen Höllen an, erwartet sie das gleiche Schicksal. Die gefallenen Engel hassen, menschliche Geistwesen in ihren Dimensionen zu sehen. Sie machen sie für ihren Fall von ihrer ursprünglichen Position in der geistigen Welt verantwortlich. Plötzlich sah ich einen weißen Engel, dessen Licht wie ein Kristall strahlte, auf mich zukommen. Ich fragte ihn: „Was für eine Hölle ist das?" Und er antwortete: „Alle hochnäsigen, rachsüchtigen, arroganten und sonstigen üblen Geistwesen werden in den Untergrund dieser Hölle verbannt." Diese Geistwesen riechen widerlich. Und niemand von ihnen kann dieser Hölle entfliehen. Das ist nur denen vorbehalten, die von Gott ein, wie ein Kristall scheinendes Licht, erhalten haben und vertikal fliegen können.

An diesem Ort sah ich auch Luzifer mit seinen üblen Gesellen. Als er mich erblickte, lachte er und sprach: „Du brauchst eine Ewigkeit, um dir all diese Höllen anzusehen." Ich sah, wie Luzifer und seine üblen Geister in einer Art Tunnel verschwanden, der zu noch tieferen Höllen führte. Ich folgte ihnen. In diesen Höllen bestanden die Häuser aus Teer. Viele dunkle Geistwesen frönten dem Gruppensex. Sie waren so schwarz, dass man nur schwerlich erkennen konnte, dass sie menschlicher Abstammung waren. Die Genitalien dieser männlichen und weiblichen Wesen waren wund und bluteten. Auch hier wurde meine Anwesenheit von Luzifer und seinen üblen Geistern bemerkt. Sie näherten sich mir und sprachen: „Wir haben Gott gewarnt, keine Menschen zu erschaffen. Sie können niemals sein Ebenbild sein. Doch Gott hat nicht auf uns gehört." Und hasserfüllt fügten sie hinzu: „Die Menschen sind unsere Erzfeinde. Wegen ihnen liebt Gott uns nicht mehr."

Gruppensex und Homosexualität entstanden durch Luzifer, seine gefallenen Engel und Dschinns. Sie missbrauchten diese Form der gefallenen Liebe, um die Erde zu zerstören. Danach verließ ich diese Hölle.

6. Bei meinen Reisen durch die geistige Welt habe ich viele Propheten getroffen. Sie erzählten mir, dass Luzifer ihre Lehre auf der Erde und in der geistigen Welt verdreht hat. Plötzlich erschien Luzifer und sprach zu den Propheten: „Ihr habt den Menschen viele Bedingungen aufgezwungen. Habt ihr niemals Mitleid mit ihnen empfunden? Ich habe nur eure Lehre, die ihr durch eigenes Wissen und die Engelwelt erhalten habt, weiter ausgeführt." Niemand wollte Luzifer daraufhin antworten.

Luzifer wandte sich an mich: „Ich bin hierhergekommen, um mich mit dir im Schwertkampf zu messen." Er fing augenblicklich an, mich zu attackieren. Zuerst wollte ich mich nur verteidigen, da seine Angriffe so heftig waren, musste ich zurückschlagen. Schließlich verwundete ich ihn und gewann. Ich ließ von ihm ab und setzte meine Reise fort. Aber nach einer geraumen Weile war er wieder hinter mir, bereit, sich erneut mit mir zu messen. Dieses Mal war sein Angriffsinstrument das Wissen. Hier musste ich erneut feststellen, dass seine Argumente seinem hinterlistigen, schlangengleichen Wissen entspringen. Während eines Wortgefechts sagte er zu mir: „Du hast auch viel Wissen. Sei stolz darauf." Ich entgegnete ihm: „Wissen zu erlangen, ist auf keinen Fall das Ziel für Gottes Kinder." Als ich meine Reise fortzusetzen versuchte, verfolgte er mich erneut. Dieses Mal hatte er die Absicht, mich im Bereich der Wahrheit anzugreifen. Sein Talent, die Wahrheit zu verdrehen, ist beachtlich und bis zur Perfektion ausgeprägt.

Selbst als ich diese Dimension verließ und in eine andere mittlere geistige Welt reiste, ließ Luzifer nicht von mir ab. Ich fragte ihn daraufhin: „Was machst du hier in diesem Bereich?" Er antwortete: „Ich kann jede mittlere geistige Dimension betreten, denn auch hier habe ich meine Basis errichtet." Er blickte mir geradewegs in die Augen und fügte hinzu: „Ich habe so viel Wissen, dass weder die Propheten noch du sich auch nur ansatzweise eine Vorstellung davon machen können." Danach fing er an, mich zu beschimpfen. Ich ignorierte ihn einfach, da ich wusste, dass eine erneute Auseinandersetzung nichts bringen würde. Das verärgerte ihn so sehr, dass er begann, über Gott üble Dinge zu sagen. Ich warnte ihn, sofort damit aufzuhören. Anstatt meine Warnung zu befolgen, zog er es vor, mich mit seiner üblen Geisterarmee anzugreifen. Luzifers Armee floh augenblicklich, als die guten Engel mir zu Hilfe eilten. Zu diesen Engeln sagte ich: „Ich möchte mich persönlich um Luzifer kümmern." Der Zweikampf zwischen uns begann. In einiger Entfernung sah ich Gottes goldenes Feuerlicht und vernahm seine Stimme: „Bring ihn zu meinem goldenen Feuerlicht." Während des Kampfes drängte ich Luzifer so nah an das goldene Feuerlicht, bis ich ihn endlich hineinstoßen konnte.

Hier geschah etwas Sonderbares. Als er aus dem Feuer herauskam, folgte ihm aus dem Inneren des goldenen Feuerlichts ein blaues feuriges Licht. Dieses Licht verbrannte Luzifer. Nur sein Kopf und ein Teil seiner Schultern blieben unversehrt. Luzifer kroch wie eine Schlange auf dem Boden. Ich ließ nicht von ihm ab und fing ihn erneut. Ich wollte das, das von ihm Übriggebliebene noch einmal ins Feuer werfen. Da vernahm ich die Stimme Gottes: „Seine Gedanken ließen ihn mit seinem Körper fallen. Danach schlug er eine üble Richtung ein und verführte viele Wesen, mit ihm zu gehen. Auch diese fielen. Deshalb habe ich seinen Körper weggenommen. Jetzt habe ich an ihm ein Exempel statuiert. Alle Wesen können nun bei seinem Anblick ihre Lehren daraus ziehen."

Hier wurde mir bewusst, dass Luzifer eine lange Zeit mit Gott bedingt verbracht hat. Deshalb war es für die Menschen nie einfach, ihn zu besiegen. Die Welt Luzifers zu zerstören ist nur möglich, wenn die Menschheit ausgerichtet auf Gott, als eine Weltfamilie den „Gottismus" auf der Erde substantiell erfüllt. Das ist die ganze Erlösung für den Einzelnen, die Familie, die Gesellschaft, die Nation, die Welt und den ganzen Kosmos.

Luzifer - 17 Jahre nach der ersten Ausgabe dieses Buches

Die Geschichte reicht weit zurück in die Zeit, in der Gott noch nicht das äußere Universum erschaffen hatte. Damals lebten die menschlichen Geistwesen gruppenweise nur mit denen, die sie mochten, zusammen in den zahlreichen Dimensionen der geistigen Welt. Luzifer war zu jener Zeit noch nicht gefallen. Als Prophet lehrte und führte er die Engel und menschlichen Geistwesen zu Gott. In der Engelwelt war er sehr erfolgreich und durch ihn konnten viele Engel in höhere Dimensionen aufsteigen, wo sie Gott trafen. Seine Führung und Hilfe brachte in der Engelwelt einen so großen Erfolg, dass er von Gott den Titel „Morgenstern" für seinen außergewöhnlichen Einsatz erhielt.

In den menschlichen Dimensionen gelang ihm das leider nicht. Je mehr er sich um das geistige Wachstum der menschlichen Geistwesen in ihren Dimensionen bemühte, umso enttäuschter und frustrierter wurde er. Er zog sich langsam von ihnen zurück und begann sich bei Gott über sie zu beschweren. Luzifer sagte zu Ihm: „Obwohl Du diese Schöpfung so sehr liebst, dreht sie Dir den Rücken zu und will nichts mit dir zu tun haben. Je öfter ich mich in den menschlichen Dimensionen sehen lasse, umso mehr Türen schließen sich für mich. Sie zeigen kein Interesse an deiner geistigen Wahrheit, um sich mit Dir niederzulassen." Jedes Mal tröstete Gott Luzifer, indem Er sagte: „Die menschliche Schöpfung ist noch jung. Hat sie sich geistig erst einmal mehr entwickelt, werden du und ich viel Liebe von ihr erhalten." Da Gott sehr oft Luzifer tröstete, konnte er für Millionen von Jahren die menschliche Schöpfung führen, um den Zweck ihres Lebens zu erfüllen, sich mit Gott niederzulassen.

Anmerkung: Mehr Informationen über Luzifers Leben können sie meinem Buch „Unterhaltung mit Gott, himmlischen Wesen und Luzifer" entnehmen.

Schließlich, nach einer unvorstellbar langen Zeit, kam der Tag in Luzifers Leben, an dem er seine Geduld verlor. Er war sehr verärgert über die menschliche Schöpfung, da es in ihrem Herzen keinen Platz für Gott gab. Er entschloss sich, seine Mission für den Willen Gottes, den menschlichen Geistwesen zu helfen, zu verlassen. Dieser Entschluss führte zu einer großen Uneinigkeit unter den Erzengeln. Nach Ansicht der Erzengel Gabriel und Michael sollte Luzifer weiter den menschlichen Geistwesen helfen und dienen, auch wenn sie sehr selbstsüchtig waren, nur Liebe für ihre Partner oder eine begrenzte Anzahl von Geistwesen hatten. Es schien, dass alle Bemühungen erfolglos seien. Alle Erzengel waren mit Luzifer dahingehend einverstanden, dass die Natur der menschlichen Geistwesen so kompliziert ist, dass sie keinen Platz in ihrem Herzen für ihren Schöpfer haben, der alles zum Wohle der Liebe in sie investierte. Sie sagten zu Luzifer: „Auch wenn das Ergebnis bitter aufstößt, sollten wir weiterhin den Willen Gottes erfüllen, selbst wenn die menschliche Schöpfung Gottes Führung durch uns nicht annehmen möchte und ihre Türen vor uns verschließt. Gott wünscht dies. Als Gott die Menschen erschuf, argumentierten wir viel mit Ihm. Wir wiesen darauf hin, dass diese Schöpfung Leid, Schmerz, Blutvergießen und Krieg verursachen und andere Schöpfungen mit hinein ziehen kann. Gott antwortete: „Ich kenne diese Schöpfung besser als ihr, und ich weiß, was ihr nicht wisst über sie." Gott hat die Zukunft der Menschheit gesehen. Hat sie erst einmal ihr volles geistiges Wachstum und ihre Erleuchtung erreicht, wird sie die schönste und wundervollste Schöpfung sein. Unglücklicherweise richtete sich nach einer unendlich langen Zeit die rebellische Natur der menschlichen Geistwesen immer noch gegen ihren Schöpfer. Deshalb hatte Luzifer genug von ihnen und beklagte sich bei Gott: „Es ist eine unendlich lange Zeit verstrichen und ich habe alles für die menschliche Schöpfung getan. Nichts hat sich zum Guten verändert, alles wurde nur noch schlimmer. Jetzt weiß ich, dass es ein Fehler war, die menschlichen Geistwesen zu erschaffen. Man kann nichts Positives in ihnen finden oder erwarten, dass sie geistig wachsen. Nur wenige Seelen sind Dir dankbar." Gott schwieg zu alle dem. Anschließend kam es zu einer großen Spaltung zwischen den Engeln auf Erzengel Gabriels Seite, die weiterhin die menschliche Schöpfung unterstützen wollten und den Engeln, die Luzifers Standpunkt vertraten. Dies führte letztendlich wegen den menschlichen Geistwesen zu einem Krieg im Paradies. Erzengel Gabriel gewann und verbannte Luzifer und seine Engel aus dem Paradies. Seit dieser Zeit ist aus Luzifer Satan geworden und die Engel, die mit ihm aufbegehrten, wurden zu gefallenen Engeln.

Nach diesem Ereignis vergingen Billionen von Jahren in der geistigen Welt. All die Last lag auf den Schultern von Erzengel Gabriel und den Engeln. Sie dienten weiterhin der menschlichen Schöpfung, weil es Gottes Wunsch ist. Aber es kam keine Hoffnung auf, dass der ständige Fall der menschlichen Geistwesen ein Ende nahm. Während dieser Zeit erschuf Gott das äußere Universum. Er wollte der menschlichen Schöpfung eine zweite Chance durch den physischen Körper geben, um ihr geistiges Wachstum zu beschleunigen.

Nachdem die äußere Schöpfung erschaffen war, begannen Gott und die Erzengel die menschlichen Geistwesen auf die Erde zu senden. Gott nahm den Menschen die Erinnerung an ihr Leben in der geistigen Welt durch die Geburt im physischen Körper. Der Geist kann im Körper auf Erden in 80 Jahren so schnell wachsen, wozu er in der geistigen Welt 29 Millionen Jahre brauchen würde. Gott brauchte Millionen von Jahren um das äußere Universum und das Umfeld auf der Erde für die Menschen zu erschaffen. Jetzt leben die Menschen schon so lange auf Erden. Aber ihre geistige Entwicklung hat sich nicht verändert. In den 80 oder 100 Jahren, die sie auf der Erde leben, wachsen sie zwar schnell, aber mehr in die falsche Richtung. Verlässt der menschliche Geist seinen physischen Körper, um für immer in der geistigen Welt zu leben, hat er meist Vollkommenheit im Bösen erreicht. Die meisten Menschen sind selbstsüchtig, auf ihren eigenen Vorteil aus und wollen nichts mit Gott zu tun haben. Dies spiegelt sich in ihrem Geist, der furchterregend und dunkel aussieht. Deshalb gelangen seit einer langen Zeit die meisten Menschen in dunkle Dimensionen, wo sich Luzifer, der zu Satan wurde, und seine gefallenen Engel um sie kümmern. Sie nehmen schlimme Rache an den menschlichen Geistwesen und machen sie zu ihren Sklaven. Von diesem Moment an beginnt wahrlich ihre Bestrafung, die nur Schmerz und Leid mit sich bringt. Sie weinen und flehen Gott und die Engel um Hilfe an. Aber in diesen dunklen Dimensionen und den Höllen gibt es keine Hilfe. Dies haben sich Gott und die Himmel so niemals gewünscht.

Die menschliche Geschichte spielt sich schon Millionen von Jahren auf der Erde ab, ich möchte hier aber nur über die letzten 6000 Jahre sprechen. In den letzten, uns bekannten, 6000 Jahren sind etwa 148.000 Propheten erschienen, aber die Menschen sind immer noch gefallen und es hat sich nichts in der Beziehung zu ihrem Schöpfer geändert. Seit die menschlichen Geistwesen mit einem physischen Körper auf der Erde leben, gibt es dort auch viele Erzengel und Engel, die ihnen weiterhin helfen, sich zum Guten hin zu entwickeln. Sie haben viele Propheten inspiriert, den Menschen geistige Führung zu geben. Wie wir wissen, haben die Erzengel auch einige Religionen auf der Erde inspiriert, um die Menschen auf den Weg zu Gott zurückzuführen. Die Menschen enttäuschten Gott und die Erzengel. Traurigerweise brachten sie viele Propheten um, die ihnen helfen wollten. Viele Propheten waren einsam, ausgelaugt und isolierten sich von der Welt. Sie gaben auf und kehrten der Mission den Rücken. Unglücklicherweise hatten einige Propheten keine andere Wahl, als „Heilige Kriege" zu führen, um die Menschen durch Gewalt auf die gute Seite zu bringen. Ihre Bemühungen waren in allen Fällen wenig erfolgreich, stattdessen öffnete die gefallene menschliche Natur Tor und Tür für weitere Katastrophen und Herausforderungen. Schließlich hat Gott mich im 21. Jahrhundert als Prophet und Messias berufen und nennt mich sein Herz, um sein gebrochenes Herz der Menschheit gegenüber auszudrücken.

Mein Leben für den Willen Gottes begann mit 12 Jahren; ich befinde mich also schon sehr lange auf diesem Pfad. Auch ich konnte bis jetzt kein nennenswertes Ergebnis verzeichnen. Nach meiner Ansicht, konnte ich Gott und den Himmeln noch keine Hoffnung machen. Seit Beginn meines Missionslebens hat Luzifer in mir seinen schlimmsten Feind gesehen und attackierte mich fast 45 Jahre lang. Ich bin ein sehr mystischer Mann in der Liebe Gottes. Ich überwand jede noch so traurige und herzzerbrechende Situation, auch wenn tief in meiner Seele eine Stimme sagte: „Du kannst die Menschen und diese Welt nicht ändern!" Gott hat mir immer sehr viel Liebe gegeben. Diese überwältigende Liebe Gottes gab mir die Hoffnung, meine Mission für den Willen Gottes bis zum letzten Tag meines Lebens voranzubringen. Zum Wohle der Liebe werde ich als treuer Sohn Gottes mit einer positiven Einstellung bis zu meinem letzten Atemzug immer alles geben.

Das ist nicht die einzige traurige Sache auf meinem Weg. Sowohl die Bibel als auch der Koran prophezeien, dass Sterne vom Himmel fallen werden. Mit den Sternen sind die Propheten gemeint, die im Paradies leben. Viele Propheten wandten sich gegen meine Mission, obwohl sie mir hätten helfen sollen, das Königreich Gottes zu errichten. Andere halten sich zurück und beobachten vom Paradies aus meine Aktivitäten, um zu sehen, wie weit ich komme. Diese war die traurigste und bitterste Lektion, die ich lernen musste. Und trotzdem geht meine Reise für die Liebe weiter, auch wenn ich nicht weiß, wohin sie mich führt. Nur Gott kennt ihr Ende. Ich habe Gott niemals danach gefragt, wie weit ich auf diesem Pfad gehen soll. Ich habe mich in meinem Leben entschlossen, die Melodie der Liebe zu vollenden, wenn es sein muss, auch in einer „One-Man-Show". Sterbe ich, kann ich zu Gott sagen: „Ich habe niemals aufgegeben, sondern bis zu meinem letzten Atemzug deinen Willen ausgeführt. Du hast mich als dein Herz nominiert und mir vertraut. Bis zu meinem Tod habe ich dein Vertrauen nicht enttäuscht. Mein ganzes Leben gab ich nur für deinen Willen, was meine Liebe an ihre Grenzen brachte. Ich sterbe, aber meine Augen bleiben geöffnet in der Hoffnung, dass die Menschheit eines Tages zu Dir zurückkommt. Diese Hoffnung übertrifft meine Erwartung.

Nach 40 Jahren, als ich mein Buch „Unterhaltung mit Gott, himmlischen Wesen und Luzifer" schrieb, betete ich wie gewohnt nachts an dem Baum, an dem ich die Offenbarungen von Gott erhalten habe. Luzifer, der zu Satan wurde, erschien und sagte zu mir: „Ich konnte dich nicht dazu verleiten, die Mission Gottes zu verlassen. Wie wirst du dich in diesem Buch an mir rächen? Wirst du mich als selbstsüchtiges Wesen darstellen? Jesus nennt mich Mörder und macht mich für all das Blutvergießen verantwortlich. Mohammed bezeichnet mich als schlimmsten Feind der Menschheit. Er geht sogar noch weiter. Im Namen Gottes behauptet er, ich werde für immer der schlimmste Feind Gottes und der Menschen sein. Mit dieser Ansicht steht er nicht allein. Viele Propheten sagen das gleiche über mich und fügen hinzu, ich habe sie in die Irre geführt." Ich erwiderte Luzifer: „Seit deinem Fallen steckt eine gewisse Wahrheit darin. Ich werde an dir auf keinen Fall Rache nehmen. Ich werde der Menschheit offenbaren, wie sehr du Gott liebtest, bevor sie erschaffen wurde. Du hast sogar vielen Engeln und anderen Schöpfungen bei ihrer geistigen

Entwicklung geholfen, damit sie mit Gott leben können. Einige deiner Familienangehörigen gelangten wegen dir in sehr hohe Himmel, wo sie von Zeit zu Zeit mit Gott sein dürfen. Ich werde über deinen unendlichen Einsatz und deine Hingabe im Namen Gottes für die menschlichen Geistwesen und Engel berichten. Ebenso werde ich über deine Gedichte schreiben, die aus deiner Liebe zu Gott entstanden und die unvergessen in den Himmeln sind. Sie erinnern an die Tage, als noch alles in Ordnung war und in der Schönheit Gottes erstrahlte. Damals bewegte deine Liebe Gott so sehr, dass Er dich „Morgenstern" nannte. Du brachtest Gottes Licht der Wahrheit den menschlichen Geistwesen und vielen anderen Schöpfungen." Als er diese Worte vernahm, kehrte er mir den Rücken. Obwohl ich in der Dunkelheit nichts erkennen konnte, spürte ich, wie ihm Tränen in die Augen stiegen. Ich bat ihn, sich zu mir umzudrehen. Es schien, als ob seine Füße ihn kaum noch tragen konnten und er entfernte sich sehr langsam im Schutz der Dunkelheit von mir.

Als mein Buch „Unterhaltung mit Gott, himmlischen Wesen und Luzifer" erschien, kam er eines Nachts während meines Gebetes zu mir in den Wald. Er hatte einen 200 Euroschein in seiner Hand. Auf der einen Seite war mein Abbild und auf der anderen ein Schloss zu sehen. Ich fragte ihn, was es damit auf sich hat. Er antwortete: „Ich kam um dein Buch „Unterhaltung mit Gott, himmlischen Wesen und Luzifer" zu kaufen. Von nun an wird die Menschheit in mir zukünftig nicht mehr ihren Feind sehen, sondern Mitleid empfinden." Ich fragte ihn: „Warum ist mein Bild auf dem 200 Euroschein und auf der anderen Seite ein Schloss?" Er sagte: „Dein Bild wird für immer in der Zukunft erhalten bleiben, genauso wie deine Liebe für Gott, um die Menschheit zu inspirieren, Gott zu treffen. Das Bild zeigt das Schloss, das mir im Paradies gehörte, als ich den Titel „Morgenstern" trug. Gott besuchte mich dort viele Male, um mir seine Liebe und Führung zukommen zu lassen. Ich habe genug von diesen dunkeln Dimensionen. Ich möchte als Lichtengel Luzifer zurück nach Hause gehen. Gelingt mir dies eines Tages, möchte ich nicht in dieses Schloss zurück, sondern als gewöhnlicher Engel in der geistigen Welt leben. Du verdienst diesen Palast mehr als ich. Er wird dich an die sonnigen Tage zwischen Gott und mir erinnern. Dieses Schloss wurde mir gegeben für alle, die durch mich mit Gott leben können. Ich fühle von ganzem Herzen, dass es dir gehören sollte. Darin gibt es viele unbekannte Geschichten der Liebe zwischen Gott und mir. Erfüllt sich eines Tages mein Wunsch und kehre ich als Lichtengel zurück, solltest du in diesem Palast leben." Ich sagte zu Luzifer: „Ich nehme das Geld nicht an. Du bist ein sehr gerissenes und kluges Wesen, nicht das du mich damit in eine Falle lockst. Ich schenke dir das Buch." Er bat mich, das Geld anzunehmen. Ich sagte: „Ich werde zuerst Gott fragen." Er erwiderte: „Schau mir in die Augen, zum ersten Mal habe ich mein Herz für jemand geöffnet. Ich werde dich nicht hintergehen. Ich gebe es dir von ganzem Herzen." Das rührte mich zu Tränen und ich nahm das Geld an. Er starrte mich noch eine Weile an, bevor er ging.

Jetzt nach 17 Jahren muss ich die ganze Wahrheit über das, was sich inzwischen zugetragen hat, niederschreiben. Aus diesem Grund habe ich alle Veränderungen in der zweiten Auflage dieses Buches aufgeführt. Für mich ist es sehr wichtig, die Wahrheit ans Licht zu bringen. Jeder Mensch fühlt darüber anderes in seinem Herzen. Jeder hat seine eigene Meinung und das Recht, diese zu äußern.

Die äußere Schöpfung und der Fall der Menschen auf Erden

Gott investierte seine eigene Energie, welche auch die horizontale, universale Energie genannt wird, um die Umwelt für die Menschen zu erschaffen. Wir können aber auch aus wissenschaftlicher Sicht betrachten, wie Gott alles erschaffen hat. Zuerst investierte Gott seine Energie, um die Partikel und Atome zu erschaffen. Später entstanden Moleküle, Minerale und danach die Welt der Pflanzen und das Tierreich. Zum Schluss erschuf Gott die Menschen. Ähnlich und parallel können wir die Entwicklung der Menschheit sehen. Es beginnt mit dem Einzelnen, über die Familie, die Gesellschaft, Nation, Welt bis hin zum Universum. Und schließlich kehrt alles wie in einem Kreis zu Gott zurück. All diese Vorbereitungen waren für den Menschen, obwohl dieser erst am Ende entstand. Gott lebt für dich und mich.

Als die Atmosphäre vorbereitet war, sandte Gott die Menschen auf die Erde, so dass sie so schnell wie möglich mit ihrem Körper dort wachsen können. Gott wollte, dass seine Kinder jede Form der Liebe erfahren können. Es gibt die elterliche Liebe, die Liebe zwischen Mann und Frau, die Liebe zu den Kindern oder die Liebe zwischen Geschwistern, die Liebe zur Familie, zur Gesellschaft, zur Nation, die Liebe zu dieser Welt, zum Universum sowie die Liebe zur inneren Ewigkeit, zu verschiedenen Wesen und letztendlich und vor allem zu Gott.

Ehrlich gesagt, vermag die ganze Schöpfung nicht den Platz einzunehmen, den eine Person in den Augen Gottes hat. Deshalb haben wir in den Augen Gottes einen einzigartigen Wert. Ursprünglich wollte Gott, dass seine Kinder in seinem Namen dieses Universum und die innere geistige Welt regieren. Wir dürfen nicht vergessen, dass die Schöpfung an sich nicht gefallen ist, sondern nur die Menschen gemeinsam mit Luzifer. Sie haben ihre ursprüngliche Heimat verloren. Im religiösen Bereich waren Adam und Eva die ersten Menschen, mit denen die menschliche Geschichte des Falles begann.

Die Himmel übermittelten mir, dass Gott zuerst viele menschliche Geistwesen auf die Erde sandte, die dort mit ihrem physischen Körper lebten. Unter diesen erwählte Gott Adam als Prophet oder Erlöser für die Menschheit. Das Wort Adam können wir für einen "Term" von

Menschen ansehen. Doch der Adam, der von Gott auserkoren wurde, war auf keinen Fall der erste Mensch. Der Erlöser und Prophet mit Namen Adam kam später. Er lebte im Irak in einer ländlichen Gegend. Es ist bemerkenswert, dass man im Christentum, Judentum und auch im Islam sehen kann, dass Gott immer drei ähnliche Segen den Menschen versprach:

• Seid fruchtbar.
• Vermehret euch.
• Macht euch die Erde untertan.

Diese drei Segen bedürfen selber einer Erklärung. Es steht im Koran geschrieben und daran sollte man sich in dieser Zeit erinnern, dass Gott die Engel rief und sagte: „Ich möchte den Menschen erschaffen und ihn mir ebenbürtig machen." Das bedeutet, dass der Mensch Gott auf Erden repräsentieren wird. Gott verkörpert unsere wahren Eltern. Er möchte uns all das geben, was wir brauchen, um alles auf natürliche Art und Weise erreichen zu können. Es gibt nichts, was Gott vor seinen Kindern verstecken oder von ihnen fernhalten möchte. Das bedeutet andererseits auch, dass die Menschen in ihren Herzen das klare Konzept des innerlichen Lebens nicht verstanden haben. Hätten sie diese Realität wirklich tief in ihrem Herzen aufgenommen, wäre die Geschichte der Menschen anders verlaufen.

Adam, den Gott als Propheten rief, lebte in unserer Zeitperiode vor ungefähr 6000 Jahren in einer ländlichen Gegend im Irak. Aber bereits vor diesem Adam hatte Gott Tausende Adams für diesen Zweck gerufen. Jeder von ihnen hatte 6000 Jahre Zeit, die Geschichte der Menschheit vom Bösen zum Guten zu transformieren. Leider ist dies nie geschehen. Im Ergebnis bedeutet dies, dass es die Geschichte des Bösen bereits seit Millionen Jahren auf dieser Erde gibt. Luzifer hatte daher die Möglichkeit, seine üblen Aktivitäten auf der Erde zu multiplizieren. Ebenso gab es auch Millionen Jahre, in denen Gott einen Adam, der die Geschichte zum Guten wendet, nicht hat finden können. Diese sehr dunkle Zeit war die traurigste Ära für Gott und die Himmel. Alle 6000 Jahre gewannen Luzifer und seine gefallenen Engel und Dschinns mit ihren schlechten Aktivitäten auf der Erde. Der Preis bestand immer in der Vernichtung der Menschheit; nur wenige Menschen überlebten. Die Zivilisation brauchte lange Zeit, äußerlich und innerlich die Entwicklung zu erreichen, in der Gott sich wieder nach einem Adam umschauen konnte, der die Menschen vor dem Bösen bewahren und beschützen würde.

Genau an dieser Stelle möchte ich mit unserem Adam beginnen, der vor 6000 Jahren lebte. In seiner Zeit werden wir viele Parallelen zu der vergangenen Geschichte der Menschheit zwischen Gut und Böse finden. Aber noch etwas mehr haben mir Gott und die Himmel offenbart: Die letzten vergangenen 6000 Jahre sind zum ersten Mal eine Periode in der Geschichte von Millionen Jahren, in denen Gott sechs primäre Propheten finden konnte, die relativ gesehen in der Lage waren, die Geschichte des Bösen zum Guten zu wenden. Warum konnte aber Gottes Ideal nicht realisiert werden? Ich werde im Namen Gottes und der Himmel darüber sprechen, was durch diese Propheten nicht erreicht wurde. Diese sechs Propheten sind: Adam, Noah, Abraham, Moses, Jesus und Mohammed. Doch es gab bereits viele, viele andere Propheten, die die Grundlage für sie gelegt hatten. Ich bitte die religiöse Welt um Vergebung, wenn sie diese himmlische Wahrheit nicht so einfach ertragen und akzeptieren kann. Ich möchte der religiösen Welt erzählen, dass ich ihre Propheten und Erlöser ebenso wie sie liebe und natürlich alles achte und verehre, was sie für Gott getan haben. Trotz allem werde ich die Wahrheit darüber verkünden, warum Gottes Welt nicht auf der Erde realisiert wurde.

Jetzt möchte ich zuerst mit Adam beginnen, danach werde ich über Noah, Abraham, Moses, Jesus und Mohammed berichten. Die Menschheit wird so erfahren, warum Gottes Welt nicht verwirklicht werden konnte. Unsere Zeit, in der wir leben, ist eine sehr wichtige Zeit. Nach Millionen von Jahren ist Gottes Königreich noch einmal zum Greifen nahe, so dass die wahre Geschichte Gottes beginnen kann. Ich habe Gott gebeten, mein Leben zu beschützen bis ich meine Mission erfüllt habe. Wenn es sein muss, bin ich bereit, für Gott und meinen Nächsten Millionen Mal zu sterben. Es gibt keine Kraft in diesem Universum, die mich erschüttern kann oder in der Lage ist, das weitere Vorankommen meiner Mission zu blockieren. Zu wissen, dass diese Welt sich eines Tages verändern wird, reicht mir völlig, um mein Herz zu trösten. Diese Welt ist derzeit eine gefallene, die von Luzifer beherrscht wird.

Ich weiß, die wahre Liebe wird niemals fehlschlagen. Vielleicht kann ich bereits zu meinen Lebzeiten Gottes Welt erblicken oder vielleicht morgen, wenn ich alt bin. Vielleicht sehe ich sie erst am Morgen danach, wenn ich nicht mehr auf dieser Erde mit meinem physischen Körper weile. Dann werde ich mit meinem Geist erscheinen, um zu sehen, wie Gottes Morgenlicht mit dem absolut Guten diese Erde berührt. Luzifer wird sich für immer von dieser Erde verabschieden müssen. Eins möchte ich dennoch am Ende meines Lebens deutlich gemacht haben:

Ich möchte alles, mein ganzes Herz und meine ganze Seele zu Gott, den Menschen und den anderen Wesen gegeben haben.

Adams Familie und der Wille Gottes

Adam lebte zwischen dem Irak und der Türkei in einer bergigen Landschaft. Sein richtiger Name war Ons. Er war ein sehr hart arbeitender Mann und diese Härte konnte man von seinem Gesicht ablesen. Er wuchs in einer sehr ländlichen Gegend auf und half seinem Vater Heran bei der Feldarbeit. In der Familie seines Vaters Heran war Adam das sechste und letzte Kind. Die Menschen lebten zu dieser Zeit in den Bergregionen in verschiedenen Stämmen zusammen. Der Familienverband war damals sehr stark und eng. Adam stand in seiner Jugend seinem Vater sehr nahe. Er erzählte mir in der geistigen Welt, dass er bereits im Alter von 16 Jahren seine erste große Erfahrung mit Gott hatte. Später führten ihn die Engel und halfen ihm zu verstehen, was Gott ihm persönlich übermittelte. Die Engelwelt offenbarte ihm, er werde später der Vater der Menschheit sein.

Adam erzählte mir Folgendes: „Durch unsere Familientradition war ich mit Eva bereits seit dem sechsten Lebensjahr verlobt. Sie war meine Cousine. Seit meiner Kindheit war ich in Eva verliebt. Manchmal fiel es uns schwer, auch nur für wenige Minuten getrennt zu sein. Wir waren wie zwei Körper und eine Seele. Ich erzählte ihr alle Erfahrungen, die ich mit Gott und den Engeln hatte. Wir hatten keine Geheimnisse voreinander. Zu dieser Zeit war sie 15. Ich habe auch meiner Familie von meinen geistigen Erfahrungen erzählt. Mit Ausnahme meines Vaters dachten alle, ich wäre ein Opfer der üblen Geister oder zumindest würde ich von ihnen attackiert. Mein Vater nahm mich jedoch sehr ernst. Manchmal bat er mich, zu dem Berg zurückzugehen und innig zu beten, denn es könne sein, dass ich so mehr Botschaften von den Engeln oder von Gott erhalten werde. Meine Mutter warnte meinen Vater ständig, er solle aufpassen, damit sein Sohn nicht zum Opfer der schlechten Welt wird.
In meiner Zeit beteten die Menschen nur zum hohen Geist Gottes. Neben diesem huldigten sie noch vielen anderen geistigen Seelen, die verschiedene Positionen vor Gott einnahmen. Sie glaubten, durch das Anbeten dieser verschiedenen Seelen, von diesen letztendlich zu Gott geführt zu werden."

Adam bezeugte mir gegenüber, dass Eva sich mehr zu ihm als zu Gott hingezogen fühlte, denn sie war sehr verliebt in Adam. Sie war frech und trieb ihre Späße gern mit anderen. Sie hatte viel Freude daran. Sie war nicht nur sehr intelligent, sondern auch sehr clever, konnte Neuem sehr schnell folgen und rasch verstehen. Adam erzählte Eva, dass Gottes Licht zu ihm kam und er Gottes Stimme hören konnte. Er erzählte ihr auch, dass Engel ihm erschienen, um Gottes Wahrheit zu lehren. Dies überraschte Eva sehr. Später begann sie, ihm die Bedeutung der Symbole seiner Visionen zu erklären. Häufig konnte sie auch seine Träume deuten.

„Viele Male", so sagte Adam zu mir, „verließ meine Seele meinen physischen Körper und flog in die geistige Welt. Ich erzählte Eva alles und sie war fasziniert. Als sie 16 wurde, begann sie mit mir gemeinsam zu beten. Durch meine Gebete zu Gott, öffnete sich auch die geistige Welt für sie. Sie sah viele Dinge über die geistige Welt und die Leute, die um sie herum lebten. Wann immer sie ihre Augen schloss und betete, sah sie Dinge über Gott und die Himmel. Evas Familie und ihre Sippe, die ungefähr 600 Leute zählten, wendeten sich gegen mich, nachdem ich zu ihnen über Gott sprach. Sie wollten auf keinen Fall, dass ich den Weg Gottes gehe. Eva liebte mich. Sie glaubte an Gott und an mich. Ehrlich gesagt, war sie mehr mir näher als Gott und nur durch mich wollte sie die Reise zu Gott antreten."

Als Gott Adam übermittelte, er sei der Baum des Lebens und seine Frau sei der Baum mit den Früchten des Guten und des Bösen, hatte dies folgende Bedeutung: Wenn es Adam gelingt, vollkommen in seiner Liebe zu Gott zu sein, wird er eine reine und perfekte Blutlinie seinen Nachkommen geben können. Er wäre der vollkommene Kanal Gottes. Wenn Eva dem Weg Adams folgt, um ihre vollkommene Beziehung zu Gott zu finden, wird sie Kinder des Guten gebären, nach welchen sich Gott sehnt und die Er in Adams Familie sehen möchte. Sollte Eva Gott nicht folgen, würde sie Kinder mit einem schlechten Naturell bekommen. Drückt man die Wahrheit einfach aus, war es wie folgt: Gott hatte Adam und Eva gebeten, ihre vertikale Beziehung mit seinem Herzen aufzubauen. Würden sie es schaffen, eins mit Gott zu sein, hätte Gott ihnen seinen Segen für ihre Heirat gegeben. An diesem Punkt wäre Gott das Zentrum für Adam und Eva. Gemeinsam, als idealer Ehemann und ideale Ehefrau, hätten sie dann die substantielle Grundlage für eine ideale Familie gelegt. Von dieser ausgehend, würde die ideale Gesellschaft, die ideale Nation und die ideale Welt, ausgerichtet auf Gott, entstehen. Dies war der Plan, den Gott und die Himmel Adam sehr klar gezeigt hatten.

Adam fuhr fort: „Im Alter von 17 Jahren trennte sich Eva von mir, denn ihre Familie und Sippe wandten sich gegen mich. Mir wurden Bedingungen gestellt, um Eva zurückzubekommen. Ich sollte die mir von Gott gegebene Mission aufgeben und verlassen. Tragischerweise stand Eva unter dem starken Einfluss ihrer Familie und ihres Stammes. Deshalb übersandte sie mir die Nachricht, ich müsse meine Mission aufgeben und mit ihr ein normales Leben führen. Nur so könne ich ihrem Stamm und ihrer Familie angehören und glücklich mit ihnen zusammenleben. Meine eigene Familie bedrängte mich, diese, in ihren Augen guten Bedingungen, zu akzeptieren, um meine Liebe zu bewahren. Dies war ein sehr trauriger und einsamer Moment in meinem Leben. Ich liebte Eva inständig und konnte mir nicht vorstellen, ohne sie zu leben. Deshalb akzeptierte ich die mir gestellten Bedingungen. Als wir heirateten war ich 18 und Eva 17 Jahre alt. Dies alles geschah gegen den Willen Gottes und der Himmel.

Kurze Zeit später begannen wir unser Familienleben. Eva erzählte mir, dass ihr in Visionen jede Nacht ein Engel erscheint und sie sich in ihn verliebt hätte. Ich erfuhr durch meine eigenen Visionen, dass Luzifer jede Nacht Eva erschien. An diesem Punkt begann ihre Verwirrung zwischen Gott und der üblen geistigen Welt. Aber warum? Weil sie eine schlechte Bedingung für mich gelegt hatte. Zum einen forderte sie von mir, mit ihr ein normales Leben ohne Gott zu führen. Andererseits stand sie auf der Seite ihrer Familie und ihres Stammes, also auf der Seite des Bösen. Deshalb entstand ihre Verwirrung. Ihr Gewissen, welches die Basis Gottes ist, konnte nicht den richtigen Weg des Guten einschlagen. In diesem Moment wurde sie das Opfer Satans. Er fand in ihr die Grundlage ihrer Zerstörung, obwohl sie vorher viele Offenbarungen von Gott und den Himmeln erhalten hatte."

Ich, der Autor dieses Buches, habe selber Visionen über diese Zeit gesehen. Ich sah, wie Luzifer in Evas Visionen kam. Er ist ein sehr listiges und kluges Wesen. Langsam fühlte Eva sich zu ihm hingezogen. Er log, bis sich sprichwörtlich die Balken bogen und letztendlich die Lüge zur Wahrheit wurde. Er log im Namen Gottes und der Himmel. Er machte Eva glauben, dass das, was er als Wahrheit bezeichnete, das sei, was Gott meint und woran auch die Engelwelt glaubt. Langsam verführte er sie sexuell und sie glitt immer mehr auf seine Seite. Sie hegte Sympathien für Luzifer und kam ihm näher. Sie verbrachten viel Zeit miteinander, bis sie sich schließlich verliebten. Von diesem Punkt an hörte Eva nicht mehr auf die Stimme ihres Gewissens, obwohl sie wusste, dass ihr Ehemann Adam war.

Viele Male verwendete Eva verschiedene Parfüms, zog schwarze Sachen an, öffnete ihre Haare und bereitete das Bett in der Dunkelheit vor. Danach rief sie Satan bei seinem ursprünglichen Namen Luzifer. Luzifer kam zu ihr und hielt sie mit seinen starken Armen fest umschlungen. Sie verbrachten Stunden im Bett und hatten öfters sexuelle Beziehungen. Luzifer hat Eva nie wirklich geliebt. Von Anfang an wollte er Adam durch Eva zerstören. Letztendlich siegte er. Später brachte er viele andere gefallene Engel und stellte sie Eva vor. Luzifer selbst zog sich zurück und überließ Eva den anderen gefallenen Engeln, die ebenso körperliche Beziehungen zu Eva eingingen.

Ich weiß, jetzt wundert sich der intellektuelle Mensch. Wie ist solch eine Beziehung zwischen dem Geist und physischen Menschen überhaupt möglich? Geistigen Menschen, deren spirituelle Sinne offen sind, wissen, dass solch eine Beziehung durchaus möglich ist. Ich selber hatte öfters ähnliche Erfahrungen. Wenn die Engel zu mir kommen, mit mir sprechen und mich in den Arm nehmen, kann man das mit dem Körper spüren. Erscheinen mir Propheten wie Jesus, Mohammed oder andere, drücken sie ihre Liebe durch eine Umarmung aus. Gott hielt mich auch oft in seinen Armen. Das sind solch reale Erfahrungen, die viel substantieller sind, als man sie mit dem physischen Körper erfahren kann. Menschen, die in der geistigen Welt selber reisen, werden mir darin zustimmen. Treffen und Berühren sich zwei Geistwesen, ist dies eine viel substantiellere Beziehung, die sogar realer ist, als die physische Wirklichkeit. Betrachten wir diese satanische Welt, finden wir viele parallele Geschichten, in denen Luzifer seine gefallene Natur den Menschen gab. All die Geschichten, die im Garten Eden passierten, wiederholen sich heute tagtäglich in der Welt.

Schließlich verließ Luzifer Eva, nachdem er sie missbraucht und ausgenutzt hatte. Luzifer zerstörte hier die erste göttliche menschliche Familie. Für Menschen, die unter dem starken Einfluss Luzifers leben, ist er vielleicht nur ein Konzept oder eine Märchenfigur. Ich bin sicher, eines Tages werden die wahren Menschen, die sich mit Gott vereinigen, Luzifers Existenz kennenlernen. Sie werden erfahren, dass er der Grund für viele Kriege in der menschlichen Geschichte ist. Obwohl er meistens hinter dem Vorhang agiert, möchte er auf keinen Fall die Herrschaft über die Menschen aufgeben. Luzifer ist der Grund, warum die Menschen in der gesamten menschlichen Geschichte ihren wahren Frieden nicht finden konnten. In der Welt Luzifers gibt es keine wahre Glückseligkeit, die mit dem geistigen Leben verbunden werden könnte. Die Menschen dienen zwei Meistern. Obwohl Gott Luzifer für einen guten Zweck erschuf, fiel er. Sein Neid, sein Hass, seine Selbstsucht gegenüber den Menschen und der Missbrauch der Liebe waren der Grund für seinen Fall. Gott bat Luzifer, geduldig zu sein und zu warten, bis alle Ideale realisiert wären. Aber er folgte dem nicht. Luzifer verursachte viele Komplikationen in der Welt der Engel und Dschinns.

Auf Erden beeinflusst Luzifer so stark das Leben der Menschen, dass er ihr Naturell fast völlig veränderte und ins schlechte Gegenteil verwandelte. Diese üble Natur hat ursprünglich nichts mit den Menschen zu tun. Die Menschheit lebt heute in Entbehrung, Leid, Angst, Sorgen sowie der Gier, dem Egoismus und vielen anderen schlechten Gewohnheiten, die sie als Geschenk von Luzifer erhielt. Sie ist krank und stirbt, doch sie kennt immer noch nicht den Grund für diese Hölle, in der sie lebt. Um dieses Problem wirklich lösen zu können, muss die Menschheit zu Gott zurückfinden und sich ernsthaft ihrem innerlichen Leben zuwenden. Die Menschen müssen erfahren, wer sie sind und was sie in dieser kurzen Zeit auf Erden tun können, um ihr innerliches Ziel zu erreichen. Dann werden sie für immer frei und glücklich in ihrem ewigen Leben sein.

Fragen die Menschen mich nach meiner ehrlichen Meinung, kann ich nur Folgendes äußern: Seitdem ich Gott kennen gelernt habe, kann ich sagen, dass die Engel, Dschinns und Menschen das Herz Gottes gebrochen und Ihm viel Schmerz und Leid zugefügt haben. Aufgrund meiner zahlreichen eigenen Erfahrungen weiß ich, dass Gott viele Male zurück in die Dunkelheit ging, um dort zu leben. Er wollte diese schlechte Welt und die üblen Aktivitäten in der geistigen Welt nicht mit ansehen. Wann immer große Propheten wie Krischna, Buddha, Konfuzius, Abraham, Moses, Jesus, Mohammed oder andere kamen, schöpfte Gott wieder Hoffnung. Es gab sogar Propheten, deren Namen ich noch nicht erwähnte, die in der Lage waren, Gottes Herz zu trösten. Sie gaben Gott Hoffnung und vermittelten Ihm so das Gefühl, keinen Fehler gemacht zu haben, als Er die Menschen erschuf. Bei der Schöpfung der Menschen sagte Gott nur eins: „Die Menschen sind Kreaturen der Liebe."

Seitdem ich Luzifer kennengelernt habe, hat mich meine ganze Familie verlassen. Meine Jünger verließen mich, so dass ich das Gefühl hatte, eine große dunkle Wolke würde mein Leben verfinstern. Seitdem ich meine Heimat verließ und Gott folgte, um nach Europa und letztendlich nach Deutschland zu gelangen, brach für mich eine tiefe Nacht der Traurigkeit an. Luzifer bekämpfte mich so vehement, dass ich für eineinhalb Jahre in Afghanistan ins Gefängnis musste. Das gleiche Unglück ereilte mich im Irak und der Türkei. In diesen Gefängnissen dachte ich, ich würde nie wieder das Morgenlicht erblicken. Dann kam ich nach Jugoslawien und Ungarn und auch hier wurde ich eingesperrt. Insgesamt war ich fünfeinhalb Jahre in diesen Ländern einschließlich einigen europäischen Ländern inhaftiert. Deutschland ist für mich das Gelobte Land Gottes. Aber selbst hier kämpfte ich drei Jahre um politisches Asyl. Dies war ein Kampf mit Höhen und Tiefen, um endlich legal hier leben zu können. Luzifer versuchte mich ständig, von meiner Mission abzubringen. Er versprach mir dafür ein schönes Leben auf dieser Erde.

Wenn in Zukunft Gottes Kinder auf der Erde leben, werden sie erfahren, dass all das Gesagte tief aus meinem Herzen kam. Sie werden mir Sympathie entgegenbringen, Gott lieben und mir dankbar sein, dass ich meine Liebe für Gott und die Menschen hingab. Habe ich Luzifer den Preis der Wiedergutmachung erst einmal zurückbezahlt, wird Gott sicher eine neue Tür für mich öffnen. Er wird mir seine Gunst erweisen und mir seinen Segen geben. Mit dieser Grundlage werde ich das deutsche Volk aufwecken und mit dieser Nation im Rücken, werde ich mich der Welt stellen. Eine neue ideale Welt wird entstehen. Die deutsche Nation, als auserwähltes Land, wird viel dazu beitragen, dass sich Gott wieder auf der Erde niederlassen kann und Friede auf ihr einkehrt. Aus diesem Grund habe ich diese Strafe und raue Behandlung durch Luzifer auf mich genommen. Luzifer muss Deutschland verlassen und diese Nation muss auf der Seite Gottes stehen.

Jetzt komme ich zurück zu Adams Ausführungen. Adam sagte: „Ich sah, wie Eva zum Opfer Satans wurde und was für eine Beziehung sie mit ihm hatte. Jetzt verdrehte sie die Wahrheit. Auf einmal stand ich einer ganz anderen Eva gegenüber, die engstirnig war und mich und Gott beschuldigte. Wäre ich nur gläubig und standhaft auf Gottes Seite geblieben, bereit jeden Preis der Wiedergutmachung zu zahlen, hätte eine Möglichkeit bestanden, meine Familie zu retten. Ich fühlte mich stark sexuell zu Eva hingezogen, selbst ohne die Erlaubnis Gottes. In diesem Punkt war mein Verlangen nach Eva stärker als nach Gott. Eva beschuldigte mich später, ich hätte Gott niemals getroffen, denn sonst wäre ich nicht mit ihr gefallen, sondern hätte sie stattdessen beschützt.

Wir lebten von nun an, wie alle anderen, ein gewöhnliches Leben. Eva und ich konnten keine geistigen Visionen mehr sehen, da unsere geistigen Sinne starben. Genau genommen hatten wir Gott und unser geistiges Leben verlassen. Es ist wahr, wäre meine Liebe für Gott größer gewesen, hätte ich Ihn und die Himmel niemals allein gelassen.

Wir hatten sechs Kinder, bevor Kain als siebtes und Abel als achtes Kind geboren wurden. Später bekamen wir noch einen Sohn. Abel stand mir sehr nahe und ich versuchte, ihm alles über Gott beizubringen. Doch als Kain und Abel aufwuchsen, waren sie nicht wie Brüder, sondern es schien, als wären sie Feinde. Ich wusste, dass dies die Frucht meiner und Evas Fehler war, da wir nicht Gott folgten. Kain und Abel verliebten sich in die gleiche Frau. Diese liebte aber nur Abel. Kain ergriff der Neid. Abel erwähnte Kain gegenüber, dass seine geistigen Sinne sich geöffnet hätten und Gottes Güte mit ihm sei. Kain hätte auch beginnen sollen, Gott zu verehren. Die Jahre vergingen, aber das Ergebnis von Kain erreichte nie das von Abel. Deshalb entfernte sich Kain immer mehr von Gott und schließlich wollte er mit Ihm nichts zu tun haben. Kain ärgerte sich über Abel und hasste ihn, da er eine Beziehung mit Gott und der geistigen Welt hatte." Kains Mutter Eva spielte dabei eine entscheidende Rolle. Sie war einer der Gründe, warum er seinen Bruder Abel und sogar seinen Vater Adam hasste. Im Ergebnis dieser Entwicklung tötete Kain eines Tages während der Kornernte auf dem Feld seinen Bruder Abel. Dies wurde zur größten Tragödie in der Familie Gottes, die Gott eigentlich ausgesucht hatte, die Eltern der Menschheit zu werden.

Während Adam mir sein Leben bei unserem Treffen in der geistigen Welt schilderte, weinte er bitterlich und sagte: „Ich liebte Abel so sehr. Er wurde zu meinen Lebzeiten auf der Erde für mich zu meiner ganzen Welt. Als Abel von Kain getötet wurde, verdunkelte sich meine Welt. Ich habe in Abel all meine Hoffnung gesetzt, dass er zum Kanal Gottes würde und das Licht in diese Welt bringt. Kain hasste sogar mich, was mir Angst machte. Ich dachte, dass er auch mich angreifen könnte. Schließlich verließ uns Kain eines Tages, um im Osten mit seiner Frau zu leben. Es war dieselbe, die Abel liebte. Kain stahl Abels Liebe und heiratete sie. Gegen ihren Willen unterstützte er ihre Familie finanziell und diese verheiratete sie mit Kain. Die Frau hatte keine andere Wahl, als sich zu fügen. Obwohl Kain durch mich geboren wurde, war er eine wirklich satanische Frucht, da er sehr stark unter dem Einfluss von Luzifer und Eva stand.

Seit Eva mit mir ein normales Leben führte, wollte sie nichts mit Gott und der geistigen Welt zu tun haben. Manchmal versuchte ich mit ihr, darüber zu reden, aber sie zeigte keinerlei Interesse dafür. Nach Abels Tod beschuldigte sie mich vehement, dass er niemals getötet worden wäre, wenn ich ihn nicht auf die geistige Seite gebracht hätte. Sie ging sogar so weit, zu behaupten, es wäre besser in der Hölle in der geistigen Welt zu leben, als mit mir und mit Gott auf dieser Erde. Später nahmen wir unsere Beziehung wieder auf und erhielten ein Kind mit Namen Seth. Dieser hatte Evas Charakter und wurde später ein relativ aggressiver Junge. Schließlich wollte Eva nicht mehr mit mir zusammenleben und ging zu ihrem Stamm zurück. Von dieser Zeit an unterband sie jeglichen Kontakt zu mir. Sie stand unter dem starken Einfluss ihrer Familie und ihres Stammes, die von Anfang an sowieso gegen mich waren. Ich wurde sehr traurig und einsam, da Eva Kompromisse mit ihresgleichen geschlossen und mich verlassen hatte.

Obwohl mir Gott Ratschläge erteilte, was ich tun soll, ignorierte ich seine Stimme. Ich folgte weder Gott noch der von Ihm gegebenen Mission. Wäre ich Gott gefolgt, würde heute die Situation in der menschlichen Geschichte anders sein. Ich bin nicht zu den Eltern der Menschen geworden, da ich fühlte, dass ich niemals zu Lebzeiten die Position erreichen konnte, die ich sollte. Dadurch brachte ich viel Leid und Entbehrungen zu Gott.“

Als Eva Adam verließ, ist er fast daran zerbrochen. Nach 40 Jahren in Ignoranz konnte Adam vor Gott bereuen und weinen. Am Ende seines Lebens wurden seine Augen schwächer und es fiel ihm schwer, etwas zu erkennen. Bevor Adam starb, besuchte ihn Gott, doch er konnte nicht in sein Licht schauen. Dies nur auf Grund seiner Ignoranz. Das tat ihm sehr weh und er schämte sich vor Gott. Er war nicht in der Lage, auch nur ein Wort herauszubringen. Gott brach das Schweigen, indem Er sagte: „Adam, Ich vergebe dir. Ich verspreche dir, Ich werde mit denen von deinen Nachkommen sein, die die Lösung für diese Welt bringen und meiner Stimme und meinem Weg folgen werden." Als Gott zu Adam sprach, erfuhr er diese bittere Traurigkeit: Gott weinte! Es war sein letztes Zusammentreffen mit Ihm.

In den letzten Jahren, bevor Adam starb, kam sein Sohn Seth zu ihm und bat ihn um Vergebung. Er sagte zur Adam: „Vater es wäre besser gewesen, wenn du dem Weg Gottes gefolgt wärest." Danach brachte er seinen eigenen Sohn Enosch zu Adam und bat ihn: „Bete für ihn, damit er den Weg Gottes beschreiten kann." Adam brach in Tränen aus. Dies war ein sehr emotionaler Moment in seinem Leben. Adam betete für Stunden, dass beide auf Gottes Seite bleiben würden. Neun Jahre später starb er.

Adam lebt jetzt in solch einer geistigen Welt, durch die alle guten sowie schlechten Geistwesen kommen müssen. Dies mit anzusehen, bricht sein Herz jedes Mal. Diese geistige Welt, in der er lebt, liegt genau zwischen den zwei gegensätzlichen geistigen Welten. Zur Rechten sieht er die gute und zur Linken nur die schlechte, gefallene geistige Welt. Dies ist für ihn sehr schmerzhaft und er leidet sehr darunter, obwohl die Welt, in der er lebt, keine schlechte ist. Da er der Grund für das große Leid Gottes und der Menschen ist, kann er sich selber auch nicht von seinem Leid, Schmerz und seiner Traurigkeit befreien. Eva lebt in einer sehr niedrigen, geistigen Welt mit den gefallenen Engeln zusammen. Sie hegt viel Groll gegen ihn und Gott.

Am Schluss sagte Adam zu mir: „Ich hätte dir meine Lebensgeschichte nicht erzählt, wenn du nicht als Gottes Herz auserwählt worden wärest. Ich berichtete über mein Leben, da ich dir vertraue, dass du den Willen Gottes erfüllen und dem Leid, den Schmerzen und Entbehrungen Gottes und der Menschen ein Ende bereiten wirst." Als ich mich von Adam verabschieden wollte, sprach er diese letzten Worte zu mir: „Du wirst für immer Gottes Herz sein in den neuen Himmeln und auf der neuen Erde." Danach umarmte mich Adam und weinte sehr. Wieder und wieder sprach er die gleichen Worte zu mir: „Verlasse niemals Gott und um seines Willen, verlasse niemals die Menschheit! Lass sie niemals allein. Die Welt kennt dich heute noch nicht, doch du kennst den Willen Gottes."

Ich richte die nun folgenden Worte direkt an meine geliebten Brüder und Schwestern und besonders an die Religionen dieser Welt: Wenn ihr an dem zweifelt, was ich sprach, dann könnt ihr beten und Gott direkt fragen. Ich, der Autor dieses Buches, bete, dass Gott die dunkle Ignoranz von euren Augen nimmt und ihr nicht zu religiös-blinden Menschen werdet. Ich bete speziell für die Menschen, denn sie sollten so wachsen, dass sie mit Gottes Augen sehen, mit Gottes Ohren hören, fühlen wie Gott fühlt und die Dinge mit Gottes Herz erfahren können. Dies ist mein letztes Gebet für alle Menschen, Engel, Dschinns und die anderen Wesen.

Noah offenbart in der geistigen Welt seine geheime Lebensgeschichte Zahid für den Willen Gottes

Die ersten 40 Jahre Noahs und der Wille Gottes

Ich habe Noah in der geistigen Welt getroffen. Gott erlaubte mir, in der Vergangenheit Noahs zu reisen, als er auf der Erde lebte. So habe ich viel über seine Mission und Teile seines Lebens erfahren. Genau genommen war Noah ein Nachkomme von Adam, aber Abel, Enosch, Henoch und Lamech legten die Grundlage für die von Gott an Noah gegebene Mission. Die Zeit, in der Noah auf der Erde lebte, war eine sehr dunkle Epoche. Sie gilt als eine der schlimmsten und dunkelsten Zeiten in der menschlichen Geschichte, denn hier war nichts von dem Guten übriggeblieben. Es war die Zeit der Blüte des extrem Bösen. Homosexualität, Gruppensex, Familien- und Kindersex, und alle Formen der Kriminalität waren ständig sehr willkommen und ein angenehmes Ereignis. Selbst die gefallenen Engel, die Gott verlassen hatten, unterhielten sexuelle Beziehungen mit physischen Frauen auf der Erde. Dies war der Plan Luzifers, nach dessen Erfüllung er sich lange gesehnt hatte. Solch eine Welt wollte Luzifer schon immer auf Erden haben, doch Gottes Propheten und die Religionen blockierten bis dahin seinen Wunsch und er konnte den Höhepunkt des Bösen nicht erreichen.

Noahs Zeit war auch deshalb eine der schlimmsten Zeiten, weil es keine gottesfürchtigen Menschen mehr gab, die in der Lage gewesen wären, den Weg der Gesellschaft hin zu ihrer eigenen Zerstörung aufzuhalten. Dies war die größte Tragödie in dieser Zeit. Die ganze Gesellschaft vereinte sich, um gemeinsam den Weg des Bösen zu beschreiten. Diese Epoche ist vergleichbar mit der Epoche Lots, auch hier wollten die Engel die damalige Gesellschaft zerstören. Aber damals kam Abraham dazwischen und fragte die Engel: „Werdet ihr wirklich Gut und Böse zusammen zerstören? Vielleicht leben in dieser Stadt 50 gerechte Menschen. Und diese werden ebenso zusammen mit den bösen Menschen sterben? Was für eine Art von Gerechtigkeit ist das?" Und die Engel entgegneten Abraham: „Wenn wir 50 gerechte Menschen finden, werden wir die Städte Sodom und Gomorra verschonen und sie nicht zerstören." Abraham bat erneut: „Vielleicht findet ihr nur 40 gute Menschen." Und daraufhin entgegneten die

Engel: „Auch dann werden wir diese Stadt nicht zerstören." Damit gab sich Abraham nicht zufrieden: „Vielleicht gibt es aber nur 30 oder sogar nur 20 und falls ihr hohen Engel des Herrn mir nicht zürnt, vielleicht findet ihr nur 10 solcher Menschen." Und auch daraufhin antworteten die Engel: „Um der 10 gottesfürchtigen Menschen Willen, werden wir diese Städte nicht zerstören." Abraham ließ es gut sein und mit zufriedenem Herzen ging er nach Hause, in dem Glauben, die Engel würden 10 gute Menschen in den Städten Sodom und Gomorra finden. Die Realität sah jedoch anders aus. Sie fanden keine 10 Menschen und deshalb kam der Tag des Jüngsten Gerichtes durch die Engelwelt. Dies hätte auch der Gesellschaft zu Noahs Lebzeiten widerfahren können. Da Noah die Mission Gottes annahm, ereilte dieses Schicksal nach seinem Scheitern eine spätere Epoche.

Noah lebte, wie zuvor Adam, in einer bergigen Steinwüstenlandschaft zwischen dem Irak und der Türkei. Gott erwählte Noah, um seine Nation vor diesem Schicksal zu bewahren. Gabriel führte und unterstützte ihn auf diesem Weg. Wenn wir sagen, dass Gabriel als Erzengel mit jemandem arbeitete, bedeutet das natürlich, dass auch viele, viele andere Engel mit diesem Propheten gearbeitet haben. Aber die Führung kommt durch die Erzengel.

Noah kann man als einen sehr couragierten Mann, in Hinsicht auf die ihm gegebene Mission, bezeichnen. Er hatte einen starken und festen Charakter. Wenn die Dinge nicht so liefen, wie er wollte, wurde er häufig jähzornig. Zu Noahs Lebzeiten waren die Menschen, mit denen er sich in seiner Gesellschaft auseinander setzen musste, sehr korrupt. Eine direkte Konfrontation mit ihnen blieb deshalb nicht aus. Die Lehre Noahs, die dieser seiner Gesellschaft geben wollte, beinhaltete, dass man durch die Schöpfung Gott treffen kann. Immer wieder versuchte er die Menschen seiner Gesellschaft zu überzeugen. Er sagte, solch eine wunderbare Schöpfung könne nicht zufällig alleine entstehen, sondern sie muss einen Schöpfer haben. Er erklärte auch, dass Gott jedem Menschen die gleiche positive Kraft gegeben hat, so dass jeder sich sehr schnell zu dem einzig wahren Gott hin entwickeln kann. Gott wird sie sicher nicht vergessen und ebenso, dass dieser Gott ihnen überragende Weisheit und spirituelles Wissen vermittelt, damit sie ihre geistige Bestimmung finden.

Als Noah seine göttliche Nachricht verkündete, lachten die Menschen ihn zuerst aus. Später begannen sie, ihn zu ignorieren und betrachteten ihn als geisteskrank. Aber Noah gab nicht auf. Er diskutierte heftig mit seinen Zeitgenossen und versuchte sie immer wieder von neuem zu überzeugen. Zu dieser Zeit wurde die Gesellschaft von einem Kreis hoch angesehener, aber dennoch schlechter Menschen regiert. Diese wollten auf keinen Fall Noahs Mission Glauben schenken. Sie sagten zu ihm: „Du bist genauso wie wir. Du bist nichts Besseres. Die Menschen, die dir zuhören, sind nur Angehörige einer niedrigen Kaste. Du spinnst dir deine Geschichten selbst zusammen, um uns zu übervorteilen. Du bist ein Mann der Lüge." Noah entgegnete ihnen: „Seht, für das, was ich Tag und Nacht über Gott und dem Leben nach dem Tod lehre, verlange ich keinerlei Bezahlung. Ihr könnt daran sehen, wie ernst es mir mit der Gesellschaft ist. Gebe ich die Mission auf, die Gott mir gab, verleugne ich die Wahrheit und verbünde mich mit euren üblen Aktivitäten, dann frage ich euch, wer wird meine Seele im ewigen Leben retten? Ich habe Gott, die Himmel und die geistige Wahrheit kennengelernt."

Noah verkündete 40 Jahre kontinuierlich die Wahrheit, die Gott und die Himmel ihm gaben. Danach brach für ihn eine schwere Zeit an, da die Gesellschaft und die Nation ihn nicht mehr tolerieren wollten. Um ihn zu verhöhnen, sagten sie: „Du hast uns deine Botschaft übermittelt und mit uns viel diskutiert und gestritten. Du bist so weit gekommen, weil wir dir erlaubten, deine Botschaft zu verkünden. Jetzt ist Schluss damit. Du musst jetzt den Tag des Jüngsten Gerichtes herbeiführen, den du uns prophezeitest für den Fall, dass wir dir nicht folgen."

Diese 40 Jahre waren sehr frustrierend für Noah. In seinem Herzen machte sich Schmerz, Groll und Ärger gegen die Gesellschaft breit. Genau genommen bestand der Plan Gottes und der Himmel darin, dass Noah mit Geduld in seinem Herzen seine Mission fortführen sollte. Auch wenn sein Herz noch so gebrochen und schwer war, so hätte er immer für die Menschen seiner Nation beten müssen. Noah hätte wirklich seiner Nation vergeben und die Menschen trotzdem tief im Grunde seines Herzens lieben sollen. Nur so hätte sich Luzifer dieser Nation nicht bemächtigen können. Gottes Segen wäre auch weiterhin auf der Seite Noahs, da dieser bereits 40 Jahre lang versucht hatte, die Menschen zurück zu Gott zu führen. Als Noah sich über seine Nation beschwerte und sie letztendlich verfluchte, wurden die 40 Jahre durch Luzifer zunichte gemacht.

Jetzt lasst uns sehen, was Noah zu Gott sagte: „Ich habe Tag und Nacht gearbeitet, damit diese Nation auf deine Seite kommt. Je mehr ich zu den Menschen sprach, desto mehr rannten sie weg. In all den 40 Jahren hatte ich die Hoffnung, dass sie Dir durch die Botschaft folgen werden, die ich ihnen überbringe. Aber das ist nicht geschehen. Diese Nation ist sehr egoistisch, stolz und ihre Bewohner sind hochnäsig. Sie lehnten mich ab, hielten sich sogar die Ohren zu, um mir nicht zuhören zu müssen. Ich habe alles getan, was in meiner Macht stand, sie zu bekehren. Doch sie verdammten mich! Gott, diese Nation hat viele, viele, schlechte Pläne gegen mich geschmiedet und ihre Menschen sind die ungehorsamsten auf dieser Erde."

Danach verfluchte Noah seine Nation, indem er sagte: „Von jetzt an werden euch eure Schritte immer in Richtung Misserfolg führen. Die gerechte Strafe wird euch ereilen für eure Sünden." Dann wandte sich Noah direkt an Gott: „Vernichte diese Nation von dieser Erde und lass kein Haus der Menschen, die Dich und deine Mission verleugnet haben, auf seinem Fundament stehen bleiben. Gott, wenn Du das nicht tust, wird diese Nation auch die übrige Menschheit in Versuchung führen. Sie werden niemals Kinder gebären, die Dich nicht verleugnen. Ihre Kinder werden immer auf der Seite Luzifers bleiben."

Die ganze menschliche Geschichte hing von der zentralen Figur ab und von der Art und Weise, welche Entscheidung sie fällte in ihrem missionsgeprägten Leben. Wir können dies bei allen Propheten beobachten, die gerufen wurden, die Menschheit zu beschützen. Ihr Leben teilt sich meistens in zwei Hälften.

1. In ihrem persönlichen Leben gab es viele Höhen und Tiefen, die hervorgerufen wurden durch ihr Verhalten, ihrem persönlichen Charakter, eigenen Denken und geistigen Wachstum in Richtung Gott. Die eben erwähnten Gründe wurden zu einer Art Tradition, denen die religiöse Welt folgt, denn selbst in diesem Teil in ihrem Leben haben die Propheten viel für Gott vollbracht. Es bleibt jedoch die Frage: Warum etablierte sich die ideale Welt bis heute nicht, nach der Gott sich sehnt und die Er den Menschen versprochen hatte? Es spielt jetzt keine Rolle, dass die berühmten Gründer der großen Religionen einmal gesagt haben, dass sie der Weg sind, über den die Menschen zu Gott und den Himmeln gelangen.

Die Realität sieht so aus: Gott und die Himmel scheinen uns heute noch weiter weg, als dass wir an eine Realisierung in dieser Welt denken können. Wir können die geäußerten Worte der religiösen Führer zum einen so verstehen, dass diese sehr mystisch waren, als sie solche Dinge prophezeiten. Substantiell haben sie aber den Willen Gottes nicht erfüllt oder ihre Mission unvollendet auf dieser Erde zurückgelassen. Deshalb sprachen auch Krischna, Buddha, Jesus und Mohammed ungefähr die gleichen Worte zu ihren Anhängern. Sie alle sagten, dass sie zurückkehren werden. Das bedeutet aber, dass Gott jemanden auserwählt, der ihre unbeendete Mission übernimmt.

2. Gott selber ist absolut, einzigartig, ewig und unveränderbar. Deshalb ist auch sein Ideal für die Dschinn- und Engelwelt und für die Menschen unveränderbar. Gott möchte, dass die Menschheit ihr einzigartiges Ziel mit Ihm zusammen erreicht. Sie sollen zu Menschen werden, die auf natürliche Art und Weise sich mit Gott vereinen – als heilige Menschen, die nichts mit dem Bösen und der Sünde gemeinsam haben. Sie sollten wahrhaft lieben und so perfekt sein, wie Gott es in der Ewigkeit ist.

Doch wer kann bezeugen, dass wir aufrichtige Menschen sind? Gott wird dies bezeugen! Er wird bezeugen, dass wir so geworden sind, wie es seiner Absicht entsprach. Ich weiß, dass die großen Religionen wie der Islam, das Christentum und die anderen mir hier nicht zustimmen werden. Ich bin ja auch nicht auf der Erde, um diese religiöse Welt zu befriedigen, sondern ich bin hier, um den Willen Gottes zu erfüllen und in seinem Namen zu reden. Ich spreche auch zu der zukünftigen Geschichte. Die religiöse Welt muss sich um Gottes und der Menschheit Willen vereinigen. Stattdessen erwarten sie, dass Gott sich um der Religion Willen mit ihnen vereinigt.

Gott und die Himmel fanden 16 Generationen später wieder einen Mann wie Noah. Viele Male war es für Gott und die Himmel schwierig, einen Propheten auf Erden zu finden. Gott trägt viele Sorgen in seinem Herzen. Ebenso ist die Situation der Himmel mehr als traurig, da es so schwierig ist, mit einem Propheten auf der Erde zu arbeiten. Sie können nur so viele himmlische Geheimnisse an den Auserwählten übermitteln, wie dieser tragen kann. Wann immer sie die Gefahr sehen, dass der Prophet ihrer Wahl seinen Glauben verliert oder den Entbehrungen und Leiden, die die Mission mit sich bringt, nicht standhalten kann bzw. mit dem Gedanken spielt, die Mission zu verlassen, versuchen sie umsichtig, weise und positiv auf ihn einzuwirken. Dies passierte von diesem Punkt durch die ganze Geschichte hindurch. Der Fall der Menschen machte die Umstände für Gott und die Himmel sehr kompliziert. Dies werden wir nun anhand der Lebensgeschichten einiger großer Propheten sehen und lernen. Wir werden hören, was sie heute im Paradies über ihre Mission zu sagen haben.

Noah wurde sehr frustriert, verärgert und verlor seine Hoffnung während der ersten 40 Jahre seiner Mission. Am Ende dieser 40 Jahre wollte er nichts mehr mit seiner Nation zu tun haben. In dieser ersten Hälfte zog er viele Male seine eigenen Schlüsse, zum Beispiel, dass diese Nation sich nicht zu Gott bekehren lässt. In diesem Punkt hat er die Angelegenheit Gott aus den Händen genommen. Er gab Luzifer gleichzeitig die Chance, seine Mission zu zerstören.

Ich möchte noch ein bisschen mehr über Noahs persönliches Leben erzählen, welches er mir im Paradies mitteilte. Noah sagte, dass er während der vergangenen 40 Jahre ständig Ärger mit seiner Frau hatte, die mit der Mission nicht einverstanden war. Sie fand immer Fehler in Noahs täglichem Leben. Sie kritisierte ihn und alles was er tat. Noah sagte, dass er schnell seine Fassung verlor. Aufgrund seines Jähzorns, ging viel in seiner Mission schief. Er erwähnte weiterhin, dass er durch sein Verhalten Gott und die Himmel in eine Lage brachte, in der diese nicht wussten, was sie mit ihm tun sollten. Hinzu kam, dass Noah Alkoholprobleme hatte, woran seine familiäre Beziehung zerbrach. Ebenso hatte er zahlreiche Probleme mit seinen Jüngern. Viele Male war er so betrunken, dass er nicht mehr wusste, was er zu den Menschen, zu seiner Frau oder zu seinen Kindern sagte. Der Alkohol wurde zu einem Teil seines Lebens, da er stets einsam und nicht in der Lage war, eine Basis für Gottes Mission auf Erden zu finden. Seine Frau und einige seiner Söhne stellten sich gegen seine Mission. Einige seiner Söhne verließen ihn sogar, da sie den Ratschlägen ihrer Frauen folgten. Nur zwei Söhne standen zu ihrem Vater. Dafür verließen ihn viele Male seine Jünger. Überall gab es so viele Probleme, die seine Mission behinderten.

Noah konnte in seinem Leben nur die Stimme Gottes hören. Er sah Visionen und Träume, die ihm vom Himmel zu seiner Führung gezeigt wurden. War die Nacht vorüber und brach der Tag an, fühlte sich

Noah wieder allein. Er war außer Stande, eine Basis mit den Menschen aufzubauen. Manchmal fand er niemanden, dem er hätte seine Botschaft verkünden können. Noah fragte sich selbst, wie er die Visionen und Träume des Himmels verwirklichen könne in dieser Gesellschaft. Die Menschen in seiner Zeit waren sehr arrogant. Jeden Tag stritt er mit ihnen und oftmals taten sie ihm physisch weh. Noah sagte, in den 40 Jahren seiner Mission hatte sich so viel Schmerz in seinem Herzen angehäuft, er versuchte, diesen langsam im Alkohol zu ertränken. Am Ende wurde er fast zum Alkoholiker. Er war äußerst aggressiv und stets verärgert über seine Gesellschaft.

Die zweiten 40 Jahre Noahs und der Wille Gottes

Es war sehr traurig für Gott und die Himmel mit anzusehen, wie Noah seine Gesellschaft verfluchte und Gott bat, Er solle diese Menschen bestrafen. Noah selbst wollte die Mission nicht mehr weiterführen. Dies war gleichzeitig für Luzifer eine sehr gute Nachricht, der Noah all die Jahre intensiv beobachtet hatte. Luzifer forderte seine ihm zustehenden Rechte über Noah und die anderen Menschen ein, als Noah die gesamte Gesellschaft seiner Zeit verfluchte. Das Ergebnis war der Fehlschlag der ersten 40 Jahre von Noahs Mission.
Noah hätte die ersten 40 Jahre der Mission mit Liebe im Herzen, dem nötigen Gehorsam gegenüber Gott und den Himmeln und ohne sich über die Menschen zu beschweren, erfüllen sollen. Hätte er keine Bedingungen für Luzifer geschaffen, Gott um Gnade und Vergebung für seine Gesellschaft und seine Nation gebeten und dadurch den Menschen seiner Zeit eine neue Chance eingeräumt, wäre Luzifer niemals in der Lage gewesen, die ersten 40 Jahre seiner Mission zunichte zu machen. Luzifer wäre somit auch die Zerstörung der damaligen Nation unmöglich gewesen.
Als Noah seine Nation verfluchte, übergab er sie gleichzeitig in die Hände Luzifers. Gott konnte diese Menschen nicht mehr für seine Sache zurückfordern. Gott und den Himmeln blieb nichts anderes übrig, als Noah zu bitten, die Arche auf der Spitze des Berges zu bauen. Noah sagte, dass ihm langsam klar wurde, was passieren würde, wenn die Arche fertig wird. Er brauchte fast 21 Jahre, ehe das Schiff, wie vom Himmel gefordert, gebaut war. Dies lag zum Teil an den inneren Widersprüchen in Noah. Er sagte, sein Glaube wurde

viele Male durch den Himmel herausgefordert, als er die Arche auf der Spitze des Berges errichten sollte. Durch den Bau der Arche hielten ihn seine Mitmenschen und seine Familie für verrückt. Nur acht Menschen halfen ihm, das Schiff auf dem Berg zu errichten. Seine Mitmenschen lachten über ihn. Selbst seine Familienangehörigen hielten ihn für geisteskrank und überhäuften ihn mit einer Vielzahl von Schmähungen und üblen Titulierungen, die seine Narretei und Verrücktheit beschrieben. Er wurde verhöhnt, er soll Gott noch mal fragen, es könne ja schließlich sein, dass er die Botschaft missverstanden habe. Sie sagten zu ihm: „Es macht keinen Sinn. Wo soll mitten in der Wüste das Wasser herkommen, um das Schiff zu bewegen? Insbesondere, wie soll das Wasser so hoch steigen, dass es den Berg erreicht, wo du die Arche baust?" Noah wusste nicht, was er ihnen antworten sollte. Er sagte, der Himmel habe ihm das so aufgetragen und bei seinem Glauben an Gott und die Himmel, er genau das tun werde, bevor der Tag des Jüngsten Gerichts anbricht.

Für die Menschen war das ganze Unterfangen unlogisch. Sie spotteten jetzt mehr als je zuvor über ihn und seine Mission. Sie bezichtigten Noah der Lüge und sagten sogar, dass er die Prophezeiung über den Tag des Jüngsten Gerichts erfunden habe. Sie würden ihm nur glauben, wenn sie das Wasser in der Wüste sehen. An ihren Untergang glaubten sie auf keinen Fall, denn sie würden sich auf die Spitzen der hohen Berge retten, wo die Fluten sie nicht erreichen könnten. Es gab viele hasserfüllte Diskussionen in dieser Zeit zwischen Noah und seinen Mitmenschen. Noah verbrachte 21 Jahre auf dem Berg mit dem Bau der Arche. Oft ging er in die Stadt, um seine Besorgungen zu tätigen. Dabei besuchte er seine Familienangehörige und Verwandten. Er prophezeite ihnen, dass der Tag des Jüngsten Gerichtes schon in naher Zukunft liegt. Diese Nation würde auf jeden Fall bestraft werden, da sie Gottes Mission total verleugnet. Doch sie hörten nicht auf ihn und wollten ihn auch nicht zu Besuch haben. Noah liebte seine Familie und Verwandten, obwohl sie sich gegen ihn wandten. Um jeden Preis wollte er sie retten.

Eines Nachts hatte Noah eine Vision, dass er von nun an in drei Tagen bei der Arche erscheinen und nur die acht Menschen mitnehmen soll, die ihm in dieser Vision gezeigt wurden. Am nächsten Tag wurde Noah sehr traurig, denn vielen seiner Familienangehörigen war nicht erlaubt, die Arche zu betreten. Noah war deshalb über die Himmel enttäuscht und hatte ein gebrochenes Herz. Schließlich tat er, was von ihm verlangt wurde, obwohl sein Herz und Verstand nicht dazu bereit waren. Er und die anderen acht Menschen nahmen ebenso ein paar Tiere mit sich, um später als Bauern zu überleben.

Noah erzählte: „Es war eine sehr stürmische Nacht. Ich hatte so viel Angst in meinem Herzen, dass ich mich wunderte und fragte, ob wir diesen Sturm in der Arche überleben würden. Es stimmt, dass es 40 Tage lang fortwährend regnete und der Sturm wütete. Das Wasser erreichte den Berg und trieb das Schiff in alle Richtungen. Zwischen zwei Bergen in einem Tal, sah ich plötzlich meinen Sohn und einige andere meiner Familie. Sie versuchten einen hohen Berg zu erklimmen. Ich rief ihnen zu: „Kommt zu mir in der Arche, um euer Leben zu retten!" Mein Sohn und die anderen riefen mir zu, dass sie dieses himmlische Schiff nicht brauchen, um zu überleben. Es würde ausreichen, den hohen Berg zu erklimmen.

Noah sah plötzlich eine große Welle den Berg überspülen, auf dem sich seine Familie zu retten versuchte. Vor seinen Augen fielen sie ins Wasser und ertranken. Dieser Sohn und seine Familie hatten ebenfalls die Mission verleugnet. Noah weinte: „Oh Gott, warum hast du mir das angetan? Mein geliebter Sohn und meine Familie starben vor meinen Augen?" Noah beschwerte sich vehement bei Gott, bis er seine Stimme vernahm: „Dies war nicht dein Sohn und dies war auch nicht deine Familie. Wenn du weiter so zeterst, muss ich sagen, bis du ein Narr." Noah hatte Angst, dass ihm und den paar verbliebenen Mitgliedern seiner Familie, die mit ihm auf der Arche waren, das gleiche Schicksal widerfahren könnte. Er sprach mit lauter Stimme: „Bitte Gott, vergib mir. Vergibst du uns nicht, dann werden auch wir nicht überleben." Noah hörte wieder die Stimme Gottes: „Sei still!"

Noah erzählte, dass das Wasser die Berge überflutete und dadurch 6 Millionen Menschen umkamen. Es dauerte einige Zeit, bis das Wasser wieder verschwand und die Arche auf dem Boden aufsetzte. Alle verließen das Schiff und begannen ein Leben als Bauern. Zwischen den Familien herrschte Uneinigkeit, da auch sie Angehörige in den Fluten verloren hatten. Sie alle zogen weit weg vom Ort der Überschwemmung und zogen mit den Menschen zusammen, die ebenfalls die Flut überlebt hatten. Die Menschen beschwerten sich über Noah. Er sei Schuld an dem Unglück, weil er die Nation verfluchte und um jeden Preis nur seine eigene Familie retten wollte. Letztendlich glaubten sie nicht mehr an Noah. Noah wandte sich von seinen Mitmenschen ab und verfiel erneut dem Alkohol. Seine zwei Söhne versuchten ihn daran zu hindern, doch er hörte nicht auf sie. Am Ende seines Lebens war er wieder einsam und frustriert. Die wenigen Menschen, die mit ihm in der Arche überlebten, wuchsen zu einem kleinen Stamm heran, aber sie folgten nicht Gott. Noah sagte, dass dies die letzten Worte Gottes waren, bevor er selber starb: „Noah, du konntest die Menschen nicht mit meinen Augen sehen." Noah lebt heute in einer guten geistigen Mittelwelt, aber auch dort ist er allein. Er bereut sogar noch heute, dass er die Menschheit verfluchte.

Anmerkung: Eigentlich wollte Gott, dass Noah in seinem Herzen für alle Menschen Mitleid empfindet und nicht nur für seine eigene Familie. In den Augen Gottes sind alle Menschen seine Kinder, nicht nur Noahs Angehörige. Obwohl Noah die gesamte Menschheit verfluchte, wollte er trotzdem seine Familie retten. In dieser Situation wurde er zum Opfer seiner Selbstsucht. Er war nicht in der Lage, die ganzen Umstände mit Gottes Augen zu betrachten.

Dieses Verhalten glich dem von Luzifer, der zu Satan wurde. Auch dieser empfand Neid und Abneigung gegenüber der menschlichen Schöpfung. Luzifer war sehr glücklich mit seiner eigenen Familie, den Engeln und Dschinns, bevor die Menschheit erschaffen wurde. Er konnte vieles in der Engelwelt erreichen. Seit Gott die Menschen erschuf, zog er sich von Ihm und von den Menschen zurück. Seit Luzifer seine Position einbüßte, verfluchte er die Menschen. Es verging kein Tag, an dem Luzifer nicht versuchte, aktiv die Menschen zu zerstören. Er ließ nichts unversucht, die Menschheit in die schlimmste, niedrigste und schlechteste Situation zu bringen, auf dass er sie vor Gott anklagen konnte. Seit Beginn der menschlichen Geschichte beharrt Luzifer darauf, dass Gott bereut, die Menschen erschaffen zu haben.

Im zweiten 40-Jahres-Kurs von Noahs Mission, gab es viele Situationen, in denen Noah nicht glücklich war, die Mission von Gott erhalten zu haben. Viele Male beklagte er sich bei Gott, ob es nicht eine andere Person gäbe, die Er für seine Mission auserwählen könnte. Hier entwickelte sich die gleiche Situation wie damals bei Luzifer, der auserwählt wurde, Gottes Wahrheit den Menschen zu lehren. Luzifer konnte nicht wie Eltern für die Menschen fühlen. Nach geraumer Zeit tat es ihm Leid, dass Gott ihn für solch einen Zweck ausgesucht hatte.

Im gleichen Moment als Noah die Menschheit verfluchte, übergab er die üble Gesellschaft in die Hände Luzifers. Dies war ein Fehler auf seinem Weg. Gott konnte diesen Prozess nicht mehr rückgängig machen, da Er Noah zu seinem Objekt erwählt hatte. Noah hob die Hände und gab seine Mission auf. Noah verursachte somit einen Fehler auf der Seite Gottes. Natürlich verlangten Luzifer und die gefallenen Engel diese schlechte Gesellschaft heraus, denn sie wollten, dass Gott auf dieser Basis nicht weiter arbeiten kann. Luzifer, die gefallenen Engel und Dschinns kannten natürlich die fundamentale Wahrheit, dass es eine lange Zeit dauern würde, bis Gott erneut jemand aus einer anderen Nation rufen kann, wenn es ihnen gelingt, die auserwählten Menschen Gottes zu zerstören. In der Zwischenzeit haben Luzifer und seine üblen Mächte genug Zeit und Raum, ihre schlechten Aktivitäten zu multiplizieren.

Ich werde im Kapitel über Jesus' Leben erklären, dass es Luzifers erste Strategie war, Jesus durch die auserwählte Nation ans Kreuz zu schlagen. Er wollte, dass Jesus auf keinen Fall den ganzen Plan für das Königreich Gottes auf Erden übermittelt. Hätte Jesus 40 Jahre lang in seiner zentralen Mission den Willen Gottes substantiell auf der Erde erfüllt, wäre dies ihm auch möglich gewesen. Doch dies geschah nicht. Stattdessen siegte Luzifer über Jesus und jener verließ seine Mission. Jesus starb nicht am Kreuz, sondern er lebte ein einsames Leben in Kaschmir. Ich werde mehr Details darüber im Kapitel über Jesus erzählen.

Im zweiten 40-Jahres-Kurs von Noah hoffte Gott, Noah würde seine Vollkommenheit mit Ihm erreichen und seine Nation auf den von Gott für sie vorgesehen Weg führen. Noah konnte jedoch seine Einstellung zu seiner Nation nicht ändern und hielt an dieser fest. Noah wünschte, nur seine Familie und seine Verwandten zu retten. Aber das war nicht das, wozu er ausgesucht wurde. Er hätte seine Familie und Verwandten um seiner Nation willen opfern müssen. Eine Anklage wäre so durch Luzifer nicht möglich gewesen.

In den zweiten 40 Jahren seiner Mission hätte Noah seine Nation gemäß dem Willen Gottes mit guter Moral und Ethik voranführen müssen, um Gottes Vorsehung zu erfüllen. Als dies nicht geschah, wollten Gott und die Himmel Noah und seine Jünger beschützen. Sie hatten die Hoffnung, dass sich das Gute in der neuen Gesellschaft entwickelt, aufgrund der acht Leute, die Noah glaubten und für den Willen Gottes arbeiteten. In den Augen Gottes war diese Arche ein Symbol für einen neuen Himmel und eine neue Erde. Deshalb sollte Noah schlechten Menschen nicht erlauben, ihren Fuß auf die Arche zu setzen. Aber leider tat er das. Später, als er seinen Sohn und seine Familienangehörige sah, ignorierte er die Richtlinie der Himmel. Er wollte nur seine üble Familie retten, die sowieso auf Luzifers Seite stand. Andererseits beharrte diese schlechte Familie auf ihrer festgefahrenen Meinung und lehnte Noah weiterhin ab. Er lud Luzifer förmlich ein, die Arche zu zerstören. Durch seine Handlungsweise brachte Noah Gott und die Himmel in eine schmerzhafte und leidvolle Situation, in der sie nicht mehr mit ihm arbeiten konnten. Im Ergebnis konnte Luzifer nun die Arche betreten. Auf diesen Moment hatte er gewartet. Als die Menschen aus der Arche ihre Füße wieder auf die Erde setzten, säte er Zwietracht unter sie. Luzifer erinnerte sie an ihre Lieben, die wegen Noahs Fluch starben und daran, dass Noah selber nur seine Familie retten wollte.

Noah lebte noch einige Jahre. Dennoch konnte er diese acht Menschen nicht weiter über den Willen Gottes unterrichten. Er selbst war nicht in der Lage, einen moralischen Standard zu finden. Er war sprachlos und zog sich zurück. Die acht Menschen, die durch die Arche gerettet wurden, konnten Noah nicht verzeihen, dass er seine üble Familie, die Feinde Gottes waren, retten wollte. Später beschuldigten sie Noah durch seine Ungeduld die Sintflut heraufbeschworen zu haben. Selbst seine Söhne, die mit ihm in der Arche gerettet wurden, lebten in Zwietracht mit ihm.

In den letzten Jahren seines Lebens war Noah einsam und fühlte sich leer und ausgelaugt. Er bereute vor Gott, für so eine große Mission auserwählt worden zu sein. Sein Verhalten erniedrigte Gott und die Himmel. Als Noah starb, kam er in eine mittlere, relativ gute geistige Welt. Selbst dort spricht er wenig, lebt zurückgezogen und zieht es vor, niemanden zu treffen. Später riefen die Himmel und die Engelwelt Noah zu sich und gaben ihm den Titel „Mann der Courage". Nun ließen sie ihn in eine höhere Welt gehen. Beim letzten Treffen nach Offenbarung seiner Lebensgeschichte in der geistigen Welt verabschiedete er sich von mir: Er umarmte mich fest und weinte sehr. Er bittet die Menschheit durch mich um Vergebung.

Noch einmal muss ich erwähnen, dass es niemals leicht für mich war, Gottes und der Himmel Situation auszudrücken. Ich bete nur, dass die Menschen ihre Lektion durch diese versteckte Wahrheit in der Geschichte lernen und nicht noch einmal einen ähnlichen Fehler in der Gegenwart begehen. Ich habe nur gute Wünsche für alle Menschen in meinem Herzen und meiner Seele. Ich hoffe, dass die Menschen zulassen, dass Gott und die Himmel eine neue Erde und einen neuen Himmel errichten, damit Luzifer und seine üblen Mächte sich für immer von dieser Erde verabschieden müssen. Lasst diese Prophezeiung Gottes „Diese Erde wird meinen Lieben gehören." wahr werden.

Abraham offenbart in der geistigen Welt seine geheime Lebensgeschichte Zahid für den Willen Gottes

Bevor ich über Abraham spreche, würde ich gerne anhand einer Geschichte seine Stellung in der geistigen Welt hervorheben. Ich traf bereits zuvor einige Male Abraham in der geistigen Welt. Einmal stand er neben Gott, der seine Hand um Abrahams Schultern legte und ihm etwas ins Ohr flüsterte. Als Gott mich erblickte, kam Er zu mir. Er hielt meine Hand und sagte: „Abraham steht mir sehr nahe. Er ist ein enger Freund für mich. Möchte Ich etwas Besonderes tun, bitte Ich Abraham um seinen Rat." Seit dieser Zeit, bringe ich Abraham einen großen Respekt und eine große Liebe entgegen.

Abrahams Vater stammte aus Ur und zog später nach Haran. Dies ist auch der Ort, an dem Gott zu Abraham sprach: „Verlass deine Heimat und gehe in nord-westliche Richtung in das Land, welches Palästina genannt wird." Gott versprach Abraham, dieses Land werde ihm und seinen Nachkommen gehören. Abraham und die Leute seines Stammes - die Aberanis - lebten in diesem Land und waren ebenso Viehhirten wie die Großfamilien des dort ansässigen und übergeordneten Sami Stammes.

In seinem Leben durchreiste Abraham Ägypten, Arabien, den Irak und noch viele andere Länder dieser Erde. Er wurde jedoch an keinem Ort sesshaft. Er fühlte sich überall wie ein Fremder in einem fremden Land. Aufgrund seiner großen Sehnsucht zu Gott, fühlte er sich nirgends zu Hause. Auch Gott konnte keinen Platz auf dieser Erde sein Eigen nennen und sich heimisch fühlen. Abraham empfand ebenso. Später wurden durch Abraham drei große Religionen hervorgerufen, das Judentum, die Christenheit und der Islam. Natürlich legten die Juden den Grundstein für die Entstehung der Religionen. Deshalb können die Christen und der Islam nicht ihre Beziehung mit und ebenso wenig ihre Abstammung vom Judentum leugnen und bekunden auch ihre familiäre Beziehung mit ihm.

Abraham lebt heute in einem sehr hohen Bereich des Paradieses, welcher der geistigen Welt der Erzengel angehört. Er hat das hohe Privileg erhalten, Gott in dessen Königreich viele Male sehen und besuchen zu dürfen. Dies ist eine besondere Ehre. In Gottes Königreich können auf einmal 70.000 speziell ausgewählte Engel erscheinen, denen die Möglichkeit gegeben wird, Gott zu sehen. Aber im Gegensatz zu Abraham wissen diese Engel nach dieser einmaligen Chance nicht, wann sie das nächste Mal erneut ihrem Schöpfer gegenüberstehen.

Aus dem Zeugnis Abrahams werden wir noch erfahren, dass es niemals Gottes Plan entsprach, Religionen zu erschaffen. Die drei großen Religionen wurden ins Leben gerufen, da Abraham Fehler machte. Gott vergab Abraham, aufgrund seiner ernsthaften Hingabe und Loyalität. Abraham liebt Gott aus ganzem Herzen. Gemäß dem Plan Gottes sollte Abraham substantiell den Grundstein für die universale Familie legen, auf dass diese Familie zur Verkörperung Gottes wird. Gottes innigster Wunsch besteht darin, mit seinen Kindern als sichtbarer Gott zu leben. Aus diesem Grund wählte Gott Abraham und gab ihm, um der Menschheit willen, den Titel „Vater des Glaubens". Abrahams Verantwortung bestand darin, nach Gottes Willen zu leben. Aber die Realität ist die: Das Konzept einer familiären Welt ist nicht wahr geworden. Die von Abraham gemachten Fehler in seiner Mission verursachten die Entstehung der drei großen Religionen, die bis in unsere heutige Gegenwart gegeneinander kämpfen.

Man muss zuerst seine vertikale Beziehung mit Gott aufbauen, um eine Antwort auf die Frage zu erhalten, warum diese Dinge in der Geschichte der Religionen passiert sind. Ansonsten wird immer eine große Verwirrung in der menschlichen Geschichte herrschen. Entfernen Gott und die Himmel eines Tages den Schleier von unseren Augen, werden wir klar sehen, warum es so schwierig war, diese üble Welt wiederherzustellen und ein ideales Umfeld auf dieser Erde zu erschaffen.

Hier möchte ich direkt die Lebensgeschichte Abrahams wiedergeben, die er mir in der geistigen Welt mitteilte. Ich habe jeden Satz des Zeugnisses Abrahams über sein Leben mit meinem ganzen Herzen in mein Gebet eingeschlossen. Dabei vergoss ich viele Tränen, in der Hoffnung, dieses Zeugnis könne die Juden, Christen und Muslime zusammenführen, damit sie alle erkennen, sie entspringen einer familiären Wurzel. Gott nennt Abraham den Vater des Glaubens und Er versprach ihm das Gelobte Land, in dem Milch und Honig fließen. Die Milch symbolisiert Gottes Wille und seine göttliche Wahrheit und der Honig steht symbolisch für die immerwährende Liebe Gottes und seine Gegenwärtigkeit.

Jetzt berichte ich über Abrahams Leben. Darüber sprach er im Paradies zu mir, weil Gott ihn darum bat. Das missionsgeprägte Leben Abrahams schriftlich wiederzugeben, lässt meine Hand zittern. Mein Herz und meine Seele weinen, damit die Menschheit Gott erreichen kann. Abraham stammte, wie bereits vorher erwähnt, von den Nachkommen des Sami Stammes ab, welcher unter dem starken Einfluss der alten babylonischen Stadt Ur lebte.

Abraham erzählte mir Folgendes: „Während ich aufwuchs, beteten die Menschen um mich herum Sonne, Mond, Sterne und verschiedene ewig lebende Seelen an. Mein Vater Terach besaß ein profitables Geschäft, das verschiedene Götzenbilder herstellte. Als ich heranwuchs, wollte mein Vater, dass ich mehr Interesse für dieses Gewerbe zeige, um es auszubauen. Das Herstellen von Götzenbildern war so lukrativ dass mein Vater bald in der Lage war, eine Produktionsstätte zu eröffnen. Dort ließ er qualitativ hochwertige Statuen herstellen. Der Ausbau seines Geschäftes brachte ihm mehr Respekt ein und ließ sein Ansehen in der damaligen Gesellschaft ansteigen. Er konnte sich so einen anerkannten Namen machen. Sogar mit dem damals herrschenden König unterhielt er verschiedene Handelsbeziehungen.

Zuerst half ich meinem Vater, sein Geschäft zu expandieren. Später frustrierte mich das alles. Mein Herz krampfte sich zusammen, weil mein Vater, obwohl er es besser wusste, die Gesellschaft mit dem Verkauf der vielfältigen Götzenbilder in eine falsche Richtung führte. Oft sprach ich meinen Vater darauf an: „Wir wissen, dass diese Statuen niemals unsere wahren Führer sein können. Wir verkaufen sie nur wegen des Geldes. Dadurch missbrauchen wir die Schwäche dieser Gesellschaft." Mein Vater entgegnete: „Lass die Menschen doch närrisch sein, wenn sie es selber so wollen." Ich erwiderte: „Wir können diesen Menschen helfen, wenn wir ihnen erklären, dass es handgefertigte Götter und somit Produkte der Menschen sind." Jedes Mal wurde mein Vater daraufhin ärgerlich und sprach: „Verschwinde sofort aus meinen Augen. Es scheint mir, dass du mich eines Tages in eine schreckliche Lage bringst, so dass ich mein Geschäft schließen muss. Abraham, du wirst Unglück speziell über mich und deine

Familienangehörigen bringen." So unliebsam endeten die meisten unserer Konversationen.

Zu meinen Lebzeiten schloss ich mich einigen Bewegungen an, die versuchten, den Schöpfer durch seine Schöpfung zu entdecken. Ich war immer einer der aktivsten Anhänger, der mehr über diese Schöpfung und seinen Schöpfer wissen wollte. Mit der Zeit zog ich meine eigenen Schlüsse und stellte fest, dass derjenige, der die Erde und die ganze Schöpfung entstehen ließ, mit sich selbst sehr in Harmonie sein musste. Ich empfand immer tiefen Frieden und Harmonie in der Natur. Wann immer ich zu verschiedenen Bewegungen ging, um nach dem Schöpfer dieser Schöpfung zu suchen, konnte mein Herz keinerlei Befriedigung finden. In dieser Zeit wurde auch die Idee vertreten, dass verschieden ewig lebende Seelen gemeinsam als Partner diese Schöpfung entstehen ließen. Diese Idee ging sogar dahin, dass verschiedene Seelen verschiedene Teile dieser Schöpfung erschufen. Dies war die herrschende Situation zu meinen Lebzeiten. Diese Zustände distanzierten und isolierten mich von meiner Gesellschaft.

Eines Tages saß ich in der Wüste und sah dem Sonnenuntergang zu. Mein Herz füllte sich mit Traurigkeit und unter Tränen sprach ich: „Oh Schöpfer dieser Schöpfung, bringe mich aus dieser Dunkelheit ins Licht. Bitte zeig mir den wahren Weg, auf dem ich zu Dir gelangen kann. Wenn Du mir nicht die Antwort gibst, werde ich mich mein ganzes Leben lang nur wundern, aber ich werde Dich nicht kennenlernen. Wenn Du irgendwo auf der anderen Seite bist, dann antworte mir, auf dass ich die Wahrheit erfahre. Oh Gott dieser Schöpfung, ich sehne mich schon lange nach Dir." Danach weinte und schluchzte ich vor mich hin. Von Müdigkeit übermannt, legte ich mich zum Schlafen nieder. Als ich aufwachte, war es bereits Nacht. Die Nacht war so klar, dass ich die Sterne am Firmament sehen konnte und um mich herum herrschte tiefe Stille.

Auf einmal sah ich einen blauen Lichtball mit hoher Geschwindigkeit auf mich zukommen. Als er sich mir genähert hatte, umkreiste er mich siebenmal. Ich konnte mich in diesem Moment nicht bewegen. Ich schwitzte und spürte die Angst sogar in meinen Knochen. Dann schnellte das blaue Licht mit gleicher Geschwindigkeit nach oben zurück in den Himmel und ich vernahm die Stimme, die zu mir sprach: „Oh Abraham, oh Abraham. Ich bin der Gott des Universums. Ich bin der Gott des ewigen Lebens. Oh Abraham, Ich habe in das Innerste deines Herzens hineingeschaut und fand darin so viel Sehnsucht nach mir. Abraham, folge mir!" Ich sprach daraufhin: „Oh Gott, ich suche nach Dir bereits seit so langer Zeit und mein Herz sehnt sich ebenso lang nach Dir, obwohl ich Dich nicht kenne." Gott antwortete: „Ich werde dir den Weg zeigen, der dich zu mir und meinem Heim bringt. Abraham, ich möchte, dass du deine Perfektion in mir vollendest." Ich fiel auf die Knie und verbeugte mich vor dem ewigen Gott. Dies war meine erste spirituelle Erfahrung mit Ihm.

Dieses Erlebnis veränderte so sehr mein Leben, dass förmlich eine Revolution in meinem Herzen stattfand. Als ich am nächsten Tag mit meinem Vater arbeitete, war ich sehr ruhig. Nach geraumer Zeit sprach mich mein Vater deswegen an: „Es scheint mir, dass du heute besonders schweigsam bist. Was ist mit dir?" Zuerst wollte ich eine Unterhaltung über geistige Dinge vermeiden und ihr aus dem Weg gehen. Mein Vater bohrte jedoch ständig weiter, bis ich ihm endlich von meiner Erfahrung mit Gott in der letzten Nacht in der Wüste erzählte. Er sagte zu mir: „Dies muss ein schlechter Traum gewesen sein oder das Produkt deiner Einbildung, denn dir gehen immer solche Sachen in deinem Kopf herum." Ich erwiderte: „Hör zu, dies alles ist mir mit offenen Augen widerfahren. Ich war absolut wach."

Am nächsten Tag kam mein Vater Terach auf mich zu und bat mich, ihm den Platz zu zeigen, an dem sich alles ereignet hatte. Wir gingen zusammen an den Ort meiner ersten Erfahrung mit Gott. Mein Vater setzte sich für ein paar Momente nieder, bevor er zu mir sagte: „Abraham, wir sind Nachkommen von Adam und Noah. Ich habe viele Male an den Gott Noahs gedacht. Dieser Gott bat Noah, unsere Nation zu ändern. Aber Noah war in seiner Mission nicht erfolgreich. Stattdessen kam die Sintflut und viele, viele Menschen starben, sogar einige Familienangehörige Noahs. Dies brachte viel Groll und Ärger gegen den Gott Noahs. Du siehst, heute haben wir alle möglichen Formen der Anbetung. Jede Familie hat eine Statue ihres eigenen Familiengottes. Es gibt einen Gesellschaftsgott und darüber noch einen Nationalgott, der uns allen gehört. Wir glauben an sie und beten deren Götzenbilder an. Außerdem verehren wir die Bilder bestimmter Könige. Wir haben spezielle Steine, aus denen wir verschiedene Statuen und Götzenbilder herstellen und ihnen somit einen großen Wert geben. Es sind lediglich Steine, die wir verehren. Diese Statuen und Steine stehen symbolisch für unsere Entbehrungen. Vor diesen Steinen bitten wir um Erfüllung unserer Wünsche und vollenden dadurch unsere Tradition. Selbst die Frauen erbitten Kinder von diesen Steinen. Wir beten ebenso zu Bäumen, Tieren, Kühen, Ziegen und selbst zu Schlangen. Auf der anderen Seite verehren wir verschiedene ewig lebende Seelen, sowie gute und schlechte Geistwesen, die unsere Schöpfung entstehen ließen. Wie willst du, Abraham, unter solchen Umständen die Identität eines Gottes bringen, der alles erschaffen hat und der einzige Schöpfer dieses Universums ist? Ich stehe auch sehr unter dem Einfluss der Lehre meiner Vorfahren, obwohl ich in meinem Verstand und in meinem Herzen mit solch einer Art der Anbetung manchmal nicht einverstanden bin."

Daraufhin entgegnete ich meinem Vater: „Höre, du bist der Wahrheit bereits sehr nahe. Ich werde zu Gott beten und bitten, dir die Augen und dein Herz zu öffnen." Terach antwortete: „Du bist ein Narr Abraham. Bitte zuerst deinen Gott, Er soll aufhören, dir so einen Unsinn zu erzählen und dich in Ruhe lassen. Abraham, du kannst ein sehr friedliches Leben führen und dich an diesem genauso erfreuen, wie alle anderen. Ich rate dir, bringe keine Zerstörung in deine Familie durch deine fanatische göttliche Lehre. Lass uns zurückgehen zu unserem Geschäft. Du bist in geschäftlichen Dingen ein sehr weiser Mann und ich erwarte viel von dir. Unter meinen Söhnen bist du der intelligenteste. Dein Erfolg in unserem Geschäft ist der Garant für unseren guten Namen. Du bist ein Vorbild für unsere Verwandten in jeder Lebenslage. Sie möchten so sein wie du und schauen zu dir auf. Enttäusche sie nicht. Oft bitten sie dich um Rat in ihrem täglichen Leben oder für ihre sozialen Beziehungen. Du bist ein Symbol für sie. Jeder König hat schon von dir gehört und möchte dich kennenlernen. Abraham, folge meinem ehrlich gemeinten Rat und gebe dein verrücktes Konzept und deinen fanatischen Glauben an Gott auf. Das geistige Leben trennt dich von deiner Familie und von deinen Verwandten und zerstört die ganzen Beziehungen unter den Menschen. Abraham, wenn du wieder normal bist, wirst du erkennen, dass diese Erde viele Dinge bereithält, dich zu erfreuen. Ich glaube daran, dass du eines Tages eine sehr bedeutende Persönlichkeit für diese Nation sein wirst und jeder wird danach streben, dir zu folgen."

Ich sagte jedoch: „Warum möchtest du nicht solch einem Gott folgen, der ein lebendiger Gott ist? Er möchte dich aus der Dunkelheit in das

Licht führen. Er ist der wahre Schöpfer der inneren und äußeren Schöpfung. Er erschuf uns und gab unserem Leben Sinn, Ihm zu folgen. Nur dadurch wird deine Familie, deine Gesellschaft und deine Nation keine Form der Trennung kennen. Du wirst erfolgreich sein in der ganzen Welt und im kommenden Leben. Dir wird wahre Freude zu Teil werden. Jetzt hältst du nur Ausschau nach irdischen Freuden und irdischer Glückseligkeit, die uns nur für kurze Zeit gewährt werden. Diese Zeit vergeht und am Ende sehe ich die Menschen meist unglücklich, auch wenn sie zu Reichtum gelangt sind. Am Ende ihres Lebens sehe ich meistens nur die Reue in ihren Gesichtern. Sie wissen nicht, wie ihr Morgen oder ihre Zukunft im Leben nach dem Tod aussieht. Ich sage dir die Wahrheit mein Vater. Ihr alle seid von nun an meine Feinde, da ihr versucht, mich davon abzuhalten, Gottes Wahrheit zu folgen. Nur in dieser einzig wahren Welt Gottes werden wir alle die Glückseligkeit finden, die wir uns zu Lebzeiten auf Erden wünschen und für die wir beten."

Terach, mein Vater entgegnete mir: „Abraham, du tust nicht gut daran, deinen Mund aufzumachen. Das macht alles nur noch schlimmer. Speziell in diesen Tagen hat dir dein Gott nur eine Mission gegeben, mich zu verärgern. Du säst nur Unruhe und Zerstörung unter deine Familie und Verwandten. Was für ein Gott ist das, der nur Probleme zwischen die Familien, Menschen und die ganze Nation bringt? Dein Gott sollte sich friedlich irgendwo in den Himmel setzen und die Menschen nicht stören." Ich erwiderte ihm: „Du störst dich selber dein ganzes Leben lang, und du störst auch noch die Menschen um dich herum. Aber der Gott der Liebe möchte dir den wahren Weg zeigen, dieses unangenehme Stören loszuwerden und vor alledem, wie und wo du dein wirkliches Zuhause finden kannst." Terach sagte nur: „Du hast genug mit mir gestritten. Geh und verschwinde aus meinen Augen, bevor ich zu deinem Feind werde und dich umbringe."

Ich verließ meinen Vater und bin auch nicht mehr zurück in die Fabrik gegangen, wo er die Statuen herstellte. Diese Tatsache machte meinen Vater nur noch wütender, denn er fühlte, dass er seinen Sohn verloren hatte, durch den er eine weltliche Zukunft hätte erreichen können. Einer meiner jüngeren Brüder lebte in einiger Entfernung von meinem Vater und seinen geschäftlichen Aktivitäten. Er war ein einfacher Mann. Mein anderer jüngerer Bruder hatte eine Krankheit, unter der er ständig litt und an der er schließlich verstarb.

Wir hatten viele Verwandte und Bekannte, die um das Geschäft meines Vaters herum lebten. Nachdem ich dieses Geschäft verlassen hatte, fing ich an, mein eigenes Leben zu führen. Meine finanzielle Situation verschlechterte sich zusehends und ich wurde ärmer und ärmer. Irgendwie schaffte ich es, zu überleben. Aus heutiger Sicht eurer modernen Welt, war ich wohl so eine Art Obdachloser. Der Streit zwischen mir und meinem Vater brachte die totale Trennung zwischen uns. Er kam zwar öfters zu mir, aber immer nur in der Absicht, mich in seine materielle Welt zurückzubringen. Ich lehnte dies immer ab, da mein Vater die Botschaft und die Mission, die mir Gott gegeben hatte, hasste. Ich sagte immer zu ihm: „Vater, du bist nur weltlich veranlagt, ich aber bin spirituell hungrig nach Gott. Es gibt keine Möglichkeit, dass wir zusammenkommen können. Ich könnte alles für dich machen, wenn du der Botschaft und der Mission Gottes folgen würdest. Ich kann dich zu deinem ewigen, innerlichen Leben führen, auf dass du ewigen Frieden findest, und dies schon in diesem Leben." Mein Vater wollte dies nicht. Seit dieser Zeit waren er, meine Familie und meine Verwandten, gegen mich.

Ich habe mich mein ganzes Leben lang nach der geistigen Richtung gesehnt. Wo immer ich Hoffnung hatte, gleich bei welcher Bewegung oder Gruppe, bin ich hingegangen, um mehr Wahrheit zu erfahren. Es war der innigste Wunsch meines Herzens, den Schöpfer dieser ganzen Schöpfung richtig kennenzulernen. Deshalb trat ich die Reise in diese Richtung an. Mein geistiger Durst und Hunger konnten an keinem Ort gestillt werden, denn ich hatte ja bereits eine direkte Erfahrung mit dem Gott dieser Schöpfung in der Wüste. Diese Erfahrung war auch der Grund, warum sich mein ganzes Leben änderte. Gleichzeitig wurde ich auch sehr traurig, einsam und isolierte mich von der Gesellschaft. Ich kehrte damals an den Ort zurück, an dem ich meine erste Erfahrung mit dem blauen Licht Gottes hatte.

An diesem Ort betete ich tränenüberströmt drei Tage lang innig und tief zu dem ewigen Gott. Ich bat Ihn: „Gott hilf mir mehr über Dich zu erfahren. Erlaube mir, mein geistiges Wissen durch die Beobachtung des ewigen Lebens zu vertiefen." In der dritten Nacht, während ich zu Gott betete, sah ich plötzlich das blaue Licht wieder mit hoher Geschwindigkeit auf mich zukommen. Als es sich mir dieses Mal näherte, hielt es schließlich vor mir an. Das Licht erhellte dabei die ganze Wüste. In diesem Licht existierte ein Wesen. Ich verbeugte mich und vernahm die Stimme: „Ich bin niemals jemandem so nahe gekommen, um mich selbst zu zeigen. Komm zu mir und du wirst mein Freund auf ewig sein." Ich ging zu ihm heran und sah dieses Wesen, der unser aller ewiger Gott und Vater ist. Gott sagte: „Abraham, habe keine Angst vor mir. Ich habe dich gerufen, auf dass du der Beschützer dieser Welt sein wirst. Mein Segen und mein Schutz werden immer mit dir sein." Ich trat noch ein paar Schritte näher an Gott heran und kniete vor seinen Füßen nieder: „Sprich zu allen Menschen, dass ich der einzige Gott in der Ewigkeit bin. Es gibt niemandem neben mir als Partner. Ich bin der Einzige in der ganzen Ewigkeit. Lehre und sage den Menschen, dass sie eines Tages alle zu mir kommen müssen im ewigen Leben. Der Tag des Jüngsten Gerichtes liegt in meiner Hand, und nur Ich werde entscheiden, urteilen und richten. Wer auch immer mir näher kommen möchte, wird seine totale Erlösung finden." Danach stieg das Licht vertikal empor in den Himmel und Gott war in diesem Licht. Ich habe nie zu einem Menschen über diese Erfahrung gesprochen. Ich dachte, es könnte die Menschen irritieren und sie in eine falsche Richtung führen, weil sie ja bereits viele andere ewig lebende Seelen anbeteten und ihre eigenen Bilder von ihnen machten. Wenn sie erfahren, dass Gott auch ein Wesen ist, würde das nur Verwirrung stiften über die Identität Gottes.

Als ich begann, den Menschen die neue Botschaft Gottes zu übermitteln, verfolgte man mich bereits nach wenigen Jahren. Die Menschen hassten es, eine Lehre über einen Gott zu hören, der der einzige Schöpfer von allem ist. Schließlich wollten sie mir vollkommen verbieten, kontinuierlich Gottes Botschaft und Lehre zu verkünden. Ich erzählte ihnen, der lebendige Gott ist mit mir. Letztendlich brachten sie mich vor Gericht und klagten mich an, dass ich ihren Glauben zerstöre. Sie beschuldigten mich auch, ich würde ihre Götter und ihre Lehre attackieren und deshalb steckten sie mich ins Gefängnis. Als ich wieder freigelassen wurde, musste ich zur Kenntnis nehmen, dass die wenigen Jünger, die sich mir bereits angeschlossen hatten, mich verließen. Ich war sehr einsam und traurig. Es gab niemanden auf der Erde, der mein Herz hätte öffnen können.

Im gleichen Jahr, in dem ich aus dem Gefängnis herauskam, übersandte Sara mir die Nachricht, dass die Zeit für unsere Hochzeit gekommen wäre. Nur wenige wissen in der Geschichte, wer Sara wirklich war. Eigentlich war sie meine Stiefschwester. Wir hatten den gleichen Vater, aber verschiedene Mütter. Ich wuchs mit ihr zusammen während unserer Kindheit auf. Wir liebten uns sehr, bis wir zu Teenagern wurden. All die Jahre hatte ich sie nie vergessen. Sie lebte immer in der Erinnerung meines Herzens. Doch die Umstände meiner Mission machten das Verhandeln und das Auseinandersetzen mit den Menschen so kompliziert, dass ich nicht die Chance hatte, mich um mein persönliches Leben zu kümmern. Als Sara mir die Botschaft übersandte und mich so an unsere Liebe und Abmachung erinnerte, rannen Tränen über mein Gesicht. Mein Vater, ihre Mutter und all die anderen Verwandten wollten nichts mit mir zu tun haben. Es ist nur Saras Liebe zu mir zu verdanken, dass sie ihre Familie überzeugen konnte, mich wirklich zu lieben und keinen anderen Mann, außer mir, nehmen wird. Nur deshalb konnten wir heiraten. Am Tag unserer Heirat betete und bedankte ich mich bei Gott. Nach so langer Zeit der Einsamkeit, ermöglichte Er mir, Sara zu heiraten, die ich ja schon so lange liebte. Sie wurde zu meinem wunderbaren Partner. Wann immer Schwierigkeiten in Bezug auf meine Mission auftraten, beriet sie mich bestmöglich. Ich erzählte ihr viele meiner geistigen Erfahrungen mit Gott. Sie rückte immer nahe an mich heran, wenn sie zuhörte, was ich über meine Mission zu erzählen hatte.

Eines Tages vernahm ich die Stimme Gottes, die mir auftrug, für bestimmte Zeit körperliche Enthaltsamkeit mit Sara zu üben. Gott bat uns, in dieser Zeit zu versuchen, vertikal unsere Liebe mit Ihm aufzubauen. Nach einer Weile beschwerte sich Sara über die von Gott auferlegte Bedingung und wollte sie nicht mehr länger befolgen. Sie stritt sogar einige Male mit mir über diese Angelegenheit. Sie diskutierte heftig und war schließlich richtig verärgert. Viele Tage lang sprach sie nicht mit mir. Dies machte mein Leben wieder traurig. Ich wusste nicht, was ich tun sollte. Wie konnte ich ihr begreiflich machen, dass wir Gottes Bitte folgen müssen und dies mit frohem Herzen und nicht mit einem Sack voller Beschwerden. Mit der Zeit distanzierte sie sich von mir. Ich betete zu Gott und fragte Ihn, was ich tun solle. Gott beantwortete daraufhin mein Gebet: „Es wäre besser für Sara, wenn sie Geduld hätte und mir folgen würde. Es wäre gut für dich Abraham, wenn du in dieser Sache mehr auf meiner Seite stehen würdest." Danach sprach Gott nicht mehr über dieses Thema.

Ein paar Tage später traf ich, während meines Gebetes, Gott in der Wüste. Es war bereits Nacht und ich sah, wie ein Wesen mit weißem Licht Ihn umkreiste. Zuerst war ich überrascht und hatte Angst. Dieses Wesen näherte sich mir und sagte: „Abraham, ich bin Erzengel Gabriel. Ich wurde vom Himmel gesandt, um dich zu führen. Abraham mache Sara nicht zu deinem Feind. Gehe zu ihr und tue, worum sie dich bittet. Die Zeit wird sie lehren, welchen Fehler sie macht." Deshalb ging ich zu Sara zurück und nahm unsere intime Beziehung gemäß ihrem Wunsch wieder auf. Über das Thema an sich, wollte sie aber nicht mehr mit mir reden. Ich versuchte weiterhin die Mission Gottes zu erfüllen.

In der Gesellschaftsstruktur meiner Zeit existierten viele Kasten. Mein Vater Terach gehörte einer höheren Kaste an. Ich litt sehr unter diesem System. Bereits in den Tagen meiner Teenagerzeit hatte ich Erbarmen und Mitleid mit den Menschen. Ich danke Gott dafür, dass ich mit meinem Herzen den Schmerz und das Leid der Menschen fühlen konnte. Ich wanderte nicht nur in viele, viele kleine Orte, sondern verkündete meine Lehre auch in den Städten. Am Ende jeder Reise kehrte ich jedoch nach Ur, meinem Wohnort, zurück. Viele Menschen kamen und hörten mir ernsthaft zu. Aber sie wollten weiterhin an ihrem Glauben und an ihrer Tradition festhalten.

Die Zeit verging. Ich erhielt die Warnung, ich solle aufhören, meine Botschaft zu verkünden. Man drohte mir, mich bei lebendigem Leibe zu verbrennen oder in eine Lederhaut gesteckt, in den Fluss zu werfen. Man verhöhnte mich und sagte, dass mein Gott kommen solle, um mich vor diesem Schicksal zu bewahren. Der Fanatismus existiert nicht nur in der modernen religiösen Welt, sondern dieser war bereits zu meiner Zeit da. Dieser hat sich zu einer schlimmen Krankheit in den Religionen entwickelt. Fanatisch sind vor allem religiöse Anhänger, die engstirnig ihrer eigenen Religion folgen. Gott wollte niemals eine so beengende Sichtweise. Die Himmel möchten die Praktiken der Religionen, wie Gewalt, Fanatismus und Engstirnigkeit zerstören.

Die Anhänger der verschiedenen Glaubensrichtungen brachten alle möglichen Beschuldigungen gegen mich vor. Schließlich stellten sie mich erneut vor Gericht. Sie klagten mich an, ich habe etwas gegen ihre vielen Götter und würde schlecht über sie reden, mit dem Ziel die verschiedenen Praktiken der Anbetung zu zerstören. Ich würde

Gerüchte über ihre Götter verbreiten und die Jugend verwirren. In ihren Augen war ich ungehorsam und wollte den Gesetzen des Königs nicht folgen. Sie verurteilten mich daher zum Tod durch Verbrennen.

Es verging kein Tag ohne Traurigkeit seitdem ich Gott getroffen hatte und er mir seinen Willen offenbarte, wie Er die Welt sehen möchte. Ich hatte keine Ahnung, wie ich die Leute überzeugen sollte, dass die absolute Glückseligkeit in Gott existiert, der der Schöpfer des Universums ist. Die Gesellschaft meiner Zeit war gewalttätig. Sie setzte mich ständig unter Druck, so dass ich gezwungener Maßen jeden Tag in Angst lebte. Seitdem ich Gott kannte, verbarg ich mein Leid und meine Entbehrungen vor Ihm. Ich wusste, dass Gott sehr traurig war, seine Kinder auf Erden leiden zu sehen. Das Leben der Menschen war am Ende gezeichnet von Tragödien, Entbehrungen und Unglück.

Als man mich zum Tode durch Verbrennen verurteilte, wollte man auch ein Exempel an mir statuieren. So ein kriminelles Unterfangen sollte zukünftig unterbunden werden. Selbst der König verlangte von mir, ich solle leugnen, dass ich die Mission von dem einzigen Gott dieser Ewigkeit erhalten habe. Weigere ich mich, wollte man mich ihren Göttern opfern. Ich hatte sechs Tage Bedenkzeit. Ich zitterte am ganzen Leib und wusste nicht, was zu tun sei. Sollte ich wirklich versuchen, mein Leben dadurch zu bewahren, dass ich die ganze Wahrheit und Realität leugnete, die Gott mir gezeigt hatte? Kann ich wirklich nur als gewöhnlicher Mann leben und alles vergessen? Oder sollte ich es vielleicht Gott überlassen, jemanden anderen zu finden, der diese Mission übernimmt? Diese sechs Tage waren so dunkel für mich. Ich wusste nicht einmal, was ich zu Gott beten soll. Sollte ich um mein Leben betteln oder Gott sagen, dass Er die falsche Person auserwählt hat? Andererseits wollte ich meine verzweifelte Lage nicht vor Gott ausbreiten, denn ich wusste nur zu gut, was Adams und Noahs Familien widerfahren war. Gott war damals wieder allein. Gleichzeitig wollte ich die Nation nicht verfluchen, weil dies zu nichts führt. Nur Satan und die gefallenen Engel hätten die Vorteile daraus ziehen können. Ich spürte in meinem Herzen, wenn ich den Menschen vergebe, die mir das antun, ergäbe sich vielleicht Hoffnung für die zukünftige Generation, Gott zu folgen. Gottes Vorsehung würde somit nach vorne kommen. Deshalb entschied ich mich, die Verbrennung meines irdischen Körpers hinzunehmen. Mir wurde in dieser ausweglosen Lage eins klar: Ich würde Gott und seine Mission nie verleugnen, und Ihn nie im Stich lassen. Ich würde mit Ihm sein, bis zum letzten Atemzug.

Als der sechste Tag anbrach, es war um Mitternacht, erschien mir Gabriel, der Heilige Geist, in einer Vision und fragte mich: „Wenn du meine Hilfe benötigst, frag mich einfach. Ich kann dafür sorgen, dass du nicht in den Flammen umkommst, denn ich habe die Macht, dein Leben zu retten." Ich antwortete ihm: „Vielen Dank für deine Hilfe. Ich werde mich dem Willen Gottes unterwerfen. Fordern die üblen Mächte mein Leben, dann hat Gott mit Sicherheit einen besonderen Plan, die Menschheit zu bewahren." Gabriel entgegnete: „Wenn du meine Hilfe nicht brauchst, so bete zu Gott. Ich werde dein Gebet bis zu Ihm bringen." Daraufhin fragte ich: „Wie nah kannst du zu Gott gehen, um mein Gebet zu überbringen?" Gabriel antwortete: „Bis jetzt kann niemand näher zu Gott vordringen als ich, um dein Gebet zu übermitteln." Ich wollte von ihm wissen: „Kennt Gott meine Situation? Weiß Er, was mit mir geschieht?" Gabriel sprach zu mir: „Gott kennt die Situation eines jeden Wesen. Er ist der Einzige, der das letzte Wort hat und die letzte Entscheidung fällt." Daraufhin erwiderte ich: „Es genügt mir, dass Gott meine persönliche Situation kennt. Ich möchte nicht, dass Er noch mehr durch mein Gebet leidet." Danach verließ mich Gabriel.

Als der Morgen nach dem sechsten Tag anbrach, brachte man mich aus dem Gefängnis heraus, um mich zu verbrennen. Eine große Menschenmenge hatte sich bereits versammelt und wollte dem Spektakel, wie ich im Feuer umkomme, zusehen. Die verärgerte Menge brachte ihre Missbilligung mir gegenüber durch Schmährufe zum Ausdruck. Ich schwieg dazu. Ich wusste, ein paar Augenblicke später würde ich bereits in ewigen Leben sein, das sie mir niemals würden nehmen können. Zu mir selber sagte ich: „Abraham sei stark! Dein Opfer wird immer in Verbindung mit dem guten Zweck Gottes stehen. Es wird niemals vergessen werden."

Sie brachten mich vor den Königsthron und verkündeten lauthals jede meiner vermeintlich begangenen Straftaten und erklärten, warum nur diese Art des Todes in Betracht kommt. Am Schluss wurde ich zum letzten Mal gefragt, ob ich bereit bin zu leugnen, was ich über diesen einen Schöpfer des Universums, die Mission und Wahrheit verkündete. Würde ich dies tun, könnte ich wieder als normaler

Mensch in der Gesellschaft leben. Doch ich schwieg. Sie wiederholten ihre Frage dreimal. Und jedes Mal gab ich keine Antwort. Dann brachten sie mich langsam zu meiner Hinrichtungsstätte. Plötzlich hörte ich aus der Menge die Stimmen meines Vaters und meiner Familie. Sie saßen in der ersten Reihe und riefen mir zu: „Abraham, Abraham, verleugne deinen Gott und rette dein Leben. Oh Abraham, was für einen Gott hast du, der zusehen möchte, wie du verbrennst? Tust du deinem Gott nicht Leid? Selbst heute sind deinem Gott die Hände gebunden und Er ist nicht in der Lage, dir zu helfen. So einen Gott hast du getroffen?" Das war zu viel für mich. Ich konnte nicht länger hinnehmen, was sie gegen meinen Gott vorbrachten. Ich wandte ihnen mein Gesicht zu und sprach: „Hört zu! Es spielt keine Rolle, auf welche Art und Weise Leid, Entbehrungen, Sorgen und selbst der Tod zu mir kommen werden. Eins jedoch wird in der Ewigkeit unvergessen bleiben. Gott ist der Ursprung der Liebe und Er ist der, der ihr ein Zuhause gab."

Die Worte rief ich sehr laut meiner Familie entgegen. So wurden sie auch vom König und von seinem Hofstaat vernommen. Der König befahl, mich zu ihm zu bringen. Als ich vor ihm stand, sagte er zu mir. „Ich habe so viel über dich gehört. Du giltst als weiser Mann unter den Menschen und hast ihnen in sozialer Hinsicht geholfen. Heute sehe ich aber einen anderen Abraham vor mir. Es scheint mir, du hast die Fähigkeit, deinen Verstand zu nutzen, verloren. Abraham, warum benutzt du nicht für ein paar Momente deine Weisheit, dein Leben zu retten? Abraham, der Tod ist nichts, worüber man scherzt." Ich antwortete dem König: „Großer König. Das stimmt nicht. Ich bin heute genauso weise wie in der Vergangenheit. Ich bin sogar noch viel klüger, als je zuvor, denn ich habe den wahren Schöpfer dieser Schöpfung kennengelernt. Er ist der wahre und einzige Gott für uns alle. Erhabener König, deine Gesetze und Untertanen forderten von mir, die Wahrheit und Realität zu verleugnen, die ich den Menschen überbringen soll. Großer König, selbst wenn ich tue, was du von mir verlangst, könnte ich trotzdem nicht so leben wie du. Kann sein, ich lebe mit meinem Körper, aber ich würde meine Seele töten. Um meine Seele zu bewahren, bin ich bereit, meinen Körper zu opfern. Während ich die Mission verwirkliche, lebe ich in der Gegenwärtigkeit der Liebe Gottes. Und da Er mir stets gegenwärtig ist, bin ich auch in der Lage, in Liebe zu sterben. Ich weiß, meine Liebe wird immer in der Erinnerung des Herzens Gottes weiterleben."

Der König stand auf und trat direkt vor mich hin und schaute mir geradewegs in die Augen. Er fragte mich: „Hast du wirklich solch einen Gott getroffen, der der Schöpfer von Allem ist?" Ich sagte: „Ja, das ist die ganze Wahrheit. Ich erinnere mich an Ihn mit jedem Atemzug. Ich weiß so viel, was du und diese Menschen sich nicht einmal vorstellen können. Wenn du wirklich der Wahrheit auf den Grund gehen möchtest, muss ich sagen: Ich habe mein ganzes Leben nach dem Schöpfer dieser Schöpfung gesucht. Wenn ich Gott jetzt verliere, in dem Moment der Angst vor dem Feuer, weiß ich nicht, wie ich den Rest meines Lebens weiterleben kann. In meinem Herzen und in meiner Seele liebe ich Gott so tief, dass ich es nicht mit Worten vor dir, König, auszudrücken vermag." Ich fing an zu weinen. Der König fragte mich nach dem Grund meiner Tränen. Ich antwortete ihm: „Dies sind nicht Tränen der Angst, sondern Tränen der Liebe, die ich mit Gott teilen möchte in den letzten Momenten meines irdischen Daseins." Der König schaute mich weiterhin an, sagte aber nichts zu mir. Er gab seinen Dienern den Befehl, mich zum Feuer zu bringen, damit die Strafe vollzogen werden könne. Auf dem Weg zu meiner Hinrichtungsstätte, hielt ich nach Sara in der Menge Ausschau. Sie musste sich in der ersten Reihe bei meiner Familie befinden. Ich wollte ihr zum Abschied auf Wiedersehen sagen. Schließlich konnte ich sie erblicken, aber ich traute mich nicht, ihr in die Augen zu sehen. Als ich es doch tat, sah ich darin viel Traurigkeit. Tränen fielen von ihren Augen, als sie mich sah. Ich rief: „Halte durch, Sara! Gott wird immer mit dir sein. Er wird dich führen und du wirst mich eines Tages im ewigen Leben wiedersehen." Sie schaute mich weiterhin an. Ich hatte den Wunsch, ihr zum Abschied auf Wiedersehen zu sagen und sie in meine Arme zu schließen. Dies war nicht möglich. Als ich vor dem Feuer stand, fragten sie mich nach meinem letzten Wunsch. Das war ein sehr emotionaler Moment für mich. Jetzt erinnerte ich mich an meine Kindheit und die Suche nach Gott. Ich erinnerte mich, wie ich Ihn letztlich fand. Deshalb wollte ich in diesem letzten Moment auch nur zu Ihm beten.

„Oh Gott der Schöpfung. Erinnerst Du Dich, als ich Dich das erste Mal traf? Du batest mich, Dir zu folgen. Oh Gott des ewigen Lebens, es stimmt, was ich damals gesagt habe. Selbst in meiner letzten Stunde, sage ich das Gleiche. Ich werde mich in jedem Moment meines ewigen Lebens danach sehnen, Dich zu sehen." Nun war ich bereit, im Feuer zu sterben und hatte keine Angst vor dem Flammentod. Der Henker schrie, er sei bereit und bat um den Befehl, mich ins Feuer zu werfen. Plötzlich stand der König auf und erhob seine Hand, um die Hinrichtung zu stoppen. Man brachte mich erneut vor ihn. Er sagte: „Abraham, du bist ein wahrer Mann, was deinen Glauben angeht. Das ist alles, was ich zu sagen habe. Die Menschen werden dir nicht erlauben, in diesem Land zu leben. Du und deine Angehörigen können dieses Land verlassen. Aber ihr werdet hierher nie wieder zurückkehren." Er setzte mir eine bestimmte Frist, innerhalb welcher ich sein Königreich zu verlassen habe. Der König erhob sich und ging davon. In der Menge machte sich Unmut über die Entscheidung des Königs breit. Sie wagten es jedoch nicht, Hand an mich zu legen.

Ich kniete vor Gott nieder, der mir erneut ein Leben geschenkt hatte. Ich hörte die mir bereits bekannte Stimme sagen: „Oh Abraham, ich bin sehr glücklich mit dir. Ich werde dich zum Führer der Menschheit machen." Ich bat: „Mach auch meine Kinder zu Führern, auf dass sie die Menschen zu Dir bringen können." Gott erwiderte: „Mein Versprechen wird nicht deine sündhaft, schlechten Kinder erreichen."

Abraham erzählte weiter: „Dies ist der eine Teil meines Lebens, bevor ich mein Land verließ. Mein Vater verlor sein Geschäft. Die Leute wollten meinen Vater und meine Verwandten nicht mehr sehen, da sie ja irgendwie mit mir verbunden waren. Mein Vater Terach kam zu mir, kurz bevor ich das Land verlassen wollte und sagte: „Wegen dir ist jetzt kein Platz mehr für uns in diesem Land. Ich verlor mein Geschäft, meine Familie und meine Verwandten sind verärgert. Die Leute wollen nicht, dass wir länger unter ihnen leben. Das ist alles deine Schuld!" Deshalb bot ich meinem Vater und seiner ganzen Sippe an, mit mir zu gehen. Mein Vater und einige von ihnen folgten diesem Vorschlag. Er sagte: „Ich tue das nur, weil ich keine andere Wahl habe." Die meisten Verwandten blieben jedoch in Ur. Sara und Lot waren die Einzigen, die bereitwillig mit mir gingen. Als ich meine Reise antrat, erschien mir Erzengel Gabriel und sagte, dass die Bestimmung meiner Reise Kanaan sei. Dies wäre das Land, das Gott mir und meinen Nachfolgern versprochen hat.

Zahid, als ich dieses Land verließ, war ich 52 Jahre alt. Unser Ziel war Kanaan, weil dies uns durch Gabriel prophezeit wurde. Als wir Haran erreichten, wollten meine Familie und Verwandten nicht weiter in Richtung Kanaan reisen. Es entstand Disharmonie. Auch Sara und Lot wollten in Haran für eine gewisse Zeit leben. Ich hatte diesmal keine andere Wahl. Deshalb blieb ich in Haran. Obwohl mir durch Gabriel aufgetragen wurde, nach Kanaan zu gehen, entstanden viele Probleme von Seiten meiner Familie. Nicht nur unsere finanzielle Lage, sondern auch die Einwanderung nach Kanaan war schwierig. Man erlaubte uns nicht in Kanaan einzureisen. Gott verstand, dass ich in einer miserablen Situation war und gestattete mir für eine bestimmte Zeit, in Haran zu leben. Selbst in Haran vergaß ich niemals auch nur für einen Moment, dass Kanaan meine Bestimmung war. Nachdem ich Gott getroffen hatte, fühlte ich mich an keinem Ort Zuhause. Ich weiß Zahid, seitdem du dein Heimatland verlassen hast, fühlst du dich auch nirgendwo Zuhause. Betrachte ich mir deine Situation, erscheint mir diese noch miserabler, als von irgendjemand anderem in der Geschichte, denn du hast Gott und sein Herz kennengelernt." Abraham umarmte mich und sagte: „Du bist wahrlich Gottes Familie. Der Himmel liebt dich sehr. Ich bin stolz, dass Gott so einen Mann aus meiner Ahnenreihe hervorkommen ließ." Ich sagte: „Abraham, wenn die Menschheit ihre Bestimmung in Gott findet, das Leiden unseres Schöpfers ein Ende hat und die ganze Menschheit aus der Hölle befreit wird, möchte ich alle Heiligen und Gesandten kennenlernen, die so viel Leid und Entbehrungen für Gott und die Menschheit auf sich genommen haben." Abraham sagte: „Dieser Tag liegt in naher Zukunft. Sicherlich wirst du jeden begegnen, der in den Augen Gottes etwas Besonderes ist."

Abraham fuhr fort: „Ich lebte mehr als 21 Jahre in Haran. Ich habe Tag und Nacht nichts unversucht gelassen, um Gott den Menschen näher zu bringen. Am liebsten sprach ich über Gott. Ich erklärte er wolle nicht nur den Einzelnen, sondern die ganze Menschheit bewahren. Seine Erlösung ist für alle Menschen und Wesen. Trotz meiner Bemühungen, war meine Mission nicht so erfolgreich in Haran. Ein paar finanzielle Probleme konnte ich lösen, doch es schlossen sich nur wenige Menschen meiner Mission an. Manchmal scherzten diese über mich: „In deinem Leben dreht sich alles nur um deine Mission. Abraham, du bist so beschäftigt mit dem Willen Gottes, dass du meistens nicht bemerkst, wie der Morgen an- und die Nacht hereinbricht. Abraham, du vergisst dich selbst, während du die

Mission erfüllst." Ich sagte immer wieder zu Sara: „Eines Tages werden Gottes Kinder sehr glücklich darüber sein, wie viel Liebe wir für sie haben." Sara lächelte immer und sprach: „Ich würde diesen Tag gerne schon bald sehen, da ich keine Geduld habe, darauf ewig zu warten." Unsere Unterhaltungen endeten meistens wie diese.

Eines Tages sagte ich Sara, Lot und meinen Jüngern: „Vor Jahren haben wir uns in Haran niedergelassen. Es ist an der Zeit, nach Kanaan weiterzuziehen, um den Willen Gottes zu erfüllen. Ich kann nicht länger warten." Notgedrungen stimmten mir alle zu, obwohl sie nicht glücklich darüber waren. Ihre Herzen blieben deshalb in Haran zurück. Ich war jetzt in einer finanziell besseren Lage, mit den Kanaanitern zu verhandeln, um die Einwanderungserlaubnis zu erhalten. Als ich nach Kanaan kam, entsprach die Wirklichkeit nicht dem Bild, das ich in meinem Kopf darüber hatte. Dieses Königreich mochte keine Ausländer und keine Fremden. Wenn du mich bittest, ihre soziale Struktur zu beschreiben, muss ich sagen, dass diese Nation sehr viele Gemeinsamkeiten mit Deutschland hat. Ich glaube, die Deutschen sind noch subjektiver als die Kanaaniter. Deshalb kann ich verstehen, warum Gott dieses Land für dich auserwählt hat. Und du, Zahid, wirst recht bald mein Herz verstehen." Abraham lächelte, als er dies zu mir sagte. „Wenn du den Sieg für Gott über diese Nation erringst, wird dies auch zum Sieg Gottes in Europa werden. Schließlich wird die ganze Welt Gott folgen. Deutschland ist der Generalschlüssel für dich, die Türen der ganzen Welt zu öffnen.

Möchtest du mehr über Kanaan erfahren, muss ich dies wie folgt beschreiben. Um Kanaan herum gab es viele Königreiche, die von anderen Herrschern regiert wurden. Ich wurde Brunnenbauer, was mir viel Geld einbrachte. Die Ökonomie Kanaans war zu dieser Zeit noch nicht so weit entwickelt. Mein Geld und meine Besitztümer nahmen sehr schnell ab. Deshalb entschied ich mich für kurze Zeit nach Ägypten zu gehen. Als wir nach Ägypten kamen, widerfuhr mir eine große Tragödie, die die Menschen nicht ganz kennen, zumal sie nur verschwommen in den religiösen Büchern wiedergegeben wurde. Zahid, du musst sie genau niederschreiben, um der Menschheit willen. Die Menschen sollen erfahren, wer Abraham wirklich in der Vorsehung Gottes war. Ich weiß, Muslime und Juden werden darüber verärgert sein. Aber das ist die Wahrheit und ich, der „Vater des

Glaubens", ging diesen schmerzhaften Weg. Diese Geschichte wird vielen Religionen helfen, einander und ihren Feinden zu vergeben.

Als ich nach Ägypten kam, war ich sehr arm. Zur gleichen Zeit hatten einige Höflinge des Königs, die sehr mächtig und einflussreich in dieser Nation waren, ihr Augenmerk auf Sara gerichtet. Diese Situation brach mir fast das Herz. Trotzdem sagte ich zu Sara: „Du weißt, Gott hat mir die Mission gegeben und es ist bereits viel Zeit vergangen, ohne dass ich viel erreichte. Jetzt stehe ich vor einer anderen Misere. Es sieht ganz so aus, als ob die Höflinge, die sich für dich interessieren, mich ins Gefängnis werfen oder gar umbringen werden, nur weil ich dein Ehemann bin." Sara erwiderte: „Verwandtschaftlich gesehen bist du auch mein Stiefbruder. Warum sagst du ihnen nicht, dass ich deine Schwester bin. Auf diese Art und Weise kannst du dein Leben retten."

Abraham sagte zu mir, dem Autor dieses Buches: „Ich hatte keine Angst vor dem Gefängnis oder dem Tod. Ich wusste, dass ich bereits lange Zeit für den Willen Gottes unterwegs war und darüber ein alter Mann geworden bin. Was würde aber passieren, wenn ich in diesem Moment gestorben wäre? Wer hätte das Versprechen Gottes erfüllen können, sich in Kanaan niederzulassen? Genau genommen liebte ich Gott mehr als mein Leben, meine Familie oder als alles andere. Der Wille Gottes war der Grund, warum ich sogar bereit war, auf Sara zu verzichten. Ich wollte aus Ägypten verschwinden und alleine weiter für Gott arbeiten.

Sara verstand meine Gedanken und Gefühle. Eines Abends kam sie zu mir, um mit mir zu reden. Sie umschlang mich mit ihren Armen und begann zu weinen. Sie sagte zu mir: „Abraham, du weißt, wie sehr ich dich liebe. All diese Jahre konnte ich nicht so gut deine Schmerzen und Qualen nachvollziehen. Ich hatte keine Vorstellung, wie du den Willen Gottes erfüllen wirst. Aber du lebtest immer in meinem Herzen. Ich werde alles tun, damit mein Geliebter überleben kann." Wir lagen einander in den Armen und weinten gemeinsam. Sara handelte in diesem Fall sehr weise. Während die Höflinge ihr Augenmerk auf sie richteten, plante sie ihrerseits dadurch den Pharao zu treffen. Als dieser sie erblickte, wollte er sie für sich selbst haben. Dies war sehr traurig und mein Herz krampfte sich zusammen. Ich musste mitansehen, wie Sara die Frau des Königs wurde. Ich konnte mir nicht einmal vorstellen, dass sie zusammen das Bett teilen. Ich konnte nichts dagegen tun und war gezwungen, alles hinzunehmen.

Das was ich dir jetzt sage, wird für Juden, Muslime und Christen gleichermaßen erstaunlich sein. Aber ich muss die Wahrheit übermitteln, damit alle drei Religionen lernen, einander zu vergeben. Sie sollten erfahren, dass der Titel „Vater des Glaubens" mir nicht von Gott gegeben wurde, um die Menschen zu unterhalten. Mein ganzes Leben für den Willen Gottes kann man mit zwei Worten zusammenfassen: Entbehrung und Sorgen. Ich vergebe meinen Feinden und habe gelernt, sie zu lieben, wie Gott es tut. Sara wurde von mir genommen. Sie wurde eine der Frauen des Pharaos von Ägypten. Sie lebte einige Zeit mit ihm zusammen. Die Welt verdunkelte sich vor meinen Augen. Ich sandte ihr sogar die Nachricht, sie solle dem König erzählen, wer sie sei. Doch sie schwieg. An diesem Punkt wusste ich nicht weiter. Sollte ich aus Ägypten ohne sie weggehen oder abwarten, bis Sara ihr Schweigen brach? Ich entschloss mich, Ägypten nicht zu verlassen, bevor ich nicht ein letztes Mal mit ihr gesprochen hatte. Entschied sie freiwillig, mit dem Pharao als dessen Frau zu leben, würde ich still und leise Ägypten den Rücken kehren und wieder nach Kanaan gehen. Diesen Ort hatte Gott für mich bis zu meinem Lebensende bestimmt. Endlich sandte Sara mir die Nachricht vom Palast des Pharaos, ich solle in Ägypten bleiben, bis Gott eine Entscheidung für uns trifft.

Nach 17 Monaten fragte der Pharao Sara, als er mit ihr allein war: „Seitdem du meine Frau bist, sehe ich viele angsterregende Träume. Besonders in den Nächten, in denen ich mit dir zusammen bin, habe ich Albträume, dass mir etwas zustoßen wird. Manchmal erscheinen mir darin Engel, die dich von mir wegnehmen wollen. In einigen Träumen warnen sie mich, ich werde sterben, und ich sehe den Untergang Ägyptens. Sara, ich bitte dich, besitzt du die Weisheit, mir die Bedeutung dieser Träume zu sagen? Oder sag mir, wer du bist!

<u>Saras Zeit im Palast des Pharaos</u>

Sara erwähnte mir, dem Autor dieses Buches gegenüber: „Der Pharao Ägyptens war ein sehr launischer Mann. Manchmal ließ er die Menschen bereits für Kleinigkeiten umbringen, wenn er sie nicht mochte. Ich wollte kein Risiko für Abrahams Leben eingehen, da er alles für mich war. Der Pharao hatte viele Frauen und jede musste warten bis sie an der Reihe war, ihn zu sehen. Es hing ganz von seiner Laune ab, welche Frau er wann sehen wollte. Viele seiner Frauen warteten deshalb bereits Monate, bevor sich der Pharao ihrer erinnerte. Während ich im Palast lebte, war äußerlich alles verfügbar. Dennoch war dies die traurigste Zeit für mich im Leben, da ich Abraham sehr liebte. Er war der einzige Mann, mit dem ich mir wünschte, mein ganzes Leben zu verbringen. Jetzt war ich hier im Palast als Frau des Pharaos und konnte mit ihm nicht reden. Manchmal war es sogar verboten, den Pharao anzusprechen. Die Frauen wurden auf das Treffen mit dem Pharao sehr gut vorbereitet. Kamen sie an die Reihe, wurden sie darauf sehr gründlich vorbereitet. Man badete sie in verschiedenen duftenden Essenzen. Diese Möglichkeit eröffnete sich manchmal nur alle sechs Monate. Bevor man sie zum Schlafgemach sandte, brachte man ihnen bei, wie sie dem Pharao zu antworten haben, falls er sie etwas fragte.

Diese Zustände nahmen mir die Luft zum Atmen und ich fühlte mich wie in einem Käfig. Dies war die einsamste und schmerzhafteste Zeit in meinem Leben. Ich weinte jede Nacht in meinem Bett und bat um Gottes Hilfe, auf dass ein Wunder geschehe. Ich erinnerte mich an die Zeit, als der König Babylons Abraham hinrichten wollte. Damals gab es einen Moment, in dem sie ihn wirklich ins Feuer werfen wollten. Meine ganze Welt brach zusammen. Ich wusste, ich würde den Tod Abrahams nicht überleben. Der Moment, als Abraham mich das letzte Mal für Sekunden ansah, war unbeschreiblich. Ich weinte so sehr, aber meine Liebe war hilflos, Abraham zu retten. Es war nur Gott, der Abrahams Leben beschützen konnte. Das erste Mal in meinem Leben wurde mir bewusst, wie sehr ich ihn liebte. Im Palast des Pharaos erinnerte ich mich an alles, was ich mit Abraham erlebt hatte. Sogar Kleinigkeiten waren mir gegenwärtig.

Viele Male betete ich die ganze Nacht im Palast des Pharaos und sagte zu Gott: „Meine Motivation war aufrichtig. Durch die Höflinge wollte ich den Pharao Ägyptens treffen und ihn bitten, meinem Mann finanziell zu helfen. Ich weiß, er ist ein gottesfürchtiger Mann und Gott, Du weißt, er ist dein Gesandter. Abraham war sein ganzes Leben so arm und konnte nicht einmal davon träumen, einen Platz für Dich zu kaufen, wo er hätte zu den Menschen reden können. Oh Gott, seitdem Du ihn aus den Händen des Königs von Babylon in der Stadt Ur errettet und damit sein Leben bewahrt hast, wurde Abraham aus seinem eigenen Land vertrieben. Du hast ihn gebeten, in das verheißene Land Kanaan zu gehen. Doch wir hinderten ihn daran, weil wir nicht genügend Geld hatten. Die Beamten in Kanaan verwehrten ihm offiziell die Einwanderung, da er die finanziellen Sicherheiten nicht aufbringen konnte. Irgendwie wollte Abraham auch nicht ohne uns gehen und lebte 21 Jahre mit uns in Haran. Aber seine Gedanken waren immer in Kanaan aufgrund deines Versprechens. 21 Jahre später brach Abraham nach Kanaan auf. Dort fand er nicht die Basis, sich mit den Menschen auseinander zu setzen. Sie waren so anders als wir. Abraham wurde noch einsamer und trauriger, weil er nicht wusste, wie er deine Botschaft den Menschen in diesem fremden Land überbringen konnte, zumal diese kein Interesse an der göttlichen Botschaft zeigten. Die Einwohner Kanaans behandelten uns immer wie Fremde. Wir kamen in ihr Land, um zu arbeiten und uns dort niederzulassen. Abrahams Vermögen schmolz zusehends dahin. Er konnte keine finanzielle Unterstützung erhalten. Abraham ging mit der Hoffnung nach Ägypten, seine finanzielle Lage so aufzubessern, um nach Kanaan zurückzukehren. In Ägypten interessierten sich plötzlich die königlichen Höflinge für mich, womit keiner von uns gerechnet hatte. Eines Tages wurde Abraham offiziell unter Arrest gestellt. Man wollte herausfinden, wer er ist und warum er in dieses Land kam und welche Beziehung er zu mir hat. Abraham wurde tagelang befragt. Nach geraumer Zeit wurde er unter der Bedingung freigelassen, er solle leugnen, dass ich seine Frau sei, da man mich an den Hof bringen wollte. Als Abraham nach Hause kam, erzählte er mir alles. An diesem Tag erblickte ich so viel Traurigkeit in seinem Gesicht. Ich brach in Tränen aus und umarmte ihn. Das erste Mal in meinem Leben nahm ich wahr, dass es an mir ist, meine Liebe zu beschützen. Ich sagte Abraham, ich würde alles tun, nur damit ihm nichts widerfahre.

Ich wollte also die Schwäche der Höflinge ausnutzen, um den Pharao zu treffen. Nichts sollte meinem geliebten Abraham geschehen. Nur darum wollte ich den Pharao sprechen. Andererseits wollte ich den Pharao um finanzielle Hilfe bitten, so dass Abraham weiter seine Mission für deinen Willen erfüllen kann. Abraham verschwieg ich meine wahren Beweggründe; genau genommen verheimlichte ich sie. Die wahre Absicht der Höflinge erkannte ich erst, als sie mich vor den

Pharao brachten. Sie erhofften sich Vergünstigungen von ihm. Meine Motivation war eine ganz andere, nämlich die bereits vorher erwähnte. Irgendwie ergab sich jetzt eine völlig neue Situation. Der Pharao bat mich, ihn zu heiraten. Dies schockierte nicht nur die Höflinge des Pharaos, sondern es überraschte auch mich, solche Worte vom Pharao zu hören. Zum ersten Mal begriff ich, wie ernst sich die Situation zuspitzte. Ich wurde im Palast untergebracht und drei Monate darauf vorbereitet, die Frau des ägyptischen Pharaos zu werden. Zur gleichen Zeit sandten mir die Höflinge eine geheime Nachricht. Sie erpressten mich, meine Vergangenheit zu vergessen. Ich müsste mich vorbereiten, ein neues Leben als Frau des Pharaos zu führen. Sollte der Pharao jemals die Wahrheit herausfinden, würde man uns alle umbringen, auch Abraham. Deshalb fürchtete ich mich, über meine Vergangenheit zu sprechen. Ich wusste, der Pharao würde es nicht hinnehmen, fände er jemals heraus, dass wir ihn betrügen."

All diese Gedanken schossen aus meiner Erinnerung hervor, als der Pharao mich aufrichtig fragte: „Bitte Sara, erzähle mir etwas über dich. Warum werde ich von solch beunruhigenden Träumen über dich heimgesucht?" Ich dachte, ich wäre nie in der Lage, so eine enge Beziehung zum Pharao aufzubauen. Jetzt eröffnete mir Gott diese Möglichkeit. Der Pharao war wirklich beunruhigt. Nun war der richtige Moment gekommen, ihm alles zu erzählen. Ich hatte bereits drei Tage vorher einen wunderschönen Traum. Ich befand mich in der Engelwelt und hörte die Stimme der Himmel: „Sara, sei nicht traurig. Du wirst deinen Geliebten wiedersehen. Wir bringen dich zurück zu Abraham." Nach diesem Traum wachte ich auf. Ich konnte nicht aufhören zu weinen. Ich war so gerührt, dass Gott die Situation eines jeden Menschen kennt. Ich betete die ganze Nacht und wiederholte immer wieder: „Oh Gott Abrahams, Du bist ein lebendiger Gott. Du wirst wahrlich deinen Menschen die Erlösung bringen und die die Grundlage schaffen, damit die gesamte Menschheit in das verheißene Land kommen kann. Du wirst dort mit uns zusammen leben."

Als der Pharao mich bat, über mein Leben zu berichten, sah ich die Vergangenheit vor meinen Augen vorüberziehen. Ich konnte meine Tränen nicht vor dem Pharao verbergen. Er hielt meine Hand und sagte zu mir: „Sara, hab keine Angst vor mir. Sprich zu mir, vielleicht kann ich dich und die Bedeutung der Träume dann besser verstehen." Ich erwiderte ihm: „Oh Pharao, ich bin nur eine unscheinbare Person, ich bin die Dienerin deiner Diener. Bitte erlaube mir, dir alles zu erzählen. Aber bitte versprich mir, dass du mir danach nicht zürnst, sondern Gnade walten lässt." Der Pharao erhob sein goldenes Zepter in die Luft und sagte zu mir: „Was immer Sara auch erzählt, ihr Wunsch soll in Erfüllung gehen." Ich begann: „Großer Pharao, wir sind Menschen, die kein Zuhause auf der Erde haben. Wir reisten immer von Stadt zu Stadt, von Land zu Land. Der Grund ist folgender: Vor langer Zeit lebte ein Mann in Ur, einer Stadt in Babylon. Er wurde von Gott auserwählt, die Menschheit zu erlösen. Gott gab ihm das Versprechen, dass es ein verheißenes Land gibt, in dem die aufrichtigen und ehrlichen Menschen zusammen als eine Familie leben werden. Der Name des Auserwählten ist Abraham. Dieser konnte seine Mission nicht in seinem eigenen Land erfüllen. Zu viele Entbehrungen und Leiden erwarteten ihn dort. Letztendlich wollten seine eigenen Landsleute ihn im Feuer verbrennen, weil sie seine neue Lehre ablehnten. Aber im letzten Moment rettete Gott sein Leben, indem Er das Mitleid im Herzen des Königs von Babylon erweckte. Wir wurden aus unserem Heimatland verbannt und mussten es in kurzer Zeit verlassen. Gott trug Abraham auf, nach Kanaan zu gehen. Aber wir konnten aufgrund unserer Armut nicht einwandern und seine Familie wollte unbedingt in Haran bleiben. Nach 21 Jahren gelang es Abraham, nach Kanaan zu kommen. Aber dort verschwand zusehends unser Erspartes. Es gab viele Schwierigkeiten für uns. Deshalb kamen wir nach Ägypten, in der Hoffnung, wir könnten etwas an unserer Armut ändern. Wir wollten wieder nach Kanaan zurückkehren, weil dies ausdrücklich der Wunsch Abrahams war. Gott prophezeite ihm viele Dinge über dieses Land.

Aber in Ägypten warteten andere Komplikationen. Deine Höflinge interessierten sich für mich. Sie begannen Abraham zuzusetzen, sperrten ihn ein und erpressten ihn, seine eigene Frau zu verleugnen. Dann forderten sie von ihm, Ägypten für immer zu verlassen. Sie ließen ihn aufgrund dieser Bedingung frei. Deshalb erzählte ich Abraham, dass er auch mein Stiefbruder sei. Wir haben zwar denselben Vater, aber verschiedene Mütter. Er solle sagen, ich sei seine Schwester. Abraham sagte damals: „Ich weiß, was die Höflinge von dir möchten. Bringen sie mich um, wie einen unbekannten Mann, dann werden sie auch nicht wissen, was für eine Strafe auf sie vom Himmel niederfährt." Ich entgegnete meinem wirklichen Ehemann,

Abraham: „Vertraue Gott, Er wird immer mit dir sein." „Seit wir uns kennen, lieben wir uns. Heute hast du mir etwas Besonderes gesagt, das mich selbst sehr inspirierte. Sicher, ich weiß, Gott ist mit mir. Kann sein, dass ich dich auf der Erde verliere, aber meine Liebe wird sich immer deiner erinnern und dies auch im nächsten Leben. In meiner Erinnerung wirst du als der wunderbarste Partner weiterleben, der mein Herz trösten konnte in den schwierigsten Situationen, als ich so einsam war", antwortete er. Dann fragte er mich, was ich in dieser Situation zu tun gedenke? Ich verschwieg ihm meinen Plan und meine Motivation.

Ich nutzte die Schwäche deiner Untergebenen, um dich Pharao, zu erreichen. Ich sagte zu einem deiner Untertanen, wenn er ein Treffen mit dir ermöglichen würde, dies auch ihm zum Vorteil gereiche. Dieser entgegnete mir: „Du bist so schön, vielleicht möchte der Pharao dich haben oder vielleicht macht er dich zu einer seiner Frauen. So bitte Sara, erinnere dich meiner auch in dieser Zeit. Vielleicht kann ich durch dich eine höhere Stellung beim Pharao bekommen." Ich versprach es ihm. Aber tief in meinem Herzen glaubte ich nicht daran, dass du, Pharao, an mir Gefallen finden und von mir verlangen würdest, deine Frau zu werden. Ich wollte dich einfach nur treffen, um dir von unserem Leid in diesem Land zu erzählen. Ich erhoffte deine Hilfe für meinen Ehemann Abraham. Nur du kannst sein Leben schützen und seine finanzielle Lage verändern.

Großer Pharao, ich weiß, er ist ein Mann Gottes und Gott hat ihn für einen ganz besonderen Zweck gerufen. Ich würde alles tun, um sein Leben zu bewahren und seine Mission zu unterstützen. Darum kam ich damals zu dir." Ich erzählte dem Pharao alles über Abrahams Leben: „Pharao, weil du nicht die ganze Wahrheit kanntest, nahmst du ihm seine Ehefrau weg. Deshalb hat dir Gott solche beängstigenden Träume als Warnung geschickt. Er zeigte dir, was Ägypten widerfährt, wenn du mich weiter als deine Frau behältst. Abraham steht Gott sehr nahe und er ist ein ganz besonderer Prophet Gottes. Deshalb hat Gott mir eine Möglichkeit eröffnet, auf dass ich dir alles erzählen kann."

Der Pharao Ägyptens war sehr inspiriert und glücklich, meine und Abrahams Lebensgeschichte zu hören; speziell über das Opfer, das ich bereit war, für Abraham zu erbringen. Er sagte zu mir, er wolle Abraham kennenlernen. Dies war der glücklichste Tag in meinem Leben. Ich erwähnte dies auch dem Pharao gegenüber. Er lächelte und ließ mich allein. Ich rannte zu meinen Dienern und trug ihnen auf, Abraham die Nachricht zu überbringen, dass er zu mir kommen solle. Am nächsten Tag erschien Abraham vor dem Pharao. Er ließ Abraham in einen besonderen Teil des Palastes führen. Abraham war erstaunt, mich neben dem Pharao zu sehen. Seine Augen widerspiegelten die Traurigkeit in seinem Herzen. Er begrüßte gebührend den Pharao. Der Herrscher winkte mit seiner Hand und bedeutete Abraham, Platz zu nehmen. Der Pharao sprach: „Du brauchst keine Angst zu haben. Nichts wird dir geschehen, es wird sich alles zum Guten für dich wenden." Abraham antwortete: „Oh großer Pharao, in meinem ganzen Leben hatte ich niemals Angst um mich, sondern immer nur um meine Mission. Deshalb war mein ganzes Leben erfüllt von Angst und Traurigkeit. Ich bin älter geworden und möchte, um der Mission Gottes willen, länger leben." Der Pharao erwiderte: „Sara hat mir alles über dich erzählt." Abraham sagte: „Großer König, ich weiß viel mehr über Gott, als Sara hätte dir erzählen können." Der Pharao fuhr fort: „Wenn du möchtest, werde ich dem König Babylons befehlen, dass du respektvoll in deine Heimat zurückkehren kannst und sie werden dich dort willkommen heißen." Abraham antwortete daraufhin: „Das ist sehr großzügig von dir, doch ich habe keine Heimat, seit Gott mich rief. Meine Heimat wird da sein, wo Gott mich bittet, mich niederzulassen." Der Pharao sagte: „Du gehst sehr weit in deinen Gedanken über Gott." Abraham entgegnete: „Ja, ich habe den wahren Herrn dieser Schöpfung kennengelernt, der uns allen das Leben gab." Der Pharao fragte Abraham: „Wenn du dem Schöpfer von allem so nahe bist, so beantworte mir eine Frage. Aber bevor du mir antwortest, hebe deine Hand und schwöre bei deinem Gott, den du getroffen hast, dass du mich nicht belügen wirst." Abraham erhob seine Hand zum Schwur: „Gott, - der Du mich durch mein ganzes Leben geführt und mir so viele Realitäten versprochen hast, die sich erfüllen werden in der Zukunft -, bei deinem Namen bezeuge und schwöre ich, dass ich nur die Wahrheit sage, was immer der Pharao von mir wissen möchte." Nun fragte der Pharao: „Sag mir die Wahrheit, wie viel weißt du über das Leben nach dem Tod? Oder ist dies nur eine Hoffnung der Menschen, dass das Leben nach dem Tod weitergeht." Abraham fragte den Pharao: „Soll ich dir die Antwort über das Leben nach dem Tod gemäß meinem Wissen oder gemäß meiner Beobachtungen und wahren Erfahrungen geben?" Der Pharao sagte: „Wissen habe ich selber genügend, da ich ständig von weisen und wissenden Menschen umgeben bin. Ich möchte Kenntnis über deine wahren Erfahrungen in dieser Sache erlangen."

Abraham sagte: „Dann höre die Wahrheit. Ich hatte auch Zweifel über das Leben nach dem Tod, selbst nachdem ich Gott traf. Eines Tages fragte ich Gott: „Wie wirst Du uns ein neues Leben geben, wenn die Menschen doch letztendlich sterben und nichts übrigbleibt, was an ihre physischen Körper erinnert und diese wieder Teil dieser Erde werden?" Gott fragte mich: „Abraham, ist es nicht genug, dass Ich mich dir gezeigt und dir ein ewiges Leben versprochen habe? Oder glaubst du mir nicht?" Ich antwortete: „Oh Gott, sicher glaube ich Dir absolut, diese Frage stelle ich nur zur Befriedigung meines Herzens. Doch darüber hinaus stelle ich Dir die Frage im Namen der zukünftigen Menschheit, damit sie mir glauben, wenn ich zu ihnen spreche." Gott sagte: „Der wahre Mensch, der sich mit mir vereinen wird, für den ist das ewige Leben nicht unsichtbar, während er mit dem physischen Körper auf Erden weilt. Ich rate dir Abraham, komme mir entgegen und vollende deine Reise und werde zu einem göttlichen Menschen." Danach trennte Gott meinen Geist von meinem Körper. Ich sah meinen Geist und gleichzeitig meinen Körper auf dem felsigen Berg liegen. Gott sagte zu mir: „Um der Menschheit willen steht es dir nun frei, in der Ewigkeit zu reisen, wo immer du hin möchtest." So, erhabener Pharao, durchreiste ich viele Dimensionen. Es gab dort endlose Himmel, aber sie waren leer. Ich fragte Gott nach dem Grund und Er antwortete: „Meine Kinder konnten bis jetzt nicht hierher gelangen. Für diesen Zweck habe ich dich, Abraham, auserwählt." Ich schluchzte: „Oh Gott, oh Gott, lass mich zurückgehen. Dieses Mal schaffe ich es, deine Kinder hierher zu bringen." Gott sagte: „Hast du mehr Wünsche, die ich dir erfüllen soll?" Ich bat Gott: „Ich habe nur noch einen Wunsch, lass mich zurückkehren, damit ich meine Mission erfüllen kann, die Du mir gabst."

Erhabener Pharao, Gott brachte meinen Geist zurück zu den felsigen Bergen, wo mein Körper lag. Mein Geist fuhr in meinen Körper hinein und Gott sagte: „So werde ich all die Toten auferstehen lassen." Nach dieser Erfahrung folgten viele ähnliche. Wann immer ich diese Erfahrungen den Menschen auf der Erde mitteilen wollte, habe ich oft mit ihnen keinen Anknüpfungspunkt gefunden. Großer König, wenn du mich ehrlich fragst, so muss ich sagen, dass ich deshalb zu einem sehr einsamen Mann auf dieser Erde geworden bin. Morgens und abends sehnen sich meine Augen danach, diese Realitäten für die Menschheit erfüllt zu sehen, die ich im Himmel wahrgenommen habe. Großer Pharao, wenn du mir vergibst, möchte ich noch ein letztes Mal das Wort an dich richten." Der Pharao nickte: „Du hast das Recht, zu sprechen." Abraham sagte: „Großer Pharao, ich zähle dich zu den materiell orientierten Menschen, die sich nur wünschen, ein irdisches Leben ohne den Schöpfer zu führen. Für Menschen wie dich, scheint jene Welt sehr klein und eng. Dies ist die größte göttliche Wahrheit, die ich dir geben kann, erhabener König."

Der Pharao entgegnete Abraham: „Abraham, es war sehr faszinierend, dir zuzuhören. Während du sprachst, wuchs ein Wunsch in meinem Herzen. Es wäre wunderbar für mich, wenn ich so sein könnte wie du. Wenn all das, was du heute gesprochen hast, die Wahrheit ist, dann verstehe ich es so, dass es nur eine wahre Realität gibt: Ich, als großer Pharao, werde aus der Geschichte verschwinden und niemand wird sich auch nur an meinen Namen erinnern. Aber an dich Abraham, wird man sich die ganze Geschichte hindurch erinnern, da mit dir der wahre Gott ist." Für eine kleine Weile hielt der Pharao inne, bevor er fortfuhr: „Abraham, Sara ist eine bemerkenswerte Frau. Ihre Motivation war so stark, etwas ganz Besonderes für dich zu tun. Sie konnte nicht die Umstände beherrschen, die sich ihr entgegenstellten. Da ich nicht wusste, dass sie bereits deine Frau ist, habe ich sie ebenfalls geheiratet. Ich möchte sie dir zurückgeben. Abraham, sie liebt dich von ganzem Herzen und im Tiefsten ihrer Seele. Sie gehört zu dir." Danach schenkte der Pharao Abraham viele Reichtümer. Abraham wollte das Geld, die Sklaven, Tiere etc. nicht annehmen. Dieser sagte daraufhin zu ihm: „Sara hat diese schwierige Zeit durchgestanden, um dir Glück zu bringen. Respektiere meinen Wunsch, nimm an, was ich dir von ganzem Herzen gebe, auch wenn du es nicht möchtest." Abraham erwiderte: „Dann nehme ich es dankend an, da Gott mir diese Möglichkeit eröffnete." Der Pharao blickte Abraham geradewegs in die Augen und sagte: „Ich habe noch einen Wunsch." „Pharao, ich bin nur einer deiner kleinen Diener. Du brauchst mir nur zu befehlen.", sprach Abraham. Der Pharao sagte: „Vergib Sara und denke immer daran, dass sie dir das größte Glück brachte." Abraham erwiderte: „Großer Pharao, meine Liebe für sie ist höher als Vergebung."

Abraham umarmte mich und weinte. Nach einer geraumen Weile sagte der Pharao zu mir: „Sara, ich sehe dich jetzt zum letzten Mal. Ich weiß nicht, wo du in Zukunft sein wirst, doch ich werde mich immer deiner erinnern, als das Beste, was mir im Leben passieren konnte. Du wirst stets für mich wie ein wunderbarer Traum sein, aus dem ich erwachte. Ich werde mich an dich in stillen Momenten erinnern. Du, Abraham, hast viele Gefühle in meinem Leben erweckt. Ich verspreche dir, dass ich mein Königreich von jetzt an weiser regiere und mich mehr um meine Untertanen kümmern werde. Falls du aber lieber in Ägypten bleiben möchtest, so steht es dir frei, dies zu tun." „Großer Pharao", sagte Abraham, „lass mich nach Kanaan zurückkehren, so wie Gott es mir auftrug." Sie verabschiedeten sich ein letztes Mal und der Pharao flüsterte in Abrahams Ohr: „Wenn du der neue König im Himmel bist, dann bitte vergiss mich nicht." Er drehte sich um und ging davon. Später verkündete der Pharao, dass Abrahams Familie das Recht habe, in Ägypten zu bleiben oder es mit all den Reichtümern zu verlassen."

Lot und der Untergang von Sodom und Gomorra

Abraham erzählte mir weiter: „Ich verließ Ägypten als reicher Mann. Ich hatte zahlreiche Kamele, Kühe, Schafe, Pferde, Sklaven, Gold, Silber und unzählige wertvolle Sachen. Ich teilte den Reichtum mit Lot. Zurückgekehrt nach Kanaan, fing Lot an, Ärger zu machen. In Lots Natur schlummerte Gier, so dass dieser Ärger nicht ausbleiben konnte. Ich trennte mich von ihm und bat ihn, wegzuziehen. Er ging nach Sodom, aber wir hielten Kontakt zueinander.
Bevor ich mehr über mein Leben spreche, möchte ich noch etwas über Lot sagen. Genau genommen bin ich sein Onkel. Er war der Sohn meines Bruders, der in Ur starb. Ich adoptierte ihn. Als ich, gezwungen durch den König Babylons, meine Heimat verlassen musste, habe ich ihn mitgenommen. Ich unterrichtete ihn über den Willen Gottes und investierte viel in ihn. Lot war auch der Mann, der ständig nach Fehlern in mir suchte. Er selbst war weniger ein Mann Gottes, sondern mehr den weltlichen Dingen zugewandt. Hätte ich mich nicht seiner von Kindheit an angenommen, wüsste ich nicht, ob er im Stande gewesen wäre, sein eigenes Leben zu führen.

Nach den Geschehnissen in Ägypten kritisierte Lot Sara viele Male, was die Familienatmosphäre vergiftete. Aus diesem Grund war Sara dagegen, die Reichtümer mit ihm zu teilen, die wir nur durch Saras großes Opfer in Ägypten erlangt hatten. Dennoch tat ich es. Dies führte zu vielen großen Diskussionen zwischen mir und Sara. Lot reichten die gegebenen Besitztümer nicht. Ich konnte kaum glauben, dass er mehr von mir verlangte und er so unzufrieden war. Deshalb kam es zu unüberwindbaren Spannungen zwischen mir und ihm und zwischen unseren Leuten. Ich bat ihn zu gehen, sonst hätte ich ihn dazu zwingen müssen. Dies wäre das Ende für unsere Beziehung gewesen.

Ich sagte zu Lot: „Du weißt, es gab in meinem ganzen Leben nur ein Ziel, den Willen Gottes zu erfüllen. Ich teilte mit dir alles, obwohl dir nichts gehört. Ich dachte, du bist mein Sohn. Was tust du aber jetzt? Du gierst nach weltlichen Dingen, die vergänglich sind. Du solltest dich mit mir vereinen, um den Willen Gottes zu erfüllen." Anstatt mich zu verstehen, verteidigte Lot nur sein Verhalten. Tage später kam er zu mir und sagte, er wolle lieber mehr im Osten des Königreichs leben, wo weniger Wüste und mehr grüne Täler existierten. Ich sagte zu ihm, ich könne wegen meiner Mission Kanaan nicht verlassen. In meinem Herzen wollte ich jedoch, dass er bei mir bleibt. Ich erzog ihn, damit er etwas für die Mission tun kann. Aber er lehnte ab und wollte sein eigenes Leben führen. Ich fragte ihn: „Lot, jetzt haben wir keine finanziellen Probleme mehr. Wenn du wirklich nach Osten ziehen möchtest, solltest du den Willen Gottes mitnehmen und ihn den Leuten dort lehren." Er gab mir jedoch keine befriedigende Antwort und verließ mich. Darüber wurde ich sehr traurig. Ich hatte gewünscht und gehofft, er würde meine rechte Hand in der Mission sein. Aber hier verließ er mich. Ich musste einsehen, dass er mir nur Schwierigkeiten bereiten würde und deshalb ließ ich ihn schließlich gehen.

Ist der Mensch nicht mit Gott verbunden und lebt nicht zum Wohle der anderen, wird sein Reichtum zu seinem größten Feind. Dies widerfuhr auch Lot. Er nahm viele meiner Leute mit sich, die ich für die Mission vorbereitet hatte. Ich weinte und fragte Gott, was ich tun soll in dieser Situation? Ich sagte zu Gott: „Es ist sehr schwierig gewesen, die Menschen für Dich vorzubereiten, und es ist noch viel trauriger, wenn sie sich von Dir abkehren." Eines nachts, während ich die vielen Sterne am Himmel beobachtete, fragte ich mich: Gibt es unter all diesen Sternen einen, der das Licht dieser Welt bringen kann? Während ich mit meinem Herzen diesem Gedanken nachging, hörte ich die Stimme vom Himmel: „Abraham, oh Abraham, kannst du die Sterne am Himmel zählen?" Ich sagte: „Wie soll das möglich sein?" Die Stimme erwiderte: „Unter deinen Nachkommen werden unzählige Sterne sein, die Licht zu dieser Welt bringen werden. Abraham, du wirst der Vater des Glaubens sein, der die Tür für sie öffnete und den Weg für sie ebnete. Es wird bedeutende Kinder in deiner Ahnenlinie geben, die der Welt die Erlösung bringen werden. Oh Abraham, sie werden Gottes Herz sehr nahe kommen. Sie werden ein so hohes geistiges Niveau entwickeln, dass die Menschen zu ihnen aufschauen, genau wie du zu den Sternen am nächtlichen Himmel."

An dieser Stelle hielt Abraham inne und weinte unaufhörlich. Ich, der Autor dieses Buches, nahm ihn in meine Arme und sagte zu ihm: „Abraham, oh Vater des Glaubens, es sind dein Glaube und die Liebe in deinem Herzen gewesen, die es den Himmeln ermöglichten, ihr Versprechen an deinen Nachkommen zu erfüllen." Abraham schaute mich an, während er zu mir sprach, „Zahid, ich möchte noch weitaus mehr sehen. Auf dieser Erde sollen die Kinder Gottes heranwachsen und Gott soll alles für sie sein. Nur so ist es möglich, dass Satan sie in Ruhe lassen muss. Zahid, seit Gott dir die Mission gab, setze ich alle Hoffnung in dich, dass du als Instrument Gottes und Hoffnungsträger der Himmel den Willen Gottes erfüllen kannst. Deshalb war es mir ein Bedürfnis, mit dir über mein Leben zu sprechen. Ich habe ein paar Tausend Jahre darauf gewartet, mit einem Mann wie dir zu reden, der Gottes Herz so nahe gekommen ist, dass Gott sich ihm selbst offenbart. Dies wird ein großes Privileg für die Menschheit und Himmel sein."

Ich sagte zu Abraham: „Du weißt, ich liebe dich und ich bin stolz, einer deiner Nachkommen zu sein. Du hast es mir ermöglicht, Gottes Herz auf die wunderbarste Weise kennenzulernen." Abraham umarmte mich sehr fest und sagte: „Ich werde dir alles über mein Leben erzählen. Es liegt an dir, ob du alles oder nur das Wesentliche niederschreibst. Wann immer du es für nötig erachtest, einige Geheimnisse meines Lebens der Menschheit zu offenbaren, dann zögere nicht, es zu tun. Gott und ich stimmen dem von ganzem Herzen zu. Ich weiß, dies geschieht zum Wohle der Menschheit. Sie sollen die versteckte Wahrheit erfahren, wodurch sie sich selbst, ihren Nächsten und den Willen Gottes besser kennenlernen."

Abraham fuhr mit seiner Lebensgeschichte fort: „Ich unterstützte Lot bedingungslos in allem, was immer er von mir erwartete. Lots Lebenseinstellung war: Gibt ihm jemand was, gibt er ebenso. Geben die anderen nichts, haben sie auch nichts von ihm zu erwarten. Während er in Sodom lebte, fingen die benachbarten Königreiche Krieg miteinander an, um ihr Königreich auszuweiten. Das Königreich von Sodom und Gomorra verlor den Krieg gegen die anderen Könige. Lot, seine Familie und Angehörigen wurden gefangen genommen. Man nahm ihnen alle Reichtümer weg und versklavte sie. Als mir diese Nachricht überbracht wurde, riskierte ich mein Leben, um Lot, seine Familie und Leute zu befreien. Unter ihnen befanden sich auch einige bekannte Einwohner von Sodom. Durch dieses Ereignis stieg mein Ansehen in den anderen Königreichen und brachte mir den Respekt des Königs von Sodom ein.

Ich versuchte Lot noch einmal für den Willen Gottes zu inspirieren, indem ich sagte: „Sieh, wie dir alles genommen wurde, deine Familie, dein Hab und Gut und beinahe dein Leben. Gott hat dir jedoch durch meine Hand geholfen. Du solltest deine Lehre daraus ziehen und nur noch dem Willen Gottes folgen. Somit wirst du am Ende deines Lebens der glücklichste Mann sein. All das Glück wird dir in deinem Leben und im ewigen Leben nach dem Tode folgen." Er hörte mir eine Weile zu und entschloss sich, die Missionsarbeit in Sodom wieder aufzunehmen. Ich war sehr glücklich darüber, dass er schließlich doch noch den Segen nach Sodom bringen würde. Die Menschen in Sodom frustrierten Lot erneut bereits nach kurzer Zeit. In verschiedenen Fällen war Lot genauso aufbrausend wie Noah. Er wurde schnell wütend, wenn die Dinge nicht nach seinem Willen liefen.

Eines Tages kam er zu mir und bat mich um Rat. „Was soll ich tun? Die Menschen Sodoms sind gegen mich, als ob ich ihr Feind wäre. Je mehr ich darauf dränge, die Gesellschaft zu ändern, desto mehr verfolgen sie mich. Sodom und Gomorra wollen auch andere Königreiche dazu bringen, die Homosexualität zu erlauben. Du weißt

Abraham, das ist gegen den Willen Gottes." Ich antwortete ihm: „Ich weiß, du hast Recht. Die Dinge sind momentan so durcheinander, dass wir sie nicht lenken können. Lass uns deshalb weiter unsere Missionsarbeit tun, dies ist unsere oberste Priorität. Zuallererst müssen die Menschen Gott kennenlernen. Danach können wir ihnen sagen, was sie in diesem Leben tun müssen. Wir müssen zuerst die Menschen auf unsere Seite bringen, die an Gott interessiert sind. Andere Dinge können wir später klären. Hören die Menschen erst einmal mehr über Gott, kann auch die Realität in ihrem Leben einen Platz finden, da sie viele Erfahrungen machen werden." Lot antwortete mir: „Dies wird uns viel Geduld abverlangen." Ich entgegnete: „Wir werden unseren Teil zuerst erfüllen. Um den Rest wird Gott sich kümmern. Gott hat immer seinen Teil erfüllt, nur die Propheten nicht ihren."

Lot wurde still, doch seine Frau fing an, mit mir zu kämpfen: „Was du von Lot verlangst, ist zu viel. Ich und Lot haben keine Zeit, um mit unseren Kindern und Verwandten ein normales Familienleben führen zu können." Das war nicht das erste Mal, dass sie für Lot Partei ergriff und mit mir anfing, zu diskutieren. Deshalb sagte ich zu ihr: „Ihr seid so undankbar zu Gott. Gottes Segen wurde euch durch mich zuteil. Gott hat euer Leben im letzten Moment durch mich gerettet. Ich befreite euch aus der Armee des anderen Königs. Dies sollte wohl mehr als ein Zeichen für euch sein, dem Willen Gottes zu folgen. Je mehr ihr bekommt, desto mehr verlangt ihr. Ihr seid so undankbar. Ihr solltet euch glücklich schätzen, dass ihr die Möglichkeit von Gott erhalten habt, euren Nächsten zu dienen." Lots Frau antwortete mir: „Abraham, niemand kann so sein wie du. Du allein bist genug für Gott. Nicht jeder kann Tag und Nacht für den Willen Gottes leben. Abraham du musst normaler und realistischer werden." Ich antwortete: "Ich bin normaler und realistischer als irgendein anderer auf dieser Erde. Ich kenne viele Realitäten, die auf dich in Zukunft warten, aber dann ist es zu spät. Du wirst allein sein, unzählbar viele bittere Realitäten kennenlernen und unter deiner Familie wird es niemanden geben, der dir helfen kann. Es tut mir Leid, doch ich werde nicht da sein, um dir zu helfen." Sie erwiderte: „Kommt diese Zeit, werden wir sehen, was zu tun ist." Ich sagte: „Ganz wie du willst, aber du bist keine gute Frau für Lot. Eines Tages wird er wegen dir Schwierigkeiten im ewigen Leben haben."

Lot saß da und hörte zu, mochte jedoch nicht, was ich sagte. Er sprach zu mir: „Abraham, du solltest nicht meine Familie vor mir beschuldigen." Ich antwortete: „Ganz wie du willst. Ich glaube, ich kann dir nichts vom Willen Gottes erzählen, was du nicht selber schon weißt. Du hast sehr viel erfahren. Deine Ignoranz ist aber größer als dein Glaube." Sie kehrten sodann nach Sodom zurück, waren aber sehr unglücklich mit mir. Lot folgte nicht meinem Rat. Statt über Gott zu lehren, fing er an, die Menschen von Sodom zu kritisieren, besonders deren Homosexualität und Moral. Dies verärgerte die Menschen und sie waren nicht gewillt, sein Verhalten weiter zu tolerieren. Er sollte nicht in ihren Lebensstil eingreifen. Sie verschworen sich gegen ihn und begannen, ihn zu verfolgen. Sie sagten: „Du bist als Fremder in dieses Land gekommen, um hier zu leben und jetzt willst du uns regieren. Zur gleichen Zeit hast du viele schlechte Wünsche für uns, zum Beispiel, dass Gott uns vernichten wird. Verlass unser Land oder wir werden dich eines Besseren belehren, wenn du nicht aufhörst, weiter so fanatisch und verwünschend zu uns zu reden." Nach dieser Auseinandersetzung verspürte Lot nicht mehr den Wunsch, in Sodom zu leben; die Menschen waren sowieso gegen ihn. Vor allem die Homosexuellen hatten es auf ihn abgesehen und wollten ihn umbringen. Lot verfluchte sie, indem er sagte: „Gott wird euch für eure schlechten Taten strafen."

Die Engel zeigten mir zweimal Visionen, dass sie Sodom und Gomorra zerstören wollen. Dies durfte aber nicht zu meinen Lebzeiten als Prophet auf dieser Erde passieren. So reiste ich nach Sodom, wo Lot lebte. Ich hielt öffentlich Reden, wie man den Frieden und Dialog zwischen Gläubigen und Ungläubigen bringen kann. Ich sprach zu den Homosexuellen, dass sie kein Recht besäßen, andere gewalttätig zur Homosexualität zu zwingen. Ich sagte ihnen, es widerspräche dem Naturgesetz, den Prinzipien und der Wahrheit Gottes. Ich beharrte auf meiner Position in diesem Dialog und letztendlich fanden wir übereinstimmende Punkte. Zumindest sollten keine Gewalttätigkeiten von den streitenden Parteien ausgehen. Die Homosexuellen sagten: „Lot kann frei über geistige Dinge reden, aber wir werden ihm nicht erlauben, uns zu kritisieren und unsere Einstellung zu ändern." In der Vergangenheit starben Menschen auf beiden Seiten. Ich wollte verhindern, dass dies noch einmal passieren würde.

Ich kehrte zurück in der Hoffnung, dass beide Seiten sich an die Vereinbarung halten würden, die ich mit ihnen traf. Ich brauchte diese Zeit für meine Mission, um diese weiter voranzutreiben und die Menschen erreichen zu können, denen ich die Vision Gottes erklären konnte. Ich teilte meine Vision auch dem König von Sodom mit und wies ihn darauf hin, dass er sich speziell um die Moral seines Königreiches kümmern müsse. Ich sagte ihm, Gott und die Himmel könnten ihm nur helfen, wenn er als König nicht auf der falschen Seite stehen würde. Der König widmete meiner Botschaft nicht allzu viel Aufmerksamkeit. Deshalb fragte ich ihn: „Was geschieht, wenn dein Königreich durch die Engel bestraft wird?" Er fragte mich, wie ich so sicher sein könne, dass dies je passieren werde. Ich erzählte ihm, dass ich durch Gott und die Himmel alles erfahren kann, während ich in der geistigen Welt reise. Der König sagte zu mir: „Abraham, ich respektiere dich als Geschäftsmann und deine weltlichen Ansichten. Ich weiß, dass du bis jetzt viel in diesem Land erreicht hast. Erzähle mir jetzt keine Märchen, sonst verliere ich den Respekt vor dir." Ich erwiderte ihm: „König von Sodom und Gomorra, du musst diese Sache sehr ernst nehmen." Er fragte mich: „Bist du der König oder ich?" „Du bist der König", antwortete ich. Und er fuhr fort: „Ich muss dieses Land regieren und nicht du. Ich habe mich nun um die Angelegenheit meines Landes zu kümmern und jetzt kannst du gehen." Ich sagte: „Ich wünsche dir und deinem Land nur Gutes. Es kommt mir jedoch so vor, dass ich in deinen Augen zu klein und gering bin, als dass du die Wahrheit von mir annimmst."
Ich kehrte mit schwerem Herzen nach Kanaan zurück und unter Tränen betete ich zu Gott: „Wie viel Zeit muss noch in der Geschichte der Menschheit verstreichen, bevor die Menschen ihre Lehre daraus ziehen und die gleichen Fehler nicht noch einmal machen? Was soll ich für die Menschen dieser Welt tun, die so ignorant sind? Wie kann ich Sodom und Gomorra vor der Zerstörung bewahren?" Ich hörte Gottes Stimme zu mir sagen: „Abraham, ich kenne die Situation, die du gerade durchmachst. Verbindest du dich mit mir und tust, was Ich dir sage, wirst du sicher neue Hoffnung und die richtige Grundlage schaffen, um diese Menschen zu beschützen. Abraham, habe Geduld! Gehe auf meinem Weg mit demütigem Herzen und vollende deine geistige Reise zum vollkommenen Menschen, damit ich dich zum Kanal für die Menschen machen kann."

Drei Monate später saß ich eines Nachmittags vor meinem Zelt und dachte über Gott nach, als drei Engel vor mir erschienen. Alle drei verbargen ihr Gesicht vor mir. Als ich sie sah, hatte ich Angst. Sie sagten zu mir: „Abraham, habe keine Angst vor uns. Wir werden nach Sodom und Gomorra ziehen. Das Böse hat von jedem Besitz ergriffen. Wir werden verhindern, dass die Menschen von Sodom und Gomorra diese böse Krankheit verbreiten. An ihnen werden wir ein Beispiel für andere Nationen statuieren, damit sie eine Lehre daraus ziehen." Als ich dies vernahm, wurde ich sehr traurig und bat: „Was aber, wenn noch einige aufrichtige Menschen dort leben? Was ist mit Lot und seinen Anhängern?" Die Engel antworteten mir: „Finder wir einige aufrichtige Menschen dort, werden wir um deinetwillen Sodom und Gomorra und ebenso Lots Leben verschonen." „Vielleicht findet ihr aber nur 50 aufrichtige Menschen oder nur 40 oder vielleicht nur 10?" Die drei Engel hörten mir sehr ruhig zu und sprachen zu mir: „Abraham, möchtest du noch etwas sagen oder bist du fertig? Auch wenn wir nur 10 aufrichtige Menschen in Sodom und Gomorra finden, werden wir nichts zerstören. Abraham du bist für Gott ein ganz besonderer Mensch." Danach verließen sie mich. Ich war zufrieden und in dem Glauben, Sodom und Gomorra vor dem Untergang bewahrt zu haben, denn sicher würden sich dort 10 aufrichtige Menschen finden lassen.

Ein paar Tage später wachte ich morgens zu meiner üblichen Gebetszeit auf. Ich wollte zu den Bergen gehen, um dort zu beten. Plötzlich sah ich aus östlicher Richtung eine schwarze Rauchwolke zum Himmel aufsteigen. Mein Herz erstarrte, denn dort lagen Sodom und Gomorra. Ich wusste, dass ihre Zerstörung durch die Engel begonnen hatte. Ich trauerte um die Einwohner Sodoms, um Lot und seine Anhänger. Unverzüglich machte ich mich mit einigen meiner Leute auf den Weg nach Sodom. Dort angekommen, bot sich mir ein Bild des Schreckens und Grauens. Dort wo einst Sodom stand, klaffte ein riesiges schwarzes Loch. Der Anblick war so entsetzlich, dass ich nicht länger dort verweilen mochte. Ich sagte zu meinen Leuten, wir sollten diesen Ort so schnell und so weit wie möglich hinter uns lassen. Ich konnte förmlich riechen, dass die Engel des Todes immer noch da waren. Ich kehrte zurück, ohne herausgefunden zu haben, wie es Lot und seinen Leuten ergangen war. Nach meinem Gebet zu Gott, hatte ich einen Traum. Lot war es gelungen, rechtzeitig zu fliehen. Ich suchte überall nach ihm und gab die Hoffnung niemals auf. Ich wusste, die Himmel würden mich niemals belügen.

Sechs Monate später überbrachte man mir die Nachricht, dass man Lot gefunden hatte. Aber Lot wollte nichts mit uns zu tun haben. Man erzählte mir, Lot würde sehr weit weg in einem kleinen Ort namens Sogra im Osten mit seinen zwei Töchtern leben. Ich konnte nicht verstehen, dass Lot jeden Kontakt zu uns ablehnte. Deshalb wollte ich ihn selber besuchen. Als er hörte, dass ich vor seiner Tür stand, wollte er diese nicht öffnen. Er rief mir verärgert von drinnen zu, er wolle Menschen wie mich nicht sehen. Zuerst war ich darüber sehr schockiert. Ich konnte nicht gehen, ohne mit ihm gesprochen zu haben. Deshalb rief ich: „Lot, mach die Tür auf. Ich möchte wenigstens ein letztes Mal mit dir reden." Er sagte daraufhin: „Abraham verschwinde von hier. Ich möchte dein Gesicht nie wieder sehen. Du hast viel Unglück über mich, meine Familie und meine Leute gebracht. Dein Gott hat sie alle vernichtet." Dies aus seinem Mund zu hören machte mich für einen Augenblick traurig. Das war nicht der Lot, den ich kannte. Ich rief noch einmal: „Komm heraus, ich möchte dir ins Gesicht sehen. Dann kannst du mir sagen, was immer du möchtest." Er öffnete aber nicht seine Tür. Nach einer Weile kamen seine zwei Töchter heraus und sagten zu mir: „Unser Vater möchte nicht mit dir sprechen. Was willst du von ihm? Ist es nicht genug, dass wir unsere Familie, unser Hab und Gut und unsere Leute verloren haben? Möchtest du noch mehr Unheil in unser Leben bringen?" Sie fingen an zu weinen und beschimpften mich. Ich kehrte zurück nach Kanaan, ohne Lot gesehen zu haben. Später bat ich Sara, Lot und seine zwei Töchter zu besuchen. Sie antwortete mir: „Wenn er schon nicht für dich die Tür öffnet, warum sollte er es dann für mich tun? Nachdem, was du für ihn getan hast und so wie er dich jetzt behandelt, ist er für mich gestorben."

Noch einmal dachte ich daran, ihn zu besuchen. Diesmal ging ich aber weiser vor. Zuerst sandte ich einen Botschafter zu Lot, der ihm Folgendes überbrachte: „Abraham lässt dir ausrichten, dass er deine Lieben nicht zurückbringen kann, wohl aber das Hab und Gut, das du verloren hast. Bis zum Ende deines Lebens brauchst du dir keine Sorgen mehr zu machen, was du morgen essen und trinken wirst." Als er die Nachricht vernahm, ich würde meinen Besitz mit ihm teilen, war er schließlich bereit, mich zu treffen. Ich reiste also wieder zu ihm.

Diesmal öffnete er die Tür und ließ mich herein. Er entschuldigte sich sogleich für sein Benehmen vom letzten Mal. Ich sagte zu Lot, dass ich es vorziehen würde, mit ihm allein zu reden. Er stimmte zu. Ich sprach: „Lot, du weißt, ich habe Gott getroffen und Er hat mir auch die Mission gegeben. Viele Male in deinem Leben warst du durch den Willen Gottes sehr inspiriert. Gott hat dir ebenso viele Visionen über diese spezielle Welt gezeigt. Bitte erzähl mir nun, was dir, deiner Familie, deinen Leuten und dem Königreich von Sodom und Gomorra wirklich widerfahren ist. Ich möchte es aus deinem Mund hören. Danach werde ich Gott fragen, ob das alles wahr ist." Er fing an zu weinen.

Er sagte: „Oh, Abraham, warum willst du alles wissen? Ist es nicht genug, dass ich aufgrund dieses Schmerzes von nun an mein ganzes Leben lang trauern werde. Wenn du mir wirklich einen letzten Gefallen tun möchtest, dann hilf mir finanziell. Ich danke dir, denn du hast mir bereits in der Vergangenheit so viele Male geholfen, finanzielle Krisen zu überwinden. Dies ist nun das letzte Mal, dass ich dich um diese Hilfe bitte." Ich antwortete: „Lot, ich bin nicht hergekommen aufgrund deiner finanziellen Probleme. Ich bin hierhergekommen, um mit dir über den Willen Gottes zu reden. Es ist Zeit, dass du den Willen Gottes bis in deine Knochen spürst. Aber zuerst möchte ich wissen, warum diese Strafe Sodom und Gomorra ereilte, denn du bist dort gewesen und solltest Sodom und Gomorra als zentrale Person Gottes auf den richtigen Weg leiten? Die Engel versprachen mir, wenn sie zehn aufrichtige Menschen dort finden, Sodom und Gomorra zu verschonen. Du weißt, dass in diesen Städten über 600.000 Menschen lebten. Diese Tatsache kann ich nicht einfach ignorieren. Ich versprach dir, dass ich dir helfen werde, wenn du mir die ganze Wahrheit über Sodom und Gomorra erzählst. Dies ist auch meine Bedingung, damit ich dir finanziell unter die Arme greife. Sonst tue ich es nicht." Lot sagte zu mir: „Lass uns an einen ruhigen Ort in den Bergen gehen, wo wir allein sind."

Wir gingen sehr weit in die Berge, bis wir einen Platz erreichten, an dem es nichts als Steine gab. Erst dort entspannte er sich und fühlte sich frei. Dann erzählte er mir: „Abraham, wenn ich dir wirklich die ganze Wahrheit erzähle, fürchte ich, dass du nichts mit mir zu tun haben möchtest. Mein Gewissen sagt mir, dass ich Schuld habe und dafür verantwortlich bin, was in Sodom und Gomorra geschah." Ich erwiderte ihm: „Erzähle mir alles, um der zukünftigen Menschheit willen. Eines Tages muss die Menschheit die versteckte Wahrheit erfahren, warum Gottes Wille durch die Propheten nicht erfüllt wurde."

Lot begann: „Abraham, als ich ein Kind war, hast du mich an Sohnes statt angenommen. Mein ganzes Leben lang führtest du mich auf dem Weg Gottes. Ich weiß selber, dass es in meinem Leben eine Zeit gab, in der ich so inspiriert war, nichts anderes als nur den Willen Gottes zu erfüllen. Gott und die Himmel gaben mir auch viele Inspirationen, Offenbarungen und Visionen. Ich kann diese Wirklichkeit nicht leugnen, die ich mit meinen eigenen geistigen Augen gesehen habe. Aber dann kam eine Zeit in meinem Leben, in der ich an den Visionen Gottes und der Himmel anfing zu zweifeln. Ich konnte die mir gezeigten Visionen meinen Mitmenschen und mir selbst nicht näher bringen. Seitdem ich geheiratet und eine Familie gegründet hatte, verließ ich immer mehr den geistigen Weg. Meine Frau und meine Familie hatten einen schlechten Einfluss auf mich und erweckten in meinem Herzen Groll gegen dich. Deswegen wollte ich nicht bei dir bleiben. Dies war auch der Grund, warum ich dir das Leben schwer machte. Ich wollte, dass du mich fortschickst, und dies, obwohl du deinen ganzen Reichtum mit mir teiltest. Als du merktest, dass ich unter keinen Umständen bei dir bleiben wollte, hast du mich gebeten, die Mission in Sodom und Gomorra aufzunehmen. Unglücklicherweise stimmte ich dir zu, aber in meinem Herzen wollte ich mit deiner Mission nichts zu tun haben. Meine Familie und meine Leute fühlten ebenso. Später befreitest du uns aus der Sklaverei der anderen Könige und riskiertest dadurch dein eigenes Leben. Wir waren dir in unseren Herzen sehr dankbar dafür. Aber diese Inspiration hielt nicht sehr lange an. Nach einer Weile wendeten wir uns erneut von deiner Mission ab. Ich fing an, die moralische Einstellung der Menschen von Sodom und Gomorra zu kritisieren. Dein Geld, das Du weiterhin sandtest, um die Mission in Sodom und Gomorra voran zu treiben, verwendeten wir für uns selbst. Deshalb wollten wir dich auch nicht treffen.

Unser Gewissen sagte uns jeden Tag, dass wir schuldig sind. Wir fingen an, die Städte Sodom und Gomorra zu verachten, dies steigerte sich fast bis zum Hass. Wir verfluchten die Homosexuellen und wir verfluchten Sodom und Gomorra, indem wir sagten: „Hätten wir nur die Macht, würden wir den Kampf gegen das Böse aufnehmen und somit Sodom und Gomorra ihrer gerechten Strafe zuführen. Aber wir waren zu schwach und hatten zu wenig Verbündete in diesem Land, als dass wir etwas hätten ausrichten können. Die Engel erschienen mir viele Male und baten mich, um Vergebung für die Menschen dieser Städte zu beten. Aber ich empfand für sie keine Sympathie. Ich ignorierte alle Offenbarungen der Engelwelt. In den Augen Gottes übernahm ich nicht die Verantwortung für diese Menschen. Hier scheiterte ich in meiner Mission.

Mein Herz verschloss sich für die Mission, denn ich habe schwer gesündigt. Ich weiß, du bist der einzige Mensch, der Gott für mich um Vergebung bitten kann, damit meine Seele geheilt wird." Ich antwortete ihm: „Erzähl mir, was du so Verwerfliches getan hast, dass deine Söhne, deine Frau, deine Schwiegersöhne und all deine Leute an dem Tag des Jüngsten Gerichts in Sodom und Gomorra sterben mussten." Lot fuhr fort: „Während ich mich meiner Mission widmete, wendete sich meine Frau von mir und der Mission ab. Alle meine Söhne, Töchter und Schwiegersöhne lachten über meine Mission. In der Zwischenzeit habe ich auch eine große Sünde in den Augen Gottes und der Himmel begangen. Ich wohnte viele Male meinen jüngeren Töchtern bei, bevor der Tag des Jüngsten Gerichtes über Sodom und Gomorra hereinbrach. Der Himmel warnte mich häufig vor so einer großen Sünde. Ich bat jedes Mal um Vergebung, beging aber wieder und wieder den gleichen Fehler. Genau diese beiden jüngeren Töchter wollten, dass ich mehr über Gott und die Mission spreche. Aufgrund meiner eigenen Sünde, konnte ich dies aber nicht. Es kam sogar später eine Zeit, in der ich nicht in der Lage war, zu beten. Ich distanzierte mich immer mehr von Gott und den Himmeln. Drei Tage bevor das Jüngste Gericht Sodom und Gomorra ereilte, sah ich bereits eine Vision über die Zerstörung dieser Städte durch die Engel. Es kam mir niemals in den Sinn, dass meine Frau, meine Kinder und meine Leute ebenso durch dieses Strafgericht sterben würden.

In der Nacht vor dem schrecklichen Ereignis, der Morgen graute bereits, hörte ich furchterregende Stimmen und Geräusche. Ich ging nach draußen, um nachzusehen, was auf der Straße los war. Ich sah, dass die Engel in der Dunkelheit an mir vorüberzogen und sich dabei über mich stritten: „Lot muss auch am Tag des Jüngsten Gerichtes in Sodom und Gomorra sterben." Einige Engel entgegneten: „Sein Leben muss verschont werden, denn Abraham betete für ihn." Andere Engel hielten mir zugute, dass ich für den Willen Gottes gelebt habe. Während sie miteinander stritten, fühlte ich die Angst in mir hochsteigen. Plötzlich bemerkte mich ein Engel. Er sah mich an und sagte zu mir: „Verlass diesen Ort so schnell wie möglich und nimm deine beiden jüngeren Töchter mit dir, denn du bist verantwortlich für ihre Sünden. Ich bin ein Engel des Todes. Ich beschütze dein Leben, weil Abraham die Mission erhalten hat. Ansonsten müsstest du zusammen mit den ruchlosen Menschen Sodoms und Gomorras sterben."

Ich nahm meine beiden Töchter und machte mich sofort auf den Weg in den kleinen Ort Zoar, in dem nur siebzig Menschen lebten. Später hatte ich so viel Angst, dass ich mich in eine Höhle in den Bergen verkroch. Ich lebte solange dort, bis ich meine Angst überwinden konnte. Aber selbst in dieser Höhle wiederholte ich meine Sünden. Ich trank Alkohol und wohnte erneut meinen Töchtern bei. Diesmal ereignete sich aber etwas noch Schlimmeres. Beide wurden schwanger durch mich. Nun verlor ich völlig meine ganze Spiritualität. Ich erhielt keine Botschaft mehr von Gott und den Himmeln. Es kam weder eine Offenbarung, noch war ich in der Lage, irgendeinen Traum zu sehen. Deshalb wollte ich dich auch nicht mehr sehen. Wenn du nicht selber herausgefunden hättest, wo ich lebe, wäre ich dir nie wieder auf Erden unter die Augen getreten. Ich weiß, dass ich verantwortlich bin für den Untergang von Sodom und Gomorra, meiner Familie und meiner Leute. Hätte ich mehr Willenskraft besessen und nur auf der Seite Gottes gestanden, wäre diese Tragödie nicht geschehen. Ich scheiterte! Ich bin auch der Grund dafür, warum sich meine Leute von deiner Mission, die Gott dir gab, abwandten. Oh Abraham, mein Leben wurde zur Hölle. Ich wusste nicht, was ich von diesem Punkt an tun sollte."

Ich fragte Lot: „Was erzählst du jetzt den Menschen dieser kleinen Stadt über deine Töchter. Ich meine, in welcher Beziehung sie zu dir stehen?" Lot antwortete: „Hier glauben die Leute, sie wären meine beiden jungen Ehefrauen." Ich sagte zu ihm: „Hör jetzt auf damit, sonst strafen uns die Himmel noch mehr. Ich werde mich deiner zwei Töchter, die dir zwei Söhne schenkten, annehmen."

Ich nahm Lots Töchter mit nach Kanaan. Lot wollte aber nicht mit mir kommen. Ich unterstützte ihn trotzdem finanziell, so dass er überleben konnte. Als ich nach Kanaan zurückkehrte, verheiratete ich beide Töchter mit zwei von meinen Jüngern. Ich sagte zu beiden: „Vergesst eure Vergangenheit und beginnt ein neues Leben mit euren Ehemännern." Später verlor ich den Kontakt zu Lot, da er sich noch weiter östlich niederließ. Er lebte als unbekannter Mann für den Rest seines Lebens. Heute befindet er sich in einer niederen, mittleren geistigen Welt. Ich habe ihn einmal getroffen und selbst dort bereut er seine Taten und bezichtigt sich selber. Er war ein Mensch, der für die Mission auserwählt wurde. Ich habe ihn an Sohnes statt angenommen und liebte ihn genauso wie Ismael und Isaak. Aber er hat sich nicht mit mir verbündet, um die Grundlage für Gottes Mission zu legen. Es war sehr wichtig für mich, über meine Beziehung zu Lot und über sein Leben zu sprechen.

Hagar

Jetzt möchte ich aber wieder zurückkehren zu Sara und mir und zu dem Leben, das wir gemeinsam führten, um den Willen Gottes zu erfüllen. Die Menschheit soll erfahren, warum auch durch mich der Wille Gottes nicht realisiert werden konnte. Nachdem wir aus Ägypten zurückgekehrt waren, ließen wir uns erneut in Kanaan nieder. Unser ganzer Besitz, den wir unser eigen nannten, war ein Ausdruck von Saras Liebe. Nur durch sie wurde die Errichtung verschiedener Center in Kanaan möglich. Aber Sara konnte nicht vergessen, dass sie die Frau des Pharaos für 17 Monate war. Die Zeit dort hatte sie verändert. Sie war meistens traurig und wann immer sie über die Zeit im Palast sprach, hatte sie ein schlechtes Gewissen vor mir. Sie liebte mich und trotzdem fühlte sie, dass irgendeine Art Kluft zwischen mir und ihr bestand. Ich versuchte ihre Leiden zu mildern. Ich sagte ihr, dies sei das größte Opfer in meinen Augen gewesen ist, dass sie als Frau bringen konnte, um das Leben ihres Ehemanns zu retten. Ich sprach zu ihr: „Du hast mehr, als nur das getan. Letztendlich brachtest du uns in so eine gute finanzielle Lage, dass ich mein Leben vollkommen für die Verwirklichung der Mission und des Willens Gottes einsetzen konnte."
Sie sah mir oft geradewegs in die Augen und fragte mich: „Ist das wirklich war? Drückst du wirklich das aus, was du in deinem Herzen fühlst?" „Ja das ist wirklich wahr. Früher brach es mir fast das Herz, als

du die Frau des Pharaos warst. Aber heute sehe ich das anders. Dies war dein einzigartiges Opfer für mich." Viele Male bat sie mich, ihr zu versprechen, dass wir in der geistigen Welt für immer zusammenleben würden. Und ich antwortete ihr: „Ich verspreche es dir. Sterbe ich eher als du, werde ich auf dich in der geistigen Welt warten." Dann sagte sie, dass sie diese Leiden ertragen könne.

Eines Tages kam sie zu mir und fragte mich: „Abraham, wenn du mich wirklich liebst, dann möchte ich dich um etwas bitten. Ich glaube nicht, dass du mir diese Bitte abschlagen wirst." Ich antwortete daraufhin: „Nein, niemals. Ich werde dir geben, was immer du möchtest." Sie sagte zu mir: „Versprich mir aber zuerst und schwöre bei Gott, dieses Versprechen einzuhalten." Ich versprach es ihr und schwor beim Namen Gottes. „Seit wir heirateten, bestand mein sehnlichster Wunsch darin, von dir Kinder zu haben. Aber Jahre sind vergangen und er hat sich nicht erfüllt. Ich möchte eigene Nachkommen haben, die den Willen Gottes weiter erfüllen können. Ich weiß, dass du Hagar sehr magst. Sie ist jung und wunderschön und sie ist meine Sklavin. Ich werde sie frei machen und sie kann deine Frau werden. Sie gehorcht mir und wird alles tun, was ich möchte. Ich möchte, dass du ihr beiwohnst und Kinder zeugst. Diese Kinder werden dir und mir gehören."

Ich war schockiert und sagte zu Sara: „Ich liebe dich. Und wenn es der Wille Gottes ist, ohne Kinder zu leben, stört mich das nicht im Geringsten." Sie entgegnete mir aber: „Ich möchte dir Hagar aus freien Stücken geben. Zum anderen will ich, dass ich durch sie Kinder haben kann. Es ist der letzte Wunsch von mir, von dir Kinder zu haben. Ich möchte stolz auf meine eigenen Nachkommen sein und auch darauf, dass du der Vater meiner Kinder bist." Dann weinte sie und sagte: „Oh Abraham, ich liebe dich so sehr und ich weiß, dass auch du mich liebst." Tränen stiegen mir in die Augen und ich erwiderte: „Es ist schwer für mich, eine andere Frau neben dir zu haben. Ich weiß nicht, was die Zukunft in diesem Fall für uns bringt." Sie versuchte mich zu beschwichtigen und sagte: „Nichts wird passieren. Unsere Liebe wird immer die gleiche sein. Ich werde deine Kinder als meine eigenen aufziehen. Es ist der tiefste Ausdruck der Liebe zwischen dir und mir. Du hast es versprochen und es bei Gott geschworen."

Dies war sehr schwer für mich, denn ich liebte Sara. Unglücklicherweise erklärte ich mich bereit, Hagar zu heiraten. Zum anderen legte ich selber den Grund für Saras Idee, denn sie merkte, dass ich Hagar mochte. Hagar war sehr attraktiv. Ihre Ausstrahlung, ihre Persönlichkeit, ihre Schönheit und die Art und Weise, wie sie sich verhielt, verführten mich. Trotzdem hätte ich sie nie von selbst geheiratet, denn ich liebte Sara viel, viel tiefer. Was soll ich jetzt noch sagen. Ich bin verantwortlich für die von mir begangenen Fehler, als ich den Willen Gottes erfüllte.

Ich heiratete Hagar und sie wurde schwanger. Mein Herz hing zwischen Sara und Hagar. Und hier fing der Kampf zwischen uns drei an. Hagar versuchte Sara auszuschließen, denn sie fühlte, dass sie mehr meine Frau war. Immerhin war sie die Mutter meines Kindes. Sie gehorchte Sara nicht mehr. Sie wollte die gleichen Rechte haben. Manchmal gab sie Sara schnippische Antworten. Sara wurde wütend und Neid kam in ihr auf. Sie wollte wieder die Herrin von Hagar werden. Mit der Zeit beschuldigten mich beide Frauen, dass ich an dieser Situation schuld sei, denn ich würde nicht klar sagen, zu wem ich wirklich gehöre. Mein Leben wurde zur Hölle, da ich beide für mich haben wollte und dies ohne Zwietracht.

Eines Tages kam Sara zu mir und sagte, dass ich daran schuld sei, wie Hagar sie behandle. Sie sagte: „Hagar erniedrigt mich und behandelt mich sehr schlecht, seitdem sie deine Frau geworden ist und ein Kind von dir hat. Sie möchte mich nicht einmal neben dir sehen. Gott wird dich strafen im ewigen Leben, für das, was du mir angetan hast." Ich wusste nicht, was ich Sara antworten sollte. Auf der anderen Seite beschwerte sich Hagar darüber, dass Sara sie immer noch wie eine Sklavin behandelt und dies noch viel schlimmer als früher. Sie sagte, Sara würde sie hassen und sie könne sie nicht länger ertragen. Sie sprach: „Mich reizt Saras bloßer Anblick."

Ich versuchte viele Male, Frieden zwischen beiden zu stiften, aber das hielt meistens nur für kurze Zeit. Die Spannungen nahmen zu. Als Hagar Ismael gebar, brachte das viel Freude in mein Leben, denn Gott gab mir einen Sohn. Andererseits brachte dies auch Tag für Tag mehr Disharmonie zwischen beiden Frauen. Ich sprach viele Male zu Hagar über das Opfer, das Sara für sie gebracht hatte. „Sara hat dir ihren eigenen Ehemann gegeben, um Kinder zu haben. Sie befreite dich von den Fesseln der Sklaverei und sie vertraute dir. Sie glaubte, du wärest genauso gehorsam, wenn du die gleichen Rechte haben würdest. Du kannst Saras Herz mit Liebe gewinnen, wenn du sie fühlen lässt, dass sie nicht allein ist. Sicher Hagar, ich weiß, wenn du dein Herz für Sara öffnest, sie dein Kind erziehen lässt und ihr somit deine Liebe und Loyalität demonstrierst, dann wird ihr Herz schnell erweichen und Sara wird sich ändern. Die Einheit zwischen dir und Sara ist sehr wichtig für meine Mission. Ihr wisst beide, dass ich bereits ein alter Mann bin."

Hagar sagte zu mir: „Lass mir Zeit zum Überlegen. Ich muss nachdenken, ob ich Ismael Sara geben kann, bzw. ob er bei ihr aufwachsen soll." Ich antwortete ihr: „Ich bete für dich und Ismael. Gott wird immer mit dir sein, wenn du ihn Sara gibst. Ich werde Gott bitten, dein Kind nicht zu vergessen und Ismael all das Glück zu geben. Gott soll ihn zu einem Mann machen, der sein Versprechen mit Ihm einhält. Gott wird Ismael direkt auf dem geistigen Weg führen."

Danach verließ ich Hagar und ging zu Sara. Ich sagte zu ihr: „Höre, Du hast viele Höhen und Tiefen in meinem Leben und speziell in meiner Mission miterlebt. Du bist auch mein Partner, der viel Leid und Traurigkeit mit mir zusammen in dieser Mission teilt. Wo ich heute stehe und was ich in der Mission erreicht habe, verdanke ich der Gnade Gottes und dir. Du weißt Sara, dass ich der einsamste Mensch auf der Erde bin. Niemand weiß genau, was ich für Gott und für die Menschen auf der Erde erreichen möchte. Niemand kennt mein Herz, nur Gott und die Himmel."

Anmerkung: Abraham weinte an dieser Stelle seiner Erzählung so sehr, dass er für einige Zeit nicht in der Lage war, weiter zu sprechen. Es war mehr als nur inspirierend, die Lebensgeschichte des Mannes zu hören, der von Gott als Vater des Glaubens bezeichnet wird. In meinem Herzen war so viel Liebe für diesen Mann, der wie ein Kind, um Gott weinte, der Gottes Herz und die Leiden der Menschheit so tief kennt.

In Abrahams Gesicht spiegelte sich die ganze Traurigkeit Gottes und der Menschheit wieder. Als seine Tränen versiegt waren, fuhr Abraham mit seiner Erzählung fort: „Sara, du warst diejenige, die sich die ganze Zeit Kinder wünschte. Du selbst wolltest, dass ich Gott für dich darum bitte. Ich schämte mich, als Gott mir nicht antwortete. An dem Tag, als Gott mir keine Antwort gab, erfuhr ich, dass Gott all seine Kinder bewahren und beschützen möchte, die auf der Erde und in der geistigen Welt leben und leiden. Gleichzeitig bat ich Gott um eigene physische Kinder. An diesem Punkt war ich nicht in der Lage, Gottes Herz zu erfahren. Ich betrachtete die gesamte Menschheit nicht als meine eigenen Kinder. Die Himmel offenbarten mir diesen Mangel meines Herzens. Mir wurde bewusst, ich konnte nicht mit Gottes Augen die Erlösung seiner Kinder sehen. Ich weinte deswegen viel in den folgenden Jahren. Ich bat Gott und die Himmel immer wieder um Vergebung. Und dann kamst du! Du hast mir dieses Versprechen abgerungen und mich schwören lassen, bevor du mir überhaupt gesagt hast, was du möchtest. Ich dachte, du hättest einen materiellen Wunsch. Ich war erstaunt darüber, dass du mich noch einmal um ein Kind batest, selbst um den Preis, Hagar heiraten zu müssen. Du warst diejenige, die sie aus der Sklaverei befreite und aufforderte, mir so schnell wie möglich beizuwohnen. Wie dem auch sei, ich konnte diese Situation damals nicht klar beurteilen, denn ich wusste nicht, welchen Handel du mit Hagar hinter meinem Rücken getroffen hattest. Ich erlag der Versuchung, denn Hagar war jung und schön. Natürlich wollte auch ich Kinder haben, deshalb erklärte ich mich mit allem so schnell einverstanden. An diesem Punkt habe ich noch nicht einmal Gott und den Himmel um Rat gefragt. Später als ich meine Beziehung mit Hagar begann, zeigte sie mir jedoch ein anderes Gesicht. Sie hatte weniger Liebe für mich und wollte mich mehr dominieren. Erst jetzt wachte ich auf. Doch es war bereits zu spät für mich.

Dann kamst du mit allen möglichen Problemen. Hier bemerkte ich, was für einen Fehler ich begangen hatte. Aber was kann ich jetzt tun. Es ist, als ob man den Pfeil bereits abgeschossen und das Ziel auch getroffen hat. Sie heiratete mich und wurde die Mutter meines Kindes, aber sie wollte es dir nicht geben. Einmal wolltest du um jeden Preis ihr Kind an dich reißen. Sie rannte weg. Wir wussten nicht, wo sie waren und sahen beide eine lange Zeit nicht. Ich war traurig und besorgt um mein Kind. Sie kam zurück, weil die Himmel ihr im Traum zeigten, was sie in solch einer Situation zu tun hatte. Aber selbst als die Himmel sie führten, war sie nicht bedingungslos bereit mit uns zu leben. Sie wollte ihr Kind allein erziehen. Hagar hörte nicht auf das, was die Himmel von ihr verlangten. Sara, jetzt sage du mir, was ich in dieser Situation tun soll. Ich kann nicht das Kind einer Mutter wegnehmen und es dir geben."

Sara fing an zu weinen und sagte zu mir: „Abraham, ich befreite Hagar und erlaubte ihr, deine Frau unter der Bedingung zu werden, dass ihr

Kind mir gehören würde. Dieses Kind sollte als mein eigenes aufwachsen. Ich wollte, dass es mich an dich erinnert, falls du eher als ich stirbst, denn dein Nachkomme wäre für den Rest meines Lebens immer bei mir. In meinen Augen und in meinem Herzen würden die Gewissheit und die Befriedigung herrschen, dass ein Teil von meinem Abraham immer noch mit mir auf dieser Erde lebt."

Ich hielt Sara in meinen Armen und wir beide weinten. Ich fragte sie: „Warum hast du diese Gefühle nicht gezeigt, bevor du mich um ein Kind gebeten hast?" Sara antwortete: „Abraham, ich konnte mir wirklich nicht vorstellen, wie es sein könnte, ohne dich zu leben, wenn du zeitiger sterben würdest. Ich wollte in meinem Gebet Gott bitten, mich zuerst sterben zu lassen. Ich hätte in der geistigen Welt auf dich gewartet." Ich entgegnete ihr: „Aber auch dort würdest du allein und ohne mich sein." Sie antwortete: „Aber Gott wäre da und die himmlischen Engel. Dort würde es mir leichter fallen, auf dich zu warten." Ich wurde sehr ruhig und traurig. In diesem Moment, fuhr sie fort: „Es war mein letzter und sehnlichster Wunsch, von dir ein Kind zu haben. Deshalb wurde ich auch blind und gab meinen geliebten Ehemann in die Hände einer anderen Frau. Aber von jetzt an werde ich nicht mit Hagar um dieses Kind kämpfen. Wenn sie all die Versprechen vergessen hat, die sie mir gab, dann ist es in Ordnung. Ich hoffe, Gott wird mich und meine Opfer nicht vergessen, die ich um der Liebe willen erbrachte."

Die Zeit verging und Hagar erlaubte Ismael nicht einmal, sich Sara zu nähern, denn sie wollte ihn selber aufziehen. Hagar und Sara lebten nun getrennt in Kanaan. Sie distanzierten sich mit der Zeit immer mehr voneinander. Hagar wollte mich immer mehr für sich haben. Sie war sehr stolz, die Mutter meines Kindes zu sein. Ich hatte mich so lange nach einem Kind gesehnt, so dass sich mein Herz an Ismael klammerte. Ich wollte mehr und mehr Zeit mit Ismael verbringen, auch wenn dieser über drei Meilen von Sara entfernt zusammen mit seiner Mutter lebte. Sara wusste, dass ich die meiste Zeit mit den beiden verbrachte. Sie wurde sehr ruhig und sprach nicht mehr über dieses Thema.

Hagar zeigte indessen einen ganz anderen Charakter. Bat ich sie um einen Gefallen, tat sie meistens dennoch was sie wollte. Viele Male hielt sie einfach an ihrer Meinung fest. Auf der anderen Seite hatte

Sara, aufgrund ihres Alters, bereits die Hoffnung aufgegeben, ein Kind zu bekommen.

Seitdem ich aus Ägypten zurückgekehrt war, waren fast fünfzehn Jahre vergangen. Ich lehrte kontinuierlich den Willen Gottes in Kanaan. Die Zahl meiner Anhänger vergrößerte sich nur langsam, denn die Menschen Kanaans hörten mehr auf ihren Kopf als auf ihr Herz. Auch Ismael wuchs sehr schnell heran. Seine Passion galt der Jagd. Ich schenkte ihm einen selbstgemachten Bogen mit vielen Pfeilen. Nun ging er noch öfters mit meinen Leuten zur Jagd.

Eines Abends, als ich nach Hause kam, fand ich Sara allein und traurig vor. Ich fragte sie nach dem Grund. Sie antwortete: „Abraham, ich möchte dich etwas fragen und erwarte aber eine ehrliche Antwort von dir." „Sicher, ich werde dich nicht anlügen", erwiderte ich. Sie hub an: „Vor langer, langer Zeit, als wir in der Stadt Ur lebten, bat Gott uns, wie Bruder und Schwester, ohne intime Beziehung für eine unbestimmte Zeit zu leben. Nach einer Weile konnte ich diese Bedingung nicht mehr einhalten. Ich bestand auf einer intimen Beziehung mit dir. Ich wollte an diesem Punkt nicht tun, worum Gott mich bat. Eines Tages erschien ein Engel und teilte dir mit, meiner Bitte nachzukommen. Es wird eine Zeit in meinem Leben geben, in der ich daraus meine Lehre ziehe. Abraham welchen Fehler habe ich gemacht? Welche Bedingung konnte ich nicht einhalten? Welche Lehre werde ich daraus ziehen? Bitte erklär mir das!"

Ich sagte zu Sara: „Du fragst mich heute etwas ganz Besonderes. Ich kann dir die Antwort nur gemäß meiner Erfahrungen mit Gott und den Himmeln geben. Als Gott uns vor langer Zeit diese Bedingung auferlegte, hatte dies einen geistigen Hintergrund. Heute kann ich das viel klarer sehen. Adam fiel in die Hände der gefallenen Erzengel. Dies war auch der Grund, dass viele unzählige andere Engel mit ihm fielen und das Böse sich multiplizierte. Satan war einer dieser hohen Erzengel, der ausschließlich für den Fall verantwortlich war. Er ist nun ein übles Wesen. Jeglichen Segen, den Gott den Menschen versprach, forderte Satan ein, bevor er die Menschen erreichte. Als Gott uns damals diese bestimmte Bedingung auferlegte, ist als sicher anzunehmen, dass Er das Gleiche auch von Adam und Eva verlangte. Denn später wollte Gott einen weit größeren Segen seinen Kindern geben. Gott wünscht, dass wir erst zu Ihm hinfinden und uns selber reinigen, so dass Gott mit uns leben kann. Dann ist keine Macht in der

Lage, diese Liebe zu zerstören. Unser Gott ist ein wahrer Gott, und Er hat eine wahre, einzigartige unveränderliche Wesensart. Gott wollte also sein Objekt sehen, das seinen Charakter, sein Herz und seine Seele substantiell reflektieren kann. Heute weiß ich sehr genau, dass dieser Segen für uns in einem Kind bestand. Deshalb legte Gott uns diese Bedingung auf, für eine unbestimmte Zeit keine intime Beziehung zu haben. Ich folge Gott, denn mein Herz ist tief mit Ihm verbunden. Aber du warst von Gott sehr weit weg. Deshalb konntest du Ihm nicht folgen. Du hast mich damals gebeten, dir einen Grund zu nennen. Dazu war ich aber nicht in der Lage." Sara sagte: „Das ist sehr wahr. Ich habe meine Lektion auf sehr schmerzhafte Weise lernen müssen. An diesem Punkt bitte ich Gott und die Himmel für meinen Ungehorsam um Vergebung." In diesem Moment empfand ich viel Sympathie und Liebe für sie. Ich entgegnete Sara: „Was du für Gott, für mich und für die Mission getan hast, ist so enorm, dass die Menschheit sicherlich eines Tages dein wahres Leben kennenlernen wird. Vielleicht wird die Geschichte dich vergessen, aber Gott wird sich immer deiner erinnern."

Abraham hielt Saras Hand in ihrer Dimension im Paradies und sagte zu ihr: „Siehe, heute liegt diese Liebesgeschichte ein paar tausend Jahre zurück. Aber noch einmal sitzt ein Mann Gottes vor uns und schreibt diese historische Tatsache nieder, die zu entdecken, die anderen religiösen Gründer nicht in der Lage waren. Gott verlieh Zahid eine große Autorität im Himmel und auf Erden." Abraham sah mir geradewegs in die Augen, berührte mich an den Schultern und sagte zu mir: „Die Himmel haben lange auf einen Menschen wie dich gewartet. Heute sind mein Herz und meine Seele frei und wurden durch dich geheilt. Du wirst unser Lord im Himmel sein. Zahid, das sind nicht nur meine Worte, dies sagen auch Gott und die Himmel."

Ich sagte zu Abraham, dass ich besser nicht das niederschreiben werde, was er mir eben gesagt hatte. Er aber antwortete: „Das musst du aber. Die Menschheit muss erfahren, was für ein besonderer Mann du in den Augen und im Herzen Gottes bist. Die Menschheit wird dir aufmerksamer und gewissenhafter zuhören." „Ich werde tun, was du mir sagst", sagte ich. Abraham entgegnete: „Das ist nicht nur das, was ich möchte. Die ganze Prophetenschaft im Paradies möchte dir genau das Gleiche sagen – du bist unser Lord im Himmel und auf Erden. Gott und die Himmel, die Engelwelten und all die Dimensionen der

Ewigkeiten lieben dich. Gott hat dir die nobelste Erfahrung der Liebe zu Teil werden lassen, als Er dich als sein Herz bezeichnete."

Ich unterbrach Abraham: „Das ist jetzt genug. Wie werde ich all diese Aussagen den Juden, den Christen und den Muslimen erklären. Ich muss mich mit ihnen darüber auseinandersetzen." Als Abraham dies hörte, lachte er: „Ich bin der Vater dieser drei Religionen. Sie werden dir zuhören, wenn du in meinem Namen mit ihnen sprichst." Ich entgegnete ihm aber: „Das ist, was du sagst. Du wirst sehr bald vernehmen, was diese drei Religionen stattdessen tun." Abraham lachte. „Sorge dich nicht, Gott ist mit dir." „Deshalb schreibe ich all diese Wahrheiten nieder, sonst würde ich es nicht tun", sagte ich. Lächelnd erwiderte Abraham: „Du weißt es besser." Er erzählte mir weiter: „Als Gott uns auferlegte, keine intime Beziehung miteinander zu haben, verstand ich diese Bedingung selber nicht. Mit der Zeit wurde es aber für mich klarer. Ich fühle selbst heute eine schwere Last auf meinem Herzen, wenn Sara Gott, den Himmel und mich um Vergebung bittet, während wir über dieses Thema reden. Ich sah in ihr mit Sorgen gefülltes Gesicht. Ich bat sie, mit mir spazieren zu gehen. Wir gingen zu dem Ort, an dem ich gewöhnlich allein betete. Ich hielt ihre Hand und begann mein Gebet. Wir beide weinten: „Oh, ewiger Gott, wir haben so viele Fehler in diesem Leben und besonders in deiner Mission begangen. Du bist der Einzige, der das weiß. Wir sind auf dem Weg der Mission alt geworden. Oh, Gott vergib uns unsere Fehler und reiche uns deine Hände, denn wir sind deine Kinder. Bringe uns nach Hause. Oh Schöpfer dieses Universums, lass deinen Willen zur unserer wahren Glückseligkeit werden. Mach es uns einfach, deinem Weg zu folgen, der uns zu Dir nach Hause bringt. Ich, Abraham, bete auch für Sara. Gib ihr Frieden in ihrem Verstand und in ihrem Herzen. Öffne ihr Herz mehr, auf das sie alle Menschen lieben kann. Sie soll lernen, Ismael und Hagar zu lieben, selbst wenn Hagar ihr Kind ihr nicht geben konnte."

Drei Monate später saß ich eines Nachmittags allein nahe des Eingangs meines Zeltes. Es erschienen mir drei Engel in einer Vision. Sie sagten: „Gott hat dein Gebet erhört. Wir kommen mit einer guten Nachricht. Nächstes Jahr wird Sara dir einen Sohn gebären." Ich kniete vor Gott nieder und die Engel fuhren fort: „Gott wird dir mit diesem Sohn ein neues Versprechen geben, denn du vertraust in Gott. Aber Saras Glauben an Gott ist nicht stark genug." Ich ging zu Sara und erzählte ihr diese Vision. Sie belächelte mich und sagte: „Abraham, was erzählst du da. Du bist ein sehr alter Mann, und ich bin auch nicht viel jünger. Wie kann es möglich sein, unter solchen Umständen ein Kind zu bekommen. Du brauchst keine falschen Hoffnungen in mich setzen. Ich bin auch so glücklich mit dir. Es genügt mir, dass du mich liebst." Als ich dies vernahm, wurde ich sehr verstimmt und ärgerlich: „Warum kannst du nicht einfach Gottes Worten Glauben schenken, die seine Engel übersandten?" Sie entschuldigte sich bei mir. In ihrem Herzen wunderte sie sich immer noch darüber. Danach hatte ich drei Träume. Der Name des Kindes sollte Isaak sein. Von ihm und seinen Nachkommen würde die Erlösung der Menschheit beginnen. In meinen Visionen wurde mir aufgetragen, alles daran zu setzen, dass Ismael und Isaak sich nicht voneinander trennen. Die Familien Saras und Hagars sollten sich um Gottes und der Menschheit Willen verbünden.

Ich erzählte diese Visionen Sara und Hagar. Somit erfuhren auch sie den Willen Gottes. Kanaan würde das neue Land Gottes und das Zentrum dieser Welt sein, in dem die Menschen in Gottes Freiheit leben. In Kanaan sollen all die Versprechen wahr werden, die Gott uns gab. Ich erzählte beiden, dass ich mich in meinem ganzen Leben nach dem Willen Gottes gesehnt habe. Seit ich meine Heimat verließ, habe ich niemals die Vision über Kanaan vergessen. Hier würde die neue Heimat Gottes auf Erden entstehen, von der die Sonne der Liebe die ganze Menschheit erreicht. Ich Abraham wollte in diesem Land leben und sterben, obwohl mir dieses Land in meinem Herzen und in meinen Augen immer noch fremd ist. Ich weiß, eines Tages werden die schwarzen Wolken vorüberziehen und Gottes Licht wird von Kanaan aus, welches Gott für uns auserwählt hat, über die ganze Welt scheinen.

Für kurze Zeit waren Sara und Hagar sehr inspiriert. Aber sie konnten ihre alten Antipathien nicht lange unterdrücken. Beide waren der Grund für meine Schmerzen und Leiden, die bis zum Ende meines Lebens anhielten. Immer wieder gab es Diskussionen, Beschwerden und Probleme zwischen ihnen. Ich lernte, mich ruhig zu verhalten. Sara bemühte sich manchmal, in Frieden mit Hagar zu leben. Hagar war aber eine Frau, die ihr Verhalten nicht ändern wollte. Deswegen konnten sich beide einander nicht annähern. Hagar überwand nie ihre Aggressivität gegenüber Sara, obwohl Sara sehr nett zu ihr war. Diese

Umstände laugten mich fast aus. Jeden Tag war ich so niedergeschmettert, dass ich nicht wusste, wie ich mich verhalten sollte. Ich wollte beide Söhne, Ismael und Isaak zusammen behalten, denn ich liebte sie sehr. Aber die Situation verschlimmerte sich täglich.

Eines Tages fragte ich Sara: „Was soll ich mit euch beiden machen, damit ich Frieden in meinem Herzen finde? Ihr bereitet mir mehr innere Schmerzen als Lot. Als dieser mich verließ, gingen mit ihm auch viele meiner Anhänger. Er war der Grund für die Zerstörung von Sodom und Gomorra. Jetzt verbündet ihr euch beide nicht. Gott hat euch versprochen, dass Er einen großen Segen durch Ismael und Isaak der zukünftigen Welt geben wird. Von Kanaan aus wird sich dieser Segen über die ganze Welt ausbreiten. Gott hat mir versprochen, diesen Segen Ismaels und Isaaks Nachkommen zu geben. Durch Ismael und Isaak werden zwei Nationen entstehen, die die Welt dominieren. Aber ihr zwei verbündet euch nicht mit mir. Ihr hasst euch so sehr und wollt daher nichts miteinander zu tun haben. Ihr werdet auch Ismael und Isaak gegeneinander aufbringen. Ich weiß nicht, was für einen Preis Ismaels und Isaaks Nachkommen dem Bösen bezahlen müssen. Auf die gleiche Art und Weise wie Satan den Preis von Adams Familie im Garten Eden und von seinen Nachkommen einforderte, ist es auch der Familie Noahs und dessen Nachkommen widerfahren."

Sara und Hagar gaben mir keine klare Antwort. Ein paar Tage später bat mich Sara: „Es ist viel Zeit vergangen, und Hagar konnte mit mir keinen Frieden schließen. Was wird passieren, wenn du stirbst? Sie wird versuchen, die Herrschaft an sich zu reißen. Sie wird mit mir um Hab und Gut streiten. Es ist besser, du teilst den Besitz jetzt und lässt Hagar mit Ismael weit wegziehen. Dann müssen wir nach deinem Tod nicht miteinander kämpfen." Persönlich mochte ich den Rat Saras nicht. Ich wollte nicht, dass Ismael von mir weggeht. Mein Herz war mit ihm sehr verbunden. Ich wünschte jeden Tag, jede Stunde und jede Minute, ihn um mich zu haben. Ich ging deshalb zu Hagar, um auch mit ihr zu sprechen. Sie wollte unter keinen Umständen nach meinem Tod mit Sara zusammen leben. Hagar sagte: „Nach deinem Tod wird Sara glauben, ich wolle den ganzen Besitz an mich reißen." Sie fing an, laut zu weinen: „Es ist besser, ich geh jetzt weit weg von Sara. Abraham, besser du lässt mich gehen, denn du solltest immer bei Sara bleiben. Sara macht jetzt große Unterschiede zwischen Ismael und Isaak. Sie wird niemals Ismael als deinen Sohn annehmen, obwohl er durch dich gezeugt wurde."

Ich bat Gott um Hilfe und Führung. In einer Vision erschienen mir die Engel und sagten: „Abraham, seit Gott die Menschen erschuf, haben diese oft den falschen Weg eingeschlagen. Wie dem auch sei, Gottes Wunsch und Führung sind anfangs immer sehr eindeutig. Du kannst nichts dagegen tun. Du, Abraham, hast verschiedene Fehler in Gottes Vorsehung gemacht. Dadurch konnte Satan auch Sara und Hagar beeinflussen, die ebenfalls große Fehler begingen. In der geistigen Welt wirst du erfahren, welche guten und schlechten Bedingungen du in der Vorsehung Gottes gelegt hast.

Es ist sehr traurig und schwer für Gott gewesen, sich mit spirituell unterentwickelten Menschen auseinander zu setzen. Gott wird lange Zeit brauchen, die Geschichte vom Bösen zum Guten zu transformieren. Von jetzt an werden wir, im Namen Gottes, mit dir arbeiten und nach dir mit allen anderen Propheten. Von jetzt an wird viel Zeit verstreichen, bis ein vollkommener Mensch auf der Erde erscheint, mit dem Gott direkt arbeiten kann. Solch ein Mensch wird nicht nur Gottes Wahrheit glauben, er wird mit dieser Wahrheit leben, so wie Gott. Höre Abraham, zwei große Nachkommen werden durch Ismael und Isaak auf der Erde erscheinen. Sie werden die Welt beherrschen. Aber die Welt wird auch durch sie in zwei Lager gespalten und nicht den Willen Gottes klar erfahren. Durch diese zwei Geschlechter wird es viel Uneinigkeit in dieser Welt geben. In deiner Familie nimmt es seinen Anfang.

Lass Hagar mit ihrem Sohn Ismael von dannen ziehen. Aber erzähle Sara und Hagar, dass durch sie ein großer Konflikt in dieser Welt seinen Anfang findet, dessen Ausmaß sie in der zukünftigen Geschichte sehen können. Höre Abraham, du selber wirst in der geistigen Welt keinen Frieden finden, selbst wenn Gott dir dort den höchsten Platz zum Leben geben wird. Du wirst für den Rest deines Lebens in der geistigen Welt weinen, dass du diese Möglichkeit hier auf Erden nicht wahrgenommen hast. Aber Gott und die Himmel werden weiter nach Kindern suchen, die auf Gott hören und seinen Willen unter allen Umständen erfüllen. Sara und Hagar werden vor dir sterben, da sie wünschen, dich begraben zu sehen. Sag ihnen, sie werden die wirklichen Schmerzen kennenlernen, die sie Gott zufügten.

Beide werden sich im Leben nach dem Tod für lange Zeit einsam, leer und verlassen fühlen. Die Leiden werden sie umgeben, bis zu dem Tag, an dem ein neuer Himmel und eine neue Erde errichtet werden. Abraham, Gott hat dir vergeben, aber du wirst immer sehr traurig sein und mit gebrochenem Herzen in einer höheren geistigen Welt leben. Gott trug seine Traurigkeit durch die ganze Geschichte, da die Propheten nicht den Willen Gottes, auf die von Ihm gewünschte Art und Weise, erfüllten."

Nach dieser Unterhaltung verließen mich die Engel und vor meinen Augen tat sich ein schwarzes Loch auf. Ich war für viele Tage sprachlos. Als Sara und Hagar mich erneut fragten, wie ich mich entschieden hätte, sagte ich zu Hagar: „Wenn du möchtest, kannst du gehen." Sie entgegnete mir: „Ich möchte auch, dass mein Sohn Ismael mit mir geht." „Dein Wunsch soll dir erfüllt werden", sagte ich. Sie verließ mich und nahm ihr Hab und Gut mit. Ein paar Tage später sagte Sara: „Jetzt, wo Hagar uns verlassen hat, empfinde ich mehr Frieden. Es wäre besser gewesen, sie hätte dies bereits vor langer Zeit getan." Ich entgegnete ihr: „Aber Gott hat sich von euch beiden abgewandt. Schon bald werdet ihr beide die Schmerzen, die Traurigkeit und die Leiden für lange Zeit in der geistigen Welt ertragen. Dann werdet ihr erfahren, wie viel Optimismus und welche große Hoffnung Gott in uns gesetzt hatte. Wir haben viel Leid zu Gott gebracht." Sara gab mir keine Antwort.

Obwohl Isaak mit uns aufwuchs, vermisste ich Hagar und Ismael sehr. Besonders Ismael fehlte mir jeden Tag in meinem Leben. Als Hagar mich verließ, war Ismael gerade 13 Jahre alt. Ich erinnerte mich immer an seine kindlichen Gesichtszüge und besonders daran, dass er mir sehr nahe stand. Ismael war ein Junge, der die meiste Zeit mit mir verbringen wollte. Es ist für Ismael niemals leicht gewesen, mir „Auf Wiedersehen" zu sagen. Er konnte nicht verstehen, warum er von seinem Vater getrennt wurde, den er so sehr liebte. Er weinte fast die ganze Nacht vor dem Tag der Trennung. Diese Nacht war sehr schwierig für mich. Ich wusste nicht, was für eine Zukunft auf Hagar und Ismael wartete. Ebenso wusste ich nicht, wo sie hingehen und wo sie leben würden. Mein Herz schrie danach, sie zu umarmen. Ich wollte beide Familien in Einheit zusammen behalten, denn ich kannte die große Vision, die Gott mit den zwei Brüdern vorhatte.

Ismael

In der Kindheit liebte Ismael seinen kleineren Bruder sehr. Ich weiß nicht, warum jeder, der versuchte Sara und Hagar zu vereinen, in die Hand Satans fiel. Persönlich glaubte ich nie, selbst zu meinen Lebzeiten, dass Satan immer gewinnen müsste und Gottes Familie zerstören kann. Aber am Ende meines Lebens sah ich sehr deutlich die Realität. Ich, als Mann Gottes, folgte Gott nicht hundertprozentig, so wie Gott es von mir wünschte und auch verlangte. Aufgrund meiner persönlichen Fehler, fand Satan viele Male Raum, in den er eindringen konnte. Was soll ich jetzt im Paradies dazu sagen? Während ich auf der Erde lebte, bestand meine Hauptverantwortung darin, Gottes Willen zu folgen ohne irgendwelche Kompromisse.

17 Jahre später kam eine Karawane von Jemen und Mekka. Diese Menschen erzählten mir, dass Ismael lebte. Mein ganzer Körper fing an, zu zittern. Ich fühlte, dass ich mich nicht länger auf meinen Beinen halten konnte. Es schien mir, ich könnte jeden Moment umfallen. Ich fragte die Reisenden der Karawane, ob sie mich zu ihm bringen könnten. Sie antworteten mir, dass sie sich glücklich schätzen würden, dies für mich zu tun.

Ein paar Tage später, als ich mit der Karawane abreisen wollte, kam Isaak zu mir und sagte: „Vater, wenn du Ismael siehst, dann gib ihm zuerst viele Küsse von mir. Sag ihm, ich hätte ihn nie vergessen." Dann begann Isaak zu weinen und auch ich konnte meine Tränen vor ihm nicht verbergen. Ich nahm ihn in meine Arme und wir weinten zusammen. Isaak sprach zu mir: „Vater, eines Tages, wenn Gott mir Söhne schenken wird, werde ich den Segen dem Erstgeborenen geben. Ich verspüre immer Schmerz in meinem Herzen, wenn ich an Ismael denke. Ich habe von dir die ganze Liebe erhalten. Die Umstände nahmen Ismael weit weg von dir, so dass du dich nur an seine Kindheit erinnern kannst. Vater, wenn du mir erlaubst, möchte ich mit dir reisen. Ich möchte Ismael mit meinen eigenen Augen wiedersehen." Ich antwortete Isaak: „Sicher, wirst du Ismael wiedersehen, aber jetzt ist es besser, du bleibst bei deiner Mutter und kümmerst dich um das Geschäft. Wenn ich das nächste Mal Ismael besuche, kommst du mit mir." Die letzten Worte, die Isaak zu mir sagte, waren: „Umarme Ismael für mich."

Während ich mit der Karawane reiste, stauten sich viele emotionale Regungen in mir. Deshalb rannen mir öfters Tränen über das Gesicht. Ich dachte, wenn Sara und Hagar jemals so viel Gefühl für einander gehabt hätten, wie Isaak für Ismael oder Ismael für Isaak, als sie klein waren, dann hätte ich diese Familie beschützen können. Ich spürte tief in meinem Herzen und meiner Seele die Verantwortung, die wahre Welt, die sich Gott wünschte, zu realisieren. Ich fühlte, es war unbedingt wichtig und notwendig, dass alle Menschen ihre Herzen ändern und erfahren, wer Gott wirklich ist.

Als ich mit der Karawane unterwegs war, kamen mir so viele Gedanken in den Sinn. Was für eine Welt wird es in der Zukunft geben? Kann sein, die Menschen werden sich meiner, als Vater des Glaubens, erinnern. Aber werden sie wirklich jemals mit ihren geistigen Sinnen erfahren, dass ich ein Mann war, dessen Herz sich sein ganzes Leben lang danach sehnte, mit Gott zu sein und ich deshalb auch weinte? Werden sie jemals erfahren, wer Abraham wirklich war?

Seit Gott mich auserwählte, hatte ich viele schlaflose Nächte. Werden die Menschen jemals den Abraham kennen, dessen Herz immer bereit war, jedes Opfer zu bringen, um Gott glücklich zu machen? Lernen sie den Vater des Glaubens kennen, der eine Bruderschaft, eine Weltfamilie unter Gott sehen wollte? Ich weiß, dass all die Versprechen, die Gott und die Himmel mir gaben, wahr werden. Aber werden meine Nachkommen qualifiziert genug sein, um für Gott einzustehen und diese bemerkenswerte Gunst Gottes anzunehmen? Was, wenn meine Nachkommen sich nicht miteinander verbünden? Was für eine Welt würde dann entstehen? Ich wurde so emotional, dass ich anfing zu weinen.

Die paar Leute, die mit mir in der Karawane reisten, fragten mich: „Warum bist du die ganze Zeit so traurig, Abraham? Gott hat dir all die Glückseligkeit gegeben, nach der sich ein Mensch in diesem Leben sehnen kann. Und jetzt reist du zu deinem Sohn Ismael, den du so lange schon nicht gesehen hast?" Ich antwortete ihnen: „Ich habe mich gerade an die Gnade Gottes erinnert. Ich durfte mein Leben in seiner Obhut verbringen. Seine Gegenwärtigkeit und seine Nähe waren immer mit mir." Die wenigen Jünger, die mit mir reisten, erwiderten: „Abraham sei nicht traurig. Alle Träume werden wahr werden. Besonders durch das, was du über Gott lehrtest, wird die

Menschheit sicherlich eines Tages erkennen, dass unser Herz und unsere ganze Liebe an erster Stelle nur Gott gehörten. Darauf aufbauend wird diese Welt wirklich den Frieden in sich selbst finden, denn sie wird auf Gott ausgerichtet sein. Solch eine Menschheit wird lernen, einander zu lieben." Als ich vernahm, was meine Jünger zu mir sagten, fühlte ich, wie sich mein Herz mit Frieden füllte.

Wir erreichten den Ort, der heute Mekka genannt wird. Ich war ungefähr 12 Meilen von der heutigen Kaaba entfernt. Später werde ich noch ausführlicher über die Kaaba reden. Wir verließen die Karawane und ich sagte meinen Jüngern, wir würden in Ismaels Haus einkehren, als ob wir Fremde wären. Ich wollte sehen, wie er uns behandeln und empfangen würde. Als wir bei seinem Haus ankamen, sagte ich zu meinen Jüngern: „Ihr bleibt hier. Ich werde zuerst alleine gehen." Ich klopfte an seine Tür und ein Kind öffnete. Ich fragte es: „Wer bist du?" Es antwortete mir, es wäre der Sohn von Ismael. Als ich ihn fragte, wo sein Vater sei, erwiderte dieser, er sei nicht da. Seine Mutter sei zu Nachbarn gegangen, um etwas zu besorgen. Aber sie müsse jeden Moment zurückkommen. Ich zeigte dem Jungen gegenüber keinerlei Gefühlsregung. Er konnte nicht erahnen, dass ich sein Großvater bin. Ich ließ mich auf dem Boden nieder und wartete auf seine Mutter.

Endlich kam sie und fragte mich: „Was möchtest du? Warum hast du dich vor unserer Tür niedergelassen?" Ich stellte mich selber als Fremden vor, der in diese Stadt gekommen sei, um über Gott zu lehren. Als sie dies vernahm, wurde sie sehr ärgerlich. Sie sagte zu mir: „Gott gibt uns gar nichts und Er hilft uns ebenso wenig. Wir sind alle sehr arm und müssen tagein, tagaus viele Probleme bewältigen. Wenn Gott wirklich existiert, warum hilft Er uns dann nicht?" Dann fing sie an, sich über alles Mögliche zu beschweren. Ich war niedergeschlagen und gleichzeitig sprachlos. Ich wusste nicht, was ich noch zu ihr sagen sollte. Ich fragte sie nur, wann ihr Mann nach Hause zurückkehren würde. Sie antwortete: „Voraussichtlich wird er ein paar Wochen nicht hier sein. Er ist auf die Jagd gegangen, um unsere finanzielle Situation etwas aufzubessern." Ich sagte zu ihr: „Wenn dein Mann nach Hause kommt, dann bestelle ihm, es wäre besser für ihn seine Haustür zu wechseln. Dann wird sich eure finanzielle Situation ändern und ihr werdet Gott mehr dankbar sein." Mit der nächsten Karawane kehrte ich nach Hause zurück. In meinem Kopf hatte ich eine Menge depressive Gedanken über Ismael und seine Familie. Ich war aber auch sehr traurig, da ich durch die Menschen der Stadt erfahren hatte, dass Hagar bereits vor einem Jahr am Fieber verstorben war.

In Kanaan angekommen, kam Isaak zu mir: „Vater, ich brauche dich gar nichts über deine Reise zu fragen, denn ich kann bereits von deinem Gesicht ablesen, dass dies eine sehr traurige Reise gewesen sein muss. Aber vielleicht möchtest du doch mit mir darüber reden. Vielleicht kann ich dir einen Rat geben." Ich erzählte ihm alles, was sich zugetragen hatte. Isaak sagte zu mir: „Du darfst die Hoffnung nicht aufgeben, bis du Ismael selber getroffen hast. Ich bin sicher, dass er auf Gottes Seite steht. Vielleicht konnte er nur nicht die richtige Frau finden. Beim nächsten Mal werde ich dich auf deiner Reise begleiten." Ich sagte Isaak, dass ich mich zu einer erneuten Reise noch nicht entschlossen hätte und ich Zeit bräuchte, darüber nachzudenken. Ein Jahr später begann mich Isaak zu bedrängen, zu Ismael zu reisen. Ich bereitete mich deshalb erneut auf die Reise zu ihm vor. Diesmal waren wir mit Isaak zusammen fünf Leute. Wir nahmen die nächste Karawane. Isaak war sehr aufgeregt. Als wir ankamen, sagte ich zu Isaak: „Lass mich zuerst zu Ismaels Haus gehen. Ich möchte zuerst mit ihm allein reden. Dann werde ich dich wissen lassen, wie die Dinge stehen." Ich ging zu seinem Haus und klopfte an die Tür. Ich fühlte, dass jeden Moment Ismael die Tür öffnen würde und ich ihn umarmen könne. Stattdessen öffnete mir eine junge hübsche Frau die Tür. Aber es war nicht die gleiche, die ich bei meinem letzten Besuch angetroffen hatte. Ich sagte zu ihr: „Ich bin in diese Stadt gekommen, um über Gott zu lehren." Sie antwortete mir: „Sei willkommen alter Mann. Sicher bringst du gute Nachrichten über Gott." Sie bat mich herein, da sie hören wollte, was ich zu sagen hatte. Ich sprach zu ihr über Gottes Botschaft und beobachtete dabei ihr Gesicht. Es schien mir, als hätte sie Gefühle und Sympathie für Gott.

Als ich aufhörte, über Gott zu reden, sagte sie zu mir: „Du bist wahrlich ein Mann Gottes. Aber es sieht so aus, als ob du müde geworden bist auf deiner Reise. Du solltest dich ein bisschen ausruhen." Ich lächelte, als sie dies zu mir sagte. Dann fragte sie mich, ob ich hungrig wäre. Sie würde gern für mich etwas kochen, bevor ich wieder ihr Haus verließe. Daraufhin sagte ich zu ihr: „Ich kann nicht alleine essen, denn auf mich warten draußen noch fünf andere Leute." „Bring sie herein! Auch sie sind herzlich eingeladen." Ich ging nach draußen und teilte den Inhalt meiner Unterredung den anderen mit. Isaak fragte mich: „Warum hast du nicht gerade heraus gesagt, dass du der Vater von Ismael bist?" Ich antwortete ihm: „Jetzt noch nicht. Komm, wir gehen jetzt essen, aber du verlierst kein Wort über die ganze Sache zu der jungen Frau."

Als sie das Essen auftrug, bat ich sie, mit uns zu beten und das Mahl mit uns zu teilen. Sie erwiderte, sie würde uns lieber bedienen, solange wir essen. Während des Essens fragte ich sie: „Warum erzählst du nichts über dich?" „Ich bin die Frau Ismaels und sehr froh, ihn zum Ehemann zu haben. Nur meistens arbeitet er." Ich fragte sie: „Welcher Arbeit geht dein Mann nach?" „Er jagt und dann verkauft er das Fleisch. Deswegen ist er meistens auch nicht zu Hause.", erwiderte sie. „Aber was für eine Arbeit ist das? Kann man davon überhaupt leben? Finanziell geht es euch offenbar nicht so gut.", sagte ich. „Ich danke Gott", erwiderte sie. „Wir haben mehr als wir brauchen." Und ich sagte zu ihr: „Wenn ich mir euer Heim so ansehe, dann scheint es mir, als hättet ihr gerade nicht genug." Sie lächelte und erwiderte: „Das hängt immer davon ab, wie man das betrachtet, alter Mann. Unser Glück gründet sich auf das geistige Leben, welches nach dem Tod kommt. Darum bin ich auch so glücklich, dass wir einander gefunden haben. Ismael erinnert mich immer wieder an sein Versprechen, dass wir im ewigen Leben zusammen sein werden, wenn ich ihm auf dem Weg zu Gott folge. Er gab mir dieses Versprechen viele Male, wenn er von einer langen Reise nach Hause zurückkehrte. Deshalb alter Mann, war ich auch sehr glücklich, als du sagtest, du möchtest über Gott sprechen."

Als ich, Abraham, solche Worte aus ihrem Munde vernahm, war ich sehr glücklich und ich fragte sie: „Wann wird dein Mann wieder nach Hause kommen?" Sie antwortete: „Das kann in einer Woche oder erst in einem Monat sein." Eine genaue Zeit konnte sie mir aber nicht nennen. Bevor ich mich von ihr verabschiedete, bot ich ihr etwas Geld für ihre nette Bewirtung an. „Alter Mann, du brauchst das Geld mehr als ich. Du weißt heute noch nicht, in welcher Stadt du morgen das Wort Gottes verkünden wirst. Mit dir gehen noch ein paar Jünger, die von dir abhängig sind.", erwiderte sie. Ich bat sie: „kehrt dein Mann von seiner Reise zurück, richte ihm bitte folgende Nachricht aus: Dieses Mal brauchst du die Eingangstür deines Hauses nicht zu wechseln. Gott wird euch reich segnen. Ich werde nächstes Jahr im

Frühjahr wiederkommen. Richte ihm aus, dass ich ihn einmal treffen möchte." Sie sagte: „Das werde ich tun, alter Mann. Es scheint, du bist ein Mann Gottes. Er wird sehr froh sein, dich einmal zu treffen. Ich werde ihm deine Nachricht überbringen." Wir verabschiedeten uns von ihr und verließen ihr Heim. Als ich Isaak ansah, rollten Tränen über sein Gesicht. Er sagte zu mir: „Vater, wir sollten ihr offenbaren, wer wir wirklich sind." Ich entgegnete ihm: „Sei unbesorgt, Ismael wird es tun." Wir kehrten danach nach Kanaan zurück."

Ismael erzählte mir Folgendes: „Als ich von der Jagd nach Hause kam, war ich sehr müde und ausgelaugt. Meine Frau wusch mir Hände und Füße und brachte mir Essen. Ich fragte, ob alles in Ordnung gewesen wäre in meiner Abwesenheit. Sie antwortete: „Alles war wie immer und trotzdem ist mir etwas Besonderes widerfahren. Ein alter Mann kam mit einigen Leuten und lehrte über Gott. Er sprach viele faszinierende Dinge über Gott und deshalb lud ich ihn und seine Jünger zum Essen ein. Bevor er ging, erkundigte er sich über unsere finanzielle Situation, und am Ende bot er mir sogar Geld an. Aber ich habe nichts angenommen. Dieser alte Mann tat mir sehr leid. Sein gesamtes Haupthaar und sein Bart waren bereits weiß, aber er reist immer noch von Stadt zu Stadt, um über Gott zu lehren." Nach dem letzten Satz fing ich an zu weinen und meine Frau fragte mich: „Was ist los mit dir? Tut dir dieser alte Mann auch leid?" Ich antwortete ihr: „Meine liebe Frau, das war mein Vater Abraham. Er ist von sehr weit hergekommen, um mich zu sehen. Hat er eine Nachricht für mich hinterlassen?" Meine Frau war in diesem Moment schockiert und sprachlos. Ich fragte sie noch einmal, ob er eine Nachricht für mich hinterlassen hätte. Sie sagte: „Ja. Er erwähnte, dass er nächstes Jahr im Frühling wiederkommen wird und dich treffen möchte." Ismael sagte, dass sein ganzer Körper vor Glückseligkeit zitterte. Sicher, nächstes Jahr werde ich meinen Vater wiedersehen. Ich fragte meine Frau noch einmal, ob er noch etwas gesagt hätte. „Ja. Wechsle nicht die Tür deines Hauses, Gott wird dich reich segnen." Ich stand einfach auf und umarmte meine Frau. Ich fragte sie, ob sie wüsste, welche Bedeutung diese Worte haben. Sie sagte: „Bitte Ismael, erzähl mir dieses Geheimnis."

So sprach ich zu ihr: „Du bist die Tür. Dieses Mal möchte er, dass ich meine Frau behalte. Er kam schon einmal zu mir und zu dieser Zeit hatte ich eine andere Frau. Ich versuchte mein Bestes, um sie auf

Gottes Seite zu bringen, aber sie wollte nicht. Ich habe wirklich alles getan und nichts unversucht gelassen, damit sie sich der geistigen Seite nähert. Aber je mehr ich es versuchte, desto mehr zog sie sich zurück. Als mein Vater sie das erste Mal besuchte, war ich auch nicht zu Hause. Er sagte damals ähnliche Dinge zu ihr wie zu dir, beispielsweise, dass er in diese Stadt gekommen sei, um über Gott zu lehren. Aber sie hat ihn sehr schlecht behandelt. Als ich nach Hause kam, erzählte sie mir, ein alter verrückter Mann sei da gewesen, der versucht hätte, sie über Gott zu unterrichten. Sie war damals sehr ärgerlich mit ihm; obwohl er bereits so alt war, hatte er immer noch nichts Besseres zu tun. Ich fragte sie ebenso, ob er eine Nachricht hinterlassen hätte. Sie antwortete mir, dass er für uns einen verrückten Rat hinterlassen hätte, bevor er sie verließ. Wir sollten die Eingangstür unseres Haus auswechseln. Er sagte, wenn wir tun, wie er uns geheißen hat, würden wir Gottes Segen erhalten. Sie fragte mich, was diese Eingangstür mit Gott zu tun hätte. Aber ich verstand diese Nachricht, ließ mich von ihr scheiden und heiratete dich."

Meine Frau fragte mich, warum Abraham ihr nicht gesagt hätte, dass er mein Vater sei. Ich antwortete ihr: „Er wollte sich noch einmal über unsere geistige Beziehung zu Gott erkundigen. Dieses Mal war er sehr glücklich über unsere geistige Entwicklung. Er war sehr inspiriert von dir, deshalb wollte er, ich soll die Eingangstür meines Hauses behalten. Dies bedeutet, dass du die richtige Partnerin für mich bist."

Meine Frau war sehr glücklich, dies zu hören und sagte: „Bevor dein Vater Abraham unser Haus verließ, sagte ich ihm, es scheint so, als sei er ein Mann Gottes." Ismael sagte daraufhin zu dem Autor dieses Buches: „Ich habe immer mit sehnsüchtigem Herzen darauf gewartet, meinen Vater das nächste Mal im Frühjahr sehen zu können."

Abraham erzählte mir nun weiter: „Meine Geschäfte vergrößerten sich in der Zwischenzeit und ich hatte viele Angestellte, die sich um meinen Reichtum kümmerten. Trotzdem gelang es mir nicht, meine Mission in all die verschiedenen Königreiche zu bringen. Sara wurde alt und erkrankte oft. Mir gab Gott jedoch eine unglaubliche Stärke und unvorstellbare Gesundheit. Selbst im hohen Alter fühlte ich mich noch immer wie ein junger Mann. Das nächste Jahr im Frühjahr gingen wir noch einmal, um Ismael zu besuchen. Zusammen mit Isaak waren wir zu siebt Ich fragte mich, wie Ismael aussieht und ob er auf mich warten würde. Ich erzählte damals seiner Frau, im Frühjahr wiederzukehren. Ich sorgte mich um seine finanzielle Situation. Vielleich war er verarmt und gezwungen zu arbeiten, um zu überleben. Letztendlich standen wir erneut vor seiner Tür. Ich sah Isaak ins Gesicht und Tränen rollten von seinen Augen. Auch über mein Gesicht rannen Tränen. Ich wusste nicht, wie Ismael jetzt aussehen würde. Ich konnte mich nur an sein Gesicht in der Kindheit erinnern. Ich wollte ihn einfach nur in meine Arme schließen und deshalb bat ich Isaak, an seine Tür zu klopfen. Es war abends, die Sonne war gerade im Begriff unterzugehen. Plötzlich kam ein großer gutaussehender Mann heraus und sah uns ein paar Augenblicke ruhig an. Isaak brach die Stille, indem er sagte, dass wir gekommen wären, um Ismael zu sehen. Noch bevor Isaak seinen Satz beenden konnte, kam dieser gutaussehende Mann zu mir und fragte mich: „Bist du mein Vater Abraham?" Ich neigte meinen Kopf und sagte: „Ja." Ismael nahm mich in seine Arme und begann wie ein kleines Kind zu weinen. Er sagte: „Vater, ich habe auf dich so lange gewartet. Ich wusste, Gott wird dich eines Tages zu mir bringen." Er drückte mich fest und weinte unaufhörlich. Ich sagte zu ihm: „Ismael, umarme mich nicht so fest, ich bin ein alter Mann." Er lockerte zwar seine Umarmung, konnte aber nicht aufhören, zu weinen. Deshalb sagte ich zu ihm: „Schau mich an. Unter meinen sieben Begleitern ist jemand ganz besonderes. Lass uns sehen, ob du ihn erkennst." Ismael sah uns alle an und dann wandte er sein Gesicht Isaak zu und sagte: „Der Wind verrät mir, dass du mein Bruder bist. Bist du Isaak?" Isaak war nicht in der Lage, ihm zu antworten, sondern auch er brach in Tränen aus. Beide umarmten sich und weinten. Es war so faszinierend, diesen einzigartigen Moment als unvergleichbaren Ausdruck der Liebe, erleben zu dürfen. Ismael bat uns, mit ihm ins Haus zu gehen. Er brachte Wasser zum Waschen. Er bat uns, die verstaubten Kleider der Reise abzulegen. Nachdem wir unsere Sachen gewechselt und uns niedergelegt hatten, kam Ismaels Frau nach Hause. Es war immer noch die gleiche junge Frau vom letzten Jahr. Sie war überrascht und glücklich, uns zu sehen. Sie näherte sich mir, beugte ihren Kopf nach unten und fragte mich: „Großer Mann Gottes und ebenso Schwiegervater, ich bitte dich, berühre meinen Kopf und bete, dass der Segen Gottes uns zu Teil wird." Deshalb betete ich für sie, für Ismael und für deren zukünftige Kinder. Ismael hatte so viele Fragen an mich. Ich beantwortete alle. Ich sprach über die Mission, die Gott mir gegeben hatte.

Als ich ihm alles offenbart hatte, sagte Ismael: „Vater, du bist wahrhaftig ein Mann Gottes. Ich verspreche und schwöre dir, dass deine Mission auch mein Wille ist. Ich werde ebenso mit ganzem Herzen auf diesem Weg gehen, um die Welt zu ändern." Ich antwortete Ismael: „Tust du, was du gerade hier geschworen hast, dann wird Gott dich sicherlich erhören. Wir werden gemeinsam dafür im ewigen Leben belohnt werden." Dann fragte ich Ismael: „Was ist mit deiner Mutter Hagar?" Er verharrte einen Moment in Schweigen. Ich konnte einen tiefen Schmerz in seinem Gesicht sehen. Dann brach er die Stille und Tränen rollten über sein Gesicht: „Hagar, meine Mutter erlag vor ein paar Jahren dem Fieber. Ihre letzten Worte vor ihrem Tod waren: „Ismael, dein Vater ist sein ganzes Leben dem Willen Gottes gefolgt, denn Gott hat ihn auserkoren. Seine ganze Familie mühte sich auf diesem Weg Gottes. Ismael, dein Vater hat niemals zurück geschaut. Er ist immer nur nach vorne gegangen, um den Willen Gottes mit seinem ganzen Glauben und ganzen Herzen zu erfüllen. Sicher, eines Tages wird er dich treffen, denn der Gott Abrahams hat mir dies im Traum gesagt. Du und dein Vater Abraham werdet ein Haus für Gott bauen. Aus der ganzen Welt werden Leute kommen, um dieses Haus zu sehen. Sie werden beten und sich an diesem Ort an Gott erinnern." Ich fragte damals meine Mutter: „Woher weißt du das alles?" Sie sagte, dass die Engel in ihrem Traum ihr dies übermittelt hätten. Dann bat sie mich: „Wenn du eines Tages deinen Vater Abraham triffst, kannst du ihn dann etwas für mich fragen?" Ich antwortete ihr, dass ich dies tun werde. Sie müsste mir nur ihren Wunsch mitteilen. Sie begann zu weinen. Sie hielt mich in ihren Armen und sagte: „Bitte deinen Vater, mir zu vergeben. Seine Vergebung wird mich im nächsten Leben befreien. Sag auch deinem Vater, seit unserer Trennung lebte ich mit einem tiefen Schmerz in meinem Herzen. Es hat in meinem Leben keinen Moment gegeben, in dem ich ihn vergessen hätte." Das war Hagars letzte Nachricht vor ihrem Tode."

Am nächsten Tag fragte ich Ismael, mich zu Hagars Grab zu führen. Mein Herz war gefüllt mit tiefer Traurigkeit. Als ich vor ihrem Grab stand, rannen Tränen über mein Gesicht. Tief, durch Emotionen gerührt, vergaß ich die Zeit um mich herum. Ismael berührte meine Schultern und fragte mich: „Vater, an was denkst du?" Aber ich konnte ihm keine Antwort geben. Ich bat ihn: „Lass uns für deine Mutter beten." Nach unserem Gebet für Hagar, kehrten wir zu Ismaels Haus zurück.

Ich sagte zu Ismael, ich müsste über die Mission von Gott zu ihm sprechen. Ich erzählte ihm meine Lebensgeschichte für den Willen Gottes. Ismael war sehr tief gerührt. Er sagte: „Meine Mutter hat mir bereits viel aus deinem Leben erzählt. Im Vergleich zu dem von dir geschilderten, waren das nur wenige Bruchstücke. Erst heute habe ich den ganzen Zusammenhang erfahren. Du bist ein Mann, der sein ganzes Leben nur für den Willen Gottes gegeben hat. Ich bin sehr stolz auf dich und darauf, dass Gott mir einen solchen Vater gab." Ich sagte zu Ismael, ich wolle hier etwas Land kaufen, um ein Zentrum für unsere Mission zu errichten. Dies sollte das Haus Gottes sein. Darin würden wir den Menschen das Wort Gottes verkünden. Wir kauften einen Platz in Mekka, den ihr heute Kaaba nennt. Ich, Ismael und ein paar andere Leute bauten eine Art Wall darum. Dann begann ich, in dieser Kaaba über Gott zu sprechen. Später sandte ich Isaak und die anderen, die mit mir gekommen waren, nach Kanaan zurück. Sie sollten sich um die Leute und das Geschäft kümmern. Ich blieb hier fast sechs Monate und lehrte ununterbrochen den Willen Gottes.

Schließlich, bevor ich Ismael verließ, sagte ich zu ihm: „Von nun an brauchst du dich nicht mehr um deine finanzielle Situation zu sorgen. Ich werde dich unterstützen. Jetzt bis zum Ende deines Lebens wird es eine Herausforderung für dich sein, Menschen auf Gottes Seite zu bringen. Das Haus, das wir zusammen errichtet haben, wird ein Ort der Zusammenkunft für die Menschen sein. An ihm wirst du über die Identität Gottes lehren." Ismael war dankbar und glücklich, nur noch für Gott arbeiten zu können. Ich bat seine Frau, Ismael mit all ihren Kräften zu unterstützen. Während ich mich von Ismael verabschiedete, erzählte ich ihm, dass ich ein alter Mann geworden sei und nicht wüsste, wann Gott mich zu sich rufen würde. Ich sagte: „Von jetzt an musst du den Willen Gottes genauso verkünden, wie ich ihn dir gelehrt habe. Bevor ich sterbe, werde ich dir dein Erbe auszahlen. Aber für den Fall, dass ich sterbe, ohne dich vorher noch einmal getroffen zu haben, solltest du nicht traurig sein. Erinnere dich daran, im ewigen Leben werden wir für immer zusammen sein. Ich bin sicher, wenn du dein ganzes Leben für Gott gibst, dann wirst du in seinen Gedanken niemals vergessen werden. Mein Sohn Ismael erinnere dich, die Geschichte hat keine andere Bedeutung, als dass

Gott den Menschen helfen möchte, ihre ursprüngliche Heimat wiederzufinden. Ismael, wirst du das auch niemals vergessen?" Ismael weinte und er sagte: „Ja Vater, ich werde mich immer ganz tief in meinem Herzen daran erinnern." Und ich sagte zu ihm: „Dann wirst du einer der weisesten Menschen sein, der jemals diesen göttlichen Zweck erfahren hat." Ich umarmte ihn und sagte: „Gott wird sich um dich kümmern." Danach kehrte ich nach Kanaan zurück. Nach meiner Rückkehr begannen wir in Beerseba zu leben. Sara distanzierte sich aus Gründen, auf die ich im nächsten Kapitel näher eingehe. Sie trennte sich von mir und Isaak."

Anmerkung: Abraham sagte: „Zahid du kennst diesen Grund. Wenn du die richtige spirituelle Umgebung auf dieser Erde findest, dann kannst du diesen Grund für diese Trennung den Menschen mitteilen."

Die Opferung Isaaks

Ich, der Autor dieses Buches, entschied zum Wohle der Menschheit, dass ich diese Wahrheit niederschreiben muss. Ist das Umfeld heute noch nicht bereit, diese Wahrheit anzunehmen, dann liegt es an den drei Hauptreligionen, dem Judentum, Christentum und Islam. Wenn diese Zeitepoche diese Wahrheit nicht anerkennt, dann tut es mit Sicherheit die Nächste. Die Wahrheit wird über die religiösen Barrieren hinausgehen und sich niederlassen. Der Islam glaubt, Abraham opferte Ismael und nicht Isaak als Brandopfer; das Judentum und Christentum hingegen glauben, dass es Isaak war. Genaugenommen steckt noch mehr Wahrheit hinter dem Aspekt, warum Abraham seinen Sohn opferte.

Ich gebe hier die Lebensgeschichte Abrahams genauso wieder, wie er sie mir mitteilte. Abraham wollte, dass ich diese Geschichte nicht in diesem Buch niederschreibe. Er sagte, ich könne diese Wahrheit später in meinen Reden verkünden, zumindest den Leuten, die bereit sind, so eine Wahrheit zu hören. Wie dem auch sei, ich entschied, diese Geschichte der Menschheit zu offenbaren, auch wenn das Judentum, das Christentum und der Islam nicht schätzen, was ich sage.

Abraham sagte: „Während ich zusammen mit meiner Familie und mit meinen Anhängern in Beerseba lebte, ging ich viele Male um

Mitternacht in die Wüste, um zu beten. Eines Nachts, während ich betete, hörte ich die Stimme Gottes: „Bring mir Isaak als ein Brandopfer dar." Nachdem ich dies vernommen hatte, wurde mir so schwindelig, dass es mir vorkam, ich müsste jeden Moment auf den Boden fallen. Ich war nicht einmal mehr in der Lage, mein Gebet zu beenden und fing an zu weinen. Ich flehte: „Bitte Gott, sprich noch einmal, dass Du derjenige bist, der mich um dieses Brandopfer von Isaak bittet." Aber auf der anderen Seite konnte ich keine Stimme hören. Es war absolut ruhig. Für den Rest der Nacht konnte ich nicht schlafen. Am Morgen übermannte mich endlich der Schlaf.

Ich sah im Traum, wie ich meinen Sohn Isaak auf dem Gipfel eines Berges als Brandopfer darbrachte. Nach diesem Traum wachte ich auf. Ich habe mit niemandem darüber gesprochen, was in mir vorging. Mein mitternächtliches Erlebnis und meinen morgendlichen Traum behielt ich in meinem Herzen. In der zweiten Nacht ging ich wieder zum Gebet. Als ich anfing, zu Gott zu beten, hörte ich erneut die Stimme Gottes: „Oh Abraham, ich möchte, dass du deinen Sohn Isaak für mich opferst." Als ich dieses Mal die Stimme vernahm, verhielt ich mich still. Wieder konnte ich keinen Schlaf finden. Erst am Morgen schlief ich übermüdet ein. Es erschien mir nochmals der gleiche Traum. Ich erwachte nach diesem Traum, war aber müder als zuvor.

Als Isaak und Sara mich erblickten, bemerkten beide meine Müdigkeit. Sie fragten mich, ob mir etwas Merkwürdiges widerfahren sei. Ich antwortete spontan: „Nein, nichts Besonderes. Ich bin nur sehr beschäftigt mit den Menschen." In meinem Herzen wollte ich nur einen ruhigen Ort finden, an dem ich über diese Sache nachdenken konnte. Am Nachmittag wandte ich mich von meinen Leuten ab und sagte ihnen, dass ich mich in die Berge zurückziehen wollte, um dort in Ruhe zu beten.

Ich ging ins Gebirge und sprach zu Gott: „Oh ewiger Gott, mein ganzes Leben wandelte ich auf diesem Weg mit ganzem Glauben und ganzer Loyalität in meinem Herzen. Es gab nichts, was ich jemals für mich behalten wollte. Ich liebe Isaak mehr als mein eigenes Leben. Es wäre für mich viel leichter, wenn Du mich fragen würdest, mich selber als Brandopfer darzubringen. Aber jetzt verlangst Du, dass ich jemanden opfern solle, den ich nach Dir am meisten liebe. Oh Gott, ich flehe Dich an, bitte komm noch einmal zu mir in dieser Nacht und sprich zu mir zum letzten Mal, was Du von mir möchtest. Sicher Gott, dann wirst Du erfahren, dass Du alles für mich bist. Ich kann nicht für einen einzigen Moment daran denken, Dich zu verlieren. Auch wenn mein Herz bricht, ist meine Seele stark für Dich."

Ich beendete mein Gebet und kam zurück zu meinen Leuten. Am dritten Tag, als ich um Mitternacht betete, hörte ich die Stimme Gottes: „Abraham, opfere deinen Sohn Isaak, den du am meisten liebst, als Brandopfer. Bringe ihn zu dem Berg Moria. Ich werde dir den Platz zeigen, wo du ihn mir als Opfer darbringen sollst." Nachdem ich die Stimme Gottes vernommen hatte, kniete ich vor Ihm nieder und dreimal sagte ich: „Oh Gott, Schöpfer von allem. Ich folge Dir mit meinem ganzen Glauben, mit meiner ganzen Loyalität und mit meinem ganzen Herzen. Alles gehört Dir und alles wird zu Dir zurückkehren. Bitte, vergib mir für meine inneren Kämpfe. Ich werde darüber hinwegkommen. Jede Verführung, die mich blockiert, meine Reise zu Dir zu vollenden, werde ich überwinden." Dann verbeugte ich mich dreimal vor Gott und dankte Ihm, dass Er mir erlaubte, sein Repräsentant auf Erden zu sein.

Als der Morgen anbrach, wusste ich nicht, zu wem ich reden und mein Herz öffnen sollte. Ich hatte eine unbeschreibliche Angst. In meinem Kopf kreisten viele Gedanken. Würden meine Jünger mich nun ablehnen? Werden sie sagen, diese Botschaft könne nicht von Gott kommen? Vielleicht würden sie befürchten, es könne für alle zur Tradition werden, ihre geliebten Kinder opfern zu müssen, wenn ich Isaak als Brandopfer darbringe. Was, wenn sie sich total von der Mission abwenden, indem sie sagen: „Was für ein Gott ist das, der solch ein Opfer verlangt." Zuerst wollte ich mit Sara darüber reden. Aber ich tat es dann doch nicht. Was wird sein, wenn sie diesem Opfer nicht zustimmt? Wird sie viel Ärger machen und das Opfer für Gott blockieren?

Ich war tief in solchen Gedanken versunken, als plötzlich jemand an meine Tür klopfte. Ich öffnete und Isaak stand vor mir. Ich fragte ihn: „Was machst du hier? Ich dachte, du wärst mit den Leuten auf dem Feld." Er sagte: „Das ist wahr, aber ich bin gekommen, um mit dir zu reden." Ich antwortete ihm: „Ich höre." Dann hub er an: „Seit ein paar Tagen sehe ich, dass du niedergeschlagen bist. Dein Gesicht ist von Traurigkeit gezeichnet. Vater, ich habe dich nie zuvor so gesehen." Deshalb stellte ich Isaak folgende Frage: „Wenn dich jemand bittet, den du wirklich liebst, dein Leben zu opfern, ohne dir einen Grund zu nennen, was würdest du in dieser Situation tun?" Isaak antwortete: „Ich liebe dich und meine Mutter am meisten. Sicherlich würde ich mein Leben opfern, um deines zu bewahren." Ich spürte in diesem Moment ein unglaubliche Stärke und Hoffnung von ihm ausgehen. Deshalb fragte ich ihn: „Wenn ich dir jetzt ein Geheimnis offenbare, versprichst du mir, dass du es für dich behältst?" Isaak antwortete: „Ich verspreche es." „Schwöre, dass du es nicht einmal deiner Mutter erzählst." Isaak dachte für ein paar Momente ernsthaft nach und antwortete: „Ich verspreche es dir vor Gott, für dessen Willen du dein ganzes Leben gegangen bist. Ich werde es niemals meiner Mutter erzählen."

Diese letzten Worte von Isaak trösteten mein Herz. Ich brach in Tränen aus und Isaak nahm mich in die Arme. Er weinte mit mir und sagte: „Du bist wahrscheinlich der ärmste Vater auf dieser Erde. Seitdem du Gott getroffen hast, kannst du den Menschen nicht alles erzählen, da sie es nicht verstehen würden. Aber du hast einen Sohn, der in deinem Herzen lesen kann." Ich sagte zu ihm: „Schließe die Tür, damit niemand uns hören kann. Isaak, du kennst mein Leben und du weißt, ich habe immer nach Gott gesucht. Letztendlich hat mir dieser erlaubt, Ihn zu treffen. Und von dieser Zeit an, hat Er mich auserkoren, der Führer für die Menschen zu sein, damit ich diese zu Ihm bringe. Es hat eine Zeit in diesem Leben der Mission gegeben, als mich von dem Tod nur wenige Schritte trennten. In solchen Momenten prüfte ich sehr tief in meinem Herzen, ob ich bereit war, mein Leben für Gott und die Mission zu geben. Ich habe dem Tod geradewegs in die Augen geschaut, und ich fand einen unbeschreiblichen Frieden in meinem Herzen. Deshalb konnte ich den Tod verdrängen. Gott und die Himmel wissen dies sehr genau. Aber jetzt bittet mich Gott, um eine Sache, die nicht in meiner Hand ist. Von meiner Seite aus möchte ich alles dafür tun, ganz egal, welchen Preis ich dafür zu zahlen habe. Es wäre wirklich wunderbar, wenn man sein Leben freiwillig für Gott opfern kann."

Isaak sagte zu mir: „Bitte Vater, sprich klarer, was auch immer du zu sagen hast. Mit Sicherheit ist dein Sohn stark und dem Willen Gottes vollkommen ergeben. Vater, ich habe dein Leben für den Willen Gottes nicht nur durch deine Worte, sondern durch deine Taten kennengelernt." Nun offenbarte ich Isaak: „Gott möchte, dass ich dich als Brandopfer darbringe." Ein paar Momente herrschte Totenstille.

Isaak sah mich unverwandt an: „Vater, seit ein paar Tagen kommen immer wieder Engel in meinen Träumen zu mir und bringen mich in eine wunderschöne Welt. Jedes Mal fragen sie mich: „Liebst du Gott?" Und ich sage immer wieder: „Ja, das tue ich." Wenn sie mich fragen, ob ich mein Leben für Gott geben kann, antwortete ich: „Ja, das kann ich." Dann versprechen sie mir: „Diese wunderschöne Dimension wird dir gehören." Jedes Mal nach diesem Traum wache ich auf. Bitte Vater, erfülle den Willen Gottes. Du wirst sehen, wird mein Kopf von meinem Körper getrennt, ist mein Herz bei unserem Schöpfer. Dorthin, wo die Engelwelt mich bringt, ist es unzählige Male besser, als hier auf dieser Erde. Vater, ich habe weder Angst, noch bin ich unglücklich. Mein Herz hat eine überschäumende Liebe für Gott. Ich verbeuge mich vor ihm in Demut und Ehrfurcht, dass Er mich für dieses Brandopfer auserwählte. Vater, du hast mich immer wieder gefragt, wem ich dieses Leben auf der Erde widmen werde, wenn du nicht mehr da bist. Und ich habe dir jedes Mal geantwortet: Ich werde mein Leben deinem Gott widmen, der dich auserwählt hat, die Menschheit zu führen. Lass uns vereint mit glücklichem Herzen dieses Opfer darbringen." Als ich vernahm, wie Isaak mit solch einer Hingabe sprach, verbeugte ich mich tränenerfüllt vor Gott und dankte Ihm, dass Er mir solch einen wahrhaft großen Sohn geschenkt hat, der auch seinem Herzen nahe ist.

Am nächsten Tag brachen wir mit fünf Leuten zum Berg Moria auf. Isaak und ich erzählten niemanden den wahren Grund, warum wir die Reise antraten. Stattdessen sagten wir jedem, auch Sara, dass wir dort beten und ein Lamm für Gott opfern werden. Ich wusste, würden meine Leute oder Sara nur im Geringsten ahnen, worum Gott mich gebeten hatte, dann würden sie entweder viele Probleme machen oder alles daran setzen, um das Brandopfer zu verhindern. Vielleicht würden sie sogar versuchen, mich aufzuhalten, weiterhin den Willen Gottes zu erfüllen.

Unsere Reise ging sehr, sehr langsam voran. Eigentlich hätte es nur ein paar Stunden gebraucht, um den Berg zu erreichen, aber ich benötigte fast drei Tage. Nur Isaak wusste, was in meinem Herzen vor sich ging. Er spürte, wie sehr ich litt. Er verhielt sich still und folgte mir. Am dritten Tag nahm Issak mich allein zur Seite und sprach: „Vater, ich weiß, warum deine Reise so lange dauert. Du hast jede Nacht darauf gewartet, dass Gott vielleicht seinen Plan ändert oder dir in einem Traum zeigt, etwas anderes zu opfern." Ich entgegnete: „Ja, das stimmt. Mein Herz ist schwer wie Blei." Isaak sagte: „Vater, wir können nicht erahnen, was die Zukunft bringt oder welch ein Segen auf uns und die Menschheit wartet, wenn wir heute Gottes Plan erfüllen." Ich blickte in seine Augen und antwortete: „Der Himmel hat gerade durch deinen Mund gesprochen." Issak drehte seinen Kopf und wies mit seiner Hand in die Richtung: „Siehe, gerade vor uns liegt der Berg Moria. Jetzt möchte Gott unbedingt, dass du mich als ein Brandopfer darbringst."

Ich sagte zu meinen Leuten: „Bleibt hier, wenn wir unser Gebet beendet und das Lamm für Gott geopfert haben, werden wir euch rufen." Einige Lämmer und alles was wir für das Opfer brauchten nahmen Isaak und ich mit. Wir gingen auf die Spitze des Berges zu dem Platz, den Gott mir im Traum gezeigt hatte. Noch einmal fragte ich Isaak, ob er wirklich zu diesem Opfer bereit ist. Er sagte zu mir: „Vater, mit Sicherheit wirst du in mir einen Mann sehen, der einen großen Glauben in Gott und an dich hat. Es sind nur einige Momente des Schmerzes und dann werde ich in einer neuen Dimension des ewigen Lebens sein. Dort werde ich immer mit Gott in Frieden und Harmonie zusammenleben." Ich sagte zu Isaak: „Vor langer Zeit war es mein aller stärkster Wunsch, mein Leben zu opfern und im Feuer zu sterben. Damals in der Stadt Ur, in Babylon, wollten mich die Menschen für ihren falschen Gott opfern. Aber heute fragt mich der wahre Schöpfer, dieses Opfer an dir zu vollziehen." Isaak umarmte mich und Tränen rannen über sein Gesicht. Dann sprach er: „Vater, lass uns das Opfer vollziehen. Jeder Moment, der jetzt vorbeigeht, ist sehr wertvoll. Mit Sicherheit beobachten Gott und die Engel uns und unsere Herzen. Verschieb dieses Opfer nicht weiter hinaus."

Obwohl mein Herz und meine Seele mystisch in Gott waren, Isaak als Brandopfer darzubringen, wusste ich dennoch nicht, warum diese große unbeschreibliche Traurigkeit und dieser unerträgliche Schmerz versuchten, mich niederzuschlagen. Ich fühlte, würde noch mehr Zeit verstreichen, könnte ich meine Kraft und Energie verlieren. Vielleicht würde ich schon bald nicht mehr in der Lage sein, das Messer zu halten, mit dem ich Isaak opfern sollte. Deshalb bat ich Isaak um seine Hilfe, den Platz vorzubereiten, damit ich ihn für Gott opfern könne. Isaak erledigte alles im Handumdrehen. Dann sagte er: „Wie soll ich mich am besten für das Opfer hinlegen? Es spielt für mich keine Rolle, wie du mit dem Messer meinen Hals durchtrennst, denn ich gebe mein Leben für Gott. Dennoch möchte ich dir einen Rat geben. Wenn du mit dem Messer das Opfer vollziehst, sollten wir uns nicht in die Augen schauen. Vielleicht ändert sich in diesem Augenblick deine Motivation. Du wirst dann nicht mehr stark genug sein, dieses Opfer mit deinem ganzen Herzen darzubringen. Es ist besser, du verbindest dir die Augen. Somit kannst du mich nicht sehen. Ich werde das Messer in deiner Hand korrekt führen, damit du meinen Hals triffst und das Opfer an mir vollziehst." Ich tat, wie mir Isaak geheißen hatte. Isaak führte das Messer in meiner Hand direkt bis zu seinem Hals. Bevor ich diesen durchtrennen würde, wollte ich noch ein letztes Mal zu diesem ewigen Gott beten.

Ich sagte: „Oh Gott, Schöpfer von allem. In dieser tiefen Stille möchten wir dieses Opfer darbringen. Ich möchte, dass Du mit Isaak im ewigen Leben zusammen bist. Und Isaak, wenn du mit Gott sein wirst, wünsche ich, dass du Gottes Herz tröstest. Oh Gott, obwohl ich viele Fehler in meinem Leben begangen habe, so bist Du doch der Einzige, der mir dafür vergeben kann. Oh Schöpfer dieser Kreation, vergebe mir all die Fehler, die ich in der Mission begangen habe. Für diese fühle ich mich zutiefst in meinem Herzen verantwortlich. Meine Sympathie für Dich ist unbeschreiblich. Ich bete, dass das Opfer an Isaak dem auserwählten Land Kanaan viele Segen bringt, die für uns und unsere Nachkommen bestimmt sind. Oh Gott, führe die gesamte Menschheit zu Dir, damit sie Freiheit und Glückseligkeit für immer findet. Ich weiß, in deiner Welt wird es keine Gebete geben. Alles wird für den Menschen da sein. Der Mensch muss nur deine Liebe kennenlernen, lieber Gott."

Dann folgten meine letzten Worte an Isaak: „Geliebter Sohn, werde glücklich mit Gott." Ich hob im Namen Gottes meinen Arm, bereit zum Stoß gegen den Hals meines Sohnes anzusetzen. Plötzlich hörte ich die Stimme Gottes: „Oh Abraham, oh Abraham." Ich antwortete: „Gott, ich höre Dich." Gott sagte: „Halt inne und verletze deinen Sohn Isaak nicht mit dem Messer. Jetzt kenne ich dein Herz und ich weiß, dass du mit mir bist und sogar bereit bist, einen geliebten Menschen für mich zu opfern. Ich schwöre und verspreche dir, dass Ich dir einen immerwährenden Segen zu Teil werden lasse. Du und deine Nachfahren werden der Kanal sein, durch den alle Nationen in dieser Welt meinen Segen erhalten werden."

Abraham übermittelte mir im Paradies nun Folgendes: „Hätten sich jemals meine Motivation und meine Gefühle geändert, Isaak als Brandopfer darzubringen, wäre es mir unmöglich gewesen, die Stimme Gottes vom Himmel zu vernehmen. Isaak wäre als Konsequenz durch das Messer von meiner Hand gestorben. Sein Tod wäre der Preis für meine mangelnde Bereitschaft und mein Zögern gewesen, Isaak zu opfern. Satan hätte den Preis der Wiedergutmachung umgehend eingefordert und Issak durch das Messer in meiner Hand in den Tod gerissen."

„Aber jetzt ist eine Epoche angebrochen, in der Gottes Welt noch einmal zum Greifen nahe ist. Darum beten alle Dimensionen des Paradieses und der Himmel inständig für die Person, die Gottes Welt errichten kann. Ich, Abraham bin sehr stolz auf dich Zahid, denn du bist einer meiner geliebten Nachfahren, der noch einmal Gottes Herz für sich gewinnen konnte. Stolz macht mich vor allem, dass Gott dich für diese noble Aufgabe auserwählt hat. Zahid, meine Augen haben sich einige tausend Jahre im Paradies danach gesehnt, den Mann zu sehen, der die überragende Liebe Gottes erhalten wird. Ich muss sagen, dass du der Mann bist, der diesen Weg am weitesten alleine ging, um diese Tür für uns alle zu öffnen. Du bist derjenige, dem Gott seine tiefsten Geheimnisse offenbart hat. Meine Augen sehnen sich nach deinem Anblick, wenn du einst in die geistige Welt kommen wirst. In meinem Leben gibt es keinen anderen Sinn, als mit Gott zu sein. Ich habe nur einen einzigen Wunsch, dir durch die gesamte Ewigkeit zu dienen." Ich umarmte Abraham im Paradies und sagte zu ihm: „Du wirst immer der Vater des Glaubens sein. In meinem Herzen bist du für immer der meist geliebte Vater."

Abraham erzählte weiter: „Dann riss ich das Tuch von meinen Augen und schrie: „Oh Isaak, oh Isaak, erhebe dich. Gott hat unser Opfer angenommen, und Er ist überglücklich mit uns." Isaak entgegnete: „Vater, aber du hast mich Gott nicht als Brandopfer dargebracht." Ich erzählte ihm, was die Stimme Gottes mir gesagt hatte. Er vernahm dies und umarmte mich. Er griff nach meiner Hand und sagte: „Wenn Gott glücklich ist, sind auch wir glücklich." Ich war sehr mystisch und inspiriert, dass solche Worte über Isaaks Lippen kamen. Wir tanzten beide im Kreis. Ich wiederholte, was Isaak in diesem Moment sang: Wenn Gott glücklich ist, sind auch wir glücklich. Ich schrie, auf der

Spitze des Berges stehend, meinen Leuten zu, zu mir zu kommen. Gemeinsam opferten wir ein Lamm für Gott.

Mit unserem Gefolge zurückgekehrt, erklärte ich meinen Anhängern, was sich zugetragen hatte. Ich lüftete die Geheimnisse; erzählte worum Gott mich gebeten hatte und verschwieg auch nicht, dass ich Isaak opfern sollte und dieser ebenso freiwillig und gehorsam sein Leben für Gott geopfert hätte. Im ersten Moment waren die Menschen um mich herum schockiert und konnten nicht glauben, was sich oben auf dem Berg Moria zugetragen hatte. Schließlich fragten sie mich zögernd: „Abraham, hätte Gott die Opferung deines Sohnes Isaak angenommen, was wäre dann mit unseren Familien und Kindern geschehen? Was wäre passiert, wenn Gott in Zukunft das gleiche Opfer auch von uns verlangen würde? Dein Handeln hätte uns in eine sehr schwierige Situation gebracht." Ich versuchte ihnen zu erklären, dass Gott sie niemals um solch ein Opfer bitten würde. Gott verlangt meistens nur von zentralen Propheten ein bestimmtes Opfer oder eine bestimmte Entsagung. Mit dieser Antwort waren sie mehr oder weniger zufrieden.

Später kam Sara zu mir und fragte mich: „Ich habe von den Leuten draußen das Gerücht vernommen, dass du Isaak als Brandopfer auf dem Berg Moria darbringen wolltest. Ist das wahr?" Ich bejahte ihre Frage. Sie verlor daraufhin ihre Fassung und zeterte ärgerlich: „Was für ein Recht hast du, meinen Sohn deiner Träume wegen zu töten?" Ich antwortete: „Das war nicht nur ein Traum! Gott bat mich, Isaak als Brandopfer darzubringen." Sie entgegnete mir: „Wie kann es sein, dass Gott von dir so etwas verlangt? Zuerst habe ich mich mein ganzes Leben danach gesehnt, ein Kind zu bekommen, und sie haben mir niemals eins gegeben. Am Ende meines Lebens erschienen dir die Engel in einer Vision und versprachen uns ein Kind. Und jetzt führten sie dich in Versuchung, dieses Kind zu töten. Was möchtest du eigentlich? Möchtest du, dass auf dieser Erde nur dein Sohn Ismael lebt? Möchtest du all dein Hab und Gut dem Sohn einer Sklavin geben? Dann tu es doch. Aber du hast noch lange kein Recht, aufgrund deiner eigenen Frustration, meinen Sohn umzubringen. Seit Hagar und Ismael uns verlassen haben, scheint es, dass du uns als Familie gar nicht wahrnimmst." Ich erwiderte ihr daraufhin: „Das stimmt nicht. Meine Liebe zu dir war immer größer als für Hagar. Ich empfinde für meine Söhne Isaak und Ismael die gleiche Liebe. Ich

möchte euch alle zu Gott und zum ewigen Leben führen. Welche Liebe kann noch größer sein als diese? Von dieser Seite aus betrachtet, ist meine Liebe für euch mit nichts anderem auf dieser Erde und im ewigen Leben auch nur annähernd vergleichbar." Sara antwortete daraufhin: „Ich möchte nicht länger mit dir zusammenleben." Ich schaute ihr in die Augen und sprach mit fester Stimme: „Das hängt ganz von dir ab. Triffst du diese Entscheidung, musst du auch die Konsequenzen tragen." Sara drehte sich wortlos um und ging zu Isaak. Sie riet ihm, mit ihr zu gehen und nicht länger mit mir in Beerseba zusammenzuleben. Er sollte mit ihr nach Hebron ziehen. Isaak antwortete daraufhin seiner Mutter: „Obwohl ich dich sehr liebe, möchte ich trotzdem bei meinem Vater bleiben." Sie fragte ihn: „Selbst nachdem er dir so übel mitgespielt hat?" Und Isaak entgegnete: „Mutter, nur du siehst das so. Alles in deinem Leben betrachtest du sehr einseitig. Obwohl du so lange mit meinem Vater zusammen lebst, hast du immer noch Zweifel. Ich sehe in meinem Vater Abraham einen Mann, der sein ganzes Leben Gott gegeben hat, und bis zu seinem Lebensende der Menschheit dient." Sara's Entscheidung war unwiderruflich. Sie verließ Beerseba ohne viel Aufsehen und zog nach Hebron. Isaak blieb bei mir mit meinen Anhängern. Ich grämte mich wegen Sara. Ihre Verärgerung über mich muss grenzenlos gewesen sein, denn sie wollte überhaupt nicht mehr mit mir reden. Aber auch ich zog mich zurück und hielt den Kontakt zu ihr nicht aufrecht. Ihr Benehmen hatte sie von mir entfernt. Ein paar Jahre später hörte ich, sie sei sehr krank. Ich erwartete, sie würde mich vielleicht zu sich rufen lassen. Aber sie wollte mit mir keinerlei Kontakt mehr haben. Später erhielt ich die Nachricht von ihrem Tod.
Isaak wollte unbedingt ein letztes Mal ihr Gesicht sehen, bevor sie begraben wurde. Ich sagte zu Isaak: „Sie wollte mich nicht sehen, als sie noch am Leben war. Was soll ich jetzt tun, wo sie tot ist. All die Erinnerungen der Liebe werden in mir hochkommen, wenn ich ihr totes Antlitz sehe. Aber sie ist nicht mehr da." Isaak bat mich inständig: „Bitte Vater, gehe mit mir, um sie zu beerdigen." Deswegen folgte ich seinem Wunsch, wenn auch mit gebrochenem Herzen. Ich reiste mit ihm nach Hebron, um sie zu beerdigen. Nach meiner Rückkehr fühlte ich zum ersten Mal, dass ich wirklich ein sehr alter Mann geworden war. Ich war traurig und sehr einsam.

Ich hatte ständigen Kontakt mit Ismael. Ich unterstützte ihn, wo immer ich konnte. Er sollte genug Zeit haben, den Leuten das Wort Gottes zu verkünden, ohne sich um finanzielle Dinge kümmern zu müssen. Ich war sehr glücklich, dass Ismael diese Mission annahm und mir half. Er wurde meine feste Stütze, gleich einer zweiten Schulter. In einigen seiner Nachrichten schrieb er, wie sehr er mich vermisse. Er wisse aber auch, würden wir uns in diesem Leben nicht mehr sehen, Gott ihm sicherlich im geistigen Leben sehr oft die Möglichkeit gäbe, dies nachzuholen. Diese Worte berührten mich tief in meinem Herzen. Sie waren Inspiration und Trost zugleich für mich.

Das Leben ging weiter und ich offenbarte den Menschen von Kanaan den Willen Gottes. Ich lehrte, wie sie ihre geistige Glückseligkeit mit Gott und miteinander finden können. Später wurde die Einsamkeit für mich unerträglich. Deshalb heiratete ich noch einmal. Ihr Name war Ketura. Aber dies brachte keine Glückseligkeit in mein Leben. Ich habe von ihr sechs Söhne erhalten. Ketura konnte meine Mission überhaupt nicht verstehen. Dies war eine weitere Tragödie in meinem Leben. Ihre Söhne waren nicht in der Lage mit Isaak in Harmonie und Eintracht zu leben. Deshalb gab ich ihnen ihren Anteil an Hab und Gut und sandte sie nach Osten, um weit weg von Isaak zu leben. Später trennte ich mich aus bestimmten Gründen von Ketura. Dadurch alterte ich zusehends.

Eines Tages sandte ich die Botschaft zu Ismael, er solle mich besuchen kommen. Isaak sollte ebenso erscheinen. Beide saßen vor mir und ich bat sie, mich gemeinsam zu begraben, wenn ich sterbe. Isaak und Ismael fingen an zu weinen. Ich sagte zu beiden: „Heute möchte ich mein Herz für euch öffnen. Ihr wisst, dass ich mein ganzes Leben mit Gott gelebt habe. Trotzdem ist es mir nicht gelungen, meine eigene Familie zu vereinen, denn sie war mit Gott uneins. Sara und Hagar konnten sich nicht mit Gott und mir verbinden für den Segen der zukünftigen Generation. Ich glaube, ich trage dafür die Verantwortung. Aber was soll ich sagen. Ich kann nur wahrheitsgemäß antworten: Ich bin Gott nicht immer gehorsam gefolgt. Ich habe Fehler gemacht, wo ich eigentlich hätte stark sein müssen. Ich kann diese Zeit nicht zurückdrehen. Ich habe mein ganzes Leben lang versucht, diese Fehler auszumerzen. Ich habe viel durch meine eigenen Fehler gelernt. Selbst Gott hat mir vergeben. Aber ich weiß, in der nahen Zukunft werden Generationen um Generationen den Preis für meine Fehler der üblen Seite zu zahlen haben. Ich werde von Gewissensbissen heimgesucht und fühle mich wie ein Versager. Mein ganzes Leben gab ich für den Willen Gottes. Dennoch schmerzt es mich, dass Gott wegen meiner Fehler immer noch der Verlierer ist. Wer wird mein Herz trösten. Selbst wenn ich in einer hohen Engelwelt lebe, werden meine Sorgen immer mit mir sein. Dies ist mein innigstes Gebet, dass Gott einen noch nobleren und noch besseren Menschen als mich findet. Wahrhafte Befreiung und Frieden in meinem Herzen werde ich erst finden, wenn mein Nachfolger die Menschheit in das Gelobte Land führt, in dem sie mit Gott zusammen leben können."

Dann nahm ich Ismaels und Isaaks Hände und betete, dass Gott ihnen genug Kraft und Stärke verleiht, um auf diesem Weg weiter zu gehen. Einen Teil meines Besitzes gab ich Ismael mit den Worten: „Du musst jetzt nach Hause gehen. Gott wird sicherlich große Propheten unter deinen Nachkommen auserwählen. Den Rest deines Lebens sollst du damit verbringen, die Worte Gottes zu verkünden. Die Menschen müssen Gott tief in ihrem Herzen und in ihrer Seele kennenlernen. Ohne dies wird es niemals eine Erlösung für die Menschheit geben."

Danach wandte ich mich an Isaak: „Du sollst in Kanaan bleiben. Auch für dich habe ich ein großes Versprechen. Sicher wird es auch unter deinen Nachkommen einen bedeutenden Menschen geben, der diese Welt bewahren wird. Es ist mein innigstes Gebet, dass die Nachkommen von euch beiden diese Welt beherrschen und lernen werden, als eine Familie Gottes auf dieser Erde zusammenzuleben."

Schließlich verabschiedete sich Ismael von seinem Bruder Isaak. Beide umarmten sich und weinten. Dann bat Ismael Isaak, mit seinem Vater für ein paar Momente allein sprechen zu können.

Als wir beide allein waren, fragte mich Ismael: „Vater es ist mein letzter Wunsch, dass Gott mich auf die gleiche Art und Weise segnen kann, wie Er es mit Isaak und dir tat." Ich nahm Ismael in meine Arme und Tränen rannten über mein Gesicht. „Ismael, wir sind eine Familie, aber in der Zukunft wird es eine Zeit geben, in der die gesamte Menschheit eine Familie für Gott sein wird. Wir alle gehören zu Gott. Wir haben nur unsere ewige Heimat verloren. Ismael, vergiss niemals und erinnere dich immer daran, wenn Gott jemanden segnet, dann sieht Er in sein Herz." Und Ismael sagte: „Vater, ich verspreche dir, ich werde um der Mission willen leben. Vielleicht wird Gott sich in seiner

Welt auch an mich erinnern." Ismael verabschiedete sich mit traurigem Herzen.

Ich wurde sehr alt und konnte nicht mehr ohne Hilfe gehen. Am Ende meines Lebens wurde mein Augenlicht immer schwächer. Bevor ich starb, kam Gott sehr oft zu mir und tröstete mein Herz. Scham überkam mich. Genau genommen sollte ich derjenige sein, der Gottes Herz tröstete. Eines Nachts sagte Gott zu mir: „Die Zeit ist für dich gekommen, diese Welt zu verlassen." Gott fragte mich, ob es noch eine Sache gebe, die Er mir versprechen könne, bevor ich gehen würde. Als ich dies hörte, begann ich zu weinen. Ich sagte zu Gott: „Jetzt gibt es keinen Wunsch und kein Verlangen mehr. Mein Herz weint nur noch für Dich." Und Gott antwortete: „Abraham, bevor Ich die Menschheit erschuf, war Ich bereits ihr Gott. Unter dieser Menschheit bist du derjenige, der mich gefunden hat. Dein Herz ist sensibel und schlägt nur für mich. Deshalb zeigte Ich dir den geraden Weg, wie man zu mir kommt. Abraham, Ich werde dich auch im ewigen Leben führen bis zu dem Punkt, an dem du ein perfekter Mensch wirst. Ich habe im ewigen Leben bereits verkündet, dass du ein ganz besonderer Freund für mich bist." Danach kehrte Gott nach oben in den Himmel zurück.

Zahid, dies war die Geschichte meines Lebens. Hast du eine Frage, dann zögere nicht, sie mir zu stellen. Wir sind ein Herz und eine Seele. Obwohl wir in verschiedenen Zeiten leben, haben wir doch eine gemeinsame Vision, ein gemeinsames Ziel und das ist die Welt Gottes auf Erden. Mein ganzes Leben habe ich mich danach gesehnt, mich in Kanaan, dem Gelobten Land, niederzulassen, damit sich Gott dort mit all seinen Kindern niederlässt. Zahid, du bist so viel später in der Geschichte gekommen, aber mein Herz kennt dein Herz am innigsten und am tiefsten. Als ich in die geistige Welt kam, habe ich meine Fehler gesehen. Diese wurden mir durch die Engel vor Augen geführt. Morgens und abends unterrichten diese uns geistig. Alle Propheten erfahren hier, welche Fehler sie auf der Erde begangen haben. jeder von ihnen erfährt, was er hätte besser machen müssen, als er auf der Erde lebte. Aber dies ist hier zu spät. Wir haben unseren physischen Körper bereits verloren. Jetzt haben wir nur unseren geistigen Körper und um jemanden auf der Erde zu finden, der uns ähnlich ist, braucht es Tausend und Abertausende von Jahren. Wir müssen jemanden finden, mit dem wir arbeiten können.

Für jemanden in der geistigen Welt ist es niemals einfach gewesen, sein Objekt auf der Erde zu finden. Es ist ein sehr schwieriger Prozess, der den Geistmenschen ermüdet und ihn sogar in der geistigen Welt frustriert. Das Gleiche passiert auch den Wesen in den Engeldimensionen sowie den Wesen in den anderen Dimensionen dieser Schöpfung. Versuchen sie ein Objekt in der physischen Schöpfung auf den verschiedenen Planeten zu finden, dann vergehen manchmal viele Menschenleben, bevor sie eine Person treffen, mit der sie ernsthaft arbeiten können.

Lieber Zahid, du kennst diese Wahrheit besser als irgendjemand anderes, denn du reist bereits fast jede Nacht in der geistigen Welt. Widmest du ein besonderes Kapitel in deinem Buch diesem Thema, tust du damit den Himmeln und der Menschheit einen besonderen Gefallen. Es wird ein großer Vorteil für die zukünftige Geschichte dieser Menschheit sein, wenn du detaillierter darüber zu den Menschen auf der Erde sprechen wirst. Lieber Zahid, dadurch, dass du bereits durch Gott und die Himmel so viel geistige Wahrheit entdecken konntest, hast du den Grundstein für eine neue Epoche in der Geschichte gelegt. Jetzt ist es nur noch eine Frage der Zeit, wann die Menschen diese Wahrheit und diese Geheimnisse kennenlernen, von denen du in deinem Buch, aber auch Tag und Nacht in deinen Vorträgen, erzählst. Du wirst für immer in dem Herzen Gottes und der Himmel leben.

Lieber Zahid, ich möchte jetzt noch kurz über ein paar Fehler aus meinem irdischen Leben sprechen. Obwohl ich bereits einige Tausend Jahre im Paradies lebe, konnten diese immer noch nicht wiedergutgemacht werden. Einige Fehler muss ich dir offenbaren, andere kann ich für mich behalten und deren Last auf meinen eigenen Schultern tragen, bis Gottes Welt wahr wird. Du hast die Autorität von Gott und den Himmeln, über diese Geheimnisse zu reden, wann immer du die Zeit dafür gekommen hältst. Aber einige Fehler betreffen Gott und mein Leben, und diese müssen offenbart werden. Die Menschen müssen erfahren, warum Gottes Welt so lange nicht verwirklicht werden konnte.

Lieber Zahid, seitdem ich in der geistigen Welt lebe, wurde vieles klarer für mich. Auf der Erde konnte ich mir nicht vorstellen, wie ernst das Ganze ist. Erhält man von Gott die Mission und macht als zentrale Person entgegen seinem Willen permanent Fehler, übernimmt sehr oft die Engelwelt die Führung. Gott zieht sich hinter den Vorhang zurück. Das ist bereits ein Fehlschlag für die Mission. Zum anderen hängt es davon ab, welche Engelwelt dann mit dir zusammenarbeitet, welche Farbe, das heißt welchen Entwicklungsstand diese selber hat. Die Engelwelt kann aufgrund ihrer eigenen unvollkommenen geistigen Entwicklung und wegen der zumeist noch rückständigeren geistigen Entwicklung der Menschen die Wahrheit nur relativ übermitteln. Zudem muss sie himmlische Weisheiten benutzen, damit sie durch die zentrale Person die Menschheit erreichen kann. Die Wahrheit verliert dann ihre eigene Realität und wird relativ. Den Himmeln und Engeln sind zudem die Hände gebunden, denn sie sind meistens von der auserwählten Person abhängig. Genau genommen hat die zentrale Person eine immense Verantwortung, damit die Richtung der göttlichen Vorsehung sich eben nicht ändert. Bis heute manifestieren sich diese Fehler immer noch auf der Erde. Aber hier werde ich nur über mich selber reden."

Fehler Abrahams in seiner Mission

1. Es vergingen fast 4000 Jahre bis Gott mich nach Adam und Noah auserkor. Inzwischen hatte Satan die Möglichkeit, das Übel auf dieser Welt zu multiplizieren. In dieser Zeit war es auch für Gott und die Himmel sehr schwierig, eine neue Person, mit dem richtigen Glauben zu finden. Gott gab mir die gleiche Mission, wie Adam und Noah. Ich sollte den neuen Garten Eden auf dieser Erde etablieren. Es haben sich nur die Worte geändert, aber das Ziel und die Bestimmung sind gleich geblieben. Mein neuer Garten Eden war das versprochene Land Kanaan. Durch den Erfolg meiner Mission hätten alle Nationen dieser Welt den Segen ausgehend von Kanaan erhalten. Genauso hat Gott dich aus Pakistan auserwählt und gebeten, nach Deutschland zu gehen. Jetzt liegt es an dir und der deutschen Nation: Erfüllst du die göttliche Mission, dann werden alle Nationen dieser Welt den Segen, ausgehend von Deutschland, erhalten. Deshalb kann man das Ergebnis meiner Mission in einem Wort zusammenfassen: Ein Leben lang versuchte ich, eine Grundlage in Kanaan zu legen. Ich wusste, würde dieser Traum zu meinen Lebzeiten wahr, dann erhalten alle

Nationen der Welt diesen Segen. Deshalb nannte ich mich auch einen Fremden ohne Heimat. Die Antwort war auch hier sehr einfach, denn Gott hat keine Familie, keine Gesellschaft oder Nation, in denen Er sich niederlassen kann.

2. Was ist aber geschehen, dass der Traum vom versprochenen Land Kanaan nicht wahr geworden ist und sozusagen in die Zukunft verschoben wurde? Ich habe versagt, Gottes Fußspuren zu folgen. Darum musste auch die Vision des Gelobten Landes in die Zukunft verschoben werden.

3. Ich, Abraham, kann nur für mich selber sprechen. Gott hat mir die gleiche Mission wie Adam und Noah gegeben. Ich lebte nur in einer anderen Epoche, aber das Ziel Gottes ist immer gleich. Nachdem ich die Mission direkt von Gott erhalten hatte, oblag es meiner Verantwortung, als perfekter Mann vor Gott zu stehen. Ich versuchte mein Bestes, aber viele Male schloss ich mit meiner negativen, satanischen Umwelt Kompromisse. Dadurch brachte ich meine Mission bereits in große Gefahr, dass Gott mich möglicherweise verlassen würde.

4. Gott bat mich, über seine Identität und Form zu sprechen. Die Menschheit hätte erfahren müssen, wer Gott wirklich ist. Aber ich erklärte nur die Hälfte und die andere Hälfte behielt ich für mich. Meine Gedanken und meine intellektuellen Begründungsversuche ließen mich glauben, dass ich Gottes ganze Identität in den Köpfen der Menschen verzerren würde, bei dem Versuch, seine wahre Form zu erklären. In meiner Zeit beteten die Menschen bereits zu verschiedenen Seelen und Engelwesen. Ich glaubte, die Menschen könnten denken, dass Gott auch wie eines dieser Wesen ist.
Wie hätten sie dann einen Unterschied machen können? Dies waren meine Gedanken und Gründe. Wenn ich Gottes Identität und Seine Form so geschildert hätte, wie sie sind, hätte Gott sicherlich mehr von sich offenbart. Genau genommen habe ich mich durch meine intellektuelle Entscheidung blockiert. Darum ist die Geschichte der Religionen selbst in deiner Zeit verzerrt. Die Menschen glauben, Gott sei Energie oder Licht. Gott ist für sie immer noch sehr weit weg in der Ewigkeit, egal welches Konzept sie auch über Ihn haben. Für Sie hat Gott nichts mit seiner Schöpfung und seinen Kindern zu tun.

Dass sie so über Gott denken, ist meine Schuld. Ich habe Gott in meinen Visionen gesehen, konnte aber nicht klar darüber reden. Heute offenbare ich diese Wahrheit, aber es ist zu spät. Es ist viel Zeit vergangen und nach mir kamen viele Propheten. Unter ihnen sahen einige Gott. Ich würde hier gerne ihre Namen erwähnen: Moses, Jesus, Mohammed und aus dem Fernen Osten Buddha. Aber auch sie versteckten diese Tatsache vor der Welt.

Ich bin mir ganz sicher, dass auch sie zu dir über ihr Missionsleben sprechen werden. Ich habe meine Visionen nicht klar der Menschheit übermittelt. Dies war ein großer Fehler! Hätte ich über die Sichtbarkeit Gottes gesprochen, dann hätte ich auch für andere Propheten den Weg geöffnet, dieses Haupthindernis aus dem Weg zu räumen. Die Mehrheit der Menschen hätte sich später mit klarem Verständnis Gott zugewandt. Dadurch wäre es für Gott leichter gewesen, viele andere Propheten für seine Mission zu berufen.

Die Geschichte nahm einen anderen Lauf. Nun dauerte es sehr lange, bis Gott und die Himmel in der menschlichen Geschichte einen einzigen Menschen wie dich fanden, der diese schwierige und scheinbar unmögliche Herausforderung annimmt, Gott in der Ewigkeit zu suchen. Du hast es letztendlich aufgrund deiner Liebe und Hingabe zu Ihm geschafft. Dies ist jetzt ein immenser Vorteil für die Menschen. Gott sagte im Himmel, du, Zahid, seiest sein Herz. Alle Propheten haben vor Gott geschworen, dir zu assistieren und dich von ganzem Herzen zu unterstützen, um diese Mission zu erfüllen.

5. Als ich Sara heiratete, musste ich wegen meiner Mission verschiedene Bedingungen erfüllen, damit Sara und ich rein werden. Aber das wurden wir nicht. Gott trug uns auf, für eine unbestimmte Zeit, keine intime Beziehung zu haben. Sara konnte den Grund dafür nicht verstehen. Sie glaubte, Gott will unsere Beziehung zueinander beenden, denn Er erklärte nicht, wie lang die Trennung dauern sollte. Wäre es uns gelungen, Gottes Liebe und Sein Herz zu erfahren, dann hätte Er uns später die Erlaubnis gegeben, unsere körperliche Beziehung wieder aufzunehmen, um tugendhafte Kinder zu bekommen. Die Vorsehung Gottes hätte leichter mit solchen Kindern erfüllt werden können. Sara konnte dies nicht. Sie war frustriert durch solch eine Bedingung. Ich selber war nicht stark genug, um mich ihr

zu widersetzen. Am Ende begann unser Familienleben ohne Gottes Segen.

6. Gott bat mich direkt nach Kanaan zu gehen, selbst wenn ich das hätte allein tun müssen. Mein Vater, dessen Familie und all die Verwandten wollten nicht weiterziehen. Selbst Sara und Lot weigerten sich. Deshalb glaubte ich, keine andere Wahl zu haben und blieb in Haran. Es kostete mich weitere 21 Jahre, weil ich nicht alles daran setzte, auch alleine nach Kanaan zu gehen. Den himmlischen Weisungen nicht zu folgen, war ein weiterer Fehler von mir.

7. Als ich aus Ägypten zurückkehrte, hatte sich durch Saras Opfer meine finanzielle Grundlage enorm verbessert. Nun hätte Gott sie mit vielen Kindern segnen können. Stattdessen drängte sie mich, ihre junge und wunderschöne Sklavin Hagar zu heiraten. Ich erlag der Versuchung, sie zu besitzen. Nicht ich, sondern Sara wollte Kinder durch sie bekommen. Diese Kinder sollten Saras Namen tragen und dadurch von ihr abstammen. Wie dem auch sei, ich bat Gott weder um seine Erlaubnis noch um seinen Rat.

8. Die Engelwelt wollte später Sara durch Isaak als ihr eigenes Kind segnen. Sara glaubte nicht daran. Durch den Segen der Engel gebar sie Isaak. Gott und die Himmel hofften, Sara und Hagar würden sich für den zukünftigen Frieden in der Welt vereinen. Auch dies geschah nicht. Zwischen Sara und Hagar entstand eine regelrechte Feindschaft. Dies führte in deiner Zeit zu einem großen Konflikt zwischen dem Christentum und Islam. Beide Religionen stehen sich feindlich gegenüber.
Sara entschied, mit Hagar nicht mehr zusammen zu leben. Deshalb nahm das Christentum vom Islam Abstand und glaubt nicht, dass Mohammed und seine Religion durch den Himmel berufen wurden. Hagar dachte, sie stehe über Sara und hätte ein größeres Anrecht als Ehefrau an meiner Seite. Deshalb glaubt der Islam auch heute, dass er die beste Religion dieser Welt sei und dementsprechend haben alle Menschen dem Islam zu folgen. Durch Sara wurde Isaak geboren. Aus seiner Ahnenlinie stammt Jesus. Aus der Ahnenlinie Ismael, dem Sohn Hagars, ging Mohammed hervor. Dieser weltweite Konflikt zwischen den beiden Religionen nahm in meiner Familie seinen Anfang.

Als starker, gerechter Mann Gottes hätte ich meine Position zwischen Sara und Hagar behaupten müssen. Dies ist mir nicht gelungen, denn ich fühlte mich stärker zu Sara hingezogen, mit der Folge, dass noch mehr Uneinigkeit in diesen beiden Familien herrschte. Heute sehen wir darum einen großen Konkurrenzkampf zwischen der Christenheit und dem Islam. Jede Religion möchte die meisten Gläubigen unter sich vereinen. Das ist sicher nicht der Wille Gottes. Gott und die Himmel möchten, dass beide Religionen aufeinander zugehen. Gelingt das nicht, wird Gott den ihnen gegebenen Segen schließlich wegnehmen. Nur dort, wo die wahre Liebe verweilt, kann Gott sich niederlassen. Ich weiß, wie das Christentum und der Islam auf meine Aussage reagieren werden. Aber ich, Abraham, werde auf keinen Fall etwas anderes sagen, nur um beide Religionen und deren Gründer zufrieden zu stellen. Das Judentum glaubt weder an Jesus, noch an Mohammed. Aber das Judentum steht dem Christentum näher, da beide aus Saras Ahnenlinie hervorgingen.

Nachdem ich Hagar heiratete, oblag es meiner Verantwortung, gerecht zu bleiben und in gleicher Weise Sorge für Ismael als auch für Isaak zu tragen. Wären diese beiden Söhne zusammen aufgewachsen und hätte ich Einheit zwischen Sara und Hagar bringen können, würden diese beiden Religionen niemals miteinander kämpfen. Das Christentum und der Islam sind sich einander fremd, weil auch Sara und Hagar einander fremd waren. Auch ich habe damals Sara bevorzugt und Hagar weggeschickt. Deshalb hegt der Islam einen starken Groll gegen die Juden und Christen. Die Muslime rebellieren gegen die Juden und Christen. Der Islam möchte in gewalttätiger Weise diese Welt ändern. Das ist nicht Gottes Wille. Die Juden und Christen sind nicht für den Islam, mit anderen Worten, sie halten nichts von ihm. Deshalb kann Gott sich auch nicht auf die Seite dieser beiden Religionen stellen.

Gott hat mir einmal in der geistigen Welt gesagt: „Abraham, du hast nicht immer auf mich gehört. Deshalb ließ ich die Engelwelt mit dir arbeiten. Abraham, bis jetzt ist es keinem einzigen Propheten, Dschinn, Engel oder Menschen gelungen, sich an meine Wahrheit zu halten und voll und ganz meinem Weg zu folgen. Sogar jetzt gibt es weder in der geistigen Welt, noch in der äußeren Schöpfung ein einziges Wesen, das absolut meinen Weg gegangen wäre. Deshalb gibt es weder in der geistigen Welt, noch auf Erden ein ideales Umfeld."

9. Nach Saras Tod hatte ich verschiedene Frauen, um meine sexuellen Wünsche zu befriedigen. Diese Schwäche hatte ich aber auch schon, während ich mit Sara und Hagar zusammenlebte. Das war nicht der Wille Gottes. Nach Saras Tod heiratete ich Ketura, da sie wunderschön war. Dies machte die Situation für Gottes Vorsehung und seinen Willen komplizierter. Ketura gebar mir insgesamt sechs Kinder. Der Himmel bat mich später sogar, alle Kinder von Isaak zu trennen. Sie sollten keinen schlechten Einfluss auf Isaak ausüben, die unweigerlich weitere Schwierigkeiten für Gottes Vorsehung heraufbeschworen hätten. Darum tat ich es.

Bitte Zahid, überbringe meine Botschaft an die Menschen, insbesondere dem Judentum, Christentum und Islam. Sag ihnen, dass ihr Vater des Glaubens bis zum heutigen Tage im Paradies, unter Tränen, um Vergebung bittet. Es ist nur Gottes Güte und seiner Liebe zu verdanken, dass er mir vergab und ich Ihm nahe bin. Ich habe es nicht verdient, im Königreich Gottes zu sein, das viel höher als das Paradies ist.

Aber Gott ist so gütig und erlaubt mir bedingt, hierher zu kommen. Das Königreich Gottes besteht aus Millionen und Abermillionen, man kann auch sagen, aus zahllosen Himmeln. Dann kommt das Hauptreich Gottes, in dem Er sichtbar ist. Meistens sind diese Himmel leer. Selbst wenn man mit millionenfacher Lichtgeschwindigkeit reist, kann man diese Himmel nicht durchqueren. Es braucht sehr lange, bis man von einem Himmel zum anderen kommt. Sehr selten sieht man Dschinns, Engel oder Menschen. Dort leben nur sehr hohe, noble Wesen.

Ich möchte mein ganzes Herz öffnen und nichts für mich zurückbehalten. Aber ich glaube, dazu bin ich nicht in der Lage, denn diese Himmel sind sehr mystische Orte im ewigen Leben. Sie gehören meistens den vollkommenen Wesen. Das hat etwas mit Erfahrung zu tun. Aber jetzt Zahid, bist du auf der Erde. Gott hat erneut allen Religionen und Menschen eine große Möglichkeit eröffnet. Bitte überbringe meine spezielle Botschaft dieser Welt. Mein Herz blutet und weint, während ich diese Worte von mir gebe, denn ich möchte die Menschheit erreichen: „Oh Menschheit, Juden, Christen und Muslime, bitte hört auf Gottes Herz, auf Zahid. Hört auf das, was er sagt und folgt ihm. Er wird euch direkt in den Schoß Gottes führen.

Ich sage dies nicht, um Zahid zu schmeicheln. Den Menschen selbst obliegt die Verantwortung, zu erkennen, wer Zahid wirklich ist. Ihr müsst erkennen, welchen Platz er in Gottes Herz einnimmt.

Die geistige Welt, das Paradies und die Himmel haben Zahids einzigartigen Wert erfahren. Der Himmel wäscht ihm die Füße und sehnt sich danach, seinen Namen zu rufen. Ich sage all diese Dinge, da ich Gott kenne. Ich treffe Gott und ich rede mit Ihm. Deshalb bitte ich nun die Menschheit: „Hört auf Zahid, folgt ihm und liebt ihn. Er wird alle Geheimnisse Gottes und des Himmels öffnen. Er weiß vielmehr über Gott und seine göttliche Wahrheit, als er bis jetzt offenbart hat. Die Zeit der Religionen geht ihrem Ende entgegen. Eine neue Epoche in der Geschichte hat begonnen. Nur Gottes universale Liebe wird bleiben.

Sag den drei Religionen, dem Judentum, Christentum und Islam: „Folgt ihr nicht dem Willen Gottes in dieser neuen Epoche, werdet ihr euren Segen verlieren." Alle drei Religionen, die aus meiner Linie hervorgingen, sollen meine Botschaft sehr ernst nehmen. Sie soll ihnen bis in die Knochen fahren. Es ist Zeit für die Menschheit, den wahren Gott kennenzulernen. Es ist Zeit, einen neuen Himmel und eine neue Erde zu verwirklichen. Es ist auch an der Zeit, dass Gottes Licht genauso über die Erde scheint, wie in den vielen Himmeln in seinem Königreich.

Reichen sich alle Menschen eines Tages wie Brüder und Schwestern die Hände und rufen nach Gott, dann wird Zahid Ihn bitten, auf die Erde als sichtbarer Gott zu kommen und sich nicht mehr zu verbergen. Jeder wird Ihn mit eigenen Augen sehen können. Gott selbst hat Zahid, seinem Herzen, dieses Versprechen gegeben. Dies wird ein erstaunliches Ereignis in der Zukunft sein. Ich, Abraham, kenne dieses Geheimnis. Selbst wenn Zahid jetzt noch nicht darüber sprechen möchte, offenbare ich es zum Wohle der Menschheit.

Ich lebe im weißen Bereich der Engeldimension im Paradies. Die Bereiche des Paradieses sind Orte, in denen die geistigen Wesen wachsen können. Hier lehren und helfen uns die Engel von morgens bis abends, mehr göttliche Wahrheit zu erfahren, um uns zu unserer Vollkommenheit hinzuentwickeln. Im Paradies habe ich viel aus meinen Fehlern gelernt. Hier habe ich viele Dinge erfahren, von denen ich auf der Erde noch nicht einmal eine Vorstellung hatte. Was soll ich jetzt tun? Ich habe jetzt nur einen Geist, der sehr lange braucht, um zu wachsen. Im Paradies gibt es wunderbare Plätze. Wir sind hier behütet durch die Engelwelt. Es gibt Millionen und Abermillionen von Engeldimensionen im Paradies.

Möchtet ihr noch mehr erfahren, dann kann ich euch nur einen letzten Rat geben: Fragt Zahid! Er ist das lebende Herz Gottes auf Erden. Was auch immer ich über ihn sage, es wird nie genug sein, um ihn dieser Welt vorzustellen. Ich danke Gott aus tiefsten Herzen - der der einzige Gott ist und der alle Wesen erschaffen hat – dass Er sich an mich erinnerte in dieser besonderen Zeit der Geschichte und mir die Möglichkeit gab, über Zahid Zeugnis abzulegen. Ich danke auch aus tiefstem Herzen Zahid, dass er dieses Zeugnis genauso niederschrieb, wie ich es ihm gab. Ich weiß ganz genau, Zahid war es unangenehm, wenn ich über ihn sprach. Er sagte zu mir, das ist zu viel der Ehre. Ich habe all diese Dinge nur um der Menschheit willen erzählt. Mir ist bewusst, je schneller die Menschheit Zahid annimmt, desto schneller wird die Vorsehung Gottes erfüllt werden. Deshalb bin ich auch sehr ehrlich in meinen Ausführungen.

Ich beende jetzt mein Zeugnis und verabschiede mich mit den Worten: „Gott wird immer mit euch sein. Die Liebe Gottes ist im ewigen Leben der einzige Schlüssel, der jede Tür öffnet. Nur sie kann euch die vollkommene Erlösung bringen. Jede Beziehung findet dort ihr immerwährendes Zuhause.

Gott segne euch alle. Lebt miteinander, ausgerichtet auf Gottes immerwährende Liebe. Nur Er ist die wahren Eltern für die Menschheit, die Dschinns, die Engelwesen und alle anderen Wesen dieser einzigartigen, gewaltigen Schöpfungen."

Anmerkung: Der Autor dieses Buches möchte der Menschheit noch viele Dinge erklären, die mit dem ewigen Leben zusammenhängen. Aber ich wollte Abraham nicht unterbrechen. Ich glaube, das war auch gut so. Wieder wurde mein Versuch, Gottes Herz auszudrücken, von Traurigkeit und Schmerz begleitet. Je mehr man sich Gott nähert, desto besser versteht man die Situation Gottes und der Himmel.

Abraham und Isaak leben in der gleichen Dimension. Einmal fragte ich Isaak, was er so besonderes vollbracht hätte, um in den gleichen hohen Bereich des Paradieses wie sein Vater Abraham zu gelangen. Er antwortete mir: „Gott bat meinen Vater Abraham, mich als Brandopfer auf dem Berg Moria darzubringen. Wir gingen auf den

Gipfel dieses Berges. Vor meiner Opferung betete ich still zu Gott und sprach: „Noch ein paar Augenblicke und mein Kopf wird von meinem Körper getrennt sein. Aber Gott, mein Herz wird sich niemals von Dir trennen." Dies war ein so nobler Gedanke, der Gott und die Himmel inspirierte. Dadurch konnte ich in die gleiche geistige Dimension, wie mein Vater Abraham, gelangen."

Als Sara in die geistige Welt kam, wurde ihr von der Engelwelt vergeben. Jedoch erlaubten sie ihr nicht, in der gleichen Dimension mit Abraham zu sein. Aber Abraham kann in ihre mittlere geistige Welt gehen. Nach 3000 Jahren erlaubte die Engelwelt Sara bedingt Abraham im Paradies zu besuchen. Dies wurde nur möglich durch die Hingabe und Aufopferung Saras in Ägypten, als sie Abraham und seine Mission so selbstlos unterstützte. Ismael lebt am Anfang des Paradieses in der geistigen Welt, und auch er kann bedingt die Dimension seines Vaters besuchen. Hagar befindet sich dagegen in einer guten mittleren Welt, von der aus sie begrenzt von Zeit zu Zeit zu Abraham reisen kann. Sie alle gehen in verschiedene geistige Welten, gemäß ihrem geistigen Wachstum. Es wird unwahrscheinlich traurig und überraschend für die Menschen sein, wenn sie ihren physischen Körper verlieren und mit ihrem Geist in die geistige Welt gelangen. Das strikte himmlische Gesetz wird sie schockieren, welches ihr irdisches Leben richtet. Sie werden in verschiedene geistige Welten gemäß ihrem geistigen Wachstum kommen. Dort helfen weder Gefälligkeit, Diplomatie, Raffiniertheit und noch viel weniger die Intelligenz den Geistwesen. An diesem Tag wird jeder allein vor dem Ewigen Gericht stehen.

Einmal traf ich, der Autor dieses Buches, Gott im Königreich der Himmel. Ich fragte Ihn, ob es bereits jemanden in der Vergangenheit gab, auf den Er sich verlassen konnte. Gott verneinte meine Frage. Als ich Ihn fragte, ob es gegenwärtig jemanden gebe, auf den Er sich verlassen kann, verneinte Er dies ebenfalls. Auf meine dritte Frage, ob es jemanden in Zukunft geben wird, auf den Er sich verlassen kann, sagte Er zu mir: „Ich weiß es nicht."

Abraham - 17 Jahre nach der ersten Ausgabe meines Buches

Am Anfang hatte ich eine sehr gute Beziehung zu Abraham, aber je mehr ich die Wichtigkeit der neuen menschlichen Ära hervorhob, desto mehr zog er sich von mir zurück. Gott teilte mir mit, dass das 21. Jahrhundert nicht den Religionen, sondern der einen Weltfamilie ausgerichtet auf Ihn gehört. Anfangs betonten Erzengel Gabriel und Abraham vor allem, dass sie hinter dem Vorhang die Gründer des Islams seien. Ich sollte für die islamische Religion arbeiten, da ich aus dem Islam komme. Ich sollte helfen, die Prophezeiung des Korans zu erfüllen, die besagt, dass der Islam zur Weltreligion wird und alle anderen Religionen von der Erde verschwinden. Abraham brachte unmissverständlich zum Ausdruck, dass er auf der Seite Mohammeds stehe. Viele Male brachte er Mohammed zu mir. Zuerst zeigte Mohammed mir seine Liebe und Güte. Er inspirierte mich, mit ihnen zusammenzuarbeiten, der Islam sollte zur einzigen Weltreligion werden. Sie machten deutlich, dass die Ahmadiyya-Bewegung durch Mohammed ins Leben gerufen wurde. Durch den Gründer der Ahmadiyya-Bewegung, Ghulam Ahmad, wollten Mohammed und Abraham den Islam in Europa und der ganzen Welt verbreiten. Zu diesem Zweck sollte ich mich auch mit ihnen vereinen. Ich beharrte darauf, dass dies nicht der Wille Gottes ist. Ich teilte ihnen mit, die Zeit der Religionen ist vorbei und das 21. Jahrhundert gehört dem Königreich Gottes. Das ist der Wille Gottes und Er möchte als sichtbarer Gott mit der Menschheit leben.

Allmählich spitzten sich die Spannungen in unserer Beziehung so zu, dass ich mit Gott darüber reden musste. Zuerst schwieg Gott. Ich beharrte auf eine Antwort: „Ich möchte eine klare Richtung und Führung haben. Möchtest Du, dass die Religionen weiter bestehen? Möchtest Du, dass der Islam zu einer Weltreligion wird und alle anderen Religionen von dieser Erde verschwinden?" Gott sagte zu mir: „Mein Sohn, ich habe dich als mein Herz berufen, um mich gegenüber der Menschheit zu repräsentieren. Ich nahm allen Propheten, Erlösern und Engel das Versprechen ab, dir zu helfen, mein Königreich zu errichten, damit ich mit der Menschheit als sichtbarer Gott leben kann. Folgen sie meiner Anweisung nicht, werden sie allmählich ihr Licht verlieren und der Untergang wird ihre Bestimmung sein."

Am Ende stellten sich Mohammed und Abraham gänzlich gegen meine Mission und bei vielen Gelegenheiten wurde ich von den islamischen Streitkräften angegriffen. Aber sie konnten mich nicht umbringen. Ich überlebte, da Gottes Licht auf meiner Schulter ist. Während der ganzen Zeit verhielt sich Erzengel Gabriel neutral. Zuerst schwieg er, später lud er mich zu einem persönlichen Gespräch ein. Er sagte zu mir: „Ich werde dir helfen, den Willen Gottes zu erfüllen. Ich habe den tiefen Wunsch, dass ich auf dieser Basis eines Tages zum Teil deiner Familie werde." Mit Tränen in den Augen sagte ich ihm: „Dies zeugt von deiner Größe und deiner tiefen Liebe für Gott." Anschließend kam es zu Spaltungen und großer Uneinigkeit unter den Engeln in der geistigen Welt. Viele stellten sich auf die Seite von Mohammed und Abraham, andere auf die Seite von Gott und Erzengel Gabriel.

Ich möchte die Menschheit wissen lassen, dass Gott die Propheten nur selten traf. Viele von ihnen hat Er überhaupt nicht getroffen. Die meisten der Propheten wurden durch die Engelwelt inspiriert und sie ist auch verantwortlich für deren Bestimmung in der geistigen Welt. Gleichermaßen werden die religiösen Menschen auch von der Engelwelt gerichtet und von ihnen in die mittleren Dimensionen oder in die Hölle verbannt.

Moses offenbart in der geistigen Welt seine geheime Lebensgeschichte Zahid für den Willen Gottes

Während Gott über die Geschichte der Propheten sprach, erwähnte Er: „Moses ist der einzig bedeutende messianische Prophet, der in mir das Feuer der Hoffnung entzünden konnte, denn sein Herz schlug wahrlich ernsthaft für das auserwählte Volk. Diese Tatsache inspirierte mich im Himmel so sehr, dass ich als sichtbarer Gott auf die Erde kam."

Moses Sympathie und sein sensibles Herz für das auserwählte Volk befähigten ihn, sich über die Macht des Pharaos hinwegzusetzen. Er kehrte sämtlichen irdischen Annehmlichkeiten und dem Luxus den Rücken, denn er konnte das Leid des von Gott auserwählten Volkes nicht mit ansehen, geschweige denn ertragen. Hätte er nur genug Geduld besessen, wäre er der neue Pharao Ägyptens geworden. Er bevorzugte aber den Weg des Bettlers, um Gottes Volk zu befreien. Er war der einzige, der Gottes Volk bis vor die Tore des Gelobten Landes brachte. Josua konnte, ausgehend von der von Moses gelegten Grundlage, Gottes auserwähltes Volk in das Gelobte Land führen.

Noch einmal stellt sich hier die Frage: Warum konnte das ideale Umfeld nicht in dem Land realisiert werden, von dem prophezeit wurde, es werde dort Milch und Honig fließen? Hier symbolisieren Honig einerseits die Liebe Gottes und die Milch andererseits Gottes allumfassendes Wissen. Selbst mit dem Einzug in das Gelobte Land, war Gottes Welt nicht da. Den Grund dafür werden wir direkt aus Moses Lebensgeschichte erfahren, welche er mir in der geistigen Welt erzählte.

Ich habe Moses verschiedene Male im Paradies, in den weißen Lichtbereichen der Engel, getroffen. Die Himmel erwähnten, dass Moses, Jesus und Mohammed die Hauptantriebskräfte für die Vorsehung Gottes und der Himmel waren. Das Königreich Gottes kam so nahe, dass es fast die Erde berührte. Es verschwand aber wieder und alles was daran erinnerte, war nur ein Konzept. Immer, wenn ich Moses in der geistigen Welt traf, schaute er mich lächelnd an und bat mich, mit ihm in seinem Bereich des Paradieses zu reisen. Er versuchte jedoch einer tiefergehenden Unterhaltung aus dem Weg zu gehen. Er hörte mir zwar zu, verharrte jedoch in Schweigen. Als ich einmal zu ihm reiste, sagte ich ihm, dass ich mehr über sein irdisches

Leben erfahren möchte, besonders über die Zeit, als er der Vorsehung Gottes nach vorne verhalf. Er starrte mich an, konnte aber seinen inneren Schmerz vor mir nicht verbergen, der von diesem Thema herrührte.

Eines Tages, während ich Gott traf, fragte ich Ihn: „Ich möchte, dass Moses mir über sein Leben in der Zeit seiner Mission berichtet. Die Menschheit soll zumindest erfahren, warum Deine Welt zu dieser Zeit nicht realisiert wurde." Gott antwortete daraufhin: „Ich werde Moses und Mohammed auffordern, zu dir über dieses Thema zu sprechen." Ich drängte weiter: „Ich möchte aber auch, dass Jesus mir über sein irdisches Leben erzählt." Gott erwiderte: „Wann immer du ihn von jetzt an darum bittest, wird er es bereitwillig tun."

Eines Tages, ich war wieder in Moses Dimension unterwegs, sah ich dort Geistwesen, die so viel Licht besaßen, dass sie fliegen lernen konnten.

Anmerkung: Diese Orte, an denen die Geistwesen fliegen lernen, werden in der geistigen Welt als Flughafen bezeichnet. Flughäfen dieser Art gibt es in den meisten Dimensionen des Paradieses. Nur die Qualität des Fliegens und Reisens differiert von Dimension zu Dimension und ist vom eigenen Licht der Geistwesen abhängig. Je höher die Bereiche im Paradies sind, desto mehr Licht haben sie und natürlich auch die darin lebenden Wesen.

Moses befand sich in der Nähe des Flughafens bei der Gartenarbeit. Als er mich erblickte, überreichte er mir eine Rose. Ich ging mit ihm und traf unterwegs viele andere Propheten des Alten Testaments. Sie alle überreichten mir Blumen. Moses bat mich: „Lass uns weit weg auf die Gipfel der Berge des Paradieses fliegen. Dort können wir in Ruhe und ungestört über mein Leben reden." Wir flogen daraufhin in die phantastische, bunte Gebirgswelt des Paradieses. Hier sind die Bäume Hunderte Meilen groß. Von dort kann man hinunter in die Dimension schauen. Moses und ich ließen uns auf der höchsten Baumkrone nieder. Beim Anblick dieser Dimension erwähnte ich Moses gegenüber, dass er an einem wunderbaren Ort lebt, der in meinen Augen wie ein Wunderland aussieht. Moses sagte daraufhin zu mir: „Sehr selten kommen menschliche Geistwesen bis hierher. Zahid, aber was möchtest du jetzt von mir wissen? Wo soll ich anfangen? Gott und die Himmel brachten mich in eine der höchsten Dimensionen des

Paradieses. Als ich hier das erste Mal ankam, wurden mir durch die Engelwelt meine, auf der Erde begangenen, Fehler vor Augen geführt. Diese Wahrheit war sehr bitter für mich. Ich nahm an verschiedenen Seminaren teil, in denen die Engel mich unterrichteten, wie sehr ich den Willen Gottes und der Himmel blockiert hatte und warum das ideale Umfeld auf der Erde nicht errichtet werden konnte. Und das alles nur aufgrund meines Benehmens und gefallenen Charakters. Am Anfang erinnerte mich die Engelwelt unaufhörlich an meine Fehler, die verhinderten das Gott mit mir direkt auf Erden zusammenarbeiten konnte. Kommst du als Prophet ins Paradies, musst du dich dieser bitteren Wahrheit stellen. Darum wird es dir nie leicht fallen, dich von dieser Qual zu befreien. Blicke ich auf den Weg meiner Mission zurück, dann kann ich nur sehen, dass ich ständig mit Leid und Schmerzen in meinem Herzen und in meiner Seele gelebt habe.

Ich traf dich bereits verschiedene Male vorher im Paradies. Schon damals hast du mich gebeten, dir meine Lebensgeschichte zu erzählen. Aber genau genommen habe ich auf die himmlische Erlaubnis gewartet. Ich wollte persönlich kein Risiko eingehen, wenn ich die Geheimnisse des Himmels offenbare. Seit Gott und die Himmel mich baten, dir von meinem Leben zu erzählen, fühle ich mich freier. Es fällt mir jetzt auch leichter, darüber zu reden.

„Ich stamme aus der Ahnenlinie der Levi. Ich wurde in einer Zeit der religiösen Geschichte geboren, in der Gottes auserwähltes Volk extrem leiden musste. Die Menschen lebten umgeben von tiefer Traurigkeit und unter der schmerzhaften Tyrannei des ägyptischen Pharaos. Das war auch die Zeit der Sklaverei für Gottes Volk.

Der Pharao gab zu dieser Zeit den Befehl, dass jeder neugeborene Junge in den israelitischen Familien durch seine Soldaten sofort zu töten sei. Überall waren deshalb seine Spione zu finden. Die Soldaten drangen in die Familien ein und töteten ohne Gnade, vor den Augen der Eltern, jeden neugeborenen Sohn. Sie taten dies täglich in Ausübung ihrer Pflicht. Es war eine extrem fruchterregende Zeit und auch ein Test für die Israelis. Unter diesen Bedingungen wurde ich in einer Levi-Familie geboren. Zwar war mein Vater nicht religiös, dafür meine Mutter umso mehr. Sie kannte das Leid des Volkes Gottes in ihrem Herzen. Oft betete sie in der Stille der Nacht zu Gott. Sie bat Ihn, gemäß der Prophezeiung Josefs, jemanden zu schicken, der das Leid, die Schmerzen, Sorgen und Last von den Menschen nehmen kann. Danach weinte sie immer.

Bevor Josef, der Sohn Jakobs, starb, erzählte er seiner Familie, seinen Brüdern und seinem Stamm folgendes: „Auch wenn ich jetzt sterbe, so weiß ich doch, dass Gott euch niemals vergessen wird. Er wird euch aus dieser Nation in ein Land führen, das Er bereits Abraham, Isaak und Jakob versprochen hat." Diese Prophezeiung war allen Israelis bekannt. In der Schwangerschaft sah meine Mutter eines Nachts einen Traum. Darin vernahm sie die Stimme Gottes: „Das Kind, das du in dir trägst, wird der Erlöser für mein Volk sein." Gott versprach ihr, sie würde nach ihrem Tode in eine hohe geistige Dimension gelangen, wenn sie Ihm gläubig folgt. Diese Wunderwelt des Paradieses sah sie bereits.

Als ich geboren wurde, versuchte sie alles Mögliche, um mich zu verbergen. Aber irgendwie fanden es die Spione des Pharaos heraus. Bevor sie jedoch unser Heim erreichten, um mich zu töten, sah meine Mutter eine Vision des Himmels. Sie sollte mich in einen geteerten Weidenkorb legen, zum Nil tragen und dort im Schilf verstecken. Aber selbst nach dieser Vision der Engelwelt, war meine Mutter nicht bereit, dieser zu folgen. Später wurden die Angst und Sorge, ich werde vielleicht doch von den Soldaten des Pharaos getötet, größer. In einer zweiten Vision wurde ihr noch einmal das gleiche geraten. Weigere sie sich erneut, würde ihr Kind in die Hände der Soldaten des Pharaos fallen. Nur so könne sie das Leben ihres Kindes retten. Sie war immer noch skeptisch und konnte sich zu keiner Entscheidung durchringen. Als die Engel ihr ein drittes Mal erschienen und sie bedrängten, tat sie wie ihr geheißen. In ihrem Herzen war sie aber noch immer nicht dazu bereit. Die Engel hatten ihr bereits vorher gezeigt, dass die Familie des Pharaos mich finden und an Kindesstatt annehmen wird. Trotzdem schickte meine Mutter meine Schwester hinunter zum Fluss, um auf mich Obacht zu geben. Meine Schwester ließ mich nicht aus den Augen. Meine Mutter und die anderen Israeliten wussten, dass an bestimmten Tagen in der Woche, die Tochter des Pharaos diese Stelle des Flusses aufsuchte, um mit ihren Gefährtinnen zu baden. Meine Mutter erklärte meiner Schwester genau, wo sie den Korb mit mir ablegen sollte, damit ich von der Tochter des Pharaos oder einer ihrer Dienerinnen gefunden werde.

Die Tochter des Pharaos und ihre gesamte Gefolgschaft erschienen schon recht früh am Morgen und spazierten am Ufer des Flusses. Sie erblickten den Weidenkorb und hörten die Schreie eines Kindes. Die Tochter des Pharaos befahl einer ihrer Dienerinnen, den Korb zu ihr zu bringen. Als sie den Deckel des Korbes anhob, wurde ihr sofort klar, dass eine israelitische Sklavin dieses Kind ausgesetzt haben musste, aufgrund des Befehls des Pharaos, alle neugeborenen Jungen töten zu lassen. In diesem Moment war sie überwältigt vom Mitleid für die Israeliten und besonders für die Frauen. Die Tochter des Pharaos dachte, wenn sie das Kind adoptieren würde, bestände vielleicht eine Möglichkeit, dass der Pharao seinen Befehl zurücknähme. Andererseits konnte sie selber keine Kinder gebären. Gerade deshalb war der Wunsch in ihr sehr stark, mich als ihr eigenes Kind zu behalten. Als meine Schwester aus einiger Entfernung beobachtete, wie die Tochter des Pharaos mit mir spielte und mich in ihren Armen wiegte, bat sie die Tochter des Pharaos, ihr etwas sagen zu dürfen. Sie erhielt die Erlaubnis sich zu nähern. Meine Schwester sagte ihr, sie kenne eine Frau, die dieses Kind stillen könne. Obwohl die Tochter des Pharaos wusste, dass meine Schwester in irgendeiner Beziehung zu mir stand, gestattete sie ihr jemanden zu bringen, der mir Milch geben konnte.

Meine Schwester rannte nach Hause und erzählte meiner Mutter, was sich zugetragen hatte. Sofort erschien meine Mutter mit meiner Schwester am Ufer des Nils, wo sie sah, wie die Tochter des Pharaos ihr Kind in den Armen hielt. Die Tochter des Pharaos fragte meine Mutter: „Kannst du mein Kind stillen?" Meine Mutter erwiderte: „Ja, große Tochter des Pharaos. Ich habe selbst gerade ein Kind zur Welt gebracht. Deshalb kann ich auch dieses Kind stillen." Dann nahm die Tochter des Pharaos ihren Diamantring vom Finger und sprach zu meiner Mutter: „Wenn du zum Palast des Pharaos kommst, zeige den Wachen diesen Ring. Sie werden dich passieren lassen. Sie wandte sich an meine Schwester und sagte: „Ich weiß zwar nicht wer du bist, kleines Mädchen, aber es sieht so aus, als wärst du nicht auf den Kopf gefallen. Auch du hast die Erlaubnis von mir, mit dieser Frau in den Palast zu kommen."

Moses erwähnte mir, dem Autor, gegenüber, dass die Tochter des Pharaos bereits von Anfang an ahnte, dass die Frau, die mich stillte, meine richtige Mutter sein musste. Sie stillte mich 18 Monate. Dreimal in der Woche brachte sie mich in den Palast, damit die Tochter des Pharaos mich für kurze Zeit sehen konnte. Als der Pharao hörte, seine Tochter hätte ein hebräisches Kind adoptiert, war er zuerst sehr erzürnt darüber. Er liebte aber seine Tochter so sehr, dass er ihr keinen Wunsch abschlagen konnte. Ihm blieb daher nichts übrig, als diesen Umstand zu akzeptieren. Und noch mehr als das. Seine Tochter bat ihn, den Befehl, alle neugeborenen Israelis umzubringen, aufzuheben. Der Pharao wollte seine Tochter nicht traurig oder unglücklich machen. Zudem fragte ihn seine Tochter, wie die Israeliten für ihn als Sklaven hart arbeiten können, wenn alle Jungs von ihm umgebracht würden. Am Ende wären nur noch Frauen übrig. Dem Pharao gefiel dieser Rat sehr. Die wahre Absicht seiner Tochter bestand jedoch in der Rettung der männlichen Kinder der Israelis. Schließlich hob der Pharao seinen Befehl auf.

Bevor ich fortfahre, möchte ich noch etwas über meine Mutter und die Tochter des Pharaos erwähnen. Selbst heute in der geistigen Welt ist für mich die Tochter des Pharaos meine Mutter. Während mich meine Mutter 18 Monate lang stillte und mich dreimal wöchentlich in den Palast brachte, kam es ihr einige Male in den Sinn, der Tochter des Pharaos zu erzählen, dass sie die leibliche Mutter sei. Der Himmel zeigte ihr dann jedes Mal eine Vision, dies nicht zu tun. Nur aufgrund dieser himmlischen Visionen konnte sie das Geheimnis für sich behalten.

Die Tochter des Pharaos bemerkte, wie intensiv sich meine leibliche Mutter um mich kümmerte. Deshalb fragte sie sie eines Tages: „Wer bist du wirklich und wer ist das junge Mädchen, welches dich zu mir brachte am Tag, an dem ich das Baby gefunden habe?" Da die Frage aufrichtig gemeint war, erzählte meine Mutter alles. Am Ende begann sie laut zu weinen. Sie bettelte und flehte die Tochter des Pharaos an, ihr Kind zurückzugeben. Die Tochter des Pharaos bat meine Mutter, nicht so laut zu weinen. Vielleicht würden sie belauscht und dann würde der Pharao die ganze Geschichte erfahren. Meine Mutter brächte sich dann selbst in große Gefahr. Sie bot meiner Mutter alles an, was sie besaß, wenn ich nur im Palast bei ihr aufwachsen dürfte. Sie sagte sogar: „Wenn das wirklich der Wille deines Gottes ist, dann wird dein Kind vielleicht eines Tages der zukünftige Pharao von Ägypten und kann die Erlösung deinem Volk bringen." Meine Mutter wollte dies alles nicht verstehen. Deshalb sagte sie: „Der Pharao hat diesen furchtbaren Befehl aufgehoben. Mein Kind ist daher sicher und ich möchte es zurückhaben. Gott wird sich um uns kümmern." Sie flehte wieder und wieder, in ihre Kommune mit mir zurückkehren zu dürfen, um dort in Frieden zu leben.

Als die Tochter des Pharaos sah, wie selbstsüchtig und uneinsichtig meine Mutter war, schlug sie eine andere Tonart an. Sie wollte nicht, dass aufgrund des Benehmens meiner Mutter, das Leben der männlichen israelitischen Babys noch einmal in Gefahr gerät und das Leid dieses Volk erneut heimsucht. Sie erwiderte deshalb sehr zornig: „Geh zurück zu deinem Volk und verhalte dich ruhig. Wenn du jemals auch nur ein Wort über dieses Kind sagst, wird deine ganze Familie sterben oder bis an ihr Lebensende im Gefängnis schmoren." Meine Mutter fürchtete sich nun so sehr, dass sie sogar ihren Mund halten konnte.

So wuchs ich im Palast des Pharaos auf. Jeder meiner Wünsche wurde mir erfüllt. Die Tochter des Pharaos, die ich heute als meine wahrhaft große Mutter bezeichne, liebte mich sehr. Sie wollte unbedingt, dass ich nach dem Tod des Pharaos seinen Thron besteige. Sie schaffte es, dass der Pharao und ich uns auf herzliche Weise einander näherten. Der Pharao tat alles für seine Tochter. Sie ließ mich alles lernen was nötig war, um der zukünftige Pharao zu werden. Während ich im Palast aufwuchs, sagte sie viele Male zu ihrem Vater: „Mein Sohn wird eines Tages diese Welt regieren." Sie nahm mich oft in die Arme und küsste mich viele Male. Der Pharao lächelte darüber und wurde sehr glücklich.

Im Alter von 25 Jahren interessierte ich mich als Prinz für das Monarchen-System und dafür, wie das Reich Ägyptens vergrößert werden könne. Darum habe ich auch Repräsentanten anderer Länder getroffen. Der Pharao erlaubte mir als Prinz, einige Regierungsgeschäfte in meine Hände zu nehmen. Manchmal schaute er seine Tochter lächelnd an und sagte: „Dein Sohn Moses hat alle Talente und Qualitäten, die man braucht, um die Welt zu regieren." Meine königliche Mutter vernahm die Worte aus dem Munde des Pharaos jedes Mal mit Wohlwollen.

Ich reiste durch Ägypten und die angrenzenden arabischen Stämme. Einige Male besuchte ich die Siedlung Gosen, in der sich die Israeliten aufhalten mussten. Ich wollte sehen, wie sie dort lebten und welche Probleme es gab. Das Leid und die Entbehrungen dieses Volkes waren groß. Tag und Nacht wurden sie von den Soldaten des Pharaos angetrieben, unterdrückt und geschlagen, während sie ihre Arbeit verrichteten. Die Bediensteten des Pharaos und deren Handlanger missbrauchten und behandelten sie wie Tiere. Die Israeliten führten die niedrigsten Arbeiten aus, die von keinem Ägypter erledigt werden wollten. Es ist sehr schwierig, diese Situation in Worte zu fassen. Die Israeliten fürchteten jeden Tag, dass dies ihr letzter sei.

Als ich das erste Mal nach Gosen reiste, umringten mich die Menschen und begannen ein lautes Wehgeschrei. Ich fühlte mich überhaupt nicht wohl an diesem Ort. Die Stimmen kamen aus allen Richtungen der Menschenmenge. Viele sagten: „Oh Prinz von Ägypten, Sohn des großen Pharaos, im Namen Gottes, nimm diese Last von uns. Wir sterben. Lass Gnade walten." Ich vernahm aber auch Stimmen die sagten: „Oh Gott Abrahams, Isaaks und Jakobs, erweiche das Herz des Prinzen von Ägypten, damit er Mitleid für uns empfindet. Oh Gott Abrahams, wie lange dauert es, bis du unsere Schreie erhörst. Vergib uns unsere Sünden und lass Gnade walten. Oh Gott Abrahams, unsere Augen sehnen sich nach der Erlösung." Dieses und ähnliche Gebete hörte ich aus der Menge von überall her. Das unsagbare Leid der Israeliten berührte mein Herz. Zur gleichen Zeit stellte ich mir jedoch die Frage, ob der Gott, den die Israelis anriefen, in Wirklichkeit so stark ist. Warum erlöste er sein Volk nicht und befreite es? Später erfuhr ich durch die israelitische Kommune, dass Abraham, Isaak und Jakob ihre großen Propheten waren, die ihren Nachkommen viele Dinge prophezeit und versprochen hatten. Zu dieser Zeit war Abraham der Hauptprophet, dem Gott das gelobte Land versprach, wo sich sein Volk in Frieden und Freiheit niederlassen wird. Alle Nationen sollten den Segen durch den Gott Abrahams erhalten.

Als ich ihre Klagen und Probleme hörte, musste ich erkennen, dass sie unsägliches Leid durchmachten. Aber in ihrem Glauben waren sie fanatisch und hielten unter allen Umständen daran fest. Dieser Glaube ließ sie in einer Art Traumwelt leben, denn sie dachten, sie werden eines Tages alle Nationen regieren. Ich wunderte mich darüber. Aber in der Realität waren sie unterentwickelt, zerzaust, schmutzig und verlaust. Manchmal konnte ich mich fast nicht überwinden, mit den Anführern ihrer Kommune zusammenzusitzen, um mir ihre Probleme anzuhören, da von ihrer Kleidung ein unerträglicher Gestank ausging. Ich verstand, dass sie eine furchtbare Zeit durchmachten, und ich fühlte, ich müsste etwas unternehmen, um zumindest ihr Leid zu lindern.

Zurückgekehrt in den Palast, unterhielt ich mich mit meiner königlichen Mutter. Ich erzählte ihr, welches Leid die Israeliten erdulden müssten. Ich fragte sie, ob man etwas dagegen tun könne? Sie fragte mich daraufhin, ob ich selber dort war. Ich antwortete ihr: „Ja, ich wollte wissen, wie es um unsere Sklaven bestellt ist." Sie sagte zu mir: „Ich werde gemeinsam mit dir beim Pharao vorsprechen. Wir werden ihm die Situation der Israelis schildern. Vielleicht können wir das Leid lindern." Wir gingen zum Pharao. Als er uns erblickte, sprach er: „Sei gegrüßt, meine Tochter und auch dein Sohn Moses." Meine Mutter sagte dem Pharao, dass uns ein besonderer Grund zu ihm führe und der Pharao uns vielleicht einen Gefallen erweisen könne. Der Pharao sagte zu seiner Tochter: „Frag mich ruhig. Selbst wenn es sich wieder um die Bitte handelt, Moses soll der neue Pharao nach meinem Tod werden. Ich werde darüber ernsthaft nachdenken. Du bist meine einzige Tochter und ich liebe dich mehr als irgendjemand anderen."

Meine Mutter umarmte ihren Vater, den Pharao, küsste ihn und sprach: „Heute möchten wir dich um einen kleinen Gefallen bitten. Davon abgesehen, möchte ich natürlich auch von dir eines Tages das Versprechen erhalten, dass mein Sohn Moses der zukünftige Pharao Ägyptens wird. Ich bin sicher Vater, bezüglich meines Sohnes wirst du eine weise Entscheidung treffen." Der Pharao lächelte und sagte: „Moses steht meinem Herzen sehr nahe. Ich weiß, er besitzt das größte Talent, Ägypten zu regieren." Nun erhob ich meine Stimme und erzählte dem Pharao: „Ich war im Ghetto der Israeliten und habe mich dort umgesehen. Sie tun alles, was du von ihnen verlangst. Und trotzdem werden sie von deinen Bediensteten und ihren Leuten unmenschlich behandelt. Ich möchte dich bitten, mir die Verantwortung für die Israelis zu übertragen." Der Pharao schaute mich an und sprach: „Sohn, meiner Tochter, wenn dies dein Wunsch ist, wie kann ich mich dem widersetzen? Von jetzt an übertrage ich dir die Aufsicht über die Israelis. Beschäftige sie ständig, damit sie große Monumente für Ägypten errichten. Verhindere jeglichen Aufstand."

Meine Mutter sagte zum Pharao: „Vater, du brauchst dir keine Sorgen, um die Sklaven zu machen. Tag und Nacht arbeiten sie hart für ihr tägliches Brot. Sie danken ihrem Gott, wenn die Nacht anbricht und sie sich ausruhen können. Sie haben nicht einmal die Zeit, an einen Aufstand gegen dich zu denken." Der Pharao antwortete ihr: „Aus dir spricht die Sympathie zu diesen Menschen. Gib Acht! Ich habe Gerüchte aus dieser Siedlung vernommen, dass aus ihren Reihen jemand kommen wird, der sie aus der Sklaverei führt. Er wird der neue König sein, der in ihrem Namen gegen uns kämpft."

Meine Mutter und ich verließen nach unserer Unterhaltung mit dem Pharao dessen Palast. Ich fragte unterwegs meine Mutter: „Hast du noch andere Informationen über die Israelis, die ich noch nicht kenne?" Sie antwortete: „Ja, auch ich habe viele Gerüchte über ihren Glauben gehört. Darum werden sie von den Ägyptern gehasst. Die königlichen Bediensteten erzählen deshalb dem Pharao nur Schlechtes über sie. Das ist der Hauptgrund, warum der Pharao vorsichtig mit dieser Kommune ist. Moses, du kannst diese falschen Zweifel aus dem Verstand des Pharaos vertreiben. Vermittle dem Pharao einen neuen Eindruck von dieser Gemeinde." Ich versprach meiner Mutter, mich darum zu kümmern.

Der Pharao wusste bereits, dass ich ein Kind der Israeli war. Auch sein Hofstaat wusste davon und wie ich gefunden wurde. Um mich kursierten alle möglichen Gerüchte, während ich aufwuchs. Aber der Pharao und seine Tochter befahlen jedem im Palast, nie auch nur ein Wort mir gegenüber über die israelitischen Sklaven zu erwähnen. Dies war nur möglich, da der Pharao seine Tochter sehr liebte. Trotz des strikten Befehls hörte ich von diesen Gerüchten.

Deshalb ging ich einige Male, während ich aufwuchs, zu meiner königlichen Mutter und sprach mit ihr darüber. Sie legte jedes Mal ihre Hand auf meinen Mund und sagte: „Höre nicht auf die Gerüchte. Du bist mein Sohn und ich liebe dich mehr als irgendjemand anderen in dieser Welt. Du bist mein Augenlicht, durch das ich sehe und Frieden finde in meinem Herzen." Ich spürte, wie es meine Mutter schmerzte, wenn ich über dieses Thema redete. Im Grunde meines Herzens liebe ich sie tiefer und inniger als meine leibliche Mutter, sogar heute noch in der geistigen Welt. Bereits zu meinen Lebzeiten auf der Erde stand ich ihr sehr nahe. Sie sorgte sich ernsthaft um die Israelis. Durch sie eröffnete mir Gott die größte Möglichkeit, der neue Pharao Ägyptens zu werden und so die Erlösung für die Israelis zu bringen. Diese bittere Wahrheit habe ich aber erst sehr schmerzhaft in der geistigen Welt erfahren. Aber durch dich, Zahid, werde ich nun mein Bestes versuchen. Ich spreche zu dir über die meisten Teile meines Lebens und darüber, warum Gottes Wille durch mich nicht erfüllt wurde.

Ich übernahm die Verantwortung für die Israelis als Prinz von Ägypten. Zu dieser Zeit befehligte ich auch Teile Afrikas im Namen des Pharaos. Nach meiner Übernahme der Israeliten führte ich verschiedene Erleichterungen ein. Sie hatten festgelegte Arbeitszeiten und ausreichende Nahrung. Ich begann, mich um sie zu kümmern und mit der Zeit empfand ich sogar eine Art emotionale Nähe zu ihnen. Ich ahnte, dass alle Gerüchte nicht falsch sein konnten. Eine versteckte Wahrheit müsste es geben. Meine königliche Mutter vermied es jedoch, darüber zu sprechen, denn es verletzte sie gefühlsmäßig sehr tief.

Auf der einen Seite erleichterte ich der israelischen Gemeinde ihr Dasein, aber auf der anderen Seite beschwerten sich die königlichen Untergebenen beim Pharao darüber. Sie beklagten sich beim Pharao, dass so die Sklaven sehr bald aufsässig werden würden und dies nicht gut für die Herrschaft des Pharaos sei. Sie gingen sogar so weit zu behaupten, dies sei eine Gefahr für alle Ägypter. Meine königliche Mutter besuchte seit dieser Zeit sehr oft ihren Vater und versuchte, ihn zu beschwichtigen. Sie sagte ihm, er solle nicht auf das Geschwätz hören, da es nur gegen ihren Sohn Moses gehe. Genau genommen verteidigte sie mich gegen all die königlichen Untergebenen.

Eines Tages ging ich zum Pharao und dieser fragte mich: „Moses, ich habe so viele Klagen vernommen, du würdest den Sklaven verschiedene Erleichterungen gewähren. Mir kam sogar zu Ohren, du behandelst sie beinahe wie Ägypter. Was möchtest du damit erreichen?" Ich erwiderte, dass ich ein paar Arbeitserleichterungen eingeführt habe, da die physische Situation der Sklaven dies erforderte. Mit gesunden Körpern könnten die Sklaven die Projekte des Pharaos schneller und besser bewältigen. Der Pharao gab sich mit dieser Antwort zufrieden und sagte zu mir: „Du bist mein weiser Sohn. Sicherlich weißt du, was das Beste für mich ist."

Ich beobachtete, wie die königlichen Bediensteten in meiner Abwesenheit die Sklaven auf das Schlimmste behandelten. Nur wenn ich da war, hielten sie sich zurück. Das ließ mein Herz gegen ihre Autorität rebellieren. Sie wollten die Israeliten für immer als Sklaven beherrschen. Deshalb führte ich etwas Neues ein. Wann immer die Ägypter, die ihnen verliehene Macht missbrauchten, hatten die Israelis das Recht, sie dafür direkt vor mir anzuklagen. Ich stellte sogar ein paar Leute ab, die sich nur um die Beschwerden der Israelis während meiner Abwesenheit kümmerten.

Aber noch etwas anderes ereignete sich. Es verbreitete sich das Gerücht, dass ich nicht nur der Prinz von Ägypten sei, sondern auch zu den Israelis gehöre. Zudem vernahm ich, ich hätte eine hebräische Mutter, sowie Schwester und Bruder und sogar, dass mein leiblicher Vater sich von meiner Mutter getrennt hatte. Zuerst versuchte ich dieses Gerücht zu ignorieren. Allmählich drängten mich meine inneren Emotionen, diese Sache aufzuklären. Ich erinnerte mich, dass ich ähnliche Gerüchte gehört hatte, als ich im Palast aufwuchs. Ich erwähnte bereits, dass ich auch schon früher mit meiner königlichen Mutter darüber gesprochen hatte. Da es ihr aber unangenehm war, diskutierte ich nicht mehr mit ihr darüber.

Ich sagte mir, selbst wenn es wahr wäre, was über mich gesprochen wurde, ich doch meine königliche Mutter, wie meine leibliche Mutter, lieben würde und noch mehr als das. Während ich im Palast aufwuchs, erkannte ich, dass sie die Einzige war, durch die die Leiden der Sklaven gemildert werden konnten. Sie war schließlich diejenige, auf deren Bitte hin der Pharao den Befehl zurücknahm, alle neugeborenen hebräischen Knaben zu töten, nachdem sie mich adoptiert hatte. Durch diese Tatsache wuchs meine Liebe noch tiefer zu der Tochter des Pharaos, die in meinen Augen meine richtige Mutter war.

Als ich das nächste Mal in die israelische Kommune ging, sagte ich zu mir selbst, dass ich schon herausfinde, woher ich wirklich komme. Ich hatte verschiedene Anführer der Israelis berufen, sich nur um die Probleme des israelischen Volkes zu kümmern. Unter ihnen gab es auch einige, denen ich vertrauen konnte. Ich erzählte ihnen, dass ich das Gerücht vernommen hätte, dass meine Mutter, Schwester und mein Bruder alle noch in dieser Gemeinde leben. Ich wollte, dass sie im Geheimen herausfinden sollten, ob dies der Wahrheit entspräche. Ich konnte in den Gesichtern der Anführer lesen, dass sie irgendwie angenehm überrascht waren, dies aus meinem Mund zu hören.

Als ich das nächste Mal zu ihnen kam, brachten sie meine Mutter, meine Schwester und meinen Bruder Aaron vor mich. Sie sagten mir, ich könne sie selber fragen. Ich sah, dass alle drei sich sehr fürchteten. Sie dachten, aufgrund dieser Gerüchte, werde ich sie bestrafen. Das war auch das erste Mal für sie, dass sie dem Prinzen von Ägypten so nahe gegenüber standen. Sie waren sprachlos und starrten mich mit angsterfüllten Augen an. Ich sagte ihnen, sie bräuchten sich nicht vor mir zu fürchten. Ich wollte ihnen nur ein paar Fragen stellen. Plötzlich begann Aaron zu mir zu sprechen: „Oh großer Prinz, du bist wie der Pharao. Wir wissen nicht, warum sie uns vor dich gebracht haben. Wir haben nichts verbrochen. Oh großer Prinz, bitte vergib uns, egal was für Gerüchte du über uns vernommen hast. Aber wir haben nichts mit diesen Gerüchten zu tun. Wie können wir Teil deiner Familie sein? Wir sind Sklaven unter der Macht des Pharaos und du bist ein großer Prinz. Es ist alles Unsinn, was die Leute hinter deinem Rücken erzählen."

Als ich dies vernahm, lächelte ich und sagte zu allen dreien: „Ich verspreche, dass ich euch nicht bestrafen werde, auch wenn ihr etwas falsch gemacht habt. Ich möchte einfach nur die ganze Wahrheit wissen. Ich möchte wissen: Bin ich wirklich ein hebräisches Kind und seid ihr irgendwie mit mir verwandt? Deshalb habe ich meine engsten Berater ausgeschickt, euch zu mir zu bringen, damit ich euch im Geheimen diese Fragen stellen kann. Ich garantiere, dass euch nichts widerfahren wird."

Ich merkte, wie sie sich etwas entspannten und meine Mutter konnte ihre Tränen nicht mehr zurückhalten und begann zu weinen. Ich fragte sie nach dem Warum. Aber Sie blieb still. Nach einer Weile brach meine Schwester Mirjam das Schweigen: „Erhabener Prinz Ägyptens. Unser tägliches Leben wird gezeichnet durch die Leiden. Wir sind die Sklaven des Pharaos und du weißt, dass die ägyptische Nation uns als die niedrigste Klasse ansieht. Unsere Tage sind gefüllt mit Traurigkeit. Nur in unseren Nächten können wir etwas Frieden finden, in der Dunkelheit, wenn die Untergebenen des Pharaos schlafen oder ihren Vergnügungen nachgehen. Wir sind die Menschen, die nur von Tag zu Tag leben. Versprichst du uns wirklich, dass weder uns noch unserem Volk etwas Schlechtes widerfahren wird, werden wir reden. Andererseits ist es besser, wir vergessen, worüber wir sprachen."

Dann sprach Aaron: „Erhabener Prinz, wenn der Pharao erfährt, dass wir dich falsch beeinflusst oder emotional verwirrt haben, kann es gut sein, dass er uns durch seine Soldaten umbringen lässt. Welchen Wert hat ein Sklave in den Augen des Pharaos? Wir sind nichts anderes als Sklaven für ihn." Aaron begann zu weinen und konnte nicht mehr

weiterreden. Ich wandte mich an sie und sagte: „Ihr kennt mich, seitdem ich die Verantwortung für eure Kommune habe. Ich habe immer mein Bestes versucht, mich um euch alle zu kümmern. Ich behandelte euch besser als der Pharao all die Jahre zuvor. Seine Soldaten saßen euch im Nacken und ließen euch wie Tiere arbeiten." Aaron sagte zu mir: „Oh großer Prinz, du bist das Licht in unseren dunkelsten Nächten. Und dieses Licht kam nach so langer Zeit zu uns. Generationen vor uns haben darauf gewartet, dass dieser Traum wahr wird. Deshalb möchten wir auf keinen Fall einen Fehler machen, der vielleicht dazu führt, dass wir dich als unsere Hoffnung verlieren."
Ich sagte ihnen, dass sie das nicht werden, wenn sie mir die Wahrheit sagen, werde ich ein Teil ihrer Familie sein. Aaron wollte wissen: „Was ist mit dem Pharao? Findet er etwas heraus, wird sich sein ganzer Zorn über uns entladen. Wahrscheinlich werden seine Soldaten uns vernichten. Dann wäre unser Morgen noch schlimmer als unser Heute." Ich sagte: „Ich werde mich um den Pharao kümmern. Er liebt mich und meine Mutter, die Tochter des Pharaos, sehr. Ich bin beinahe im Schoß des Pharaos aufgewachsen. Meine Mutter und ich werden uns darum kümmern, dass euch und euren Leuten nichts geschieht."
Aaron hielt für ein paar Sekunden schweigend inne und starrte auf seine Mutter. Dann forderte er sie auf: „Erzähl die Wahrheit. Sag ihm, dass er dein Sohn ist. Der Gott Abrahams hat all unsere Leiden gesehen. Es sind ein paar hundert Jahre vergangen, in der wir uns nach der Antwort gesehnt haben. Vielleicht hat Gott diesen Prinzen Moses zu unserer Hilfe gesandt, damit er uns von unserem Leiden erlöst." Meine Mutter fing erneut an zu weinen. Nachdem sie sich beruhigt hatte, sagte sie: „Es ist wahr, was du gehört hast. Wahr ist auch, was du jetzt hören wirst. Ich bin deine Mutter, er ist dein Bruder Aaron und sie ist deine Schwester Mirjam." Danach erzählte meine Mutter aus ihrer Sicht die ganze Geschichte von Anfang bis Ende. Sie erzählte von meiner Geburt, meiner Kindheit, warum sie mich nicht als ihr eigenes Kind behalten konnte, von dem Befehl des Pharaos, alle neugeborenen männlichen Kinder der Israelis töten zu lassen und wie ich in die Hände der Tochter des Pharaos gelangte. Danach verharrte sie in Schweigen. Es schien mir, als ob der Gott Abrahams ein großes Wunder vollbracht hatte. Alle starrten mich mit ängstlichen Augen an und erwarteten einen Wutausbruch, wie es sich für den Prinzen von Ägypten geziemt. Ich empfand aber nur Sympathie für sie. Ich sagte zu

mir selbst: „Moses, du hast seit deiner Geburt als Prinz von Ägypten ein komfortables Leben geführt. Alle um dich herum haben dir gedient. Hier sind deine Familie und dein Volk. Sie stehen vor dir und fristen ein Leben als Sklaven."

Als ich mir diese Realität vor Augen führte, fühlte ich einen unsagbaren Schmerz in meinem Herzen. Und das machte mich sprachlos. Ich wusste nicht, was ich zu meiner leiblichen Familie sagen sollte. Wie konnte ich sie trösten? Aaron und Mirjam beobachteten sehr aufmerksam mein Gesicht. Dann sprach Mirjam zu mir: „Oh Prinz von Ägypten, sollten wir dich verärgert haben, so bitten wir alle drei um Vergebung. Wir versprechen, dir nie wieder unter die Augen zu treten. Bitte denk niemals schlecht über unser Volk." Mirjams Worte rührten mich zu Tränen. Ich umarmte alle drei und wir weinten zusammen. Am tiefsten berührt war meine Mutter. Nach so vielen Jahren der Trennung konnte sie ihre Tränen nicht mehr zurückhalten. Ich bat Aaron, dieses Geheimnis innerhalb ihrer Familie zu bewahren. Ebenso bat ich die Führer der Israelis, die mit uns im Raum waren, die vernommene Wahrheit für sich zu behalten. Alle waren erleichtert, glücklich und bewegt in ihren Herzen, dass ich nun die Wahrheit erfahren hatte. Jeder der neun Menschen im Raum versprach, dieses Geheimnis für sich zu behalten.

Als ich in den Palast zurückkehrte, war mein Herz schwer wie Blei. Ich hatte keine Lust, mit irgendjemanden zu reden. Ich wollte einfach nur allein sein. Ich war damals verlobt mit der Tochter des Bruders des Pharaos, die ich sehr liebte. Wir wuchsen zusammen auf und fühlten uns auf sehr herzliche Weise zueinander hingezogen. Es wäre ignorant von mir, wenn ich meine Gefühle für sie nicht erwähnen würde. Ihr Name war Resan. Sie war es, die an meine Tür klopfte und mich an diesem Tag zu sehen wünschte. Ich öffnete ihr die Tür und als sie herein kam, fragte sie mich: „Was ist mit dir?" Ich antwortete: „Nichts, ich bin nur müde." Aber sie ließ nicht locker: „Der Pharao und deine Mutter machen sich Sorgen um dich. Du bist nicht einmal zum Essen mit dem Pharao und seinen Untertanen erschienen."

Ich fragte Resan: „Wenn ich dir ein Geheimnis anvertraue, versprichst du mir dann, dass du es für dich behältst? Vielleicht kannst du mir einen Rat geben, was ich unter diesen Umständen tun soll." Sie sagte: „Du weißt Moses, ich liebe dich mehr als irgendjemand anderen auf dieser Welt. Du musst nichts vor mir verheimlichen. Ich sehe an deinem Gesicht, dass du sehr traurig bist." Ich entgegnete: „Das ist sehr wahr." Anschließend erzählte ich ihr alles über meine Familie. Sie hörte aufmerksam und geduldig zu. Als ich zu Ende gesprochen hatte, sagte sie: „Es spielt keine Rolle für mich, selbst wenn alles wahr ist, was du mir gerade erzählt hast. Deine Abstammung aus der israelitischen Sklavengemeinde ändert nichts an unserer Liebe und Beziehung." Dann hielt sie meine Hand und sagte: „Lass uns hinaus in den Garten zum Wasserfall gehen. Der Abend ist wunderschön und es ist phantastisch, die vielen Düfte der Blumen einzuatmen. Dort werde ich dir meinen besten Rat geben, was du unter diesen Umständen tun sollst."

Am Wasserfall angekommen fühlte ich, wie es mir besser ging. Dies war ein absolut ruhig gelegener Ort. Dort fragte sie mich: „Moses, wenn ich dir jetzt einen Rat gebe, wirst du ihn dann befolgen? Oder wirst du ihn dir nur einfach anhören?" Ich sagte zu ihr: „Resan, ich liebe dich tief in meinem Herzen. Ich möchte nicht, dass es eine Zeit gibt, in der wir voneinander getrennt sind. Deshalb gib mir deinen besten Rat, damit ich in diesem emotionalen Moment keinen Fehler mache. Mein Herz weint, wenn ich meine Leute so leiden sehe. Jetzt habe ich erfahren, wo meine wahre Familie lebt. Mein Herz ist gebrochen, wenn ich nur daran denke, dass ich das komfortabelste Leben an diesem Ort geführt habe. Meine eigene Familie und mein Stamm leben jeden Tag unter unsäglichem Leid und erdulden das qualvolle Leben als Sklaven. Die Stimme meines Gewissens fragt mich: Wie kannst du, Moses, noch weiter im Palast leben, nachdem du die Wirklichkeit des Lebens erfahren hast?" Dann fing ich an zu weinen. Resan nahm mich in ihre Arme und sagte zu mir: „Schnell hat sich das Leben des Prinzen von Ägypten geändert, nachdem er das Leiden dieser Menschen kennengelernt hat. Von jetzt an musst du jeden Schritt dafür tun, dass es deinen Leuten besser geht. Jedoch musst du sehr vorsichtig und behutsam mit dieser neuen Situation umgehen." Dann riet sie mir: „Hilf deinem Volk von Abstand, aber mische dich nicht allzu sehr in ihre Probleme. Lass den Pharao nicht wissen, dass deine eigene Familie unter der israelischen Gemeinde lebt. Vermittle dem Pharao nicht den Eindruck, dass du zu weichherzig bist und dir zu sehr die Leiden dieser Menschen zu Herzen nimmst. Der Pharao hat bereits viele Klagen und Zweifel über dich vernommen. Es kursieren Gerüchte, dass du die Israelis nicht ihrem

Stand entsprechend behandelst. Moses, der Pharao weiß bereits vom ersten Tag an, dass du ein hebräisches Sklavenkind bist. Er hat es nur ignoriert, da seine Tochter dich am Ufer des Flusses fand und als ihren eigenen Sohn adoptierte. Nur deshalb nahm er seinen Befehl, alle neugeborenen männlichen israelischen Knaben töten zu lassen, zurück. Deiner Mutter, der Tochter des Pharaos, ist es zu verdanken, dass das Töten ein Ende nahm. Nur ihretwegen stehst du dem Pharao so nah. Deshalb möchte der Pharao keinen anderen Prinzen außer dir auf dem Thron sehen. Du bist für ihn wie ein eigener Sohn. In dir sieht er alle Fähigkeiten, die der zukünftige Pharao von Ägypten braucht. All das Wohlwollen umgibt dich, da deine Mutter, die Tochter des Pharaos, dich extrem liebt. Moses, du weißt sehr gut, der Pharao liebt deine Mutter ebenso sehr. Du musst diesen Vorteil für dich ausnutzen." Resan erzählte mir auch, dass die Israelis bereits seit ein paar hundert Jahren ihr Leben als Sklaven fristen mussten. Und dies unter den Regimes verschiedener Pharaos. Jetzt sollte ich geduldig warten, bis der Pharao stirbt und danach die Herrschaft seines Reiches übernehmen. Als Pharao Ägyptens würde es sehr einfach für mich sein, meine Leute zu befreien. Keine Macht unter der Sonne könnte mich dann davon abhalten und ich würde auch die Macht haben, ein paar Israelis in das königliche Gefolge aufzunehmen. Resan war sich absolut sicher, dass ich dem Leid meines Volkes ein Ende bereiten kann. Sie sagte zu mir, ich wäre ein sehr weiser Mann, wenn ich vor dem Pharao die wahre Situation verbergen würde. Ich antwortete ihr: „Ich bin stolz darauf, dass du meine zukünftige Frau wirst. Du hast mir den richtigen Rat gegeben und so werde ich es tun."

Aus dem Leben der Tochter des Pharaos

Am nächsten Tag traf ich meine Mutter, die Tochter des Pharaos und sagte zu ihr: „Mutter, ich möchte mit dir über ein Thema reden, über das ich schon lange nachdenke." Sie nahm mich in ihre Arme und sagte: „Was ist es, dass dich zum Nachdenken bringt, Prinz von Ägypten? Du brauchst nur zu befehlen und all deine Wünsche werden erfüllt werden, so wie du es möchtest." Ich antwortete meiner Mutter: „Komm mit mir, wir gehen an einen ruhigen Ort. Ich möchte mit dir allein reden." Sie lächelte und sagte: „Lass uns zur Plattform auf dem

Dach des Palastes gehen. Dort haben wir einen schönen Ausblick auf die Stadt."

Dort angekommen, sprach ich zu meiner Mutter: „Heute möchte ich, dass du mir ehrlich auf meine Fragen antwortest. Bevor ich dir diese Fragen stelle, sollst du wissen, dass du für mich die süßeste und lieblichste Mutter auf der ganzen Welt bist. Ich werde dich für immer in meinem Herzen lieben. Wann immer meine Augen dein Gesicht sehen, empfinde ich große Freude und tiefen Frieden in meinem Herzen."

Sie antwortete mir: „Moses, heute kannst du mich um alles bitten. Ich werde dir die Wahrheit sagen. Ich weiß, dass du mich mehr als irgendjemand anderen auf dieser Welt liebst. Nichts und niemand kann unsere Mutter-Sohn-Beziehung zerstören." Ich antwortete: „Das ist sehr wahr.

Mutter, ich bin zu den israelischen Sklaven gegangen, um mich verschiedene Male ihrer Probleme anzunehmen. Dort hörte ich, dass meine physische Familie noch unter diesen Sklaven weilt. Ich habe meine Mutter, meinen Bruder und meine Schwester getroffen. Mutter, nun sag du mir, ist das, was ich gehört und gesehen habe, wirklich die Wahrheit? Stamme ich wirklich aus einer hebräischen Familie?" Ich beobachtete sehr aufmerksam das Gesicht meiner königlichen Mutter. Sie wurde zusehends blasser.

Aber im nächsten Moment fand sie ihre Gelassenheit wieder und bat mich, das Gesicht der beiden Frauen zu beschreiben. Nachdem ich dies tat, kamen folgende Worte über ihre Lippen: „Ich wusste, eines Tages wirst du die Wahrheit erfahren." Ich sah, wie sie von ihren Gefühlen überwältigt wurde. Es machte mich sehr traurig, sie so zu sehen. Ich nahm sie in meine Arme und sprach zu ihr: „Auch wenn du mir jetzt gestehst, dass diese Menschen meine physische Familie sind, ändert diese Tatsache nichts an meiner Liebe zu dir. Es gibt niemanden auf dieser Welt, der deinen Platz in meinem Herzen einnehmen kann. Du bist die Einzige in meinem Herzen, die ich für immer und ewig als meine Mutter liebe." Ich sah, wie Tränen aus ihren Augen rannen und das brachte mich ebenfalls zum Weinen. Sie wischte ihre Tränen weg und sagte: „Oh Prinz und zukünftiger Pharao von Ägypten, du musst jetzt ein starker Mann sein. Du darfst nicht wie ein Kind weinen." Trotzdem konnte ich meine Tränen nicht zurückhalten. In meinem Inneren breitete sich Traurigkeit aus. Nun nahm sie mich in ihre Arme, bis ich mich wieder beruhigt hatte.

Dann sprach sie zu mir: „Moses, ich habe noch keinen Sohn gesehen, der seine Mutter mit so viel Gefühl liebt, wie du es tust." Und sie fragte mich: „Aber was nun? Du hast jetzt deine richtige Mutter kennengelernt." Wieder rannen Tränen aus meinen Augen. Ich antwortete: „Seitdem ich das Licht der Welt erblickte, warst du für mich meine einzige wirkliche Mutter. Später, als ich aufwuchs, konnte ich so viel Liebe in dir für mich sehen. Deine Güte und deine Barmherzigkeit haben mich auf jedem Schritt meines Lebens begleitet. Das was ich heute bin, ist nur ein Ausdruck deiner Liebe für mich. Mutter, den Traum, den du durch mich in Zukunft erfüllt sehen möchtest, werde ich Wirklichkeit werden lassen." Als sie dies aus meinem Mund vernahm, erhellte sich ihr Gesicht mit Glückseligkeit und sie sagte: „Moses, heute möchte ich dir meine Lebensgeschichte erzählen."

Sie sprach: „Vor dreißig Jahren wollte ich meine eigenen Kinder haben, jedoch konnte ich keine gebären. Mein Mann liebte mich und versuchte, mein Herz zu trösten. Mein Vater, der Pharao, liebte mich ebenso sehr. Er hat nichts unversucht gelassen und alles getan, was in seiner Macht stand, um mich glücklich zu sehen. Ich hatte alles, was sich ein Mensch auf dieser Erde nur wünschen kann. Aber ich wollte unbedingt meine eigenen Kinder haben. Als ich feststellte, dass es für mich nicht möglich ist, war ich unwahrscheinlich traurig. Ich betete zu allen möglichen Göttern, damit sich mein Wunsch erfüllt.

Während die Zeit verstrich, wurde der Wunsch in mir, eigene Kinder zu haben, immer stärker. Eines Tages sagte mein Vater, dass er den Befehl erteilen lassen könnte, die schönsten und gesündesten Kinder aus der ganzen Welt in den Palast zu bringen. Unter ihnen könnte ich wählen und so viele Kinder adoptieren, wie ich wollte und alle meine eigenen Kinder nennen. Als ich dies aus dem Munde meines Vaters hörte, fing ich laut an zu lachen. Aber er hatte es sehr ernst gemeint und mir dies aus dem Grunde seines Herzens angeboten. Er wollte alles tun, damit ich glücklich bin.

Eines Tages sagte ich zu meinem Vater: „Du regierst verschiedene Teile dieser Welt und trotzdem können wir nicht alles haben, was wir uns wünschen." Er starrte mich in diesem Moment sprachlos an. Ich fragte ihn sodann: „Warum können nicht einmal deine Götter mein

Gebet erhören? Es ist viel Zeit vergangen und ich habe nur darum gebetet, ein Kind zu bekommen. Jetzt werde ich versuchen, den Gott der Israelis darum zu bitten. Die Israelis sagen, wer mit aufrichtigem Herzen im Namen Abrahams, Isaaks und Jakobs zu ihrem Gott betet, dessen Gebet wird ihr Gott sicherlich erhören."

Als mein Vater dies aus meinem Mund vernahm, lachte er und sagte: „Oh meine süße Tochter. Heute hast du mich so zum Lachen gebracht, dass ich schon Bauchschmerzen davon habe." Dann sagte er: „Wie kann ein Gott der Sklaven dir helfen? Ihr Gott ist nicht einmal in der Lage, sein eigenes Volk zu befreien, das Tag und Nacht weint. Das ist nur einfacher Aberglaube und Ausdruck ihrer Hoffnung. Die Sklaven glauben, dass eines Tages ihr Gott sie von all dem Leiden und den Sorgen befreien wird. Deshalb fürchte ich immer, dass sie aufgrund ihres Glaubens, ihrer rebellischen Natur nachgeben werden. Eines Tages können sie so, sehr gefährlich für unsere Nation werden, wenn sie mehr Macht erhalten. Deshalb befahl ich auch damals, dass ihre neugeborenen männlichen Babys nicht am Leben bleiben sollten. Wir konnten sie so viel besser kontrollieren. Allmählich füllt sich das ganze Land mit ihnen. Und jetzt bittet meine eigene Tochter den Gott der Sklaven um ein Kind." Nun erwiderte ich meinem Vater, dem Pharao sehr schnippisch: „Dann bitte doch deine Götter, mir ein Kind zu geben." Der Pharao sah mich an und sprach: „Meine geliebte Tochter, ich habe nicht so viel Macht über meine Götter. Andererseits hätte ich es schon längst für dich getan."

Ich betete eines Tages sehr ernsthaft: „Oh Gott der Israelis, wenn Du der wahre Gott dieser Welt bist, dann höre, was ich mir wünsche und gib mir ein Kind. Wenn du das tust, werde ich den Sklaven helfen, die seit langer, langer Zeit unter Entbehrungen leben. Oh Gott von Israel, wenn Du mir diesen einzigen Wunsch erfüllst, werde ich mein Bestes tun, um dieses Versprechen zu erfüllen. In meinem nächsten Leben kannst du mir als Lohn einen guten Platz in deiner Nachbarschaft geben."

40 Tage nach diesem Gebet habe ich dich, Moses, am Ufer des Flusses gefunden. Als ich dich dort liegen sah, hatte ich Mitleid für die israelischen Frauen. Ich wusste ganz genau, dass eine hebräische Frau dich ausgesetzt hatte, da sie fürchtete, dein Leben nicht vor den Soldaten des Pharaos beschützen zu können. Als ich dich das erste Mal erblickte, hast du in deinem Korb geweint. Du warst ein

wunderschönes Kind. Deshalb entschied ich, dich als mein Kind anzunehmen. Während ich mit dir spielte und versuchte, dein Weinen zu beenden, sah ich in der Ferne ein Mädchen. Zuerst wollten die Wachen sie nicht zu mir durchlassen. Aber sie hatte Glück, dass ich sie mit eigenen Augen sah. Deshalb schickte ich eine meiner Dienerinnen, damit man dieses Mädchen zu mir bringt. Dieses erzählte mir, dass sie eine Frau kenne, die in der Lage wäre, dich zu stillen. Als ich dies hörte, wusste ich sofort, dass es eine Verbindung zwischen diesem Baby und dem Mädchen gibt. Aber ich dachte nicht weiter darüber nach, sondern gab ihr die Erlaubnis, diese Frau zu mir zu bringen.

Ich brachte dich in den Palast und einige Tage später zeigte ich dich meinem Vater, dem Pharao. Ich habe dich in seine Arme gelegt und er sagte, dass ich sehr glücklich zu sein scheine. Dann wollte er wissen, wer dieses Kind sei. Ich antwortete ihm: „Der Gott der Israelis, selbst wenn Er ein sehr armer Gott ist, so hat Er wenigstens mein Gebet erhört und mir ein Kind gegeben." Der Pharao fragte mich von wem ich dieses Kind hätte. So erzählte ich ihm die ganze Geschichte. Mein Vater war damals sehr überrascht, aber er sagte nichts. Nach einer Weile fügte er hinzu: „Bist du glücklich mit diesem hebräischen Kind, dann ist das alles, was ich möchte." Später bat ich meinen Vater, dass er seinen Befehl zurücknehmen müsse, die israelischen neugeborenen männlichen Babys zu töten. Glücklicherweise folgte er meiner Bitte, denn er wollte, dass ich glücklich bin." An dieser Stelle schaute meine Mutter mich an und sagte zu mir: „Der Gott der Israelis half mir, so ein wunderbares Kind, wie dich, zu haben. Deswegen half ich Ihm, indem ich wenigstens die neugeborenen männlichen Babys der Israeliten rettete." An dieser Stelle fingen wir beide an zu lachen. Ich sagte zu ihr: „Sieh, der Gott der Israelis hat irgendwie doch deinen Wunsch erfüllt und dir ein Kind gegeben." Und sie sagte: „Ja, Er hat mir ein Kind aus seinen eigenen Reihen gegeben."

Dann fuhr sie fort: „Ich glaubte zu wissen, dass dieses junge Mädchen damals deine Schwester war und die Frau, die sie brachte, deine wirkliche Mutter. Deine Mutter stillte dich 18 Monate. Ich habe sie gut dafür bezahlt, dass sie dich erzieht. Aber als ich sah, wie sehr sie sich um dich kümmerte, fühlte ich sehr stark, dass sie wirklich deine wahre Mutter sein musste. Eines Tages, als sie im Palast erschien, um dich zu stillen, bat ich sie aufrichtig und ohne Hintergedanken, mir die ganze

Wahrheit über sich und das Mädchen zu erzählen. Sie sollte nicht das Gefühl haben, dass ihr etwas zustößt, wenn sie mir die Wahrheit erzählt.

Plötzlich brach sie in Tränen aus. Sie bejahte, deine richtige Mutter zu sein und das Mädchen ihre Tochter. Dann fing sie laut an zu weinen: „Oh große Königin, gib mir mein Kind zurück. Ich kann nicht ohne es leben. Ich möchte mit ihm in meiner Gemeinde leben." Ich entgegnete ihr, sie brächte ihr Kind in große Gefahr, würde sie ihn zu den Sklaven zurückbringen. Doch sie wollte es weder wahrhaben, noch verstehen. Sie wollte dich einfach nur zurück und sagte zu mir, dass der Pharao seinen Befehl aufgehoben habe. Sie konnte nicht wissen, dass er dies nur mir zu Liebe getan hatte. Hätte der Pharao jemals herausgefunden, dass das Kind seiner Tochter nicht mehr da wäre, würde er sich an all den israelischen Menschen rächen. Die meisten seiner königlichen Untertanen hassten sowieso die Sklaven.

Deswegen musste ich eine sehr harte Entscheidung bezüglich deiner Mutter treffen. Ich sagte ihr, sie könne alles andere von mir bekommen. Ich war bereit, ihr zu helfen. Aber sie war so verbohrt und wollte dich unbedingt zurück. Sie fing immer lauter an zu weinen. Ich dachte, es ist besser, weiser vorzugehen, um sie zu beruhigen. Ich wurde sehr wütend und warnte sie, dass sie und ihre Familie getötet oder für den Rest ihres Lebens ins Gefängnis geworfen werden können, wenn sie jemals ihren Mund über dieses Thema öffnet. Diese Drohung erfüllte ihren Zweck und sie beruhigte sich. Sie verstand, was auf dem Spiel stand. Später dachte ich, es wäre besser, wenn sie dich nicht mehr sehen würde. Deshalb verbot ich ihr, in den Palast zu kommen. Ich teilte ihr mit: „Du hast jetzt genug gestillt. Von nun an braucht das Kind keine Muttermilch mehr."

Nach kurzem Schweigen fuhr meine Mutter fort: „Ich weiß nicht, ob das die beste Lösung war, deine Mutter so zu behandeln. Aber ich spürte, wenn sie dich ständig sehen, sie das emotional noch stärker belasten würde. Auf der anderen Seite war ich auch ein bisschen selbstsüchtig. Ich wollte den israelischen Menschen helfen, aber gleichzeitig wollte ich dich unter keinen Umständen verlieren." Ich antwortete meiner Mutter: „Mutter, in meinen Augen hast du das Beste für mich und die israelischen Menschen getan." Ich nahm sie in meine Arme und sagte zu ihr: „Heute hast du mein Herz befreit und nichts hat unsere Liebe verändert. Du bist immer noch die wunderschönste

Mutter für mich und ich werde für dich immer dein geliebter Sohn sein." Dann sprach sie zu mir: „Moses, es wäre weiser, wenn wir dieses Thema als unser Geheimnis behalten würden. Niemand, weder der Pharao noch seine königlichen Bediensteten, sollten jemals davon erfahren. Wenn du erst einmal Pharao von Ägypten bist, dann können wir deine Leute leicht befreien." Ich antwortete meiner Mutter, dass wir sehr umsichtig handeln müssten.

Als Prinz hatte ich so viele Aufgaben zu erledigen, so dass ich nicht jeden Tag Zeit hatte, mich um die Israeliten zu kümmern. Zum einen wollte ich nicht dem Pharao gegenüber den Eindruck erwecken, dass ich mich zu sehr um die Angelegenheiten der Sklaven bemühe. Ich war umgeben von Spitzeln und Spionen des Pharaos, die jedes neue Detail dem Pharao mitteilten. Zum anderen hatte ich ja bereits Leute in mein Vertrauen gezogen, denen ich die Verantwortung übergab, sich der israelischen Gemeinde anzunehmen. Diesen Auserwählten trug ich auf, mich immer zu informieren, wenn sich die Situation für die Israeliten verschlechterte. Ich wusste sehr gut, dass einige königliche Untertanen, die dem Pharao sehr nahe standen, die Fesseln der Sklaven auf keinen Fall lockern wollten. Ihr Wunsch und ihre Motivation bestanden darin, dass die Israelis ihnen für immer als Sklaven zur Verfügung stehen sollten. Diese Untergebenen befürchteten bereits, wenn man den Sklaven ein bisschen Freiheit lässt, sie dies sofort zur Rebellion animieren würde. Ihre gewöhnliche Einstellung ging dahin, dass man die Sklaven von morgens bis spät in die Nacht durch harte Arbeit unterdrücken musste. Nur so würden sie nicht auf solche Gedanken kommen und Glück für ihre Tyrannen bringen. Brach dann die tiefe Nacht herein, konnten sie ihrem Gott einfach nur danken, dass sie ein bisschen Zeit zum Ausruhen bekamen. Die Israelis lebten in einer Art Ghetto. Sie konnten sich nicht frei bewegen. Vom Verdienst konnten sie sich keinen Komfort leisten. Selbst wenn sie es selber oder für ihre Familien wünschten.

Für die ägyptischen Bediensteten des Pharaos war es auf der einen Seite auch sehr einfach, sich der israelischen Frauen zu bemächtigen, wenn sie mit ihnen sexuell verkehren wollten. Selbst wenn sie den Wunsch hatten, israelische Jungfrauen zu haben, dann brauchten sie dafür keine besondere Erlaubnis. Sie konnten ihre Wünsche auch gegen den Willen der israelischen Gemeinde durchsetzen. Die Israeliten mussten diese schmerzhafte Tatsache einfach hinnehmen.

Sie hatten keine Rechte, sich zu beschweren oder auch nur darüber zu reden. Sie mussten dieses Leid einfach hinunterschlucken." Moses sagte dann zu mir, dem Autor dieses Buches: „Um die ganze Sache abzukürzen. Es gab nichts, was den Israelis nicht widerfuhr. Sie hatten eine nie endende Traurigkeit. Leid und Schmerz waren ihr täglicher Begleiter. Tagein, tagaus hofften sie, mit Hilfe des Gottes Abrahams würde diese dunkle Zeit eines Tages vorbei sein. Der Name des Gottes Abrahams gab ihnen Frieden und Hoffnung in ihren Herzen."

Moses fuhr fort: „Als ich der Prinz von Ägypten war, habe ich mir selbst oft diese Frage gestellt: Warum hilft der Gott Abrahams nicht seinem auserwählten Volk, wenn Er dessen unvorstellbares Leid auf der Welt sieht? Jedes Mal schaute ich in den blauen Himmel und fragte den Gott Abrahams: „Wenn du der wahre Gott der Schöpfung bist, warum kannst Du dann nicht diese paar Menschen befreien? Was für ein Gott bist Du? Wer kann glauben, dass Du ein mächtiger Gott bist, wenn Du zusiehst, dass dein Volk seit langer Zeit als Sklaven arbeiten muss? Selbst in den Augen anderer Nationen sind die Menschen deines Volkes Angehörige einer niederen Kaste."

Manchmal wurde ich sehr frustriert und ärgerte mich, dass die Israelis an solch einen Gott glauben, der nicht einmal in der Lage war, ihnen zu helfen. Ich dachte nicht im Geringsten daran, dass ich derjenige nach Abraham bin, der durch Gott auserwählt wird, sein Volk in das Gelobte Land zu führen. Nicht einen Tag habe ich daran gedacht, dass ich mich direkt mit seinem Volk auseinander setzen muss. Ich hätte mir nie vorstellen können, wie ungehorsam Gottes Volk Ihm gegenüber ist. Über meinen eigenen zukünftigen Ungehorsam machte ich mir noch viel weniger Gedanken.

Bei einem Rundgang in der israelischen Gemeinde, sah ich eine große Menschenmenge gemeinsam zum Gott Abrahams beten. Dabei weinten nicht nur lauthals die Erwachsenen, sondern auch deren Kinder. Sie offenbarten ihre Sünden und Fehler in ihrem Leben. Sie baten den Gott Israels um Vergebung. Gleichzeitig gaben sie Gott viele neue Versprechen, auf seinem Weg zu folgen, genauso wie dem ihrer Ahnen. Bei diesem Anblick, fühlte ich einen tiefen Schmerz in meinem Herzen. Ich sagte zu mir selbst, als Pharao könnte ich in diesem Moment die Umstände für sie verändern, damit sie sich von ihren äußeren Qualen und Leiden befreien. Ich kehrte in den Palast zurück und fühlte, wie schwer die Verantwortung auf mir lag und wie traurig mein Herz war.

Ich musste für den Pharao eine bestimmte Mission in Afrika erfüllen. Es vergingen zwei Jahre, bis ich als erfolgreicher Prinz nach Ägypten zurückkehrte. Der Pharao war sehr glücklich, mich zu sehen. Vor allem war er mit dem Erfolg seiner Armee zufrieden. Ich ruhte mich ein paar Tage aus, bevor ich meine israelischen Vertrauten einberief. Ich wollte erfahren, was sich in meiner Abwesenheit in der israelischen Gemeinde zugetragen hatte. Man unterrichtete mich, ihre Lage hätte sich verschlimmert. Die königlichen Bediensteten unterdrückten sie mehr als je zuvor. Einige königliche Untergebene hatten in der Zwischenzeit den Pharao gefragt, ob sie meine Anordnung rückgängig machen können, sofern sie eine Erleichterung für die Sklaven brachte. Der Pharao folgte ihrem Wunsch und widerrief die ihnen gewährten Freiheiten.

Einige königliche Bedienstete gingen sogar soweit gemeinsam zu behaupten, meine Entscheidungen in Bezug auf die israelische Gemeinde seien fehlerhaft gewesen. Sie verbreiteten Gerüchte, ich würde Sympathie für diese Menschen hegen. Gleichzeitig unterstützten sie die anderen Prinzen der Familie des Pharaos. Sie behaupteten, dass sie qualifizierter wären, Ägypten als Pharao zu regieren. Jedoch stand ich in dieser Situation nicht allein. Unter dem Gefolge des Pharaos gab es auch viele Ältere, die ihre ganze Hoffnung in mich setzten, dass ich eines Tages der zukünftige Pharao Ägyptens werden würde. Sie standen ernsthaft hinter mir. Sie gaben deshalb dem Pharao immer weise Ratschläge, dass die beste Person nach dem Pharao, nur ich sein könne. Diese Art von Konflikten, man kann es auch als kalten Krieg bezeichnen, spielten sich im Palast ab. Es entging mir keineswegs, dass sich die Situation im Palast des Pharaos so zuspitzte.

Ich begann mich speziell über die königlichen Bediensteten zu informieren, die gegen die israelische Gemeinde waren. Sie waren auch diejenigen, die dem Pharao einredeten, die von mir gegebenen Freiheiten den Israelis wegzunehmen. Meine Nachforschungen begannen im Geheimen. Ich fragte nach einer Liste, besonders der Untergebenen, die aggressiv den Israelis zusetzten und sie unbedingt vernichten wollten. Während meiner Abwesenheit hatten sie das Arbeitspensum extrem erhöht. Es verging kein Tag, an dem die

Israelis nicht Opfer zu beklagen hatten. Einige starben auch durch die unmenschliche, gewalttätige Behandlungsweise der königlichen Untergebenen. Diese waren sehr darauf bedacht, dass ihre brutalen Anweisungen ausgeführt und erfüllt wurden. Als ich all diese Umstände wahrnahm, wurde ich sehr wütend. Ich rief die mir anvertrauten Leute zusammen, darunter waren auch einige Führer der israelischen Gemeinde. Auf unserem geheimen Treffen fragte ich sie, was wir gegen die königlichen Bedienesten unternehmen könnten, die die Israeliten jeden Tag auf das Schlimmste erniedrigten und misshandelten. Es blieb nur eine Lösung. Wir beschlossen gemeinsam, sie umzubringen und nach ihrem Tod in der Wüste zu begraben.

Einer meiner königlichen Untergebenen, dem ich sehr vertraute, lud die hasserfülltesten königlichen Untergebenen zum Essen ein. Er informierte sie, dass sie während dieses Essens auch darüber sprechen würden, wie man die israelischen Sklaven noch mehr ausbeuten könne. Das Treffen wurde so arrangiert, dass kein Fremder hinzukommen konnte. Ein Vertrauter informierte deshalb die anderen königlichen Untergebenen exakt über den Ort, am dem das Treffen stattfinden sollte. Ich hielt mich mit meinen anderen Leuten im Hintergrund verborgen, denn diese Extremisten sollten uns nicht sofort zu Gesicht bekommen. Als sich alle versammelt hatten und sich niederließen, fielen wir über sie her und brachten sie um. Wir töteten an jenem Tag 17 königliche Untergebene. Alle, die zu diesem Treffen erschienen, wurden umgebracht. Es ist auch wahr, dass ich nur einen tötete, nämlich den Anführer. Die anderen 16 wurden durch meine Männer umgebracht.

Ich habe diese Tatsache in meinen religiösen Büchern niemals erwähnt. Dort erzählte ich nur, dass ein Ägypter durch meine Hand gestorben war. Wie geplant, begruben wir sie weit weg in der Wüste. Aber das war kein kleines Ereignis. Die Gerüchte verbreiteten sich schnell in Ägypten. Besonders der Pharao und der königliche Hofstaat waren sehr verärgert. Sie stellten erste Untersuchungen an, wo diese 17 königlichen Untergebenen abgeblieben wären. Es war auch eine schockierende Tatsache für die ägyptischen Menschen. Die Untersuchungen konzentrierten sich sehr auf mich und auf die königlichen Untergebenen, die mir vertrauten. Sie dauerten fast zwei Jahre lang. Selbst der Pharao fragte mich persönlich, ob ich irgendetwas mit der ganzen Sache zu tun hätte. Ich verneinte es ganz einfach und zeigte so meine Loyalität dem Pharao, seinen Anhängern und seiner Nation gegenüber. Der Pharao starrte mich ruhig an, sagte aber nichts. Aber ich spürte, dass er an mir zweifelte. Der Umstand, dass ich ein Teil seiner Familie war, machte es für die Untersuchungen nicht leicht, mich als Prinz von Ägypten nur aufgrund von Vermutungen zu verdächtigen.

Nach zweieinhalb Jahren schlugen die Ermittlungen eine andere Richtung ein. Die königlichen Untergebenen, die mir feindlich gesinnt waren, bestachen die israelischen Anführer, denen ich vertraute. Diese waren auch mit mir, als wir die siebzehn königlichen Ägypter umbrachten. Sie hintergingen mich und erzählten alles. Sie erwähnten sogar, dass ich meine physische Familie im Geheimen getroffen hatte. Sie offenbarten fast alles, was sie über mich wussten." An dieser Stelle der Erzählung wurde Moses sehr traurig und er sagte zu mir: „Zahid, meine eigenen Leute haben mich hintergangen. Es waren die, die ich eigentlich befreien wollte.

Als der Pharao hinter die ganze Wahrheit kam, war er extrem verärgert und es tat ihm unsagbar Leid, dass seine Tochter ein hebräisches Kind adoptiert hatte. In dieser Situation ging meine königliche Mutter zum Pharao. Aber diesmal verweigerte er ihr den Zutritt. Der Pharao hielt augenblicklich ein geheimes Treffen mit den königlichen Untergebenen ab, denen er in dieser Sache noch vertraute. Sehr schnell entschieden sie, mich zusammen mit den königlichen Ägyptern, die mit mir in diese Sache verwickelt waren, festzunehmen. Der Pharao und sein Hofstaat waren so verärgert über die ganze Sache, dass sie mich umbringen wollten. Während dieser Zeit wartete ich im Palast auf das Ergebnis dieses Treffens.

Die erste Person, die mich ausführlich informierte, war meine zukünftige Frau Resan. Sie eilte zu mir und sagte: „Mein Vater lässt dir diese geheime Nachricht zukommen. Beim Treffen des Pharaos mit seinem Hofstaat wurde entschieden, dass du umgebracht werden sollst. Jetzt versuchen sie, dich zu finden." Nach dieser Botschaft begann Resan in Tränen auszubrechen und sie schluchzte: „Moses, wie kann ich den Rest meines Lebens ohne dich leben?" Ich hatte darauf keine Antwort. Ich bat Resan zurückzugehen und abzuwarten, wie sich die neue Situation entwickeln würde. Sobald sie mich verlassen hatte, verschwand ich aus dem Palast und brachte mich in

Sicherheit. Als ich den Palast verlassen wollte, brachte mir eine Dienerin meiner königlichen Mutter die Nachricht, dass sie mich sehen wollte. Ich folgte dem jedoch nicht, denn in meinen Augen war ich dem Palast zu nahe und es hätte mich das Leben kosten können. Deshalb verließ ich still und heimlich die Hauptstadt und brachte mich an einen sicheren Ort. Ich sandte mir vertraute Ägypter in die Hauptstadt, damit sie herausfinden, wie sich die Situation für mich entwickelt hätte. Ein paar Tage später informierten sie mich, dass die Armee des Pharaos ausgesandt wurde, mich gefangen zu nehmen. Sie wollten mich unbedingt umbringen.

Das waren sehr schwierige Umstände für mich. Und ich wusste nicht, was ich tun sollte. Ich war verärgert, frustriert und emotional verletzt. Die ganze Welt verdunkelte sich vor meinen Augen. Zum ersten Mal betete ich zum Gott Abrahams und fragte Ihn, was passieren würde, wenn ich zurück zum Palast ginge. Ich bat Ihn um Hilfe und um seine Führung. Ich hatte noch nicht einmal mein Gebet beendet, als ich eine Vision erhielt, die mich sehr überraschte. Bisher hatte ich solch ein Phänomen noch nie gesehen. In dieser Vision, die unwahrscheinlich kurz war, sah ich meinen eigenen Tod, würde ich in den Palast zurückkehren. Dann hörte ich eine Stimme: „Moses geh nicht zurück zum Palast des Pharaos."

Moses in Midian

Diese Vision und die himmlische Stimme beeinflussten mein Leben. Dies war auch der Ausgangspunkt für mich, später nach mehr geistiger Wahrheit zu suchen. Ich verließ still und heimlich Ägypten. Bei meiner Flucht aus dem Palast hatte ich auch einige wertvolle Diamanten mitgenommen. Ich steckte sie damals in die Tasche, um für schlechte Zeiten gewappnet zu sein. So reiste ich nach Midian. Um dorthin zu gelangen, nahm ich mir einen Führer. Solche Menschen haben besondere Fähigkeiten, den Weg in der Wüste zu finden. Ich bot ihm ein gutes Entgelt an, wenn er mich so schnell wie möglich dorthin brächte. Und dieser Mann war auch sehr glücklich, dies tun zu dürfen. Ich wollte unbedingt weit weg vom Palast des Pharaos gehen, damit er die Hoffnung verliere, mich finden zu können. Ich brach in solcher Eile auf, dass ich noch nicht einmal die Zeit hatte, meine mir vertrauten Leute zu informieren. Ich fürchtete auch, dass mich vielleicht wieder jemand verraten könne. Selbst der Mann, der mich durch die Wüste führte, fand nicht heraus, dass ich der Prinz von Ägypten war. Er war einfach nur glücklich, dass ich ihn ausgesucht hatte, mich für gutes Geld nach Midian zu bringen. Es war eine lange Reise, bis wir dort ankamen. Nach unserer Ankunft kehrte der Mann glücklich mit seinem reichen Lohn zurück.

So gelang es mir mein Leben zu retten. Jetzt war ich in Midian ein Fremder, und ich war müde von meiner Reise. Mein Herz war erfüllt von Traurigkeit. Diese Traurigkeit war so immens, dass ich dachte, jeden Moment daran sterben zu müssen. In meinem Herzen konnte ich nicht glauben, dass ich jetzt nicht mehr Prinz von Ägypten war. Ich konnte nicht glauben, dass ich die Menschen verloren hatte, die ich am meisten liebe, mehr als irgendetwas auf dieser Welt. Wenn ich für einen Moment daran dachte, dass ich nie wieder in der Lage sein werde, meine geliebte königliche Mutter zu sehen, die mir dieses Leben ermöglicht hatte, und die mir so viel Liebe entgegenbrachte, verdunkelte sich der Tag vor meinen Augen. Erinnerte ich mich in meiner Liebe an Resan, die ich heiraten wollte, fühlte ich wie mein Herz entzwei brach. Ich konnte meine Tränen nicht zurückhalten. Ich habe sie wirklich sehr geliebt.

Als ich darüber nachdachte, was nun den Israelis widerfahren würde, fühlte ich, als ob ich nicht mehr atmen könne. Sie würden auf jeden Fall den Preis dafür zu zahlen haben, dass ich Ägypten verlassen hatte. Die Situation war für mich so schlimm, dass sie sich zu einem Albtraum entwickelte. Ehrlich gesagt, Zahid, war ich in meinem Herzen nicht bereit, diese neue Realität zu akzeptieren. Ich schrie aus: „Oh Gott Abrahams, gib mir die Stärke und hilf mir auf diese neue Art und Weise zu leben." Ich fühlte mich so einsam. Meine ganze Welt war zusammengebrochen, und ich hatte niemanden beschützen können, ausgenommen meiner selbst.

Als ich in Midian ankam, war es bereits Morgen. Ich saß mit gebrochenem Herzen in der Nähe eines Brunnens, an dem Hirten sich versammeln, um ihr Vieh zu tränken. Nach einer Weile fühlte ich, wie der Schlaf mich übermannte. Während ich schlief, sah ich Engel. Sie nahmen meinen Geist in eine sehr hohe Dimension. Dort fühlte ich einen tiefen Frieden in meinem Herzen und in meinem Verstand. Diese Engel sagten zu mir: „Moses, der Gott Abrahams ist mit dir."

Danach wachte ich auf und zur gleichen Zeit hörte ich wie eine Tierherde in meine Richtung getrieben wurde.

Ich sah, wie sieben junge Frauen sich mir näherten. Sie wollten ihr Vieh am Brunnen tränken. Zur gleichen Zeit kamen Schafhirten, die ihr Vieh am Trinken hinderten. Im Ergebnis wurde das Vieh auseinander getrieben. Später kamen andere Männer zum Brunnen und stellten den Frauen nach. Sie wollten sie sexuell missbrauchen. Das war zu viel für mich. Ich stand auf und schlug sie nieder. Zum einen wollte ich diesen Frauen helfen und zum anderen sollten sie in Ruhe ihr Vieh tränken. Eine sehr attraktive Frau, die ich später heiratete, mit Namen Zippora, fragte mich, ob ich ein Fremder sei. Sie sagte, sie hätte mich noch nie zuvor gesehen. Ich antwortete ihr: „Das ist wahr, ich bin Ägypter und zum ersten Mal hier." Sie fragte mich, ob ich meine Reise fortsetzen müsse oder eine bestimmte Absicht mich hierherbrachte. Ich sagte ihr, dass ich wirklich nicht wüsste, wohin ich sonst noch gehen sollte. Deshalb sprach sie: „Das macht keinen Sinn. Du weißt zum einen nicht, warum du herkamst und zum anderen aber auch nicht, wohin du gehen sollst." Ich sagte ihr, dass ich momentan nur einen Platz zum Schlafen suche. Deshalb deutete sie mir an, hier zu warten. Sie sagte, sie müsse ihren Vater über mich informieren. Vielleicht sei es möglich, dass ich bei ihnen in Midian bleiben könne.

Als sie heimkam, erzählte sie ihrem Vater Jethro: „Heute hat uns ein Ägypter geholfen, unser Vieh zu tränken. Deshalb sind wir bereits jetzt zu Hause. Er verteidigte uns auch, als uns die Schafhirten nachstellten. Dieser Ägypter ist ein Fremder. Er weiß selber nicht, wo er in Zukunft hingehen wird. Als ich ihn zurückließ, suchte er einen Platz zum Schlafen." Jethro, ihr Vater, sagte zu seiner Tochter: „Warum hast du diesen Mann alleine zurückgelassen? Er hat dir geholfen und er sagte dir, dass er einen Platz zum Schlafen braucht." Deshalb kehrte Zippora zu mir zurück. Sie sagte mir, dass ihr Vater auf mich wartete und dass sie einen Platz zum Schlafen hätten. Ich folgte Zippora und ihr Vater Jethro begrüßte mich. Er lud mich ein, mich bei ihnen, wie zu Hause zu fühlen. Er bot mir Essen und Trinken an. Genau genommen war ich sehr hungrig, aber ich wollte sie nicht von mir aus darum bitten. Als Jethro mich einlud, am Mahl teilzunehmen, war ich ihm sehr dankbar. Während des Mahls fragte er mich: „Warum bist du so ruhig?" Gibt es etwas, das ich für dich tun kann?" Ich fragte ihn, ob ich für eine Weile in seinem Haus bleiben könnte. Ich wäre ihm sehr dankbar dafür. Er

antwortete mir: „Das ist keine Frage. Du kannst so lange bleiben, wie du möchtest. Mit Sicherheit wirst du in uns gute Gastgeber finden."
Als die Zeit verging, fand ich heraus, dass Jethro und Zippora mir wohlgesinnt waren. Eines Tages fragte ich Jethro: „Wenn du möchtest, kann ich mich um deine Rinder kümmern. Bekommst du Gäste, dann möchte ich sie bedienen." Jethro war sehr glücklich, das zu hören. Er war ein Priester in Midian und hatte eine Beziehung mit der geistigen Welt. Verschiedene gute Geistwesen arbeiteten mit Jethro. Kamen die Menschen zu ihm, baten sie um Hilfe für ihr geistiges Leben. Aber Jethro selber hatte kein klares Verständnis von einem Gott, wie die Lehre Abrahams. Ich war überrascht zu erfahren, dass nicht nur die Israelis an Abraham glaubten, sondern es gab auch hier Menschen in Midian und in anderen Teilen der arabischen Welt. Abraham war auch dort als großer geistiger Mann bekannt, obwohl nicht jeder seiner Lehre folgte. Ich unterstützte Jethro bei seinen geistigen Aktivitäten und kümmerte mich um sein Vieh.

Trotzdem verließ mich die Traurigkeit für keinen einzigen Moment. Deshalb war ich auch die meiste Zeit, wenn ich mit Jethro und seinen Leuten zusammen war, still. Trieb ich das Vieh hinaus auf die Felder, führte ich es meistens in die Nähe des Berges Horeb, den man auch den Berg Gottes nannte. Ich ließ mich am Fuß des Berges für Stunden nieder. Oft weinte ich, denn in meinem Herzen konnte ich die Traurigkeit kaum ertragen. Eines Tages, während ich allein am Fuße des Berges Horeb saß, sah ich wie Jethro auf mich zukam. Er ließ sich still neben mir nieder. Nach einer Weile brach er das Schweigen und fragte: „Moses, die ganze Zeit über fühle ich sehr stark, dass du eine große Last mit dir herumträgst. Du bist umgeben von Traurigkeit. Du kannst es mir erzählen. Ich verspreche dir, dass ich dieses Geheimnis für mich behalte." Ich gab ihm daraufhin keine Antwort. Als er sah, dass ich nicht mit ihm reden wollte, sagte er: „Die geistige Welt hat mir erzählt, dass du kein gewöhnlicher Mann bist, sondern etwas ganz Besonderes. Ich möchte dir helfen, dein Herz zu öffnen. Du kannst mir alles erzählen." Nun antwortete ich ihm: „Wenn die Menschen erfahren, wer ich bin, fürchte ich, dass ich nicht in Midian mit dir bleiben kann. Dann muss ich wieder in ein anderes Land gehen und nach einem Ort suchen, wo ich auf dieser Erde in Frieden leben kann. Deshalb wäre es besser, wenn du mich nicht nach meiner

Vergangenheit fragtest. Es macht mir nichts aus, als unbekannter Mann in Midian zu leben."

Jethro antwortete mir: „Wir sitzen hier nahe des Berges Horeb. Dieser Berg gehört dem allerhöchsten Gott und manchmal erscheint Er an diesem heiligen Ort. Berichte mir über dich. Ich schwöre, dass dieses Geheimnis für immer nur zwischen dir und mir bleiben wird. Es gibt noch einen anderen Grund, warum ich dich bitte, über dich zu reden: Ich möchte die Traurigkeit mit dir teilen. Ich möchte dich näher kennenlernen und dir dann deine Ängste und Sorgen abnehmen, die du bis jetzt alleine mit dir herumträgst. Ich sehe dich jetzt bereits als ein Mitglied meiner Familie." Ich sprach zu Jethro: „Versprichst du wirklich, es niemanden zu erzählen, bin ich bereit, mit dir über meine Vergangenheit zu reden. Ich sterbe innerlich, denn diese schmerzhafte Traurigkeit raubt mit schier den Verstand." Als ich dies sagte, begann ich zu weinen. Jethro legte seine Hände auf meine Schultern und sprach: „Moses, du trägst viel Traurigkeit in dir. Aber jetzt hast du einen Freund gefunden, dem du dein Herz öffnen kannst." Und so begann ich, ihm meine Vergangenheit zu schildern, von Anfang bis Ende.

Nachdem Jethro die Geschichte meines Lebens vernommen hatte, nahm er mich in seine Arme und weinte. Er sagte zu mir: „Oh großer Prinz von Ägypten, du bist nicht nur der Prinz, sondern du bist auch ein herausragender Mann. Ich habe niemals in meinem Leben jemanden wie dich getroffen, der die Last und die Traurigkeit in seinem Herzen vor sich herträgt und dabei so ruhig bleibt. Moses, du bist noch nicht einmal 40 Jahre alt und du hast bereits all die Höhen und Tiefen um deiner Nächsten willen ertragen. Dadurch konnte auch ich bis in die Tiefe deines Herzens hineinschauen." Jethro sah mich an und sagte: „Dies ist der Berg des allerhöchsten Gottes. Aber ich bin sicher, dass selbst dieser Berg noch keinen Mann wie dich erblickt hat. Wenn Gott diesen Berg besucht, sieht er einen Mann am Fuße dieses Berges sitzen, der mit Ihm sein Herz teilen möchte. Sicher wird Gott genauso Tränen vergießen, wenn Er hört, dass ein Mann wie du auf dieser Erde weilt."

Am nächsten Tag sagte Jethro zu mir: „Ich fühle, dass du deine Geliebten in Ägypten sehr vermisst. Moses, ich habe sieben Töchter. Wenn du willst, kannst du dir eine aussuchen und sie heiraten. Ich werde sie dir geben." Ich war über dieses Angebot überrascht. Jethro fuhr fort: „Zippora ist meine liebste Tochter. Ich weiß, dass du sie auch sehr magst. Aber es ist deine Entscheidung, welche du erwählst. Ich möchte mein Bestes tun, dein Herz zu trösten." Ich antwortete ihm: „Gib mir ein paar Tage Zeit, darüber nachzudenken." „Du kannst so viel Zeit haben wie du willst", erwiderte er lächelnd. Danach verließ er mich.

Es verstrichen ein paar Tage, aber ich konnte mich nicht entscheiden. Auf der einen Seite war ich sehr einsam und traurig. Ich wollte jemanden neben mir als Partner haben, dem ich mein Herz öffnen und mit dem ich hätte mein Leid und meine Entbehrungen teilen können. Andererseits wusste ich, dass die, die ich liebte, Resan war und in Ägypten lebte. Dachte ich nur an sie, brach mein Herz in Stücke. Ich konnte mein Leben retten und aus Ägypten fliehen. Aber seitdem ich in Midian arm und zurückgezogen lebte, war ich wie ein Vogel, der eigentlich hoch hinauf in den blauen Himmel steigen kann, dem aber die Flügel gestutzt wurden und der jetzt in einem Käfig lebt. Sieht dieser Vogel jetzt von seinem Käfig aus, hoch oben im blauen Himmel, andere Vögel fliegen, möchte er in diesem Moment auch wie die anderen in den blauen endlosen Weiten des Himmels sein. Aber nun hatten sich die Umstände für mich verändert. Ich wusste, ich würde nie wieder wie ein Vogel in der Luft fliegen und meine Freiheit spüren.

So sah es in mir aus. Ich wusste, dass dies die bittere Wirklichkeit war. Ich würde nie wieder der Prinz von Ägypten sein. All die Wünsche und Pläne, die meine königliche Mutter für mich hatte, erschienen mir jetzt wie ein Märchen. Dachte ich nur daran, dass ich meine Geliebten in Ägypten verloren hatte und sie nie wieder sehen werde, schrie mein Herz auf. Aber es gab noch eine andere Traurigkeit. Ich war kurz davor gewesen, den Israelis wirklich helfen zu können, wenn ich nur ein bisschen mehr Geduld gehabt hätte. Nach den Ereignissen konnte ich nichts mehr ändern. Jetzt lag es nicht mehr in meiner Hand, etwas für sie zu tun. Ich fühlte mich so niedergeschlagen, dass ich mir nicht einmal selber helfen konnte. Darum beschloss ich, den Rest meines Lebens als Fremder in Midian zu leben. Midian war genau genommen ein Gefängnis für mich, denn es gab keine Tür, durch die ich hätte nach draußen gelangen können.

Als Jethro mich das nächste Mal sah und nach meiner Entscheidung fragte, sagte ich zu ihm: „Seit ich nach Midian kam, hat mich Zippora wie ihren besten Freund behandelt. Sie war es, die mein Herz tröstete. Erlaubst du es mir, möchte ich deine Tochter Zippora zur Frau nehmen. Ich werde dir dafür acht Jahre lang bedingungslos dienen." Jethro war sehr glücklich und sprach zu mir: „Ich nehme diese acht Jahre von dir an. Du bist herzlich in unsere Reihen aufgenommen." Nachdem ich Zippora geheiratet hatte, behandelte mich die Familie Jethros noch besser. Sie wussten, dass ich die meiste Zeit an dem Berg Horeb verbrachte. Zippora und ihre Familie brachten mir das Essen dort hin.

Eines Tages, als Zippora mir das Mittagessen brachte, sagte sie: „Mein Vater Jethro bat mich, dir niemals Fragen über deine Vergangenheit zu stellen. Aber wann immer ich dich sehe, spiegeln sich eine große Traurigkeit und viele Sorgen in deinem Gesicht wieder. Ich habe niemals auch nur ein einziges Lächeln in deinem Gesicht gesehen, seitdem ich dich kennengelernt habe. Jetzt bin ich sogar schwanger, aber ich spüre nicht, dass du glücklich bist über dieses Kind." Ich gab keine Antwort. „Zumindest habe ich doch das Recht, dir diese Fragen zu stellen. Oder soll ich für immer meinen Mund halten und glücklich werden mit der Art und Weise wie du bist? Wenn es sein muss, bin ich auch dazu in der Lage, wenn es dir mehr Frieden gibt." Nun antwortete ich ihr: „Es gibt Dinge in deinem Leben, in die ich mich nicht einmische. Lässt du meine Vergangenheit in Ruhe, wäre ich dir sehr dankbar." Aber sie konterte: „Seitdem ich mit dir lebe, kenne ich immer noch nicht deine Schmerzen und inneren Kämpfe." Dann stellte sie mir eine andere Frage: „Hast du mich geheiratet, weil du mich liebst oder gibt es da noch einen anderen Grund dafür? Zum Beispiel, dass ich dir deine Einsamkeit vertreiben soll." Ich antwortete Zippora: „Warum möchtest du alles wissen? Es ist nicht gut für dich." Aber sie sagte: „Kann sein, es ist nicht gut für dich, denn du musst gestehen, wen du wirklich liebst." Ich verharrte in Schweigen, aber sie fuhr fort: „Moses, es ist besser, dass du erzählst, wer du wirklich bist. Kannst du das nicht, dann gebe ich dir einen Rat: Begrabe deine Vergangenheit und beginne ein neues Leben. Es wird Zeit für dich, dass du merkst, dass ich deine Frau bin und nicht nur dein Spielzeug." Bevor sie mich verließ, sagte sie noch: „Denke darüber nach. Ich werde auf eine Antwort von dir warten." Nachdem sie weg war, fühlte ich, wie Traurigkeit in mir hochstieg.

Die folgende Nacht betete ich zu Hause zum Gott Abrahams: „An dem Tag, an dem ich deinem Volk helfen wollte, wurde ich selber zum Sklaven. Ich lebe nun in diesem fremden Land das Leben eines Bettlers. Es gibt niemanden in dieser Welt, der mein Herz jemals verstehen könnte, der spüren kann, wie es Tag für Tag weint und in tiefer Traurigkeit versinkt. Einmal war ich der Prinz von Ägypten. Ich galt als der stärkste Mann und wollte die Welt des Pharaos regieren. Aber jetzt habe ich ein anderes Ich kennengelernt, das zu schwach ist und sich vor der Welt versteckt. Heute lebe ich unter solchen Bedingungen, dass ich mich nur danach sehne, einen einsamen Ort zu finden, wo ich mich von allem zurückziehen kann. Oh Gott Abrahams, verleihe mir noch einmal die Kraft und die Stärke, so zu leben oder zeige mir zumindest einen Platz, an dem ich für immer verschwinden kann. Die Menschen sollen vergessen, dass ich je gelebt habe." Dann brach ich in Tränen aus.

In der darauf folgenden Nacht schlief ich und mir erschien im Traum der Gott Abrahams. Ich sprach zu Ihm: „Oh Gott, ich bin der einsamste Mann auf dieser Erde. Ich brauche deine Hilfe und deine Führung." Als ich diese Worte sprach, umarmte mich Gottes Licht. Nun erfuhr ich, wie tief die Liebe sein kann. Ich begann, wie ein Kind zu weinen. Ich wachte in meinem Bett auf und bemerkte, dass ich immer noch weinte. Zippora schlief neben mir. Sie erwachte zur gleichen Zeit und fragte mich: „Moses, ist alles mit dir in Ordnung?" Ich brauchte etwas Zeit, bis ich merkte, dass es nur ein Traum war.

Am nächsten Tag wollte ich an einem einsamen Ort über mein nächtliches Erlebnis nachdenken. Ich bevorzugte einen Ort, nahe des Berges Horeb. Ich trieb das gesamte Vieh vor mir her, bis ich dort angelangte. Ich setzte mich nieder, schloss meine Augen und wollte noch einmal die Liebe spüren, die mir Gott letzte Nacht entgegenbrachte, als Er mich umarmte. Noch einmal begann ich zu weinen. Ich dachte niemals, dass Traurigkeit und Liebe so tief miteinander verbunden sein können. Plötzlich vernahm ich die Stimme: „Moses, Gott kennt dich, und Er kennt die Sorgen und Traurigkeit aller Menschen. Aber niemand kennt Gottes Sorgen und Gottes Traurigkeit." Als ich dies vernahm, öffnete ich schnell meine Augen und blickte mich um. Aber da war niemand außer mir. Später kam Zippora zu mir und sagte, dass sie Essen für mich brachte. Während ich aß, fragte sie mich: „Was hast du letzte Nacht geträumt?

Du hast so sehr geweint." Als sie merkte, dass ich ihr keine Antwort geben wollte, sprach sie: „Was hast du entschieden. Möchtest du mit mir über deine Vergangenheit reden?" Ich erwiderte: „Ich möchte nicht, dass die Leute erfahren, wer ich bin. Andererseits befürchte ich, dass ich diesen Ort verlassen müsste und gezwungen wäre, woanders zu leben." Sie entgegnete aber: „Erzähl es mir. Ich verspreche, niemand wird dein Geheimnis von mir je erfahren."

Ich erwähnte, dass ihr Vater Jethro der Einzige ist, der meine Vergangenheit kennen würde. Er ist auch der Einzige, auf den ich mich verlassen könnte. Daraufhin entgegnete sie: „Dann werde ich die letzte Person sein, die jemals erfahren wird, wer du wirklich bist." Ich sprach: „Wir sitzen hier am Fuße des Berges Gottes. Du musst schwören, dass du dieses Geheimnis für dich behalten wirst, solange bis Gott mir einen neuen Weg eröffnet." So erzählte ich auch ihr meine Vergangenheit. Meine Lebensgeschichte berührte sie emotional zutiefst. Sie sprach zu mir: „Vergleichst du deine alte Welt mit dieser, sieht es aus, als hätte diese Welt überhaupt keine Farben. Das muss für dich sehr schmerzhaft sein. Es muss dir vorkommen, als ob eine furchtbare Tragödie dich von deinen Lieben trennte, so dass du sie jetzt vergessen musst." Ich konnte ihr darauf nicht antworten. Sie fragte mich: „Moses, liebst du Resan immer noch genauso, wie du sie in der Vergangenheit liebtest?" Wieder wusste ich nicht, was für eine Antwort ich ihr geben sollte.

Trotzdem erzählte ich ihr: „Resan war die Einzige, die ich mehr als irgendjemand anderen auf dieser Welt liebte. Ich kann sie nicht vergessen. Ich erinnere mich täglich an sie. Ich hoffe, du bist mir nun, da ich dir wahrheitsgemäß geantwortet habe, nicht böse." Aber Zippora entgegnete mir: „Dann frage ich mich, was du mit mir tust? Lebst du nur mit mir zusammen? Gibt es keine andere Alternative für dich, um dich selber zu trösten?" Daraufhin war ich sprachlos. Nachdem ich mich gefasst hatte, sprach ich zu ihr: „Meine Vergangenheit ist so kompliziert. Ich habe bis jetzt verschiedene Dinge noch nicht verarbeiten können. Ich hoffe, du kannst mir vergeben." Sie lächelte und sagte: „Oh Moses, es tut mir Leid für mein Benehmen und für das, was ich dir gerade gesagt habe. In Zukunft werde ich nicht nur deine Frau sein, sondern ich werde versuchen, deine beste Freundin zu werden, so dass du mit mir all deine Leiden teilen kannst." Nach dieser Unterhaltung wurde Zippora eine wunderbare Ehefrau. Sie war diejenige, die mich tröstete und dazu brachte, wieder auf meinen eigenen Füßen zu stehen.

Ich lernte in der Zwischenzeit mit dem Leben einen Kompromiss zu schließen. Die Zeit verging und nun hatten wir zwei Söhne. Ich lebte nun bereits 30 Jahre in Midian. In diesen 30 Jahren bin ich Gott sehr nahe gekommen. Trotzdem wich in dieser Zeit die Traurigkeit nicht von meiner Seite. Schloss ich meine Augen und dachte an meine Vergangenheit, erschien es mir, als wäre das der wunderbarste Traum. Öffnete ich die Augen, dann war alles vorbei. In der Wirklichkeit lebte ich in Midian als unbekannter Mann, der ganz gewöhnlich seinem Schwiegervater dient und seinen geistigen Aktivitäten. Oder ich saß stundenlang am Fuße des Berges Horeb, betete und dachte über Gott nach. Jethro, mein Schwiegervater, glaubte ebenso an einen allerhöchsten Gott. Aber dort herrschte die Lehre vor, dass es immer noch verschiedene Kanäle gäbe, durch die man diesen allerhöchsten Gott treffen kann. Das stand im Widerspruch zu Abrahams Lehre. Jethro war ein sehr toleranter und weiser Mann. Er mischte sich nicht in meine Suche nach Gott ein. Er gab mir immer seinen besten Rat für meine geistige Reise. Besonders nachdem er herausgefunden hatte, dass ich nun viele Visionen und Träume erhielt, die ich ihm erzählte.

In diesen dreißig Jahren konnte ich eine sehr tiefe Beziehung mit Gott und der geistigen Welt aufbauen. Ich hatte unzählige Erfahrungen, denn in meinen Visionen erschienen mir die Engel und führten mich. Ich konnte sogar in der geistigen Welt reisen, und dies viele, viele Male. Dies öffnete gleichzeitig eine neue Ära für mich. Nun wusste ich, dass Gott und die Himmel wirklich existierten. Als ich in den geistigen Dimensionen reiste, stärkten die dort gemachten Erfahrungen auch meinen Geist. Immer, wenn ich von meinen geistigen Reisen zurückkam, konnte ich niemanden, ausgenommen Jethro, von meinen nächtlichen Erfahrungen berichten. Mein Schwiegervater war sehr inspiriert, wann immer er von meinen Erfahrungen hörte.

Ich weiß, dass sich jetzt viele die Frage stellen, warum ich diese Erfahrungen nicht in meinen Büchern erwähnte? Ich werde später erklären, warum ich mehr auf die Begründungsversuche meines Verstandes, als auf mein Herz hörte.

Nachdem dreißig Jahre vergangen waren, erschien mir eines Nachts Gott in meinem Traum und Er bat mich: „Moses, kehre zurück nach Ägypten und befreie mein Volk. Erzähl all deine geistigen

Erfahrungen, die du mit mir und den Himmeln gemacht hast. Moses, du wurdest bis jetzt von vielen Engelwelten angeleitet. Du hast nun die Kraft, die Menschen auf den geistigen Weg zu führen." Ich antwortete Gott: „Gott, wenn ich morgens erwache, dann finde ich mit niemandem eine Basis, um ihm meine geistigen Erfahrungen zu erzählen. Wie kann ich jetzt nach Ägypten zurückkehren und die Israelis auf den geistigen Weg führen mit meiner Lehre. Es ist eine unmögliche Aufgabe, die Du von mir verlangst. Und obwohl ich Dich und die Engelwelt von Angesicht zu Angesicht getroffen habe, so zweifle ich doch immer noch daran, wenn ich morgens aufwache, ob ich wirklich Dich und die geistige Welt gesehen habe." Daraufhin sagte Gott gar nichts mehr zu mir, sondern verließ mich.

Danach wachte ich auf. Aber von diesem Tage an, war ich nicht mehr in der Lage, irgendwelche geistigen Erfahrungen zu machen. Das verärgerte mich. Ich hegte Groll in meinem Herzen gegen Gott und die Engelwelt. Manchmal weinte ich und fragte Gott sehr verärgert: „Warum behandelst Du mich so?" Die Blockade von Seiten der geistigen Welt wurde aber nicht wieder aufgehoben. Ich verlor fast vollkommen die Hoffnung, dass ich jemals wieder durch Gott und die Engelwelt berufen würde. Jethro versuchte sein Bestes, mein Herz zu trösten, aber er hatte keinen Erfolg damit. Und so verlor ich auch meine ganzen Ambitionen in Jethros geistigen Aktivitäten. Eines Tages fragte mich Jethro: „Lass uns zurückgehen zum Fuß des Berges Horeb, dem Berg Gottes. Ich möchte dich dort um etwas bitten." Als wir dort ankamen, ließen wir uns wie gewohnt im Schatten nieder.

Nun fragte mich Jethro: „Wie viel weißt du über das Leben von Abraham?" Und ich sagte zu ihm: „Nur so viel, wie ich durch die Gerüchte der verschiedenen Menschen vernommen habe." Jethro fuhr fort: „Habe ich dir nicht vorher bereits erzählt, dass es viele Wege gibt, Gott zu treffen. Und du musst ebenso geduldig sein mit der geistigen Welt. Bevor Abraham Gott treffen konnte, ging er durch viele geistige Kanäle, um zu seiner geistigen Stärke zu gelangen. Aber wie dem auch sei, er hat niemals seinen Glauben an Gott verloren. Und in deinem Fall kann ich sehen, dass du sehr ungeduldig bist. Dadurch kannst du viel zerstören, während du auf dem geistigen Weg wandelst. Ich möchte dir noch eine Frage stellen. Dir wurde so viele Male die geistige Erfahrung und Führung zuteil durch die Engelwelt. Aber was hatten sie davon? Bis jetzt konntest du ihnen nichts zurückgeben. Du hast nur ständig deine Frustration und deinen Ärger gegenüber Gott und der Engelwelt zum Ausdruck gebracht. Gott ist dir persönlich in deinen Träumen erschienen. Du sahst Ihn und als Er dich fragte, zurück nach Ägypten zu gehen, um seinem Volk zu helfen, da hast du Ihm diese Bitte abgeschlagen. Du hast Ihm verschiedene Gründe gegeben, warum du nicht zurückkehren kannst nach Ägypten. Ich glaube, das ist der Grund, warum die geistige Welt jetzt nicht mehr mit dir arbeiten möchte. Ich persönlich habe Gott niemals getroffen. Und ich bin wirklich dankbar, wenn ich einige Informationen aus der geistigen Welt erhalte."

Nun antwortete ich ihm: „Deine Beziehung mit der geistigen Welt befriedigt mich aber auch nicht." Jethro schaute mich an und sprach: „Deine Beziehung mit der geistigen Welt ist viel weiter entwickelt als meine. Selbst das befriedigt dich nicht." Nachdem ich dies vernommen hatte, war ich für eine Weile sprachlos. An Jethro gewandt, fügte ich hinzu: „Ich möchte Gott bei Tageslicht sehen. Wenn Er wirklich unser Gott ist, der alles erschaffen hat, dann sollte Er auch sichtbar für seine Menschen sein." Als Jethro dies vernahm, starrte er mich an. Und ich fragte ihn: „Habe ich etwas Falsches gesagt?" Er gab zurück: „Bis jetzt hast du immer noch nichts Richtiges gesagt." Und ich fragte ihn: „Warum nicht?" Und dann sagte er: „Wenn du glaubst, dass du weise genug bist, um Gott einen Rat zu erteilen, wann Er für die Menschheit sichtbar zu sein hat, dann solltest du den Zeitpunkt viel besser kennen als Gott." Wir beendeten unsere Unterhaltung und Jethro kehrte zu seiner Arbeit zurück. Ich beschloss aber, noch etwas länger am Fuß des Berges sitzen zu bleiben. Die Unterhaltung, die ich mit Jethro geführt hatte, verletzte meinen Stolz zutiefst.

Mein Herz war erfüllt von Leid und Schmerz. Ich wusste nicht, wohin ich von nun an gehen sollte. Deswegen betete ich zu Gott: „Oh Gott, der gesamten Schöpfung. Ich bin so schwach und werde leicht zornig. Obwohl ich bereits ein alter Mann geworden bin, habe ich bis jetzt immer noch nicht gelernt, deinem Weg mit glücklichem Herzen zu folgen. Obwohl meine Motivation meistens eine gute war, so haben mich doch meine Gewohnheiten und meine eigene Sicht, Dinge anzugehen, dazu gebracht, mir selber und anderen Menschen im Leben weh zu tun. Ich bete zu Dir, gib mir Demut und Geduld, so dass ich deinem Weg ohne Widerrede folgen kann." Während ich dies betete, vernahm ich die Stimme: „Moses, räume Gott und seinem Willen immer den ersten Platz in deinem Leben ein. Moses, wenn die Menschheit Gott Tag und Nacht durch die ganze Ewigkeit hindurch dienen wird, können sie trotzdem nicht Gott das zurückgeben, was Gott für die Menschheit und für all die Wesen getan hat. All die Wünsche, Ideale und Sehnsüchte der Menschen sollten nur darauf gerichtet sein, in der Liebe Gottes zu wachsen. Das ist das einzige maßgebende Gesetz, das in der Ewigkeit existiert. Dort können all die Ideale erfüllt werden." Ich habe dieser Stimme aufmerksam zugehört. Meinen Ohren ist diese Stimme bereits sehr vertraut. Dann schaute ich mich um, aber es war niemand außer mir in der Wüste. Diese Worte berührten mich so tief, dass ich zu weinen begann.

Als Prinz von Ägypten hatte ich viele Erklärungen abzugeben. So wuchs ich im Palast des Pharaos auf. Hier konnte ich das Wissen aus aller Welt studieren. Aber nun blockierte meine Fähigkeit, alles mit dem Verstand zu begründen, meinen geistigen Weg. In den vergangenen dreißig Jahren lernte ich mit dem Herzen zu handeln. Ich habe erfahren, wie Traurigkeit ein Herz brechen kann. Und deshalb sagte ich zu mir selber: Moses, steh noch einmal auf und gehe weiter auf dem geistigen Weg. Vielleicht kann dich dann Gott noch etwas Besseres lehren. In meinem Herzen versprach ich mir selber, wenn Gott oder die Engelwelt mir das nächste Mal erscheinen und mich bitten, in eine Richtung zu gehen, dann werde ich dem bereitwillig folgen.

Und noch einmal vergingen dreizehn Jahre. Aber meine geistigen Sinne waren immer noch blockiert. Ich konnte weder in der geistigen Welt reisen, noch konnte ich Träume sehen. Das war für mich ein Schlag ins Gesicht. Ich sage dir ehrlich Zahid, selbst in diesen dreizehn Jahren hatte ich immer noch Ressentiments gegen das israelische Volk und selbst mein Ärger gegenüber Gott und der Engelwelt konnte nicht verebben. Irgendwie machte ich die Israeliten dafür verantwortlich, dass ich aus Ägypten fortlaufen und in Midian so miserabel mein Leben zubringen musste.

Nun lebte ich schon 43 Jahre in Midian. Ich wurde alt und die Hoffnung verschwand mit jedem Tag, dass mich Gott jemals wieder rufen würde. Ich saß täglich am Fuß des Berges und schaute zu ihm hinauf; dies ist mir zur Gewohnheit geworden. Stunden für Stunden konnte ich den Berg Gottes beobachten. Ich kann mit Sicherheit sagen, dass in diesen 43 Jahren kein Tag verging, an dem ich an diesem Berg nicht betete. Meistens setzte ich mich still nieder, starrte auf den Berg und mein Herz wünschte sich immer, Gott auf diesem Berg zu sehen.

Ich habe so viele Geschichten über diesen Berg Horeb gehört, und dass dies der Berg Gottes sei. Gott persönlich würde hier von Zeit zu Zeit vorbeikommen. Jede Person, die bis jetzt versucht hatte, diesen Berg zu erklimmen, starb auf der Spitze des Berges, denn dies war nur der Platz für Gott. Gottes Füße berühren diesen Berg, wenn Er manchmal über ihn geht. Und deswegen wurde dieser Berg auch Gottes heiliger Berg genannt. Und das war auch meine Beobachtung in den 43 Jahren. Wer immer versuchte, diesen Berg zu besteigen, um zu demonstrieren, dass alles nur Aberglaube ist, und Gottes Gegenwart nicht da wäre, starb bereits auf halbem Weg zur Spitze des Berges Horeb. Oder er kehrte niemals wieder zurück. Es hat viele gegeben, die aufgestiegen sind, aber man sah sie nie wieder. Und deswegen wurde dieser Berg zu einem ganz besonderen Ort. Ich wunderte mich immer, was für ein Geheimnis es auf der Spitze des Berges Horeb geben würde. In all den 43 Jahren dachte ich auch daran, diesen Berg zu besteigen, um dort oben Gott sehen zu können. Aber wann immer ich meine Füße an den Fuß des Berges Horeb setzte, fürchtete ich mich so sehr in meinem Herzen, dass ich feststellen musste, ich würde nie in der Lage sein, diesen Berg zu erklimmen.

Bei einem meiner nächtlichen Gebete fühlte ich mich sehr einsam. Ich begann zu weinen, und in meinem Gebet sprach ich zu Gott: „Du hast Adam auserwählt, aber er hatte nicht die Courage, für Dich einzustehen. Er ging zurück in seine alte Welt. Du hast Noah auserwählt, aber er verfluchte die Menschheit und am Ende wollte er nur seine eigene Familie bewahren. Du hast Abraham erwählt, und von ihm haben wir erfahren, wie groß der Glaube eines Menschen an Dich sein kann. Denn durch Abrahams Opfer, seine Loyalität und seinen Glauben an Dich, konntest Du seinen Sohn Isaak und seinen Enkel Jakob segnen. Du segnetest ebenso Josef. Obwohl Abraham, Isaak, Jakob und Josef auch noch andere Kinder hatten, konntest Du ihnen den Segen nicht erteilen, denn ihre Herzen waren Dir fern. Oh Gott Abrahams, diese 43 Jahre waren sehr traurig in meinem Leben. Ich wurde ein alter Mann und in mir drin existiert nur noch Traurigkeit.

In diesen 43 Jahren erinnerte ich mich Tag und Nacht sehr tief in meinem Herzen an Dich. Ich habe auf sehr schmerzhafte Weise Dich und dein Volk lieben gelernt. Als ich Prinz von Ägypten war, kannte ich nur ein Gesetz, das Territorium des Pharaos auszuweiten. Für mich spielte es dabei keine Rolle, wie viele Menschen diesem Zweck zu Opfer fielen. Je mehr ich sein Königreich vergrößerte, desto größer war mein eigener Stolz auf mich. Ich erinnere mich noch heute daran. Als ich nach Afrika mit meiner Armee zog, töteten wir unzählige Menschen. Der einzige Wunsch, den ich hatte, bestand darin, noch mehr Land dem Territorium des Pharaos zukommen zu lassen und ihn so glücklich zu machen. Ich plante sogar, wenn ich selber der neue Pharao sein würde, zu versuchen, den größten Teil der Welt zu beherrschen. So sollten sich die Menschen immer in der Geschichte an mich als einen der größten Pharaos erinnern. Aber all meine Ambitionen lösten sich in Wind auf durch dein auserwähltes Volk. An dem Tag, an dem ich mich entschloss, ihnen zu helfen, begann mein Fall nach unten. Ich habe fast alles aufgegeben. Es gibt keine Traurigkeit mehr, durch die ich nicht gegangen bin, seitdem ich Dich getroffen habe. Und obwohl ich Dir gegenüber ungehorsam war, bin ich trotzdem derjenige, der möchte, dass Du ein Teil von meinem Leben bist. Bitte vergib mir und führe mich auf den Weg, auf dem ich Dich kennenlernen kann."

Nach meinem Gebet fühlte ich, wie mich der Schlaf übermannte. Ich wachte auf, als am nächsten Tag die Sonne am Himmel emporstieg. Das erste Gefühl in meinem Herzen drängte mich, auf den Berg zu steigen. Ich sagte zu mir selbst: Kehre ich von hier nicht zurück, dann ist es besser, ich sterbe durch die Hand Gottes. Das Leben, das ich jetzt führe, ist noch viel schlimmer als der Tod. Ich erzählte Zippora, dass ich auf die Spitze des Berges Horeb hinaufsteigen wolle, um nach Gott zu suchen. Zippora sagte plötzlich: „Moses, mache nicht solch einen Fehler. Dein Fuß ist nicht heilig genug, um den Berg Gottes zu berühren." Und ich sagte zu ihr: „Aber mein Herz ist heilig genug, um mit Gott zu reden."

Ich ging zu Jethro und bat ihn um seinen Rat. Er sagte: „Moses, es gab bereits viele, die stolz auf sich selbst waren und versucht haben, diesen Berg zu erklimmen. Aber sie sind niemals zurückgekehrt. Aber ich sehe etwas anderes in dir. Du liebst Gott, und du konntest nicht das Leid seines Volkes ertragen. Du wurdest ungeduldig und hast deinen Platz als Prinz von Ägypten verloren. Ich glaube, wenn du mehr Geduld gehabt hättest, wärest du auch der neue Pharao Ägyptens geworden. Und du hättest den größten Teil dieser Welt beherrscht. Nun hast du aber alles verloren, denn du konntest den Schmerz von Gottes auserwähltem Volk nicht ertragen. Deshalb hast du diesen unsagbaren Fehler begangen und hast die königlichen Ägypter, die die Israelis als Sklaven behandelten, umgebracht. Danach musstest du fliehen. Seitdem lebst du schon lange, lange Zeit in Midian. Jeden Tag schauen deine Augen auf Gottes Berg. Seitdem du Ägypten verlassen hattest und nach Midian kamst, hast du die meiste Zeit deines Lebens in der Nähe dieses Berges verbracht. Ich habe dich bis heute beobachtet. Dein Herz sehnt sich nach der Erlösung für Gottes Volk. Deshalb rate ich dir, besteige diesen Berg mit demütigem Herzen und bitte Gott. Kehrst du von dort zurück, wäre das die größte Hoffnung für Gottes Volk. Schaffst du es aber nicht, dann kann ich nur eins daraus schlussfolgern: Es ist nicht möglich, Gott auf direktem Weg kennenzulernen und zu erreichen. Ich werde die Geschichte deines Lebens erzählen; wie viel du um der Liebe willen gegeben hast, und dass du trotzdem niemals zurückgekehrt bist. Deine Geschichte wird immer symbolisch für die Sehnsüchtigen stehen, die ihr Leben und ihre Liebe zusammen in den Mund des Todes gaben, nur um Gott zu treffen." Nachdem ich solche Worte von Jethro, meinem Schwiegervater vernommen hatte, war ich sehr inspiriert. Ich hielt ihn in meinen Armen und wir beide weinten.

Ich fastete für drei Tage und betete sehr innig zu Gott, dass Er mir ein Zeichen geben könne, ob dies wirklich sein Wille ist, dass ich diesen Berg besteige. Aber ich habe kein Zeichen erhalten in diesen drei Tagen. Dennoch entschied ich, diesen Berg zu besteigen. Ich fühlte sogar in meinen Knochen, dass dies meine letzte Reise sein könnte. Aber mein Herz brannte schon 43 Jahre, seit ich nach Midian gekommen war. Ich wollte unbedingt den Schöpfer dieser Schöpfung treffen. Und ich wollte die Antwort für alle Menschen haben. Am vierten Tage gegen Abend, nachdem die Sonne bereits untergegangen war, begann ich meine Reise zu Gottes Berg. Als ich mich diesem Berg näherte und meinen Fuß darauf setzen wollte, überfiel mich noch einmal tiefe Angst in meinem Herzen. Selbst mein Körper begann zu zittern. In diesem Moment habe ich wirklich erfahren, was der Tod für mich bedeutet. Meine Füße wurden fast lahm und ich fühlte, dass ich nicht mehr in der Lage bin, diesen Berg zu besteigen. Ich begann zu beten und sah in mein Herz, ob die darin wohnende Liebe auch stark genug wäre, diesen Berg zu besteigen. Während meines Gebetes liefen wieder Tränen über mein Gesicht. Und nach diesem innigen Gebet fühlte ich, wie ein tiefer Frieden in meinem Herzen einzog. Dann vernahm ich die Stimme in meinem Herzen: Diese Reise auf Gottes Berg tust du nicht nur um deinetwillen. Du unternimmst diese Reise für das Volk Gottes.

So begann ich den Berg im Namen Gottes zu erklimmen. Ich fühlte, wie leicht mir ums Herz war. Ich flog fast den Berg hinauf. Hier erfuhr ich durch meine eigene Erfahrung, dass ich das Tal des Todes bereits hinter mir gelassen hatte. Ich konnte die Sterne am Himmel beobachten, und die Nacht um mich herum war erfüllt mit Frieden. Als ich die Spitze des Berges erreichte, sah ich mich um, aber ich konnte nichts Besonderes entdecken. Ich setzte mich nieder und genoss für Stunden die Aussicht vom Gipfel aus. In dieser Zeit machte ich mir viele Gedanken. Was werde ich den Menschen sagen, wenn ich zurückkehre? Sie werden ihren Glauben an diesen Berg als Berg Gottes verlieren. Warum hat es so lange gebraucht, bis ich die Spitze des Berges erklomm? Und trotzdem sagte ich zu mir: Heute Nacht werde ich hier bleiben und zu Gott beten.

In meinem Gebet sprach ich zu unserem Schöpfer: „Ich habe mein Bestes getan, Dich an allen möglichen Orten zu finden. Aber ich konnte Dich nicht im Palast des Pharaos, noch in den großen Städten finden. Und ebenso warst Du nicht in der Wüste. Jetzt sitze ich hier auf der Spitze deines Berges, von denen die Menschen behaupten, er gehöre nur Dir. Aber auch hier kann ich Dich nicht finden. Ich weiß nicht, wohin mich mein Glauben nun führt, um Dich in dieser Welt zu finden." Und zu mir selbst sagte ich: „Ich werde mich jetzt ein paar Stunden ausruhen."

Am nächsten Tag erwachte ich, als die Sonne bereits hoch im Zenit stand und die ganze Wüste erhitzte. Ich war sehr überrascht, so lange geschlafen zu haben. Über Jahre wurde es meine Gewohnheit, um Mitternacht zu beten. Aber dieses Mal wachte ich nicht auf, stattdessen schlief ich bis zum nächsten Morgen durch. Ich trank einen Schluck Wasser und sagte zu mir: Ich habe hier genug Wasser, um ein paar Tage zu überleben. Denn in meinem Herzen war ich nicht bereit, wieder nach unten zu steigen.

Aber auch in den nächsten drei Tagen ereignete sich nichts Besonderes. Ich hatte viel Zeit zu Gott zu beten. Ich betete am vierten Tag um Mitternacht. In einiger Entfernung hörte ich, wie sich ein Sturm zusammenbraute und tosend näher kam. Genau genommen war die Nacht so friedlich, die Luft stand still und nichts deutete auf ein Unwetter hin. Plötzlich verstummte das Tosen des Sturmes. Ich spürte jemand auf mich zukommen. Ich konnte seine Fußtritte hören. Ich hatte Todesangst, als würde ein Pfeil mein Herz im nächsten Moment durchbohren. Ich weiß sehr wohl, dass sich zu meiner Zeit niemand vorstellen konnte, überhaupt auf die Spitze des Berges zu kommen. Nach einer Weile sah ich etwas, das aussah wie ein großer Tornado. Dieser Tornado dröhnte so sehr, dass ich dachte, ich müsste jetzt sterben. In diesem Moment vergaß ich mein Gebet vollkommen, und ich starrte nur auf diesen Feuer-Tornado, der sich wirbelnd auf mich zu bewegte. Gleichzeitig tobte ein unbändiger Sturm. Zahid, das war eine sehr furchtbare Erfahrung für mich. Nun musste ich mir selber eingestehen, dass es nicht gut war, den Berg zu erklimmen.
Dieser Feuer-Tornado prallte dann auf den Berg, der wie bei einem Erdbeben erschüttert wurde. Der Tornado hielt inne und verharrte in einiger Entfernung. Aus seiner feurigen Mitte kam ein Wesen. Sein Licht strahlte heller als das Feuer. Sein Rücken war mir zugewandt. Dieses Wesen ging sehr langsam auf den Berg zu. Der Berg bebte bei jedem Tritt seiner Füße."

An diesem Punkt wandte sich Moses wieder an mich, den Autor dieses Buches und sprach: „Zahid, du kennst auch sehr gut diese Erfahrung. Aber in meinem Buch habe ich nicht die ganze Wahrheit niedergeschrieben. Ich wollte nicht, dass die Leute sich zuerst vor Gott fürchten. In meinem Buch habe ich meine Erfahrung mit Gott in einer ganz anderen Art und Weise dargestellt."

Moses fuhr mit seiner Erzählung fort: „Nachdem ich beobachtete, was sich auf dem Berg Horeb zutrug, verließ mich meine Kraft und ich konnte nicht mehr auf meinen eigenen Füßen stehen. Ich fiel hin und fürchtete mich unwahrscheinlich vor diesem Wesen. Dann vernahm ich eine Stimme, die wie ein tiefer Wasserfall klang: „Ich bin der Gott deines Vaters Abrahams. Ich bin der Gott Isaaks und der Gott Jakobs. Ich sehe das Leid und die Traurigkeit meines Volkes schon seit langer Zeit. Ich bin heruntergefahren, um es zu befreien. Ich werde dich in solch ein Land führen, wo Milch und Honig fließen." (Hier symbolisiert die Milch Gottes göttliche Wahrheit und der Honig Gottes immerwährende Liebe.)

Während Gott zu mir sprach, verschwand der Schatten der Angst und es begann die Liebe in meinem Herzen zu strahlen. Trotzdem hatte ich nicht die Courage, Gott anzusehen. Immer noch auf dem Boden verbeugend, bedeckte ich mein Gesicht mit beiden Händen. Ich sprach zu Gott: „Warum hast Du so lange gebraucht, um den Menschen zu helfen? Wer bin ich, dass ich zum Pharao gehe und deine Leute befreie. Vor langer Zeit hätte ich selber Pharao sein können. Aber aufgrund deines Volkes lebe ich unter solch miserablen Umständen in Midian. Ich bin ein alter Mann geworden. Oh Gott, das ist zu viel der Last auf meinen Schultern. Ich kann nicht nach Ägypten gehen und für dein Volk kämpfen. Dein Volk hat mich verraten und sie werden mir nie wieder glauben. Oh Gott, ich fürchte mich auch vor dem Pharao. Sobald er mich erblicken wird, lässt er mich umbringen, aufgrund meiner letzten Tat in Ägypten, die ich für dein Volk vollbrachte. Dein Volk wird mir niemals glauben, dass ich Dich gesehen habe. Ich bin sicher, dass Du genug andere Menschen auswählen kannst. Unter ihnen kannst Du jemanden auserwählen, der bereit ist, sich mit dem Pharao auseinander zu setzen." Ich wollte noch mehr Dinge sagen, aber schnell hielt ich inne, denn ich fühlte, dass Gott sich mir näherte. Der Hall seiner Fußtritte kam immer näher und näher. Und noch einmal überfiel mich eine große Angst, und ich fühlte, dass ich taub werde.

Ich hörte die Stimme Gottes: „Moses sei stark und höre mir zu. Wenn du auf diesem Weg gehst, so wie Ich dich bitte, dann verspreche Ich dir, dass Ich mit dir und meinem Volk leben werde. Befreist du es, dann werden all die Nationen der Welt den Segen durch Israel erhalten. Ich werde ihr Gott für immer sein, und sie werden für immer mein Volk sein. Ich gebe dir mein Versprechen und meine Unterschrift, wenn du meinem Willen folgst, dann werde Ich jedes Jahr auf diesem Berg erscheinen. Ich werde ein sichtbarer Gott für die ganze Menschheit sein. Die gesamten Nationen der Welt werden hierher kommen, um mich auf diesem Berg zu sehen. Ich habe dieses Versprechen gegeben, und Ich werde hier wegen meines Volkes immer erreichbar sein. Alle Nationen der Welt werden hierher kommen, um zu mir zu beten. Jedes Jahr werde Ich zu diesem Berg kommen, für die Zeit von drei Tagen. Später werde Ich mich unter euch niederlassen. Diese Erde wird durch mein Licht erstrahlen. Die gesamte Menschheit wird sicherlich eines Tages meinen wahren Wert kennenlernen. Aber Ich bin mehr als das für euch in der gesamten Ewigkeit. Deshalb kehre mit Demut im Herzen zurück nach Ägypten. Der Pharao wird dir zuhören."

An diesem Punkt, stellte ich, der Autor dieses Buches, Moses einige Fragen:
„Warum hast du in deinen Büchern nicht erwähnt, dass Gott dir solch ein Glück versprochen hat?
Warum hast du verschwiegen, dass Er jedes Jahr für drei Tage auf diesem Berg erscheinen würde?
Welcher Grund hinderte dich, zu offenbaren, dass Er ein sichtbarer Gott für die ganze Menschheit dieser Welt sein wird?
Warum bist du Gott nicht gefolgt, wie Er es von dir verlangte?
Warum hast du solch eine einzigartige Möglichkeit verstreichen lassen?"

Moses gab mir keine Antwort und sagte zu mir: „Es ist besser, ich fahre mit meiner Lebensgeschichte fort. Später kann ich noch mehr über dieses Thema sagen." Ich entschuldigte mich, dass ich seine Lebensgeschichte unterbrochen hatte und erzählte ihm auch, dass der Grund für meine Fragen darin liegt, dass ich zu emotional in diesem Punkt bin.

Moses fuhr fort: „Es ist sehr wahr, dass Gott mir direkt sagte, dass Er mit seinem Volk und mit mir für immer zusammenleben wird, wenn ich sein Volk in das Gelobte Land führe. Es stimmt auch, dass Gott sagte, dass sich uns alle Nationen dieser Welt anschließen werden. Und Er sagte auch, dass Er da sein wird und wir sein Volk sein werden. Aber wie dem auch sei, ich hatte meine eigenen bitteren Erfahrungen mit seinem Volk gemacht. Ich fürchtete mich auch, noch einmal vor diesen Menschen zu stehen, denn ich wusste nicht, wie weit meine Geduld reichte, um mit den Israelis zu gehen. Ich war nicht besorgt um Gottes Versprechen. Ich wusste, dass Er niemals sein Versprechen bricht. Er würde es immer erfüllen. Aber ich kannte nur zu gut die Natur der Israeliten. Ist es an ihnen, ihren Teil der Verantwortung zu übernehmen und die Schwierigkeiten zu ertragen, werden sie mit sich selbst kämpfen. Dann besteht die Gefahr, dass sie in ihre alte eigene Welt und zu ihren alten Gewohnheiten zurückkehren. Ich habe dieses auserwählte Volk lange Zeit beobachtet, als sie Sklaven waren. Als Prinz von Ägypten lernte ich sie sehr gut kennen. Ich habe gesehen, dass sie für Gott weinen, dass sie lehren, an Gott zu glauben und in Gott zu vertrauen. Aber sie hatten niemals die Courage und die Kraft in ihren Herzen, für eine Änderung des Systems einzutreten.

Selbst zu der Zeit, als ich Prinz von Ägypten war, habe ich viele weise Führer in ihrer Gemeinde gefunden. Sie hätten das Leid ihrer eigenen Leute zu einem bestimmten Grad mildern können, wenn sie sich wirklich ernsthaft für ihr Volk eingesetzt hätten. Aber sie bevorzugten es, Spione ihrer eigenen Gemeinde zu werden und zogen den ihnen dafür gezahlten Reichtum vor. Ich wusste auch, dass sie seit der Zeit Josefs schon für ein paar Hundert Jahre Sklaven waren. 40 Jahre nach dem Tod Josefs begann der Fall von Jakobs Nachkommen. Mir war bekannt, dass in diesen vielen Jahren die Israelis extremes Leid und Traurigkeit erdulden mussten. Es gab keine Sorgen, die nicht in ihrem Leben auftauchten. Ich wurde ein alter Mann in Midian, aber ich hatte immer meine Zweifel an den Israeliten. Sie gaben sich ihrem Leid und ihrer Traurigkeit hin. Sie hätten etwas nach vorne bewegen und sicherlich etwas erreichen können, wenn sie für Gott eingestanden wären. Natürlich hätten sie sich dieser Umstände bewusst werden müssen. An diesem Punkt stellte sich mir immer eine Frage. Das auserwählte Volk wartete auf jemanden, der die Erlösung bringt. Aber sie waren nicht bereit, mit dieser Person zusammen den Willen Gottes zu erfüllen.

Auf der anderen Seite war ich aber auch sehr vorsichtig, diese Mission anzunehmen. Denn ich sollte zurück nach Ägypten und mich mit dem Pharao und seinem Hofstaat auseinander setzen. Das war Gottes Wille. Persönlich erschien mir dies nicht ratsam. Es hätte auch mein Ende bedeuten können. Ich hatte bereits einmal all das Glück verloren aufgrund dieses auserwählten Volkes. Würde ich jetzt meiner Mission nicht zum Erfolg verhelfen, dann könnte mich das gleiche auserwählte Volk an einen Punkt bringen, an dem ich Gott vielleicht für immer verlieren werde. Ich hatte große Angst, Gott zu verlieren. Deshalb rang ich Gott verschiedene Versprechen ab. Als Gott zu mir auf der Spitze des Berges Horeb sprach, wollte ich noch länger mit Ihm reden. Dieser besondere Moment sollte nicht ungenutzt in meinem Leben verstreichen. Zwischen Liebe und Angst hin und her gerissen schrie mein Herz auf, diese Unterhaltung mit Gott solle niemals enden. Ich sagte zu mir selber: „Moses, du weißt nicht, wann du jemals wieder solch eine Möglichkeit in deinem Leben erhältst."

Im Alten Testament, in meinem zweiten Buch in den Kapiteln 3 und 4, erwähnte ich die Unterhaltung, die zwischen Gott und mir stattgefunden hatte, als ich die Mission nicht annehmen wollte. Genau genommen wollte ich, dass diese Unterhaltung zwischen Gott und mir weitergeht. Ich hatte all das Glück in Ägypten verloren und 43 Jahre in Midian gelebt, Tag und Nacht auf den Moment wartend, dass ich Gott sehen und in Wirklichkeit während meines Lebens erfahren kann."

An dieser Stelle der Erzählung konnte ich, der Autor dieses Buches meine Tränen nicht mehr zurückhalten. Moses hatte ein zu trauriges Leben geführt, aber er weinte nicht. Er bemerkte die Sympathie, die ich für ihn hegte. Er erzählte mir, dass es für ihn sehr schwierig sei, vor den Augen anderer zu weinen. Ist er dagegen alleine, dann weint er sehr oft für Gott und seinen Nächsten. Seitdem er in der geistigen Welt lebt, musste er das Leid und die Traurigkeit der Menschheit und Gottes auf eine sehr empfindsame Art und Weise erfahren.

Moses fuhr in seiner Erzählung fort: „Gott verschwand nach unserer Unterhaltung. Ich erhob mich. Jetzt war niemand mehr da. Ich setzte mich für Stunden nieder und weinte. Ich habe mich in diesem Moment wirklich sehr in Gott verliebt. Es war nur die Kraft der Liebe, die mich als alten Mann nach Ägypten zurückkehren ließ, um Gottes auserwähltes Volk zu befreien und es in das versprochene Land zu führen.

Als ich vom Berg Horeb zurückkam, stellte mir Jethro viele Fragen. Ich erzählte ihm alles, was sich auf dem Berg zugetragen hatte. Jethros Gesicht strahlte und er sprach zu mir: „Du bist der Prophet, der den sichtbaren Gott gesehen hat. Kehre nun zurück nach Ägypten und tue, was Gott von dir verlangt. Mit Sicherheit bist du der Mann, der nach Abraham den Segen erhält. Nach so langer Zeit hat Gott wieder jemanden gerufen, um das Licht den Menschen zu bringen."

Moses Rückkehr nach Ägypten

Es ist wahr, was in den Büchern geschrieben steht. Gott gab mir die Macht, um Wunder zu vollbringen. Dies ist einzig und allein Gottes immerwährender Güte und Gnade zu verdanken. Als ich nach Ägypten zurückkehrte, war ich schon fast 81 Jahre alt. Zuerst waren die Israelis sehr glücklich, dass ich zurückgekommen war. Ich teilte ihnen mit, dass ich Gott getroffen habe, und erzählte von all den Versprechen, die Er mir für sein Volk gab. Sie waren sehr angenehm überrascht, dies zu hören. Trotzdem verlangten sie, Wunder zu sehen. Nachdem ich ihnen ein Wunder zeigte, fühlten sie sich sehr gut und glaubten mir.

Bei meinem ersten Treffen mit dem Pharao, behandelte er mich recht gut. Der neue Pharao und ich hatten viele gute gemeinsame Erinnerungen. Nachdem er den wahren Grund meines Besuches herausgefunden hatte, spürte ich, wie er sich von mir distanzierte. Er sagte zu mir: „Moses, diese Menschen arbeiten hier in Ägypten und sie erhalten dafür guten Lohn. Warum möchtest du sie arbeitslos machen? Es gibt hier so viele Israelis, wohin sollen sie gehen? Sind alle Israelis bereit, mit dir Ägypten zu verlassen?" Ich antwortete, alle Israelis wollten diesem Land den Rücken kehren. Der Gott der Israeliten hatte mich getroffen und für diesen Zweck auserwählt.

Ich sprach zu ihm: „Wir müssen für unseren Gott eine Feier abhalten. Dies werden wir drei Tagesreisen weg von Ägypten tun, denn die Ägypter werden uns dies nicht in ihrem Land erlauben. Deshalb werden wir all unsere Leute, Frauen, Kinder und auch alle Tiere mitnehmen. Nichts wird hier bleiben, um an uns zu erinnern." Der Pharao entgegnete: „Glaubst du, ich bin so verrückt, um nicht zu verstehen, dass du niemals nach Ägypten zurückkehren wirst." Ich konnte ihm darauf keine Antwort geben und verharrte in Schweigen. Der Pharao fuhr fort: „Du weißt, du wirst immer noch als Mörder gesucht. Hätte mein Vater dich jemals zu seinen Lebzeiten gefangen, wärst du sicherlich umgebracht worden. Wenn ich wollte, könnte ich dich immer noch, aufgrund des von dir begangenen Mordes, einsperren und töten lassen." Ich sprach zum Pharao: „Dieser Mord ist in keiner Weise mit den Gräueltaten vergleichbar, die deine Ahnen und dein Vater den Israeliten angetan haben. Du hältst sie hier als Sklaven gegen ihren eigenen Willen gefangen. Bereits über 400 Jahre sind vergangen. Generationen und Generationen der Israelis weinten und weinen immer noch aufgrund der Last der Sklaverei. Deine Ahnen, dein Vater und du haben von der Sklaverei profitiert. Ihr habt die Israelis schlimmer als Tiere behandelt. Auch haben deine Vorfahren die Söhne der Israeliten umgebracht und ihre Töchter geraubt. Dieses Übel hat sich mehrmals in der Geschichte der Israelis wiederholt. Du weißt sehr gut, was sich zu Lebzeiten Josefs in Ägypten zugetragen hat. Als die Israelis hierher kamen, wurden sie als Gäste aufgenommen und der Pharao gab ihnen bereitwillig die Erlaubnis, in Ägypten so lange sie wollten zu leben. Der Pharao tat das, weil er Josef gnädig war. Lässt du die Israelis jetzt nicht ziehen, dann wird unser Gott seine strafende Hand über Ägypten erheben."

Der Pharao antwortete: „Moses, wärst du netter und vergisst die Sache mit den Israeliten, dann hätte ich immer noch einen guten Platz in meiner Nähe. Einmal bist du ein Prinz Ägyptens gewesen und dann fristest du lange Zeit als unbekannter Mann ein miserables Leben. Moses, ich möchte dir einen wirklich weisen Rat geben: Habe ein bisschen Mitleid mit dir selbst als alter Mann." Ich antwortete dem Pharao: „Gut, dann befreie all die Israeliten und gib ihnen die gleichen Rechte wie den Ägyptern. Denn als freie Menschen haben die Israelis auch das Recht, das Land zu wählen, in dem sie leben möchten." Nachdem ich den Pharao um dies bat, lachte er sehr laut und auch seine Untertanen fielen in das Gelächter ein. Anschließend sagte er: „Moses, Moses, seitdem du in der Wüste für so lange Zeit gelebt hast, hast du verlernt, deinen Verstand zu benutzen. Wie kann das möglich sein? Meine königlichen Untergebenen werden dem auf keinen Fall zustimmen. Und noch mehr als das. Die gesamten Ägypter werden damit nicht einverstanden sein. Du weißt, dass die Israeliten niedrige Arbeiten verrichten, welche die Ägypter niemals ausführen würden. Finden die Ägypter heraus, dass ich die Sklaven befreie, dann werden sie an meiner Macht zweifeln. Wie kann ich als Pharao meinen Hofstaat, meine Untergebenen und die mir anvertrauten Menschen unglücklich machen?" Darauf erwiderte ich ihm: „Du weißt sehr gut, wenn du etwas entscheidest, zählt nur das, denn du hast das letzte Wort." Der Pharao beendete unser Gespräch mit den Worten: „Moses, du hast mit mir jetzt genug gestritten. Ziehe nun von dannen und lass deine Leute in Ruhe."

Nach ein paar Tagen, trafen Aaron und ich einige Führer des auserwählten Volkes. Sie hatten ihren Glauben verloren und waren verärgert. Sie stritten mit uns und wollten, dass wir nach Midian zurückkehren und die Israelis ihrem Schicksal überlassen. Einige der Anführer sagten: „Der Pharao und seine Untergebenen hassen uns so sehr und du hast ihnen auch noch das Schwert in ihre Hände gelegt, uns umzubringen. Bevor du hier erschienst, konnten wir irgendwie überleben. Aber jetzt ist unser Leben noch schlimmer durch deine Anwesenheit geworden. Wir müssen jetzt noch härter arbeiten und erhalten dafür keine materielle Zuwendung vom Pharao und seinen Untertanen. All dies widerfährt uns seit deiner Rückkehr." Sie beschuldigten mich, das Gleiche sei ihnen vor 43 Jahren widerfahren, als ich als Prinz von Ägypten einfach wegrannte. Sie erzählten, mir dass sie den Preis für meine Fehler bezahlen mussten. Als sie mich so beschuldigten, fragte ich mich, warum ich damals floh. Hätte ich mich nicht für das auserwählte Volk eingesetzt, dann hätte es für mich auch niemals einen Grund gegeben, Ägypten zu verlassen. Aber genau genommen wollte ich nicht mehr mit den israelischen Anführern streiten. Ich verließ sie und ging zum Gebet auf einen ruhig gelegenen Hügel. In meinem Herzen spürte ich die Traurigkeit, und ich sprach zu Gott: „Warum möchtest Du deinem Volk noch mehr Leid zufügen? Sie haben mir gesagt, dass sie bis jetzt ein leichteres Leben führten, bevor ich hier ankam. In ihren Augen bin ich der Grund für ihre Leiden. Oh Gott, warum hast Du mich hierher gesandt, wenn dein Volk gar nicht befreit werden möchte. Ich wundere mich, oh Gott, wie Du dein Volk befreien willst."

Als die Nacht anbrach, reiste ich in meinem Traum in die Engelwelt. Ich empfing dort so viel warme Liebe, und meine Sinne waren mit Frieden erfüllt. Die Engel sagten zu mir: „Moses, Gott bricht niemals sein Versprechen. Mit Sicherheit werden die Israeliten befreit werden. Du darfst nur den Glauben nicht verlieren. Sei stark und habe Vertrauen in Gott." Danach wachte ich auf. Tränen rannten von meinen Augen. Ich weiß nicht mehr, wie lange ich weinte. Nach einer Weile wachte Aaron auf und versuchte mein Herz zu trösten. Ich erzählte ihm, was die Engelwelt mir gesagt hatte. Aaron hörte mir sehr aufmerksam zu. Dann sprach er zu mir: „Selbst wenn unsere eigenen Leute nicht bereit sind, sich befreien zu lassen und der Pharao und seine Untergebenen unsere Befreiung unmöglich erscheinen lassen, sind doch Gott und seine Engel auf unserer Seite. Mit Sicherheit wird die Befreiung dieses Volkes wahr werden. Ich zweifle, ob die Israeliten wirklich an Gott glauben und ernsthaft mit Ihm auf diesem Weg gehen werden. Moses, du solltest auf alle Fälle weiter das tun, worum Gott dich gebeten hat."

Die nächsten Monate verbrachten Aaron und ich damit, durch die israelische Gemeinde zu ziehen, in der Aaron viele Reden in meinem Namen hielt. Wir schafften es, sie noch einmal zu inspirieren. Ich erklärte auch dem auserwählten Volk, dass die Schwierigkeiten, die der Pharao und seine Untergebenen ihnen gaben, nur von kurzer Zeit sein werden. Sicher würde Gott viele überraschende Dinge für uns bereithalten. Deswegen sagte ich ihnen, sie sollten ihre Hoffnung nicht verlieren, dass sie befreit werden können. In dieser Zeit des Leidens und der Entbehrung sollten sie sich nur in ihren Herzen und in ihrem Verstand daran erinnern, dass Gott mit ihnen ist. Sie sollten auch nicht vergessen, selbst wenn keine Hoffnung für ihre Befreiung besteht, Gott keinen Grund gehabt hätte, mich nach Ägypten zurückzuschicken. Die meisten der israelischen Anführer waren weniger inspiriert durch unsere Reden, aber das Volk umso mehr. Auf keinen Fall sollte ich nach Midian zurückkehren. Ich sollte lieber bei ihnen bleiben. In diesem Moment empfand ich ein unsagbares Mitleid mit diesem Volk. Gleichzeitig fanden wir auch ernsthafte Menschen, die sich unserer Vision anschlossen und die tief in ihrem Inneren einen starken Glauben an Gott hatten. Unter diesen Leuten waren auch Josua und Kaleb, die später sehr berühmt wurden. Es gab weitere, aber in der Geschichte sind Josua und Kaleb die anerkanntesten. Während der Mission trösteten Josua und Kaleb sehr häufig mein Herz, und sie brachten mich dazu, weiterhin dem Willen Gottes zu folgen. Heute lebe ich in der geistigen Welt; und ich bin im Grunde meines Herzens den Menschen, die genauso waren wie Josua und Kaleb, sehr dankbar.

Es waren schmerzhafte und komplizierte Umstände für das auserwählte Volk. Wann immer ich zum Pharao ging, um ihm die Botschaft Gottes zu überbringen, staute sich im Herzen des Pharaos und seiner königlichen Untergebenen noch mehr Hass gegen die Israelis auf. Der Pharao und seine Untertanen behandelten sie danach nur noch schlimmer. Der Pharao warnte mich und die Israelis, dass er uns furchtbar strafen würde, gäben wir diesen Unsinn von unserer Freiheit nicht auf.

Deshalb betete ich zu Gott und bat Ihn: „Bitte zeig dem Pharao, wie weit deine Hand reicht, damit er aufhört, dein auserwähltes Volk zu unterdrücken." Das war auch die Zeit, in der Gott mir auftrug, dem Pharao Wunder zu zeigen. Jedes Mal, wenn er und seine Untergebenen diese Wunder Gottes sahen, fürchteten sie sich für einen kurzen Moment. Sie baten mich, für sie zu beten. Aber nach meinem Gebet, wandten sie sich wieder ihren alten Gewohnheiten zu. Die Wunder bewirkten, dass der Pharao und seine Untergebenen fürchteten, mich umzubringen. Sie glaubten, dass ich die Kunst der Magie beherrsche. Würden sie sich an mir vergreifen, könnte ich ihnen durch meine Magie schaden. Das brachte natürlich auch Vorteile für die Israeliten. Die Ägypter fürchteten sich nun vor ihnen. Sie hüteten sich, ihnen noch mehr Leid und Qual aufzuerlegen. Alle Wunder, die ich vollbrachte, habe ich auch in meinen Büchern erwähnt. Schließlich erschienen die Engel des Todes und töteten alle erstgeborenen Söhne der Ägypter. Das gleiche widerfuhr auch dem Pharao, seinen königlichen Untergebenen und selbst ihren Tieren. In diesen Tagen plante der Pharao bereits, mich umzubringen. In der Nacht vor meiner Verhaftung erschienen dem Pharao die Engel des Todes. Deshalb konnte er seinen Plan nicht in die Tat umsetzen.

Die Nacht, in der die Engel des Todes erschienen, war auch für mich und die Israelis sehr beängstigend. Um Mitternacht erwachten all die Menschen der Nation und begannen lauthals zu weinen. Es gab kein Haus, in dem der Tod nicht Einzug hielt. Gottes Gnade bewahrte die Israeliten. Nach Mitternacht forderten die Ägypter uns auf, das Land sofort zu verlassen. Sie hatten Angst zu sterben, wenn der Pharao und seine Untergebenen uns weiterhin als Sklaven gefangen halten würden. Wir verließen Ägypten hoch inspiriert.

Moses und die Israeliten in der Wildnis

Jeder, der bereits meine Bücher gelesen hat und meine Lebensgeschichte nun aufmerksam weiterverfolgt, wird feststellen, dass diese hohe Inspiration sich sehr schnell ins Gegenteil verkehrte, nämlich an dem Punkt, an dem das auserwählte Volk sich mit Schwierigkeiten auseinander zu setzen hatte.

In meinen Büchern erwähnte ich, dass über 600.000 Israelis Ägypten verließen. Genau genommen waren es aber mit all den Frauen, alten Menschen und Kindern fast über 1,3 Millionen. Die Israeliten lebten bereits 430 Jahre als Sklaven, bevor sie die Möglichkeit erhielten, Ägypten als freie Menschen zu verlassen. Als wir Ägypten verließen, erhielt ich eine Vision durch die Himmel. In dieser Vision erschienen mir die Engel und sprachen: „Moses, folgst du Gott und den Himmeln gehorsam, dann werden wir dich und die Israelis mit Sicherheit ins Gelobte Land führen, so wie wir es bereits Abraham, Isaak und Jakob versprachen. Das Land, in dem die Kanaaniter, Hethiter, Amalekiter, Amoriter und Jebusiter leben, ist das Gelobte Land. Sie werden daraus verschwinden. Nur Gott wird euer ewiger Führer sein und wir Engel werden euch dienen."

Seitdem ich die Israeliten kannte, beobachtete ich sie sehr intensiv. Ich zweifelte immer daran, ob diese Menschen wirklich Gott vertrauen und Ihm glauben. Ich habe einen unverzeihlichen Fehler begangen, indem ich voreilig die ägyptischen königlichen Untergebenen umbrachte. Deshalb musste ich aus Ägypten fort. Dies war nicht der Wille Gottes. Ich habe die Tragweite dieses Fehlers in der geistigen Welt durch die Engel kennengelernt. Gott und die Himmel mussten darum den Preis der Wiedergutmachung bezahlen. Ich werde am Ende meiner Lebensgeschichte noch ein bisschen mehr darüber erzählen.

Von den Orten Ramses bis Sukkoth gingen die meisten von uns hoch inspiriert. Als wir Baal-Zephon erreichten, rasteten wir in der Nähe des Meeres. Bereits nach kurzer Zeit hörte ich Pferdegetrampel und herannahende Soldaten. Ich war sehr überrascht, was für eine Armee sich auf uns zu bewegte. Es war die des Pharaos. Ich erkannte sie sofort an ihren Flaggen und Mänteln. Als sie dies vernahmen, fürchteten sie sich sehr. Stolz hatten die Israeliten Ägypten verlassen. Sie waren bewaffnet, um jeder Zeit bereit zum Kampf zu sein. Nun aber holte die Furcht sie ein. Josua, Kaleb und noch einige andere meiner ernsthaften Anhänger sprachen zu mir: „Hab keine Angst vor der Armee des Pharaos. Wir werden mit ihnen kämpfen und den Sieg über sie davontragen. Es genügt, dass Gott mit uns ist."

Genau das wollte der Himmel. Hätten die Israeliten sich mit mir vereint und der Armee des Pharaos gestellt, wären wir als Sieger aus diesem Kampf hervorgegangen. Ich selber war ein sehr erfahrener

Feldherr. Gott war mit uns und wir waren der Armee des Pharaos zahlenmäßig überlegen. Wären wir nur nicht gewichen und hätten den Kampf auf uns genommen, wäre der Sieg gegen den Pharao unser gewesen. Gott hätte uns dann direkt nach Palästina führen können. In kürzester Zeit wären wir im versprochenen Land angekommen. Aber stattdessen begann ich zu Gott zu beten und fragte Ihn, was ich an diesem Punkt unternehmen sollte, denn die Israeliten waren in meinen Augen nicht bereit, unter meiner Führung zu kämpfen. Genau genommen hatte Gott bereits viele Wunder den Israeliten in Ägypten gezeigt. Deshalb sprach ich auch zu den israelischen Soldaten sehr verärgert: „Gott wird euch nicht in den Händen des Pharaos sterben lassen." Aber sie fingen an, mit mir zu streiten. Sie beschuldigten mich, ich hätte sie bis hierher geführt, nur um nahe des Meeres zu sterben. Dies sei meine Rache für ihren Ungehorsam vor 43 Jahren. Geschockt hörte ich zu und verlor fast meine Geduld. Plötzlich vernahm ich die Stimme Gottes: „Gib den Israelis Hoffnung und Kraft. Schlage deinen Stock auf die Wasseroberfläche des Meeres. Ich werde das Meer teilen."

Moses sprach zu mir, dem Autor dieses Buches: „Lieber Zahid, so habe ich es auch in meinen Büchern geschrieben. Es stimmt; es war ein gewaltiges Wunder, was Gott für die Israeliten vollbrachte. Das Wasser des Meeres teilte sich in zwei Hälften und stand wie eine Wand rechts und links von uns. Die gesamte Nacht hindurch standen die Engel zwischen uns und der Armee des Pharaos. Ihr Licht strahlte so vom Himmel herunter, dass der Pharao uns nicht verfolgen konnte. Der Pharao und seine Armee nahmen am Morgen die Verfolgung wieder auf und versuchten, das Meer zu durchqueren. Gott trug mir auf, meine Hand über dem Meer zu erheben und ihm zu befehlen, sich wieder zu schließen. Ich hob meine Hand über dem Wasser und die Wellen des Meeres füllten mit heftigem Tosen unseren Fluchtweg und verschlangen ohne Gnade jeden unserer Verfolger. Der Pharao und seine gesamte Armee ertranken.

Das auserwählte Volk verblüffte und befremdete mich zugleich. Jedes Mal, wenn Schwierigkeiten sich ihnen in den Weg stellten, zeigten sie sehr schnell ihre rebellische Natur, der Macht, die Gott ihnen durch seine Wunder immer wieder demonstrierte. Gott wollte die Israeliten direkt von Kanaan nach Palästina führen. Dies war der kürzeste Weg in das Gelobte Land. Die Engelwelt zeigte mir in Visionen, der direkte Weg dorthin hätte umgehend zu einer Konfrontation mit den Palästinensern geführt. Sie befürchteten, dass die Israeliten nach Ägypten zurückkehren und mich und Aaron umbringen würden. Später habe ich in der geistigen Welt erfahren, dass diese Tat sie direkt in die Hände Satans geführt hätte. Somit wäre eine Erlösung für die Israelis nicht möglich gewesen. Satan hätte sie vollkommen von der Erde verschwinden lassen. Gottes Vorsehung, die Erlösung der Menschheit, hätte sich in die Zukunft verschoben. Um ihre Rückkehr nach Ägypten zu verhindern, führte sie die Engelwelt in einem großen Kreis vom Meer durch die Wüste. Sie sollten auf keinen Fall in das satanische Land zurückkehren.

Am Ende meiner Lebensgeschichte möchte ich noch mitteilen, was ich erfahren habe, nachdem ich meinen physischen Körper verlor. Jeder Prophet muss diese Prozedur über sich ergehen lassen. Die Engelwelt unterrichtet von A bis Z alles über Gottes Vorsehung in der geistigen Welt. In der physischen Welt ist die Vorsehung Gottes nur relativ. Dort erfährst du nur so viel über sie, wie es dir aufgrund deiner geistigen Entwicklung, deines Glaubens, deiner Liebe und deines Gehorsams gegenüber Gott möglich ist. Demgemäß arbeiten Gott und die Himmel mit dir relativ. Die Weisheit Gottes und der Himmel ist absolut. Folgt man Gott und den Himmeln gehorsam, kann die Vorsehung Gottes sich ganz einfach auf der Erde niederlassen, denn Gott und die Himmel haben den Generalschlüssel und alle Macht dazu. Aber zuerst müssen die Menschen ihre Schritte in Richtung Gott und der Himmel lenken. Wie du weißt Zahid, sind die Menschen gefallen, und wurden relative Objekte Satans. Satan schafft immer erst eine Basis, auf der er Einfluss durch seine üblen Aktivitäten ausüben kann. Deshalb muss der erste Schritt immer von den Menschen gemacht werden. Sie müssen sich erst Gott und den Himmeln zuwenden. Du weißt nur zu gut, dass es im Königreich der Himmel kein Konzept des Bösen gibt. Auch das Paradies ist durch die Engelwelt geschützt.
Die Aktivitäten Satans und seiner gefallenen Engel zeigen sich deshalb nur in der mittleren geistigen Welt, in den Höllen und auf der Erde. Zu diesem Thema kannst du den Menschen auf der Erde aber weitaus mehr erklären, als ich es vermag. Du hast Gott und die

Himmel viel tiefer und intensiver kennengelernt. Gottes Vorsehung wird sich sehr schnell durch deine Mission erfüllen können. Ich möchte dich von ganzem Herzen und mit meiner ganzen Kraft unterstützen, das habe ich auch Gott und den Himmeln geschworen. Ich werde mit der jüdischen Welt auf der Erde zusammenarbeiten, damit sie sich dir nähern und dem Willen Gottes durch dich folgen. Nur so können sie ihre ewige Glückseligkeit finden. Abraham, Issak, Jakob, Josef, ich und die anderen Propheten haben in der geistigen Welt alles daran gesetzt, damit du eine Grundlage hast. Die jüdische geistige Welt bewegt sich nun einheitlich in einer Richtung, um deine Mission zu unterstützen. Du weißt dies, denn du hast bereits viele Male die jüdischen Dimensionen in der geistigen Welt besucht. Ich bin von meiner Lebensgeschichte jetzt weit abgekommen, möchte sie aber trotzdem an dieser Stelle fortführen.

Als wir in Mara ankamen, begannen die Israelis gegen mich aufzubegehren: „Was sollen wir jetzt trinken?" Sie hassten bitteres Wasser. Gott zeigte mir daraufhin einen Baum. Als ich seine Äste in das Wasser tauchte, wurde es süß. Sie tranken das Wasser und beruhigten sich für kurze Zeit wieder.
Gott bat mich an dieser Stelle: „Nimm Aaron und Josua und festige den Glauben der Israeliten. Folgen sie meinem Willen von ganzem Herzen, werde Ich sie heilen und ihr Beschützer sein." Wir schafften es, ihren Glauben durch eine Vielzahl unserer Reden zu erneuern und zu stärken. Ich hatte meine persönlichen Schwierigkeiten mit den israelischen Anführern. Von Anfang bis Ende meiner Mission hatte ich viele Auseinandersetzungen mit ihnen. Sie akzeptierten mich nur, weil sie glaubten, ihre Leute würden mir vertrauen. Persönlich mochten sie mich aber nicht. Ich weiß auch, dass sie während meiner ganzen Mission an mir zweifelten. Dies verärgerte mich sehr. Auf der anderen Seite hatten die Anführer keine andere Wahl, denn die Israeliten glaubten, dass ich ein Mann Gottes war. Das auserwählte Volk wollte aber keine weiteren Schmerzen und Entbehrungen, um der Mission willen, auf sich nehmen. Sie waren bereits für einige Hundert Jahre Sklaven gewesen und hatten ein leidvolles Leben unter verschiedenen Pharaos gefristet. Sie hatten sich daran gewöhnt und nahmen es hin.
Wir kamen in die Wüste Sin, die zwischen Elim und Sinai liegt. Es herrschte eine extreme Hitze. Es war nicht möglich, für so viele

Menschen einen Platz im Schatten zu finden. Zu dieser Zeit murrten sie nicht gegen das Wetter, sondern weil sie hungerten. Das überraschte mich sehr. Es schien mir, als ob sie sich immer über etwas beschweren müssten. Sie beschuldigten mich und Aaron, dass wir sie nur in die Wüste führten, damit sie alle vor Hunger umkommen. Sie klagten, in Ägypten wenigstens Fleisch und andere Nahrungsmittel gehabt zu haben. In meinem Herz machte sich Traurigkeit breit. Ich hatte keinen Wunsch zu Gott wegen ihrer Nörgelei zu beten. Ich spürte, wie sich mein Herz von ihnen entfernte. Ich sprach darauf zu ihnen: „Ihr beschwert euch nicht bei uns. Eure Klage ist direkt gegen Gott gerichtet, der mich sandte, euch zu führen."

Es ist niemals leicht gewesen, mit den Israelis zusammen zu sein. Kamen Schwierigkeiten auf uns zu, versuchten sie herauszufinden, ob Gott mir immer noch beistünde. Oft trachteten Sie mir nach dem Leben. Aber Gottes besonderer Schutz und seine Gegenwart waren immer mit mir, denn sonst hätten sie ihr Ziel erreicht, mich zu töten. Viele Male verlor ich meine Geduld und brachte Kummer und Sorgen zu Gott.

Hier möchte ich auf einen Vorfall näher eingehen, bei dem ich gegen den Willen Gottes handelte. Als wir in Kadesh lagerten, begannen die Israelis wegen der andauernden Wasserknappheit zu murren. Die Führer und das gesamte Volk vereinten sich gegen mich und Aaron. Sie waren kurz davor, uns zu attackieren. Aber ich und Aaron rannten zum Offenbarungszelt und knieten vor Gott nieder. Wir baten Ihn, unsere Leben zu beschützen. Gottes Licht erschien und es sprach zu uns: „Nimm diesen Stock. Kehrt zurück und fordert vom Felsen, vor den Augen der Israelis Wasser hervorsprudeln zu lassen. Schlagt auf den Felsen mit dem Stock." Noch einmal an mich gewandt, sagte Gott: „Bevor du aber den Felsen mit dem Stock schlägst, müsst ihr, du und Aaron, tief und innig zu mir vor den Israeliten beten, damit sie ihre Inspiration zurückerhalten und mir näher kommen. So werden sie erfahren, dass Ich immer gegenwärtig bin, und dass Ich sie niemals verlasse." Wir nahmen den Stock und führten die Israelis zu dem besagten Felsen.

Ich weiß nicht, was mir und Aaron widerfuhr. Zuerst wurde ich wütend und nach mir verlor Aaron seine Geduld. Wir vergaßen vollkommen, worum uns Gott gebeten hatte, bevor wir auf den Felsen schlugen. Aaron und ich waren so verärgert über die Israelis, dass wir sie beschimpften. Wir beschuldigten sogar Gott, dass Er uns so eine Mission gegeben hat, in der wir uns mit all dem auseinander zu setzen haben. Ich, Moses, sagte vor dem Felsen stehend: „Ich weiß nicht, was ich falsch gemacht habe, dass Gott mich so strafte und ich diese schwere Last auf meinen Schultern tragen muss. Es wäre besser für mich gewesen, ich wäre in Midian gestorben, bevor Gott mir diese Mission gab. Ich sagte noch verschiedene andere falsche Dinge über das Gelobte Land, die ich aber hier nicht erwähnen möchte. Ich war sehr verärgert. Ich konnte mich nicht mehr zurückhalten, und für Aaron war es ebenso unmöglich. Zum ersten Mal bemerkte ich, dass Aaron und ich viele Ressentiments gegen die Israelis hatten. Das war aber nicht alles. In diesem Moment war ich Gott vollkommen ungehorsam. Ich vergaß seine Worte und schlug mit all meiner Wut und Frustration auf den Stein und dies nicht nur einmal. Dabei sagte ich: „Kommt hierher, ihr rebellischen Israeliten. Sollen wir euch Wasser geben?" Das war ein Frevel in den Augen Gottes. Später sprach Gott zu mir: „Seitdem ich dich auserwählt habe für diese Mission, hast du mich genauso behandelt, wie die Israelis dich behandeln. Moses, du hast mir nie wirklich vertraut. Du und Aaron, ihr habt solch schlechte Dinge über das Gelobte Land gesagt. Mit Sicherheit wird keiner von euch dahingelangen." Später baten Aaron und ich Gott um Vergebung für unser schlechtes Benehmen. Aber es änderte nichts an Gottes Entscheidung. Gott sprach: „Ich bin mit euch nicht zufrieden. Moses, Ich kann mich nicht auf dich verlassen."

In der geistigen Welt habe ich herausgefunden: Da ich Gott und die Israelis beschuldigte, brachte ich mich und das auserwählte Volk in solch eine Situation, in der Satan uns als Preis auf der Erde und in der geistigen Welt hätte einfordern können. Ich erfuhr ebenso in der geistigen Welt, dass ich Gottes Herz viele Male enttäuschte und brach. Aber was soll ich jetzt in der geistigen Welt tun? Ich kann nur mein Leben lang um Vergebung bitten. Ich möchte mich selber von dieser Schuld befreien. Aber wie kann das möglich sein, solange Gottes Herz gebrochen ist. In der geistigen Welt habe ich viele Dinge erfahren, und das macht mich noch trauriger. Ich kann nicht mehr tun, als abwarten. Ich danke dem Himmlischen Vater, unserem Gott, dass Er mir auftrug, dir, Zahid, verschiedene Teile meines Missionslebens zu offenbaren. Ich wäre glücklich, wenn Gott und die Himmel mir noch eine

Möglichkeit einräumen würden, mit dir auf der Erde zu arbeiten. Durch diese Tat für Gott und die Himmel könnte ich mich selber befreien. Das war nicht mein letzter Fehler während meiner Mission. Zu dieser Zeit, war ich mir nicht der Konsequenzen dieses Fehlers für mich und die Israeliten bewusst. Die Himmel baten mich 12 Gesandte nach Kanaan zu schicken, dem versprochenen Land. Diese Sache möchte ich etwas detaillierter ausführen. Ich wählte 12 Repräsentanten unter den Söhnen der höhergestellten israelischen Führer. Ich wollte ihnen einen besonderen Gefallen erweisen, damit sie mir näher kämen und sich mit mir verbündeten. Es handelte sich bei diesen Israelis um die Führer, die den stärksten Einfluss auf das auserwählte Volk hatten. Genau genommen wollte ich damit das geistige Umfeld fest in meiner Hand halten. In der Vergangenheit waren die Anführer meine Widersacher und Gegner. Durch die Wahl ihrer Söhne als Repräsentanten für Kanaan, wollte ich die Herzen der Anführer gewinnen, damit sie auch geistig auf meiner Seite stehen. Im Gegensatz zu der himmlischen Vision benutzte ich hier meine eigene Weisheit. Ich folgte nicht der himmlischen Instruktion. Unter den 12 Menschen, die der Himmel nach Kanaan senden wollte, erwählte ich nur zwei: Josua und Kaleb. Die anderen zehn wählte ich aufgrund meiner eigenen Entscheidung des Verstandes. Wie ich bereits vorher sagte, wollte ich damit die stärksten Anführer unter meine Kontrolle bringen. Die bittere Wahrheit eröffnete sich mir aber erst in der geistigen Welt. Die Wege Gottes und der Himmel sind verschieden. In der religiösen Geschichte haben die Propheten viele Male ihre eigene Entscheidung getroffen. Dies hat die zukünftige Vorsehung Gottes blockiert.

Nachdem ich meine Auswahl an die von Gottes und den Himmeln geforderte stellte, begann die Tragödie auf dem Weg zum Gelobten Land. Es wäre besser gewesen, wenn ich auf die himmlischen Anweisungen der Engelwelt bei der Wahl der 10 Leute gehört hätte. Ein reicher Segen und Einheit wären uns beschert worden. Eigentlich hätten die Himmel mir dann auch erlaubt, das versprochene Land zu betreten. Besonders das auserwählte Volk hätte nicht noch einmal 40 Jahre in der Wüste umherirren müssen. Ich hätte die Israelis nicht noch weitere 40 Jahre geistig anführen müssen, damit sie sich letztendlich in Kanaan, dem Gelobten Land, niederlassen können. Dort wäre Gottes Versprechen sehr bald wahr geworden, und Er hätte uns die gesamte Wahrheit offenbart. Deshalb sprach Gott sehr häufig zu uns, dass wir Milch und Honig in Kanaan erhalten werden. Wie du weißt Zahid, symbolisiert Milch Gottes göttliche Wahrheit und Honig symbolisiert seine immerwährende Liebe.

Gott versprach mir, uns im Gelobten Land jedes Jahr mit seinen Erzengeln als sichtbarer Gott zu besuchen, wenn wir Ihm nur folgten. Wäre ich erfolgreich gewesen, hätte ich auch nicht die Bücher mit meinen Fehlern füllen müssen, sondern den Sieg für Gott und die Himmel davongetragen. Dann wäre durch die Israelis, die den Schlüssel zur neuen Welt darstellen, das ideale Umfeld für diese Welt entstanden. Noch einmal möchte ich betonen; der Erfolg meiner Mission hätte mit Sicherheit die Grundlage für Jesus, Mohammed und die anderen Gesandten dieser Erde sein können, eine weitaus höhere Mission zu erfüllen, nämlich die Menschheit noch näher zu Gottes Herz zu führen.

Heute, während ich dir meine Lebensgeschichte mitteile, ist mein Herz voller Traurigkeit. Es ist für mich unmöglich gewesen, die Gefühle meines Herzens preis zu geben, während ich auf der Erde lebte. Als ich in die geistige Welt kam, war ich auch hier unfähig, mein Herz jemanden anderem zu öffnen. Durch die Engelwelt habe ich mein Missionsleben noch viel intensiver kennengelernt. Die Engel erklärten mir meine Mission viel detaillierter. Sie führten mir vor Augen, wie viele schwerwiegende Fehler ich in Gottes Vorsehung begangen hatte und wie durch mein persönliches Verhalten, meine Einstellung und meine Fehler die Vorsehung Gottes blockiert wurde. Sie vermittelten mir mehr göttliche Wahrheit. Dadurch konnte ich mich besser dem Paradies anpassen, um dort zu leben. Je mehr ich jedoch im Paradies lernte, desto bewusster wurde mir eigentlich, wie wenig ich über Gott und die Himmel wusste. Dies machte mich sprachlos im Paradies. Heute fällt es mir schwer, mit jemandem zu reden. Ich möchte einfach nur still sein. Ich kann meine Liebe zu Gott auf keine tiefere und intensivere Weise ausdrücken, als dass ich in der Stille Tränen vergieße, wenn Er mit seinem Licht über das Paradies hinwegzieht. All die anderen Gesandten huldigen Gott auf ähnliche Art und Weise. Auch sie sprechen nur selten im Paradies. Hier ist ein mystisches Umfeld, das sich nicht durch Worte ausdrücken lässt, sondern nur durch Tränen.

Zwei Personen erwählte ich gemäß der Vision des Himmels, Josua und Kaleb. Die anderen wählte ich aufgrund meiner eigenen Entscheidung. Alle 12 Gesandten verließen zusammen die Wüste Paran, um als Spione das Land Kanaan zu erkunden."

Josua und Kaleb erwähnten mir, Zahid, gegenüber: „Die anderen zehn fanden bereits zu Beginn unserer Reise keine Einheit mit uns und lieferten uns deshalb heftige Wortgefechte. Als sie dann noch die großen und starken Gesandten der Amalekiter, die südlich wohnten und die Amoriter, Hethiter, Jebusiter und Kanaaniter trafen, zeigten sie bereits ihre Schwäche durch das Aufbegehren gegen Moses. Unter den zehn waren zwei, die sich mit Josua prügelten. Von Anfang an wollten sie zurückkehren. Nach dem vierzigtägigen Erkundungsgang in Kanaan, waren wir zerstrittener als je zuvor, denn während dieser 40 Tage hatten wir unentwegt Auseinandersetzungen. Diese zehn Männer sprachen schlecht über Kanaan. Sie nahmen den Israelis die Courage, nach Kanaan zu ziehen. Wir aber standen stark auf Gottes Seite. Wir sagten sogar zu Moses: „Es ist genug, dass Gott mit uns ist." Als wir in die geistige Welt kamen, erfuhren wir, dass wir Gott durch diese Worte sehr inspiriert hatten. Gott ist glücklich mit uns in der geistigen Welt, und Er hat unsere Bemühungen für das Gelobte Land anerkannt."

Ich, der Autor dieses Buches, habe erfahren, als ich Josua und Kaleb in der geistigen Welt getroffen habe, dass sie durch Gott sehr inspiriert waren. Beide haben ein großes Herz. Moses sagte zu mir: „Ich wünschte, alle Israelis wären so gewesen wie Josua und Kaleb.

Moses fuhr nun mit seiner Lebensgeschichte fort: „Es ist richtig, dass ich für alles verantwortlich bin. Ich habe nicht die zehn Männer gemäß der himmlischen Anweisung ausgesucht. Deshalb brachten sie schlechte Nachrichten über Kanaan. Dadurch wurden die Israelis verführt, nach Ägypten zurückzukehren. Sie weinten die ganze Nacht und beklagten sich über mich und Aaron. Noch einmal versuchten Josua und Kaleb die Anführer der Israeliten zu überzeugen. Sie baten sie inständig, nicht gegen Gott zu rebellieren, sich nicht vor ihren Feinden zu fürchten, denn diese ständen nicht unter dem Schutz Gottes. Sie wiederholten immer wieder, dass Gott mit uns sei. Letztendlich spitzte sich die Lage um Josua und Kaleb so zu, dass sie kurz davor waren, in einen Kampf verwickelt zu werden. An diesem

Punkt wollten die Israeliten und ihre Führer Josua und Kaleb steinigen. Aber plötzlich erschien Gottes Licht und sie konnten ihr Vorhaben nicht in die Tat umsetzen. Das auserwählte Volk fürchtete sich vor dem Licht Gottes.

Danach waren Gott und die Himmel sehr unzufrieden mit mir. Obwohl sie mir die 12 Personen gezeigt hatten, wählte ich doch andere aus. So brachte ich Gott und die Himmel in die Lage, den Preis der Wiedergutmachung an Satan zahlen zu müssen. Ich habe in der geistigen Welt erfahren, dass Satan und seine gefallenen Engel immer durch üble Aktivitäten verhindern wollen, dass die ideale Welt Gottes auf dem Weg der Prinzipien errichtet wird. Dies geschieht, da die Menschen mit dem ihnen gegebenen Segen in die Hand Satans fielen, der eigentlich von Gott für sie bestimmt war.

Einmal reiste ich in Adams Dimension in der mittleren geistigen Welt. Ich hatte dort eine Unterhaltung mit Adam über den Segen. Es schien mir, als ob Adam selbst heute nicht klar versteht, wie viel Leid und Entbehrung er Gott und der Menschheit zufügte. Als ich ihn traf, fragte ich ihn: „Du bist derjenige, der die Menschheit ins Unglück stürzte." Adam erwiderte mir: „Dieser Akt war mir bereits vorherbestimmt, wie kann ich mich immer wieder für etwas beschuldigen, was bereits in meinem Schicksal lag." Ich war sehr schockiert durch solch eine Aussage. Deshalb sagte ich zu ihm: „Du brauchst noch viel mehr Zeit, um deine Lektion zu lernen."

Ich möchte nun wieder zu meiner Lebensgeschichte zurückkehren. Für mich, die Israeliten und Aaron war der Eintritt ins Gelobte Land verboten. Gott und die Himmel sagten, Josua und Kaleb wären die Einzigen unter der alten Generation, die das Gelobte Land erreichen werden. Ich und Aaron waren sehr traurig und vergossen viele Monate lang Tränen. Die Himmel warnten uns aber, nicht über dieses Thema zu reden. Wie du weißt Zahid, kosteten uns diese 40 Tage des Auskundschaftens am Ende weitere 40 Jahre des Umherirrens in der Wüste. Die Wahl der 12 Männer, gemäß der himmlischen Anweisung, hätte zu einer Einheit der anderen zehn mit Josua und Kaleb geführt und mit Sicherheit gute Nachrichten aus Kanaan gebracht. Gottes Vorsehung wäre somit viel schneller auf ein höheres Niveau gelangt. Ehrlich gesagt, war ich der Hauptgrund, der Gottes Vorsehung, in das Gelobte Land einzuziehen, blockiert hatte."

An diesem Punkt sprach Moses: „Ich hätte niemals so offen über mich selbst geredet, wenn ich dir nicht so viel Sympathie entgegenbringen könnte. Die Art und Weise, wie du den schlimmen Kurs, um Gott, der Himmel und Menschheit willen, angenommen hast, inspirierte mich zutiefst. Du hast dich nicht einen einzigen Moment beklagt oder den Glauben an Gott verloren. Dafür kommt dir all mein Respekt zu. Ich kann meine tiefe Liebe für dich nicht in Worte fassen." Danach weinte er leise und Tränen liefen über sein Gesicht.

„Ich möchte hier noch ein Geheimnis meines Lebens erzählen. Als ich als Prinz von Ägypten im Palast des Pharaos aufwuchs, scherzte ich oft über die Israelis, indem ich sagte: „Wenn der Gott der Israelis ein lebendiger Gott ist, so wie sie es erklären, warum zeigt Er sich dann nicht selber als sichtbarer Gott?" Später, als ich weit weg in Midian lebte, hatte ich 43 Jahre lang den stillen Wunsch in meinem Herzen, dass Gott eines Tages zusammen mit uns auf dieser Erde leben wird. Mein Gebet wurde erst erhört, als ich die Israeliten nach Kanaan führte. Als ich den Berg Sinai erklommen hatte, verbeugte ich mich vor Gott und dankte Ihm, dass Er uns aus den Fängen des Pharaos befreit hatte. Während ich alleine auf der Spitze des Berges betete, sah ich noch einmal den Feuer-Tornado in der Nacht auf mich zukommen. Und wieder war in dem Tornado ein Wesen.

Anmerkung: Natürlich weißt du Zahid, dass das unser himmlischer Vater, Gott ist. Aber damals konnte ich Ihn nicht mit meinen Augen ansehen, denn ich hatte so viel Angst.

Mein ganzer Körper zitterte und auch der Berg Sinai bebte wie bei einem Erdbeben. Ich vernahm, dass Gott mich laut rief: „Moses, komm zu mir. Hör zu Moses, die gesamte Erde gehört mir. Ich bin das Licht des Himmels und der Erde. Es ist mein innigster Wunsch, mit den Menschen auf der Erde als sichtbarer Gott zu leben." Als ich diese Worte von Gott vernahm, verspürte ich einen tiefen Frieden in meinem Herzen. Ich habe die Wirklichkeit kennengelernt. Der Traum der Menschheit, mit Gott auf der Erde zu leben, wird eines Tages wahr werden. Gott sprach weiter: „Bereite die Israeliten drei Tage lang vor. Sie sollen sich reinigen und sage ihnen, sie sollen nicht mit ihren Frauen schlafen. Ich werde auf dem Berg Sinai erscheinen, damit sie dir immer glauben werden." Diese Worte erstaunten mich. Dies war die glücklichste Nachricht, die ich während meines Missionslebens hörte. Während dieser drei Tage konnte ich schwerlich einschlafen.

Am Morgen des dritten Tages verdunkelte sich alles um den Berg Sinai. Ein Sturm fing an zu tosen und Blitze zuckten. Die Wolken öffneten sich über dem Berg, und wir vernahmen einen sehr lauten Trompetenhall. Noch einmal sah ich, wie sich der Feuer-Tornado auf die Spitze des Berges Sinai zu bewegte und mit solch einer Wucht auf diese aufprallte, dass der ganze Berg anfing zu beben. Ich forderte die Israeliten auf, aus ihren Zelten zu kommen. Ich konnte an ihren Gesichtern sehen, dass sie sich in ihren Herzen fürchteten. Alle kamen zusammen und standen, sich an den Händen haltend, am Fuß des Berges Sinai. Sie alle schauten auf die Spitze des Berges. In diesem Moment herrschte Totenstille. Sie beobachteten das große goldene Feuerlicht Gottes auf der Spitze des Berges. Als sie die Stimme Gottes aus dem Feuerlicht vernahmen, zitterten sie am ganzen Körper. Sie rannten weg und verharrten erst in einiger Entfernung des Berges Sinai. Sie flehten mich an: „Moses, Gott soll nicht mit uns reden. Andererseits fürchten wir alle, zu sterben." Sie alle wünschten sich, in ihre Zelte zurückzukehren. Als ich sah, wie ernsthaft sich die Situation zuspitzte, musste ich auch hier die Realität erkennen: Wenn die Menschheit sich nicht ernsthaft darauf vorbereitet, Gott mit ihrem ganzen Herzen und mit ihrer ganzen Seele zu treffen, wird sie nie in der Lage sein, auf ihren eigenen Füßen stehend, ins Angesicht Gottes zu blicken. Die Menschen werden innerlich vor Angst sterben. Ich weiß, dass die Liebe Gottes solch eine Gabe ist, die es der Menschheit ermöglicht, ihre Todesangst zu überwinden und den sichtbaren, lebendigen heiligen Gott zu treffen. Ich ging zuerst allein auf die Spitze des Berges, während Gott meinen Namen rief und mich bat, zu Ihm zu kommen.

Auf meinem Weg zum Gipfel des Berges Sinai sah ich den Berg von tiefer Dunkelheit umhüllt. Auf der Spitze des Berges angelangt, schien ein feuriges Licht. Gott bewegte sich dort in diesem feurigen Licht. Als Er mich ansah, überfiel auch mich die Angst. Ich verbeugte mich vor Ihm und Gott sprach zu mir: „Es ist nicht die richtige Zeit für mich, auf die Erde zu kommen. Moses, Ich kam nur wegen dir. Ich tue dies, damit alle Nationen dir glauben, dass Ich hierher komme, um dich auf der Spitze des Berges zu treffen. Moses, Ich wünsche, dass diese Erde ein heiliger Ort, bevölkert mit meinem eigenen Volk wird, denn Ich möchte mit ihnen zusammen auf dieser Erde leben. Aber die Sünde der Menschen erlaubt mir nicht, mich mit ihnen zu verbinden. Die Sünde brachte die Menschen in die Richtung des Bösen. Sie leben in Ignoranz, Dunkelheit und Angst. Moses gehe hinunter und sage den Menschen, sie sollen sich reinigen, besonders die, die mich treffen möchten. Ich kann mich nicht bei den sündigen Menschen niederlassen." Ich sprach zu Gott: „Du hast den Menschen viele Male vergeben. Bitte vergib uns noch einmal und segne die Israeliten als dein besonderes auserwähltes Volk. All die Nationen werden Dich durch sie kennenlernen."

In diesem Moment verharrte Gott in Schweigen. Ich verspürte eine unglaubliche Traurigkeit im Innern Gottes. Lieber Zahid, wie du weißt, ist dies so ein besonderer Moment, dass schier endlos Tränen aus meinen Augen strömten. Ich erhob mein Gesicht und bat um Gnade für mich und die Israeliten. Ich sprach zu Gott: „Lass uns dein Wesen und dein Herz erben." Ich blickte in das Innere des goldenen feurigen Lichtes. Gott erstrahlte wie ein Kristall in weißem Licht, das aus seinem Inneren herauskam. Ich konnte nicht länger meinen Blick in diese Richtung lenken. Ich verbeugte mich noch einmal und verspürte, dass Gott das traurigste Wesen überhaupt ist. Ich erwartete eine Antwort, aber Gott verharrte in Schweigen. Im gleichen Augenblick fühlte ich, wie Traurigkeit mich bedrückte. Noch einmal erhob ich mein Gesicht und schaute in Gottes Licht hinein. Dieses Mal konnte ich dieses Wesen viel klarer erkennen, denn es schien mir näher. Ich sah wie Tränen aus den Augen Gottes rannen.

Ich weiß nicht, warum ich diese Dinge niemals niedergeschrieben habe. Ich befürchtete, dass die Israeliten mir niemals glauben würden. Meistens erzählte ich den Israelis, was sie über Gott hören wollten, dass Er stark und allmächtig ist. Die Israelis und die gesamte Menschheit haben ein vollkommen einseitiges Bild über Gott. Sie möchten nicht den anderen Teil Gottes kennenlernen. Der andere Teil ist das wahre Bild Gottes, das uns erzählt, warum Er uns erschaffen hat. Nach einer Weile des Schweigens sprach Gott noch einmal zu mir: „Geh hinunter und bring Aaron und 70 der Ältesten mit dir, die dich auf dieser Reise mit ihrem Glauben und ihrer Loyalität begleitet haben."

Ich stieg vom Berg herab und erwählte 70 der alten und mir treu ergebenen Israelis. Sie waren mit mir in Einheit während der Mission.

Die meisten hatten die ganze Zeit ihres Lebens mit mir verbracht, seitdem wir aus Ägypten fortgingen. Ich sprach zu Aaron: „Gott möchte dich sehen." Aber seine zwei Söhne, Nadab und Abihu baten mich: „Wir dienen Gott Tag und Nacht. Bitte nimm auch uns mit." Deshalb nahm ich sie mit mir. Genau genommen hat Gott mir aufgetragen, Aaron und 70 alte, mir treu ergebene Israeliten auf die Spitze des Berges zu bringen und niemand anderen. Aber in meinen Büchern steht geschrieben, dass Gott mir auftrug, Aaron, Nadab und Abihu und 70 der alten Getreuen zu bringen. Als wir unsere Füße auf den Berg Sinai setzten, um nach oben zu gehen, mussten wir auch diese tiefe Dunkelheit, bis auf die Spitze des Berges hinauf, durchqueren. Aaron, seine beiden Söhne und die 70 alten, mir treu ergebenen, Israeliten fürchteten sich in ihren Herzen und waren drauf und dran umzukehren. Ich beschwor sie, ihnen würde nichts widerfahren. Ich garantierte für ihre Leben, da Gott mich bat, sie nach oben zu bringen. Sie alle hielten sich an den Händen. Ich hielt Aarons Hand, und wir gingen langsam auf die Spitze des Berges zu.

Plötzlich vernahmen wir die Stimme Gottes: „Bleibt stehen, wo ihr seid, und kommt nicht näher. Nur du Moses, sollst zu mir kommen." Als ich mich Gott näherte, empfing mich eine überschäumende Liebe und ein tiefer Frieden umgab mich. Ich und auch die anderen wurden mystisch. Erst verbeugte ich mich und dann taten die anderen es mir gleich. Auch sie sahen Gott im Inneren des Feuerlichtes. Als ich Gott näher kam, spürte ich, wie Gottes Licht sich abkühlte und viel zärtlicher zu mir wurde. All die Mütter dieser Schöpfung sind zusammen nicht in der Lage, so viel Liebe ihren Kindern zu geben. Aaron, seine zwei Söhne und die 70, mir treu ergebenen Alten, haben Gott gesehen. Sie erfuhren solch eine geistige Glückseligkeit, die sie in ihrem ganzen Leben nicht verleugnen konnten.

Einer dieser, mir treuergebenen, 70 Ältesten starb auf dem Weg nach Kanaan. Vor seinem Tod ließ er mir die Botschaft überbringen, dass er mich noch einmal sehen möchte. Ich ging deshalb zu seinem Zelt. Er sagte zu mir, dass er mit mir alleine reden wolle. Ich bat deshalb jeden, aus dem Zelt hinauszugehen. Dann sprach er zu mir: „Moses, es ist Zeit für mich zu sterben. Ich wollte dir nur von ganzem Herzen danken für den Tag, als du mich mitnahmst auf den Berg Sinai, um Gott zu sehen. Ich war einer der 70. Selbst heute, im letzten Moment meines Lebens, spüre ich immer noch Gottes glückseligmachende Liebe.

Durch die ganze Ewigkeit hindurch werde ich diesen einen Tag in meinem Leben niemals vergessen. Jetzt sterbe ich, aber ich fühle so stark die Gegenwart Gottes. Ich werde nie und nimmer vergessen, dass ich Gott gesehen habe, obwohl ich es nicht verdiente." Dann erzählte er mir, dass sein letzter Wunsch wäre, mich umarmen zu dürfen. Als ich ihn in meine Arme nahm, weinten wir beide. Er sagte: „Moses, ich werde mich immer in meinem Herzen an dich erinnern. Dir ist es zu verdanken, dass wir Gott erfahren konnten."

„Ich weiß Zahid, wenn du Gott rufst, auf die Erde zu kommen, dann wird Er deinem Ruf sicherlich folgen. Gott liebt dich mehr, als irgendjemanden anderen in der Geschichte der Prophetenschaft. Du bist etwas ganz Besonders, und Gott liegt sehr viel an dir. Gott hat so viele Male über dich im Königreich der Himmel gesprochen, und dies, wann immer wir Propheten zu Ihm gegangen sind, um Ihn zu treffen. Ich glaube, es gibt niemanden auf der Erde, der Gott mehr liebt als du. Ich muss sagen, das liegt nur daran, dass Gott dich so tief liebt. Du hast den höchsten Standard im Königreich der Himmel demonstriert, indem du ohne zu murren und ohne zu klagen still für den Willen Gottes gegangen bist. Du hast all die Sorgen, Leiden und Entbehrungen auf dich genommen, und dich niemals beklagt. Stattdessen tröstest du immer Gottes Herz. Du hast so viele Tränen für Gott vergossen, um Ihn in das menschliche Leben zurückzubringen. Du bist den ganzen Weg alleine in der dunkelsten Zeit deines Lebens gegangen, um Satan zurückzudrängen. Diese Tatsache alleine ist bereits ein großer Sieg für die Menschen auf der Erde und in der geistigen Welt.
Gott sagte einmal persönlich zu mir: „Wenn Zahids Name über meine Lippen kommt, fühle ich eine unsagbare Freude in meinem Herzen."
Als Gott einmal im Himmelreich zu den verschiedenen versammelten Propheten sprach, konnten alle erfahren, wie mystisch Gott wurde, als Er sagte: „Ich werde auch in der äußeren Schöpfung leben, wenn Menschen wie Zahid auf der Erde sind."

Gott hat dieses Mal die deutsche Nation auserwählt. Betrachtet man diese Nation nur mit den äußeren Augen, muss man zugestehen, dass die Deutschen in einer großen Ignoranz Gott gegenüber leben und ihnen jegliches Verständnis für geistige Dinge fehlt. Aber Gott weiß, was das Beste ist. Deswegen ist es auch sehr schwierig für mich, diese

Nation zu lieben. Sie sind schuld an vielen Kriegen, an der Zerstörung der Menschheit und an dem Tod vieler Millionen Juden. Viele Male, als ich dich mit meinem Geist besuchte, flog ich auch über Deutschland und Europa. Ich habe viele Orte in Deutschland besucht. Jedes Mal, wenn ich in die geistige Welt zurückgekehrt bin, war mein Herz noch verhärteter für Europa und ganz besonders für Deutschland.

Ich fragte mich viele Male selber, wie es nur möglich sein könne, Europa und ganz besonders die deutsche Nation zu lieben, die Gott völlig ignorieren. Später besuchte ich Seminare, in denen über die Vorsehung Gottes auf der Erde unterrichtet wurde und die den Willen Gottes erklärten. Während dieser Seminare zeigten sie auch, anhand von Filmen, verschiedene Teile deines Lebens, Zahid. Ich brach in Tränen aus, als ich diese Abschnitte deines Lebens mit ansah. Mein Herz begann sich dadurch für die Deutschen zu erweichen. Heute kann ich sagen, dass ich nichts mehr in meinem Herzen gegen die deutsche Nation und gegen Europa habe. Es sind nur noch viele gute Wünsche für dieses auserwählte Volk übrig. Ich bete ständig und arbeite sehr hart in der geistigen Welt, dass die richtige Zeit für die deutsche Nation kommt und sie dann in der Lage ist, die richtige Entscheidung für ihr ewiges Leben zu treffen, indem sie dich, Gottes Herz, anerkennt. Dann wird die deutsche Nation mit Sicherheit eine ganz besondere Nation, von der aus, der Segen der ganzen Welt zuteilwerden wird. Ich weiß sehr wohl, dass du allein nicht genügst, um dich mit dieser Nation und der Welt auseinander zu setzen. Darum wäre es für die gesamte Welt ein unwahrscheinlicher Vorteil, wenn sie dich zur rechten Zeit anerkennen würde. Das von dir geschriebene Buch soll in die Hände der gesamten Menschen kommen; dies ist auch mein innigster Wunsch für die Menschheit. Vielleicht kann dieses Buch nicht alles wiedergeben, was du gesehen und erfahren hast. Aber du bist der Einzige, der Gottes Herz am tiefsten kennengelernt hat. Doch diese Grundlage reicht aus, damit die Menschheit den ewigen Erfolg davon trägt und sich in ihrer wahren Heimat niederlassen kann.

Jetzt möchte ich zu meiner Lebensgeschichte zurückkehren. Wäre es mir jemals gelungen, in Einheit mit den Israeliten, ins Gelobte Land einzuziehen, dann hätte Gott dort sein Heiligtum errichtet und mit uns leben können. Aber wie du weißt, ist dies, trauriger Weise, nicht Realität geworden.

Jetzt möchte ich noch ein bisschen mehr über meine Familie und die Aarons erzählen. Als ich das erste Mal nach Ägypten zurückkehrte, nahm ich meine Frau und meine zwei Söhne mit mir. Später sandte ich sie zurück nach Midian, denn die Auseinandersetzungen mit dem Pharao wurden immer komplizierter. Aber nicht nur deswegen kehrten meine Frau und meine zwei Söhne zurück, sondern sie hatten auch den Wunsch dazu. Ich dachte auch, es wäre nicht gut für sie, mit mir in Ägypten zu bleiben. Später bat ich sie zurückzukommen und mit mir gemeinsam die Reise anzutreten. Nachdem Gott uns befreit hatte, lagerten wir in der Nähe des Berges Gottes. Mein Schwiegervater Jethro kam zu mir und brachte meine Frau und meine zwei Söhne mit sich. Es war ein sehr bewegender Moment für mich, sie wiederzutreffen. Ich erklärte ihnen, was sich in Ägypten zugetragen und wie Gottes mächtige Hand uns befreit hatte. Jethro wollte alles sehr genau wissen.

Dann sprach er: „Jetzt weiß ich wirklich, Gott ist größer als all die anderen Götter." Ich erzählte ihm daraufhin, dass es nur einen richtigen Gott gibt. Zuerst verharrte er in Schweigen für einen Moment, aber dann sprach er zu mir: „Ja, du hast Recht. Es gibt nur einen einzigen Gott." Jethro gab mir auch den guten Rat, wie ich am besten die Israelis führen könne. Danach bat er mich, mit mir allein reden zu dürfen. Als wir ungestört waren, sprach er zu mir: „In all den Jahren, die du mit mir in Midian verbracht hast, was für einen Menschen hast du in mir gefunden?" Und ich antwortete ihm: „Warum fragst du mich das? Du weißt ganz genau, dass du mein bester Freund bist und ein großer Lehrer, von dem ich viele Dinge gelernt habe. Du hast mir fast alles in dieser einsamen Zeit in Midian bedeutet. Du hast immer mein Herz getröstet und mir Hoffnung in dieser traurigen und dunklen Zeit gegeben." Jethro fragte mich weiter: „Wenn ich dich jetzt um etwas bitte, gibst du es mir dann?" Ich antwortete ihm: „Wenn es in meiner Macht liegt, würde ich dir jeden Gefallen tun." Er fragte mich: „Ich liebe Zippora und meine Enkel sehr. Sie verbrachten eine lange Zeit meines Lebens mit mir. Ich möchte sie noch etwas länger um mich herum haben, zumindest so lange, bis du nach Kanaan, in das Gelobte Land Gottes, einkehrst, um dich dort niederzulassen. Dann werde ich sie dir dort hinbringen." Zuerst war ich schockiert und sehr überrascht. Aber dann fragte ich ihn: „Was sagen Zippora und meine beiden Söhne dazu? Möchten sie wirklich mit dir in Midian leben?" Jethro antwortete: „Wäre es nicht ihr Wunsch, würde ich dich nicht danach fragen. Sie wissen alle, dass dein Temperament mit dir manchmal durchgeht. Deswegen fragten sie dich nicht selber, in Midian bleiben zu dürfen." Ich antwortete ihm: „Ich möchte sie in deiner Anwesenheit selber fragen, ob dies ihr aufrichtiger Wunsch ist. Nach meiner Mutter, der Tochter des Pharaos, bist du die zweite Person, die ich am meisten in meiner Familie liebe. Ich könnte dir deinen Wunsch niemals abschlagen."

Deshalb rief ich Zippora und meine beiden Söhne und fragte sie: „Möchtet ihr mit mir in der Wüste bleiben und nach Kanaan ziehen? Oder wollt ihr bei Jethro bleiben?" Zippora antwortete: „Moses, denk bitte nichts Schlechtes über uns. Ich habe die längste Zeit meines Lebens mit dir verbracht. Aber momentan fühlen wir uns in Midian sicherer. Sobald du in Kanaan ankommst und dich dort niederlässt, werde ich dir folgen, um mit dir zu leben." Dann stellte ich die gleiche Frage an meine zwei Söhne: „Und wie steht es um euch?" Sie beide antworteten mir, dass sie mit ihrem Großvater und ihrer Mutter leben wollten. Später würden sie dann entscheiden, ob sie nach Kanaan ziehen oder nicht. Ich war sehr traurig darüber, sagte aber nichts dazu. Deshalb ließ ich sie alle mit Jethro nach Midian zurückkehren.

Wie du weißt Zahid, kam niemals die Zeit in mein Leben, um in Kanaan einzuziehen. Die Israelis und ich irrten 40 Jahre in der Wüste umher. Während dieser Zeit dachte ich viele Male an Zippora und meine zwei Söhne, Gerschom und Eleasar. Als sie kleine Jungs waren, liebte ich sie sehr. Ich habe diese zwei Kinder in einem fremden Land bekommen. Als sie klein waren, konnte ich mein Herz durch sie trösten. Ich erinnerte mich sehr intensiv an ihre Kindheit, denn ich lebte als Fremder in einem fremden Land. Aber als sie aufwuchsen, beobachtete ich, dass sie sich mehr zur materiellen Welt hingezogen fühlten. Sie hatten nicht den innigen tiefen Wunsch, Gott und das geistige Leben kennenzulernen. Ich weiß nicht warum, aber an diesem Punkt spürte ich, wie ich mich von ihnen immer weiter entfernte. Mit der Zeit spürte ich keine Nähe mehr zu ihnen. Soweit ich zurückdenken kann, hat Zippora ihr ganzes Leben mir als Partnerin zur Seite gestanden und mein Herz getröstet. Aber auf dem langen Weg wurde sie schließlich müde, immer weiter die geistige Reise fortzusetzen. Sie konnte das Ende dieser Mission nicht erblicken. Und manchmal sagte sie deshalb im Spaß zu mir: „Um die Israeliten nach Kanaan zu bringen, bedarf es einer nie endenden Reise." Ich lächelte, wenn ich so etwas aus ihrem Mund hörte. Ich erinnerte mich in meinem Herzen in tiefer Liebe an sie. Aber in meinen Büchern erwähnte ich nicht sehr viel darüber.

Später, während meiner Reise nach Kanaan, hatte ich noch eine andere Frau. Doch sie passte nicht zu mir. Ich war ein alter Mann und sie war zu jung. Das konnte nicht gut gehen. Jahre später trennten wir uns voneinander. Aber ich gebe nicht ihr die Schuld dafür. Wir kamen einfach nicht miteinander aus. In der geistigen Welt habe ich durch die Seminare im Paradies eine revolutionäre Wahrheit erfahren, nämlich die, wie die ideale Beziehung zwischen Mann und Frau für immer halten kann. Während ich diese Seminare besuchte, lachte ich über mich und dachte: „Moses, in diesem Sinne bist du überhaupt nicht gewachsen." Jetzt weiß ich, dass Mann und Frau für immer zusammenleben werden, wenn sie sich vertikal auf Gott ausgerichtet miteinander verbunden haben. Nur dann werden sie für immer auch horizontal Frieden, tiefe Glückseligkeit, Liebe und immerwährende Harmonie in ihrer Beziehung finden. Gott ist das ursprüngliche Wesentliche in jeder wahren Beziehung.

Ich mache es kurz, denn du musst noch die Lebensgeschichten von Jesus und Mohammed in Gottes Buch niederschreiben. Daneben musst du noch viele weitere ewige Geheimnisse in diesem Buch unterbringen. Ich werde nur noch über Aaron sprechen. Aaron war ein Mann des Glaubens. Von Anfang an war dieser meiner Mission sehr positiv eingestellt. Seit der Zeit, als ich entdeckte, dass ich eine Familie unter den Israelis habe, hatte Aaron bereits das starke Gefühl, dass ich derjenige sei, der den Israelis die Erlösung bringen könnte. Als Prinz von Ägypten wollte ich aber nur wissen, wo ich herkomme und hingehöre; deswegen versuchte ich die Wahrheit herauszufinden. Sicher hat Gott auch zu Aaron gesprochen. Aber genau genommen war er kein Mann mit einer starken Persönlichkeit, der für Gott ein Leben lang auf Leben und Tod jede Situation hätte meistern können. Er konnte sehr schnell durch sein Umfeld dominiert werden. Gott und die Himmel wollten, dass wir beide die Israeliten in das Gelobte Land führten. Er war ein weiser und sehr geduldiger Mann und auch ein sehr guter Redner. Er wusste, was er wann zu sagen hatte. Gott und die Himmel stellten eine hohe Erwartung an ihn. Aber in Gottes Vorsehung bedarf es, um den Willen Gottes wirklich zu erfüllen, einer starken Persönlichkeit mit ausgeprägten Führungseigenschaften.

In der Geschichte hat Gott immer nach einer Person gesucht, die stark, standhaft und mit frohem Herzen für seinen Willen auf dieser Erde gehen konnte, ohne mit der gefallenen Welt Kompromisse zu schließen. Aaron beobachtete viele Male, dass ich mich über die Israelis bei Gott beschwerte. In solchen Momenten war ich kein gutes Beispiel für ihn. Aaron sagte deshalb öfters sehr höflich und beschwichtigend zu mir: „Du musst Gott nicht beschuldigen, dass Er dir so eine noble Mission gegeben hat. Du brauchst zu Gott nicht für deinen Tod zu beten." In verschiedenen Situationen, in denen ich sehr ärgerlich gewesen bin, habe ich immer solche Worte benutzt: „Es ist besser, Du lässt mich durch deine Hand sterben, bevor ich ein schlimmes Ende finde in den Händen der Israeliten." Wann immer Aaron mich korrigieren wollte, führte dies nur dazu, dass ich wütend wurde und ihn dominierte. Deshalb lernte er, sich ruhig zu verhalten und einer Unterhaltung mit mir aus dem Weg zu gehen. Er fürchtete sich vor meinen Wutausbrüchen. Er wusste, dass viele Dinge schief gehen können, wenn ich so wütend war. Deswegen machten mich die Engelwelten in der geistigen Welt auch dafür verantwortlich, dass Aaron ebenso in der Vorsehung Gottes fehlschlug.

Genau genommen hätte Aaron von mir und ich von ihm lernen können. Aber leider ist dies nicht geschehen. Ich dominierte ihn und brachte ihn dazu, nur meinem Weg zu folgen. Auf der anderen Seite fiel es mir während meiner Mission schwer, den Rat anderer anzunehmen, insbesondere von den Anführern und meinen Mitgliedern. Diese Einstellung blockierte mein Wachstum ebenso in der geistigen Welt. Obwohl ich die zentrale Person war, hätten Gott und die Himmel zu mehr Menschen sprechen können, wenn ich geduldiger in meiner Mission gewesen wäre. Diese Wahrheit eröffnete sich mir aber auch erst in der geistigen Welt. Gott und die Himmel hatten immer den Wunsch, mit vielen Menschen auf der Erde zu reden. Eines Tages wird Gott mit allen seinen Kindern auf der Erde und in der geistigen Welt kommunizieren können.

In meiner Zeit waren Aaron, Josua und noch siebzig weitere Menschen potentiell dazu in der Lage. Ich hätte durch sie meine Fehler herausfinden können, denn Gott sprach mit Aaron und Josua.

Ich muss gestehen, dass ich als Prinz von Ägypten hier gar nichts gelernt habe. Ich frage mich heute noch, ob die vierzig Jahre dieses furchtbaren Lebens in Midian mir wirklich geholfen haben, geistig zu wachsen. Nachdem Gott mich auserkoren hatte, sein Volk zu befreien, regierte ich in meiner Mission genauso, wie ich es bereits als Prinz von Ägypten getan hatte. Meistens kannte ich nur eine Marschrichtung. Ich verlangte, dass die Israeliten mir folgten, ohne Widerworte. Als ich in die geistige Welt kam, konnte ich meine Fehler klar erkennen, ohne dass sie mir jemand zeigen musste. Die geistige Welt ist wie ein bemerkenswert perfekter Spiegel, der jeden schwarzen Punkt auf deiner Seele zeigt. Sie sagt dir auch, über welche Schwächen und üblen Angewohnheiten du niemals hinwegkommen konntest. Das geistige Gesetz ändert sich niemals. Ich bin sicher Zahid, dass du noch mehr über dieses Thema erzählen wirst.

Noch einmal kehre ich zurück zu Aaron. Als ich auf den Berg Sinai stieg, machte ich Aaron zu meinem Stellvertreter. Ich forderte die Israelis auf, ihm zu folgen, solange ich mit Gott spräche. Aber dies dauerte länger, als ich erwartet hatte. Ich blieb für 30 Tage und Gott bat mich, noch 10 Tage hinzuzufügen, so dass es insgesamt 40 Tage waren. Als ich in die geistige Welt kam, fand ich heraus, dass diese 40 Tage eine Trennung von Satan waren. Für die Israeliten war es eine Zeit, sich von ihrer alten Welt, die Satan gehörte, zu trennen und sich mit mir substantiell zu vereinen. Während dieser 40 Tage trank ich nur Wasser. Am Ende dieser Zeit wollte Gott seinen Segen den Israelis geben. Aber das Gegenteil ereignete sich. Gott wurde traurig und verstimmt. Er sagte zu mir: „Kehre zurück zu den Israelis, denn sie haben mir bereits sehr schnell ihren Rücken zugedreht. Sie haben ein goldenes Kalb gemacht und sagen zu Aaron, das ist dein Gott, der dich aus Ägypten herausführte." Als ich dies hörte, wurde ich wütend auf Aaron und die Israelis. Ich stieg vom Berg herab und traf in seiner Nähe Josua."

Jetzt möchte ich, Zahid, wiedergeben, was mir Kaleb bei unserem Treffen in der geistigen Welt erzählte. Er sprach: „Ich und die anderen 70 Ältesten warnten Aaron, auf keinen Fall auf Wunsch der Israeliten dieses goldene Kalb zu erschaffen, besonders nachdem er mit uns zusammen Gott auf dem Berg Sinai gesehen hatte. Aaron entgegnete mir und den anderen 70 Ältesten aber: „Wir sind nur ein paar

Menschen. Tun wir nicht, worum uns die Israeliten bitten, dann werden sie uns umbringen." Als Aaron sich so glaubensschwach zeigte, wusste ich nicht, was ich mit ihm tun sollte. Als Moses auf die Spitze des Berges ging, machte er Aaron zu unserem Führer. Er bat uns, ihm zu folgen. Moses trug uns auf: „Aaron hat all die nötigen Bedingungen erfüllt, um Gottes und mein Objekt zu werden. Wer sich mit mir vereinen möchte, muss sich auch mit Aaron vereinigen." Für mich und die anderen 70 war dies eine sehr komplizierte Situation. Wir konnten schwerlich eine Entscheidung treffen. Wir verharrten in Schweigen und störten Aaron nicht bei seinen Aktivitäten. Aaron bat die Israeliten ihre goldenen Habseligkeiten von ihren Familien zu bringen. Er fertigte das goldene Kalb gegen unseren Willen an, da er zu sehr um sein Leben fürchtete. In diesem Moment hatte er mehr Angst vor ihnen, als vor Gott. Nachdem er das goldene Kalb fertiggestellt hatte, sprachen er und die anderen Menschen, die ihm in so großer Sünde gefolgt waren, zu den Israelis: „Das ist euer Gott, der euch aus Ägypten herausführte." Aaron bestimmte sogar einen besonderen Platz, an dem sie ihre Tiere vor dem goldenen Kalb opfern konnten.

An mich gewandt, sprach Aaron: „Kehrt Moses nicht zurück, dann können wir in diesem Fall die Israelis mit dem goldenen Kalb inspirieren. Wir können so die Einheit mit ihnen aufrechterhalten und uns so selber vor Angriffen der Israelis schützen." Ich gab ihm daraufhin keine Antwort, denn in meinem Herzen war ich sehr wütend auf Aaron. Würde Moses nicht zu den Israelis zurückkehren, war ich festentschlossen, Aaron und das israelische Volk zu verlassen. Ich wollte mich an einem einsamen Platz zurückziehen, um dort zu leben. Zu Aaron sprach ich: „Kehrt Moses nicht zurück, werde ich mich auf keinem Fall deiner Sünde anschließen und dem goldenen Kalb, das symbolisch für den Gott Israels steht, folgen. Es spielt für mich keine Rolle, wie viel Weisheit du benutzt, um die Israelis gefügig zu machen." Schließlich kehrte Moses mit Josua zurück."

Ich fahre nun an dieser Stelle des Buches mit Moses Lebensgeschichte fort. Moses sprach: „Was ich erblickte, als ich zurückkehrte, kann ich nicht mit Worten beschreiben. Die Israelis waren betrunken, tanzten und benutzten verschiedenfarbige Kleidung. Das glich sehr der „Love Parade", die in Berlin stattfindet und direkt von Satan inspiriert ist. Während du meine Lebensgeschichte niederschriebst, flog ich eines Tages über Deutschland, um dich zu besuchen. Über Berlin sah ich von oben die „Love Parade". Es war eine unglaubliche Menschenmenge. Tränen rannten von meinen Augen und ich sagte zu mir selbst: „Die Wege des Himmels sind so eng, dass nur von Zeit zu Zeit ein Geist dorthin findet. Aber Satans Wege sind so breit und gepflastert mit weltlicher Freude." Gruppenweise stehen die Menschen zusammen und gehen gemeinsam in die Hölle. In diesem Moment weinte ich. Würde so eine Menschenmenge für Gott zusammenkommen, würde Satan mit Sicherheit diese Erde verlassen. Das wäre die größte und bedeutendste Zeit in der Geschichte der Menschheit, wenn die neue heilige Welt mit Gott ihren Anfang nehmen würde.

Nach einer Weile landete ich im Odenwald bei deinem Seminarzentrum. Du warst allein und hast meine Lebensgeschichte niedergeschrieben. Noch einmal brach ich in Tränen aus. Ich betete: „Oh Gott, hilf diesem Mann, deine Welt Wirklichkeit werden zu lassen." Ich war so traurig, dass ich dich nicht wissen lassen wollte, dass ich hier sei. Deshalb ging ich in den Wald und setzte mich nahe einem Stein und weinte.

Lieber Zahid, ich kann meine Liebe zu dir nicht beschreiben. Aber eines Tages, wenn du in der geistigen Welt leben wirst, werde ich mit offenen Armen auf dich in der Ewigkeit warten. All die Glückseligkeit findet man nur im ewigen Leben. Seitdem ich die Möglichkeit habe, dich in der geistigen Welt zu treffen, wuchs mein Herz viel intensiver. Wann immer ich nach unseren Treffen in das Paradies zurückkehre und mich andere Gesandte über dich fragen, rinnen Tränen aus meinen den Augen, bevor ich überhaupt antworten kann. Wann immer ich die Himmel besuche und die Möglichkeit habe, Gott zu treffen, sehe ich, dass du im Herzen Gottes einen ganz besonderen Platz einnimmst. Lass Ihn niemals in der zukünftigen Geschichte zum Gott des gebrochenen Herzens werden. Ermögliche es Gott auf die Erde zu gelangen, um seine eigenen Kinder zu treffen. Beweise Gott und den Himmeln, dass Gott keinen Fehler machte, als Er die Menschen erschuf.

Während ich dies erzähle, sehnt sich mein Herz unter Tränen danach, Gottes Kinder zu erreichen. Ich muss sagen, dass ich nicht der richtige Moses für Gott gewesen bin. Lieber Zahid, du bist der wahre Moses für

Gott. Gott, die Himmel und das Paradies bezeugen, dass du derjenige bist, dem es gelingen wird. Erzähl der Menschheit, dass Kanaan der auserwählte Ort war, an dem Gott sich mit den Menschen niederlassen wollte. Erzähl den Deutschen: „Passt auf, die Zeit ist jetzt gekommen." Lass diese Nation wissen, dass der Schlüssel nun in ihrer Hand liegt, das Königreich Gottes wahr werden zu lassen. Sag dieser deutschen Nation, sie soll die gesamte Ignoranz ihrer Geschichte auslöschen. Teile ihr mit, dass sie bis zum heutigen Tag Saulus war. Aber jetzt hat Gott ihr die Möglichkeit gegeben, zu Paulus für Ihn zu werden. Gott wird sich immer an diese Nation in tiefer Liebe erinnern, wenn sie gemeinsam mit dir Gottes Welt entstehen lassen kann.

Ich kehre noch einmal zurück zu meiner Lebensgeschichte. Ich näherte mich der Menge und sah wie sie das goldene Kalb hoch auf einen Thron hoben. Alle tanzten, tranken und küssten einander. Genau genommen hatten die Israelis seit langer Zeit solche Wünsche, denn sie sahen, dass auch andere Nationen ähnliche Feiern abhielten. Aber als Sklaven des Pharaos konnten sie ihre üblen Wünsche niemals befriedigen. Auf der anderen Seite ermöglichte ihnen der Pharao nie solch eine Möglichkeit, denn ihr Sklavenalltag war viel zu eng. Sie waren nicht frei, und konnten deshalb ihre Freiheit nicht missbrauchen. Die Israelis wollten handgemachte Statuen besitzen, denn auch andere Völker verehrten ihre Götter anhand von Götzenbildern. Genau genommen wollten sie viele Feiern abhalten, um ihre unmoralischen Wünsche erfüllen zu können. Ehrlich gesagt Zahid, hatten sie mit mir eine sehr unglückliche Zeit. In ihren Augen hielt ich sie dazu an, ein sehr karges Leben zu führen. Jetzt waren sie sehr glücklich und wünschten, dass ich niemals mehr vom Berg Sinai zurückkehren würde.

Als die Zeit verstrich und ich nicht wieder kam, wurden sie noch ausgelassener. Die Israeliten glaubten, ich sei wegen ihrer Schwierigkeiten fortgerannt. Sie redeten sich ein, dass ich von der Spitze des Berges in den Tod gestürzt sei. Der Höhepunkt erschien in ihrem Leben, als Aaron als auserwählte Person begann, ihren Wünschen zu folgen. Ich habe die falsche Entscheidung getroffen, als ich Aaron zu meinem Stellvertreter berief. Er wurde aufgrund seiner Angst zum Objekt der gefallenen Wünsche der Israeliten. Aber das war nicht alles. Er machte einen furchtbaren Fehler, indem er selbst das goldene Kalb als Gott Israels erschuf.

Die Israelis waren zutiefst schockiert, als sie mich in ihrer Nähe stehen sahen. Zur gleichen Zeit wurden sie wütend und aggressiv. Sie waren betrunken und bereit, mit mir heftig zu streiten. Letztlich eskalierte die ganze Situation. Sie versuchten mich anzugreifen. Ich schrie ihnen entgegen: „Wer immer auf der Seite Gottes steht, komme zu mir." Die meisten Menschen des Levi-Stammes kamen zu mir herüber und ich sprach zu ihnen: „Zuerst zerstört ihr dieses goldene Kalb. Wer immer sich euch dabei in den Weg stellt, um das goldene Kalb zu beschützen, muss sterben."

Noch eine Sache möchte ich dir hier mitteilen. Ich habe nicht mit Absicht die zwei Tafeln der Zehn Gebote zerstört, die Gott mir gab. Es ist einfach passiert, als der Kampf zwischen dem Stamm der Leviten und dem Rest der Israeliten begann. Ich schlug um mich mit den zwei Steintafeln, um mich selber zu verteidigen; dadurch brachte ich zwei Israelis um. Nach dem Kampf ging ich auf das goldene Kalb zu und zerstörte es mit den zwei Tafeln, deshalb zerbrachen sie dann auch. Es stimmt, dass an diesem Tag über 3000 Menschen ihr Leben ließen. Nach ihrem Tod fingen die Israelis an zu rufen: „Hört mit dem Kampf auf. Stoppt den Kampf im Namen Gottes." Deshalb bat ich den Stamm der Leviten den Kampf zu beenden. Ich nahm das goldene Kalb zusammen mit Josua und den anderen Leuten, und wir stießen es in die Schlucht von der Spitze des Berges. Dann bat ich den Stamm der Leviten die Teile des zerbrochenen goldenen Kalbes in Staub zu verwandeln. Ich forderte, dass die Menschen den Staub mit Wasser vermischt trinken sollten, die sich wünschten, dieses Kalb als ihren Gott anzubeten.

Ich sah mich um, aber ich konnte nirgendwo Aaron finden. Josua erzählte mir, dass er sich irgendwo selber schlug. Wir gingen zusammen mit unseren Leuten, um nach Aaron zu sehen. Er war sehr wütend und er wünschte, sich selber in zwei Teile zu reißen. Als er mich sah, begann er zu weinen und sprach zu mir: „Bevor du mich umbringst, möchte ich dir etwas erklären." Ich war sehr wütend. Ich packte ihn an seinem Bart und schlug ihn mit aller Wucht. Nachdem ich mich abreagiert hatte, weinte er immer noch. Er sprach zu mir: „Sei geduldig. Bitte bring mich nicht um, Bruder. Du weißt nicht, dass die Israelis mich gezwungen haben, es zu tun. Ich war in meinem Herzen nicht bereit, dieses goldene Kalb zu machen." Viele Menschen des Levi-Stammes sprachen ebenso: „Töte Aaron nicht. Er wurde Opfer der Israelis. Sie zwangen ihn, dieses goldene Kalb herzustellen." Josua und die anderen Menschen des Levi-Stammes standen nun zwischen mir und Aaron. Sie baten mich, Aaron nun nicht mehr zu schlagen und nicht der Versuchung zu erliegen, ihn umzubringen. Kaleb sprach zu mir: „Lass ab von Aaron. Beruhige dich. Wir werden darüber nachdenken, was mit ihm zu tun ist." Ich wusste, das Kaleb und die anderen nicht wollten, dass Aaron stirbt. Deshalb ließ ich von ihm ab und ging an meinen Platz zurück.

Ich war so frustriert und müde. Ehrlich gesagt, viele Male während meiner Mission zweifelte ich an den Israelis. Jetzt fühlte ich noch einmal sehr stark, dass ich es nicht mit ihnen zusammen schaffen würde. Ein paar Tage später sah ich Aaron erneut. Aber ich hatte keine Lust, zu ihm zu sprechen. Die Engelwelt zeigte mir in einer Vision, dass sie eigentlich Aaron umbringen möchten. In ihren Augen war Aarons Tat unverzeihlich. Ich betete zu Gott und bat um Vergebung für Aaron. Dann sah ich noch einmal eine himmlische Vision. Ein Engel erschien mir und sprach: „Dein Gebet wurde angenommen. Er wird jetzt nicht sterben. Aber in der geistigen Welt werden wir Aaron dafür richten, dass er die Identität Gottes so verwirrt hat, selbst nachdem Gott sich ihm gegenüber persönlich gezeigt hat und ihm so viele andere Dinge übermittelt wurden." Am nächsten Tag erzählte ich Aaron meine Vision. Er sagte nichts dazu. Ich konnte erkennen, dass er geistig mit dem Missionsleben kämpfte. Später starben Aarons zwei Söhne, Nadab und Abihu, denn sie entzündeten unheiliges Feuer vor Gott. Beide Söhne wussten, dass sie es nicht tun sollten. Genau genommen warnte ich Aaron und seine beiden Söhne verschiedene Male, dass sie auf keinen Fall Alkohol trinken sollten, wenn sie in das Offenbarungszelt von Gottes Haus eintreten. Trotzdem taten sie es verschiedene Male und begingen auch noch andere Fehler. Wollen die Menschen später darüber mehr wissen, kannst du ihnen mehr Details erzählen. Aber momentan ist es nicht notwendig, in diesem Buch mehr darüber zu schreiben.

Gott sagte zu mir, als ich das zweite Mal auf den Berg Sinai ging, um für Vergebung von Aarons und der Israelis großer Sünde zu bitten: „Moses, sag Aaron und den Israeliten und jedem, der sich mir nähern möchte, sie müssen wissen, dass Ich ein heiliger Gott bin. Sag ihnen, wer immer den Wunsch hat, mich zu treffen, um mit mir im Himmel für immer zu leben, muss selber heilig werden. Moses, all meine

Töchter und Söhne werden zu Propheten werden, wenn meine Welt auf der Erde verwirklicht wird. Die Erde wird erstrahlen durch meine Liebe. Ich werde ihr Gott sein und sie werden meine Kinder sein."

Nachdem ich von diesen zweiten 40 Tagen zurückkehrte, brachte ich zwei neue Steintafeln, auf denen noch einmal die gleichen Zehn Gebote niedergeschrieben waren. Doch geistig entwickelten sich die Israeliten nicht. Sie wollten nur die einfache Wahrheit kennenlernen. Nicht mehr und nicht weniger. Sie waren wie kleine Kinder, die noch den Kindergarten besuchen. Die Erzieher müssen sie dort an den Händen halten, in einer Reihe aufstellen und ihnen zeigen, dass sie es so und nicht anders zu tun hätten. Ich wollte den Israelis viele Dinge von meinem Leben auf der Erde erzählen, aber geistig konnte ich nicht zu ihnen durchdringen. Was soll ich dir jetzt sagen, Zahid? Du kennst die Sorgen Gottes. Die Ignoranz und der Ungehorsam meinerseits und der Israelis ließen uns 40 Jahre länger in der Wüste umherziehen, um ins Gelobte Land zu gelangen.

Eines Tages kam Aaron zu mir, da er mit mir alleine reden wollte. Er sprach: „Moses, ich bin ein alter Mann geworden und meine Knochen wollen nicht mehr weitergehen auf dieser Reise. Gott hat uns durch die Engel mitgeteilt, dass wir nicht die sein werden, die das auserwählte Volk ins Gelobte Land Kanaan führen werden. Bitte sei nicht böse mit mir. Aber lass mich den Rest meines Lebens, an einem abgelegenen Ort, ruhig und friedlich zu Ende führen." Ich sprach zu ihm: „Die Israelis werden noch ungläubiger werden, wenn du jetzt einfach weggehst." Aaron erwiderte: „Ich werde den Israelis sagen, dass die Engel mich baten, zum Berg Hor zu kommen, denn meine Zeit zum Sterben sei gekommen." Ich fragte Aaron: „Wohin wirst du gehen, nach dem du auf dem Berg Hor warst?" Er antwortete: „Ich werde in das Land Edom gehen und mich dort an einem einsamen Ort niederlassen, bis ich sterbe." Ich wusste nicht, was ich Aaron darauf antworten sollte. Ehrlich gesagt, liebte ich ihn sehr. Einige Tage später erzählte Aaron den Israeliten, dass die Engel ihm erschienen seien und ihm auftrugen, zum Berg Hor zu gehen, um dort bis zu seinem Tod zu bleiben. Die Israelis wurden traurig, und sie weinten um ihn. Am Tag seiner Abreise hielt er mich in seinen Armen und weinte wie ein Kind. Ich umschlang ihn fest mit meinen Armen und brach in Tränen aus. Nur ich kannte das Geheimnis Aarons. Die letzten Worte, die er zu mir sagte, waren: „Leb wohl, mein Bruder

Moses. Wenn die neue Hoffnung einzieht und Gott sich mit seinem Volk niederlässt, vielleicht wird Er uns dann vergeben und Gott und die Himmel werden uns noch einmal die Möglichkeit eröffnen, einander zu treffen."

Die Traurigkeit übermannte mich und ich konnte nicht „Lebe Wohl" sagen. Ich stand da und schaute ihm nach, bis ich ihm mit meinen Augen nicht mehr folgen konnte. Danach konnte ich viele Nächte nicht mehr schlafen. Wann immer ich an ihn dachte, schossen Tränen aus meinen Augen. Zum ersten Mal spürte ich, dass ein Teil von mir gegangen war.

Vor den Israeliten riss ich mich zusammen; aber innerlich war ich ein gebrochener Mann, denn ich spürte immer, wie einsam ich war. Ich unterdrückte meine Gefühle und führte die Israeliten weiterhin in der Hoffnung, dass vielleicht Gott mir erlauben würde, in das Gelobte Land zu kommen, um mich dort niederzulassen. Eines Tages, während meines Gebetes, bat ich Gott, Er soll mir doch gestatten, ins Gelobte Land einzuziehen. Aber Gott sprach zu mir: „Ich bin nicht nur wütend auf die Israelis, Ich bin auch wütend auf dich. Es ist genug jetzt. Bitte mich nicht noch einmal. Geh auf den Berg Nebo und schaue in alle Richtungen. Betrachte es mit deinen Augen, denn du wirst niemals ins Gelobte Land kommen." Das traf mich tief und hart. Ich wusste nicht, was ich Gott antworten sollte. Ich dachte, dass es am Ende meines Missionslebens das Beste wäre, ruhig zu sein, um Gott nicht noch wütender zu machen.

Eines Tages bat mich Gott, Josua in das Offenbarungszelt zu bringen. Dort sprach Gott: „Moses, wenn du nicht mehr mit den Israeliten sein wirst, dann werden sie sich zerstreuen und wieder vielen fremden Göttern des Landes folgen, in dem sie sich niederlassen. Sie werden mir den Rücken kehren und den Bund brechen, den Ich mit ihnen geschlossen habe." Nachdem ich das hörte, wurde mir schwarz vor Augen. Ich hatte keine Kraft, um mich auf den Beinen zu halten. Bei unseren Treffen weinten Josua und ich im Offenbarungszelt viele Stunden. Ein paar Monate später sagte ich zu Josua und Kaleb: „Gott möchte niemanden außer euch von der alten Generation ins Gelobte Land führen. Er erlaubt niemand anderem, sich dort niederzulassen. Selbst mir hat Gott den Zutritt zu diesem Land verboten. Gott wird mit euch sein, damit ihr in der Lage seid, das ganze Land einzunehmen, das Er Abraham, Isaak und Jakob versprochen hat. Ich möchte, dass ihr beide mit mir auf die Spitze des Berges Nebo geht. Ich möchte euch dort etwas ganz Besonderes sagen."

Ich erklärte den Israeliten, dass die Zeit meines Todes gekommen sei und die Engel mich baten, auf die Spitze des Berges Nebo zu kommen, um das Land Kanaan zu sehen. Ich sagte ihnen, ich würde nicht zurückkehren, denn ich würde dort sterben. Die Israelis begannen lauthals zu weinen. Ich sprach zu ihnen: „Gott hat Josua auserwählt, euch in das Gelobte Land zu führen, das Er bereits euren Vorfahren Abraham, Isaak und Jakob versprochen hat. Seid stark und verbündet euch mit ihm." Das war der traurigste Tag in meinem Leben, als ich den Israelis „Lebe Wohl" sagte. Ich lebte all die Jahre nur für den Tag, das Gelobte Land zu sehen. Jetzt musste ich den Israelis meinen Rücken zukehren und ihnen „Lebe Wohl" sagen.

Als Josua, Kaleb und ich auf der Spitze des Berges Nebo ankamen, sprach ich zu ihnen: „Ich weiß nicht, wie viel Tage oder Monate es dauert, bis ich sterbe. Ihr beide sollt aber nicht länger mit den Israelis in den Ebenen von Moab bleiben. Ihr müsst Gott folgen und über den Jordan zusammen mit den Israeliten in das Land gehen, das Gott euch geben wird." Beide sprachen traurig zu mir: „Was sollen wir den Israelis sagen, wenn sie nach dir fragen?" Ich antwortete ihnen: „Behaltet das Geheimnis für euch. Sagt den Israelis, dass ich auf dem Berg Nebo gestorben sei." Josua sprach: „Wenn sie uns fragen, wo wir dich begraben haben, welchen Platz sollen wir ihnen zeigen?" Ich sprach zu ihnen: „Sagt den Israeliten, dass Moses nicht möchte, dass jemand zu seinem Grab kommt."

Sie begannen noch einmal zu weinen. Ich nahm sie beide in meine Arme und sprach zu ihnen: „Bleibt mit mir hier für drei Tage und dann kehrt zurück zum Volk Israels und setzt eure Reise fort." Während dieser drei Tage sprachen wir viel über die vergangenen Jahre, seit wir aus Ägypten auswanderten. Josua und Kaleb wollten mehr Details über mein Leben im Palast des Pharaos erfahren. Ich erzählte ihnen viele Geschichten meines Lebens, die ich als Prinz von Ägypten erlebte. Am dritten Tag, als sie mich verließen, konnten beide ihre Tränen nicht mehr zurückhalten. Ich sagte: „Gott ist glücklich mit euch. Was kann einen Menschen in dieser Welt noch glücklicher machen, als diese Tatsache. Obwohl ich die zentrale Person Gottes war, bin ich seinem Willen nicht, wie Er es von mir verlangte, gefolgt. Ich war Gott gegenüber ungehorsam." Kaleb wandte sich an mich und sprach:

„Kehre ich in das Land Kanaan ein, werde ich mich für den Rest meines Lebens Tag und Nacht in meinem Herzen und in meinem Gebet an dich erinnern." Wir umarmten uns noch einmal und weinten. Dann sprach ich zu ihnen: „Mit Sicherheit werden wir uns im nächsten Leben wiedersehen." Beide sagten mir „Lebe Wohl" und mit langsamen Schritten stiegen sie den Berg Nebo hinab. Viele Male drehten sie sich um. Sie wollten mich für ein letztes Mal wieder und wieder ansehen.

Nachdem Josua und Kaleb gegangen waren, war ich so einsam und ich fühlte eine Leere in mir. Als ein alter müder Mann setzte ich mich auf einem Stein nieder; Tränen rannen von meinen Augen. Ich wollte laut herausweinen. Stunden und Stunden wimmerte ich wie ein Kind. Danach war ich so müde, dass ich einschlief. Ich sah, wie die Engel einen Kreis um mich bildeten und zu mir sprachen: „Moses, lass uns fliegen. Wir möchten dir jetzt das Land Kanaan zeigen, das Gott deinen Vorfahren Abraham, Isaak und Jakob versprochen hat." Ich flog zusammen mit den Engeln und sah das Gelobte Land. Zum ersten Mal erfuhr ich, wie frei mein Geist war. Ich war so glücklich, dass ich immer weiter fliegen und nie wieder damit aufhören wollte. Noch einmal erinnerten mich diese Momente an die Zeit, als Gott und die Himmel mir erlaubten, in der geistigen Welt zu reisen. Ich hatte niemals diese Reisen vergessen, denn sie waren für mich die Antriebskraft, um weiter mein Missionsleben auf dieser Erde fortzusetzen. Danach wachte ich auf. Ich war wieder allein. Niemand war um mich. Die Nacht brach an und am Firmament konnte ich unzählige Sterne erblicken. In diesem Moment erinnerte ich mich plötzlich, dass Gott Abraham versprach, seine Nachkommen werden unzählig wie die Sterne am Himmel sein.

Ich begann zu weinen und sprach zu Gott: „In deinen Himmeln gibt es unzählige Sterne. Es war auch mein Wunsch, einer dieser Sterne zu sein, damit ich Licht zu deinem Volk bringe. Traurig muss ich mir nun eingestehen, dass ich es nicht geschafft habe auf dem ganzen Weg. Ich bin ein Mann des Versagens geworden." Aber ich konnte die Stimme Gottes nicht vernehmen, wie ich sie bereits in der Vergangenheit öfters gehört hatte. Deshalb sprach ich: „Oh Gott, ich weiß nicht, wo ich im nächsten Leben sein werde. Ich bitte Dich nur um eins: Bitte vergib mir. Oh Gott, ich werde Dich für immer in meinem Herzen lieben."

Ich verließ den Berg Nebo. Doch ich wusste nicht, wohin ich gehen sollte. Ich wollte nicht im Lande Moab bleiben, so kehrte ich zurück nach Midian, um Zippora, meine Frau, zu sehen. Dort fand ich heraus, dass sie bereits gestorben war. Auch Jethro weilte nicht mehr unter den Lebenden. Zuerst erkannte mich niemand mehr dort. Später gab mir mein jüngster Sohn ein Dach über dem Kopf. Aber ich bemerkte, dass ich als alter Mann eine Last für ihn und seine Familie war. Besonders seine Frau wollte nicht, dass ich bei ihnen bleibe. Verschiedene Male ging ich auf den Berg Gottes, auf dem Er mir aufgetragen hatte, die Israeliten aus Ägypten zu befreien. Ich ließ mich dort viele Stunden nieder und weinte. Auf dem Berge sitzend, erinnerte ich mich an alles. Jetzt spürte ich, dass dieser Berg irgendwie leer war. Ich konnte Gottes Gegenwärtigkeit dort nicht spüren. Deshalb wollte ich weit weg von diesem Ort gehen, der mich an meine Vergangenheit erinnerte.

Es ist mit Sicherheit sehr überraschend für die Menschen, was ich jetzt sagen werde. Ich reiste in Richtung China. Als ich nach Indien kam, verschlechterte sich meine Gesundheit und ich wurde krank. Ich kam auch durch die indische Stadt Lahore, in der du geboren wurdest. Ich dachte niemals, dass ein Kind dort geboren wird, das einmal Gottes Herz genannt wird. Als ich durch Indien reiste, sah ich viele, viele Sadhus. Sie lebten weit weg von der Zivilisation im Wald und versuchten die Erleuchtung zu erreichen. Ich wich von meinem Vorhaben ab und reiste nicht weiter nach China. Ich suchte einen einsamen Ort, an dem ich als Sadhu leben konnte. Die Sadhus sehen sich danach Gott zu treffen. Im Gegensatz zu ihnen, habe ich Gott getroffen und wieder verloren. Ich lebte mit den Sadhus für einige Jahre an einsamen Orten. Sie haben niemals erfahren, wer ich war und wie es um meine Vergangenheit bestellt war. In ihren Augen war ich ein Mann, der von weit hergekommen war, um die geistige Erleuchtung zu erreichen. Im Alter von 127 Jahren starb ich als einsamer, unbekannter Mann.

Moses und die geistige Welt

Nachdem ich starb, erschien Satan mit seinen üblen Streitkräften und hielt mich auf. Ich wurde durch ihn und seine Anhänger gerichtet. Nach zwölf Jahren befreite mich die Engelwelt. Erzengel Michael spielte in meiner Befreiung die Hauptrolle. Er brachte mich aus Satans dunklen Dimensionen heraus. Die Engelwelt ließ mich zuerst in einer mittleren Dimension der geistigen Welt verweilen. Später brachten sie mich in höhere Welten, die sie die Dimensionen der Engel Gottes nennen. In der religiösen Welt sind diese Dimensionen bekannt als Paradies. Ich bin im Grunde meines Herzens sehr dankbar dafür, dass Gott und die Himmel mich niemals vergessen haben. Sie befreiten mich und brachten mich in eine höhere Welt des Paradieses. Hier war es mir möglich, geistig sehr langsam zu wachsen, zusammen mit verschiedenen Engeln, Gesandten und anderen Wesen.

40 Jahre später wurde ich in die Himmel gerufen und mir wurde dort bedingt erlaubt, diese zu durchreisen. Manchmal wurde ich auch in die Himmel Gottes eingeladen, um den Himmlischen Vater zu besuchen. Du weißt Zahid, je höher du vertikal reist in den Himmeln, desto extremer erstrahlt das Licht. Dort kannst du mystische Erfahrungen machen. Unser Himmlischer Vater ist der ewige Höhepunkt für die gesamte Ewigkeit.

Die Engelwelt erlaubte Aaron nicht, in die gleiche Dimension einzukehren, in der ich lebe. Nachdem er Gott sah, machte er einen schwerwiegenden Fehler, indem er das goldene Kalb für die Israelis erschuf. In den Augen der Engel ist das unverzeihbar. Er lebt heute in einer Dimension zwischen der mittleren und einer höheren guten Welt, die jedoch mehr durch die anfänglichen Dimensionen des Formationsstadiums des Paradieses beeinflusst wird.

In der geistigen Welt wird meine Tat, dass ich als Prinz von Ägypten einen Menschen umbrachte, als furchtbarer Fehler angesehen. Durch diese Tat blockierte ich die Vorsehung Gottes. Es war der Plan Gottes und der Himmel Plan, dass ich zum Pharao Ägyptens werden sollte. Resan, als die Königin an meiner Seite, sollte meine ewige Frau werden. Wir beide hätten auf natürliche Art und Weise die Israeliten befreien können. Wir hätten die Botschaft Gottes überall in dieser Welt verbreiten können. Als Pharao und als Beschützer wäre ich überall in der Welt willkommen gewesen und die Wiederherstellung der Welt Gottes hätte sich auf natürliche Weise beschleunigt. Die Ägypter, in der Position Kains, und die Israelis symbolisch in der Position des Abels, hätten sich wie wahre Brüder vereint. Dann wäre das Versprechen vom Gelobten Land Kanaan auf weltweiter Ebene wahr geworden.

Lieber Zahid, am Ende meiner Lebensgeschichte bin ich dir im Grunde meines Herzens sehr dankbar. Du hast mir geduldig erlaubt, über verschiedene Abschnitte meines Missionslebens auf Erden zu sprechen. Ich habe bereits einmal in den Himmeln durch Gott vernommen, dass du in den Augen Gottes und der Himmel ein einzigartiges, unvergessliches Wesen bist. Letztendlich ist es mein innigstes Gebet für alle Kinder Gottes, dass sie ein überschäumendes Herz der Liebe für Gott und für alle Wesen haben können."

Moses - 17 Jahre nach der ersten Ausgabe meines Buches

Moses ist ein Prophet aus der Zeit des Alten Testamentes. Die Propheten Moses, Daniel, Jesaja und Elija sowie die meisten der anderen Propheten des Alten Testamentes luden mich in der geistigen Welt ein. Sie zeigten mir ihre Treue und Solidarität für meine Mission für den Willen Gottes. Bei vielen Gelegenheiten spürte ich, wie sehr Daniel, Moses und Elija mich liebten. Unverhohlen gaben sie zu, dass die Israeliten nicht der messianischen Mission folgten und die Kreuzigung Jesus, das schlimmste Verbrechen war. Noch schlimmer ist, dass die Juden bis heute Jesus verleugnen und nicht erkennen, dass er von Gott gesandt wurde. Deshalb ist das Judentum auf Erden nicht weiter erstarkt. Die Autorität und die Rechte der jüdischen Propheten sind dementsprechend gering und sie können mir nur begrenzt helfen. Diese Propheten versprachen mir, wenn meine Mission nach Israel kommt, sie eine aktivere Rolle durch mein Buch „Gott offenbart sich der Menschheit als sichtbarer Gott" übernehmen, damit das Judentum Gottes Willen folgt. Trotzdem bin ich sehr dankbar für ihre Liebe und ihr tiefes Verständnis des Willen Gottes.
Ich brauche viel Sympathie, Mitleid und eine positive Rückmeldung, damit ich den Willen Gottes erfüllen kann. Ich habe in den 40 Jahren meiner Mission viele Kreuze auf mich genommen, die viel Leid und Schmerz in mein Leben brachten. Gleichzeitig haben diese Umstände mich daran gehindert, den Willen Gottes geradewegs zu erfüllen. Glücklicherweise bin ich noch am Leben. Durch die erstaunliche Gnade Gottes bin ich nach 40 Jahren nun mehr in der Lage, die zweite Auflage von Gottes Offenbarungen (zumindest teilweise) kostenlos an die Menschen in dem auserwählten Land Gottes zu verteilen.

Jesus offenbart in der geistigen Welt seine geheime Lebensgeschichte Zahid für den Willen Gottes

„Verkünde: Bereuet, die Zeit ist gekommen. Nimm diese gute Nachricht, mein Sohn. Das Königreich Gottes ist nahe."
Diese Worte hat Gott an Jesus gerichtet, als Er und die Himmel ihm die Mission für die ideale Welt gaben.
Während ich die Lebensgeschichte Jesus niederschreibe, erinnere ich mich ständig seiner Güte. Als ich vor langer Zeit nach Deutschland kam, ist mein Leben sehr traurig und einsam gewesen. Dies war auch die Zeit, als ich im Wald auf Gott wartete. Ich habe stürmische Nächte durchwacht, in denen mich Luzifer mit seiner üblen Gefolgschaft attackierte. In dieser Zeit erschien mir Jesus des Öfteren, um mein Herz zu trösten. Wann immer er kam und mit mir über die Vorsehung Gottes sprach, weinten wir gemeinsam.
Ich erinnere mich noch an unsere ersten Begegnungen. Er kam mit den Engeln zu mir und bat mich, mit ihm zusammen im Paradies zu reisen. Jesus sagte mir damals, dass mir so leichter ums Herz würde, und ich die Mission nicht als schwere Last empfände. Ich antwortete ihm immer: „Lass mich hier im Wald auf Gott warten." Jesus lächelte dann sehr oft, hielt meine Hand und sagte: „Lass uns gemeinsam in die Ewigkeit fliegen." Er nahm mich viele Male in die verschiedenen Dimensionen der Engelwelten mit. Er stellte mich vielen Gesandten im Paradies vor. Jesus deklarierte in der geistigen Welt: „Nach Gott gehört Zahid zu mir und ich zu ihm."
Während ich Jesus Lebensgeschichte zu Papier bringe, erinnere ich mich an so viele Erlebnisse mit ihm, die wir bei unseren gemeinsamen Reisen machten. Es fällt mir schwer, zu erklären, warum Tränen von meinen Augen fallen, während ich über ihn schreibe.
Jesus lebt in einer sehr hohen Dimension des Paradieses. Nach dieser Dimension beginnen bereits die Himmel Gottes. In den Bereichen des Paradieses ist er das Wesen mit dem am meist strahlenden weißen Licht. Als Individuum ist Jesus qualifiziert in den Himmeln Gottes permanent zu leben. Aber jetzt wird ihm nur noch bedingt erlaubt, in diese Bereiche zu kommen. Jesus lebt dort im Paradies in der sogenannten „Hauptstadt" des weißen Lichtbereiches der Erzengel.
Eines ist wahr. Wann immer ich in den Himmeln Gottes reiste, sah ich Jesus dort viele Male. Ich kenne seinen Wert. Er ist ein einzigartiger

Mann Gottes. Und noch mehr als das. Der Titel „Sohn Gottes" wurde ihm von Gott gegeben. Der Sohn Gottes zu sein, bedeutet, das Herz seines Himmlischen Vaters erfahren zu können. Nun kann man natürlich fragen, warum Jesus nicht bereits vor langer Zeit erlaubt wurde, bedingungslos in die Himmel Gottes zu kommen? Das möchte ich durch seine Worte in seiner eigenen Lebensgeschichte mitteilen. Erwähne ich noch mehr über Jesus Leben in der geistigen Welt, fürchte ich, nicht mehr in der Lage zu sein, das Wesentliche der anderen Themen in diesem Buch unterzubringen. Eine Geschichte seines Lebens in der geistigen Welt möchte ich aber doch weiter ausführen, bevor ich über sein irdisches Leben berichte.

Als ich eines Tages im Paradies reiste, wurde ich vom Heiligen Geist - dieser Titel wurde Erzengel Gabriel durch Gott gegeben - zum Essen in seinem Palast eingeladen. Als wir das Mahl zusammen teilten, erzählte mir Gabriel, dass er mir ein Geheimnis von Jesus in der geistigen Welt offenbaren möchte. Er sprach: „Eines Tages traf Jesus Satan, ohne die Erlaubnis der Himmel und des Paradieses, in einer der dunklen Höllen. Wann immer die hohen Wesen des Paradieses und der Himmel zu solch niederen Dimensionen reisen, benötigen sie die Zustimmung und den Schutz durch die hohen Bereiche der geistigen Welt. Jesus ging aber allein, um Satan in den tiefen Höllen zu treffen. Er sprach zu ihm: „Heute bin ich gekommen, um mit dir abzurechnen. Ehrlich gesagt, habe ich dazu keine Erlaubnis von den Himmeln und dem Paradies. Ich bin aufgrund meiner eigenen Entscheidung zu dir gekommen, um mit dir zu reden." Satan sprach zu Jesus: „Es ist schön, dich hier zu sehen. Was für einen besonderen Handel möchtest du mit mir machen?" Jesus entgegnete darauf: „Sag mir erst, wie du dich fühlst an solch dunklen Orten?" Satan sprach: „Ich habe mich hier niemals wohl gefühlt. Du weißt, dass ich ursprünglich ein Erzengel war, der gewöhnlich in sehr hohen Dimensionen lebte. Aber jetzt haben Gott und die Himmel mich vergessen. Ich wäre schon vor langer Zeit in viel höhere Dimensionen gekommen, wenn die Himmel mich nicht verbannt hätten." Jesus erwiderte darauf: „Du vergisst nur, dass du der Grund für den Fall vieler Engel und anderer Wesen bist." Satan sprach darauf: „Das war nichts als ein Ausdruck meiner Wut. Ehrlich gesagt, liebe ich die Engel, Dschinns und die Menschen."

„Lass uns einen Handel machen. Von jetzt an wirst du mit deinen üblen Aktivitäten aufhören. Du sollst zu Gott und den Himmeln schwören, von nun an wieder für die himmlische Seite zu arbeiten und mitzuhelfen, die Höllen in bessere Orte zu verwandeln", schlug ihm Jesus vor. Satan antwortete: „Wirst du meine guten Taten vom Paradies aus beobachten?" „Nein! Ich werde von jetzt an nicht zurück ins Paradies und die Himmel kehren, wenn du mit diesem Handel einverstanden bist. Ich werde mit dir in diesen dunklen Höllen bleiben, bis sie sich in bessere Orte einer guten Welt verwandelt haben. Danach werde ich mit dir in den guten Welten leben", antwortete Jesus.

Satan sprach: „Du bist zu emotional für die Leiden in der Hölle. Diese gefallenen Engel, Dschinns und menschlichen Wesen haben sich entschieden, zusammen mit mir in diesen dunklen Dimensionen zu leben. Du wirst sie unglücklich machen, wenn du sie von hier fortbringst. Persönlich bin ich bereit, mit dir zu arbeiten, wenn du die Erlaubnis für mich erhältst, dass ich bedingt in höheren Dimensionen reisen kann." Jesus erwiderte: „Aber du bist der Grund für all die dunklen Orte. Du hast deine Position und Macht missbraucht. Du hast versucht, die Ordnung in den hohen Dimensionen ins Gegenteil zu verwandeln. Du bist der Grund, warum viele Menschen fielen und sich deinen Sünden anschlossen." Satan erwiderte: „Ich habe niemals behauptet, ich sei Gott. Ich habe niemanden zu irgendetwas gezwungen. Ich verführte sie und sie folgten meinem Einfluss aufgrund ihrer freien Entscheidung. Ich habe niemals Gewalt angewandt. Gott hat die Macht, und Er hat seine Macht den Himmeln gegeben. Ich habe niemals jemanden durch Gewalt zu Fall gebracht. So gesehen bin ich unschuldig. Ich kann vielleicht verantwortlich gemacht werden für meine eigenen persönlichen Sünden, aber mit Sicherheit nicht für die Sünden der anderen, in der Hölle lebenden, Wesen. Ich weiß nicht, ob die Himmel dich darüber informiert haben, dass ich meine Herrschaft über die Höllen verloren habe. Die Wesen, die in den Höllen leben, sind genau genommen noch verdorbener als ich. Ich kann dir versprechen und schwören, dass ich mit dir arbeiten werde, wenn du die Erlaubnis für mich erhältst, dass ich zumindest bedingt im Paradies reisen kann. Aber auf keinen Fall kann ich dir die Garantie für den Wandel der Höllen in bessere Orte geben."

Jesus sprach: „Ich kann diese Erlaubnis nicht für dich erhalten." Satan entgegnete: „Dann ist unser Handel gescheitert. Du kannst mich ebenso nicht in meiner eigenen Welt stören. Hegst du wirklich so viel

Sympathie für die Höllen und liebst die Menschheit und die anderen Wesen aufrichtig, musst du eigentlich hier bleiben. Gott und den Himmeln obliegt die Verantwortung, mich nach oben zu führen. Ich bin zwar gefallen, aber Gott hat mich erschaffen." Jesus kehrte nach dieser Unterhaltung mit schwerem Herzen ins Paradies zurück.

Jetzt möchte ich, Zahid, mit der Lebensgeschichte Jesus beginnen. Ich bete zum Himmlischen Vater, dass Er die Herzen der Christen öffnet, damit sie erfahren können, wer unser Himmlischer Vater wirklich ist. Ich bete ebenso zu Gott, dass das Christentum Jesus so erfährt, wie er wirklich war und seinen Wert erkennt, den er in der Vorsehung Gottes hat.

Ich bereitete mich gerade darauf vor, die Lebensgeschichte von Jesus niederzuschreiben, als mich Jesus in seine Dimension im Paradies einlud. Er hielt eine Feier ab, an der auch viele Gesandte und Engel teilnahmen. In seiner Rede sprach er darüber, dass die Zeit für den Himmlischen Vater gekommen sei, sich mit der Menschheit niederzulassen. Jesus erhob sich von seinem Thron und sprach: „Gott übergab mir diesen Thron, als ich in die geistige Welt kam, mit den Worten: „Wann immer du in die Himmel reisen möchtest, kannst du dies mit diesem Thron tun. Die Himmel werden dich dann nicht aufhalten." Heute möchte ich diesen Thron an Zahid mit meinem ganzen Herzen als Geschenk, übergeben." Ich antwortete Jesus: „Ich brauche diesen Thron nicht. Ich kann auch ohne diesen Thron zu Gott gelangen." Jesus sprach: „Das, was du sagst, ist richtig. Genau genommen ist dieser Thron durch Gott und die Himmel mir gegeben worden. Viele christliche Dimensionen werden ihre Herzen für dich öffnen, wenn du diesen Thron benutzt."

Dann betete Jesus zu Gott: „Lieber Himmlischer Vater, es ist mein innigster und tiefster Wunsch, dass die Christenwelt deinen Willen genauso erfährt, wie wir hier. Bitte, Himmlischer Vater, öffne die Herzen und geistigen Augen der Christen, damit sie erkennen, dass die Zeit der idealen Welt gekommen ist. Lass deine himmlischen Engel mit den Christen arbeiten, auf dass das Christentum erfahren kann, wer Zahid ist. Du hast ihn auserwählt und keine Person kann besser als er, dein Herz repräsentieren."

Jesus unterbrach sein Gebet, denn er begann zu weinen. Die vielen Gesandten und die Engel schlossen sich ihm an. Später sangen sie zu

Ehren Gottes ein Lied. Während des Gesangs zog Gottes Licht über das Paradies. Dies war ein sehr mystischer Moment, den man eigentlich nicht in Worte fassen kann. Im Paradies vernahmen wir die Stimme Gottes: „Ich werde meinen Geist über die Erde ergießen, damit die Menschheit das Land ihres Vaters kennenlernen wird." Danach sprach Jesus zu mir: „Dies ist die allerhöchste Gnade, die Gott der Menschheit zuteilwerden lässt."

Jesus beginnt nun seine Lebensgeschichte: „Ich habe seit 2000 Jahren darauf gewartet, dass ich mein Herz öffnen kann, um alles über Gott und mich zu erzählen. Es gab bereits gute Geistwesen in der Welt des Christentums, aber sie haben niemals wirklich erfahren, wer unser Himmlischer Vater ist, und wer ich bin. Seitdem Gott dich auserkoren hat, seinen Willen auf Erden zu tun, fühle ich mich sehr wohl in deiner Nähe.

Mein geliebter Zahid, ich wurde in Bethlehem, in Judäa geboren. Mein richtiger Name ist Jesu. Diesen erhielt ich von meinem Stiefvater Josef, als meine Mutter noch mit mir schwanger war. Mein Name wurde Josef in einem Traum durch die Engel überbracht. Die Engel erzählten Josef auch, sich nicht zu fürchten, Maria als seine Frau anzunehmen, denn das Kind, das sie in sich trägt, erhielt sie durch den Heiligen Geist. Die Engel zeigten Josef dreimal den gleichen Traum, und jedes Mal wachte er danach auf. Ohne diese Träume, hätte er Maria niemals zur Frau genommen. Die jüdischen Bräuche und Gesetze waren zu dieser Zeit so eng, dass sie niemals ein Kind wie mich toleriert hätten. Josef fürchtete, dass er mit Maria zusammen umgebracht werden könnte, falls man sie einer Affäre vor ihrer Heirat bezichtigen würde. Zum anderen fürchtete sich Josef aber auch vor den Engeln, denn jedes Mal, wenn er nach seinen Träumen aufwachte, fühlte er einen unerträglichen physischen Druck auf seinem Körper. Genau genommen beschuldigte er Maria viele Male, ein illegitimes Kind zu haben. Er wollte unbedingt wissen, von wem dieses Kind sei.

Lieber Zahid, das was ich dir nun erzähle, wird für dich vielleicht eine bemerkenswerte Geschichte meines Lebens sein. Ganz egal, wie bitter die darin enthaltene Wahrheit für die Christen und die anderen Religionen ist; du musst sie genauso niederschreiben. Du vollendest damit den Kreis der geistigen Geschichte. Dieses Buch wird das Judentum, Christentum, den Islam und die anderen Religionen richten. Der Tag des Jüngsten Gerichtes wird die schwierigste Zeit für diese üble Welt sein, für ihre Anführer und für ihren üblen Vater, Satan. Satan muss zu dieser Zeit die Erde verlassen. Du wirst das Instrument Gottes sein, um Satan von seiner Position zu stürzen. Es tut mir unsäglich Leid für die Menschheit, dass ich auf Erden so wenig über Satan gesagt habe. Ich schäme mich vor Gott und den Himmeln, denn ich war nicht in der Lage, die Identität Gottes klar herauszustellen.

Seitdem die Menschen unter die Herrschaft Satans geraten sind, können sie die geistige Welt nicht so sehen, wie es von den Himmeln vorgesehen war. Zeigen die Himmel oder Paradiese einem vorbereiteten Menschen Träume oder Visionen, kann Satan das gleiche Recht für sich fordern. So kommt es, dass ein und dieselbe Person gleichzeitig wahre und falsche Träume bzw. Visionen sieht. Verliert nun solch ein Mensch seinen Glauben durch dieses Durcheinander und entschließt sich, nicht weiter auf dem geistigen Weg zu gehen, dann ziehen Satan und seine üblen Mächte diese Person auf ihre Seite und verwirren sie vollkommen. Meistens wird dieser Mensch ein Opfer übler Geister. Er entfernt sich weit weg vom geistigen Weg und entscheidet sich gegen die geistige Welt oder gegen Gott und die Himmel. Bevor ich meine persönliche Lebensgeschichte hier offenbare, möchte ich zuerst über Josef und meine Mutter Maria reden.

Betrachtet man die Geschichte zu Lebzeiten Moses, kann man sehen, dass Gott und die Himmel Moses im Palast des Pharaos aufwachsen ließen. Dieser war andererseits auch sein Widersacher. Er sollte die weltweite Wiederherstellung Kanaans beginnen und vollenden. Auf die gleiche Art und Weise bereiteten Gott und die Engel den Weg für mich vor. König Herodes sollte mich an Sohnes statt adoptieren. Ich wäre unter seinem Schutz aufgewachsen und hätte die nötige Bildung dieser Zeit besessen. Josef zweifelte aber damals sehr an Maria, obwohl die hohen Welten ihm viele Träume gezeigt hatten. In ihnen trugen sie ihm auf, Maria zu ehelichen, selbst wenn sie nicht durch ihn schwanger war, sondern durch den Heiligen Geist. Trotzdem tat er nur mit unglücklichem Herzen das, worum ihn die Engel baten. Zudem fürchtete er sich, weiter in Bethlehem zu leben.

Gott und die Himmel inspirierten die weisen Männer, die aus dem Osten kamen, um den König von Judäa zu sehen. Die Kunde über den neugeborenen König verbreitete sich in ganz Jerusalem und besonders unter den hohen Priestern und Schriftgelehrten. So kam sie schließlich König Herodes zu Ohren. Genau genommen hatte König Herodes eine aufrichtige Motivation und er war begierig darauf, das Kind zu sehen. Er hielt ein Treffen mit den hohen Priestern und Schriftgelehrten ab und fragte sie, wo ihrer Meinung nach, der Messias geboren sein könnte. Sie erzählten ihm, dass in der Prophezeiung geschrieben steht, der Geburtsort sei Bethlehem. König Herodes und seine Frau wollten mich an Sohnes statt annehmen, nachdem sie vernahmen, dass es bereits eine große Prophezeiung im Alten Testament gab. Sie stellten deshalb viele Fragen an die weisen Männer aus dem Osten. Sie trafen die weisen Männer auch im Geheimen und trugen ihnen auf, es sie wissen zu lassen, wenn sie das Kind finden. Die weisen Männer erzählten ihnen, dass sie ausziehen würden, um dem Kind ihren Respekt zu zollen.

Auf ihrem Weg nach Bethlehem fragten sich die Weisen selber, warum König Herodes und seine Frau so viel Interesse an dem Kind hätten. Aufgrund ihrer eigenen Spekulation kamen sie zu der Schlussfolgerung, König Herodes wäre dem Kind gegenüber schlecht gesinnt. Dieses Kind würde der zukünftige König Judäas sein und deshalb dachten sie, König Herodes wolle es umbringen. Als sie mich schließlich in Bethlehem fanden, waren sie sehr glücklich. Aber gleichzeitig teilten sie ihre Besorgnis über König Herodes Josef und Maria mit. Fast die halbe Nacht diskutierten sie mit ihnen über das, was der König tun könnte, wenn er dieses Kind fände. Es oblag der Verantwortung von Josef und Maria, innig und tief zu Gott zu beten und herauszufinden, was sein Wille ist. Anstatt zu beten, verbrachten sie den Rest der Nacht mit dem Gefühl der Angst.

Das war die Nacht, in der Satan sein Recht einforderte. Er zeigte den weisen Männern und auch Josef falsche Träume. Einer der weisen Männer erzählte, nachdem er aufwachte, seinen Traum. Er erklärte, es wäre besser, nicht zurück zu König Herodes zu gehen, sondern direkt in ihr eigenes Land. Dieser Traum lehrte Josef und Maria das Fürchten. Da die weisen Männer nun von ihrem ursprünglichen Weg abwichen, zerstörten sie für die Himmel die Möglichkeit, weiter mit ihnen zu arbeiten. Genau genommen hätten sie nicht schon vorher ihre eigene Schlussfolgerung ziehen dürfen. Da sie es aber taten, eröffneten sie Satan direkt eine ihm willkommene Möglichkeit. Die weisen Männer hätten die gute Nachricht von König Herodes überbringen sollen, dass er, seine Frau und seine Familie das Kind von Josef und Maria sehen möchten. Das Glück wäre ihnen dann hold gewesen. Noch besser wäre es gewesen, wenn die weisen Männer des Ostens Josef, Maria und das Kind selbst zu Herodes gebracht hätten. Selbst wenn Josef und Maria sich dem widersetzen würden, hätten sie wenigstens König Herodes informieren können, wo er das Kind finden kann. Es ist nicht wahr, dass die Hohen Priester und König Herodes nur davon wussten, dieses Kind würde ein König von Judäa werden. Sie wussten ebenso gut, dieses Kind würde sowohl zum geistigen Weg als auch zu Gott eine tiefe Beziehung haben.

Die Himmel bereiteten alles so vor, dass in dem Moment, in dem König Herodes und seine Familie das Kind sehen würden, sie es sofort in ihre eigene Familie aufnehmen wollten. Auf diese Weise hätten Josef und Maria durch diese glückliche, himmlische Fügung auch ein komfortables Leben führen können. Die Vorsehung Gottes hätte sich genauso vollzogen, wie sie durch die Himmel geplant war. Aber leider hat sich alles wieder ganz anders zugetragen.

Ein paar Tage später sah Josef einen Traum, dass er Bethlehem verlassen und nach Ägypten ziehen soll, da König Herodes sein Kind umbringen will. Nach dem Traum war er gezeichnet von Angst. Mitten in der Nacht zogen Maria und Josef dann nach Ägypten. Ihr Glaube war erschüttert. Natürlich hatte Satan ihnen diesen falschen Traum gezeigt. Es ist wahr, dass Josef und Maria um ihr Leben fürchteten und deshalb nach Ägypten auswanderten. Nach geraumer Zeit wusste ganz Jerusalem, dass die weisen Männer aus dem Osten König Herodes zum Narren gehalten hatten. Dadurch wurde König Herodes sehr wütend. Das verletzte seinen Stolz und seinen Respekt, und deshalb befahl er, die unschuldigen Kinder in und um Bethlehem herum umzubringen.

Genau genommen bereitete Gott für mich den Weg genauso vor, wie für Moses. Gott benutzte die Tochter des Pharaos, um Moses Leben zu schützen. So wäre es auch mir ergangen, wenn ich in die Hände König Herodes geraten wäre. Hätte seine Frau mich gesehen, hätte sie dafür gesorgt, dass man mir nichts anhaben kann. Selbst König Herodes hätte sich mir genähert und angefangen, mich als sein eigenes Kind zu lieben. Doch darüber werde ich später noch mehr erzählen.

Gott und die Himmel zeigen immer Träume und Visionen dem Menschen, der sich danach sehnt, ihren Willen zu erfüllen. Satan wird immer sein Recht an dieser Person geltend machen, wenn er oder sie den Glauben verliert und anfängt zu zweifeln, was Gott und die Himmel zeigten. Satan zeigt dann so viele falsche Träume und Visionen, dass diese Person der Verwirrung erliegt. Hätte die Menschheit den Willen Gottes erfüllt, wäre sie nicht in die Hände Satans gefallen. Es würde für die Menschen nur eine Vision geben, wie sie wachsen können. Aber jetzt wird der Verstand der Menschheit durch zwei Meister beeinflusst, durch die gute und durch die üble Seite. Unglücklicherweise ist der Einfluss des Schlechten auf die Menschen meist stärker, so dass sie ihm viel leichter folgen. Der Grund besteht darin, dass die Mehrheit der Menschheit bereits ein schlechtes Leben führt. Deshalb ist es einfacher für Satan und seine üblen Geister diese Menschen zu beeinflussen. Dies ist sehr traurig für Gott und die Himmel. Es ist die schwierigste Aufgabe für die Himmel gewesen, solche Menschen wieder auf den Weg des Guten zurückzuführen. Seid die Menschen gefallen sind, kann man mit ihnen nur relativ arbeiten. Sehr selten folgen sie der Inspiration der Himmel und meistens zweifeln sie an dieser.

König Herodes starb, als ich sieben Jahre alt war. Beide, Josef und Maria, sahen Träume, dass sie nach Judäa zurückkehren sollten. Während wir in Ägypten lebten, gebar Maria noch zwei weitere Brüder und eine Schwester. Zusammen waren wir neun Geschwister, vier Brüder und fünf Schwestern. Eine meiner Schwestern starb im Alter von neun Jahren. Josef fürchtete sich persönlich in Bethlehem zu leben, deshalb bat er Maria, mit ihm weit weg an einem Ort zu leben, wo die Leute sie nicht kennen und sie somit nicht in Gefahr sein würden. So zogen sie nach Nazareth in Galiläa.

Seit Josef seine eigenen Kinder hatte, distanzierte er sich von mir. Maria und Josef stritten auch sehr häufig. Jedes Mal, nach einer Auseinandersetzung mit Maria, war Josef wütend auf mich. Eines Tages sagte er zu Maria, er wolle nicht, dass ich zusammen mit seinen Kindern aufwachse. Er beabsichtigte, mich in einen jüdischen Tempel zu bringen, wo ich wohnen, das Alte Testament studieren und für die Priester arbeiten konnte. In den Tempeln gab es damals Zufluchtsstätten für Kinder, die man auf der Straße fand, die ohne Eltern aufwuchsen oder um die sich die Eltern nicht mehr kümmern konnten.

Maria war anfangs über Josefs Plan sehr traurig. Aber als sie sah, dass Josef unbedingt seinen Wunsch in die Tat umsetzen wollte, verharrte sie in Schweigen. Ich war zu dieser Zeit im Alter von neun Jahren; von nun an war es für mich nicht mehr möglich, mit meiner eigenen Familie zu leben. Ich war sehr traurig und weinte viele Nächte. Ich brauchte über ein Jahr, um mich der neuen Situation anzupassen. Einmal im Jahr konnte ich meine Familie besuchen. Die Zeit verging und Maria meine Mutter gebar noch mehr Kinder. Sie passte sich mit der Zeit sehr gut an die neue Situation an und widmete ihre ganze Aufmerksamkeit den anderen Kindern. Den größten Teil meines Verdienstes für die Arbeit im Tempel behielten die Priester. Von dem was übrig blieb, kaufte ich Geschenke für meine Geschwister.

Seitdem ich im Tempel Moses lebte, hatte ich für nichts anderes Zeit. Mein Leben wurde immer trauriger. Ich lebte mit vielen anderen Kindern zusammen, die kein Zuhause hatten oder deren Eltern sehr arm waren. Indem die Ärmsten ihre Kinder in die Tempel gaben, dachten sie, dass ihre Kinder Priester würden. So könnten sie auf ihren eigenen Füßen stehen und ihren Familien finanziell unter die Arme greifen. Wir Kinder mussten sehr früh am Morgen aufstehen. Abends ließ man uns dagegen erst sehr spät ins Bett. Früh am Morgen mussten wir das Alte Testament auswendig lernen. Häufig wurden wir von den Priestern geschlagen, wenn wir uns die vielen Seiten nicht einprägen konnten. Meistens schlugen sie mit Stöcken auf unsere Hände und Füße. Deshalb waren sowohl das Erlernen, als auch das Einprägen der Bücher des Alten Testamentes für uns ein sehr schmerzhafter Prozess. Oft weinten die anderen Kinder und ich still vor uns hin, wenn wir nachts im Bett lagen. Nach dem morgendlichen Unterricht gab man uns etwas zu essen. Meistens brachten uns aber andere Menschen etwas zu Essen oder wir mussten es selber zubereiten.

Danach schickte man uns zu den Menschen, für die wir arbeiten sollten. Sie gaben uns manchmal mehr Geld als vereinbart und meistens erhielten wir von ihnen auch Essen. Abends kehrten wir müde zurück und trotzdem mussten wir wieder für den nächsten Tag Teile des Alten Testamentes lesen und auswendig lernen. Bevor wir schlafen gingen, waren neben dem Aufräumen und der Arbeit im Tempel auch noch die Vorbereitungen für den nächsten Tag zu treffen. Innerhalb von drei Jahren lernte ich viele Teile des Alten

Testamentes auswendig. Mein Herz wuchs und sehnte sich danach, mehr über Gott und das Leben der Propheten kennenzulernen. Jede Nacht betete ich zu Gott. Ich bat Ihn um Hilfe, das Alte Testament besser verstehen zu können und später ein guter Priester zu werden.

Mit zwölf Jahren kehrte ich am Ende des Jahres nach Hause zurück. Ich reiste mit meiner Familie nach Jerusalem, was ein traditioneller Brauch war. Zum anderen mussten ich und die anderen Kinder des Tempels dort aber auch unsere Prüfung ablegen. Die Hohen Priester wollten wissen, wie viel wir gelernt hatten. Die Ergebnisse des Testes würden zeigen, ob sich die Mühe gelohnt hätte, und wir weiter das Amt des Priesters studieren können. Für mich war dieser Test sehr einfach.

Am dritten Tag, als meine Eltern zurück mit der Karawane nach Galiläa reisen wollten, hielt ich mich hinter dem Tempel von Jerusalem auf. Josef und Maria waren nicht allzu sehr besorgt um mich. Sie dachten, ich wäre bereits bei der Karawane. Meine Motivation, mich hinter dem Tempel zu verbergen, war, dass ich den Hohen Priestern hier ein paar Fragen stellen wollte. Die Priester in Galiläa erlaubten uns nicht, so viele Fragen über das Alte Testament zu stellen. Über meine Fragen waren die Hohen Priester hier im Tempel Gottes sehr überrascht. Schnell versammelten sich die Menschen um uns herum. Auf jede meiner Fragen bekam ich eine Antwort, jedoch hatte ich bereits eine neue Frage, die sich an die vorhergehende anschloss. Allmählich überraschte ich sie. Am Ende des Tages sagte ich ihnen, dass ich mit Absicht nicht mit meinen Eltern zurück nach Galiläa gereist sei. Die Hohen Priester rieten mir daher, noch ein paar Tage länger zu bleiben. Wenn jemand zurück nach Galiläa geht, würden sie mich zusammen mit ihm schicken.

Drei Tage später, während ich gerade meinen Wissensdurst über das Alte Testament stillte, kamen Josef und Maria besorgt in den Tempel. Maria sprach zu mir: „Wir haben uns Sorgen gemacht. Warum behandelst du uns so?" Ich wurde sehr wütend auf beide und fragte sie: „Warum seid ihr so besorgt um mich? Seit drei Jahren bin ich im Tempel von Galiläa und ihr habt euch niemals um mich gesorgt. Warum schaut ihr jetzt nach mir in ganz Jerusalem. Ihr solltet selber besser wissen, dass ich im Hause meines Vaters bin. Wo sonst könnte ich sein?" Josef und Maria gaben mir daraufhin vor den Menschen und den Hohen Priestern keine Antwort. Später, auf dem Weg nach

Galiläa, war Josef unwahrscheinlich wütend auf mich. Ich kehrte mit schwerem Herzen in den Tempel von Galiläa zurück. Auch die Antworten der Hohen Priester von Jerusalem konnten mich nicht befriedigen.

Es verstrichen drei weitere Jahre. Im Alter von 15 Jahren konnte ich das ganze Alte Testament auswendig aufsagen. Zur gleichen Zeit brannte mein Herz, Gott zu treffen. Die geistige Welt öffnete sich für mich, und ich hatte wunderschöne Träume in dieser Zeit. Nach jedem Traum wurde mein Wunsch stärker und stärker, im Haus meines Vaters in der geistigen Welt zu sein. Oft nahmen mich die Engel in höhere Dimensionen, trösteten mein Herz und gaben mir die Hoffnung, dass ich eines Tages meinen Himmlischen Vater sehen würde. Obwohl ich all die Anforderungen der traditionellen Lehre Moses im Alter zwischen 15 und 18 Jahren erfüllte, befriedigten sie mich nicht. Mein geistiger Durst und Hunger konnten durch keinen der Propheten des Alten Testamentes gestillt werden. Mein Wunsch, so zu werden, wie der Himmlische Vater, wuchs und verfestigte sich tief in mir. In meinem täglichen Leben war ich darauf bedacht mich durch keine Tat von Gott zu distanzieren.

Das folgende Gebet wurde zu einem meiner innigsten, welches ich unter Tränen in der Nacht sprach:

„Offenbare mir deinen Willen. Lass mich deinen Willen erfüllen. Vater, wenn Du auf Erden nach einer Person Ausschau hältst, möchte ich, dass Du Freude empfindest, wenn Du siehst, wie ich als dein Sohn ein Leben führe, wie Du es von allen Menschen wünscht. Vater, ich möchte mit Dir in vollkommener Einheit sein. Lieber Vater, es ist mein innigster Wunsch, Dich zu treffen und Dich zu besuchen. Mein Leben wird niemals seine Erfüllung finden, wenn Du mir nicht erlaubst, Dich zu umarmen. Erlaube deinem Sohn, dein Herz zu befreien."

Im Alter von 18 Jahren wurde ich in das Königreich der Himmel eingeladen. Dort sah ich das brennende Feuerlicht Gottes. Gottes Licht umarmte mich und Er sprach: „Du bist mein Sohn. Du bist mein Sohn." Ich weinte sehr viel und ich antwortete: „Vater, ich möchte bei Dir bleiben." Aber Gott sprach: „Kehre zurück in die Welt und bereite dich vor. Ich werde dir eine immer während gute Nachricht bringen." Als ich aufwachte, waren all meine Sinne erfüllt mit der Liebe Gottes. Von dieser Zeit an war es mir erlaubt, in der geistigen Welt frei zu reisen und zu fliegen.

Ein paar Monate nach meinem achtzehnten Geburtstag verließ ich den Tempel. Mit neunzehn bestand ich die Prüfung als Priester. Zuerst sah ich mich nach einer Arbeit um, damit ich etwas Geld verdienen konnte. Bei einem Besuch meiner ärmlich lebenden Familie fragte ich Josef, ob ich zusammen mit ihm als Zimmermann arbeiten könne, um seine Familie zu unterstützen. Zuerst war er sehr überrascht über mein Angebot. Maria sagte zu Josef, dass er zu schnell alt geworden wäre und es besser sei, ich würde mit ihm arbeiten. Josef sah mich sehr gerne in seiner Zimmermanns-Werkstatt, denn diese Arbeit ging mir leicht von der Hand. Das Geschäft lag in einer sehr engen Straße. Auf beiden Seiten der Straße reihten sich kleine Geschäfte aneinander. Sowohl die Straße, als auch die Geschäfte vermittelten eine dunkle, schmutzige Atmosphäre. Hinter unserem Geschäft war der offene Abwasserkanal. All das verbrauchte Wasser und die Exkremente rannen Tag und Nacht durch diesen kleinen Kanal. Natürlich roch es hier furchtbar.

Eines Tages, als ich mit Josef arbeitete, bat er mich um Vergebung für sein Benehmen in der Vergangenheit. Ich gab ihm keine Antwort. Er sprach weiter: „Ich habe wirklich einen Unterschied zwischen dir und meinen eigenen Kindern gemacht und dich damals sehr schlecht behandelt. Und trotzdem bist du so gut zu mir." Dann begann er zu weinen. Ich fühlte, wie die Traurigkeit in mir hochstieg und ich weinte mit ihm. Ich empfand Sympathie für Josef, deshalb sprach ich zu ihm: „Zusammen werden wir die finanzielle Lage für unsere Familie aufbessern."

Genau genommen wusste ich bereits seit meiner frühen Kindheit, dass Josef nicht mein wirklicher Vater war. Ein paar Jahre zuvor hatte ich von Zeit zu Zeit meine Mutter gefragt, wer mein leiblicher Vater sei. Doch sie gab mir niemals eine befriedigende Antwort. Sie sagte, dass sie schwanger wurde, nachdem sie Erzengel Gabriel gesehen hatte. Eines Tages, ich war bereits neunzehn, sagte ich zu meiner Mutter, als ich mit ihr allein war: „Sagst du mir jetzt die Wahrheit, wer mein Vater ist, werde ich dieses Geheimnis für mich behalten." Sie schaute mich an und sprach: „Gib mir Zeit. Kommt der richtige Augenblick, werde ich es dich wissen lassen." Ich spürte, dass Josef irgendwie wusste, wer mein leiblicher Vater ist. Aber jetzt verharrte er meistens in Schweigen und sprach nicht mehr darüber. Als ich zusammen mit Josef arbeitete, sagte ich zu ihm: „Du streitest dich nicht mehr mit meiner Mutter über mich." Er antwortete traurig: „Ich sehe das Benehmen meiner eigenen Kinder, und besonders das meiner Söhne. Sie hängen auf der Straße herum, ohne jedes Ziel. Sie haben weder Sympathie für ihre eigenen Eltern, noch für andere. Jetzt bezeichne ich dich sehr gern als meinen Sohn."

Ich arbeitete mit Josef in seiner Werkstatt bis spät in die Nacht hinein. Meistens war er sehr ruhig, bedingt durch seine Krankheit. Oft übermannte ihn die Müdigkeit, als ob all seine Energie ihn verlassen hätte. Meistens setzte Josef sich auf einem Holzstuhl in einer Ecke. Immer schien es mir, als ob er über die Vergangenheit nachdenken würde. Schlossen wir abends das Geschäft, ging Josef nach Hause. Ich zog mich an einem einsamen Ort im Wald zurück und betete zum Himmlischen Vater. Mein äußerliches Leben war nicht leicht. Da gab es niemanden, dem ich mein Herz hätte offenbaren können, außer Gott. Bereits in den Tagen meiner Kindheit fühlte ich mich sehr einsam. Auch dort konnte ich mein Herz keinem anderen Menschen öffnen. Zur gleichen Zeit dachte ich viel über das Alte Testament nach. Die jüdischen Priester sprachen in einer sehr komplizierten Art und Weise über das Alte Testament und das Leben der Propheten. Meistens waren die Menschen nicht in der Lage, ihren Ausführungen zu folgen. Regelmäßig nahm ich an den Treffen der Priester im Tempel teil, wenn sie zusammenkamen, um über die Gesetze Moses zu sprechen.

Über Zacharias, Johannes den Täufer, Elisabeth und über meine Mutter werde ich später reden.

Im Alter von 25 Jahren begann ich in den Tempeln von Judäa und Galiläa, sowie in anderen Teilen des Landes zu predigen. Ich versuchte, die Gesetze Moses und die Bücher der anderen Propheten leicht verständlich zu erklären. Die Leute waren sehr inspiriert, mir zuzuhören. Wo immer ich sprach, kamen die Menschen aus verschiedenen Städten, um zu hören, was ich zu sagen habe. Durch meine Darstellung des Alten Testamentes gewann ich ihre Herzen. Obwohl mir die hohe Priesterwürde verliehen wurde, gaben mir die Menschen den Titel „Großer Lehrer". Zu dieser Zeit gab es verschiedene Personen in Israel, die von sich selber behaupteten, ein Messias zu sein. Zwei von ihnen lebten in Galiläa. Sie hatten bereits ihre eigenen Jünger. Einer dieser zwei wurde zusammen mit seinen Jüngern von einigen Juden und ihren Obrigkeiten umgebracht.

In meinem Leben stellte ich mir viele Male selber die Frage: Wie erscheint der Messias? Bereits im Alter von zwölf Jahren, als ich für drei Tage im größten Tempel Jerusalems war, stellte ich die gleiche Frage einem Hohen Priester. Zu dieser Zeit erwähnte ich ihm gegenüber, dass die Prophezeiungen von Jesaja, Daniel, Micha und Maleachi den Messias betreffen. Die meisten meiner Fragen bezogen sich auf diese Propheten und ihre Prophezeiungen. Im Alter von 27 Jahren verstand ich persönlich, dass der Messias die neue Welt Gottes auf Erden bringen wird. Trotzdem hatte ich kein klares Verständnis, wie er auf dieser Erde erscheinen wird. Die bekannteste Prophezeiung zu meiner Zeit war die über Elija, der vor 900 Jahren zur Zeit des Alten Testaments lebte. Traditionell glaubten die Israelis daran, dass Elija buchstäblich vom Himmel niederfährt. Es steht geschrieben, dass er erscheint und die Zeit für den Messias für gekommen erklärt. Diese Prophezeiung war so berühmt, dass sie bereits zum Teil des Lebens der Menschen geworden war. Die Prophezeiungen der anderen Propheten verblassten hinter dieser. Die Hohen Priester und die Juden hatten einen besonderen Stuhl für Elija im Haupttempel und in den anderen Tempeln errichtet. Sie glaubten, wenn Elija zurückkehren wird, würde er zuerst in den Tempel kommen, und sich dort auf diesem Stuhl niederlassen. Niemand durfte daher auf diesem besonderen Stuhl sitzen. Die Zeit des Erscheinens des Messias war somit verbunden mit der Rückkehr des Propheten Elija des Alten Testamentes. In meinen Gebeten fragte ich nach dem kommenden Messias. Aber selbst bei meinen Reisen durch die hohen Dimensionen Gottes, erhielt ich keine Antwort von Gott und den Himmeln. Mir wurde nur gesagt, ich solle mich auf eine glückliche Nachricht vorbereiten.

Als Priester der Religion Moses lehrte ich nicht nur, sondern folgte auch dieser Lehre. Trotzdem fühlte ich in meinem Herzen keine Nähe zu ihr. Die Lehre Moses war sehr hart, und es war schwierig für die Menschen, ihr zu folgen. Im Namen dieser Religion haben die Hohen Priester ihre Position missbraucht. Gewöhnlich waren die Menschen Opfer ihrer religiösen Oberhäupter. Wie ich bereits vorher erwähnte, bevorzugten die Pharisäer und Schriftgelehrten zu meiner Zeit, die Gesetze Moses in einer traditionellen und schwerverständlichen Art und Weise zu erklären. Als ich begann, in den verschiedenen Tempeln eine leichtverständliche Sprache zu wählen, tat ich dies aufgrund meiner eigenen Autorität. Obwohl die Menschen vom Zuhören sehr inspiriert waren, konnten sie ihre Hörigkeit den Pharisäern und Schriftgelehrten gegenüber, als allerhöchste Autoritäten, nicht ablegen. Sie wollten durch sie meine Erklärungen bestätigt haben. So kam es, wie es kommen musste. Langsam wandte sich die religiöse Obrigkeit gegen mich. Sie fingen an, mich auf unterschiedlichste Art und Weise zu verfolgen und sie beschuldigten mich, dass ich die Gesetze Moses nicht so erkläre, wie es in den Büchern stände. Das überraschte mich. Von den Hohen Priestern, Pharisäern, Schriftgelehrten bis hinunter zu den gewöhnlichen Menschen, lebte fast niemand gemäß den Gesetzen Moses. Ihr eigenes Leben stand im Widerspruch zu dieser Lehre. Als ich ihnen aber eine einfache Erklärung anbot, wie man dem Weg Gottes folgen könne, wandten sie sich extrem gegen mich. In diesem Punkt wurden sie sehr emotional, als ob sie mit Moses Religion leben und sterben wollten. Darüber hinaus sagten sie, dass sie die Jünger Moses seien und er ihr Beschützer wäre. Viele Male begannen sie nun, mich während meiner Reden zu korrigieren. Sie sagten, dass sie nur die Erlösung von Gott erhalten würden, wenn sie Moses und seiner Lehre folgen. Ich konnte meine innere Situation niemandem erklären.

Moses Gesetze basierten auf sehr strikten Praktiken. Selten konnte man darin Mitleid finden. Die Juden und ihre religiösen Kreise wollten keine Beziehungen mit Fremden anderer Nationen haben. Persönlich hegte ich Sympathie für alle Menschen und machte keine Unterschiede zwischen ihnen. Ich war ein Mensch, der jeden willkommen hieß, der mit offenem Herzen zu mir kam. Allmählich bemerkte ich, dass ich bis zum Ende meines Lebens nicht in der Lage sein würde mit ganzem Herzen die Lehre Moses zu verbreiten. Deshalb hielt ich weniger Reden im Tempel. Mein Herz und meine persönliche Einstellung harmonisierten nicht mit der strikten Lehre Moses. Ich war ein Mensch, der an Liebe und Mitleid glaubte. Wir waren zu verschieden. Unglücklicherweise wurde ich als Jude geboren und lebte unter seinem System der Gesetze.

Zuerst scharrten sich die Menschen um mich. Aber als sie herausfanden, dass ich nach einem Wandel in ihrem religiösen System suchte, verließen sie mich und gingen zurück in ihre alte Welt. Haben die Menschen sich einmal einer Religion angeschlossen, glauben sie, dies sei die beste Religion für ihre Erlösung. Egal ob sie es zugeben oder nicht, diese Religion beeinflusst sie sehr stark. Sie glauben, dass der alte Wein immer noch der Beste sei. Sehr selten möchten sie etwas Neues versuchen. Genauso war es zu meiner Zeit. Es war unmöglich, in Moses Religion irgendetwas zu verändern. Bei dem Versuch dies zu tun, hätte man leicht dafür umgebracht werden können. Dies war nicht nur eine beengende Sichtweise zu meiner Zeit. Das gleiche Beispiel trifft ebenso für den Islam, das Christentum und die anderen Religionen zu. Sie alle wurden zu einer Sackgasse, in der jeder seine Erfüllung in seiner eigenen religiösen Welt finden muss.

Ich begann in anderen Städten zu lehren und konnte Josef nicht mehr in seinem Geschäft helfen. War ich aber in seiner Nähe, unterstützte ich ihn bei seiner Arbeit und seinen Aktivitäten. Als ich neunundzwanzig war, lehnten meine Brüder jegliche Mitarbeit im Geschäft meines Vaters ab. In meinen Augen waren sie Kriminelle. Sie bevorzugten es, in einer Gang zu leben und den dortigen Aktivitäten zu frönen. Viele Male hatte ich heftige Auseinandersetzungen mit ihnen. Sie wollten mir aber nicht zuhören. Stattdessen beschuldigten sie mich, ein Mann der Schwarzen Magie zu sein. In ihren Augen war ich ein Narr oder gar geisteskrank. Diese Gerüchte verbreiteten sie überall in Nazareth. Meine Brüder wurden immer freier in ihren üblen Aktivitäten. Meine Mutter Maria zog zusammen mit meinen Schwestern zu ihren Verwandten. Nun wurde es noch schwieriger für mich, meine Mutter und meine Schwestern zu unterstützen. Meinen Brüdern verwehrte ich jegliche finanzielle Unterstützung. Aber manchmal gab Maria ihnen Geld, ohne dass ich es wusste. Ich musste sehr hart arbeiten, damit meine Schwestern verheiratet werden konnten. Ich war der älteste Bruder und nahm deshalb die Position ihres Vaters ein. Gemäß dem System meiner Zeit musste ich für die Vermählung meiner Schwestern aufkommen. Dies war eine traurige und entbehrungsreiche Zeit in meinem Leben. Viele Töchter aus armen Familien konnten nicht verheiratet werden, denn ihre Eltern konnten die finanziellen Mittel dafür nicht aufbringen. Dieses System existiert selbst in deiner Zeit, Zahid, noch in verschiedenen Teilen der Welt.

Jetzt möchte ich etwas detaillierter über Zacharias, Johannes den Täufer und über meine Familie sprechen. Als meine Großmutter schwanger wurde, betete sie ganz besonders zu Gott: „Oh Gott, das neue Leben in meinem Bauch möchte ich dir geben. Ich möchte, dass dieses Kind in deine Hände kommt. Oh Gott Israels, ich möchte, dass Du dieses Kind akzeptierst und es vor Satan beschützt." Als sie das Kind gebar, war es aber ein Mädchen und kein Junge. Meine Großmutter wurde daraufhin traurig, denn sie wollte dieses Kind in Gottes Tempel geben. Aber die jüdische Obrigkeit nahm nur Jungen, die im Tempel dienen konnten. Sie brach in Tränen aus und wusste nicht, was sie mit diesem Kind tun sollte.

Als ihre Tochter fünf Jahre alt wurde, ging sie zu den jüdischen Obrigkeiten und erzählte ihre ganze Geschichte. Sie erzählte auch, dass sie dem Gott Abrahams versprochen hat, dieses Kind im Dienste Gottes aufwachsen zu lassen. Man sagte ihr, dass man ihr nicht helfen könne. Aber wenn sie eines Tages einen Sohn gebären würde, könnte sie ihn in die Dienste des Tempels stellen. An diesem Tag weinte meine Großmutter unaufhörlich. In der Nacht sprach Gott in einem Traum zu ihr: „Frau des Omran, sei nicht traurig. Ich werde deine Gabe annehmen. Geh zu Zacharias und erzähle ihm, dass Ich dich geschickt habe. Sag ihm, er soll das Mädchen aufnehmen und es in seinem Haus aufwachsen lassen." Sie ging zu Zacharias, der einer der höchsten Priester zu dieser Zeit war. Erst wurde ihr der Zutritt zu Zacharias verweigert. Als er aber dann selber herauskam und sich auf den Heimweg begab, rief sie ihm nach: „Oh Zacharias, lass mich mit dir reden. Ich habe eine Nachricht vom Gott Abrahams für dich." Als Zacharias dies vernahm, sagte er zu seinen Leuten: „Lasst die Frau zu mir kommen." Als meine Großmutter vor Zacharias stand, sprach er zu ihr: „Du bist gesegnet, dass ich solche Worte aus deinem Mund vernommen habe. Sag mir schnell, welche Botschaft du vom Gott Abrahams für mich hast." Meine Großmutter erzählte ihm alles über ihr Gebet, dass sie dieses Kind in den Dienst des Tempels stellen wollte, und was Gott ihr im Traum erzählt hatte. Zacharias sprach daraufhin zu meiner Großmutter: „Oh ehrwürdige Frau, gib mir drei Tage Zeit. Ich möchte zu Gott beten. Nach diesen drei Tagen kommst du zu mir."

Nach drei Tagen ging meine Großmutter erneut zu Zacharias. Als Zacharias sie erblickte, ging er rasch auf sie zu und sprach: „Du bist gesegnet durch Gott. Gott zeigte mir, ich solle dieses Mädchen persönlich aufnehmen. Ich werde mich um dieses Kind, wie um mein eigenes kümmern." Zacharias nahm das Mädchen mit Namen Maria auf. Natürlich ist sie meine Mutter. Es war Zacharias, der Maria auf den geistigen Weg vorbereitete und ihr viel lehrte. Er selber war offiziell einer der Hohen Priester und Propheten Gottes, der Träume und Visionen durch Gott und die Himmel empfangen konnte. Als meine Mutter 15 Jahre alt war, öffnete sich die geistige Welt für sie. Wann immer sie Zacharias den Inhalt ihrer Träume und Visionen mitteilte, war er erstaunt und überrascht über ihre geistigen Offenbarungen. So kamen sich Zacharias und Maria näher.

Als meine Mutter achtzehn war, kam meine Großmutter zu Zacharias und fragte ihn nach der Zukunft ihrer Tochter. Zacharias erzählte meiner Großmutter, Maria könnte nicht offiziell als Priesterin gemäß den Gesetzen Moses dienen. Zacharias wollte aber unbedingt, dass Maria noch länger bei ihm bleibt. Zu diesem Zeitpunkt gab meine Großmutter Zacharias keine Antwort. Sechs Monate später kam sie zu ihm zurück und nahm ihre Tochter mit. Später verlobte sie Maria mit Josef, ohne dass es Zacharias wusste. Zacharias fand dies zwar später heraus, verharrte aber in Schweigen. Maria hinterließ eine tiefe geistige Erinnerung in Zacharias Herzen.

Eines Tages betete Zacharias unter Tränen zu Gott: „Ich werde ein alter Mann und meine Kochen wollen nicht mehr, wie ich will. Oh Gott, mein Glaube an Dich ist der gleiche, wie der in jungen Jahren. Davon bin ich nie abgewichen. Du hast immer meine Gebete erhört. In meinem Leben wünschte ich mir immer einen Sohn zu haben, der all den Segen unserer Vorfahren Abraham, Isaak und Jakob erben kann. Obwohl Du den Wunsch meines Herzens kennst, konnte ich nie darüber zu Dir sprechen. Jetzt ist es zu spät. Ich und meine Frau sind bereits zu alt, vor allem kann meine Frau keine Kinder mehr kriegen." Dann fragte Zacharias Gott, ob Er solch ein Kind Maria geben könne, denn sie konnte geistig in seinem Hause aufwachsen.

Daraufhin erschien Erzengel Gabriel Zacharias und sprach: „Gott wird dir ein Kind geben, der den Weg für den Messias vorbereiten wird. Die Zeit der Erlösung ist nahe. Die Menschen sitzen in der Dunkelheit und im Schatten des Todes. Sicherlich werden sie das Licht Gottes sehen." Zacharias antwortete Gabriel: „Wie ist das möglich. Ich bin so alt und meine Frau kann keine Kinder mehr bekommen." Gabriel gab daraufhin zurück: „Gott hat es so gesagt. So wirst du diese wunderbare Gnade erfahren." Johannes der Täufer wurde daraufhin, wie durch ein Wunder, durch Elisabeth, Zacharias Frau, geboren.

Sechs Monate später erschien Erzengel Gabriel Maria und sprach zu ihr: „Du bist gesegnet." Zuerst fürchtete sich Maria. Doch Gabriel erzählte ihr, dass Gottes Segen sich über ihr geöffnet hätte. „Du wirst ein Kind gebären, der die Menschheit erlösen wird. Gott und die Himmel werden immer mit dir sein." Maria sprach zu Gabriel: „Wie kann das möglich sein? Noch kein Mann hat mich bis jetzt berührt." Gabriel sprach: „Geh zu Zacharias und bleibe drei Monate in seinem Haus. Die Engel haben Zacharias als deinen ewigen Ehemann auserwählt." Sie war über diese Nachricht sehr überrascht. Zum einen war Zacharias bereits verheiratet und zum anderen war sie mit Josef verlobt. Drittens wuchs sie im Haus von Zacharias als Mitglied der Familie auf. Maria wunderte sich und war sprachlos. Erzengel Gabriel richtete erneut das Wort an sie: „Zacharias ist gesegnet durch Gott und die Himmel. Von seinem Samen wird ein Kind entstehen, auf welches die Israeliten bis zum heutigen Tag gewartet haben. Tue, was ich dir geheißen habe. Von nun an wird jedes Zeitalter der Menschheit auf dich zurückschauen, wenn du das tust, worum die Himmel dich gebeten haben." Nachdem Gabriel Maria verlassen hatte, fühlte sie in ihrem Herzen tiefe Glückseligkeit aufsteigen, dass solch ein Kind durch sie geboren würde. Maria erzählte dies niemanden anderem. Sie ging zu ihrer Mutter und sagte ihr, dass sie noch länger im Hause Zacharias bleiben wolle, da seine Frau sehr bald ein Kind gebären würde.

Maria kehrte zurück in Zacharias Haus und begann, Elisabeth während ihrer Schwangerschaft zu dienen. Anfangs hatte Maria nicht die Courage, Zacharias ihre besondere Offenbarung zu erzählen. Zwölf Tage später, als Zacharias mit Maria allein war, fragte er sie, ob sie noch Träume oder Visionen durch die Engelwelt erhielte. Maria antwortete ihm, dass ihr immer noch viele Dinge offenbart wurden. Zacharias bat sie daraufhin, ihm einige ihrer geistigen Offenbarungen zu erzählen, denn er hatte von ihr schon lange nichts mehr gehört. Maria erzählte ihm verschiedene Visionen, die Zacharias freudig vernahm.

Danach sprach Maria zu Zacharias: „Ich hatte eine Offenbarung, die mir aber nur schwerlich über die Lippen kommt. Der Grund, warum ich dich hier besuche, ist genau diese Offenbarung." Zacharias fragte sie, warum es so schwierig wäre, ihm diese Offenbarung mitzuteilen. Sie antwortete: „Ich bin in deinem Haus als ein Kind deiner Familie aufgewachsen. Was ich dir jetzt erzählen werde, wird dich mit Sicherheit auch erstaunen. Vor nicht allzu langer Zeit, als ich alleine zu Hause saß, hörte ich eine Stimme, die mich grüßte. Ich war überrascht und ängstigte mich. Ich wunderte mich, was für eine Stimme dies sei. Dann erschien mir ein Engel mit extrem leuchtendem Licht und sprach zu mir: „Ich bin Erzengel Gabriel, der Heilige Geist. Ich bin gekommen, um dir eine gute Nachricht zu überbringen und dir dadurch die große Gnade Gottes zuteilwerden zu lassen. Du wirst schwanger werden und ein Kind gebären, den man Gottes Sohn nennen wird. Dieses Kind wird der sein, der Gottes Königreich auf Erden errichten wird." Ich sprach daraufhin zu ihm: „Bis jetzt hat mich noch kein Mann berührt. Wie kann es möglich sein, dass ich ein Kind gebäre?" Erzengel Gabriel antwortete: „Die Himmel haben Zacharias gesegnet und in den Augen Gottes ist er auserwählt, dein Ehemann zu sein." Zuerst war ich darüber sehr erstaunt und wusste nicht, was ich tun sollte. Ich wusste auch nicht, wem ich meine Offenbarungen mitteilen kann. Wie du weißt Zacharias, bin ich mit Josef verlobt. Wie dem auch sei, mein innigster Wunsch ist es aber trotzdem, so ein Kind zu haben. Dafür bin ich bereit, jeden Preis zu bezahlen. Gabriel sagte mir damals, dass dieses Kind Gottes Sohn genannt werden wird und Gott ihm all den Segen gibt, den Er seinen Vorfahren Abraham, Isaak und Jakob versprochen hatte." Nachdem Zacharias alles vernommen hatte, schaute er sprachlos zu Maria, drehte sich um und ging. Maria war sehr besorgt, dass Zacharias Zweifel an ihrer Moral habe.

Zacharias ging allein zum Gebet. Dabei sprach er: „Oh Gott Abrahams, Isaaks und Jakobs. Ich bin ein alter Mann geworden, aber Tag und Nacht habe ich mich immer danach gesehnt, Dir nahe zu kommen. Jetzt bin ich bereits in einem hohen Alter und mein Glaube und Gehorsam Dir gegenüber wurden nun zum ersten Mal auf die Probe gestellt. Oh Gott Abrahams, ich möchte keinen unmoralischen Akt vollziehen, der mich von Dir trennen kann. Oh Gott Abrahams, beschütze mich vor der Versuchung einer schlimmen Tat. Ich verdiene deinen ganzen Ärger, sollte ich der Versuchung erliegen." Ihm erschien daraufhin Erzengel Gabriel in einer Vision und sprach: „Zacharias, Gott hat dich mit Maria gesegnet. Es wird dein Sohn sein, der von Maria geboren wird und den man, den Messias nennt. Er wird der Menschheit die Erlösung bringen. Auch dein Sohn von Elisabeth wird die Prophezeiung des Jesajas erfüllen. Er wird den Weg für den

Messias vorbereiten." Zacharias fragte daraufhin Gabriel: „Wie werde ich vor dem Gesetz Moses dastehen? Kann sein, Maria und ich werden durch dieses Gesetz umgebracht." Gabriel erwiderte ihm: „Wenn Gott möchte, dann zerstört Er die Botschaft der alten Ära und gibt dem neuen Zeitalter eine neue Botschaft."

Drei Tage später, als Zacharias mit Maria allein war, erzählte er ihr, es sei der Wille Gottes, dass er der Vater des Kindes ist, den man Gottes Sohn nennen wird. Maria war sehr glücklich darüber und wollte gar nicht an die Konsequenzen denken. Zacharias war ebenso glücklich, diesen Segen zu erhalten. Aber gleichzeitig fürchtete er sich vor seinen eigenen Leuten. In dieser Hinsicht war er sehr wachsam. Er wusste, Konsequenzen würden auf ihn zukommen, wenn herauskäme, dass Maria durch ihn schwanger wurde, obwohl sie bereits mit Josef verlobt war. Deshalb fragte er Maria: „Was wirst du tun, wenn die Menschen und Josef dich fragen, von wem du dieses Kind erhalten hast? Was für eine Antwort wirst du der jüdischen Gesellschaft geben, damit sie gemäß ihrer strikten Gesetze befriedigt ist?" Maria antwortete: „Ich schwor Gott und den Himmeln, dass ich niemals deinen Namen erwähne, egal welche Umstände sich in Zukunft für mich ergeben. Gabriel überbrachte mir die Nachricht dieses Segens, deshalb werde ich später den Menschen sagen, dass ich dieses Kind durch den Heiligen Geist erhalten habe." Zacharias war zufrieden. Sie waren für drei Monate zusammen und Maria wurde schwanger."

In Wirklichkeit ist Zacharias mein leiblicher Vater und nicht der Heilige Geist. Meine Mutter Maria wollte mich und sich selbst schützen, damit man sie nicht gemäß dem Gesetz Moses durch die jüdische Gesellschaft steinigte. Deshalb überraschte sie die Juden, indem sie sagte, sie wäre schwanger durch die Kraft des Heiligen Geistes. Die Menschen fürchteten sich nun, sie zu steinigen. Das war die ganze Strategie meiner Mutter. Johannes ist mein Bruder. Wir haben den gleichen Vater, aber verschiedene Mütter. Wie dem auch sei. Während ihrer Schwangerschaft wurde Maria trotzdem verfolgt. In dieser Zeit erschien ihr Erzengel Gabriel und sprach zu ihr: „Zwingt dich jemand preis zu geben, von wem das Kind ist, dann antworte einfach: Ich fastete für Gott. Ich habe euch die Wahrheit erzählt, dass ich dieses Kind durch die Kraft des Heiligen Geistes empfangen habe. Danach verhalte dich ruhig." Josef akzeptierte damals stillschweigend

Maria als seine Frau. Über sie kursierten aber immer noch Gerüchte, ihr habe jemand beigewohnt, entgegen den Gesetzen dieser Zeit. Letztendlich drang dieses Gerücht bis vor den Hohen Priester, der sich um die Einhaltung der Gesetze Moses kümmerte. Es wurden Nachforschungen über Maria angestellt. Josefs Verwandte drängten zur gleichen Zeit, herauszufinden, mit wem Maria ein Verhältnis gehabt haben könnte. Josef dagegen verhielt sich still, denn er hatte bereits Träume gesehen. Er versuchte einen Ausweg zu finden, denn Maria sollte nicht den Gesetzen Moses ausgeliefert werden. Aber Josef konnte gegen seine Verwandten nicht ankommen. Am Ende zerrten diese Maria vor den Hohen Priester, damit sie ihm die Wahrheit sage.

In der Nacht, bevor man sie zum Tempel brachte, betete meine Mutter Maria innig: „Oh Gott, auf meinem Herzen liegt eine schwere Last der Traurigkeit. Ich wünschte, die Menschen würden sich nicht an mich erinnern, und ich würde nicht leben, um solch einem Tag zu begegnen. Oh großer Gott, führe mich jetzt. Ich bin besorgt um das Leben dieses Kindes und um das meine. Dieses Kind wird mit mir zusammen sterben, wenn sie mich steinigen." In der Nacht erschienen Maria wieder Engel und sie sagten: „Gott und wir sind mit dir. Du wirst unseren Schutz erhalten. Sage nur dem Priester im Tempel, was wir dir aufgetragen haben: Du bist schwanger durch den Heiligen Geist und wenn das Kind aufwächst, dann wird es die Erlösung für die Menschen bringen."

Am nächsten Tag brachten die Verwandten Maria vor den Hohen Priester. Der Hohe Priester brachte Maria an den Allerheiligsten Ort im Tempel. Er goss heiliges Wasser in ein irdenes Gefäß und nahm von dem Staub des Tempelbodens und streute ihn in das heilige Wasser. Der Priester löste Marias Haare und gab das sogenannte Offenbarungsopfer in ihre Hände. Dann nahm er das bittere Wasser in seine Hände, welches den Fluch bringt und ließ Maria einen Eid ablegen. Wenn eine Frau, sich Gemäß den Gesetzten Moses verunreinigt hat und ihrem Mann gegenüber untreu geworden ist, würde das Wasser ihren Körper anschwellen lassen und ihr furchtbare Schmerzen bereiten. Ihre Hüften würden herunterfallen und sie wird zur Abscheu ihres Volkes. Hat sich die Frau aber nicht beschmutzt, sondern ist rein, wird ihr das Wasser nicht schaden. Bevor der Priester ihr das heilige Wasser reichte, beteuerte Maria, dass sie mit keinem Mann geschlafen hätte. Erzengel Gabriel wäre ihr erschienen und sie hätte dieses Kind durch die Kraft des Heiligen Geistes empfangen. Der Priester gab ihr das heilige Wasser, das sie im Namen Gottes trank. Aber ihr geschah nichts. Deshalb ließen Josefs Verwandte sie vorerst in Ruhe, aber in ihrem tiefsten Inneren zweifelten sie immer noch an ihr. Die Vorurteile seiner Verwandten war der eine Grund, warum Josef Bethlehem in Judäa verließ und sich an einem abgelegenen Ort in Ägypten niederließ. Der andere Grund war König Herodes. Genau genommen dachte Joseph viele Male, dass alle Probleme in seinem Leben nur wegen mir und Maria entstanden sind."

Jesus erzählte weiter: „Ich wusste, dass meine Mutter ein paar Mal Elisabeth besuchte, da auch sie eine enge Verwandte war. Als ich den Tempel verließ und mit Josef als Zimmermann zu arbeiten begann, konnte ich Maria aus der Nähe beobachten. Eines Tages fragte ich sie, ob sie mich mit sich nehmen könne, wenn sie das nächste Mal Elisabeth besucht. Sie versprach es mir. Als wir zu ihr gingen, traf ich zum ersten Mal Johannes, meinen Stiefbruder.

Bevor ich fortfahre, möchte ich noch ein bisschen weiter über meinen Vater Zacharias ausholen. In der Zeit, als Josef nach Ägypten ging, sprach Zacharias über die Begebenheit zwischen ihm und Maria zu einem seiner engsten Freunde unter den Priestern. Zacharias vertraute seinem besten Freund. Er dachte, dieser würde das Geheimnis für sich behalten. Dieser erzählte es den anderen Priestern, und das Gerücht verbreitete sich schnell unter den religiösen Obrigkeiten. Sie begannen mit ihren Untersuchungen gegen ihn. Unglücklicherweise erzählte Zacharias nun die ganze Wahrheit. Sie brachten ihn im Tempel an dem Ort um, wo man gewöhnlicher Weise Tiere opferte. Das war ein sehr trauriges Ende für Zacharias. Und das alles nur, weil er das Geheimnis des Himmels nicht für sich behalten konnte. Das war auch einer der Gründe, warum Josef, als er aus Ägypten zurückkehrte, nicht an diesem Ort leben wollte, wo die Menschen ihn kannten. Zum anderen fürchtete er sich vor dem Sohn Herodes, der nun Judäa regierte. Deshalb entschied er sich in Galiläa zu leben.

Jesus und Johannes der Täufer

Jetzt komme ich zurück zu Johannes. Ich war neunzehn, als ich ihn zum ersten Mal traf. Er ist noch nicht einmal ein Jahr älter als ich. Elisabeth war alt und fast erblindet. Als ich sie grüßte, legte sie ihre

Hände auf meinen Kopf und gab mir viele gute Wünsche. Elisabeth und Johannes lebten zusammen mit ihren Verwandten. Sie alle waren religiös und folgten uneingeschränkt den Gesetzen Moses. Johannes hatte auch eine Schwester, die nach ihm geboren wurde. Seine Schwester war zu mir sehr freundlich. Johannes wuchs unter den strikten Gesetzen von Moses auf. Meistens zog er sich an einsamen Orten zurück und studierte die Religion Moses.

Nach wenigen Minuten unseres ersten Treffens stellte mir Johannes Fragen über mein religiöses Leben. Er wollte wissen, ob ich mein Leben nach den Prinzipien der Bücher Moses ausrichte. Ich spürte sehr schnell, dass wir uns in unserer Persönlichkeit sehr ähnlich waren. Wir richteten die anderen, indem wir unsere eigene Autorität benutzten. Ich spürte bereits zu Beginn, dass wir nicht miteinander auskommen würden. Ich stellte ihm Fragen aus den Büchern der Propheten. Er war erstaunt über mein Wissen. Anschließend sagte er mir, er müsse in den Tempel gehen, da er einen Termin mit einem anderen Priester hätte. Bevor er ging, fragte er mich: „Warum kommst du nicht ein anderes Mal und wir diskutieren über die Worte der Propheten?" Ich fragte ihn, warum er mich nicht einfach in Galiläa besuchen könne? Johannes versprach, zu mir zu kommen.

Neun Monate später, es war früh am Morgen, als ich in meiner Zimmermann Werkstatt arbeitete, stand Johannes vor der Eingangstür mit einem meiner Brüder. Ich war überrascht, ihn hier zu sehen. Er sprach zu mir: „Genau genommen bin ich vor zwei Tagen angekommen. Ich kam hierher, um einige Priester zu besuchen. Heute Morgen, nachdem ich im Tempel gebetet hatte, dachte ich bei mir, es wäre gut, dich zu besuchen. Zuerst ging ich zu dir nach Hause. Deine Geschwister waren dort und deine Mutter sagte mir, dass du jeden Morgen in das Geschäft gehst. Deshalb nahm ich deinen Bruder mit, der mich hierher führte." Ich war angenehm überrascht, Johannes zu sehen, und ich sprach zu ihm: „Ich bin glücklich, dass du mich an diesem ärmlichen Ort besuchst."

Plötzlich setzte sich Johannes neben mich und sagte zu meinem Bruder: „Danke, dass du mich bis zu diesem Laden gebracht hast. Jetzt kannst du gehen." Als mein Bruder gegangen war, fragte er mich, warum nur ich meinem Vater helfen würde. Ich sprach zu ihm: „Es ist genauso, wie du es siehst." Johannes sagte: „Ich muss mich entschuldigen, dass ich dich, ohne es dich vorher wissen zu lassen, hier besuche. Es scheint mir, ich störe dich bei der Arbeit." Zu meinen Vater Josef sagte ich, dass ich heute nicht mehr mit ihm arbeiten würde, da Johannes aus Judäa gekommen sei. Ich fragte Johannes, ob er bereits etwas gegessen hätte. Er antwortete: „Das ist nicht nötig. Wir können auch ohne etwas zu essen in den Wald gehen." Dort angekommen, setzten wir uns nieder und er sprach zu mir: „Letztes Mal überraschtest du mich mit deinem Wissen über Moses und die anderen Propheten." Ich sagte zu ihm: „Wenn dich dies überraschte, dann kann ich dir noch viel mehr erzählen."

Ich teilte ihm meine geistigen Erfahrungen mit. Er nahm sie dankbar auf. Die Zeit verstrich so schnell, dass der Abend bereits dämmerte. Nun kehrten wir zurück. Johannes sprach zu mir: „Jesus, heute hast du mich mit dem, was du mir sagtest, sehr überrascht. Ich freue mich schon jetzt darauf, dich bald wieder zu sehen. Ich werde auf alle Fälle wiederkommen." Er bot mir etwas Geld an, das ich benötigte, um die Auslagen meiner Reise zu bestreiten. Ich sprach zu Johannes: „Behalt dein Geld, es geht schon irgendwie. Ich werde dich besuchen. Du brauchst mir nicht die Auslagen für meine Reise geben." Johannes antwortete mir: „Dann gib es deinem Vater, denn ich habe einen seiner Helfer heute von der Arbeit abgehalten." Ich fragte Johannes: „Warum bleibst du nicht über Nacht bei uns?" Er erwiderte, er hätte versprochen, zu einem anderen Priester in den Tempel zu gehen und über Nacht dort zu bleiben. Am nächsten Tag würde er bereits nach Judäa aufbrechen. Als er sich von mir verabschiedete, nahm ich ihn in die Arme. Dabei sprach er zu mir: „Ich wünschte, ich hätte dich bereits viel früher getroffen."

Ich hatte meine Last, meine Familie zu unterstützen, denn Josefs gesundheitlicher Zustand verschlechterte sich. Ich sorgte mich zudem noch um meine Schwestern. Ich wollte unbedingt etwas Geld sparen, um sie in bessere Familien zu verheiraten. So vergingen zwei Jahre mit diesen Bemühungen und es war ein ständiges Hoch und Runter. Aber ich habe niemals Johannes vergessen. Nach diesen zwei Jahren entschied ich, Johannes zu besuchen. Als ich zu ihm kam, war er nicht allein. Es waren viele Menschen da, um ihm zuzuhören. Nachdem er seine Rede beendete, kam er auf mich zu und begrüßte mich glücklich. Ich sagte, ich wäre seiner Rede aufmerksam gefolgt. „Hätte ich gewusst, dass du unter den Zuhörern bist, hätte ich dich gebeten, selber eine Rede zu halten", sprach er. Er stellte mich einigen

Menschen vor, indem er sagte, ich sei sein Freund. Diese Menschen erzählten mir, dass sie die Jünger von Johannes wären. Johannes fragte mich: „Warum ruhst du dich nicht ein bisschen aus? Abends werden wir uns dann zusammensetzen. Wir müssen über viele Dinge reden."

Am Abend erlaubte Johannes einigen seiner Jünger an unserer Unterhaltung teilzuhaben. Er sprach: „Sie sind meine ganz besonderen Freunde, und ich vertraue ihnen. Sollte dich ihre Anwesenheit nicht stören, können sie bei uns bleiben." Ich sagte ihm, es wäre mir recht. An seine Jünger gewandt sprach er: „Wir haben den Willen Gottes nur durch Moses und die Propheten kennengelernt. Aber hier ist Jesus, der seine eigene lebendige Erfahrung mit dem Gott Israels hat. Heute möchte ich Jesus bitten, zu uns über Angst und Liebe in der Beziehung zu Gott zu sprechen."

Ich wandte mich an Johannes und seine Freunde: „So lange die Menschen im Tal der Sünden leben, werden sie immer Angst und Sorgen begleiten. Bis zum heutigen Tag lehrten alle Propheten immer nur, sich von der Sünde zu trennen. Ich sage euch jetzt die Wahrheit: Die Sünde macht euch zu Sklaven Satans. Satan und seine gefallenen Engel haben genügend dunkle Dimensionen in der geistigen Welt erschaffen. Wollen die Menschen in Frieden mit Gott leben, müssen sie sich von Satan trennen." Johannes fragte: „Was ist der Weg der Liebe?" Daraufhin fuhr ich fort: „Der Weg der Liebe ist der, der die Menschen ihr geistiges Wachstum vollenden und perfekt in ihrem Herzen und in ihrer Seele mit Gott werden lässt. Das wird die mystische Bestimmung der Menschen mit Gott sein. Ich sage euch die Wahrheit: Die Menschen müssen Gott in ihr Leben lassen. Nur Er ist der Schlüssel zu allem. Das ist der vollkommene Weg, um Glückseligkeit für die menschlichen Seelen zu erreichen." Johannes unterbrach mich: „Du meinst, dass all die Propheten bis zum heutigen Tag in Angst gelebt haben?" Ich antwortete ihm: „Dein ursprüngliches Gewissen sagt dir, dass es so gewesen sein muss." Sie stellten mir noch viele andere Fragen und wir hatten eine angeregte Diskussion. Was immer ich ihnen sagte, war die Wahrheit. Ich fühlte, dass es das Beste war, denn vielleicht würde ich nie wieder die Gelegenheit erhalten, so zu ihnen zu reden. Ich blieb noch einen Tag länger bei Johannes, danach kehrte ich nach Galiläa zurück. In dieser Zeit dachte

Johannes sehr viel nach. Aber nun zweifelte er an vielen Dingen, die ich ihm erzählt hatte.

Das nächste Mal besuchte ich Johannes, nachdem Josef gestorben war. Dieses Mal stellte er mir sehr grundlegende Fragen: Wie wird Elija zurückkehren? Warum sprach Jesaja über das ewig herrschende Reich des Messias und gleichzeitig über die Kreuzigung? Ich antwortete ihm: „Die Zeit ist bereits sehr nahe, in der Gott und die Himmel uns darauf die Antworten übermitteln werden. Sicherlich kennt Gott die richtige Zeit und wird sie uns auch offenbaren." Dann fragte mich Johannes: „Hat Gott dir etwas offenbart über diese Dinge?" Ich sagte: „Ich bete ständig, damit ich mehr darüber erfahre." Johannes fuhr fort: „Jesus, ich sehe in dir nicht den unbedingten Gehorsam gegenüber der Lehre Moses." Ich antwortete ihm darauf: „Meine Beziehung mit Gott basiert auf Liebe und nicht auf Angst. Das habe ich dir bereits das letzte Mal erzählt." Johannes entgegnete mir: „Jesus, du solltest dich mehr um deine geistige Beziehung kümmern. Es scheint mir, sie steht nicht in Harmonie mit den Propheten und deren heiligen Botschaften." Ich sprach zu ihm, dass er ernsthafter und aufrichtiger zu Gott beten und Ihn nach seinem Willen befragen solle. Diese Unterhaltung zwischen mir und Johannes verlief nicht sehr angenehm. Beim Abschied fragte er mich dieses Mal nicht, wann ich wiederkäme. Später erhielt ich die Nachricht, dass er mich nicht mehr sehen wolle. Johannes war der Mann, der ausnahmslos an den Gesetzen Moses festhielt. Moses war der große Prophet für ihn. Er wollte weder nach rechts noch nach links sehen. Er wollte einfach dem Weg Moses prinzipiell folgen. Er war richtig verbohrt in die Lehre des Alten Testamentes. Ich erwähnte schon, dass wir viele Diskussionen hatten. In einer dieser, sagte Johannes: „Erhältst du das nächste Mal Botschaften von Gott und den Himmeln, dann musst du aber auch die Bücher der Propheten und vor allem die Bücher Moses danach durchsuchen. Du musst vor allem herausfinden, ob diese Botschaften im Widerspruch zu ihrer Lehre stehen. Sollte sich ein Widerspruch darin befinden, kannst du sicher sein, dass diese Botschaften auf keinen Fall durch Gott und die Himmel kommen." Ich fragte ihn: „Was glaubst du, woher diese Botschaften kommen?" Er entgegnete: „Mit Sicherheit kommen die Botschaften von der üblen Seite." Von diesem Punkt an war es sehr schwierig mit ihm zu diskutieren oder sich normal zu unterhalten. Wie dem auch sei, letztendlich kehrte ich mit schwerem und traurigem Herzen nach Galiläa zurück.

Ich war dreißig. Fast jede Nacht ging ich zum Beten in den Wald. Tränen rannen über mein Gesicht, wenn ich Gott fragte, wie der Messias erscheinen und diese Welt anführen würde. Ich betete zu Gott, dass Er mir diese Dinge detaillierter offenbaren solle. In einer Nacht, während meines Gebetes im Wald, wurde ich hoch in den Himmel gehoben. Zu dieser Zeit sah ich nicht nur das Licht Gottes, sondern ich reiste auch im Licht Gottes. Schließlich brachten mich viele mehrfarbige Engel zu Gott. Wir alle verbeugten uns vor Ihm. Der tiefste Wunsch meines Herzens und meiner Seele erfüllte sich an diesem Tag. Ich sah Gott, und ich schaute ihn unentwegt an. Gott bat mich, zu Ihm zu kommen. Vor Ihm stehend, begann ich wie ein Kind zu weinen. Gott umarmte mich.

Er sagte zu mir: „Oh mein Sohn, du bist derjenige, auf den die Menschheit gewartet hat. Folge meinem Willen gehorsam und mit ganzem Herzen. Gib deinen ganzen Glauben auf diesem Weg. Die Zeit ist gekommen für das Königreich Gottes und der Himmel auf Erden."

Danach verbeugte ich mich zusammen mit den Engeln vor Gott, und sie brachten mich in meinen physischen Körper zurück. Diese Reise brachte tiefe Freude in all meine Sinne. Ich möchte dich, Zahid, an dieser Stelle wissen lassen, dass ich nicht nur eine Konfrontation mit Satan hatte, sondern sehr viele.

Simon Petrus, seinen Bruder Andreas und die zwei Söhne des Zebedäus, Jakobus und Johannes, kannte ich seit meiner Zeit als Zimmermann. Die anderen meiner Jünger habe ich durch sie kennengelernt. Sie hörten mir zu, als ich im Alter von 25 bis 30 Jahren in verschiedenen Tempeln sprach. Ich traf auch Elija in der geistigen Welt und er erzählte mir, dass seine Mission, aufgrund seines Ungehorsams gegenüber Gott, fehlgeschlagen sei. Elija sagte, dass Gott ihm vergeben hätte und ihm durch das neue messianische Zeitalter eine neue Chance eröffnete, indem er sich selbst in eine höhere Dimension bringen kann. Die Zeit, um als Geist auf der Erde zu arbeiten, sei für ihn nun gekommen. Die Engel haben Elija mitgeteilt, dass er als Geist mit Johannes dem Täufer zusammenarbeiten muss, um in eine höhere Dimension zu gelangen. Nachdem ich Elija getroffen hatte, war für mich klar, dass Johannes Elijas Mission erhalten hatte, um den Weg für den Messias vorzubereiten. Auch dem Volk war bekannt, dass Zacharias Johannes prophezeite, dass er derjenige sein wird, der den Weg für den Messias vorbereitet.

Später hörte ich auch, dass Johannes, den man jetzt Johannes den Täufer nannte, in Judäa prophezeite, dass das Königreich Gottes nahe sei und die Menschen aufforderte, zu bereuen. Ich ging zu ihm. Er taufte die Menschen. Er bemerkte mich nicht, als ich unter den Leuten stand. Als ich an der Reihe war, kam einer seiner Jünger zu mir, nahm mich bei der Hand und brachte mich zu ihm. Nun erkannte er mich. Er war überrascht und zuerst sprachlos, mich vor ihm zu sehen. Er sagte: „Warum hast du mich nicht wissen lassen, dass du hier bist?" Ich fragte ihn: „Seit wann lehrst du, dass das Königreich Gottes nahe ist?" Er sagte: „Ich habe eine Offenbarung von Gott erhalten." Ich sagte zu ihm: „Warum hast du Gott nicht gemäß deiner Propheten gerichtet?" Für ein paar Minuten war er sprachlos, bevor er zu mir sagte: „Mein Vater Zacharias erschien mir auch zweimal in meinen Träumen und sprach zu mir: „Johannes, die Zeit ist gekommen, um den Weg für den Messias vorzubereiten." Daraufhin erzählte ich ihm, dass ich hierher kam, um mit ihm über ein besonderes Geheimnis zu reden. Er sprach zu mir: „Du bist herzlich eingeladen, um mit mir zu reden." Ich fuhr, an ihn gewandt, fort: „Gut, ich werde bei dir für eine bestimmte Zeit bleiben. Aber du musst mich taufen." Johannes antwortete: „Das, was meine Ohren vernehmen, überrascht mich." Ich fragte ihn: „Warum?" Er antwortete: „Ich fühle, dass ich nicht würdig genug bin, dich zu taufen. Du hast bemerkenswerte Erfahrungen mit der geistigen Welt. Eigentlich bist du derjenige, der mich taufen sollte." Ich entgegnete: „Nun, lass es geschehen. Ich möchte, dass du mich taufst." Nachdem Johannes mich taufte, kam ich aus dem Wasser. Johannes hielt meine rechte Hand mit seiner linken. In diesem Moment öffnete sich der Himmel für mich. Ich sah ein blaues Licht auf mich zukommen. Tauben flogen in diesem blauen Licht. Es war ein sehr mystischer Moment. Ich hörte die Stimme Gottes: „Du bist mein geliebter Sohn, und Ich bin glücklich mit dir." Ich wurde sehr mystisch und schrie für die Umstehenden unüberhörbar zu Johannes: „Schau hinauf in den Himmel. Gottes Licht ist jetzt hier. Hör Johannes, was Gott sagte: Ich bin sein geliebter Sohn, mit dem Er am glücklichsten ist."

Obwohl Johannes meine Hand hielt und viele Menschen um uns herumstanden, haben die anderen nichts gesehen. Johannes war überrascht über solch eine Aussage. Er starrte mich an, aber er sagte nichts vor den Leuten. Später, als wir allein waren, sagte er zu mir: „Du hast mich mit deinem geistigen Erlebnis nach deiner Taufe überrascht." Ich erzählte Johannes, was ich genau gesehen hatte. Er sprach: „Sei mit dem vorsichtig, was du sagst." Aber ich entgegnete ihm: „Du solltest beten und Gott fragen, ob es stimmt, was ich gesehen und dir erzählt habe." Johannes konnte seine Zweifel nicht ablegen. Trotzdem entschied ich mich, mit ihm für eine bestimmte Zeit zusammenzubleiben. Persönlich war das Johannes jedoch nicht mehr recht. In seinem täglichen Leben, während er zu den Menschen über Moses und die Bücher der anderen Propheten redete, fühlte er sich durch meine Anwesenheit gestört und allein durch meine Gegenwart ständig gerichtet.

Eines Tages fragte ich Johannes, ob er bereits zu Gott über mich gebetet hätte. „Was soll ich über dich beten?", erwiderte er. Ich sprach zu ihm: „Ich bin zu dir gekommen, um dir eine besondere Botschaft zu überbringen, deshalb bleibe ich bei dir und deinen Jüngern." Barsch forderte Johannes mich auf: „Dann sprich klar, was für eine Art Botschaft du mir geben möchtest." Daraufhin erwiderte ich: „Es wäre besser, wenn unser Himmlischer Vater dir offenbart, wer ich bin. Das Einzige, was du dabei tun musst, ist mit aufrichtigem Herzen zu Gott zu beten und Ihn zu fragen, wer ich bin." Plötzlich kamen seine Jünger und klopften an die Tür. Johannes sagte zu mir, dass wir wieder miteinander reden würden, wenn wir alleine wären. Ein paar Monate verstrichen und ich hörte jeden Tag seine Predigten, die er seinen Jüngern gab. Ich beobachtete, dass sein religiöser Tagesplan selbst für ihn wenig Zeit übrig ließ. Er war sehr damit beschäftigt, in verschiedene Orte in Judäa und im umliegenden Land zu reisen. Viele Male musste ich für Wochen alleine zurückbleiben, während er unterwegs war. Ich verbrachte meine Zeit mit seinen Jüngern, sprach jedoch nur wenig zu ihnen, denn persönlich wollte ich Johannes Jünger nicht verwirren.

Meistens betete ich sehr tief zu Gott und bat Ihn, Johannes eine Vision über meine Position zu zeigen. Johannes war überrascht, dass ich bei seiner Rückkehr immer noch da war. An diesem Abend verkündete er, dass nicht nur fremde Nationen unserer Religion folgen, sondern eines Tages sogar alle Nationen unsere Religion annehmen würden. Johannes erwähnte, dass die Gesetze Moses absolut wären, und niemals ein einziges Gesetz vergessen werden würde, denn dies sei der Wille Gottes. Er war sehr stolz, dass er diese Religion auch vor Menschen fremder Nationen, wie den Griechen und den Römern, bezeugen konnte. Johannes war optimistisch und glaubte an die Lehre Moses. Ich fühlte, er wollte, dass auch ich dieser strikten Lehre folge. Diese Botschaft gab er mir an diesem Abend indirekt durch seine Rede.

Drei Tage später kam einer von Johannes Jüngern zu mir und erzählte mir, dass Johannes mich sehen wolle. Ich ließ mich bei ihm nieder und er sprach: „Schließe dich uns an. Dienst du der Religion Moses, dann wirst du sehen, wie viele fremde Nationen dieser Religion folgen werden. Das wird ein großer Sieg für den Gott Israels und für seinen Prophet Moses werden. Jetzt ist die Zeit für die anderen Nationen gekommen, uns zu folgen. Der Gott Abrahams kann von diesen hartherzigen Nationen Kinder Abrahams hervorbringen, die Gottes Gesetzen folgen, die durch Moses und seine Propheten an uns überliefert wurden." Ich sprach zu Johannes: „Hast du zu Gott gebetet und gefragt, wer ich bin?" „Warum muss ich Gott über dich befragen? Da gibt es nichts zu fragen. Alles wurde von Gott an Moses überliefert. Wir müssen uns an diese Wahrheit halten und sie den anderen Nationen dieser Welt predigen", erwiderte er.

Ich sprach zu ihm: „Johannes, wenn du nicht so arrogant wärest, hätten Gott und dein Vater Zacharias dich geistig führen können. In meinem Fall bist du blind. Wie dem auch sei. Es gab eine Zeit, als du sehr inspiriert warst, mir zuzuhören. Was weißt du über den Messias?" Johannes sagte: „Ich weiß genauso wenig wie du. Du weißt, die Zeit seines Erscheinens ist eng verbunden mit der Rückkehr Elijas. Wir alle wissen, dass Elija zurückkehren wird, und jeder wird ihn vom Himmel herabfahren sehen. Er ist derjenige, der uns zum Messias bringt."

Ich sprach zu Johannes: „Du wirst Gott ins Gefängnis deiner traditionellen Lehren sperren, wenn du nur auf Moses und der anderen Propheten Bücher pochst. Du wirst den Messias Gottes nur willkommen heißen, wenn seine Ankunft mit deinen religiösen Büchern harmoniert. Aber Gott ist kein Sklave eurer Bücher. Er ist auch kein Sklave der Propheten. Es ist deine und der anderen Menschen Schuld, wenn du Gottes universale Botschaft nicht verstehen kannst. Du versuchst Ihn nach deinem eigenen Verständnis zu richten und glaubst noch nicht einmal, zu Gott beten zu müssen.

Gott ist ein lebendiger Gott. Er spricht zu den Menschen genauso, wie Er es in der Vergangenheit getan hat. Er hilft allen Wesen und den Menschen, und Er wird es immer tun! Es kann sein, dass dies mein letztes Treffen mit dir ist. Bevor ich dich verlasse, möchte ich dir eine spezielle Botschaft geben. Es ist die Botschaft, auf die ihr, du und deine Vorfahren, so lange gewartet habt: Der Messias ist bereits gekommen, und deine Augen haben ihn schon erblickt. Gott hat mich berufen, seinen Willen zu erfüllen. Selbst ich habe es nicht gewusst, bevor Gott und die Himmel es mir offenbarten. Die Person, auf die du wartest, die den Weg für den Messias vorbereiten wird, ist bereits hier. Du bist für diesen Zweck auserwählt. Elijas Geist arbeitet substantiell mit dir."

Johannes antwortete: „Du beschämst mich. Wie kann das möglich sein?" Ich sprach: „Mit welcher Autorität bereitest du den Weg für den Messias vor? Du sagtest, Gott offenbare dir, dass du die Erfüllung in der Prophezeiung bringen wirst.

Jesaja 40,3: „Eine Stimme ruft: Bahnt für den Herrn einen Weg durch die Wüste!" Du hast die Prophezeiung vergessen, in der Gott sagte: *Jesaja 65, 16-17: „Wer immer sich segnet im Land, wird sich Segen wünschen von Gott, dem Getreuen, und wer schwört im Land, wird schwören bei Gott, dem Getreuen. Ja, vergessen sind die früheren Nöte, sie sind meinen Augen entschwunden! Denn schon erschaffe ich einen neuen Himmel und eine neue Erde. Man wird nicht mehr an das Frühere denken, es kommt niemand mehr in den Sinn."*

Johannes, du bist auserkoren von Gott, um eine Brücke zwischen mir und den Israeliten zu bauen. Aber es scheint mir, dass es fast unmöglich für dich ist, den neuen Wegen des Himmels zu folgen."

Zuerst war Johannes bestürzt und wusste nicht, was er sagen sollte. Dann sprach er: „Ich möchte dir noch eine letzte Frage stellen. Wie kannst du sagen, Elijas Geist arbeitet mit mir? Ich weiß gar nichts über seinen Geist. Elija ist mir weder erschienen, noch hat er mir dies offenbart." Ich antwortete ihm: „Johannes, du hast in deinem Herzen entschieden, in der Welt Moses zu leben, und deshalb kannst du die neue Welt nicht sehen. Wahrlich, ich sage dir Johannes, auch Elija kann diese neue Welt nur durch deine Augen sehen. Er braucht deinen Körper, um in diese neue Welt aufsteigen zu können." Danach verließ ich ihn.

Selbst nach dieser Unterhaltung änderte sich nichts im Leben von Johannes. Tag und Nacht war er damit beschäftigt, die Lehre Moses zu verkünden. Er bezeugte auch, dass die gesamte Erlösung in diesen Büchern zu finden wäre. Ich selber begann, die messianische Botschaft zu lehren, als ich bemerkte, dass ich von Johannes nichts erwarten konnte. Gott und die Himmel hatten Johannes darauf vorbereitet, mir zu folgen. Seine Geburt war keine gewöhnliche und er führte ein fast beispielhaftes Leben gemäß den Gesetzen Moses. Johannes Vater, Zacharias, prophezeite über Johannes, was Gott ihm offenbarte.

Johannes der Täufer war sehr gebildet und eine sehr bekannte Persönlichkeit im ganzen Land. Durch sein beispielhaftes Leben wurde er oft durch höhergestellte religiöse Menschen gefragt, ob er der kommende Messias sei. Es hätte nur sieben Jahre gebraucht, um eine nationale Grundlage für die Israelis zu schaffen, um mich willkommen zu heißen, würde Johannes sich mit mir vereint haben. Dann hätte ich die himmlische Wahrheit dem auserwählten Volk offenbaren und basierend auf dieser starken Grundlage nach Rom gelangen können. Dort hätte es nur weiterer sieben Jahre bedurft, um das römische Volk für mich zu gewinnen. Von dort wäre das himmlische Umfeld weitergezogen nach Arabien, von Arabien nach Indien und dann nach China. Der neue Himmel und die neue Erde hätten sich zu meinen Lebzeiten innerhalb von 21 Jahren etablieren können. Gott hatte einen noblen Plan mit mir, wenn ich nur erfolgreich nach Rom gelangt wäre. In Rom hätte ich nur den Kaiser und einige seiner Familienmitglieder heilen müssen. Der Kaiser wäre so inspiriert gewesen. Ich hätte seine Tochter geheiratet, wenn er erfahren hätte, wer ich wirklich bin. Mir wäre die gleiche Autorität verliehen worden, wie der Pharao sie damals Josef gab, dem Sohn von Jakob, mit dem einzigen Unterschied, dass ich der Messias war. In 20 bis maximal 40 Jahren würde ich auf der gesamten Erde alle Pläne Gottes und der Himmel offenbart haben.

Lieber Zahid, dann hättest du niemals dieses Buch schreiben müssen. Von Geburt an hättest du im Königreich Gottes gelebt. Sicherlich wäre Gott ein sichtbarer Gott für die Menschen auf der Erde. Natürlich, im ewigen Leben lebt der göttliche Mensch für immer mit dem sichtbaren Gott.

Ich blieb damals fast sechs Monate bei Johannes. Meistens diente ich ihm und seinen Jüngern, in der Hoffnung, vielleicht ein Fenster in Johannes Herz öffnen zu können, damit er die neue Zeit Gottes erkennen würde. Aber ich scheiterte, denn Johannes wollte nichts Neues neben der Religion Moses erfahren. Diese sechs Monate waren sehr wichtig, um die Brücke der Hoffnung für die Menschheit zu bauen. Er war mein richtiger Bruder und auserwählt durch die Himmel. Doch er hörte nicht auf mich. Hätte er selber über sich gesagt, er sei der Messias, wären ihm die Israeliten einfach gefolgt. Er war ein respektierter und akzeptierter Mann in den Augen der religiösen Autoritäten der Israelis. Deshalb hätte er die Israelis überzeugen können, dass ich der Messias war. Nach ein paar Schwierigkeiten innerhalb der nächsten Jahre, hätten wir zusammen die nationale Grundlage gelegt. Lieber Zahid, während ich dir all diese himmlische Wahrheit erzähle, weint mein Herz für Gott und die Menschheit. Selbst später änderte Johannes seine Einstellung nicht. Damit blockierte er Gott und die Himmel, ihm die Realität zu zeigen. Gott und die Himmel warteten während der ganzen Zeit in der Nähe seines Herzens und baten ihn, freiwillig die richtige Entscheidung zu treffen.

Lass mich dir die Wahrheit erzählen, Zahid. Johannes ist dem Willen Gottes nicht gefolgt. Weil er so verbohrt war, blockierte er meine messianische Mission, und ich konnte das auserwählte Volk nicht erreichen. Am Ende wurde er auf Befehl des Königs Herodes umgebracht, genauso wie es in der Bibel geschrieben steht. Johannes hat einen hohen Preis an Satan bezahlt. Es oblag seiner Verantwortung, Gott und die Himmel über mich zu befragen. Mit Sicherheit hätte er sich dann mit mir vereint und wäre mir gefolgt. Er aber lehrte nur die Gesetze Moses und beschuldigte König Herodes, eine illegitime Beziehung mit der Frau seines Bruders zu haben. Deshalb sperrte man Johannes ins Gefängnis und tötete ihn später.

Nun kann man fragen, warum Johannes sich selbst in solch eine gefährliche Lage mit der Bezichtigung des Königs brachte. Er hätte wissen müssen, dass man ihn ins Gefängnis stecken oder ihn umbringen würde. Die Antwort ist einfach. Johannes wollte nur mit den Gesetzen Moses leben und die Religion Moses lehren, selbst nachdem ich ihm gesagt hatte, wer ich bin. Er glaubte mir nicht und lehnte meine Lehre ab. In den letzten Tagen, bevor er ins Gefängnis kam, und selbst noch während seiner Haft, zweifelte er an sich selber. Johannes sandte zwei seiner Jünger zu mir, als er im Gefängnis saß und ließ durch sie fragen, ob ich derjenige sei, auf den sie gewartet hätten oder ob sie vielleicht auf jemanden anderen warten sollen? Als Johannes endlich aus seinem tiefen Schlaf aufwachte, war es bereits zu spät. Er verlor viele seiner Jünger, seinen Respekt und sein eigenes geistiges Ansehen im Land, als er leugnete, dass er der Elija sei.

In meinen öffentlichen Reden erklärte ich: „Glaubt mir, Johannes der Täufer ist der zurückgekehrte Elija. Er ist derjenige, der die Mission von Elija vollenden soll." Aber die Menschen Israels glaubten mir nicht. Die einfache Wahrheit ist, dass mein persönliches Auftreten im Land nicht dem von Johannes entsprach, sondern zu diesem noch im Widerspruch stand. Ich war bekannt als Mann, der einfach nicht der Religion Moses folgen wollte. Mein Leben stand im Widerspruch zur Lehre Moses. In solch einer verbohrten Zeit der Religion Moses, habe ich viele Dinge getan, die in ihren Augen nicht akzeptabel waren. Ich trank oft Alkohol und verbrachte meine Zeit mit den Bösen und mit Gangs. Die religiösen Menschen wollten damit nichts zu tun haben. Ich ließ mich von Frauen öffentlich massieren. Ich kritisierte die religiösen Oberhäupter. Meistens vergab ich die Sünden der Menschen. Dies brachte unter das israelische Volk das Missverständnis, dass ich mich auf die gleiche Stufe wie Gott stellte. Mein Leben stand so sehr im Widerspruch zu ihrem, dass es ihnen unmöglich war, mir zu folgen. Es war schon bemerkenswert, dass die Menschen mich dennoch mochten. Sie hörten mir immer öfter zu. Ich wünschte, ich wäre damals diplomatischer gewesen und hätte meine Wut zügeln können. Mit einem angeglichenen Leben, hätte ich diese messianische Mission handhaben können.

Ich habe mich selbst und meine Jünger in solch eine widersprüchliche Lage gebracht, dass es kein Wunder ist, dass die führenden religiösen Menschen mich nicht tolerieren konnten. Dennoch wollten die gläubigen Menschen immer mehr von mir wissen. Sie wollten das Missverständnis in ihrem Herzen beseitigen. Stattdessen habe ich sie nur hart gerichtet. Ich habe keine Basis zwischen ihnen und mir gelassen, um zumindest einen kleinen Kompromiss schließen zu können. Ich blieb diesen Grundsätzen treu und richtete später die religiösen Oberhäupter. Im Ergebnis setzte ich mich selber einer sehr schwerwiegenden Verfolgung aus. Dann kam die Zeit, in der man mich nicht mehr in ihrem religiösen Bereich tolerierte. Man versuchte mich viele Male umzubringen.

Lieber Zahid, was soll ich noch sagen? Ich wünschte, ich hätte geduldiger auf die richtige Zeit gewartet, dann wäre vieles anders für diese Welt gekommen. Meine Jünger standen deinen Jüngern in nichts nach. Sie verließen mich viele Male, obwohl sie selbst viele geistige Visionen durch Gott und die Himmel erhalten hatten. Dies wurde niemals besonders in der Bibel erwähnt. Darüber hinaus habe ich noch nicht einmal eine Grundlage für meine Mission gelegt, auf der ich hätte den Menschen den Willen Gottes detaillierter lehren können. Meistens sprach ich in Symbolen in meinen öffentlichen Reden, die die Situation zwischen mir und den Menschen noch komplizierter machte. Meine Jünger baten mich, dies nicht zu tun. Aber ich hörte nicht auf sie. Viele Male folgte ich ebenso wenig der Führung der Engelwelt. In der geistigen Welt macht man mich deshalb für viele Dinge verantwortlich. Johannes und mir wurde, als wir in die geistige Welt kamen, unser Versagen zur Last gelegt. Wir mussten einige hundert Jahre in niedrigen Dimensionen des Paradieses verweilen. Später konnte ich durch die Hilfe Gottes in eine höhere Dimension des Paradieses aufsteigen, doch Johannes ist immer noch in der gleichen Dimension. Darüber werde ich noch am Ende meiner Ausführung berichten.

Johannes war auch ein leicht aufbrausender Mann, aber er folgte den Prinzipien Moses von A bis Z. Demnach wurde er für die geistige Obrigkeit ein Sinnbild des idealen Mannes, der absolut der Religion Moses folgte, obwohl er die geistige Obrigkeit auch kritisierte. Er führte ein sauberes, beispielhaftes Leben in den Augen der Israeliten. Deshalb fragten ihn das israelische Volk und seine geistigen Führer von Zeit zu Zeit, ob er der kommende Messias wäre. Hätte er dies bejaht, dann hätten die Menschen ihm geglaubt und wären ihm gefolgt. Viele Male sagte ich deshalb in meinen öffentlichen Reden, dass Johannes der Täufer der größte Prophet unter den bis jetzt erschienen wäre. Johannes stünde in der Position des Elijas, auf dessen Rückkehr die Israelis warteten. Ich sprach zu ihnen, Elijas Geist arbeite mit Johannes, um den Willen Gottes zu erfüllen. Gewöhnlich gingen viele Menschen, besonders die geistliche Obrigkeit, zu Johannes, um meine Wahrheit bestätigen zu lassen. Johannes verneinte und leugnete sie jedes Mal. Auch als er öffentlich darauf angesprochen wurde, verneinte er alles. Ob er wirklich Elija sei, leugnete er vehement. Auf keinem Fall wäre er so ein großer Prophet, wie ich ihn darstellen würde. Letztendlich wies er von sich, überhaupt ein Prophet zu sein.

Allmählich war ganz Israel überzeugt, ich sei ein Mann der Lüge und wolle mich mit meinen Reden nur selbst in den Vordergrund drängen. Deshalb sagten die Israelis und die Gläubigen zu mir, ich spräche nicht die Wahrheit, denn Johannes konnte nichts von dem Bestätigen. Nur Johannes der Täufer spräche die Wahrheit. Johannes hatte einen großen Einfluss auf die Obrigkeit der religiösen Welt in dieser Zeit. Die Israeliten, die Gläubigen und deren Obrigkeiten wussten, dass Johannes immer noch auf den Messias wartete. Bereits sein Verhalten bewies, dass ich der falsche Messias sei.

In den letzten Tagen, bevor man ihn in das Gefängnis brachte, war Johannes sehr überrascht, dass durch meine Hände so viele Wunder vollbracht wurden. Seine Jünger diskutierten mit ihm, denn auch sie sahen diese Wunder. Sie fragten Johannes: „Wie kann es möglich sein, dass solche Wunder durch die Hand eines schlechten Mannes geschehen? Nach alledem hat Jesus erklärt, dass er der kommende Messias und der Sohn Gottes ist." Zu dieser Zeit brachte man ihn ins Gefängnis. Er schickte seine Jünger zu mir und ließ mich durch sie fragen, ob ich derjenige bin, auf den sie gewartet hätten oder ob sie auf jemanden anderen warten sollen? Diese Frage entsprang seinem rationalen Verstand. Er zweifelte noch an meiner Behauptung, ich sei der Messias. Johannes scheiterte, da er Gott und die Himmel nicht mit aufrichtigem Herzen über mich gefragt hatte."

An diesem Punkt sagte ich, Zahid, zu Jesus: Ich werde in Johannes Dimension fliegen und ihm verschiedene Fragen stellen. Ist dir das recht?" Jesus antwortete mir: „Es steht dir frei, Johannes und auch die anderen zu befragen. Auch sie müssen zu dir, wegen der Vorsehung Gottes sprechen."

Zeugnis von Johannes dem Täufer

Jetzt werde ich, Zahid, das Zeugnis von Johannes dem Täufer wiedergeben, welches er in der geistigen Welt ablegte. Johannes lebt in einer niedrigen Dimension des Paradieses. Es ist eine große moralische Dimension. Zwischen den Dimensionen des

Formationsstadiums des Paradieses und der guten geistigen Mittleren Welt gibt es noch neutrale Dimensionen. Beide erhalten die Führung durch die Dimensionen des Formationsstadiums des Paradieses.

In der gleichen Dimension von Johannes dem Täufer sah ich auch andere Gesandte, die in ähnlichen Bereichen des Paradieses leben. Selbst heute glauben diese Gesandten ernsthaft, dass ihre Lehre die einzig wahre ist, und nur diese die Erlösung der Menschheit bringen wird. In einer dieser Dimensionen traf ich auch Paulus. Über ihn möchte ich später sprechen. Bei meinem Besuch war ich überrascht, dass vor Johannes Haus zum Schutz Leibwächter standen. Seine Jünger grüßten mich und brachten mich zu ihm. Als ich ihm gegenüberstand, fragte ich ihn nach dem Grund der ständigen Bewachung vor seinem Heim. Er sagte, seit er auf Erden so unerwartet umgebracht wurde, fühle er sich nur durch die Anwesenheit seiner Leibwächter sicher. Ich sprach zu ihm: „Obwohl wir uns in der geistigen Welt bereits an verschiedenen Orten getroffen haben, bin ich heute zu dir gekommen, um ein paar persönliche Fragen über die Vorsehung Gottes an dich zu stellen." Er antwortete: „Ich weiß bereits durch die Engel, dass die Himmel dir die Autorität verliehen haben, Tatsachen aus dem Leben der verschiedenen Gesandten während ihrer Mission zu erfragen." Ich sprach zu ihm: „Gut Johannes, dann weißt du, um was es geht. Lass uns über das Wesentliche in deinem Leben reden, was unweigerlich mit dem von Jesus verbunden ist. Was kannst du mir über diese historischen Tatsachen sagen?"

Er antwortete: „Ich werde es dir genauso erzählen, wie ich es erlebt habe. Während ich aufwuchs, besuchte Maria, die Mutter von Jesus, viele Male meine Mutter Elisabeth. Sie sprach nur wenig über Jesus. Ich habe von meiner Mutter erfahren, dass er in einem Tempel aufwuchs und dort religiös erzogen wurde. Zu dieser Zeit waren diese Plätze mehr oder weniger nur für obdachlose Kinder oder für ärmere Familien, die ihre Kinder nicht ernähren konnten, gedacht. Als Jesus neunzehn war, brachte ihn Maria zum ersten Mal zu uns nach Hause. Ich wollte von ihm wissen, wie er täglich sein religiöses Leben führe. Er überraschte mich in unserer Unterhaltung mit seinem hervorragenden Wissen über die Propheten und deren Bücher. Das inspirierte mich und ich kam ihm näher. Später überraschte er mich noch mehr, als er mir seine geistigen Erfahrungen mitteilte. Aber je näher ich ihm kam, desto mehr bemerkte ich, dass Jesus das Leben der Propheten stark kritisierte. Einmal erzählte er mir, dass alle Propheten bis zu seiner Zeit, Räuber waren. Er sagte, dass sie nicht Gott so gefolgt sind, wie Er es von ihnen verlangte.

Natürlich schockierte mich dies sehr, denn ich wuchs in dem Glauben auf, dass die Beschützer Israels immer vollkommene Kanäle Gottes waren. Moses war für mich ein bedeutender und perfekter Prophet, der selbst Gott auf die Erde bringen konnte, damit die Israelis ihren sichtbaren Gott trafen. Genau genommen wurde Gott ein sichtbarer Gott für die Israeliten durch Moses. Moses hatte für eine gottgefällige Lebensführung einen hohen Standard für die Israelis aufgestellt, damit diese nach dem Willen Gottes leben. Ich selber wurde religiös daraufhin trainiert, dass Moses Lehre das letzte Wort sei. Er verkörperte den höchsten Standard der religiösen und gottgefälligen Lebensweise nicht nur für die Israeliten, sondern auch für andere Nationen, die deren Beispiel folgen sollten.

Bei meinen Treffen mit Jesus habe ich jedoch erkannt, dass er sämtliche Propheten und deren Lehre richtete. Nun bemerkte ich auch, dass Jesus Leben sich außerhalb der Lehre Moses abspielte. Als Jesus mir seine geistigen Erfahrungen mitteilte, schien es mir, als ob er der Einzige wäre, der so weit gekommen ist. Daneben gab es noch andere geistige Erfahrungen, die mich von ihm distanzierten. Damit aber nicht genug. Bei unserem letzten Treffen, bei dem er einige Monate bei mir lebte, sagte er mir, bevor er mich verließ, dass ich nun in der Position Elijas wäre, und er der kommende Messias sei, auf den alle Propheten und die Israeliten gewartet haben. Natürlich überraschte mich dies. Da ich viel Zeit mit Jesus verbrachte, konnte ich mir nicht einmal vorstellen, dass unter diesen Umständen er der Messias sein könnte."

Daraufhin fragte ich, Zahid, ihn: „Was hast du vom Messias erwartet zu deiner Zeit?" Er sprach: „Nicht nur ich, sondern sämtliche religiöse Priester und auch die gläubigen Israelis warteten auf Elijas Rückkehr direkt aus dem Himmel. Wir glaubten, dass jedes Auge Elija am Himmel erblicken würde. Elija wäre derjenige gewesen, der uns zum Messias geführt hätte. Es gab verschiedene Prophezeiungen, in denen uns die Ankunft von Elija durch den Trompetenhall der Engel angekündigt würde, bevor er zu uns herunterkäme." Ich frage ihn: „Kennst du nicht die Prophezeiung, die dein Vater vor deiner Geburt erhielt, dass du derjenige bist, der den Weg für den Messias vorbereiten wird?"

Johannes antwortete: „Mein Vater hatte viele Prophezeiungen und ebenso viele gute Wünsche für mich, die zum Beispiel nicht in der biblischen Geschichte zu finden sind. Deshalb war es auch mein innigstes Verlangen, den Wunsch meines Vaters zu erfüllen, ein heiliger Mann zu werden. Darum führte ich ein Leben im Glauben an Gott. Ich glaubte an die Lehre Moses und trennte mich selber vom Bösen. Aber bei weitem gab es keine Prophezeiung durch meinen Vater, dass ich Elija wäre. Zu meiner Zeit gab es verschiedene Menschen, die den Weg für den Messias vorbereiteten und die selber von sich behaupteten, dass sie die Stimme in der Wüste wären." Ich fragte Johannes: „Hat dich Jesus jemals während seiner Missionszeit darum gebeten, an Gott persönlich die Frage zu stellen, wer er wirklich ist? Warum hast du nicht zu Gott gebetet und Ihn gefragt, ob Jesus der Messias sei?" Johannes sagte: „Ich kannte Jesus gut und bereits bei unseren ersten Treffen hatte ich den Eindruck, dass er eines Tages erklären würde, er wäre ein Prophet oder etwas Besonderes, wie der Messias.

Ich kannte Jesus als einen Mann, der sich von der Lehre der Propheten distanzierte. Sollte jemand wie Jesus, wirklich von der Linie der großen Propheten abstammen, hätte er zumindest dankbar sein müssen, dass diese für ihn solch eine Grundlage legten. Aber das war nicht so in seinem Fall. Er stellte sich über alle Propheten vor ihm. In meinen Augen stand er fast auf der gleichen Stufe mit Gott. Ich konnte niemals fühlen, dass er Sympathie für all die Propheten empfand, die die Grundlage für den Messias legten. Er vermittelte mir den Eindruck, dass er nichts mit diesem Teil der religiösen Welt zu tun haben wollte. Nachdem ich ihn taufte, tauchte er aus dem Wasser auf und rief „Sieh Johannes nach oben in den Himmel. Gott sagt, dass ich sein geliebter Sohn sei, mit dem Er am glücklichsten ist." Mehr oder weniger erwartete er, dass wir ihm folgen würden. Ich und die anderen, die um ihn herumstanden, sagten aber nichts. Die Menschen und meine Jünger waren wütend auf ihn und wollten mit ihm streiten. Ich aber brachte sie zum Schweigen.

So ein Benehmen ließ meine Zweifel wachsen. Ich fragte mich deshalb: „Warum stellt er sich selber so hoch? Welchen Eindruck möchte er damit vermitteln?" Eines Tages fragte ich ihn nach dem Grund. Ich wollte wissen, ob er wünsche, jeder würde ihn ehren und ihm folgen? Ich sagte zu ihm, dass er mich überraschte, als er diese

Worte nach der Taufe aussprach. Jesus verneinte auch, dass Elija vom Himmel herunterfahren würde. Dadurch wuchsen die Zweifel in mir. Ich konnte mir nicht einmal vorstellen, Gott ernsthaft über ihn zu befragen. Natürlich hatte ich in Jesus Leben viele Widersprüche entdeckt. Das machte es mir unmöglich, ihm zu glauben. Ich glaubte daran, dass der Messias die Erlösung für uns bringen wird und sein Leben ein Beispiel für uns alle ist. So wurde ich erzogen und so wuchs ich auch auf. Ich ging den Weg der Prinzipien der Propheten und folgte der Lehre Moses. Jesus' Leben hätte noch beispielhafter sein müssen, um mich zu überzeugen, dass er ein Prophet oder gar der Messias sei. Ich betrachtete zuerst mein Leben, das ich auf der Erde als religiöser Führer lebte und dann verglich ich es mit dem von Jesus. Ich konnte in seinem Leben kein Beispiel erkennen, für welches es mir lohnenswert erschien, ihm zu folgen. Der Eindruck, den er meistens vermittelte, stand im Widerspruch zu seinem Leben. Selbst während seiner Mission folgten ihm die gläubigen Menschen nicht ohne weiteres. Ich musste, um jemanden als Messias folgen zu können, in seinem Leben mehr als nur ein Beispiel sehen. Deshalb fragte ich nicht die Himmel und darum konnten diese mich auch nicht führen.

Viel später, als Jesus seine Wunder vollbrachte, begannen sich meine Jünger darüber zu wundern. Sie fragten sich, wie das ohne die Hilfe Gottes möglich sei? Diese Frage stellten sie mir bereits als Jesus erklärte, er sei der Messias für die Israelis. Dies war auch die Zeit, als ich an mir selber zweifelte und meinem eigenen Glauben in Frage stellte. Ich sagte zu mir selber, dass ich die Angelegenheit über Jesus nochmals überdenken müsse. Ich entschied, Jesus persönlich zu treffen, denn ich wollte ihm viele Fragen über meinen engstirnigen Glauben und über ihn stellen. Aber dies waren die letzten Tage, bevor man mich auf den Befehl König Herodes hin einsperrte. Ich beschuldigte König Herodes mit der Frau seines Bruders Philippus gewaltsam zusammenzuleben. Dies war nicht gut. Ich hätte dieser beengenden Sichtweise des Alten Testamentes auf keinen Fall folgen sollen.

Nachdem der Messias erschienen war, sollte ich ihm gehorsam folgen und mit Jesus vereint, diese Welt zurück zu Gott führen. Da Jesus mir seine persönliche Lebensgeschichte erzählt hatte, hätten sich meine Ansichten und mein traditioneller Glaube ändern müssen. Im Nachhinein kann ich nicht verstehen, warum ich Gott nicht mit inniger

Sehnsucht im Herzen gefragt habe, ob es sein Wille ist, dass Jesus derjenige ist, auf den die Israeliten die ganze Geschichte hindurch warteten. Einmal teilte Jesus mir mit, ich solle ihm mit himmlischer Einstellung folgen. Gott und die Himmel würden mir dann viele Signale geben, dass er derjenige sei, der vom Himmel gesandt wurde. Mit so einer Einstellung, hätte Gott mir natürlich mit Sicherheit offenbart, wer Jesus ist. Ich verschloss aber mein Herz und ließ keinen Platz in meinem Glauben und in meiner traditionellen Lehre für Gott und die Himmel. Damit blockierte ich sie und so konnten sie auch nicht mit mir arbeiten.

Während ich im Gefängnis war, öffnete ich zum ersten Mal mein Herz für Gott und die Himmel und begann in meinem Gebet danach zu fragen, ob Jesus wirklich der Messias sei, auf den die Israelis bis zum heutigen Tag gewartet hätten. Ich sah daraufhin einen Traum. In diesem erschien mir mein Vater Zacharias und sagte: „Johannes, wach auf! Du musst unbedingt versuchen, aus dem Gefängnis herauszukommen. Geh zu Jesus, er wird dich führen." Danach erwachte ich.

Während ich in der Dunkelheit meiner Gefängniszelle saß, fühlte ich, wie die Traurigkeit in mir hochstieg. Ich dachte über mein Verhalten Jesus gegenüber nach, als er einige Monate mit mir und meinen Jüngern verbrachte. Damals ignorierte ich ihn vollkommen. Selbst als er mich bat, Gott über ihn zu befragen, lehnte ich dies arrogant ab. Ich war ein fundamentaler Anhänger der Religion und der Lehre Moses. Daher wäre es mir nie in den Sinn gekommen, Gott nach etwas zu fragen, was außerhalb und zudem im Widerspruch zu dieser Lehre stand. In meinem arroganten Glauben standen alle Lehren Gottes in den Büchern Moses und der anderen Propheten, obwohl ich selber einige Offenbarungen durch die Himmel erhalten hatte. Wann immer ich solche Offenbarungen sah, prüfte ich ihren Wahrheitsgehalt am Tag danach an der Lehre Moses oder den Büchern der anderen Propheten. Was für ein armer Mann bin ich gewesen, der Gott und die Himmel in den Käfig einer religiösen Lehre einsperrte. Ich habe vollkommen die tiefe Liebe Gottes vergessen, denn mein Verstand hat sich in den Strudeln der vielen Lehren Gottes verloren. Ich war überzeugt, ich würde sie alle kennen. Aber ich schaffte es nicht, mich von den vielen Lehren Gottes zu lösen. Ich war in Ihnen gefangen und konnte diesem Sog nicht entrinnen, da ich selber nie eine ernsthafte

Reise zu Gott angetreten hatte. In diesem Fall habe ich einen großen Respekt vor dir, Zahid. Du hast diesen Sog der religiösen Bücher keine Beachtung geschenkt, sondern auf deinem Weg hinter dir gelassen und Gott einfach umarmt. Hätte ich dies auch getan und mich mit Jesus für den Willen Gottes vereint, dann hätten viele Kriege vermieden werden können. Die Israelis, Jesus und ich wären erfolgreich zusammen nach Rom gelangt und die neue Welt wäre bereits vor langer Zeit errichtet worden. Aber jetzt, mit traurigem Herzen in der dunklen Zelle des Gefängnisses sitzend, bereute ich mein Tun. Nach einer Weile war ich sehr müde. In meiner Müdigkeit verspürte ich einen unsagbaren Druck auf meinem Körper. Plötzlich verließ mein Geist meinen Körper und flog in den blauen Himmel hinein. Hier fühlte ich so viel Freiheit, dass ich keinen Wunsch hatte, zu dem Konzept irgendeiner religiösen Lehre zurückzukehren. Ich rief mir selbst zu: „Ich werde niemals wieder die gleiche, alte Person sein."
Nach einer Weile kam ich ins Paradies. Ich sah Jesus auf einem Thron sitzend durch das Paradies fliegen. Um ihn herum war ein Kreis mit Lichtengeln, die wie Kristalle strahlten und sangen: „Jesus ist der neue König unserer Welt. Jesus ist derjenige, der durch die Himmel als Gottes Sohn auf die Erde gesandt wurde." Nachdem ich dieses Lied und das mystische Umfeld des Paradieses verspürte, wurde auch ich mystisch.
Zurückgekehrt von dieser Reise, war ich am Morgen erfüllt mit Freude. An dem Tag, an dem meine Jünger mich im Gefängnis besuchten, bat ich zwei von ihnen, zu Jesus zu gehen und ihm zu erzählen, dass ich sie persönlich ausgesandt habe. Sie sollten ihn fragen, ob er derjenige ist, den Gott zu uns als Messias gesandt hat oder ob wir noch weiter auf den kommenden Messias warten müssen, so wie es die Prophezeiung besagt. Um mein Herz zu befriedigen wollte ich, dass Jesus es noch einmal bezeugt und mit eigenen Worten wiedergibt. Durch meine Jünger stellte ich Jesus noch andere Fragen vom Gefängnis aus. Aber Jesus gab meinen Jüngern keine befriedigende Antwort. Innerlich war er sehr wütend auf mich. Jesus machte mich verantwortlich für den Feldzug der Menschen gegen ihn, da ich ihm nicht glaubte.
Er verfluchte mich, indem er sagte, dass der Letzte im Himmel höher ist als Johannes. Jetzt verstand ich diese Botschaft sehr klar und war bereit, alles für den Willen Gottes zu tun. Sobald ich aus dem

Gefängnis herauskäme wollte ich Jesus wissen lassen, ich würde mit ihm sein. Gemeinsam hätten wir die Israelis überzeugt, dass er der Messias ist. Gleichzeitig machte mich Jesus Benehmen traurig. Ich dachte, er würde mein Herz trösten und mir neue Hoffnung geben, stattdessen war Jesus verärgert. Gemäß der Verkündung Jesus war ich der bedeutendste Mann, der jemals aus dem Schoß einer Mutter geboren wurde, aber jetzt würde ich der Letzte im Himmel sein. Aber damit nicht genug. Mein Segen wurde jemanden anderem gegeben, nämlich Petrus. Jesus sollte wissen, dass es noch nicht zu spät ist, und wir beide es schaffen können. Die Israelis und die religiösen Obrigkeiten glaubten und vertrauten mir. Ich wollte eine Brücke zwischen Jesus und ihnen bauen. Als Nation sollten sie ihm als Messias willkommen heißen. Ich war nun bereit, überall im Land die Leute davon zu überzeugen, dass Jesus der Messias sei. Aber ich habe keine Antwort von Jesus erhalten. Ich fühlte mich verloren, einsam und unverstanden im Gefängnis.

König Herodes steckte mich ins Gefängnis, da er es als König nicht tolerieren konnte, dass ich ihn als unmoralisch bezeichnete. Dennoch hegte er eine gewisse Sympathie für mich und war mir zugetan. Er vernahm noch immer gern die Wahrheit der religiösen Bücher aus meinem Munde. Von Zeit zu Zeit befahl er deshalb seinen Soldaten, mich aus dem Gefängnis zu holen. Sie wuschen mich, gaben mir neue Kleider und dann brachten sie mich verschiedene Mal in den Thronsaal von König Herodes. Er wollte mehr über die Wahrheit der Lehre Moses wissen. Jedes Mal, wenn er mir zuhörte, war er glücklich und ich hoffte, dass ich sehr bald aus dem Gefängnis herauskommen würde. Ich wollte Jesus persönlich treffen, bevor ich die Mission Jesus' dem auserwählten Volk Israels und den religiösen Obrigkeiten vorstellen würde. Aber es ereignete sich eine Tragödie: Unerwartet und unglücklicherweise wurde ich umgebracht.

Satan nahm von mir den allerhöchsten Preis. Ich dachte niemals, dass dies passieren könnte und mir der Tod so widerfährt. Kurz vor meinem Tod war König Herodes mit mir zufrieden und sprach: „Hör auf, mich öffentlich anzuklagen und mein Verhalten anzuprangern, dann habe ich persönlich auch nichts gegen dich. Jetzt bin ich verheiratet mit der Frau meines Bruders und ich liebe sie sehr." König Herodes verlangte sogar, noch mehr religiöse Wahrheit durch mich zu erfahren. Er respektierte mich als religiösen Mann und in seinen

Augen war ich der Prophet der Israeliten. Unglücklicherweise wurde ich ein paar Tage später umgebracht. Dies war ein großer Schock für mich. Ich brauchte 600 Jahre in der geistigen Welt, um dieses tragische Ende zu verarbeiten.

König Herodes Frau, die vorher die Frau seines Bruders war, hasste mich. Satan inspirierte sie, mich töten zu lassen. Ich wurde am gleichen Tag auf ihren Befehl umgebracht, an dem König Herodes beschloss, mich frei zu lassen. Es war nicht nur der Plan König Herodes, sondern auch der Plan der Himmel. Sie wollten mich befreien. Aber die große Tragödie nahm ihren Lauf da Satan hinter dem Vorhang die Fäden in der Hand hielt und gewann. In seinem Herzen wollte König Herodes mich niemals umbringen. Trotzdem ist es geschehen.

Am Tag des königlichen Geburtstages kamen viele Menschen und gratulierten Herodes. In seiner Trunkenheit versprach er tragischerweise der Tochter seiner Frau nach ihrem Tanz ihr jeden Wunsch zu erfüllen, selbst wenn sie nach dem halben Königreich fragt. Das Mädchen fragte ihre Mutter, um was sie den König bitten solle. Ihre Mutter hasste mich, da ich auch ihr Verhalten anprangerte. Anstatt das halbe Königreich zu nehmen, folgte die Tochter dem Rat ihrer Mutter und verlangte meinen Tod. Deshalb verlangte die Tochter meinen Kopf auf einem Silbertablett. König Herodes war traurig. Alle Augen waren auf ihn und seine Entscheidung gerichtet. Um sein Gesicht nicht zu verlieren, gab er den Befehl mich umzubringen.

Ich wartete hoffnungsvoll darauf, als freier Mann den Messias umarmen zu können. Eine Stunde vor meinem Tod, sah ich eine Vision, in der etwas Dunkles in meine Zelle kam. In dieser Dunkelheit konnte ich Satan erkennen. Er schaute mich mit seinen schlangengleichen Augen an und sprach: „Johannes, du glaubst, nun ein freier Mann zu werden, um neue Hoffnung der Welt zu bringen. Du hast einen großen Fehler gemacht, indem du Gott und den Himmeln nicht vertrautest. Aber ich habe all deine Fehler gesehen. Jetzt gehört dein physischer Körper mir. Ich werde deinem Leben ein Ende setzten." Dann verschwand diese Vision, und ich fühlte, wie vollkommene Dunkelheit mich umgab.

Der Gedanke an diese Vision, ließ mich bis in mein Innerstes erzittern. Jetzt wollte ich leben. Ich wusste nun, was ich zu tun hatte, wenn ich wieder ein freier Mann wäre. Ich fühlte mich wie ein Vogel mit gestutzten Flügeln im Käfig, der sich nach nichts anderem sehnt, als in Freiheit zu fliegen. Ich wollte unbedingt ein freier Mann sein. Die Welt sollte erfahren, dass das Königreich Gottes nahe ist. Der Messias sollte seine Mission erfolgreich beenden. Es war mein innigster Wunsch, jetzt mit ihm zu arbeiten, denn Gottes Gegenwart sollte auf dieser Erde unbedingt verwirklicht werden. Ich wollte die neue Welt Gottes erleben, von der Jesaja immer wieder in seinen Prophezeiungen sprach. Ich wünschte, mit dem Messias zusammen in dieser neuen Welt zu leben, bevor ich für immer dieser Erde „Lebe Wohl" sage.

Während all dieser Gedanken, öffnete sich die Gefängnistür. Sechs Männer kamen herein und zwangen mich auf den Boden. Sie fesselten mir die Hände hinterm Rücken und ich hörte einen von ihnen sagen: „Beeilt euch, es muss schnell gehen, denn sie warten auf seinen Kopf." Ich war nun nicht mehr in der Lage, zu denken. Mit letzter Kraft schrie ich: „Überbringt meine Botschaft König Herodes." Aber niemand hörte mir zu. Sie stülpten mir einen Sack über den Kopf und brachten mich zu meinem Henkersplatz. Als sie mir den schwarzen Sack vom Kopf zogen, stand ich bereits meinem Henker gegenüber, sein blankes Schwert bereits gezückt. Sie zwangen mich auf die Knie. Die letzten Worte, die über meine Lippen kamen, waren: „Oh Gott, zeige mir einen Ausweg. Lass mich leben, damit die Menschen deine Welt kennenlernen." Doch das Schwert trennte unaufhaltsam meinen Kopf von meinen Schultern.

Nun lebte ich in der geistigen Welt in einer besonderen Dimension. Es war dort sehr schwer und schmerzhaft für mich. Als ich in der geistigen Welt ankam, wurde ich zuerst durch diese hart gerichtet. Im Ergebnis musste ich in einer der mittleren geistigen Welten für 450 Jahre bleiben. Ich war traurig, fühlte mich einsam und die Zeit verstrich zu langsam. Sie war verbunden mit zu vielen Schmerzen. Es gab eine Menge Auseinandersetzungen in dieser mittleren geistigen Dimension. Auch musste ich den Preis der Wiedergutmachung in der geistigen Welt an Satan bezahlen. Deshalb verbrachte ich jeden Moment in dieser Dimension in Angst und ließ mich zu meinem Schutz bewachen.

Nach den 450 Jahren konnte ich durch die große Gnade Gottes in die Dimensionen des Formationsstadiums des Paradieses einkehren. Ich bin Gott und den Himmeln für ihre Gnade sehr dankbar, dass sie mir erlaubten, dort hinzugelangen. Ehrlich gesagt, habe ich solch eine

Güte nicht verdient. Hier lernte ich viel tiefer die Wahrheit kennen. Aber was kann ich jetzt tun. Ich habe meinen physischen Körper verloren, um die Wahrheit in meinem Geist zu verwirklichen. Hier wurde mir bewusst, welchen historischen Fehler ich durch meine beengte Sichtweise auf Erden begangen habe.

Ich wurde durch die Engel informiert, dass du, Zahid, hierher kommst, um mich zu treffen. Ehrlich gesagt, war mir das unangenehm, was meiner Ignoranz geschuldet ist, durch die ich bereits historische Fehler gemacht habe. Satan musste ich einen großen Preis bezahlen. Jetzt kann ich die Menschheit nur durch dich bitten, mir zu vergeben. Ich habe Gott und den Himmeln viel Leid zugefügt. Was für ein erbärmlicher Mann bin ich, dass ich das Himmelreich Gottes durch meine beschränkte Sichtweise vorüberziehen ließ. Ich habe nur die Worte der Wahrheit kennengelernt, aber nicht, was hinter der Wahrheit steht.

Am Anfang, als Jesus in die geistige Welt kam, musste auch er für eine bestimmte Zeit in meiner Dimension bleiben. Wir beide tragen viele Ressentiments in unseren Herzen, die verhinderten, dass wir einander näher kamen. Später konnte Jesus in eine höhere Dimension des Paradieses auferstehen. Ich dagegen gelangte nur in eine niedere Dimension des Paradieses. Einmal besuchte mich Jesus. Genau genommen wollte ich mit ihm reden, aber Jesus fiel mir ins Wort und sprach: „Johannes es gibt nichts mehr zwischen uns zu erörtern!"

Deshalb weiß ich auch nicht, was ich dir noch sagen kann, Zahid. Alles liegt wie ein zerbrochener Spiegel vor mir. Ich weiß nicht, wie lange ich diese Scherben in meinem ewigen Leben noch aufsammeln muss. Der Schmerz ist immer noch in meinem Herzen gegenwärtig."

Dann fragte Johannes mich, den Autor dieses Buches: „Gibt es etwas, das du mir sagen möchtest? Vielleicht kann dies auch mein Herz trösten?" Ich sprach zu ihm: „Ja. Seitdem ich 27 Jahre auf dem Weg der Mission gehe, habe ich viele „Johannes der Täufer" getroffen, die Gott für mich vorbereitete, seinem Willen zu folgen. Aber alle lehnten mich ab, und deshalb musste ich für den Willen Gottes einen sehr stürmischen, dunklen Weg auf mich nehmen. Genau genommen hätte ich auf diesem Weg schon vor langer Zeit von Satan begraben werden müssen, aber meine mystische Liebe in Gott hat mich immer weiter vorangetrieben. So umgibt mich auch immer noch die große Gnade Gottes. Diese lässt mich auf diesem Weg, Schritt für Schritt, weitergehen, damit die Menschheit eines Tages das Königreich Gottes in Wirklichkeit sehen und erfahren kann." Johannes der Täufer schaute mich traurig an, ohne etwas zu erwidern. Deshalb verabschiedete ich mich von ihm: „Auf Wiedersehen, Johannes." Ich flog zurück in Jesus' Dimension.

Als ich zu Jesus kam, schaute er mich an. Er richtete seine Augen und Hände zum Himmel und sprach: „Oh Himmlischer Vater, gib Zahid unaufhörlich Erfolg, um deinen Willen zu erfüllen." Dann schaute er mich an und sprach: „Dein Name wird unwiderruflich mit der Erfüllung des göttlichen Willens verbunden sein. Einer deiner ehrenden Namen wird „Mann des Erfolges für den göttlichen Willen Gottes" sein.

Bevor ich mit meiner Lebensgeschichte fortfahre, muss ich erwähnen, dass Satan mich ausgespielt hat. Ich konnte das Königreich Gottes nicht substantiell auf Erden errichten. Zudem muss ich gestehen, dass alle Propheten und ich im Paradies daran glauben, dass du Satan zu Fall bringst. Der Tag ist nicht allzu fern, an dem Satan dir unterliegt. Dies sagen mir all meine Sinne, wann immer ich dich sehe." Ich umarmte Jesus und sprach zu ihm: „Du bist sehr optimistisch, was mich betrifft." Jesus antwortete: „Gott selber sprach, dass mit der Zeit Satan verschwindet, wenn er von dir besiegt wird. Ich dagegen bin weniger optimistisch und mehr realistisch."

Jesus fragte mich, ob es von Johannes etwas Neues zu berichten gäbe. Ich sagte, dass sei nötig gewesen, ihn noch einmal zu treffen, um über diese Wahrheit Zeugnis abzulegen. Jesus verharrte still. Dann begann er über sein Leben zu berichten:

„Johannes der Täufer war die Brücke für mich, um die Menschen zu erreichen. Als diese Brücke zusammenbrach, führte dies zu einer großen Tragödie und Zerstörung für die Menschheit. Seit der Zeit Abrahams bereitete Gott sein Volk über 4000 Jahre hinweg vor, um den neuen Messias willkommen zu heißen. Johannes der Täufer sollte hier eine bedeutende Rolle übernehmen, um das Königreich Gottes auf Erden, in Einheit mit dem Messias zu realisieren. Mit dem Tod von Johannes änderte sich alles. Noch einmal war ich sehr einsam. Es war schwierig für mich, die Menschen zu erreichen. Als Johannes ins Gefängnis kam, war ich mir darüber im Klaren, dass Satan ihn umbringen wird. Ich wusste, er würde nicht wieder aus dem Gefängnis kommen. Johannes der Täufer hat sich auf seinem eigenen Weg verirrt, als er an mir zweifelte und mich verleugnete. Ich brauchte einige Zeit, um die bittere Realität, den Tod Johannes, zu verdauen. Nach dem Mord an Johannes begann ich selber die Menschen auf meine messianische Botschaft vorzubereiten. Ich übernahm die Aufgabe von Johannes dem Täufer, indem ich sagte, dass Elija erscheinen wird, um den Weg für den Messias vorzubereiten. Ich hatte die Hoffnung, dass die Israelis mir glauben würden. Danach wollte ich mich noch einmal in die Position des Messias bringen. Aber das gelang mir nicht. Das Volk Israels hatte kein Vertrauen zu mir. Entsprechend meiner Prophezeiung in der Vergangenheit dachten sie, ich halte sie zum Narren. Sie konnten mir einfach nicht glauben. 13 Jahre lang versuchte ich erfolglos alles, um mehr Mitglieder zu gewinnen.

An dieser Stelle möchte ich dir eins sagen. Ich wurde nicht im Alter von 33 Jahren gekreuzigt, wie es die Christen glauben, sondern mit 43 Jahren. Ich musste an Satan einen hohen Preis zahlen, denn ich ging den Weg nicht wie von den Himmeln gefordert, da ich auf unnatürliche Weise Wunder vollbrachte. Die Menschen folgten mir nicht freiwillig, sondern waren durch die Wunder gezwungen, mir zu glauben. Wären die Israelis mir aber trotz alledem gefolgt, hätte ich zumindest niemals am Kreuz enden müssen. Aber diese Wunder machten sie noch verbohrter in ihrem Glauben. Letztendlich schlussfolgerten sie, ich hätte all die Wunder mit der Kraft des Teufels gezeigt.

Ich lebte nicht nur in Jerusalem, Galiläa, Judäa, Kapernaum, Samaria und Sichem, sondern auch an vielen anderen Orten. Ich ging von Ort zu Ort, um den Menschen die Lehre und den Willen Gottes nahe zu bringen. Aber die Israelis waren aus ihren traditionellen Lehren nicht herauszubewegen. Es gab nur eine Person, der sie vertrauten und die sie hätte aus diesem Käfig befreien können. Sie wäre in der Lage gewesen, die Symbole des Alten Testamentes zu erklären. Diese eine Person war nun mal Johannes der Täufer.

Zudem möchte ich dir einiges über meine Nachfolger und besonders über meine zwölf Jünger mitteilen. Meistens zweifelten sie an mir. Sie vertrauten mir nicht und im Ergebnis haben sie mich dafür viele Male verlassen. Ich war immer wieder allein. In all den Jahren gab es zahllose Anlässe, die mein Herz brachen. Es steht dir frei, sie dem Christentum oder der anderen Welt mitzuteilen.

Später warnten mich die Himmel, keine Wunder mehr zu vollbringen. Die meisten Menschen versammelten sich nur wegen der Wunder um mich herum, die ich mit der Kraft Gottes und der Himmel vollbrachte. Als die Menschen aber sahen, dass ich diese Fähigkeit nicht mehr besaß, verschwanden sie einer nach dem anderen. Viele machten sich lustig über mich. Es kursierten viele Gerüchte, ich habe die Wunder durch die Kraft des Bösen, insbesondere durch den Vater des Bösen, Satan, vollbracht. Selbst dieser hätte sich nun von mir abgekehrt.

Selbst danach zeigte ich den Menschen noch einige Wunder, in der Hoffnung, sie würden mir helfen, das Königreich Gottes zu errichten. Für eine kurze Zeit konnte sie dies wirklich beflügeln. Aber leider verschwand diese Inspiration nur allzu schnell. Sie brachte die Menschen nicht an den Punkt, an dem sie mir von alleine folgen konnten. Später musste ich eine weitere bittere Erfahrung machen. Ich sah, dass die Wunder wie Salzwasser im Meer sind: Nimmt ein Mensch auch nur einen Schluck davon, wird sein Durst immer stärker. Das gleiche passierte auch in meinem Fall. Je mehr Wunder ich dem Volk zeigte, desto mehr wollten sie sehen. Sie hätten mir folgen sollen, um ihr eigenes geistiges Wachstum zu vollenden. Dies ignorierten sie.

Deshalb ist auch das große Missverständnis in den Hauptreligionen entstanden, dass Gott alles allein tun kann. Wie dem auch sei. Die Menschheit muss erfahren, dass Gott niemals den Weg der Prinzipien verlassen wird. Hat Gott ein Objekt gefunden, das seinem Weg folgt, dann ist dies genug für Gott. Gott und dieser Mensch, der zu seinem Objekt wurde, sind dann in der Mehrheit gegenüber dem Rest der Welt. Gott kann viele Dinge nur durch diese eine Person wiederherstellen. Es ist der traurige Teil der menschlichen Geschichte bis zum heutigen Tag, dass Gott noch nie ein absolutes Objekt finden konnte, das genauso wie Gott agiert. Deshalb vollzieht sich die Geschichte der Wiederherstellung bereits seit einer langen Zeit, um das Königreich Gottes zu errichten. Aber Gottes Versprechen, die gesamte Menschheit und alle anderen Dinge wiederherzustellen, ist unveränderbar. Sicherlich wird Gott dies zusammen mit den Menschen eines Tages vollbringen. Auch das ist nur eine Frage der Zeit.

Während ich diese Aussage treffe, verleugne ich nicht deine historische Person als Objekt Gottes. Ich möchte den Menschen nur mehr Einsicht geben, warum Gottes Welt substantiell nicht verwirklicht wurde. Es ist Zeit, dass die Menschen erkennen, welche fundamentale Basis fehlt. Zum einen hat die von Gott ausgesuchte zentrale Person niemals 100 Prozent ihre Verantwortung erfüllt. Zum anderen haben sich die Menschen Gott nicht zugewendet, noch sind sie auf die Bedürfnisse der zentralen Person eingegangen. Die Menschen müssen sich bewusst werden, dass dieser miserable schmerzhafte Prozess nur zu ihrem eigenen Wohl ist und ihnen die Erlösung bringt.

Als ich aufhörte, Wunder zu vollbringen, zog ich mich mehr und mehr zurück. Die Wahrheit ist, dass ich mein Herz nicht mal meinen engsten Jüngern gegenüber öffnen konnte. Für sie war ich immer zu allem fähig. Sahen sie mich aber in einer widersprüchlichen Situation, fingen sie an zu zweifeln. Ihr Glaube an mich schwand zusehends. Während dieser Zeit traf ich Saulus, der später zu Paulus wurde. Auch diese bemerkenswerte Geschichte muss das Christentum erfahren. Ich traf ihn zweimal und sprach mit ihm über die Prophezeiungen des Alten Testamentes. Diese Tatsache wird aber nirgendwo erwähnt, obwohl Petrus, Andreas und Jakobus wussten, dass ich Saulus zweimal getroffen habe. Er diskutierte wie die anderen Priester mit mir darüber, wie der Messias zu erscheinen hat, basierend auf den Prophezeiungen der anderen Propheten.

Es gab unzählige jüdische Priester, wie Saulus, die traditionell darauf warteten, dass Elija buchstäblich vom Himmel zurückkehrt. Zu der Zeit, als Saulus mich traf, erfuhr ich, dass er ein großes Wissen über die Religion Moses besaß. Er konnte sich viele Prophezeiungen der anderen Propheten einprägen und in seinen Diskussionen über das Alte Testament untermauerte er seinen Standpunkt mit handfesten Argumenten. Bei unserer letzten religiösen Auseinandersetzung sagte ich zu ihm, er solle mir glauben, dass ich von Gott gesandt sei. Deshalb sprach ich zu Saulus: „Ich sage dir die Wahrheit. Die Zeit der Rückkehr von Elija ist bereits gekommen. Sein Geist arbeitet mit Johannes dem Täufer."

Saulus aber antwortete: „Warum sollte ich dir glauben und vertrauen, wenn besonders Johannes der Täufer leugnet, der zurückgekehrte Elija zu sein?" Ich sagte zu Saulus, dass jede Diskussion mit ihm zwecklos sei. Aber er ließ nicht locker und hielt an seinen Argumenten fest. Später traf er mich noch einmal. Er schwor, mich weiter zu behindern und zu verfolgen, bis ich meine eigenartigen Ideen über Moses Religion aufgebe. Wenn es sein muss, würde er selbst Gewalt anwenden, um Moses Religion vor mir zu schützen. Er sagte zu mir laut und frei heraus, ich sei ein falscher Messias.

Bei diesen zwei Treffen mit Saulus musste ich erkennen, dass er fanatisch in der Religion Moses verankert war. Er würde alles in seiner Macht stehende tun, um mich zu Grunde zu richten. Er war mir feindlich gesinnt und drohte ständig, mich umzubringen. Solche fanatischen religiösen Führer wie Saulus versuchten dies viele Male während meiner Mission, aber Gott rettete mich jedes Mal. Saulus, der später zu Paulus wurde, hätte sich während meiner Mission auf Erden, für den Willen Gottes mit mir vereinen müssen! Dann wären die Dinge in dieser Welt heute anders. Mit ihm hätte ich nach Rom gelangen können. Innerhalb von 40 Jahren wäre meine Mission erfolgreich gewesen. Dann wären die inneren und äußeren Werte, die Religion und Wissenschaft, nicht so weit auseinander, sondern hätten ihre Balance und ihr Zentrum in Gott gefunden.

Anmerkung: Auch ich, der Autor, traf in meiner Mission viele Gegner wie Saulus, die gegen mich waren und oft drohten, mich umzubringen.

Es war eine große Tragödie, dass Saulus durch die himmlische Vision zu Paulus wurde, anstatt sich mit mir freiwillig während meines Missionslebens zu verbünden. Als ich gekreuzigt wurde, rettete Gott mein Leben, denn ich bat Ihn darum. Danach verbrachte ich ein einsames Leben in Kaschmir. Saulus, der Paulus wurde, verfolgte aufs Schärfste meine Jünger, sperrte sie ein und brachte sie um. Er war einer der Anführer, die Stephanus zu Tode steinigten. Selbst im Angesicht des Todes betete Stephanus um Vergebung für Saulus und seine anderen Peiniger. Es mag den Leser nun überraschen, aber darum wurde Saulus auserwählt.

Während seiner Reise nach Damaskus, in der Absicht meine Jünger zu verfolgen und gefangen zu nehmen, sah Saulus einen Traum. In diesem erschien ich ihm mit einem extremen Licht und sprach in der

Apg 9,4-6: „Saulus, Saulus, warum verfolgst du mich?" Er antwortete: „Wer bist du Herr?" Ich sagte: „Ich bin Jesus, den du verfolgst. Steh auf und geh in die Stadt; dort wird dir gesagt werden, was du tun sollst."

Danach wachte er auf und hatte sich in seinem Herz von Grund auf verändert. Er wurde ein neuer Mann, aus Saulus wurde Paulus.

Genau genommen wurde ihm dieser Traum von den Himmeln gezeigt. Erzengel Gabriel, der Heilige Geist, erschien ihm in meiner Form. Die Himmel wussten, würde Paulus die bittere Wahrheit erfahren, dass ich nicht am Kreuz gestorben bin, wäre er auch nicht so inspiriert gewesen, dem Christentum zu helfen, eine der größten Religionen zu werden. Deshalb zeigte der Himmel ihm einen auferstandenen Jesus. Später verbreitete sich die Theorie, dass ich am Kreuz sterben musste, um auferstehen zu können. Jeder der daran glaubt, ich sei für die Menschheit gestorben, würde in der geistigen Welt erlöst werden.

Diese Theorie wurde von Paulus aufgestellt, damit sich die Schar der Gläubigen vergrößern und das Christentum sich zu einer Weltreligion entwickeln kann. Gott und die Himmel wollten ein ideales Umfeld für die zukünftige Welt auf christlicher Grundlage erschaffen, in dem die Menschen, die von Gott und den Himmeln gesandte Person annehmen. Deshalb wurde Paulus nach dem Fehlschlagen meiner Mission ausgewählt, um die kleine Gemeinde der Menschen, die an mich glaubten, zu einer weltweiten Religion zu führen. Entsprechend den Prinzipien der geistigen Welt, erlaubte Satan den Himmeln nicht, Paulus eine höhere Wahrheit über Gott und die Himmel zu offenbaren. Deshalb sieht man in seiner Lehre meistens nur zwei Elemente, die Kreuzigung und die Auferstehung Jesus. Am Ende seiner Mission offenbarten die Himmel Paulus persönlich noch mehr Wahrheit. Paulus wurde einsam und traurig, nachdem er diese Wahrheit von den Himmeln erhielt. Anstatt sie jemandem zu erzählen, behielt er sie in seinem Herzen. Die Himmel teilten ihm ebenso mit, dass Satan ihn am Ende seiner Mission umbringen würde. In diesem Fall war er ein starker Mann. Er akzeptierte seinen Tod, um der Mission willen."

Ich, Zahid, sprach zu Jesus: „Bevor du mit deiner Lebensgeschichte fortfährst, möchte ich zuerst Paulus treffen." Jesus teilte mir mit, dass Paulus bereits auf mich in seiner Dimension wartet. Ich flog zu ihm mit Lichtgeschwindigkeit.

Zeugnis von Saulus

Paulus lebt heute allein in einer Dimension des mittleren Paradieses, in einem kleinen Haus. An seiner Eingangstür sah ich einen goldenen Teller hängen. Mit schwarzen Buchstaben stand darauf: „Märtyrer Paulus". Darunter las ich, von wann bis wann er auf der Erde lebte. Ich sah, wie Paulus aus seinem Garten hinter dem Haus zu mir kam. Der untere Teil seines geistigen Körpers ist grün und der obere orange. Er kam lächelnd auf mich zu, nahm meine Hand und sprach: „Die Gnade Gottes sei mit dir, denn du bist gekommen, mich zu besuchen." Er führte mich in seinen Garten und sagte, es wäre ihm eine Freude, mir behilflich sein zu dürfen. Ich bat Paulus, mir etwas über seine Mission auf Erden zu erzählen.

Er sprach: „Obwohl Gott und die Himmel mich in eine höhere Dimension sandten, bereue ich meine begrenzte geistige Entwicklung, die es mir nicht ermöglicht hätte, in diese Dimension zu kommen. Was übrig bleibt in meinem Leben, ist nur die Bitte um Vergebung. Ich bin mir sicher, dass Jesus dir bereits viele Teile meiner Lebensgeschichte erzählt hat. Alles was er sagte, ist wahr. Ich bin zutiefst Gott und den Himmeln dankbar, dass sie durch mich die Grundlage für das Christentum legen konnten. Ich danke dafür Gott und den Himmeln Millionen und Abermillionen mal. Heute bin ich mir über eines im Klaren: Hätte ich mich Jesus während seines Lebens auf Erden angeschlossen, wäre das irdische Umfeld für die Menschheit heute ein ganz anderes und die Kreuzigung Jesus nicht erforderlich gewesen.

Aber jetzt sind das nicht mehr als Worte. Seitdem ich hier in den mittleren Dimensionen des Paradieses bin, musste ich noch mehr bittere Wahrheit erfahren. Im irdischen Leben war ich gefangen in der Religion Moses. Ich behandelte Jesus arrogant und wollte ihm auf keinen Fall zuhören. Ich dachte, ich kenne bereits die ganze Wahrheit durch Moses Lehre und die der anderen Propheten. In meiner engstirnigen und blinden Sichtweise folgte ich nur dieser einen Religion. Dadurch nahm ich mir damals selbst die Möglichkeit, Jesus und seiner Lehre zu folgen.

Ich traf ihn zweimal und habe viel mit ihm diskutiert. Ich wollte auf keine seiner Auslegungen über die Religion Moses eingehen, da sie im Widerspruch zu Moses Worten standen. Für mich war er ein falscher Messias, der sich dazu selber ernannt hat. Ich hörte viele von Jesus Reden, die er an die Menge im Tempel richtete. Dabei wurde ich wütend und sann auf Rache. Ich glaubte, die Vernichtung unserer Religion und unserer Tradition sei sein Ziel. Während seiner Reden im Tempel stand ich verschiedene Male in der Absicht auf, ihn zu unterbrechen. Aber das Volk hinderte mich daran und wurde wütend. Die Menschen wollten ihm zuhören, deshalb konnte ich meinem Verlangen nicht nachgehen, ihn öffentlich zu verfolgen. In dem Tempel, in dem ich Priester war, sprach ich immer gegen Jesus. Ich kritisierte ihn aufs Schärfste und stiftete die Leute Israels an, ihn umzubringen.

Was ich später Gutes vollbrachte, ist im Gegensatz zu diesem großen Verbrechen gegen den Willen Gottes und der Himmel verschwindend gering. Ich war einer der aktivsten Priester, die die messianische Botschaft auf Erden blockierten. Ich habe mich zweimal auf Erden mit Jesus unterhalten. Danach wurde ich noch rebellischer. Ich setzte ihm sogar mit Gewalt zu. Jesus Erklärungen über die Lehren Moses und der anderen Propheten machten mich rasend. In mir staute sich der Hass gegen ihn. Das ist das Schlimmste in meinem Leben gewesen, dass ich die Möglichkeit zusammen mit dem Messias, Gottes Welt auf Erden etablieren zu können, ungenutzt an mir vorüberziehen ließ. Aber damit noch nicht genug. Ich war einer der Menschen, die eine führende Rolle übernahmen, um Jesus ans Kreuz zu schlagen.

Als Jesus im Gericht vor Pilatus stand, war ich einer der Priester, die Jesus am Kreuz sterben sehen wollten. Seine Kreuzigung konnte aber das Feuer meines Hasses nicht ersticken. Es schlug nur eine andere Richtung ein. Ich verfolgte seine Anhänger. Ich beschuldigte seine Gläubigen, sperrte sie ins Gefängnis und brachte sie um. Diese Aktivitäten befriedigten mich und brachten mir Freude. Die fanatischen religiösen Führer und die Priester der Lehre Moses begrüßten meine Aktivitäten gegenüber Jesus Jünger und begannen sie, inspiriert durch mein schlechtes Beispiel, ebenfalls zu verfolgen. Ich unternahm viele Reisen im Land und zwang die Anhänger Jesus, ihrem Glauben abzuschwören und wieder die Religion Moses anzunehmen. Meine unbändige schlechte Energie ließ mich keinen Schlaf finden, denn ich trachtete jeden Augenblick danach, die Anhänger Jesus zu vernichten. Ich war felsenfest davon überzeugt, gemäß dem Alten Testament ein nobles Werk durch diese

Gräueltaten zu vollbringen. Der Mord an den abtrünnigen Jüngern Jesus war in meinen Augen nicht verwerflich. Mit meinen Reden inspirierte ich auch das Volk, die Jünger des falschen Messias Jesus zu verfolgen und ihnen nach dem Leben zu trachten.

Ich reiste nach Damaskus, um Jesus Jünger einzufangen und ihrer gerechten Strafe zuzuführen. Um den neuen Kult um den falschen Propheten Jesus niederschlagen zu können, erhielt ich Begleitschreiben von den Hohen Priestern. Ich dachte, ich könnte diese Bewegung vollkommen ausmerzen. Auf meinem Weg nach Damaskus hatte ich aber einen Traum. Ich sah mich von einem großen Licht umgeben. Darin konnte ich nichts erkennen. Aber ich hörte eine Stimme: „Saulus, Saulus, warum verfolgst du mich?" Ich war schockiert und war mir keiner Schuld bewusst. In meinen Augen tat ich alles entsprechend dem Willen Gottes. Deshalb sagte ich: „Oh Herr, was habe ich falsch gemacht? Und wer bist du? Lass mich dich erkennen?" Ich dachte, es müssten Engel sein. Die Stimme kam aus dem Licht: „Ich bin Jesus, den du verfolgst."

Ich konnte nicht feststellen, ob es sich um einen Traum oder um eine Vision handelte, denn ich war in einem Stadium zwischen Schlafen und Wachsein. Rückwirkend betrachtet kann ich heute sagen, dass es eine Vision war, denn später konnte ich noch mehr Beobachtungen und Erfahrungen in der geistigen Welt sammeln. Nach dieser Vision schwollen meine Augen an, etwas bedeckte sie wie Schuppen und ich sah nichts mehr. Zum ersten Mal in meinem Leben hatte ich furchtbare Angst, für den Rest meines Lebens blind zu sein. Die Stimme Jesus sagte mir auch, dass er mich wissen lassen wird, was ich zu tun hätte. Mit dieser Hoffnung betete ich immer wieder zu Gott im Namen Jesus', auf dass ich geheilt werden könne. Die Leute, die mit mir reisten, brachten mich nach Damaskus. Sie bezeugten, dass sie ebenso diese furchterregende Stimme gehört, aber nichts gesehen hatten. Ich erzählte ihnen, was ich sah und was die Stimme mir sagte.

In Damaskus betete und fastete ich Tag und Nacht damit der Gott von Jesus mir das Augenlicht wiedergeben kann. Nach ein paar Tagen kam Ananias, ein Jünger Jesus, und sprach zu mir: „Jesus erschien dir auf dem Weg nach Damaskus. Er sandte mich, um dich wissen zu lassen, dass du geheilt wirst." Er legte seine Hände auf meine Augen, und im gleichen Moment fielen die Schuppen von ihnen und ich konnte wieder sehen. Ich kann nicht mit Worten beschreiben, Zahid, was ich in diesem Moment fühlte. Ich fühlte mich wie ein neugeborener Mensch. Zum ersten Mal sah ich diese Erde mit neuen Augen. Ich wusste durch meine eigene neue Erfahrung, dass diese Welt ein wunderbarer Garten Eden für die Menschheit sein kann, solange sie auf dieser Erde leben.

Ich ging mit Ananias zu seinem Haus. Dort ließ er alle Mitglieder zusammenkommen und erklärte ihnen die Offenbarung über Jesus und mich. Einige von ihnen waren sehr inspiriert und glücklich, dass Jesus mich auserwählt hatte, seinen Willen zu vollenden. Die anderen fürchteten sich, direkt über Jesus Zeugnis abzulegen innerhalb der jüdischen Gemeinde Damaskus. Genau genommen war ich sehr inspiriert, dass ich durch die große Gnade Gottes die Wahrheit erfuhr, dass Jesus der Messias war. Ich war beeindruckt von seiner Autorität im ewigen Leben, die ihm von Gott verliehen wurde. In meinem Fall wollte ich bezeugen, dass der ans Kreuz geschlagene Jesus, doch der Messias war. Ich war so motiviert, dass ich selbst den Bergen, den Flüssen, den Bäumen und jedem anderen hätte bezeugen können, dass Jesus der Messias sei, auf den die Israelis in der Geschichte gewartet haben.

Tag und Nacht verbrachte ich jetzt damit, Zeugnis über Jesus abzulegen. Ich investierte all meine Kraft und Energie. Ich erzählte, obwohl wir Jesus kreuzigten, Gott ihn trotzdem auferstehen ließ. Jeder, der glaubt, Jesus sei für uns am Kreuz gestorben, wird das ewige Leben nach dem Tod erhalten. Ich ging in die jüdischen Tempel in Damaskus und legte mein Zeugnis über Jesus ab. Zuerst waren die Menschen sehr überrascht, denn sie wussten, dass ich ein fanatischer Verfolger der Christen war, der alles in der Vergangenheit daran setzte, die Jünger Jesus zu vernichten und umzubringen. Nun stand die gleiche Person auf der anderen Seite und legte Zeugnis für Jesus ab. Sie fragten mich, wie ich diesen Wandel erkläre. Ich erzählte ihnen die ganze Geschichte, wie Jesus mir erschien. Ich sprach auch davon, dass ich von Jesus und später von der Engelwelt Offenbarungen erhielt, Jesus sei der Messias, den Gott zu uns gesandt hatte. Später wurden die jüdischen Einwohner Damaskus wütend auf mich. Sie wollten mir nicht weiter gestatten, in ihren Tempeln über den Messias zu reden. Ich hatte viele Diskussionen mit ihnen. Schließlich trachteten sie mir nach dem Leben. Wäre ich noch etwas länger in Damaskus geblieben, hätte dies mein Ende bedeutet.

Der Name Paulus wurde mir von Jesus in einer seiner Offenbarungen gegeben. Ich kehrte zurück nach Jerusalem. Viele der Jünger Jesus wollten nichts mit mir zu tun haben. Sie dachten, ich verfolge einen neuen Plan, um ihnen noch größeres Leid zuzufügen. Aus ihren Reihen kam mir das Gerücht zu Ohren, ich wäre nur ein Jünger Jesus geworden, um all die Geheimnisse der Anhänger Jesus auszuspionieren, damit ich sie später dafür bestrafen könne. Sie wollten mit mir nicht zusammen sein, obwohl ich mein Bestes versuchte. Die Zeit verging und ich traf Barnabas. Ich erzählte ihm, was mir auf dem Weg nach Damaskus widerfahren war. Barnabas war fasziniert von meiner Geschichte. Er umarmte mich mit den Worten, dass Jesus sicherlich meine Augen geöffnet hätte, um die Realität zu erkennen. Er bat mich, mit ihm zu gehen, damit er Zeugnis über mich vor den Ältesten der Bewegung ablegen könne. Barnabas brachte mich zu ihnen. Er erzählte ihnen, wie Jesus mir erschien und was er zu mir sprach. Barnabas erwähnte auch, dass ich mein Bestes versucht hätte, Zeugnis über Jesus in Damaskus abzulegen. Die Ältesten waren sehr überrascht und erfreut, mich unter ihnen zu sehen. Meine Taten in der Vergangenheit waren ihnen bekannt und eilten meinem Ruf voraus.

Ich begann in vielen Tempeln Jerusalems, in Galiläa und in daran angrenzenden Gebieten zu bezeugen, dass Jesus der Messias war. Die wütenden Juden wollten mich auch hier umbringen. Sie diskutierten und stritten mit mir genauso, wie ich damals bei meiner Verfolgung von Jesus als falschen Propheten. Nur jetzt stand ich auf der anderen Seite und sagte, dass er der Messias war. Was hätte es Schöneres im Leben geben können, wenn ich Jesus bereits zu seinen Lebzeiten gefolgt wäre. Wann immer ich daran dachte, fühlte ich einen stechenden Schmerz und eine vollkommene Leere in meinem Herzen. Jetzt waren die Juden wütend; sie hassten mich sogar. Oft sprach ich in meinen Reden: „Wovon ihr durch das Gesetz des Moses nicht konntet freigesprochen werden, ist der gerechtfertigt, der an Jesus glaubt." Das war wie ein Schlag mit dem Hammer für die Juden. In ihren Augen ging ich zu weit, solche Worte über Moses zu sagen. Sie waren weder bereit dies zu hören, geschweige denn zu akzeptieren. Deshalb spitzte sich der Streit und die Auseinandersetzungen in meinem Leben einige Male lebensgefährlich zu. Petrus und die anderen entschieden, ich solle das Land verlassen und in Richtung

Seleucia ziehen. Anfangs wollte ich unbedingt in Jerusalem bleiben. Aber später erhielt ich die Offenbarung von Jesus, mich in fremde Nationen zu begeben. Ich war inspiriert in fremde Länder zu reisen, um über Jesus Zeugnis abzulegen.

Während meiner Reisen empfand ich viel Frieden in meinem Herzen. Die Menschen, der für mich fremden Nationen, nahmen die Botschaft über Jesus als den Messias leichter an. Sie wollten einfach mehr wissen. Barnabas begleitete mich. Ich bereiste viele Orte und sprach über den Messias. Ich habe jeder Gefahr des Todes getrotzt, aber niemals aufgehört, über Jesus Zeugnis abzulegen. Bei einem Treffen mit Jesus in der geistigen Welt sprach dieser zu mir: „Hör niemals auf zu sprechen und zu bezeugen, wer ich bin." Ich habe noch viel mehr durchgemacht, als das, was in der Bibel in meinen Briefen über die Reisen geschrieben steht.

Anfangs unterstützte mich Barnabas. Er wollte mit mir auf meinen Reisen Zeugnis vor den Menschen fremder Nationen ablegen. Später hatte ich viele verbale Auseinandersetzungen mit ihm und ebenso mit Markus, den man auch Johannes nennt. Barnabas glaubte nicht, dass es Jesus' Bestimmung war, für uns zu sterben. Dies entwickelte sich zu unserem Hauptstreitpunkt. Er glaubte, es handelte sich hierbei um einen furchtbaren Fehler des auserwählten Volkes, das Jesus nicht glaubte und ihn als Messias verkannte. Als Konsequenz dessen, wurde Jesus gekreuzigt. Andererseits hätte er Gottes Welt substantiell auf Erden errichtet.

Ich dagegen bezeugte, dass Jesus zu uns gekommen sei, um für uns zu sterben, damit wir die Erlösung durch ihn erhalten. Ich verstand seine Argumentation; später erwähnte ich diese auch in einem meiner Briefe in der Bibel. Dort sagte ich, wenn das auserwählte Volk der Israelis wahrhaft gewusst hätte, wer Jesu war, dann hätten sie ihn nicht gekreuzigt. Aber diese Wahrheit erwähnte ich nur am Rande und zudem noch viel, viel später. Während meiner Reisen versuchte ich meine Zeugnislegung gegenüber Barnabas so zu begründen: Würde ich dem folgen, was er sagt, dann hätte dies meine Zeugnislegung geschwächt. Auch würden sich die Juden fürchten, da sie Jesus ans Kreuz geschlagen hätten. Sie wussten, dass dies auf keinen Fall der Wille Gottes gewesen sein konnte. Ich versuchte, Barnabas von einer anderen These nach Jesus Tod am Kreuz zu überzeugen: Er kam, um für uns zu sterben! Dadurch wäre der Vorteil auf meiner Seite. Ich würde den Juden und den Menschen fremder Länder erzählen, dass ihre Sünden vergeben werden, wenn sie nur an den Messias glauben. Auf diesem Weg könnten wir eine Religion entstehen lassen, deren Gläubige die ganze Welt besiedeln. Das wäre der einzige Weg, auf dem wir die anderen geistigen Lehren durchbrechen können.

Aber Barnabas sprach: „Obwohl Jesus für uns gestorben ist, war es trotzdem nicht der Zweck seines Kommens. Jetzt bringst du sogar die Lehre auf, dass Jesus am Kreuz sterben musste. Genau genommen war das nicht der Wille Gottes." Zum anderen wollte Barnabas, dass Johannes, der auch Markus genannt wurde, bei uns bleibt während wir Zeugnis ablegen. Meine ablehnende Einstellung gegenüber Johannes erklärt sich so: Verschiedene Male verließ uns Johannes während unserer Missionsreisen. Er ist zurück in seine eigene Welt gegangen, um dort zu leben. Von Zeit zu Zeit wurde er geistig inspiriert und wollte sich uns wieder anschließen. Johannes, auch Markus genannt, war eine labile Person. Die materielle Welt zog ihn magisch an. Ich konnte mich nicht auf ihn verlassen. Auf der anderen Seite sah er viele Träume und Visionen, konnte aber die Bedeutung seiner eigenen geistigen Offenbarungen nicht erklären. Deshalb war er meistens durch seine eigenen geistigen Erfahrungen verwirrt. Persönlich wollte ich nicht, dass Johannes mit seinen Visionen und Träumen die neuen Gläubigen Jesus' durcheinander brachte. Er war auch kein standhafter Mann, dem man hätte verschiedene Verantwortungen übertragen können. Deshalb sagte ich Barnabas, dass es besser wäre, ihn nicht bei uns zu behalten, denn er könne viel Verwirrung unter unseren Mitgliedern stiften. Aber Barnabas war nicht meiner Meinung.

Er sprach: „Johannes ist eine besondere Person für Jesus. Jesus und auch die Engel besuchen ihn. Johannes sagt selber, dass er Jesus sehr nahe steht. Wir können solch einen wertvollen Menschen nicht einfach ignorieren." Ich erzählte Barnabas, dass er mit ihm gehen könne. Aber ich wollte auf keinen Fall, dass so eine Person bei mir blieb. Ich würde Zeugnis ablegen, und er würde die Menschen im gleichen Atemzug wieder verwirren. Meine ganzen Bemühungen würden umsonst gewesen sein. Deshalb trennten wir uns. Barnabas ging mit Johannes, auch Markus genannt, nach Cypern. Ich zog hingegen nach Seleucia.

Das gleiche passierte auch Johannes, der die Offenbarung schrieb. Obwohl er die Offenbarungen durch die Engel erhielt, hatte er selber kein klares Verständnis, zu wem diese gehören. Deshalb stifteten und stiften seine Offenbarungen von damals bis in die heutige Zeit hinein Verwirrung im Christentum. Ich muss das sagen, denn aufgrund seiner Offenbarung wird das Christentum dich beschuldigen, dass du von der Seite Satans kommst. Nach meinem Tod ging ich in die geistige Welt. Dort eröffnete sich mir die Erklärung für viele Dinge. Hier wurde mir aber noch etwas anderes klar. Hätte ich einen tieferen Wunsch in mir nach mehr Wahrheit gespürt, wäre mir diese durch Gott und die Himmel offenbart worden. Aber als sie meine Beschränktheit und meine Zufriedenheit mit diesem kleinen Teil der Wahrheit sahen, konnten sie mich nur dazu benutzen, die Welt der Christen vorzubereiten.

Ehrlich gesagt, gehört das Christentum nicht zu Jesus, sondern zu mir. Wie kann das Christentum Jesus gehören? In ihm weiß niemand klar über Gott Bescheid. Nun möchte ich noch etwas sagen: Zum einen habe ich Jesus abgelehnt, als ich ihn während seiner Mission auf Erden traf. Zum anderen verfolgte ich ihn und habe alles in meiner Kraft stehende getan, um ihn aufzuhalten. Nach seiner Kreuzigung verfolgte ich seine Jünger noch heftiger. Ehrlich gesagt, als ich in der Absicht nach Damaskus reiste, Jesus Anhänger zur Religion Moses zu bekehren, war ich Hundert Prozent sicher, dass ich den Willen Gottes tue. Im ersten Moment, als dieses extreme Licht mir auf meiner Reise erschien, dachte ich, die Engel würden mir erscheinen, um meine Anstrengungen zu würdigen und mich zu segnen, damit ich diesen neuen Kult aufhalten könnte. Deshalb wurde ich auch extrem emotional in meinem Herzen. Ich war mir so sicher, dass ich auf dem richtigen Weg sei, um den Willen Gottes zu erfüllen. Aber jetzt stand dieses extreme Licht vor mir und sprach: „Oh Saulus, oh Saulus." Und ich schrie: „Oh Herr, oh Herr, wer bist du?" Zu unserer Zeit nannten wir die Engel auch Herr, wenn sie jemandem erschienen. Und die Stimme sagte: „Ich bin Jesus, den du verfolgst." Als ich dies hörte, blieb mir die Luft weg. Ich war vollkommen am Boden zerstört, denn ich hätte mir niemals träumen lassen, dass dieses Licht Jesus sein könnte. Zudem erblindete ich. Die Angst machte sich in meinem Herzen breit und ich sagte mir selber: „Oh Saulus, du bist an einem unvollkommenen Tag geboren worden. Du bist der schlechteste

Mensch unter der Sonne. Was hast du Böses dem Messias und dem Volk angetan?" Danach stand eins für mich fest: Alles, was ich bis jetzt getan hatte, war vollkommen falsch! Meine Leute brachten mich nach Damaskus. Dort beichtete ich meine Sünden Gott und dem Messias. Ich bereute zutiefst. Noch einmal erhielt ich die Chance, das Richtige in meinem Leben zu tun. Später kam Ananias und heilte mich. Ich weinte sehr und bereute meine Taten in der Vergangenheit.

Selbst heute im Paradies vergieße ich unzählige Tränen und bitte den Himmlischen Vater um Vergebung. Eines Tages, als das Licht des Himmlischen Vaters meinen Bereich des Paradieses durchreiste, wurde ich übermystisch und unter Tränen bat ich um Vergebung. Ich sprach zu Gott, dass ich diesen Schmerz niemals selber überwinden könne, und die Traurigkeit in meinem Herzen dadurch immer größer würde. Dann sprach die Stimme: „Oh Paulus, ich wünschte, die Reise, die du während deines Lebens für die Mission des Sohnes von Maria auf dich genommen hast, hätte der Sohn Marias für mich angetreten. Ich habe dir bereits vergeben. Deshalb bete nicht noch einmal aus diesem Grund zu mir." Von dieser Zeit an fand ich Frieden in meinem Herzen.

Was immer ich für die Mission des Messias auf Erden getan habe, tat ich mit meinem ganzen Herzen und mit meiner ganzen Kraft, in der Absicht, Zeugnis über Jesus abzulegen. Am Ende meines Lebens offenbarten mir die Himmel verschiedene Geheimnisse. Als ich in die geistige Welt kam, fand ich heraus, dass Jesus noch auf Erden weilt und in Kaschmir lebt. Das war ein anderes Black Out für mich. Die Engel erklärten mir, dass der Heilige Geist Gabriel in der Gestalt Jesus mit mir gearbeitet hätte. Sie erklärten mir viel über die Vorsehung Gottes. Es war erstaunlich, all diese göttlichen Informationen zu hören. Sie machten mich sprachlos in der geistigen Welt. Ich brauchte einige Hundert Jahr, um das zu verdauen. Selbst heute bin ich noch sehr traurig, wenn ich das Christentum, den Islam, das Judentum und die anderen Religionen betrachte, da sie sich wieder dem Mann Gottes auf Erden in den Weg stellen.

30 Jahre sind vergangen, und du, Zahid, bist aufgrund der starken Ketten der Religionen, noch nicht so weit gekommen. Das bricht mein Herz. Die Religionen wurden vorbereitet, um den Mann Gottes willkommen zu heißen und nicht, um ihn zu blockieren. Ich war genauso verbohrt in die Prophezeiungen des Alten Testamentes und

lehnte Jesus zu seinen Lebzeiten ab. Den gleichen Fehler machen das Christentum, der Islam und die anderen Religionen heute in deinem Fall. Sie müssen Gott unter Tränen fragen, wer du bist. Dann wird ihnen auch die Antwort gegeben werden. Ich wünschte, ich hätte das gleiche im Falle des Messias getan. Aber wie dem auch sei, jetzt kann ich nur den Christen den Rat geben, endlich aufzuwachen, ihre Herzen zu öffnen und zu erkennen, dass noch einmal das Königreich Gottes nahe ist." Dann begann Paulus, wie ein Kind zu weinen. Anschließend betete er: „Geliebter Himmlischer Vater, gib Zahid viele Paulus', damit er deinen Willen erfüllen kann."

Ich umarmte Paulus und Tränen rannen aus meinen Augen. Wie ich schon vorher sagte, es ist für mich immer sehr traurig gewesen, das Herz der Himmel auszudrücken. Als ich Paulus Lebewohl sagen wollte, sprach er zu mir: „Ich möchte dir noch sagen, Jesus lebt weit weg von meiner Dimension und er besucht mich nur sehr selten." Ich sprach zu Paulus: „Wenn du wirklich an meiner Meinung interessiert bist, dann höre: Schaffe ich es nicht, die ideale Welt für Gott zu bringen und sein Herz zu befreien, dann habe ich keinen Wunsch, irgendjemand zu treffen."

Ich flog zu Jesus in die höhere Dimension des Paradieses. Dort angekommen, sah ich, wie er gerade andere Gesandte über den Willen Gottes unterrichtete. Ich gesellte mich zu ihnen. Als er mich sah, lächelte er und fragte mich, ob ich auch etwas über den Willen Gottes sagen möchte. Ich sagte, dass ich es bevorzuge, ihm zuzuhören. Nach seiner Rede nahm er mich in seinen besonderen Palast. Dort angekommen, gingen wir in ein Zimmer. In diesem herrschten ein einmaliger Frieden und eine mystische Atmosphäre.

Jesus sprach: „Alles, was Paulus dir erzählt hat, ist richtig. Eine große Traurigkeit schmerzt unser beider Herz: Wäre er mir nur auf der Erde gefolgt, dann würde das Königreich Gottes entstanden sein. Das ist solch eine Tragödie, die immer an den tiefen Schmerz Gottes erinnert. Wie ich dir bereits schon vorher sagte, haben meine 12 Jünger mich viele Male verlassen und zudem waren sie nicht immer in Einheit mit mir. Ich habe Petrus viele Male erzählt, dass er sein Bestes versuchen solle, damit wir unser eigenes Zentrum in Jerusalem haben. Dort hätten wir mehr Möglichkeiten, um die Menschen Jerusalems, die Römer, Griechen oder anderen Nationen zu bekehren. Wären diese

Menschen erst einmal in unsere Bewegung gekommen, hätten die Juden uns auch nicht so stark verfolgen können.

Aber wie dem auch sei. Petrus und die anderen wollten nicht nach Jerusalem zum Missionieren gehen, vor allem nicht ohne mich. Sie brauchten mich die ganze Zeit wie einen Vater. Ich sagte ihnen, sie sollen endlich erwachsen werden, um die Verantwortung für den Willen Gottes zu übernehmen. Aber ein Tag ohne mich reichte aus, um Zweifel aufkommen zu lassen. Schließlich erzählte ich ihnen, dass ohne die Vorbereitung einer Grundlage, durch das ständige Abhalten von Vorträgen, der Weg hin zur Kreuzigung führt.

Am Ende sprach ich zu ihnen: „Lasst uns noch einmal nach Jerusalem gehen. Die Zeit meiner Kreuzigung ist gekommen." Da waren alle zwölf zusammen traurig. Petrus sprach zu mir, dass ich nicht so vor den anderen Jüngern sprechen sollte, besonders nicht über die Kreuzigung oder meinen Tod in Jerusalem. Als ich diese Worte vernahm, wurde ich wütend. Ich sagte ihm geradewegs ins Gesicht in

Mt 16,23:„Weg mit dir, Satan, geh mir aus den Augen! Du willst mich zu Fall bringen; denn du hast nicht das im Sinn, was Gott will, sondern was die Menschen wollen."

Nur durch Frustration konnten solche Worte über meine Lippen kommen, denn alle meine Jünger sind niemals meiner Führung gefolgt. Wir gingen viele Male nach Jerusalem. Sie wussten, wie schwierig es ist, in den Tempeln Jerusalems zu sprechen, da man immer bereit war, uns umzubringen.

Petrus war meinem Herzen sehr nahe. Er war emotional und hatte ein mir ähnliches, vergebendes Wesen. Wie dem auch sei. Als ich ihm verschiedene Verantwortungen der Mission übertrug, zeigte er seine „zwei linken Hände", wie ihr es in eurer modernen Sprache ausdrücken würdet. Aber seine Fähigkeiten, besonders seine Nähe zu meinem Herzen, kann man nicht ignorieren. Auch Thomas stand mir sehr nahe. Alle anderen Jünger hast du, Zahid, bereits persönlich in anderen Dimensionen getroffen. Über sie kannst du dir dein eigenes Urteil bilden.

Als ich dieses Mal nach Jerusalem ging, hatte ich eine Vision, dass ich gekreuzigt werden könnte, und dass Judas Iskariot der Grund für meine Gefangennahme sein wird. Satan fand in ihm sein Werkzeug. Eines möchte ich hier noch klar herausstellen. Das Christentum glaubt, dass ich zum Himmlischen Vater aus Schwäche und Angst betete, den Kelch an mir vorübergehen zu lassen, weil ich nicht am Kreuz sterben wollte. Aber dies ist absolut falsch! Entsprang es meiner menschlichen Schwäche, dass ich auf diese Art betete? Nein! Der Grund, warum ich betete, dass dieser Kelch an mir vorüberziehen soll, war, weil ich leben wollte, um substantiell den Willen Gottes zu erfüllen. Ich wollte den Tag wahr werden lassen, an dem Gottes ideale Welt auf Erden errichtet wird. Der Zweck, warum Gott mich aussandte, war, das Königreich Gottes auf Erden zu errichten. Auch du, Zahid, hast von Gott erfahren, dass ich nicht auf die Erde kam, um am Kreuz zu sterben. Das war der Fehler des auserwählten Volkes, das mir nicht glaubte, ich sei von Gott gesandt. Andererseits hätte es keinen Grund gegeben, am Kreuz zu sterben.

Als ich anfing, über meine Kreuzigung zu reden, tat ich dies, weil für mich persönlich keine Hoffnung bestand, dass das auserwählte Volk mir jemals glauben wird. Auf der anderen Seite suchten die israelischen Führer immer noch eine Möglichkeit, mir nach dem Leben zu trachten. Viele Male schlugen sie mich. Einige Male war ich dem Tod bereits sehr nahe. Sie wollten mich sogar von einem Berg hinunterstürzen. Gott beschützte mein Leben, anderseits wäre ich bereits vor langer Zeit durch die Hände der fanatischen, gläubigen, israelischen Führer gestorben.

Es gibt so viele Stellen in der Bibel, bei denen ich während meiner öffentlichen Reden anfing zu weinen. Zum Beispiel:

Mt 23,13: „Weh euch, ihr Schriftgelehrten und Pharisäer, ihr Heuchler! Ihr verschließt den Menschen das Himmelreich. Ihr selbst geht nicht hinein, aber ihr lasst auch die nicht hinein die hinein gehen wollen."

Mt 23,37-39: „Jerusalem, Jerusalem, du tötest die Propheten und steinigst die Boten, die zu dir gesandt sind. Wie oft wollte ich deine Kinder um mich sammeln, so wie eine Henne ihre Küken unter ihre Flügel nimmt; aber ihr habt nicht gewollt! Darum wird euer Haus (von Gott) verlassen. Und ich sage euch: Von jetzt an werdet ihr mich nicht mehr sehen, bis ihr ruft: Gesegnet sei er, der kommt im Namen des Herrn."

Mk 11,17: ... „Heißt es nicht in der Schrift: Mein Haus soll ein Haus des Gebetes für alle Völker genannte werden? Ihr aber habt daraus eine Räuberhöhle gemacht."

Lk 9,59-62: „*Zu einem anderen sagte er: Folge mir nach! Der erwiderte: Herr, lass mich zuerst heimgehen und meinen Vater begraben. Jesus sagte zu ihm: Lass die Toten ihre Toten begraben; du aber geh und verkünde das Reich Gottes! Wieder ein anderer sagte: Ich will dir nachfolgen, Herr. Zuvor aber lass mich von meiner Familie Abschied nehmen. Jesus erwiderte ihm: Keiner, der die Hand an den Pflug gelegt hat und nochmals zurückblickt, taugt für das Reich Gottes.*"

Lk 10,1-2: „*Danach suchte der Herr zweiundsiebzig andere aus und sandte sie zu zweit voraus in alle Städte und Ortschaften, in die er selbst gehen wollte. Er sagte zu ihnen: Die Ernte ist groß, aber es gibt nur wenig Arbeiter. Bittet also den Herrn der Ernte, Arbeiter für seine Ernte auszusenden.*"

Lk 11,2: „*Da sagte er zu ihnen: Wenn ihr betet, so sprecht: Vater, dein Name werde geheiligt, Dein Reich komme!*"

Lk 12,49: „*Ich bin gekommen, um Feuer auf die Erde zu werfen. Wie froh wäre ich, es würde schon brennen!*"

Lk 17,20-21: „*Als Jesus von den Pharisäern gefragt wurde, wann das Reich Gottes komme, antwortete er: Das Reich Gottes kommt nicht so, dass man es an äußeren Zeichen erkennen könnte. Man kann auch nicht sagen: Seht, hier ist es! Oder: Dort ist es! Denn: Das Reich Gottes ist schon mitten unter euch.*"

Joh 5,42-43: „*Ich habe erkannt, dass ihr die Liebe zu Gott nicht in euch habt. Ich bin im Namen meines Vaters gekommen und doch lehnt ihr mich ab. Wenn aber ein anderer in seinem eigenen Namen kommt, dann werdet ihr ihn anerkennen.*"

Joh 6,28-29: „*Da fragten sie ihn: „Was müssen wir tun, um die Werke Gottes zu vollbringen? Jesus antwortete ihnen: Das ist das Werk Gottes, dass ihr an den glaubt, den er gesandt hat.*"

Joh 8,39-40: „*Sie antworteten ihm: Unser Vater ist Abraham. Jesus sagte zu ihnen: Wenn ihr Kinder Abrahams wärt, würdet ihr so handeln wie Abraham. Jetzt aber sucht ihr mich zu töten, einen Menschen, der euch die Wahrheit verkündet hat, die ich von Gott gehört habe. So hat Abraham nicht gehandelt.*"

Joh 8,47: „Wer aus Gott ist, hört die Worte Gottes; ihr hört sie deshalb nicht, weil ihr nicht aus Gott seid."

Diese Verse zeigen sehr klar, dass Gott mir die Mission als Messias gab, um die ideale Welt auf Erden zu bringen. Obwohl ich am Ende über meine Kreuzigung sprach, gestehe ich, dass das nur aufgrund meiner Frustration und Traurigkeit geschah. Aber auf keinem Fall war es Gottes Plan, dass ich am Kreuz sterbe. Der Grund ist einfach: Seit der Zeit Abrahams, wir reden hier über eine Zeitspanne von 2000 Jahren, bereiteten Gott und die Himmel ihr eigenes auserwähltes Volk vor. Warum? Damit sie den Messias willkommen heißen, sich mit ihm im Herzen und in ihren Taten vereinen und, um das Königreich Gottes entstehen zu lassen. Wäre der Tod am Kreuz im Gegensatz dazu Gottes Plan gewesen, hätte Er auch nicht über 2000 Jahre so viel Mühe in die Vorbereitung seines eigenen Volkes investieren müssen. Gott hätte mich an jeden Ort schicken können, um zu sterben. Bei den Barbaren wäre mein Tod ein leichtes gewesen. Einen Fehler habe ich trotzdem in meiner Mission begangen. Ich habe in Symbolen gesprochen. Es oblag meiner Verantwortung, den Willen Gottes leicht verständlich zu artikulieren. Aber es war damals Tradition, in Symbolen zu sprechen.

Einige Male machten meine Jünger mich darauf aufmerksam, keine Symbole in meinen Reden zu verwenden. Aber was soll ich jetzt sagen. Es lag an meiner arroganten Einstellung, dass ich nicht auf sie hörte. Viele Male war ich stur und wollte nicht zurückstecken. Obwohl mir der Rat gegeben wurde, mein Leben zu beschützen, machte ich weiter. Deshalb wurde der Kreis der Verfolgung um mich herum immer enger. Am Ende kostete mich dies den Weg zum Kreuz. Schaue ich jetzt zurück, kann ich klar erkennen, dass es nicht notwendig gewesen ist, mit der israelischen religiösen Welt so umzuspringen.

Genau genommen hatte ich genügend Zeit, auf diesem Weg mit Bedacht zu gehen. Ich hatte auch genügend Zeit, um substantiell die Grundlage für das Königreich Gottes zu legen. Ich wählte aber den kürzesten Weg für mein Ziel. In solch einer Eile ignorierte ich die Macht Satans. Das war mein größter Fehler. Ich habe ihn unterschätzt. Satan ist ein harter Widersacher für die Menschen. Auf dem Niveau des Individuums siegte ich über Satan. Aber er überließ mir nicht den Sieg auf dem Niveau der Familie und der Gesellschaft. Letztlich fiel ich ihm durch meine eigenen Leute in die Hände und ich musste am Kreuz enden. Als die religiöse Obrigkeit mich einfing, um mich am Kreuz hinzurichten, bedurften selbst sie eines besonderen Grundes. Unter dem herrschenden römischen Gesetz war es nicht ohne weiteres möglich, jemanden aufgrund eines religiösen Konfliktes zu kreuzigen. Deshalb sagte auch Pilatus zu mir, dass ich sprechen müsse. Ich müsse von meinem Recht Gebrauch machen, meinen Gegnern zu antworten. Pilatus erzählte mir, dass ich auf keinem Fall wegen eines religiösen Konfliktes am Kreuz sterben könne. Aber da ich mich absolut still verhielt und mich nicht einmal ansatzweise verteidigte, waren auch Pilatus die Hände gebunden. So war es ihm nicht möglich, die Macht seiner Gerechtigkeit zu demonstrieren. Trotzdem lehnte er es immer noch ab, mich zu bestrafen. Gemäß dem römischen Gesetz befand er mich für nicht schuldig. Er erzählte den israelischen Führern und den Menschen, dass das römische Gesetz es nicht gestattet, jemanden wie mich, aufgrund eines religiösen Konfliktes, ans Kreuz zu nageln.

Im darauffolgenden Gerichtsprozess wurden die religiösen Führer weiser. Sie sprachen zu Pilatus: „Jesus führte das Volk in Versuchung, eine Revolution gegen die römische Macht und den römischen Imperator anzuzetteln, um ein unabhängiger König zu werden." Und mit dieser schwerwiegenden Anschuldigung, lehrten sie auch Pilatus das Fürchten. Die religiösen Oberhäupter drohten Pilatus seine Macht und Stellung vor dem Imperator in Frage zu stellen. Sie würden verschiedene Nachrichten nach Rom senden, damit der Imperator weiß, dass Pilatus solch einen Mann beschützt und ihm seine Gunst erweist; einem Mann, der das Volk zu einer Revolution aufwiegelt. Auch wollten sie vor dem Imperator behaupten, Jesus wolle ein unabhängiger König entgegen der römischen Macht werden. Aufgrund dessen ließ sich Pilatus auf einen politischen Handel mit den religiösen Führern ein und lieferte mich an Sie aus.

Während des Gerichtsprozesses sprach Pilatus zu mir, ich solle mich verteidigen. Nur dann könne er mich aufgrund seiner Autorität, an ein höheres Gericht nach Rom senden. Er sagte auch, dass ich sicherlich außerhalb der Reihen dieser Fanatiker, in einer anderen Gegend, mich selber viel besser vor einem römischen Gericht und dem römischen Volk verteidigen könne. Pilatus war überzeugt, dass die religiösen Oberhäupter in Rom ein höheres Gericht und das römische Volk nicht gegen mich beeinflussen können. Trotzdem verharrte ich in Schweigen und gab Pilatus keine befriedigende Antwort. Ich verlangte auch nicht nach einem anderen Gericht, das war ein furchtbarer Fehler meinerseits. Selbst die Himmel gaben mir ein Zeichen, ich solle nach Rom gehen. Aber in meinem Herzen war ich nicht bereit, in Rom als Gefangener einzukehren. Ich war nicht sicher, wie lange ich im Gefängnis bleiben müsse, bevor man über meinen Fall entscheidet. Im Ergebnis dieses politischen Handels wurde ich an die religiösen Oberhäupter übergeben, um sie zufrieden zu stellen.

Was soll ich dir jetzt sagen, Zahid. Ich habe einen unumkehrbaren und katastrophalen Fehler begangen. Später musste das Christentum mit seinem eigenen Blut den Preis der Wiedergutmachung an Satan zahlen. Es bleibt mir nur, die Menschen durch dich dafür um Vergebung zu bitten.

Noch einmal möchte ich zu meiner Lebensgeschichte zurückkehren. Ein paar Stunden, nachdem sie mich ans Kreuz schlugen, begann der Tag des Sabbats. Die Menschen mussten sich auf diesen vorbereiten, denn nach der Mittagsstunde, ihr würdet 12 Uhr sagen, musste dieser beginnen. Deshalb brachen sie die Hände und Füße der Gekreuzigten und ließen sie so sterben. Ich hing so etwas mehr als vier Stunden am Kreuz. Schwerlich stirbt man bereits innerhalb von vier Stunden. Einer der Soldaten, die mich ans Kreuz schlugen, überbrachte mir die Botschaft, dass ich mich tot stellen solle. Josef aus Arimathäa ließ diese Botschaft überbringen, um mein Leben zu retten.

Genau genommen glaubte Josef aus Arimathäa an mich. Aufgrund seiner hohen Position in der römischen Regierung, wollte er nicht seine Sympathie für mich zu erkennen geben. Jetzt hatte er mit viel Geld den Hauptmann, der um mich herumstehenden Soldaten, bestochen. Danach ging Josef aus Arimathäa zu Pilatus und bat ihn, um meinen toten Körper. Er war sehr überrascht und fragte Josef aus Arimathäa: „Jesus ist bereits gestorben?" Josef aus Arimathäa antwortete: „Ja, er ist tot. Ich habe die Information von deinen Soldaten." Er erhielt von Pilatus die Erlaubnis, meinen toten Körper zu begraben.

Aus meiner Sicht stellten sich die Ereignisse so dar. Bereits vor meiner Kreuzigung, überbrachte man mir die Botschaft von Josef aus Arimathäa, dass ich mich tot stellen solle. Als man mir Hände und Füße ans Kreuz nagelte, waren die Schmerzen für mich schier unerträglich. Die physische Stärke der Verbrecher neben mir am Kreuz, überraschte mich. Sie konnten den Schmerz ertragen. Sie unterhielten sich und machten sich, ohne eine Träne zu vergießen, über mich lustig. Ich war unsagbar durstig. Ich bat einige Male um Wasser. Stattdessen wurde ein in Essig getränkter Schwamm auf der Spitze eines Speeres an meine Lippen gehalten. Durch meinen Blutverlust wurde mir schwindelig.

In diesem Zustand hatte ich eine Vision. Ich war überrascht, dass mich Dunkelheit umgab und Satan vor mir stand. Er sprach: „Ich habe über dich gesiegt. Jetzt ist dein Leben mein." Außer Satan sah ich weder Engel noch Licht. Seine üble, scheinbar zahllose Gefolgschaft, baute sich hinter ihm auf. In diesem Moment schrie ich heraus: „Oh Gott, oh Gott, warum hast du mich verlassen?" Seitdem Gott mir die Mission gegeben hatte, war das himmlische Licht immer um mich herum. Aber nun war ich ganz allein. Ich erinnerte mich an den Fall Adams im Garten Eden. Gott rief ihm damals zu: „Wo bist du, Adam?" Gott wusste, wo sein physischer Körper war, aber Er hatte die Verbindung mit seiner Seele verloren. Ich erinnerte mich an Gott und an die Himmel, auf dass ich nicht in dieser satanischen Welt fallen würde. „Ich bin auf deiner Seite, geliebter Himmlischer Vater. Warum hast du mich nun in die Hände Satans überantwortet?"

Nach einer Weile verschwand diese Vision und ich wurde ohnmächtig. Das nächste, woran ich mich erinnere, war mein Erwachen in einem Zimmer. Vom Fenster aus konnte ich den Garten sehen. Josef aus Arimathäa und ein paar Leute standen um mich herum. Meine verletzten Hände und Füße wurden verbunden.

Was war nun passiert? Josef aus Arimathäa erschien um die Mittagsstunde am Kreuz, um meinen vermeintlich toten Körper herunterzunehmen. Einige Soldaten kannten nicht den Handel zwischen Josef von Arimathäa und dem Hauptmann der Wachen. Sie wussten nicht, dass viel Geld bezahlt wurde, damit man meinen Körper sobald wie möglich haben könne. Als Josef aus Arimathäa nach meinem Körper verlangte, sprach einer dieser nicht eingeweihten Soldaten: „Dieser Mann Jesus ist noch nicht tot. Wir werden seine Hände und Füße brechen." Plötzlich stach er mit seinem Speer in meine Rippen und das Blut schoss aus der Wunde. Dieser Soldat wollte unbedingt herausfinden, ob ich tot war. Zur gleichen Zeit näherte sich der Hauptmann und brüllte wütend: „Dieser Mann Jesus ist tot. Schon bald beginnt der Sabbat der Israelis. Die Leute am Kreuz sollen deshalb nicht mehr hier hängen." Dann befahl er, meinen toten Körper vom Kreuz abzunehmen. Die Nägel wurden aus Händen und Füßen herausgezogen, um meinen toten Körper nicht weiter zu entstellen. So wurde bei anderen Gekreuzigten nicht verfahren. Die Soldaten brachen ihre Hände und Füße und brachten sie um. Ihre Leiber wurden dann vom Kreuz gerissen. Der Hauptmann ließ meinen Körper an Josef aus Arimathäa und seine Leute übergeben. Ehrlich gesagt, konnten gekreuzigte Verbrecher manchmal mehr als drei Tage überleben. Sie starben durch Austrocknung, Verbluten oder an Kreislaufversagen. Wer dennoch überlebte, wurde letztendlich mit dem Schwert getötet.

Ich fühlte einen furchtbaren Schmerz in meinen Händen und Füßen. Josef aus Arimathäa versicherte mir, dass ich an einem sicheren Ort sei. Einige seiner Leute wuschen meinen, mit Blut überströmten, Körper. Dann verbanden sie meine Hände und Füße. Am zweiten Tag brachten sie mich an einen anderen sicheren Ort. Ich sprach zu Josef aus Arimathäa, dass ich nach Galiläa gehen wolle, um meinen elf Jüngern zu zeigen, dass ich am Leben sei. Aber er war damit nicht einverstanden. Er sprach zu mir: „Du ruhst dich besser aus und lässt deine Wunden heilen." Ein anderer Grund aber war, dass die religiösen Führer nach meinem toten Körper suchen ließen.

Doch ich hörte nicht auf ihn. Mit verletzten Händen und Füßen ging ich in die Berge von Galiläa und traf meine Jünger. Als sie mich sahen, fürchteten sie sich vor mir. Keiner wollte mir zu nahe kommen. Einige zweifelten, ich sei Jesus, denn ich hatte mein Gesicht verhüllt. Ein anderes Mal, als ich sie traf, hielten sie mich für einen Geist. Ich zeigte ihnen zum Beweis meine Hände und Füße, denn ein Geist hat weder Fleisch, noch Knochen. So steht es auch in der Bibel geschrieben in

Lk 24,37-43 „Sie erschraken und hatten große Angst, denn sie meinten, einen Geist zu sehen. Da sagte er zu ihnen: Was seid ihr so bestürzt? Warum lasst ihr in eurem Herzen solche Zweifel aufkommen? Seht meine Hände und Füße an: Ich bin es selbst. Fasst mich doch an und begreift: Kein Geist hat Fleisch und Knochen, wie ihr es bei mir seht. Bei diesen Worten zeigte er ihnen seine Hände und Füße. Sie staunten, konnten es aber vor Freude immer noch nicht glauben. Da sagte er zu ihnen: Habt ihr etwas zu essen hier? Sie gaben ihm ein Stück gebratenen Fisch; er nahm es und aß es vor ihren Augen."

Bei einer anderen Zusammenkunft traf ich sieben meiner Jünger im Tal von Tiberias. Ich beobachtete sie aus der Ferne. Thomas erkannte mich und kam zu mir. Er rief Petrus zu uns heran. Ihm folgten dann auch die anderen. Keiner hatte die Courage, mir Fragen zu stellen. Deswegen sagte ich zu ihnen: „Lasst uns zusammen essen." Nach dem Essen fragte ich Petrus, was man auch lesen kann in

Joh 21,15-18 „Als sie nun gegessen hatten, sprach Jesus zu Simon Petrus: Simon, Sohn des Johannes, liebst du mich mehr als diese? Er antwortete ihm: Ja, Herr, du weißt, dass ich dich liebe. Da sagte er zu ihm: Weide meine Lämmer! Wiederum sprach er ein zweites Mal zu ihm: Simon, Sohn des Johannes, liebst du mich? Er sagte zu ihm: Ja, Herr, du weißt, dass ich dich liebe. Er sprach zu ihm: Weide meine Schafe! Zum dritten Mal fragte er ihn: Simon, Sohn des Johannes, liebst du mich? Da wurde Petrus traurig, weil er zum dritten Mal zu ihm sprach: Liebst du mich? Und er sagte zu ihm: Herr, alles weißt du; du weißt es, dass ich dich liebe. Jesus sprach zu ihm: Weide meine Schafe! Wahrlich, wahrlich, ich sage dir: Als du jünger warst, gürtetest du dich selbst und gingst, wohin du wolltest; bist du aber alt geworden, wirst du deine Hände ausstrecken, und ein anderer wird dich gürten und dich führen, wohin du nicht willst."

Danach bat ich Petrus, mir zu folgen. Als ich mich umdrehte, sah ich Thomas auf uns zukommen. Ich sagte zu Petrus, er solle ihn wegschicken. Petrus erwähnte, Thomas würde mich sehr lieben und wollte daher jeden Moment mit mir zusammen sein. Dies war mein letztes Treffen mit Petrus. Ich erzählte ihm alles, wie Gott mein Leben durch Josef aus Arimathäa beschützt und mich bei sich an einem sicheren Ort versteckt hatte. Sehr bald würde ich dieses Land verlassen und niemals wieder zurückkehren. Ich wolle zu den verlorenen Stämmen Israels gehen und ihnen die gute Neuigkeit vom Willen Gottes bringen. Danach sagte ich zu Petrus: „Halte durch und übermittle weiterhin meine Botschaft den Israelis." Petrus begann zu weinen und sprach zu mir: „Bitte Lehrer, verlass uns nicht." Ich sagte zu ihm, ich müsse gehen, denn wenn sie mich noch einmal fangen, dann wäre dies mit Sicherheit mein Tod. Meine letzten Worte an

Petrus waren: „Erzähl niemanden, wohin ich jetzt gehe. Wir werden uns im nächsten Leben wieder treffen." Petrus hielt meine Hände und schluchzte bitterlich.

Ich kehrte zu Josef aus Arimathäa zurück und blieb bei ihm für drei Monate, bis meine Hände und Füße vollständig geheilt waren. Während dieser Zeit beschützte mich Josef aus Arimathäa. Seine Leute kümmerten sich Tag und Nacht um mich. Eines Tages fragte mich Josef aus Arimathäa: „Was ist jetzt dein Plan?" Um zu sehen, was er sagen würde, fragte ich ihn: „Möchtest du mir einen Rat geben?" Josef aus Arimathäa antwortete: „Großer Lehrer, du weißt es besser als ich. Ich weiß nur, was diese religiösen Oberhäupter dir angetan haben. Es ist eine große Tragödie in der menschlichen Ära. Ich weiß, dass du der Messias bist, und auch ich wartete auf das Königreich Gottes auf Erden. Du warst derjenige, der das Königreich Gottes auf Erden hätte errichten können. Was soll ich jetzt sagen. Ich bin sprachlos. Mein Verstand arbeitet nicht mehr. Mein Herz ist gebrochen. Doch ich weiß, wenn die religiösen Oberhäupter dich noch einmal fangen, werden sie dich wieder ans Kreuz schlagen. Dieses Mal werden sie alles daran setzen, dass du auch am Kreuz stirbst. Außerdem werden sie mich und auch meine Familie umbringen." Ich sprach zu ihm: „Ja, du hast Recht. Ich ziehe in ein fremdes Land, wo man mich nicht kennt und verfolgt. Ich möchte zudem Gottes Nachricht an die verlorenen Stämme Israels überbringen."

Josef aus Arimathäa bereitete die Reise für mich vor und brachte mir ein Pferd. Er gab mir genügend Geld, Gold, Diamanten und Juwelen. Ich sagte zu ihm: „Ich brauche dies nicht." Er erzählte mir, er wolle, dass ich wenigstens ein paar Jahre sorgenfrei in einem anderen Land leben könne. Als wir uns „Lebe Wohl" sagten, nahm er mich in seine Arme und weinte wie ein Kind. Er sagte zu mir, er werde all sein Leben um Vergebung bitten, dass er sich versteckt und den Israelis niemals offenbart hatte, mein Jünger zu sein. Er wollte sich selbst und seine Familie beschützen aufgrund des weltlichen Reichtums.

Jesus' Leben nach der Kreuzigung

Als ich Israel verließ, begleiteten mich noch zwei andere Menschen. Aber ich möchte ihre Namen in deinem Buch nicht erwähnen, Zahid. Ist die richtige Zeit gekommen, kannst du ihre Namen preisgeben. Das Ziel meiner Reise war das Land, das du heute Afghanistan nennst, denn zwei der Stämme der Israelis lebten dort. Ich bereiste auch andere Orte. Als ich schließlich in Afghanistan ankam, wollte ich diese beiden Stämme vom Willen Gottes überzeugen. Doch sie glaubten mir nicht. Die Zeit verging und ich brach nach Indien auf. Nahe Punjab, wie man diese Gegend heute nennt, wurde einer meiner Begleiter schwer krank und starb. Wir begruben ihn und setzten unsere Reise zu zweit fort. In Kaschmir angekommen, faszinierte dieser Ort mein Herz zutiefst. Ich entschied, mich hier niederzulassen, begann mein Leben als einsamer Mann und änderte sogar meinen Namen. Jetzt war ich ein sprachloser Mann mit gebrochenem Herzen. Fast jede Nacht weinte ich allein, da ich sehr einsam war. Ich wusste nicht, was ich zu Gott beten sollte. Meine geistige Kraft und meine Autorität wurden durch die Himmel für 40 Jahre von mir genommen.

Während dieser Zeit heiratete ich. Meine Frau gebar zwei Söhne und eine Tochter. Später lebten wir uns auseinander, nichts harmonisierte mehr in der Beziehung zu meiner Frau. Auch meine zwei Söhne gingen ihre eigenen Wege. Nur meine Tochter stand mir sehr nahe. Ich liebte sie mehr als irgendjemand anderen in dieser Welt. Später heiratete sie. Nach der Geburt ihres zweiten Kindes, wollte ihr Mann nach Punjab ziehen, weil seine Familie dort lebte. In meinem Herzen wollte ich mich von meiner Tochter nicht einmal für eine Minute trennen. Ich verheiratete sie, damit sie ihre eigene Familie gründen konnte und somit ließ ich sie ziehen. Am Tag unseres Abschieds fragte sie mich, ob ich sie jedes Jahr besuchen könne. Ich brach in Tränen aus. Ich nahm sie in meine Arme und wollte sie nicht gehen lassen. Sie war das einzige Licht in meiner dunklen Zeit. Ihr Mann versprach, sie könne mich von Zeit zu Zeit besuchen, wenn ich dazu nicht in der Lage sein würde. Am Tag, als meine Tochter mich verließ, fühlte ich die große Last der Traurigkeit in meinem Herzen. Ich brauchte eine geraume Zeit, um diesen Schmerz und diese Traurigkeit zu überwinden.

Lieber Zahid, ich schrieb auch ein Tagebuch über mein Leben, doch es wurde niemals bekannt. Ich hoffe, das Christentum wird viele Teile meines Lebens durch dich kennenlernen. In diesen 40 Jahren, in denen meine geistige Erleuchtung von mir genommen wurde, konnte ich nur in der Erinnerung an meine Beziehung zu Gott und den Himmeln leben. Jede Nacht betete ich unter Tränen zum Himmlischen Vater. Ich sprach zu Ihm: „Mein geliebter Vater, ich habe so viel Kummer und Traurigkeit zu Dir gebracht. Du und die Himmel hattet so viel Hoffnung in mich gesetzt. Lieber Himmlischer Vater, ich habe Dich und die Himmel enttäuscht. In der Mission, die Du mir gabst, um die neue Welt für Dich zu errichten, bin ich durchgefallen." Aber es kam keine Antwort vom Himmel für mich.

Während dieser Zeit sandte ich den mir verbliebenen Jünger, um im Geheimen die Situation meiner anderen Jünger zu erkunden. Als er zurückkam, übermittelte er mir die Botschaft, dass sich viele, viele Menschen inzwischen unserer Bewegung angeschlossen hätten und meine Jünger erfolgreich waren. Er erzählte: „Einer deiner Anhänger, mit Namen Paulus, ist sehr berühmt und legt für dich Zeugnis ab. Er hat viele Reisen in fremde Länder des heutigen Europas unternommen. Dort legte er ein herausragendes Zeugnis über dich ab. Er lehrt, dass du erschienen bist, um am Kreuz als Gottes Sohn zu sterben. Wer immer an dich glaubt, dem werden seine Sünden vergeben und er wird ein ewiges Leben erhalten." Ein sehr trauriges Lächeln kam über mein Gesicht. Ich dachte, würde dieser Mann Paulus jemals erfahren, dass ich in Kaschmir lebe, dann würde er aufhören, Zeugnis abzulegen.

Vierzig Jahre später besuchte mich eines Nachts der Himmlische Vater. Er hielt mich in seinen Armen und vergoss stille Tränen. Es gibt keine Worte, um Gottes gebrochenes Herz auszudrücken. Ich weinte und weinte. Ich faltete meine beiden Hände und sprach zu Gott: „Vergib mir. Vergib mir. Ich habe deinen Kindern furchtbares Leid zugefügt." Danach verließ mich der Himmlische Vater. Die Himmel vergaben mir. Noch einmal konnte ich in der geistigen Welt reisen. Bei Tageslicht jedoch war niemand da, dem ich meine Erfahrungen hätte erzählen können. In meinem Herzen wollte ich in der geistigen Welt leben. Ich habe Gott jede einzelne Sekunde meines Lebens vermisst. Im Alter von 120 Jahren starb ich.

Als ich in die geistige Welt kam, richteten Satan und seine Anhänger mich. Sie erklärten, ich wäre nicht in der Lage gewesen, Gottes auserwähltes Volk mit himmlischem Herzen zu lieben. Sie sagten auch, ich wäre verantwortlich für das Fehlschlagen der messianischen Mission. Satan und seine üblen Anhänger verlangten, dass ich auf keinem Fall in eine höhere Welt kommen soll. Die hohe Engelwelt lehnte diese Forderung aber ab. Das neutrale himmlische Gericht entschied, dass ich nichts mit Satan zu tun habe, da ich mich selbst von Satan getrennt und ein heiliges Leben geführt hatte. Deshalb konnte ich auch in eine höhere Welt aufsteigen. Aber das gleiche himmlische Gericht blockierte mich, und ich musste in der Formationsstufe des Paradieses bleiben. Sie machten mich für das Nichtbeenden der Mission Gottes verantwortlich, sowie für viele Konflikte, die sich während meiner Mission ereigneten.

Lieber Zahid, du kennst all diese Fakten. In Zukunft wird sich dir die Möglichkeit entsprechend deiner Grundlage bieten, der Menschheit mehr im Detail darüber erzählen zu können. Nach 298 Jahren gelangte ich in eine höhere Welt des Paradieses. Ich lebte dort für 300 Jahre; danach durfte ich in die Erzengelwelt des Paradieses eingehen. Wie du weißt, ist dies die höchste Welt, danach beginnt bereits das relative Königreich Gottes. Du weißt, auch diese Himmel sind leer. Nur vereinzelt leben dort Wesen.

Dir ist bekannt, dass meine Jünger sich ebenso vor dem himmlischen Gericht verantworten mussten und in verschiedene Dimensionen gebracht wurden. Da sie der zentralen Mission folgten, erhielten sie ein besonderes Privileg. Für eine bestimmte Zeit können einige mit mir sein. Wie du weißt, gibt es viele Dinge zwischen mir und meinen Jüngern, mir und meiner Mutter Maria, mir und Johannes dem Täufer sowie mir und Zacharias, meinem Vater, die erst emotional verheilen müssen. Von meiner Seite aus habe ich vergeben. Doch es braucht noch etwas Zeit, um vergessen zu können, da Geistwesen ihre eigenen Probleme nicht lösen können. Sie brauchen Objekte auf Erden, um ihre Hindernisse zu überwinden. Nur dann kann die Heilung in ihrem Geist und in ihrer Seele stattfinden.

Lieber Zahid, bevor ich zum Ende meiner Lebensgeschichte komme, möchte ich noch hinzufügen: Als die zentrale Person Gottes hatte ich die Hauptmission, den Willen Gottes zu verwirklichen. Obwohl ich selber vollkommen in der Liebe Gottes war und ein heiliges Leben führte, wie es Gott von seinen Kindern erwartet, konnte ich trotzdem nicht die Grundlage für eine ideale Familie legen. Das war die zweite Herausforderung in meinem Leben. Gott und die Himmel hatten diese Frau auserwählt, aber ich konnte sie nicht bekehren, mir aus freien Stücken zu folgen. Es oblag meiner Verantwortung, ihr bei ihrem geistigen Wachstum zu helfen, bis sie ihre eigene vertikale Beziehung mit Gott findet. Nur dann hätte Gott uns seinen Segen als ideales Paar geben können. Aber ich habe es nicht geschafft, sie zu überzeugen und mir zu folgen. Du weißt, sie war die Schwester von Johannes dem Täufer und sozusagen meine Stiefschwester. Viele Dinge sind anders als erwartet verlaufen. Selbst meine Mutter Maria folgte nicht meiner Führung und baute keine Brücke zwischen meiner Stiefschwester und mir. Die Hauptverantwortung oblag jedoch mir. Nachdem sich diese Chance für mich nicht eröffnet hatte, bereiteten Gott und die Himmel die Tochter des Imperators von Rom vor. Auch dieser Plan konnte nicht verwirklicht werden, da ich nicht den Signalen des Himmels folgte, nach Rom zu gehen.

Während ich dir dies erzähle, Zahid, weint mein Herz. Wie du weißt, mussten Gottes Söhne und Töchter den Preis für meine Fehler mit ihrem Blut bezahlen. Ich war der Einzige, der all die Leiden der Menschheit heraufbeschwor. Hätte ich wie Jakob den schweren Weg auf mich genommen und eine Familie gegründet und Zeugnis für Gott abgelegt, wie es Paulus für mich tat, würde sicherlich mit der Hilfe Gottes und der Himmel eine neue Geschichte für die Menschheit ihren Anfang gefunden haben. Und ihr alle wärt in der Welt Gottes geboren worden. In diesem Sinne bin ich schuldig vor Gott und den Himmeln. Ich habe meine Last, der mir obliegenden Verantwortung, auf die zukünftigen Kinder Gottes abgewälzt. Obwohl ich Gott sehr tief liebe, empfand ich für die Menschheit mehr Mitleid. Ich hätte mehr auf dieser Straße gehen sollen, um sie so zu lieben, wie Gott es tut.

Der Titel „Sohn Gottes" wurde mir von Gott gegeben. Jedoch als wahrer Sohn Gottes hätte ich mehr Traurigkeit, Leid und Entbehrungen auf dieser Straße auf mich nehmen müssen, um diese Mission erfüllen zu können. Somit hätte ich als wahrhaft dienender Sohn Gottes nicht die Last der Verantwortung auf die zukünftige Menschheit abgewälzt. Ich betete sogar zu Gott, Er möge einen anderen senden, um seinen Willen zu erfüllen. In dieser Weise zu beten, das Verlassen der zentralen Mission, das Schwinden jeglicher

Courage und Stärke und nicht genug Geduld aufzubringen in der Mission, machten mich zu einem Mann des Versagens. Ich repräsentierte meine Position nicht richtig, indem ich öffentlich Alkohol trank und dies auch meinen Jüngern erlaubte.

Gott und die Himmel hatten 2000 Jahre die auserwählte Nation vorbereitet, doch ich hatte nicht den Glauben, substantiell für den Willen Gottes weitere 40 Jahre auf mich zu nehmen. Während meiner Mission empfand ich Frustration und Wut. Viele Male war ich niedergeschlagen, da die Menschen mir nicht folgten, obwohl ich ihnen Wunder zeigte. Aber ich vergaß in der Zeit der Wunder, dass ich die Autorität von Gott und den Himmeln benutzte. Ich hätte meine eigene Grundlage legen müssen, um die Leute zu erziehen, damit Gott und die Himmel mir ihren Segen geben können. Basierend auf dieser substantiellen Grundlage, hätten Gott und die Himmel Satan und seine üblen Aktivitäten auf Erden und in der geistigen Welt blockieren können.

Paulus war keine zentrale Person, und er hatte ebenso wenig eine vertikale Beziehung mit Gott. Später benutzte ihn die Engelwelt aufgrund meiner fehlgeschlagenen Mission. Paulus nahm einen sehr schwierigen Weg auf sich, um der Welt über mich, Jesus Christus, Zeugnis abzulegen. Deshalb fand das Christentum eine Beziehung mit mir und nicht mit Gott. Genau genommen hätte die Menschheit herausfinden sollen, wer Gott ist. Sagen die Christen in den meisten ihrer Predigen, Lieder oder Gesprächen: „Jesus, Jesus!", bricht mein Herz in Tränen aus. Oft sage ich zu mir selbst: „Oh Jesus, hättest du nur einen ähnlichen Weg wie Paulus eingeschlagen, dann wäre das Christentum nicht zu einer Religion geworden, sondern die Welt hätte den Himmlischen Vater auf eine sehr tiefe, innige Weise kennengelernt. Der einzige Unterschied würde heute darin bestehen, dass die Christen nicht sagen: „Jesus, Jesus!", sondern die Welt würde sagen: „Oh Gott, oh Gott!", und sie würde mystisch in Gott werden."

Ich werde dir jetzt die letzte Wahrheit mitteilen, bevor ich ein paar persönliche Worte an dich richte. Die Himmel richteten mich für mein indirektes verursachtes Missverständnis, Gott und ich, Jesus, seien gleich. Ich möchte nicht noch mehr über mich sagen. Ich kenne die Wahrheit über mich und die anderen Gesandten. Du hast die Autorität, über alles zu sprechen, wenn du es für nötig erachtest. Dies sind nun meine besten Wünsche für die Menschheit: In Zukunft sollen sie die

Söhne und Töchter Gottes werden. Ich möchte auf die Erde kommen und dort lebende Kinder Gottes vorfinden. Wann immer ich, Mohammed, Moses, Buddha, Krishna, Konfuzius oder andere Gesandte zu einem besonderen Treffen zu Gott gingen, erwähnte der Himmlische Vater uns gegenüber: „All die Religionen gehören euch. Das sind eure Menschen. Sie lieben euch und sie stehen euch näher, und deshalb müsst ihr hinuntergehen und mit ihnen arbeiten. Bis jetzt sind meine Söhne und Töchter noch nicht erschienen." Einmal sprach der Himmlische Vater: „Wenn die Menschheit ein ähnliches Herz wie Zahid haben wird, werde Ich als sichtbarer Gott auf Erden und im äußeren Universum sein."

„Lieber Zahid, jetzt möchte ich noch ein paar letzte Worte an dich richten. Du lebst nicht nur im Herzen Gottes und der Himmel, sondern auch in meinem Herzen. Man wird sich ewig erinnern an die traurigste Reise, die du für Gott, die Himmel und Gottes Kinder in deiner unvergesslichen tiefen Liebe für uns alle angetreten hast."

Dein Bruder Jesus.

Meine geistigen Erlebnisse mit Jesus

Ich habe Jesus viele Male in der geistigen Welt getroffen. Ich entschied mich, einige meiner geistigen Erlebnisse mit ihm niederzuschreiben.

1. Eines Tages, als ich meinen physischen Körper verließ, flog ich über die Wüste nach Kanaan, dem Gelobten Land. Ich sah, dass unter mir ein Mann mit einem Licht, gleich einem Kristall, auf einem Berg saß. Als ich dort landete, erkannte ich in ihm Jesus.
Ich fragte ihn: „Warum sitzt du hier allein?" Tränen rannen aus seinen Augen. Er sprach: „Lieber Zahid, hier ist die Straße nach Kanaan, wo den Menschen das Versprechen gegeben wurde, für immer Gott kennenzulernen." Dann hielt er meine Hand und sprach: „Komm mit mir. Ich zeige dir einen Ort, der für mich in meinem Leben etwas ganz Besonderes ist." Wir flogen auf einen Berg. Dort zeigte er auf einen Platz und sprach: „Hier habe ich viele Tränen für Gott und die Menschheit vergossen und die Mission des Messias erhalten. An diesem Ort habe ich Gott gesehen, und viele Male unter Tränen für die

Brüderlichkeit und für eine Familie Gottes, die in der Gegenwärtigkeit Gottes leben kann, gebetet." Danach weinte Jesus so von Traurigkeit übermannt, dass sein ganzer Körper förmlich zitterte. Ich nahm ihn in meine Arme, aber er konnte nicht aufhören zu weinen. So setzte ich mich auf einen Stein und mein Herz wurde schwer. Tränen rannen nun auch über mein Gesicht.

Nach einer Weile hörte Jesus auf zu weinen. Er setzte sich ruhig nieder und blickte nach unten. Ich spürte, dass er jetzt allein sein wollte. Deshalb stand ich auf und reiste vertikal in die Himmel. Plötzlich hob er seinen Kopf und schaute mir nach. Er sprach: „Es stimmt. Ich möchte jetzt allein sein. Aber bitte bleib für ein paar Momente bei mir, da ich mich jetzt sehr einsam fühle." Tränen rannen erneut von seinen Augen und er sagte zu mir: „Ich wünschte, meine ersten Jünger hätten sich mit mir verbündet. So wäre ich nicht ans Kreuz geschlagen worden, sondern in der Lage gewesen, substantiell die Grundlage für die Menschheit zu legen. Genau genommen lieber Zahid, bin ich dafür verantwortlich, denn ich habe meine Mission aufgegeben. Ich bin schuldig in den Augen Gottes und der Himmel. Sie hatten mich so sehr darauf vorbereitet und hegten so viel Erwartung, dass ich Gottes neue Welt realisiere. Durch die Aufgabe meiner Mission, habe ich den Himmlischen Vater und die Himmel erniedrigt. Ich habe mein Kreuz an die zukünftigen Kinder Gottes weitergegeben, auf dass sie diese Last tragen. Dieses Mal gehst du den Weg, wie der Himmlische Vater es von dir verlangt. Schließ mit niemandem Kompromisse, selbst wenn alle dich verlassen. Selbst wenn du alleine bis ans Ende deines Lebens gehen musst, dann tu es. Widme dieses Leben ganz und gar Gott. Gott gab ein Versprechen: „Satan wird wieder zu Luzifer werden. All die Dunkelheit wird von dieser Welt verschwinden und Gottes Liebe wird auf Erden scheinen." Sicherlich wird dieses Versprechen für die Menschheit wahr werden. Er küsste mich auf die Stirn und sprach: „Der wahre Mann ist der, der seine Verantwortung nicht anderen überträgt, sondern es vorzieht, sie selber zu erfüllen."

2. Bei einer weiteren Reise in der geistigen Welt traf ich in einer Dimension Jesus. Als er mich sah, rannte er zu mir, nahm mich in die Arme und sprach: „Seit langer Zeit hast du mich nicht mehr besucht." Ich sagte: „Jedes Mal, wenn ich zu dir kam, um dich zu besuchen,

warst du nicht an den Orten, die Gott und der Himmel dir gegeben haben, um dort zu leben. Du lebst in kleinen Holzhütten, die du mit deinen Zimmermannshänden gebaut hast. In diesen Holzhütten können sich nicht einmal zwei Menschen bequem niederlassen." Er lächelte und sagte: „Gut, wenn du mich von nun an besuchen kommst, werde ich meine Zeit mit dir in meinem Palast verbringen. Aber genau genommen, habe ich einen besseren Vorschlag. Ich möchte dir all diese Paläste geben." Ich antwortete ihm: „Es ist gut, dass du an mich denkst." Jesus hielt meine Hand und sagte: „Das nächste Mal, wenn du mich besuchst, werde ich dir eigenhändig ein besonderes Essen zubereiten." Ich erwiderte ihm: „Dann wirst du mich schon bald wiedersehen."

3. In einer anderen Nacht reiste ich in die geistige Welt der Christen. In einer ihrer Dimensionen trug Jesus sein Kreuz und litt furchtbare Qualen. Ich näherte mich ihm und sagte: „Warum tust du das?" Als er mich sah, umarmte er mich und weinte. Er sprach: „Komme ich in die Dimensionen der Christen, erkennen sie mich nicht, wenn ich das Kreuz nicht trage. Wann immer ich hierher komme, erdulde ich unerträgliche Schmerzen." Dann fragte er mich: „Und wohin gehst du?" Ich sagte: „Ich treffe Gott." Er bat: „Nimm mich mit dir, denn hier bin ich nicht glücklich." So nahm ich Jesus mit ins Königreich Gottes. Während unserer Reise erzählte Jesus mir, dass jedes Mal, wenn er hinunter in die Dimensionen der Christen geht, er eine schwere Last auf seinem Geist fühlt. Deshalb kehrt er von Zeit zu Zeit zurück in die Himmel, um sich selber von der geistigen christlichen Welt zu befreien. Als wir mit unseren Füßen das Königreich der Himmel berührten, sprach Jesus: „Hier kann ich wieder befreit aufatmen." Ich sagte den anwesenden blauen Engeln, dass ich gekommen wäre, um Gott zu treffen. Sie gaben mir den Weg frei und ließen uns weitergehen. In einiger Entfernung sah ich Erzengel Gabriel, den Heiligen Geist, stehen. Ich grüßte ihn. Er sagte, auch er wäre hier hergekommen, um Gott zu treffen. Unzählige goldene und blaue Engel warteten ebenso dort. Dann rief uns Gott. So gingen wir drei zusammen zu Ihm und verbeugten uns.
Gott umarmte Gabriel und sprach zu ihm: „Gabriel, geh hinunter in die geistigen Welten aller Religionen. Nimm Jesus und die anderen Gesandten mit dir. Verkündet dort, dass Ich Zahid als mein Herz

nominiert habe und als zentrale Person für meine neue Vorsehung. Ich habe diesen Samen selbst auf den Grund der tiefsten Höllen gelegt, denn selbst diese müssen befreit werden. Sagt all den Religionen in der geistigen Welt, wenn sie nicht dem Willen Gottes folgen, werden sie ihren Segen verlieren. Um die gesamte Erlösung für die Menschheit zu erhalten, müssen die Menschen Zahids Fußspuren folgen." Als wir aus dem Bereich Gottes herauskamen, sagte ich zu Erzengel Gabriel und Jesus: „Lasst alle Religionen und die Menschheit erfahren, wer Gott ist und stellt nicht mich in den Vordergrund, um die Menschen zu inspirieren." Als beide dies vernahmen, starrten sie mich zuerst an, bevor sie anfingen, zu lachen. Ich sagte zu ihnen: „Ich meine es ernst."

4. Es war 3 Uhr Nachts, als mir die Engel erschienen und zu mir sagten: „Gott wartet auf dich." Bei Gott angekommen, sprach dieser zu mir: „Leg dich hin." Gott begann, meine Füße zu massieren. Plötzlich sprach ich zu Gott: „Himmlischer Vater, bitte tu das nicht. Erlaube mir, meinen Kopf vor deinen Füßen zu verbeugen, denn ich möchte Dich massieren." Gott aber antwortete: „Entspanne dich und lass mich dir dienen." Gott befahl den Engeln, Jesus herzubringen. Als Jesus ankam, verbeugte er sich vor Gott. Gott sprach zu ihm: „Komm her und massiere Zahids anderen Fuß. Zahid ist solch ein Sohn, dass Satan und seine üblen Kräfte ihn bis jetzt nicht müde machen konnten. Er hat sich niemals beschwert. Seine Liebe für meine Kinder ist überschäumend, er hat nur gute Wünsche für sie." Jesus begann meinen anderen Fuß zu massieren. An mich gewandt, sprach Gott: „Zahid, kennst du Jesus?" Ich antwortete: „Ja, Himmlischer Vater, ich kenne ihn sehr gut." Gott sagte: „Doch ich lasse dich noch etwas anderes über ihn wissen. Als Individuum liebt er mich sehr. Er trennte sich von Satan, aber er liebte die Menschheit nicht mit gleichem Herzen. Deshalb müssen meine Kinder heute noch extrem auf Erden leiden. Hörst du mir zu, Zahid?" Ich erwiderte: „Ja natürlich, Himmlischer Vater. Ich folge dir aufmerksam." Gott fuhr daraufhin fort: „Gib diese Wahrheit all denen, die sich mir nähern möchten. Mache keinen Unterschied zwischen mir und meinen Kindern. Verfluche sie nicht. Wenn du nur eines meiner Kinder liebst, kannst du mein Herz gewinnen. Hast du mich verstanden, Zahid?" Ich antwortete: „Geliebter

Himmlischer Vater, ich habe diese Wahrheit bis in meine Knochen aufgenommen, und ich werde es auch all die anderen wissen lassen."

Jesus - 17 Jahre nach der ersten Ausgabe meines Buches

Am Anfang war Jesus sehr inspiriert, mit mir zu arbeiten. Als Mohammed die Mission von Erzengel Gabriel erhielt, war es Jesus' Wunsch, dass Mohammed seine messianische Mission übernimmt, um den Willen Gottes zu erfüllen und nicht eine neue Religion zu gründen. Unglücklicherweise lehnte Mohammed aus verschiedenen Gründen die Arbeit mit Jesus ab. Einer der Hauptgründe war, dass Jesus die Identität Gottes verwirrt hatte. Mohammed entschloss sich mit Erzengel Gabriel zu arbeiten und erschuf eine neue Kain-Religion, die sich gegen das Judentum und Christentum stellt. Sogar in der geistigen Welt herrscht große Uneinigkeit unter den großen Propheten und sie wollen nichts miteinander zu tun haben. In meinem Fall war Jesus sehr glücklich, dass ich die messianische Mission annahm und den Willen Gottes und seine unvollendete Mission erfüllen möchte.

Es kam zu Komplikationen zwischen mir und Jesus, als ich seine geheime Lebensgeschichte für den Willen Gottes veröffentlichte und Tatsachen aufzeigte, die ursächlich für das Fehlschlagen seiner Mission für die Errichtung des Königreich Gottes waren. Unter anderem stellte ich klar, dass er nicht am Kreuz starb und nach der Heilung seiner Wunden nach Kaschmir ging. Gott gab ihm ein langes Leben und er starb dort erst im Alter von 120 Jahren. Die Zeit nach der Kreuzigung zählt nicht mehr zu seiner Mission für den Willen Gottes. Anstatt nach Rom zu gehen, nahm er den einsamen Weg nach Kaschmir.

In Kaschmir konnte Jesus ein Mitglied für den geistigen Weg erziehen. Diese Person lernte viele geistige Dinge von Jesus und stand ihm sehr nahe. In der Stunde seines Todes bat Jesus dieses Mitglied zu sich; es war bereits Mitternacht, 24 Uhr. Jesus sprach zu ihm: „Mein Geist möchte den Käfig meines Körpers verlassen. Er möchte zu meinem geliebten Himmlischen Vater zurückkehren, dem Einzigen, der heilig und vollkommen ist." Jesus erzählte ihm viel aus seinem Leben und was er erleiden und erdulden musste. Anschließend bat er seinen Jünger, ihn an einem besonderen Ort zu begraben und dort ein

Denkmal zu errichten, an dem die Menschen seiner gedenken und beten können. „Ich bin Gott sehr dankbar, mich als Messias auserwählt zu haben, das Licht und mehr Wissen der Menschheit zu bringen.", sagte Jesus. Sein Jünger stellte ihm eine letzte Frage: „Dein Kommen als Messias ist sehr mit dem Himmelreich Gottes verbunden. Ich kann nicht diese Menschheit und Welt Gottes sehen, von der du gesprochen hast?" Jesus antwortete: „In der Zukunft wird Gott jemanden erwählen, der nicht in Symbolen spricht, sondern Erklärungen über Gott mit einfachen Worten ausdrückt. Die Menschheit wird ihn an seinen Früchten erkennen. Er wird mit der Menschheit viele göttliche Geheimnisse über unseren geliebten Gott teilen, die nie jemand zuvor offenbarte. Er wird derjenige sein, der einen breiteren Weg für die Menschheit errichtet, für eine lebendige Beziehung mit Gott. Mein Vater wird ihn oft besuchen und ich ebenso." Danach legte sich Jesus gerade hin, drehte sein Gesicht auf die rechte Seite, so dass sein Hinterkopf auf seiner linken Seite lag. Danach verließ sein Geist seinen Körper; es war 3 Uhr am Morgen, als er entschlief.

Eigentlich wollte Jesus, dass ich niederschreibe, dass er seine Mission erfüllt hat, nach der Kreuzigung auferstanden sei und nun zur rechten Seite Gottes sitzen würde. Aber das stimmt nicht. Ich möchte nicht die Menschheit hintergehen, dass sie weiterhin in der Zukunft in Ignoranz, mit einer unwahren Lehre und im Schatten der Dunkelheit lebt. Es genügt, dass das Christentum in Ignoranz und Verwirrung lebt, weil es einer falschen Lehre folgt.

Es war nicht der Wille Gottes, das Christentum zu erschaffen. Gottes erster Plan war es, eine neue Welt, das Königreich Gottes auf Erden durch Jesus zu errichten. Darüber hinaus wollte Gott, dass Jesus all seine geistigen Beobachtungen und Erfahrungen, die Er ihn machen ließ, und all die zahllosen Informationen über die geistige Welt mit seinen Mitmenschen teilt. Dorthin gelangt die Menschheit im Leben nach dem Tod und muss für immer leben. Jesus hat dies nicht getan. In der geistigen Welt hat Gott Jesus dafür hart zur Rechenschaft gezogen. Jesus war sprachlos und bat Gott um Gnade und Vergebung. Ein anderer Grund, warum Jesus sich zurückzog und eine neutrale Position einnahm, um mir nicht zu helfen, war, dass ich offenbarte, dass er nicht der Sohn Gottes, sondern der Sohn Zacharias ist. Maria war auch keine Jungfrau und wurde nicht durch den Heiligen Geist schwanger. Dies verletzte Jesus sehr. Bei bestimmten Gelegenheiten im Paradies erwähnte ich Jesus gegenüber: „Es besteht kein Zweifel darüber, dass du Gottes Sohn bist. In den 4000 Jahren der menschlichen Geschichte bist du der erste Prophet, den Gott seinen Sohn nennt." Gleichzeitig erklärte ich ihm, dass im 21. Jahrhundert die Menschheit vor allem Klarheit braucht, da sie nicht in Ignoranz und Verwirrung leben kann. Jedes Hindernis, das der Menschheit auf dem Weg zu Gott im Weg steht, muss beseitigt werden. Er schwieg und verhielt sich neutral. Hinterher fand ich heraus, dass er mir unter keinen Umständen helfen möchte, um meine Mission zu unterstützen. Jesus erwählte sogar einen Propheten aus Korea und arbeitete mit ihm zusammen. Sein Name ist Sun Myung Moon. Als er 16 Jahre alt war, erschien ihm Jesus und übertrug ihm seine messianische Mission. Zu Beginn war Sun Myung Moon das ideale Objekt für Jesus, denn er folgte ihm absolut und Jesus konnte bestimmte Dinge durch ihn erreichen. Sun Myung Moon sagte, dass er und seine Frau die wahren Eltern der Menschheit seien. Später zog sich Sun Myung Moon von Jesus zurück und behauptete, großartiger als Jesus zu sein. Er sagte, Jesus stände ihm gegenüber in der Kain-Position und könne nur in eine höhere geistige Welt gelangen, wenn er ihm und seiner Familie, die die Abel-Position einnehmen, folgt. Am Ende verursachte er mehr Verwirrung als Jesus, indem er behauptete, dass Gott sowohl auf Erden als auch in der geistigen Welt unsichtbar ist. Sun Myung Moon sagte, dass Gott in der Vergangenheit unabhängig existierte, jetzt aber in ihm und seiner Frau verweilt. Für ihn hat Gott seine Unabhängigkeit verloren und wird gänzlich durch ihn und seine Frau verkörpert. Sie, als neuer Adam und neue Eva, seien der sichtbare Gott auf Erden und in der geistigen Welt. Jesus verwirrte die Menschheit, indem er sagte, er sei der Sohn Gottes und nicht erklärte, warum er dieser sei. Der neue Messias Sun Myung Moon beendete die Notwendigkeit Gottes, indem er behauptete, Gott würde nur in ihm und seiner Frau existieren. Diese Verwirrung ist nur entstanden, da Jesus Sun Myung Moon nicht die ganze Wahrheit über Gott offenbarte.

Ich kürze das Ganze hier für meine Mitmenschen und stelle klar, dass ich nicht das Objekt irgendeines Erzengels oder Propheten bin. Mein Missionsleben begann mit Gott und wird mit Gott enden. Was die Zukunft für die Menschheit bringt und ihre letztendliche Bestimmung ist, liegt allein in Gottes Händen. Ich habe es Gottes Liebe zu verdanken, dass Er mich 8000 Jahre in die Zukunft mitnahm und ich sowohl den Wohlstand, als auch den Untergang aller Zivilisationen sehen konnte. Über diese Offenbarung werde ich in meinem nächsten Buch „Gott steht an erster Stelle" berichten.

Bei vielen Gelegenheiten mussten Prophet Moses und die Erzengel Jesus inspirieren, sich mit mir zu vereinen und mir zu helfen. Würde er dies nicht tun, verliert er das Christentum an den Islam. In Europa und Amerika würde sich das Rad der Geschichte um 1000 Jahre zurückdrehen und jeglicher Fortschritt verschwinden; dies kann die Kain-Religion Islam der christlichen Abel-Religion antun. Genauso wie Kain Abel im Garten Eden umbrachte, wird nun der Islam, als die gefährlichste Macht, das Christentum auf weltweiter Ebene zerstören. Am Ende wird es zu einem Bürgerkrieg in Europa und Amerika kommen, denn der Islam ist nur zu gut darin, ein dunkles Zeitalter heraufzubeschwören. Sie sagten zu Jesus: „Wir müssen dieses dunkle Zeitalter aufhalten, indem wir Zahid helfen, den Willen Gottes zu erfüllen." Jesus wurden oft solche Ratschläge gegeben, aber sie gingen bei ihm zum einen Ohr rein und zum anderen wieder heraus. Er möchte unter keinen Umständen das Christentum inspirieren, meine Mission zu unterstützen. Er hat den Ring verlassen, in dem der Kampf zwischen dem Islam und mir stattfindet. Als Konsequenz kam es zu drei schwerwiegenden Mordanschlägen auf mich. Durch Gottes Schutz überlebte ich, ansonsten wäre ich schon längst tot. Europa basiert auf dem Christentum und Mohammed und der Islam dürfen nicht die Gelegenheit erhalten, ihren politischen Islam in Europa und Amerika zu etablieren. Besonders in Deutschland wurde mir in dieser Zeit von Muslimen gedroht, dass es nur eine Frage der Zeit sei, bis ich meine Meinungsfreiheit verliere und nicht mehr in der Lage bin, mich als Prophet zu bezeichnen. Im Islam gibt es keinen Platz für einen Propheten. Mohammed sagte, dass es nach ihm keinen Propheten mehr geben kann. Dies ist weder der Wille Gottes, noch der Engel. Mohammed behauptete dies, um die Notwendigkeit eines Propheten zu beenden. Es sollte kein Prophet nach ihm den Islam reformieren. Jetzt ist Mohammed sehr aktiv und auf dem besten Weg, den Islam in Europa und Amerika zu verbreiten. Er möchte nicht, dass die Menschheit nach Gott auf einer unabhängigen Basis sucht. Der

Hinduismus, die Gurus und der Buddhismus stehen dem in nichts nach und brachten dadurch große Verwirrung.

In meinem neuen Buch „Die Wahrheit über Jesus" werde ich ausführlich über die verlorenen Jahre Jesus' in Kaschmir schreiben.

Mohammed offenbart in der geistigen Welt seine geheime Lebensgeschichte Zahid für den Willen Gottes

Ich, der Autor dieses Buches, war Muslim durch meine Geburt. Einer der Hauptinhalte dieser Religion - nämlich die Identität Gottes - ist unmissverständlich klar und deutlich. Das islamische Konzept, nur an einen Gott zu glauben, war für mich eine erfolgreiche Grundlage, die es mir ermöglichte, Gott bereits sehr zeitig zu treffen. Deshalb empfinde ich in meinem Herzen großen Respekt für den Mann, den man Mohammed nennt. Selbst wenn ich mich noch so sehr bemühe, vermag ich nicht in Worte zu fassen, wie sehr ich Mohammed verehre. Nachdem ich Gott getroffen hatte, verstand ich, dass ich keiner Religion mehr angehöre. Jeder, der Gott trifft, verlässt in diesem Moment seine Religion. Man kann Jesus als Beispiel heranziehen. Seit seiner Geburt gehörte Jesus dem jüdischen Glauben an, der auf den Gesetzen Moses basiert. Als er von Gott zum Messias ernannt wurde, war es seine Aufgabe, das Königreich Gottes auf Erden zu errichten und die Anweisungen Gottes zu befolgen. Als Gott mich im 21. Jahrhundert zum Messias ernannte, sagte Er mir, dass das Ende aller Religionen gekommen sei. Die neue Welt, das Königreich Gottes, wird eine Weltfamilie ausgerichtet auf Gott sein.

In meiner frühen Kindheit erschien mir Mohammed viele, viele Male. Er nannte mir niemals seinen Namen. Deshalb war ich mir auch nicht bewusst, dass Mohammed, der Gründer des Islams, zu mir kam. Ich erinnere mich an Mohammeds Güte, sein elterliches Herz und an seine Führung während meiner Kindheit. Je mehr ich mich geistig und spirituell entwickelte, desto intensiver und öfter erschien mir Mohammed. Er kam mit seinen Jüngern zu mir. Sie alle haben in meinem frühen Leben die Grundlage gelegt und mich so für die göttliche Vorsehung vorbereitet.

Anmerkung: Blicke ich zurück auf diese Zeit, erkenne ich, dass ihre Liebe für mich nur einem Zweck galt. Ich sollte im Islam verbleiben, nicht behaupten, ein Prophet zu sein und ihre Religion nicht reformieren.

Ich wuchs in Richtung des Sufismus auf, nach dessen Hauptlehre die Menschen zuerst ihre vertikale Beziehung mit ihrem Schöpfer aufbauen sollen. Der Sufismus entwickelte sich aus dem Islam und wurde durch Gott und die Himmel inspiriert. In ihm ist die Identität Gottes klar und eindeutig. Hier betont man, dass die Menschheit zuerst ihre vertikale und ihre mystische Beziehung zu Gott aufbauen muss.

Es gab viele Sufis, die ihre eigene Beziehung mit Gott errichten konnten. Die Sufis fühlten, dass es eine Kluft zwischen Gott und den Menschen gab. Diesen Abstand zu verringern, diese Distanz wirklich zu überwinden, ist die wahre Bedeutung des Sufismus. Die Menschheit wird sich fragen: Warum ist es nach geraumer Zeit so ruhig um den Sufismus geworden? Die Antwort ist folgende: Obwohl der Sufismus während einer bestimmten Zeit der Liebe Gottes einen neuen Ausdruck verliehen hat, kam er doch niemals über die Grenzen des Islams hinaus. Im Ergebnis ist der Sufismus wieder zur islamischen Tradition zurückgekehrt. Die Sufis leben genauso, wie es die islamische Religion vorschreibt.

In seiner Mission begann Mohammed später seine Religion gegen den Willen Gottes gewalttätig zu verbreiten. Wann immer er einen „Heiligen Krieg" führte, saß er auf dem Pferd, in der einen Hand sein Schwert und in der anderen den Koran. Er verankerte zu Lebzeiten seine eigenen Gedanken im Namen Gottes im Koran, so auch die Aussage, dass der Islam die ganze Welt regieren wird. Deshalb hat Umar, sein zweiter Nachfolger, an Mohammeds Tod gezweifelt, als dieser gestorben war. Umar verkündete, Mohammed sei genauso wie Moses 40 Tage auf den Berg Sinai gegangen. Danach werde er zurückkommen und gegen alle Religionen kämpfen. Gott wird ihm helfen, alle Religionen zu Lebzeiten zu besiegen; erst danach wird er sterben.

Umar ging sogar so weit, dass er sein Schwert herauszog und jedem, der behauptete, Mohammed sei tot, androhte, ihn umzubringen. Diese Bedrohung fand erst ein Ende, als Abu Bakr, der bei Mohammeds Tod abwesend war, eintraf und an Umar vorbei ins Zelt von Mohammed ging. Als Abu Bakr, der Mohammeds erster Nachfolger wurde, wieder herauskam, verkündete er: „Wer Mohammed anbetete, dem sei gesagt, dass Mohammed gestorben ist und wer Allah anbetet, dem sei gesagt, dass Er allgegenwärtig ist und niemals stirbt."

Eigentlich sind im Sufismus viele Propheten erschienen, aber die meisten von ihnen haben nicht darüber öffentlich gesprochen, da Mohammed verkündete, nach ihm werde kein Prophet mehr kommen. Dies war nicht der Wille Gottes und der Himmel, sondern entsprang seinem eigenen Gedankengut, das er im Namen Gottes manifestierte. Fragt man sich, warum Mohammed dies verkündete, liegt der Grund bereits auf der Hand. Er wollte verhindern, dass zukünftige Propheten seine Religion reformieren, wenn sie herausfinden, dass viele Aussagen im Koran nicht von Gott und den Himmeln stammen. Dadurch wurden viele Sufis, die behaupteten, Propheten zu sein, umgebracht, andere verhielten sich still und lebten einsam, aus Angst getötet zu werden. Schon während seines Missionslebens gab Mohammed den Befehl, sich um die „neuen Propheten" zu kümmern. Abu Bakr, Mohammeds erster Nachfolger, ließ in seiner Amtszeit viele derer umbringen, die behaupteten, Propheten zu sein.

Wie bereits erwähnt, kann niemand, nachdem er Gott getroffen hat, noch irgendeiner Religion angehören. Egal ob es sich hierbei um das Christentum, den Islam oder irgendeine andere Religion handelt. Dieser Mensch gehört nur zu Gott und ist somit sein göttliches Kind. Gott selber ist weder Jude, Christ, Muslim, noch gehört Er irgendeiner anderen Religion an. Es ist gut, wenn Menschen ihre geistige Entwicklung in oder mit einer Religion beginnen, aber es ist nicht gut genug, bis zum Ende des Lebens darin zu verharren. Die Menschheit muss ihre einzigartige Beziehung mit Gott entdecken. Alle Religionen wurden auf unnatürliche Weise ins Leben gerufen. Sie entstanden aus einer Notsituation heraus, denn der Mensch fiel in die Hände Luzifers.

Seit dieser Zeit führen, richten und kontrollieren die Engelwelten die Menschheit in den geistigen Welten. Ursprünglich sollten die Menschen die Schöpfung der Engel führen und leiten. Aber jetzt sind sie nur die Objekte dieser Engelwelten. Alle Religionen wurden durch verschiedene Engeldimensionen inspiriert. Sie sollten eine Basis auf der Erde schaffen, die es der Menschheit ermöglicht, dem Weg der Prinzipien zu folgen, um ethische, moralische und vor allem geistige Werte kennenzulernen. Ausgehend von diesen Menschen und den anderen Wesen in dem Universum wird die Menschheit ultimativ nach vorne schreiten müssen, um ihre vertikale Beziehung mit ihrem Schöpfer aufzubauen.

Durch den Sufismus wollte Gott sich noch einmal selber ganz neu vor- und darstellen. Aber der Sufismus zeigte diese neue Art nur in den Grenzen des Islams. Gott war wieder einmal isoliert und zog sich zurück. Noch einmal mussten die Dimensionen der Engel und Dschinns die Führung übernehmen. Dies ist für die religiöse Welt eine bittere Wahrheit. Jetzt ist ein neues Zeitalter angebrochen, in dem Gott mich für die Erfüllung seines Willens gesandt hat und sich mit seinen Kindern niederlassen wird. Dies ist nicht das Zeitalter der Religionen. Jetzt ist eine Epoche angebrochen, in der die Religionen sich miteinander vereinen müssen, ausgerichtet auf Gott. Gott wird sich niemals um der Religionen willen mit ihnen vereinen.

Einmal fragte Gott die Sufis im Paradies nach ihrem größten Wunsch, den Er ihnen erfüllen könne. Sie antworteten Ihm, sie wünschten, dass Er jemand aus ihrer Ahnenlinie auserwählt, der den Willen Gottes erfüllt. Gott sagte zu mir, dem Autor dieses Buches: „Du bist der Wunsch, den ich den Sufis erfüllt habe." Ich aber antwortete Gott: „Ich würde lieber dein Wunsch werden." Als Gott dies vernahm, lächelte Er. Seitdem ich die Mission von Gott erhielt, ist es mein ultimativ tiefster Wunsch, dass eines Tages all die verlorenen Kinder Gottes in der Lage sind, ihren Himmlischen Vater direkt zu treffen und zu sehen.

Als Jesus weder den Willen Gottes erfüllen, noch das Königreich Gottes auf der Erde errichten konnte, haben Luzifer und seine gefallenen Engel einen hohen Preis von der himmlischen Seite gefordert. Als Preis der Wiedergutmachung konnte die himmlische Seite für ungefähr 600 Jahre keinen Mann Gottes auserwählen, der als zentrale Person in der Lage gewesen wäre, die göttliche Vorsehung ihrer Bestimmung zuzuführen.

Wir dürfen eines nicht vergessen: Hätte Jesus den Willen Gottes erfüllt, würden weder das Christentum, noch 575 Jahre später der Islam durch Mohammed entstanden sein. In der geistigen Welt gehört das Christentum zu Paulus. Jesus hätte die ideale Welt Gottes verwirklichen sollen, indem er die geistigen Erfahrungen und Beobachtungen mit dem israelischen Volk teilt. Jesus begann seine Mission jedoch mit dem falschen Fuß, indem er Wunder vollbrachte und Menschen heilte. Er hoffte, die Menschen würden ihm so glauben,

dass er der Messias ist. Dadurch nahm seine Mission jedoch eine falsche Wende, da die Menschen nur kamen, um geheilt zu werden und danach wieder in ihre alte Welt zurückgingen. Die neue Welt Gottes wird nur entstehen, wenn der Messias mehr über Gott offenbart und die Menschen geistig erzieht, indem er den Willen Gottes erklärt.
Nach ungefähr 600 Jahren wurde Mohammed durch die Himmel gerufen, um den Willen Gottes zu erfüllen. Erzengel Gabriel arbeitete mit Mohammed zusammen, um die Vorsehung Gottes voranzubringen.

Anmerkung: Engel können nur eine neue Religion erschaffen, aber niemals die ideale Welt, das Königreich Gottes. Es obliegt allein der Verantwortung der Menschheit, durch den Willen Gottes geistig zu wachsen und somit die neue Welt, ausgerichtet auf die Liebe Gottes, zu errichten.

Mein besonderes Erlebnis mit Mohammed

Ich habe verschiedene Nachrichten von Mohammed an alle Muslime zu überbringen, entschied mich aber, diese Botschaften erst am Ende seiner Lebensgeschichte zu erwähnen. Bevor ich mit Mohammeds Lebensgeschichte beginne, möchte ich ein besonderes Erlebnis voranstellen, das ich mit Mohammed in der geistigen Welt hatte. Mohammed lud mich zu einer Feier in der geistigen Welt ein. Während dieser sprach er zu mir: „Die Zeit ist gekommen, in der die Himmel auf die Erde hinunterkommen möchten. Wenn du das Objekt Gottes wirst, werden sich auch die Himmel auf Erden niederlassen." Mohammed nahm sodann seinen Umhang von seinen Schultern und legte ihn um meine. An alle anwesenden Gesandten im Paradies gewandt, sagte er: „Haltet inne, Gott hat Zahid auserwählt!"

Mohammeds Lebensgeschichte

Jetzt beginne ich mit der Lebensgeschichte des großartigen Propheten, der die Identität Gottes der Menschheit vorstellte.
Öfters beobachtete ich Mohammed im Paradies oder in verschiedenen Teilen der Engelwelt. Er bevorzugt, alleine zu bleiben und sich an einsamen Orten der geistigen Welt zurückzuziehen. Als ich wegen

seiner Lebensgeschichte zu ihm flog, traf ich ihn auf dem höchsten grünen Berg in einer Dimension des Formationsstadiums des Paradieses. Er saß ganz allein auf dem Bergkamm und ließ seine Füße nach unten baumeln. Ich erkannte ihn bereits von oben. Um ihn herum war Tausende Meilen weit kein anderes Wesen zu erblicken. Ich flog hinunter, landete ganz in seiner Nähe und ging zu ihm hin. Als ich Mohammed begrüßte, stand er auf und umarmte mich. Er fragte mich: „Wie konntest du mich hier finden?" Ich sagte ihm, die Himmel wären mir dabei behilflich gewesen. Er lächelte und sprach: „Für mich gibt es keinen besseren Ort als diesen, um allein zu sein. Hier könnte ich für immer sitzen bleiben." Ich sagte zu ihm: „Sowohl auf der Erde, als auch in der geistigen Welt haben die meisten Menschen oder Geistwesen den Wunsch, dich einmal zu sehen und zu treffen. Aber du hast solch einen abgelegenen Ort ausgesucht." Er sah mich an und hielt inne. In seinem Gesicht konnte ich viele Sorgen erkennen. Für einen Moment wandte er sein Antlitz dem Berg zu. Er verhielt sich ganz ruhig und sprach kein Wort. Nach einer geraumen Weile brach er das Schweigen.

„Ich habe bereits zu lange auf einen Mann Gottes gewartet, auf den ich mich verlassen kann, dass er das Herz Gottes befreit. Ich erinnere mich noch sehr genau an deine Geburt. Ich war deiner Mutter sehr nahe, als sie dich gebar. Ich habe an vielen einsamen Plätzen für dich gebetet, Jahr für Jahr." Als ich dies hörte, wurde ich traurig und Tränen schossen mir in die Augen. Mohammed legte seine Hände auf meine Schultern und fuhr fort: „Ich habe dies nicht gesagt, um dich traurig zu machen. Eigentlich ist es mein größter Wunsch, dich glücklich zu sehen. Du hast einen unsagbar großen Segen Gottes erhalten. Am glücklichsten ist Gott mit dir. Er liebt dich."

Plötzlich sahen wir ein paar Engel an unserem Berg vorbeifliegen. Ich erzählte daraufhin Mohammed: „Auf meinem Weg hierher sah ich weit und breit niemanden um diesen Berg herum. Ich dachte, dieser Teil des Paradieses ist leer. Aber jetzt fliegen plötzlich Engel an uns vorbei." Mohammed erwiderte: „Von Zeit zu Zeit sehe auch ich verschiedene Engel und Seelen über diesen Berg fliegen. Dies ist jedoch selten."

Dann sprach Mohammed: „Alle Ehre und all der Ruhm gebührt Gott allein. Er hat mir nicht nur meine Fehler vergeben, die ich während meines Missionslebens machte, sondern auch, dass ich meine eigenen

Gedanken in den Koran brachte. Ich bin sprachlos und kann seine Liebe, Güte und sein Mitleid für mich und die Menschen nicht in Worte fassen.

Es ist sehr wichtig über mein Missionsleben zu sprechen. Es gibt viele bis dato unbekannte Ereignisse meines Lebens, welche mit meiner Mission auf Erden zu tun haben. Verschiedene dieser Fakten betreffen Gott, die Engelwelten und besonders Erzengel Gabriel. In der geistigen Welt habe ich erfahren, dass es keiner weiteren Religion bedurft hätte, wäre es Jesus gelungen, die Welt Gottes auf Erden zu realisieren. Ich hätte auf einem ganz anderen Niveau der Liebe Gottes einen neuen Ausdruck verliehen. Die Erde wäre dann gefüllt mit Propheten. Du sollst wissen, Gott und die Himmel wollten mir zuerst die Mission als Messias geben. Aber zu dieser Zeit waren weder die arabische Welt, noch ich für die messianische Mission bereit. Zweitens beging ich verschiedene Fehler, so dass Gott und die Himmel warten mussten. Später hat Gabriel mit der Führung Gottes und der Himmel deren Position übernommen und gab mir parallel die Mission Moses. Die Einzelheiten darüber werde ich dir in meiner Lebensgeschichte erzählen.

Ich, Mohammed, beginne meine Lebensgeschichte mit dem Namen Gottes, der so gnädig und gütig ist und der immer wieder seiner Schöpfung vergibt. Ich wurde in Mekka geboren. Während meine Mutter Aminah schwanger war, starb mein Vater Abdullah in Medina, als er von einer seiner Geschäftsreisen aus Syrien zurückkam. Der Name Mohammed wurde meiner Mutter in ihrer Schwangerschaft in einem Traum offenbart. In dieser Zeit sah sie verschiedene Träume von der Engelwelt über mich. Nach meiner Geburt trug mich mein Großvater Abdul Muttalib zu dem Haus, welches Abraham für Gott errichtet hatte. Dort betete er für mich. Er bat Gott, mich zu beschützen und sich um mich zu kümmern.

Das Jahr meiner Geburt war sehr hart für die Menschen in Mekka und die angrenzenden Gebiete. Alle warteten verzweifelt auf Regen. Viele Tiere starben. Nicht nur die Kinder, sondern alle Menschen litten an der andauernden Dürre. Das Klima der Städte war sehr ungesund für Neugeborene. Zu dieser Zeit war es üblich, dass Karawanen mit Männern und Frauen vom Lande in die Städte kamen. Sie nahmen die Babys finanziell besser gestellter Eltern für einen bestimmten Betrag in Obhut, damit deren Kinder auf dem Lande aufwachsen. Mein

Großvater und meine Mutter wollten ebenso, dass ich aus gesundheitlichen Gründen für mindestens zwei Jahre auf dem Land lebe. Aber keine Frau aus der Karawane wollte mich aufnehmen, da mein Vater bereits gestorben war. Niemand glaubte, dass meine Mutter den geforderten Geldbetrag zahlen könnte.

Eines Abends sprach eine Frau mit Namen Halima aus der Karawane zu ihrem Ehemann: „Morgen wird unsere Karawane wieder nach Hause ziehen. Bis jetzt habe ich noch kein Kind gefunden." Sie schämte sich, ohne ein Kind aus Mekka zurückzukehren. Ihr Mann antwortete deshalb: „Es gibt noch einen Jungen, aber niemand von euch wollte ihn haben, denn sein Vater ist bereits gestorben. Alle Frauen haben Angst, dass seine Mutter oder seine Verwandten nicht ausreichend bezahlen könnten. Ich rate dir, zurückzugehen und dieses Kind zu nehmen. Vielleicht wird Gott uns durch dieses Kind seinen Segen geben." Deshalb kam Halima zu meiner Mutter und nahm mich mit sich.

Halima hatte neben einer Tochter, die sich um mich als Babysitter kümmerte, noch einen Jungen in meinem Alter. Durch die Güte Gottes wuchs ich so schnell heran, dass die Leute mich im Alter von zwei Jahren als kleinen erwachsenen Jungen bezeichneten. Mit zwei Jahren und fünf Monaten brachte Halima mich zu meiner Mutter. Sie sagte zu ihr: „Ich fürchte, dass dieses Kind in Mekka krank wird. So bitte lass Mohammed noch weitere eineinhalb Jahre in meiner Obhut." Der Grund, mich länger zu behalten, war aber ein anderer. Sie beobachtete, dass ihnen das Glück hold war, solange ich bei ihnen war. Sie glaubte, all der Segen werde ihnen nur durch mich zuteil. Deshalb erlaubte meine Mutter ihr, mich noch etwas länger aufzuziehen.

So kehrte ich mit Halima zurück in ihr Dorf. Nach ein paar Monaten ereignete sich Folgendes: Ich spielte zusammen mit Halimas Sohn im Garten nahe des Hauses, wo einige Schafe grasten. Plötzlich erschienen zwei Engel. Sie hatten einen goldenen Teller voller Eiswürfel dabei. Ich wollte fortlaufen, aber sie fingen mich ein. Sie öffneten meinen Brustkorb und reinigten mit Eiswürfeln mein Herz, auf dem sich ein schwarzer Punkt befand. Danach sprach der eine Engel zum anderen: „Wir haben ihm nun ein neues Herz gegeben. Jetzt gehört dieser Junge dem Himmel. Er wird über seinesgleichen siegen." Als sie gingen, fürchtete ich mich sehr. Für eine Weile war ich nicht in der Lage zu reden. Halima und ihr Ehemann kamen in den Garten hinausgerannt. Ihr Sohn hatte ihnen bereits erzählt, was mir widerfahren war. Sie umarmten mich beide und ich fing an zu weinen. Sie brachten mich ins Haus und als es mir besser ging, erzählte ich ihnen, was geschehen war. Meine Pflegeeltern fürchten sich nun und sprachen zueinander: „Wir bringen ihn besser zu seiner Familie zurück. Sicher wird dieses Kind von schlechten Seelen dominiert." Der wahre Grund war aber ein anderer. Sie fürchteten, ihren Kindern könnte auch etwas zustoßen. Zudem beunruhigte es sie, dass ich im Schlaf redete. Sie wollten mich so schnell wie möglich zu meiner Familie zurückbringen. Als wir in Mekka ankamen, verloren sie mich aus den Augen. Sie suchten nach mir, konnten mich aber nicht finden. Als ich im oberen Teil von Mekka angelangt war, hörte ich, wie jemand meinen Namen rief: „Mohammed!" Ich drehte mich um, konnte aber niemanden sehen. Nach einer Weile hörte ich wieder diese Stimme. Als ich mich dieses Mal umdrehte, sah ich einen weißen Engel. Er deutete mir mit seinen Händen, ich solle zu ihm kommen. Ich sah mich zuerst nach meinen Pflegeeltern um. Sie waren vor mir, jedoch mit etwas anderem beschäftigt, so konnte ich unbemerkt verschwinden. Ich folgte dem weißen Engel mit Angst und Aufregung in meinem Herzen. Schließlich betrat dieser Engel eine Höhle in einem Berg. Dort sagte er zu mir: „Fürchtest du dich, Mohammed?" Ich antwortete: „Ja!" Da sprach der Engel: „Fürchte dich nicht, Mohammed. Ich bin dein Freund." Ich fragte ihn: „Du bist mein Freund?" Und er antwortete: „Ja! Ich kann dir helfen. Wann immer du dich fürchtest, komme ich zu dir. Wenn ich dich jetzt um etwas bitte, tust du es dann?" Ich erwiderte: „Ja, das werde ich." Dann sagte der Engel zu mir: „Verbeuge dich niemals vor den Götzenbildern." Ich nickte bejahend mit dem Kopf. Danach brachte der Engel mich zurück in eine der Straßen Mekkas und verschwand vor meinen Augen.

Später fanden mich zwei Bekannte meines Großvaters Abdul Muttalib und brachten mich zu ihm. Mein Großvater betete gerade für mich nahe der Kaaba. Als er mich sah, war er überglücklich und Tränen rannen von seinen Augen. Er setzte mich auf seine Schultern und auf mein Drängen umrundete er immer wieder das von Abraham erbaute Haus Gottes. Ich gönnte ihm keine Pause, selbst als er müde wurde. Erschöpft und mit Schmerzen in den Schultern sprach er zu mir: „Mohammed, du musst jetzt von meinen Schultern herunter. Heute habe ich so oft das Haus Gottes umkreist, dass ich all meine Rekorde gebrochen habe. Jetzt kann ich nicht mehr. Ich bin ein alter Mann." Ich sagte zu meinem Großvater: „Dann lass mich jetzt allein um dieses Haus meine Kreise ziehen." Er war einverstanden. Meine Onkel beobachteten mich sehr genau. Nachdem ich noch einige Runden alleine gegangen war, sagten sie zu meinem Großvater: „Er wird immer weiter um das Haus kreisen. Er will überhaupt nicht aufhören." Daraufhin stoppte mich mein Großvater und sprach: „Mohammed, für heute ist es genug. Deine Mutter wartet auf dich. Wir werden an einem anderen Tag wieder zum Haus Gottes kommen, dann kannst du so viele Kreise drehen, wie du möchtest." Ich sagte ihm, er müsse mir versprechen, mich so bald wie möglich hierher zurückzubringen. Mein Großvater versprach es mir und ich bat ihn, mich noch ein letztes Mal im Kreis gehen zu lassen. Mein Großvater antwortete mir, dass es wirklich das allerletzte Mal sein würde. Nach meinem Rundgang betete er mit mir zusammen, bevor er mich zu meiner Mutter brachte.

Es dauerte eine Weile, bis ich mich an ein Zusammenleben mit meiner Mutter gewöhnte. Ich weinte viele Male und wollte zu meinen Pflegeeltern zurück. Eigentlich waren sie meine richtigen Eltern. Ich vermisste auch meinen Bruder und meine Schwester. Obwohl mich meine Mutter immer wieder daran erinnerte, dass sie meine richtige Mutter sei, wollte ich ihr nicht glauben. Eines Tages sagte ich zu ihr: „Wenn du meine richtige Mutter bist, wo ist dann mein Vater?" Sie erzählte mir, dass mein Vater bereits vor meiner Geburt starb. Ich sagte zu ihr: „Das ist nicht wahr. Meine Mutter und mein Vater leben immer noch." Wann immer meine Mutter meiner nicht Herr werden konnte, brachte sie mich zu meinem Großvater. Mit ihm hatte ich weniger Schwierigkeiten. Er war immer einer Meinung mit mir. Eines Tages sagte ich, dass ich zu meinen Eltern zurückgehen wolle. Mein Großvater erklärte mir, dass er mich zurückbringen werde, aber zuerst solle ich etwas Zeit mit ihm verbringen. Er erwähnte ebenso meiner Mutter gegenüber: „Sage nichts, was Mohammeds Herz brechen könnte. Er ist ein sehr sensibles Kind. Würde sein Vater Abdullah noch leben, wäre er sehr glücklich, Mohammed zu sehen."

Eines Tages beschwerte ich mich bei meinem Großvater: „Meine neue Mutter sagt, dass mein Vater tot ist." Zuerst wollte Großvater Abdul Muttalib meine Frage beantworten. Aber dann sagte er: „Ja, es stimmt. Du hast zwei Mütter und zwei Väter. Einen Vater kennst du und den anderen hast du niemals gesehen. Doch wenn du möchtest, kann ich dich mitnehmen, um deinen Vater zu treffen." Ich erwiderte: „Aber er ist tot." Mein Großvater erzählte mir, dass wir ihn trotzdem besuchen können. Ich erinnerte meinen Großvater an sein Versprechen, mich zu meinen Pflegeeltern zurückzubringen. Er sagte: „Gut, wir machen jetzt einen Handel. Du kannst deine Eltern besuchen. Ich werde deinen Onkel mit dir schicken. Aber du kommst zurück und besuchst mich. Danach kannst du erneut deine Pflegeeltern besuchen und kommst wieder zurück zu mir. Du kannst dies so lange tun, wie du möchtest." Ich war sehr glücklich über diesen Handel. Mein Großvater wandte sein Gesicht seinem Sohn Abu Talib zu und sagte zu ihm: „Ich möchte, dass du mit Mohammed seine Pflegeeltern besuchst. Lass ihn für einen Monat dort verweilen und du kommst zurück. Nimm etwas Geld und einige Geschenke für sie mit."

Einige Tage später fragte mich mein Onkel Abu Talib, ob ich bereit sei, meine Pflegeeltern zu besuchen. Ich war überglücklich. Er brachte mich zu ihnen und bot das Geld von meinem Großvater an. Er erzählte ihnen, dass er mich einen Monat später nach Mekka zurücknehmen werde. Ich brachte ebenso einige Geschenke für meinen Bruder und meine Schwester mit. Meine Pflegeeltern waren aufgrund des Geldes und der Geschenke sehr erfreut, mich für kurze Zeit bei sich zu haben. Die Zeit verstrich sehr schnell. Dieses Mal sehnte ich mich jedoch sehr danach, meinen Großvater wiederzusehen. Als mein Onkel Abu Talib kam, um mich abzuholen, war ich dieses Mal nicht so traurig, meinen Pflegeeltern, meinem Bruder und meiner Schwester auf Wiedersehen zu sagen. An sie gewandt sprach ich: „Ich werde bald wiederkommen. Mein Großvater sagte mir, dass ich euch jeder Zeit besuchen kann. Das nächste Mal bringe ich euch noch mehr Geschenke. Doch jetzt muss ich mit meinem Onkel Abu Talib gehen, denn ich versprach meinem Großvater, ihn zu besuchen."

Während meines Urlaubs bei meinen Pflegeeltern erzählten mir diese, dass sie nicht meine leiblichen Eltern seien, sondern sie sich nur um mich kümmern. Meine richtigen Eltern würden in Mekka leben. Ich sagte ihnen, dass ich dies in meinem Herzen nicht glaube. Sie versuchten nicht länger, mich davon zu überzeugen. Ich verbrachte viel Zeit auf meinen Reisen mit meinem Onkel Abu Talib, was mich sehr mit ihm verband. Allmählich stand ich ihm sehr nahe. Er erklärte mir viele Dinge. Ich konnte ihn wieder und wieder fragen, ohne ihn zu verärgern. Mein Onkel Abu Talib liebte mich sehr. Auf unserer Reise zurück nach Mekka erzählte er mir, dass mein Vater sein richtiger Bruder gewesen sei. Ihm musste ich glauben, denn mein Onkel war jetzt auch mein bester Freund. Ich sagte zu meinem Onkel: „Meine neue Mutter sagte mir, dass mein Vater tot ist. Aber mein Großvater sagte mir, dass wir ihn besuchen können. Warum kann er nicht uns besuchen?" Mein Onkel lachte und lachte. Dann sagte er: „Unglücklicherweise müssen wir ihn besuchen." Später erzählte er unsere Unterhaltung meinem Großvater.

Als ich dieses Mal meinen Großvater sah, rannte ich zu ihm. Er saß nahe dem Haus Gottes, umringt von anderen Leuten. Er nahm mich in seine Arme und küsste mich überall. Er fragte mich, ob ich ein Geschenk für ihn mitgebracht hätte. Ich sagte: „Ja. Du musst mich nur auf deine Schultern setzen und mich so lange um dieses Haus tragen, bis du nicht mehr kannst. Auf deinen Schultern werde ich für dich beten. Und dies wird mein Geschenk für dich sein." Mein Großvater lachte und lachte und er sagte: „Dies ist ein sehr wertvolles Geschenk." Er fragte mich, ob ich nicht meine Umkreisungen auf den Schultern meiner anderen Onkel machen wolle. Von denen gab es sehr viele. Sie alle saßen bei meinem Großvater. Ich wünschte mir, dass mich jeder von ihnen drei Runden um Gottes Haus tragen sollte. Zwei oder drei Onkel freuten sich, dies zu tun. Die anderen taten es aus einer Art Pflichtgefühl, da mein Großvater sie darum bat. Später fragte mich mein Großvater: „Heute bist du auf den Schultern all deiner Onkel geritten. Bist du nun glücklich?" Ich sagte ihm, dass ich auch auf seinen Schultern reiten möchte. Er lächelte und nahm mich drei Runden mit.

Mein Großvater besaß einen ganz besonderen Platz im Schatten des Hauses Gottes. Nur er durfte dort sitzen. Kamen andere Menschen, um ihn zu sehen, mussten sie sich auf dem Boden niederlassen. Nur mir gestattete er, sich auf diesem Platz niederzusetzen. Meinen Onkel und den anderen missfiel dies, denn der Person auf diesem Platz, hatte man Respekt entgegen zu bringen. Manchmal zürnten sie mir sogar. Mein Großvater sagte ihnen jedoch, niemand solle mich daran hindern, mich auf seinen Platz zu setzen. Meistens ließ mein Großvater mich neben ihm sitzen. Ich durfte ihn sogar unterbrechen, wenn er sich mit anderen unterhielt. Das störte ihn nicht. Mein Benehmen und meine Aktivitäten erfreuten meinen Großvater. Meine Onkel und meine Tanten hingegen befürchteten, dass mein Großvater mich verziehen würde.

Eines Tages sah ich, wie meine Mutter weinte. Ich war über vier Jahre alt. Als ich sie nach dem Grund fragte, erzählte sie mir, dass sie meinen Vater sehr vermissen würde. Dann sagte sie: „Auch dich habe ich sehr vermisst. Ich habe dich weggegeben, damit du in einer gesünderen Umgebung aufwachsen kannst." Ich fragte sie, warum sie mich niemals besucht hat. Da wurde sie noch trauriger und Tränen rannen über ihr Gesicht. Sie konnte mir nicht antworten." Mohammed schaute mich, Zahid, an und sagte: „Du weißt, warum sie mich während dieser Zeit nicht besuchte. Wenn du dieses Geheimnis für dich behältst, wäre ich dir sehr dankbar."

Danach fuhr Mohammed mit seiner Erzählung fort: „Eines Tages fragte mich meine Mutter, ob ich meinen Vater besuchen möchte. Ich antwortete: „Ja, ich will meinen Vater besuchen." Sie war sehr glücklich. Sie nahm mich in ihre Arme und küsste mich auf mein Gesicht und sagte: „Du kannst viele Mütter und Väter haben, aber die Wahrheit ist, dass ich deine richtige, leibliche Mutter bin. Du bist für immer mein eigener, leiblicher Sohn." Ich wollte etwas erwidern, doch sie legte ihre Hände auf meinen Mund und sagte: „Nein, nein. Du brauchst jetzt gar nichts zu sagen." Danach wurde mein Verhältnis zu meiner Mutter viel vertrauter und inniger.

Wann immer mein Großvater, meine Onkel und Tanten die Götzenbilder anbeteten, verbeugte ich mich niemals vor diesen. Mein Großvater fragte mich nach dem Grund. Ich sagte ihm, dass ich einem Engel versprochen hätte, nicht vor diesen Götzenbildern niederzuknien. Mein Großvater lächelte und befahl jedem um ihn herum, mich nicht zu zwingen, mich vor diesen verschiedenen Götzenbildern zu verbeugen. Er sagte ihnen, ich wäre noch ein kleiner Junge und wenn ich heranwachse, würde ich es verstehen.

Eines Tages fragte meine Mutter mich: „Ist es wahr Mohammed, dass ein Engel zu dir kam und dich bat, nicht vor diesen Götzenbildern niederzuknien?" Ich sagte zu ihr: „Ja. Ich sehe immer diesen Engel vor mir, wenn ich mit ihnen gehe und sie die Götzenbilder anbeten. Dieser Engel gibt mir durch Zeichen zu verstehen, dass ich mich auf keinen Fall verbeugen soll." Meine Mutter war sehr überrascht und sagte zu mir: „Heute möchte ich dir auch einige meiner Träume mitteilen, die ich sah, als ich mit dir schwanger war." „Erzähl sie mir gerade heraus", forderte ich meine Mutter auf. Sie erzählte: „Am Anfang meiner Schwangerschaft sah ich, wie ein Licht aus meinem Bauch herauskam. Ich wurde in den Himmel gehoben. Dieses Licht teilte sich in drei Farben und erhellte die gesamte Welt. Als ich im vierten Monat schwanger war, brachten mich die Engel in eine wunderschöne Welt. Dort wuschen sie mich. Im sechsten Monat sah ich die Engel in dem Haus, das Abraham erbaute, stehen. Sie sprachen mit sehr lauter Stimme: „Gott wird all diese falschen Götter zerstören. Nur Er wird bleiben, als der wahre Schöpfer aller." Danach sahen die Engel mich an und sagten: „Der Name dieses Jungen wird Mohammed sein." Als ich im achten Monat schwanger war, sah ich, wie ein großer schlanker Mann mit Bart und mit strahlend weißem Licht auf mich zukam. Er legte seine Hand auf meinen Bauch und betete zu Allah: „Gib diesem Kind deinen Segen. Lass deinen Namen Allah durch dieses Kind in aller Munde sein. Lass ihn verkünden, dass Du der einzige Gott in diesem Universum bist." Dann drehte sich dieser Mann zu mir und fragte mich: „Möchtest du nicht wissen, wer ich bin?" Ich sagte ihm, seine respektvolle und starke Persönlichkeit erlaubten mir nicht, ihn danach zu fragen. Er aber sprach zu mir: „Ich bin dein Vater Abraham und ihr alle seid meine Kinder." Danach wachte ich auf." Die Träume meiner Mutter bewegten mich sehr. Ich fragte sie: „Ist das ein Engel, der mir erscheint?" Sie bejahte dies und sagte auch, dass ich ein ganz besonders Kind Gottes sein würde.

Eines Tages sprach meine Mutter zu mir, dass sie mir nicht alle Gründe erzählen könnte, warum sie mich nicht bei sich behielt. Aber zwei wollte sie mir nennen. Sie erzählte: „In der Zeit, in der du geboren wurdest, herrschte großes Leid und ein Virus hatte sich in Mekka verbreitet. Ich fürchtete, du könntest krank werden. Dein Großvater wollte ebenso, dass du für einige Zeit außerhalb dieser Umgebung verweilen solltest. So entschied ich, dich zu Pflegeeltern zu geben. Dort konntest du in einer gesunden Umgebung aufwachsen, doch ich vermisste dich jeden Tag. Später erkrankte ich selber und litt fast zwei Jahre an dieser Krankheit. Deshalb bat ich deine Pflegeeltern, mich von Zeit zu Zeit mit dir zu besuchen. Ich wollte aber auf keinen Fall, dass du bei mir bleibst und diese Krankheit von mir bekommst. Nach meiner Genesung war der Wunsch in mir sehr stark, so schnell wie möglich mit dir zusammenzuleben. Deshalb sandte ich die Nachricht zu deiner Pflegemutter, sie solle dich zu mir zurückbringen.

Als sie mit dir kam, schien es mir, als ob sie eine sehr gierige Frau sei. Sie wollte dich unbedingt noch etwas länger haben. Eigentlich war ich damit nicht einverstanden. Sie sagte, dass sie durch dich mehr Segen erhalten würden. In ihrem Dorf wollten selbst andere Leute dich für einige Tage aufnehmen, so dass der Segen auch ihnen zuteilwürde. Sie versprach, dich viele Male zu mir zu bringen. Einige Monate später, während einer ihrer Besuche, wollte sie dich für immer zu mir geben. Ich war sehr überrascht und fragte, warum sie dich nicht länger behalten wollte. Zuerst wollte sie den Grund nicht preisgeben, doch ich bohrte ständig weiter. Schließlich erzählte sie mir die ganze Geschichte, die dir widerfuhr. Ich fragte sie, ob sie fürchte, dass schlechte Geister dich dominieren würden. Sie beichtete mir, dass genau dies der Grund sei. Ich erzählte ihnen ebenso verschiedene Träume, die ich über dich während meiner Schwangerschaft hatte. Ich sagte ihnen, es sei nicht wahr, was sie über dich denken, denn du wärst ein ganz besonders Kind. Ich wollte nicht, dass sie dich noch einmal mitnimmt." Ich war sehr glücklich, dies alles von meiner Mutter zu erfahren. Aber besonders freute mich, dass sie mir glaubte, dass die Engel mir erschienen sind.

Als ich etwa sechs Jahre alt war, fragte mich meine Mutter, ob ich das Grab meines Vaters besuchen wolle. Ich war sehr aufgeregt, dies zu hören. Auf unserer Reise zum Grab meines Vaters begleitete uns noch eine andere Frau. Zuerst besuchte meine Mutter ihre Familie, die zwischen Mekka und Medina lebte. In der Familie meiner Mutter war jeder glücklich, mich zu sehen und ich bekam viele Geschenke von ihnen. Dann gingen wir zum Grab meines Vaters nach Medina. Meine Mutter setzte sich neben das Grab und Tränen rannen ihr übers Gesicht. Als ich dies sah, fing ich ebenso an zu weinen. Meine Mutter sah mich an, hielt inne und umarmte mich. Dann sagte sie: „Bevor dein Vater seine letzte Geschäftsreise antrat, sagte er zu mir: „Obwohl ich sehr weit weg sein werde, wird mein Herz immer mit diesem Kind sein." Dein Vater glaubte fest daran, dass ich einen Sohn gebären würde. Er erzählte mir, er würde dich überall küssen, wenn er zurückkommt." Meine Mutter fragte: „Mohammed, wenn du einen Wunsch für deinen Vater hast, kannst du ihn jetzt aussprechen." Ich berührte das Grab meines Vaters und sprach: „Vater, ich möchte dich ebenso sehen." Ich küsste viele, viele Male sein Grab. Meine Mutter und die Frau neben uns lächelten. Meine Mutter sagte zu mir: „Mohammed, das war wunderbar. Das war das Beste, was du für deinen Vater tun konntest. Jetzt weiß ich, dass dein Vater sehr, sehr glücklich sein wird."

Meine Mutter wollte noch etwas länger in Medina bleiben. Dort wurde sie aber wieder sehr krank. Sie kehrte deshalb zurück zu ihrer Familie in den kleinen Ort al-Abwa, der zwischen Mekka und Medina liegt. Ihr gesundheitlicher Zustand verschlechterte sich zusehends. Drei Tage vor ihrem Tod, saß ich alleine vor dem Haus. Wieder sah ich den gleichen Engel. Ich ging auf ihn zu und fragte ihn: „Kannst du nicht meiner Mutter helfen? Sie ist sehr krank. Ich möchte nicht, dass sie stirbt." Ich fing an zu weinen. Dieser Engel umfasste meine beiden Schultern und sagte: „Mohammed, niemand stirbt. Sie gehen alle an einen Ort, an dem sie weiterleben. Wenn deine Mutter nicht mehr auf dieser Erde lebt, kann ich dich zu ihr bringen. Du kannst sie besuchen, ganz egal, wo sie leben wird." Ich schaute den Engel fragend an: „Kannst du das wirklich tun?" Er antwortete mir, dass er mir noch viele andere Gefallen tun könne. Danach verschwand er wieder. Ich rannte zurück zu meiner Mutter und sagte zu ihr: „Du brauchst dich nicht zu sorgen. Dieser Engel hat mich gerade getroffen und sagte, dass niemand richtig stirbt. Alle würden an einen neuen Ort gehen." Meine Mutter umschlang mich mit ihren Armen und sagte zu mir: „Mohammed, hast du wirklich wieder den gleichen Engel getroffen?" Ich bejahte dies. Noch einmal fielen Tränen von ihren Augen. Ich fragte sie, warum sie jetzt weinen würde. Sie antwortete: „Das sind Tränen der Glückseligkeit. Dein Engel erzählte dir die Wahrheit. Auch wenn ich nicht mehr auf dieser Welt sein werde, wird sich dieser Engel um dich kümmern. Dieser Engel wurde dir von Allah gesandt."

Drei Tage später starb meine Mutter. Ich war sehr traurig. Ich wollte meine Mutter mit zurück nach Mekka nehmen, aber sie begruben sie in dem kleinen Ort, in dem ihre Familie lebte. Jetzt hatte die Familie meiner Mutter ein befremdliches Gefühl mir gegenüber. Sie dachten, ein starker, großer Geist hätte von mir Besitz ergriffen. Die Frau, die mit uns gereist war, brachte mich zurück nach Mekka. Auf dem ganzen Heimweg fielen Tränen von meinem Gesicht, denn ich musste ohne meine Mutter nach Mekka zurückkehren. Als ich meinen Großvater sah, ging ich zu ihm und weinte in seinen Armen. Er weinte mit mir. Fest in meine Augen schauend, sagte er zu mir: „Mohammed, bleib bei deinem Großvater. Meine Augen möchten dich jetzt immer um mich herum sehen." Ich erwiderte: „Ja, auch ich möchte für immer bei dir bleiben."

Ein paar Tage später saß mein Großvater zusammen mit einigen anderen im Schatten des Haus Gottes. Ich saß neben ihm und schlief ein. Im Schlaf erschien mir der gleiche Engel und brachte mich in eine wunderschöne Welt. Dort traf ich meine Mutter und meinen Vater. Ich war sehr glücklich, sie zu sehen und verbrachte viel Zeit mit ihnen. Meine Eltern sagten: „Mohammed, wir leben hier sehr glücklich zusammen." Der Engel erschien und sagte: „Siehst du Mohammed, niemand stirbt. Ich habe dir erzählt, dass sie alle in einer neuen Welt leben." Ich griff nach der Hand des Engels und er musste mir versprechen, mich wieder hierher zurückzubringen. Er versprach es mir, danach wachte ich auf. Mein Großvater unterhielt sich immer noch mit den Menschen, die sich um ihn herum versammelt hatten. Er sah mich an, lächelte und sagte: „Lieber Sohn, du siehst aus, als seiest du sehr glücklich." Daraufhin erzählte ich ihm: „Ja, der gleiche Engel kam zu mir und nahm mich in eine neue Welt. Ich habe meine Eltern getroffen und dort viel Zeit mit ihnen verbracht. Dieser Engel versprach, er würde mir wieder ermöglichen, meine Eltern zu sehen." Mein Großvater, meine Onkel und die anderen Leute sahen mich mit Erstaunen an. Mein Großvater sagte zu mir: „Was für eine wunderbare Nachricht ist das, dass mein Sohn seine Eltern besuchen kann. Mein Sohn, beschreibe das Gesicht deines Vaters. Wie sieht er aus, denn du hast ihn niemals hier auf dieser Erde getroffen." Ich begann, das Gesicht meines Vaters zu beschreiben. Mein Großvater, meine Onkel und die anderen Menschen waren sichtlich überrascht. Sie schauten einander an. Mein Großvater nahm mich in seine Arme und sagte: „Mohammed, du hast wirklich deinen Vater getroffen. Du hattest einen wunderschönen Traum." Später, als ich mit meinem Großvater alleine war, fragte er mich: „Mohammed, siehst du die Engel?" Ich sagte ihm, dass ich diesen einen Engel ein paar Mal gesehen habe, und dass dieser gleiche Engel mir auch mitteilte, ich solle nicht vor den Götzenbildern niederknien. Mein Großvater küsste mich einige Male auf meinen Mund und sagte mir, dass ich sein ganz besonderer Sohn auf dieser Erde sei. Ich war sehr glücklich, dass mein Großvater mir glaubte.

Meistens schlief ich bei meinem Großvater. Als ich an diesem Abend neben ihm lag, war er still. Ich fragte ihn: „Warum willst du nicht mit mir reden? Du hast mir heute auch nicht meinen Rücken massiert." Er antwortete: „Ich habe vergessen, dass du neben mir liegst." Er massierte meinen Rücken und sagte: „Mohammed, erzähl mir noch einmal die Geschichte, die dir widerfahren ist, als du bei deiner Pflegemutter Halima warst. Was ist damals im Hinterhof ihres Hauses geschehen?" Ich erzählte ihm, dass ich mit meinem Bruder spielte und zur gleichen Zeit die Schafe hütete. Ich sagte: „Plötzlich kamen zwei Engel, die viel Licht hatten. Sie legten mich auf den Boden, öffneten meine Brust und nahmen mein Herz heraus. Sie wuschen mein Herz mit Eiswürfeln und entfernten von ihm einen schwarzen Punkt. Dann sagten sie zueinander, dass ich jetzt zu ihnen gehöre." Nachdem mein Großvater diese Geschichte vernommen hatte, sagte er: „Sicher, Allah wird sich um dich kümmern und Er wird dich durch seine Engel führen." Jede Nacht erzählte mir mein Großvater die verschiedensten, wunderbarsten Märchen.

Mein Großvater kümmerte sich sehr um mich. Er nahm mich fast überall mit hin. Regelmäßig betete er mit mir. Drei Jahre später erkrankte er und bat meinen Onkel Abu Talib, sich um mich zu kümmern, wie um sein eigenes Kind. Bevor mein Großvater starb, nahm er meinem Onkel Abu Talib das Versprechen ab, dass ich bei ihm niemals meine Eltern und meinen Großvater vermissen würde. Abu Talib versprach, sich um mich wie sein eigenes Kind zu kümmern. Er versprach ebenso, dass er sein Bestes tun würde, mich zu beschützen und zu führen, solange er lebt. An mich gerichtet sprach mein Großvater: „Mein Sohn, wie dein Engel schon sagte: Niemand stirbt. Deshalb werde ich jetzt an einem anderen Ort leben. Tu mir einen Gefallen. Bitte deinen Engel, ob er dich ebenso zu mir bringen kann, damit du mich auch dort besuchen kannst." Tränen fielen von meinen Augen. Ich umarmte meinen Großvater. Seitdem ich von meinen Pflegeeltern zurückgekehrt war, stand er mir unwahrscheinlich nahe. Ich flüsterte meinem Großvater ins Ohr: „Ich werde dich sehr, sehr vermissen." Mein Großvater fing an zu weinen. Meine Tanten sagten zu meinem Großvater: „Zeig nicht so viel Schwäche vor dem Kind, anderseits wird er noch trauriger werden." Einige Tage später starb mein Großvater. Vor seinem Tod flüsterte er mir ins Ohr: „Vergiss nicht, deinem Engel zu sagen, dass du auch mich besuchen musst." Tränen rannen in Strömen über meine Wangen. Ich versprach meinem Großvater, ihn mit meinem Engel zu besuchen. Ich habe meinen Großvater sehr vermisst, aber mein Engel gab mir einige Male die Gelegenheit, meinen Großvater in Träumen zu begegnen."

An diesem Punkt erzählte Mohammed mir, dem Autor: „Ich habe nun ein besonderes Treffen mit Gott. Ich muss jetzt gehen. Wenn wir uns das nächste Mal sehen, wird es wieder hier sein." Mohammed umarmte mich und sagte: „Bald werde ich dich wiedersehen." Als er vertikal in die Himmel flog, schaute ich ihm eine Weile nach. Ich bewunderte die phantasievollen Teile des Paradieses um mich herum und Tränen rannen aus meinen Augen. Ich weinte, einerseits machte es mich traurig, dass nur sehr selten menschliche Seelen hierhin gelangen konnten. All diese Orte gehören Gottes Kindern. Andererseits war ich in meinem Herzen aber auch sehr glücklich, dass ich Mohammeds Lebensgeschichte erfahren konnte. Hier an diesem wunderschönen Platz im Paradies betete ich unter Tränen zu Gott: „Lieber Himmlischer Vater, ich möchte, dass durch meine Mission in der nahen Zukunft die Menschen den einfachsten Weg finden können, um in Deine Heimat zu kommen." Anschließend flog ich zurück auf die Erde, die in Dunkelheit gehüllt war. Luzifer hat das Böse und ebenso seine schlechten Aktivitäten auf Erden multipliziert. Überall konnte ich die Schwingung Luzifers wahrnehmen. So viele Menschen leben auf der Erde, doch ich konnte kaum jemanden sehen, der in seiner Seele Licht hat. Die Menschen sind sich darüber nicht im Klaren, dass Licht in der geistigen Welt Leben bedeutet. Kein Licht zu haben hat zur Folge, in sehr dunklen Welten der Hölle leben zu müssen.

Ich besuchte Mohammed auf dem gleichen Berg im Paradies erneut. Er wartete bereits auf mich und sah sehr glücklich aus. Sein Licht strahlte. Ich sagte: „Du siehst sehr glücklich aus." Er antwortete: „Ja, du hast Recht. Und weißt du warum? Als ich das letzte Mal Gott traf, fragte ich Ihn: „Kann ich alles Zahid erzählen, was mit meiner Mission und Gabriel zu tun hat?" Gott antwortete: „Ja, erzähle ihm jede Einzelheit deiner Mission und deines Lebens. Du kannst alles über Gabriel erzählen. Das ist das Beste." Deshalb bin ich sehr glücklich und befreit. Jetzt möchte ich dir alles mitteilen. Es liegt an dir, was du davon in deinem Buch niederschreibst. Einige Dinge kannst du später bekannt geben, wenn deine Grundlage besser ist."

Mohammed fuhr mit seiner Lebensgeschichte fort: „Jetzt lebte ich bei meinem Onkel Abu Talib. Als mein Großvater starb, war ich etwas älter als acht Jahre. Mein Onkel kümmerte sich mehr um mich, als um seine eigene Familie. Ich wurde Hirte seiner Schafe, denn mein Onkel fragte mich, ob ich mich um seine Tiere kümmern möchte. Abu Talib war nicht nur mein Onkel, sondern er war auch mein Freund. Immer bat ich ihn um seinen Rat. Oft konnte ich in seinen Augen eine überwältigende Liebe für mich sehen. Zwei meiner neun Onkel kamen mir auch sehr nahe. Sie kümmerten und sorgten sich um mich, dadurch wuchs ihre tiefe Liebe zu mir. Wie du weißt, handelte es sich um Hamza und Abbas. Sie folgten mir selbst in der Mission. Später werde ich noch etwas mehr über sie erzählen.

Abu Talib stand mir am nächsten. Meistens wollte er, dass ich mit ihm gehe. Selbst nachts schlief ich im Bett meines Onkels. Als ich zwölf Jahre alt war, widmeten meine Onkel Abu Talib, Hamza, Abbas und andere meinen Träumen mehr Aufmerksamkeit. Sah ich etwas, erzählte ich meinem Onkel Abu Talib meinen Traum. Eines Tages gingen all meine Onkel zum Gebet, um den verschiedenen Götzenbildern zu huldigen. Während sie beteten und sich vor den Götzenbildern verneigten, herrschte mein Onkel Abu Lahab mich sehr barsch an: „Warum kniest du nicht genauso wie wir vor den Götzenbildern nieder und betest zu ihnen?" Ich erzählte ihm, dass mein Engel mir dies verboten hat. Abu Lahab wurde sehr wütend und sagte: „Hätten wir es unserem Vater Abdul Muttalib nicht geschworen, würde ich dich zwingen, vor diesen Göttern genauso niederzuknien, wie wir es tun." Als mein Onkel Abu Talib das hörte, unterbrach er Abu Lahab und sagte zu ihm: „Sprich nicht so zu Mohammed!"

Eines Tages besuchte mein Onkel Hamza uns. Er wollte mich mit zu ihm nehmen. Auf unserem Weg war ich sehr ruhig. Mein Onkel fragte mich, warum ich nicht rede. Ich sagte ihm, dass ich letzte Nacht einen schlechten Traum hatte. Mein Onkel sagte: „Mohammed, erzähl mir, was für ein Traum das war!" Ich sprach: „Du wirst ihn gar nicht mögen." Mein Onkel lachte mich an und sagte: „Mohammed, ich mag auch einige andere deiner Träume nicht. Erschien dir dein Engel wieder im Traum?" Ich bejahte es. Er lachte wieder und sagte: „Wer sonst könnte in deinem Traum erscheinen. Ich möchte diesen Traum trotzdem erfahren, denn dein Engel gibt sehr korrekte Informationen."

Deshalb sprach ich: „Ich sah, dass ich zusammen mit dem Engel in der Kaaba, dem Haus Gottes, war. Ich hatte einen langen starken Eisenstab in meinen Händen. Der Engel zeigte auf die Götzenbilder. Als ich die Statuen mit meinem Stab berührte, fielen sie auf den Boden. Ich ging aus dem Haus Gottes heraus und tat draußen das gleiche. Wann immer ich eine Statue mit meinem Eisenstab berührte, fiel sie auf den Boden. All die Götzenbilder fielen durch meinen Stab herunter. Dieser Engel flog zum Himmel empor und schrie heraus: „Falsche Götter haben das Haus Allahs entweiht." Danach bin ich aufgewacht." Als mein Onkel diesen Traum hörte, sagte er zu mir: „Was für ein Traum ist das? Das ist wirklich kein guter Traum. Es scheint mir, als ob dieser Engel doch kein Engel ist. Er kann genauso gut ein schlechter Geist sein." Ich erwiderte: „Dieser Engel ist kein schlechter Geist. Er hat sehr viel Licht."

An diesem Abend erzählte Hamza Abu Talib und Abu Lahab meinen Traum. Abu Lahab sagte: „Sicher, dieses Kind ist Opfer eines schlechten Geistes." Aber Abu Talib erwiderte: „Das kann nicht sein, denn ich beobachte dieses Kind genau. Ich weiß, dass seine Träume wahr geworden sind." Als ich mich mit meinem Onkel Abu Talib schlafen legte, fragte er mich: „Hast du wirklich diesen Traum gesehen und wirklich alle Statuen der Götzen mit dem Eisenstab berührt?" Ich antwortete: „Ja, es war genauso, wie Hamza es erzählt hat." Hast du tatsächlich den Engel sagen hören als er nach oben flog: ‚Falsche Götter haben das Haus Allahs entweiht.' " Ich beteuerte: „Ja, ich habe diesen Engel gehört. Ich würde dich niemals anlügen." Dann fing ich an zu weinen. Abu Talib nahm mich in seine Arme und sagte: „Du brauchst dich nicht zu fürchten. Ich bin auf deiner Seite, doch erzähle den anderen nicht deine Träume." Ich versprach es ihm. Dann sagte er: „Du kannst mir all deine Träume erzählen, wann immer dieser Engel dir erscheint."

Ich war ungefähr 15 Jahre alt. Meine Onkel Abu Talib, Hamza und Abbas standen mir immer noch sehr nahe. Meinem Onkel Abbas konnte ich alles erzählen. Er behielt meine Geheimnisse für sich. Abbas war ein sehr weiser Mann und gab mir immer den besten Rat, egal in welcher Situation ich war. Eines Tages erzählte ich meinem Onkel Abbas, dass wir alle an einem Krieg teilnehmen, bei dem viele Menschen auf beiden Seiten sterben werden. Abbas sagte daraufhin: „Hast du diesen Traum gesehen?" Ich sagte: „Ja! Allerdings hat der Engel mir gezeigt, dass dieser Krieg nahe des Hauses Gottes stattfinden wird." Abbas fragte mich, ob er diesen Traum Abu Talib erzählen könne. Ich entgegnete: „Nein, ich werde es ihm sagen." An diesem Abend erzählte ich diesen Traum meinem Onkel Abu Talib. Er sah mich nur an und sagte gar nichts. Nach dem eine geraume Weile verstrichen war, sagte er: „Mohammed, hast du diesen Traum schon jemandem anderen erzählt?" Ich sagte ihm, dass es Abbas bereits wisse. Da er mich aufforderte, diesen Traum niemandem anderen zu erzählen, versprach ich es ihm.

Drei Monate später fand dieser Krieg statt. All meine Onkel nahmen daran teil und ich half ihnen. Ich sammelte die Pfeile ein und gab sie meinen Onkeln. Später waren Abu Talib und Abbas so inspiriert, dass sie jedem in der Familie erzählten, dass meine Träume wahr sind. Mein Onkel Abu Talib sagte zu mir: „Ich bin sehr stolz auf dich." Hamza fügte hinzu: „Mohammed, du überrascht mich. Dein Engel ist ein guter Engel Allahs. Er gibt dir die richtigen Neuigkeiten." Mein Onkel Abbas hatte ein kleines Geschäft. Als ich ihn besuchte, sagte er zu mir: „Mohammed, von jetzt an werde ich dir sehr aufmerksam zuhören. Sicher hat Allah Großes mit dir vor." Meine anderen Onkel waren weniger inspiriert, für sie war ich das Opfer meiner Träume.

Im Alter von zwanzig Jahren begann ich verschiedene Waren an die Menschen zu verkaufen. Es war ein sehr kleines Geschäft. In eurer modernen Zeit würdet ihr sagen, dass ich ein guter, junger Verkäufer war. Die Leute vertrauten mir. Mit alten Menschen konnte ich besonders gut umgehen. Kamen sie zu mir und schilderten ihre Probleme, hörte ich ihnen sehr aufmerksam zu. Jedes Mal erzählten sie mir die gleiche Geschichte und jedes Mal hörte ich ihnen mit derselben Aufmerksamkeit zu, bis sie selber müde wurden, sie ständig zu wiederholen. Viele alte Leute kamen mit ihren Problemen in der Hoffnung zu mir, ich könne ihnen einen guten Rat geben. Aufgrund dessen blühte mein Handel mit ihnen. Viele Male verkauften andere Händler ihre Waren profitabel an mich. Später konnte ich die gleichen Produkte zu einem noch höheren Preis an ihre Eltern und Verwandten verkaufen. Als die Händler davon erfuhren, waren sie sehr überrascht. Aber ich beteuerte immer wieder, faire Geschäfte zu machen. Darüber hinaus könne ich Handel treiben, mit wem ich wolle. Abu Talib und Hamza waren sehr glücklich über meine geschäftlichen Aktivitäten. Mein Onkel Abbas bat mich oft um Rat, wie er seine Produkte besser verkaufen könne.

Manchmal erschien mein Engel in meinen Träumen und zeigte mir, wie ich ein gutes Geschäft machen könne. Seit meinem zwölften Lebensjahr begleitete ich meinen Onkel Abu Talib auf seinen Geschäftsreisen. Ich beobachtete ihn und auch die anderen bei ihren Geschäften und sah, wie und warum sie erfolgreich waren. So hatte ich bereits seit meiner frühen Jugend die Möglichkeit, eigene Erfahrungen zu sammeln. Auf der anderen Seite waren die Menschen meines Stammes, die Koreischiten, schon immer Händler gewesen. In eurer Zeit würdet ihr sie als Geschäftsleute bezeichnen. So war es für mich nicht besonders schwierig, Geschäftspraktiken zu verstehen. Die Koreischiten waren in Handelsangelegenheiten anderen arabischen Stämmen durch Raffiniertheit und trickreiche Erfahrungen weit überlegen. Mir lag diese Vorgehensweise nicht, noch mochte ich diese. Allmählich begannen die Leute mir zu vertrauen, denn ich brach meine Versprechen niemals. Ich hasste es zu lügen, selbst in geschäftlichen Angelegenheiten. Allmählich brachten mir die Leute ihre Produkte mit dem Auftrag, sie zu verkaufen. Von dem Entgelt konnte ich einen Teil für mich behalten.

Im Alter von 25 Jahren fragte ich meinen Onkel Abu Talib, ob er mich zu Khadija bringen könnte, welche einen großen Handel in ganz Arabien betrieb. Ich wollte ihre Produkte in Syrien verkaufen. Abu Talib und ich reisten zu Khadija; ihr war der Besuch Abu Talibs sehr willkommen. Sie erwähnte sogar, es sei ihr eine große Ehre, Abu Talib in ihrem Haus begrüßen zu können. Abu Talib fragte sie, ob ich ihre Produkte in Syrien verkaufen könne. Sie sprach: „Ich habe bereits viel Gutes über Mohammed gehört und freue mich, ihn persönlich kennenzulernen." Bereits bei unserem ersten Treffen räumte mir Khadija einen größeren Anteil vom Profit als anderen Geschäftspartnern ein. Mein Onkel Abu Talib war über Khadijas Angebot erfreut. Als wir aus ihrem Haus heraus kamen, sagte mein Onkel zu mir: „Mohammed, du hast eine magische Art an dir. Jeder der dich traf, möchte dich gerne wieder sehen. Ich bin sehr optimistisch, was deine Zukunft betrifft. Du wirst einer der erfolgreichsten Kaufleute der arabischen Welt sein." Ich lächelte über die Aussage meines Onkels.

Ich reiste verschiedene Male nach Syrien, da Khadija mir nach und nach mehr Verantwortung für ihr Geschäft übertrug. Während dieser Zeit beobachtete sie mich. Khadijas Vertraute informierten sie über alle

Details meines geschäftlichen und privaten Lebens. Es lag schon immer in meiner Natur, viel Zeit in der Öffentlichkeit zu verbringen, selbst bevor Gott mich gerufen hatte. Ich tat alles, was in meiner Macht stand, um anderen Menschen zu helfen und sie zu inspirieren, Gutes für ihren Nächsten zu tun. Solchen Menschen stand meine Tür immer offen. Mein guter Umgang mit den Menschen war sehr vorteilhaft für Khadijas Geschäfte.

Neben meinen geschäftlichen und öffentlichen Aktivitäten war ich jedoch sehr darauf bedacht, den geistigen Aspekt in meinem Leben nicht zu vernachlässigen. Trotz meiner täglichen Geschäfte nahm ich mir immer die Zeit, um zu Gott zu beten. Damals folgte ich dem Weg Abrahams, unserem Vater des Glaubens. Nachts wollte ich lieber allein sein, um mit Tränen zum Gott Abrahams zu beten. Ich empfand dabei immer tiefe Freude und Liebe für Gott. Ich sehnte mich ständig nach dem Anbruch der Nacht. Meine tiefen Gebete und meine Verehrung für Gott waren mein einzig wahrer Besitz in jener Zeit. Jede Nacht zog es mich mehr und mehr zu Gott hin. Ich half meinen Mitmenschen aus ganzem Herzen, ohne etwas dafür zu verlangen. Es widerstrebte mir bereits in jungen Jahren, Menschen, in Erwartung einer Belohnung zu helfen. Alle Menschen waren für mich Gottes Familie. Ich fühlte mich geehrt, ihnen zu dienen.

Zahid, ich hatte dir gesagt, dass ich mich bereits in meiner frühen Kindheit geistig öffnete. Der Engel, der mich führte, war Erzengel Gabriel. Im Alter von 21 Jahren vollzogen sich tiefe, geistige Veränderungen in mir. Ich war in der Lage, Visionen zu sehen und mein Geist konnte meinen Körper verlassen und in vielen geheimen Dimensionen der geistigen Welt fliegen und reisen. Auch du Zahid, kannst das bereits seit früher Kindheit. Damals kam das blaue Licht zu dir und nahm dich mit. Mit 21 Jahren passierte mir genau das Gleiche. Ich konnte Gottes blaues Licht sehen. Ergreift das blaue Licht erst einmal von dir Besitz, kannst du solche Erfahrungen machen, die du nicht mit Worten zu beschreiben vermagst. Je näher man Gottes Licht kommt, desto mehr schwindet die eigene Ignoranz und wahre Freiheit und Glückseligkeit können sich im eigenen Geist niederlassen.

Ich war 25 Jahre alt, als Khadija mich bat, sie zu heiraten. Meine Onkel waren darüber sehr glücklich. Besonders Abu Talib und Hamza vernahmen diese Neuigkeit mit Wohlwollen. Sie wussten, dass Khadija sehr reich war. Abu Talib und Hamza rieten mir, dass ich keine Zeit mit Nachdenken verstreichen lassen sollte. Abu Talib sagte zu Hamza: „Du solltest mit Mohammed gehen, um mit Khadijas Vater zu sprechen." Khadija erzählte ihrer ganzen Familie, dass sie mich heiraten wollte. Ihr Vater wartete bereits auf uns. Er war sehr glücklich mich und meinen Onkel Hamza zu sehen und nahm mich als Schwiegersohn an.

Die Heirat mit Khadija öffnete für mich eine neue Tür. Nun war mein finanzieller Engpass vorüber. Ich war unabhängiger und konnte finanziell gefestigt, den Menschen besser helfen. Unser Geschäft vergrößerte sich und der Profit mehrte sich zusehends. Auch der Kreis derer, denen ich öffentlich dienen konnte, wurde zusehends größer. Ich verstand mich gut mit den Menschen in Mekka und vielen umliegenden Stämmen. Dadurch stieg mein gesellschaftliches Ansehen. Mein Ruf eilte mir voraus. Im Alter von 33 bis 35 Jahren verlor ich mein Interesse sowohl an geschäftlichen, als auch öffentlichen Aktivitäten. Ich zog mich an abgelegene Orte zurück, um allein zu sein. Der Sufismus ist durch den Islam entstanden, aber genau genommen war ich der erste Sufi." Als Mohammed dies sagte, lächelte er.

„Khadijas Familie, meine Familie und ein paar andere Leute fanden heraus, dass ich mein Interesse am Geschäft verloren hatte. Sie sorgten sich um mich, da ich mich aus ihrem Leben zurückzog und lieber allein war. Khadijas Familie und meine Onkel sagten, das Geschäft würde ohne mich nicht überleben. Khadija und Abu Talib fragten mich, was in mir Seltsames vorginge. Ich sagte ihnen: „Alles ist in Ordnung und läuft ganz prima. Ich brauche nur etwas mehr Zeit für mein geistiges Leben." Dies war keine befriedigende Antwort für sie, doch sie sagten nichts dazu. Khadija selber begann Interesse in geistigen Dingen zu entwickeln, denn ich teilte mit ihr meine geistigen Erlebnisse. Obwohl ich viele Menschen kannte und eine gute Beziehung mit den Menschen unterhielt, hatte ich nicht viele Freunde. Unter den Wenigen stand Abu Bakr mir bereits seit jungen Jahren sehr nahe. Ihm erzählte ich meine geistigen Erfahrungen, was mich mit ihm sehr verband. Er behielt all meine geistigen Erfahrungen wie ein Geheimnis für sich. Jedes Mal, wenn er ihnen lauschte, war er sehr inspiriert und konnte nicht genug von mir erfahren.

In den ersten Ehejahren habe ich keine Kinder bekommen. Später wurden mir durch den Segen Gottes sieben Kinder von Khadija geschenkt. Drei Söhne und vier Töchter. Ich habe noch einen Sohn von Maria al-Qibtiyya erhalten. Du weißt, sein Name war Abraham. All meine Söhne starben bereits in früher Kindheit. Zwar lebten meine Töchter länger, aber auch sie starben bereits zu meinen Lebzeiten, ausgenommen Fatima. Vielleicht ist es nicht notwendig, das in deinem Buch niederzuschreiben, doch ich musste es erwähnen, denn ich habe eine sehr emotionale Beziehung zu meinen Kindern. Genau genommen konnte ich während meines Missionslebens niemals offen mein Leid darüber ausdrücken, dass meine Söhne und Töchter bereits vor mir starben. Ich vermisste sie sehr und vergoss meine Tränen allein, damit meine Anhänger nicht an meiner Stärke zweifelten. Abraham, der Sohn von Maria al-Qibtiyya, stand mir sehr nahe. Viele Male ging ich zum Haus seiner Pflegemutter, um ihn liebevoll zu umsorgen und mit ihm für einige Stunden zu spielen. Dieses Kind hätte länger leben und ein Mann Gottes werden können. Leider fand ich dies erst in der geistigen Welt heraus. Die Familienmitglieder seiner Pflegemutter waren Schmiede und arbeiteten den ganzen Tag mit Eisen. Das Haus war ständig voller Rauch. Auf Grund dessen ist mein Sohn erkrankt und starb mit 18 Monaten. Ich habe niemals emotionale Reaktionen meinen Jünger gegenüber gezeigt. In jeder Hinsicht wollten sie in mir einen starken Supermann sehen."

An mich gewandt, sagte Mohammed: „Lieber Zahid, dieser Teil hat eigentlich nichts mit meinem Missionsleben zu tun. Aber es war mir ein Bedürfnis, dir dies zu erzählen. Glaubst du, es sei unnötig, brauchst du nichts darüber in deinem Buch erwähnen." Während Mohammed mir dies erzählte, rannten Tränen von seinen Augen. „Ich habe in der geistigen Welt herausgefunden, warum alle meine Kinder bereits in früher Kindheit sterben mussten. Satan forderte von ihnen den Preis der Wiedergutmachung ein. Später werde ich noch etwas mehr darüber sagen.

Im Alter von 35 Jahren wurde ich mit jedem Tag einsamer und mein Herz fühlte sich leer an. In Khadijas Haus kamen täglich Leute aus geschäftlichen Gründen. Andere wiederum wollten mich nur sehen. Deshalb fand ich dort niemals Frieden, konnte weder meditieren, noch in Ruhe zu Gott beten. Dieses geschäftliche Treiben ereignete sich tagtäglich. Deshalb beschloss ich einen Platz zu finden, an dem ich in Ruhe über geistige Dinge nachdenken konnte. Eines Abends, auf der Suche nach einem abgelegenen und ruhigen Ort in den Bergen, gelangte ich zum Berg Hira. Am Fuße des Berges sah ich einen engen Pfad, der zu einer kleinen Höhle führte. Als ich näher kam, erschien sie mir viel breiter. Fasziniert, beschloss ich sofort, die meiste Zeit hier zu verbringen, um in Ruhe meinen geistigen Aktivitäten nachgehen zu können.

Khadija war bei meiner Rückkehr sehr besorgt und fragte, wo ich gewesen sei. Ich sagte ihr, ich habe einen faszinierenden Platz gefunden, an dem ich intensiv beten und in Ruhe über geistige Dinge nachdenken kann. Khadija fragte mich, warum ich solch einen schwer zugänglichen Ort ausgewählt habe, an dem man mich kaum besuchen kann. Ich sagte ihr, dass dies genau der Grund sei. Die Leute sollten mich einfach in Ruhe lassen. Sie lachte und sagte: „An den Ort deiner Wahl wird nur jemand kommen, der deinen geistigen Rat braucht. Alle anderen kannst du vergessen. Geschäftsmänner werden nicht so hoch auf den Berg Hira steigen." Ich sagte ihr, dass mir dort viele, weise Gedanken kämen.

Von nun an verbrachte ich die meiste Zeit in der Höhle auf dem Berg Hira. Dies war ein sehr intensiver Abschnitt meines Lebens. Ich baute meine Beziehung mit Gott auf. Von Zeit zu Zeit sandte Khadija Diener zu mir, um mich zu fragen, ob ich unversehrt bin. Brauchte ich etwas, sandte sie es mir durch ihre Bediensteten. Manchmal kamen diese nicht bis zur Höhle. Von unten fragten sie laut, ob ich immer noch am Leben wäre. Ich rief ihnen zu, alles sei in Ordnung. Dann kehrten sie zu Khadija zurück und teilten ihr mit, dass es mir gut ginge.

Ich war sehr überrascht, dass von Zeit zu Zeit arme Leute den beschwerlichen Weg zu mir auf sich nahmen, nur um mich auf dem Gipfel des Berges zu treffen. Meistens wollten sie etwas Geld von mir borgen oder hatten einfach nur Hunger. Aber Geschäftsleute sah ich niemals auf diesem Berg. Für sie musste ich den Berg hinabsteigen, um ihre geschäftlichen Probleme zu lösen. Abends konnte ich Stunden auf der Spitze des Berges verbringen und die faszinierende Aussicht genießen. Von hier oben erblickte ich die Kaaba, das Haus, das Abraham für Gott erbaut hatte. Damals hatten die Menschen dort verschiedene Götzenbilder aufgestellt, die sie zusammen mit Allah anbeteten. Dies mochte ich überhaupt nicht. Ich dachte, wenn Abraham kommen und sehen könnte, was an diesem Ort passiert, würde Er es gar nicht glauben.

Saß ich allein auf dem Berg, stürmten viele Gedanken auf mich ein. Unsitten und schlechte Angewohnheiten verbreiteten sich zu meiner Zeit in ganz Arabien. Die Menschen waren sogar stolz darauf. Es war ein sehr dunkles Zeitalter. Es herrschten Gesetze wie im Dschungel und noch schlimmer. Ich verglich diese Zeit mit der zu Lebzeiten Noahs. Auf der anderen Seite herrschte im Christentum eine große Verwirrung über die Identität Gottes. Auf einer meiner Geschäftsreisen nach Syrien betrat ich eine Kirche der Christen. Ich war durstig und wollte Wasser trinken. In der Kirche waren nur wenige Menschen. Der Priester kam auf mich zu und wollte Zeugnis über Jesus ablegen. Ich sagte ihm, ich sei sehr durstig und wolle zuerst etwas Wasser trinken. Er reichte mir Wasser und fragte, welchem Glauben ich angehöre. Ich antwortete, dass ich einen Gott anbete und dem Weg Abrahams folge. Er sagte zu mir: „Woher kommst du? Es scheint mir nicht so, dass ihr nur einem Gott dient." Er erzählte mir von seinem Glauben und über die Dreieinigkeit: Gott, Sohn und Heiliger Geist. Ich vernahm dies nicht mit Wohlwollen und sagte zu ihm: „Obwohl ich sehr durstig bin, kann ich an diesem Ort kein Wasser trinken, an dem die Menschen Gott als eine Dreieinigkeit anbeten." Danach verließ ich diese Kirche.

Ich traf auf meinen Geschäftsreisen nach Syrien auch Kaufleute aus dem fernöstlichen Indien. Ich konnte nicht glauben, wie viel Verwirrung über die Identität Gottes bei ihnen herrschte. Zu meiner Zeit auf Erden hatten die Juden ein klares Konzept über die Identität Gottes. In vielen anderen geistigen Dingen waren sie korrupter als alle anderen. Sie missbrauchten ihre geistige Autorität, um die Leute zu unterwerfen, obwohl diese ebenso Kinder von Abraham waren, wie das arabische Volk. Sie verleugneten den Wert Jesus, und dass dieser von Gott gesandt wurde. Was die Juden jedoch auszeichnet ist ihr Glaube, ein Mensch kann nicht Gott sein.

Als ich fast 39 Jahre alt war, konnte ich die meisten Propheten in der geistigen Welt treffen. Dies waren sehr bewegende Erfahrungen für mich. Bevor ich die Mission von Erzengel Gabriel erhielt, hatte ich im gleichen Jahr verschiedene Male Abraham, Moses und Jesus getroffen. Bei meinen ersten beiden Treffen mit Jesus sagte er, dass Gott mir die Mission als Messias überantworten wird, damit ich Seinen Willen etablieren und Gottes Welt errichten kann. Im gleichen Jahr erschien mir ungefähr drei Monate später Jesus noch einmal. Er sagte, ich solle die Mission als Messias nun antreten. Aber ich reagierte nicht darauf, denn seit meiner Kindheit bekam ich meine Anweisungen nur durch den Erzengel Gabriel. Außerdem wollte ich nicht mit Jesus zusammenarbeiten. Durch die Engel hatte ich herausgefunden, dass Jesus erst im Alter von 120 Jahren starb. Daher wusste ich, dass Jesus seine Mission verlassen und in einem ganz anderen Land gelebt hatte. Darüber habe ich aber nichts im Koran erwähnt. Verschiedene Geheimnisse meiner geistigen Visionen habe ich Abu Bakr mitgeteilt, meistens behielt ich sie aber für mich.

Am Anfang meines 41. Lebensjahres weinte ich eines Nachts heftig. Ich bat Gott, mir zu helfen und mich zu führen. Ich sprach zu Ihm: „Ohne deine Hilfe werde ich die arabische Welt niemals ändern können. Gib mir dein Zeichen. Wenn Du mit mir bist, kann ich mich mit dieser Nation auseinander setzen." Danach schlief ich ein. Gegen 4 Uhr morgens erwachte ich durch ein Geräusch. Es schien, als ob jemand in die Höhle trat. Ich war in einem Stadium zwischen Schlaf und Wachsein. Ich spürte ein schweres Gewicht auf meinem physischen Körper. Alle meine Sinne waren angespannt aus Sorge und Furcht. In der Ecke sah ich ein Wesen stehen, das ein extremes Licht ausstrahlte. Ich fürchtete mich, in sein Gesicht zu schauen. Als dieses Wesen seinen Mund öffnete, sah ich, dass Feuer aus ihm herauskam. In dieser Situation fing ich an zu zittern. Dieses Wesen sprach zu mir: „Du kennst mich, ich bin seit deiner Kindheit mit dir. Ich habe viele Gesichter, aber das ist mein wahres. Ich bin Erzengel Gabriel." Das Licht Gabriels strahlte so sehr, als ob die Sonne hinter ihm stehen würde. Seine Stimme fuhr mir durch Mark und Bein.

Wie du weißt, Zahid, trug Gabriel mir auf, etwas zu lesen. Aber ich wusste nicht was. Als ich darüber nachdachte, wurde das Gewicht auf meinem physischen Körper immer schwerer. Unter diesem Druck spürte ich, wie mich allmählich mein Verstand verließ. Ich fühlte, dass ich mich weit weg in einem Raum befand, unfähig auch nur einen Gedanken zu fassen. In diesem Moment hörte ich die Stimme Gabriels: „Lies!" In seiner Stimme war so viel Elektrizität, dass mein ganzer Körper wie bei einem Stromschlag zuckte. Ich spürte, wie das Gewicht auf meinem Körper immer schwerer wurde. Ich stellte fest, dass mich jetzt nicht nur mein Verstand, sondern auch mein physischer Körper verließ. In dieser Situation wusste ich nicht, welche Antwort ich ihm geben sollte. Noch weniger hatte ich irgendeine Ahnung, was ich lesen sollte. Nun sagte Gabriel: „Lies im Namen

Gottes, der barmherzig ist und die Menschen aus gefrorenem Blut erschaffen hat. Lies! Dein Gott ist ein Gott der Ehre und des Ruhmes, welcher den Menschen das Wissen lehrt und sie in dem unterrichtet, was sie nicht wissen." Durch meine Erfahrungen wusste ich, dass ich diese Worte nicht akustisch wiederholte, sondern mein Geist und meine Seele taten es.

Nachdem Gabriel mich verlassen hatte, brach ich in kalten Schweiß aus. Zuerst spürte ich keine Kraft in meinem physischen Körper. Ich konnte mich nicht einmal hinsetzen. Es dauerte eine ganze Weile, bevor ich überhaupt wusste, wo ich war. Die Angst war so groß, dass ich sofort die Höhle verlassen wollte. Auf halbem Wege nach unten, hörte ich noch einmal die Stimme Gabriels. Ich drehte mich um, konnte jedoch niemanden sehen. Ich wollte nur noch schnell nach Hause. Ich hatte so viel Angst, dass ich Mühe hatte mich auf meinen kraftlosen Beinen zu halten. Noch einmal erschallte seine Stimme, wie ein Gewitter, von oben. Ich schaute in den Himmel. Dort sah ich, wie Erzengel Gabriel inmitten des Himmels stand und seine Flügel den gesamten Himmel bedeckten. Gabriel so zu erfahren, war zu viel für mich. Mir wurde schwindelig. Ich versuchte, mich umzuschauen, aber alles was ich sehen konnte, war die Gegenwart Gabriels. Das Nächste, woran ich mich erinnern kann, war das Licht, das auf mich traf. Von da an fehlt mir jede Erinnerung. Als ich aufwachte, lag ich auf dem Boden. Niemand war da, außer dieser unerträglichen Angst. Ich wollte nur so schnell wie möglich nach Hause.

Dort angelangt, schimpfte Khadija mit mir. Sie hatte ihre Leute ausgesandt, um nach mir zu sehen und mich zu suchen. Aber sie konnten mich nicht finden. Ich erzählte ihr, von der übermächtigen Angst in meinem Herzen und dem Gefühl, jederzeit zu sterben. Ich bat sie um eine Decke und sich neben mich zu setzen. Als es mir besser ging, erzählte ich ihr, was mir widerfahren war. Nachdem sie mir zugehört hatte, sagte sie: „Du bist ein Mann, der ein aufopferndes Leben für die anderen führt. Deine Tür ist Tag und Nacht für die Armen offen. Du bist immer für die da, die deine Hilfe brauchen. In dieser schlechten Zeit lebst du ein beispielloses Leben. Du folgst dem Weg Abrahams, dem Vater des Glaubens. Ich glaube nicht, dass etwas Böses von dir Besitz ergriffen hat. Nachdem, was du mir erzählt hast, ist es für mich ganz klar: Gott hat dich auserwählt, seinen Willen zu erfüllen. Du weißt, dieser Erzengel ist bereits anderen Propheten erschienen. Doch um dich zu trösten, würde ich gerne meinen Cousin Waraqa ibn Naufal besuchen. Er ist ein christlicher Priester und trägt das Wissen aus vielen religiösen Büchern in sich."

Bei ihrem Besuch erzählte Khadija ihm alles, was mir widerfahren war. Er war sehr inspiriert und sagte zu ihr: „Erzengel Gabriel ist auch Moses und Jesus erschienen. Sicher ist Mohammed ein Prophet Gottes." Später traf mich Waraqa ibn Naufal nahe der Kaaba, dem Haus Gottes. Er bat mich, ihm alles zu berichten. Nachdem ich meine Geschichte beendet hatte, küsste er mich auf die Stirn und sagte: „Sicher, du bist von Gott auserkoren worden. Ich bin jetzt zu alt und fast schon blind. Ich wünschte, ich wäre ein junger Mann, dann würde ich dir dienen." Danach sagte er mir, dass in naher Zukunft mein eigener Stamm mich aus Mekka verjagen würde. Ich war sehr überrascht und konnte nicht glauben, dass mir so etwas widerfahren wird. Deshalb fragte ich ihn: „Meine Familie, mein Stamm und meine eigenen Leute werden mich wirklich verjagen?" Er antwortete: „Das ist nichts Neues. Dies ist sehr oft Gottes Propheten widerfahren. Häufig wurden sie nicht von ihrer eigenen Familie, ihren Bekannten und Mitmenschen akzeptiert." Als ich nach Hause kam, erzählte ich Khadija meine Unterhaltung mit Waraqa ibn Naufal.

Die Angst hatte sich tief in meinem Herzen eingegraben. Für drei Wochen hatte ich nicht den Mut, zu meiner Höhle im Berg Hira zurückzugehen. Eines Tages fragte Khadija mich: „Was ist passiert. Jetzt sehe ich dich hier sehr oft." Ich lächelte sie an und sagte: „Ich bin nicht der Mann, der vor Menschen Angst hat. Aber dieser Gabriel ist ein ganz besonderer Erzengel Gottes. Bis jetzt hat er sich mir niemals richtig gezeigt, doch jetzt konnte ich ihn zum ersten Mal in seiner wahren Gestalt sehen. Das war mehr als nur beeindruckend." Khadija lachte und lachte. Ein paar Tage später sagte ich zu ihr: „Ich möchte einige Tage in der Höhle des Berges Hira verbringen. Sollte mir etwas widerfahren, weißt du, wo du mich finden kannst." Sie antwortete: „Hab keine Sorge. Nichts kann dir geschehen. Ich werde morgens und abends jemanden vorbeischicken, der mich über deine Situation informieren wird."

Um einer erneuten geistigen Explosion standhalten zu können, bereitete ich mich dieses Mal viel bewusster vor. In der dritten Nacht auf dem Berg Hira, als ich mich nach meinem Gebet niederlegte, fühlte ich, wie Müdigkeit mich überkam. Trotzdem bemerkte ich etwas in der Höhle und erneut lastete ein Gewicht auf meinem Körper. Aber dieses Mal sagte ich sehr laut: „Ich frage im Namen Allahs, wer auch immer hier ist, soll vor mich treten." Ich fühlte, wie das Gewicht von meinem Körper wich. Zuerst sah ich ein kleines weißes Licht, das sich in der Höhle bewegte, als ob es spielen wollte. Danach setzte sich das Licht für eine Weile auf meine Hand, dann auf meine Brust, auf meinen Bauch und schließlich fing es an, sich vor meinen Augen zu bewegen. Es war ein bemerkenswertes Phänomen, das viel Frieden in mein Herz brachte. Das Licht verließ mich und bewegte sich langsam zur Höhle hinaus. Ich folgte dem Licht, das sich wie ein kleiner Ball vor mir her bewegte. Plötzlich, genau vor meinen Augen, flog das Licht vertikal nach oben. Es explodierte und entschwand meiner Sicht. Jetzt war ich absolut sicher: Hätte das Licht mir etwas tun wollen, hätte es dazu die Möglichkeit gehabt. Doch es hinterließ für mich die klare Nachricht von Gott und den himmlischen Engeln, dass sie mit mir sind.

Am nächsten Morgen konnte ich es nicht erwarten, Khadija von diesem Phänomen zu erzählen. Ihre Augen strahlten voller Freude und Glückseligkeit. Jetzt sehnte ich mich danach, zurück in die Höhle auf den Berg Hira zu gehen. Ich wollte unbedingt dort sein. Khadija fragte mich, ob ich nicht einen Tag mit ihr verbringen und erst am nächsten Tag zurückgehen könnte. Am nächsten Tag flogen meine Füße förmlich über den Boden auf dem Weg zum Berg Hira. Soviel Freude und Glück waren in mir, weil ich Gott immer näher kam.

Dieses Mal passierte es bereits in der ersten Nacht. Ich schlummerte gerade ein, als ich jemanden von draußen hereinkommen hörte. Dieses Mal war es mir sehr unangenehm und die Angst beschlich mich erneut. Wieder sagte ich, dass im Namen Gottes derjenige vor mich hintreten soll. Aber dieses Ding verließ augenblicklich die Höhle. Noch einmal wurde die Atmosphäre in der Höhle sehr friedfertig. Danach konnte ich nicht einschlafen und ging vor die Höhle. Die Nacht war still und sternenklar. Ich schaute zum Himmel hinauf und Tränen traten aus meinen Augen. Ich betete: „Oh Allah, oh Schöpfer von allem. Du weißt, dass ich im Grunde meines Herzens nicht anderes möchte, als Dich und immer nur Dich. Wenn ich mich auf diesem Weg nicht so behaupten kann, wie Du es möchtest, bitte ich Dich jetzt schon um Vergebung dafür. Solange ich auf der Erde und in der geistigen Welt lebe, ist mein sehnlichster und innigster Wunsch mit dir zusammen zu sein. Du bist meine Erfüllung. Meine Gebete enden in und mit Dir. Und eines Tages wirst Du mir sicherlich ganz nahe sein." Anschließend erhob ich meine beiden Hände zum Himmel und weinte sehr.

Lieber Zahid, es gibt viele Geschichten, die bereits im Islam bekannt sind. Aber ich möchte dir etwas erzählen, was die Muslime noch nicht wissen. Willst du von mir ehrlich wissen, warum ich das tue, ist die Antwort folgende: Ich möchte, dass die Muslime sich dir nähern und die göttliche Nachricht von dir vernehmen, die du den Menschen zu geben hast. Die Muslime sollen erfahren, wie mein Herz für Gott schlägt. Sie sollen ebenso wissen, wonach ich mich in meiner Mission immer gesehnt habe. Mein aller größter Wunsch ist, dass die Menschheit sich eines Tages mit Gott vereint. Nur so werden sie meinen Wert erkennen und wer ich wirklich war. Auch ich habe verschiedene Fehler gemacht. Warum solche Fehler passierten, konnte ich erst am Ende meines Lebens verstehen. Und viel, viel klarer wurde es mir in der geistigen Welt. Gott, die Himmel und die Heiligen haben sich schon immer nach einem Menschen wie dir gesehnt, der sich von niemandem, außer von Gott und den Himmeln, beeinflussen lässt. Darum kann es niemals zu spät sein. Die Welt kann sich, ausgerichtet auf Gott, verändern. Zahid, gehe in deinem Leben immer stetig vorwärts. Lass niemals Zweifel in dir aufkommen und beklage dich nicht auf diesem Weg. Sicher wird Gottes Segen diese Welt durch dich ereilen. In meinem Herzen habe ich eine sehr tiefe Liebe für dich, weil Gott dich liebt. In vielen, vielen Himmeln habe ich bereits von dir gehört. Ich bin sehr, sehr stolz auf dich. Verlass niemals Allah. Geh immer weiter, nach vorn. Erinnere dich ständig an diese glückliche, immerwährende Nachricht, dass Allah für immer mit uns zusammen in der Ewigkeit leben wird." Ich, der Autor dieses Buches musste an dieser Stelle weinen, denn diese Worte berührten mich tief in meinem Herzen.

Mohammed fuhr fort: „Ich ging zurück in meine Höhle und wollte mich schlafen legen, aber der Schlaf wollte einfach nicht zu mir kommen. Ehrlich gesagt, in meinem irdischen Leben hatte ich viele schlaflose Nächte. Ich kann mich nicht mehr erinnern, wann ich einschlief. Doch nach einer Weile wachte ich plötzlich auf. Jemand war vor der Höhle. Ich wollte nach draußen gehen, um nachzusehen.

Aber mein ganzer Körper war wie gelähmt. Ein extremes Licht erschien in der Höhle und wieder konnte ich Gabriel in diesem Licht sehen. Ich fragte ihn: „Oh Gabriel, warum ist mein ganzer Körper gelähmt und warum überfällt mich die Angst?" Gabriel antwortete: „Mohammed, du wirst uns schon bald näher stehen, dann wird diese Situation dich nicht mehr ereilen. Die Ewigkeit wartet auf einen göttlichen Menschen, der mehr und mehr eine immerwährende Erfahrung mit Gott hat." Ich sagte zu Gabriel: „So bring mich zu Gott." Gabriel antwortete: „Wenn die Zeit gekommen ist, wird Gott es uns wissen lassen." Dann sprach er: „Sieh Mohammed, du bist auserkoren durch die Himmel. Gottes Führung ist mit dir." Ich fragte ihn, wann er wieder kommen wird. Und Gabriel antwortete: „Ich werde immer wieder mit der Erlaubnis von Gott und den Himmeln kommen." Daraufhin verließ Gabriel die Höhle und flog hinauf in den Himmel.

Ich ging nach Hause. Khadija war überrascht, mich so früh zu sehen. Sie fragte mich sogleich, ob etwas Außergewöhnliches passiert wäre. Ich antwortete ihr: „Nein, dieses Mal ist noch mehr als das passiert." Ich erzählte ihr sodann meine Unterhaltung mit Gabriel. Khadija sagte: „Solch eine glückliche Neuigkeit. Ich verbeuge mich vor Gott. Heute möchte ich meinen Reichtum mit den Armen teilen." Ich sagte ihr, dass sie Gutes für andere tun müsse, so wie Gott sie inspiriert. Am nächsten Tag sprach ich mit Ali, der gerade elf Jahre alt wurde. Er lebte ebenso mit mir. Ich erzählte ihm, dass Gott mich auserwählt hat, sein Prophet zu sein und auch, dass Gott mir die Mission durch Gabriel gegeben hat. Ali antwortete mir: „Zuerst muss ich meinen Vater, Abu Talib fragen, was für eine Lehre das ist." Ich erwähnte ihm gegenüber, es sei in Ordnung, wenn er jetzt dieser neuen Lehre noch nicht folgen könne, doch er solle nichts davon seinem Vater erzählen und dieses Geheimnis für sich behalten.

Zaid Ibn Harith saß auch neben uns. Ich befreite ihn aus der Sklaverei und adoptierte ihn als einen meiner Söhne. Ali dagegen war genau genommen mein Cousin, doch ich erzog ihn wie meinen eigenen Sohn. Ich nahm ihn zu mir, da sein Vater, Abu Talib, sich in einer schlechten finanziellen Lage befand. Deshalb wuchs Ali unter meinen Händen auf. Als Zaid Ibn Harith diese Unterhaltung zwischen mir und Ali vernahm, sprach er: „Ich möchte deiner neuen Lehre folgen. Bitte nimm meinen Schwur an." Am nächsten Tag kam Ali zu mir und sagte: „Ich habe mich entschieden, dir zu folgen. Ich wünschte, ich hätte mich dazu bereits schon gestern durchgerungen." Khadija war ebenso anwesend. Sie umarmte Ali und sprach: „Du bist mein geliebter Sohn. Ich weiß, du hast die richtige Entscheidung getroffen."

Am nächsten Tag ging ich zu Abu Bakr. Er war in seinem Laden mit Kunden beschäftigt. Ich dachte, vielleicht ist es besser, wenn ich ihn ein anderes Mal treffe. So begab ich mich auf den Rückweg, plötzlich legte jemand die Hand auf meine Schulter. Als ich mich umdrehte, war es Abu Bakr. Er sagte: „Ich bin nicht gut im Rennen, aber heute musste ich dir nachrennen, um dich einzuholen. Was habe ich falsch gemacht? Du bist in meinen Laden gekommen und ohne ein Wort zu sagen, hast du ihn wieder verlassen." Ich antwortete ihm: „Du hast nichts falsch gemacht. Du warst nur so sehr mit deinem Kunden beschäftigt. Deshalb entschied ich, dich ein anderes Mal zu besuchen." Er nahm meine Hand und sagte: „Komm mit mir, bitte. Diese Geschäfte sind nicht wichtig." Er bat jemanden anderen, sich um den Laden zu kümmern. Danach lud er mich zum Mittagessen ein. Beim Essen sagte ich zu Abu Bakr: „Heute bin ich zu dir mit einer besonderen Botschaft gekommen." Und er antwortete: „Dann beeil dich und teil sie mir sofort mit." Ich erzählte ihm die ganze Unterhaltung, die ich mit Erzengel Gabriel am Tag zuvor hatte, und dass ich von Gott auserkoren wurde, seinen Willen zu erfüllen. Abu Bakr hörte mir aufmerksam zu und sprach: „Das überrascht mich überhaupt nicht. Gott hat den Besten auserwählt, der die Menschen führen kann. Ich selber habe bereits an dich geglaubt, bevor du überhaupt gesagt hast, dass du ein Prophet Gottes bist." Dann fügte er noch hinzu: „Bitte nimm auch meinen Schwur an. Ich verdanke es nur der Güte und der Barmherzigkeit Gottes, dass ich die Möglichkeit erhalten habe, dir so nahe zu sein." Abu Bakr fing an zu weinen. Ich nahm seinen Schwur an. Danach sprach er: „Ich werde alles hingeben, um Dir und Gott zu dienen. Später folgten durch Abu Bakr verschiedene andere wichtige Personen meiner Bewegung. Genau genommen konnte ich auf Erden und ebenso im ewigen Leben niemals mit Worten meinen aufrichtigen Dank aus dem Grunde meines Herzens für Abu Bakr ausdrücken. Wie du weißt, Zahid, hat Gott ihn im ewigen Leben ganz besonders bedacht. Am Ende meiner Lebensgeschichte kannst du mitteilen, wie Gott zu Abu Bakr stand.

Abu Bakr pflegte viele Kontakte durch sein Geschäft und ebenso durch seine Beziehungen im privaten Leben. Er hatte einen hohen ethischen und moralischen Standard. Er war gütig, freundlich, emotional und empfand Mitleid für die Menschen. Diese Wesensart war es, die mich ihm so nahe brachte. Verschiedene wichtige Personen dieser Zeit wie Uthman, Zubair, Saad, Thala, Abdul Rahman, Ibn Ouf und viele andere folgten mir wegen Abu Bakr. Diese Menschen spielten eine fundamentale Rolle in den frühen Tagen meiner Bewegung. Ich hatte immense Schwierigkeiten und Konfrontationen mit den Koreischiten in Mekka. Bevor ich erklärte, ich sei ein Prophet, teilte ich meine geistigen Erfahrungen Abu Bakr und Khadija mit. Ich konnte persönlich Abu Bakrs geistigen Weg in seinem Leben verfolgen. Die materielle Welt bedeutete ihm nichts. Er sehnte sich auch nicht nach den Himmeln. Er war ein Mann wie Abraham, der sich nur mit seinem ganzen Herzen nach Gott sehnte. Vom ersten Tag an, an dem er meiner Mission beitrat, konnten ihn nichts und niemand von diesem Weg abbringen. Er wollte von mir alles über Gott erfahren. Wann immer ich ihm meine persönlichen Erfahrungen mitteilte, weinte er für viele Stunden. Abu Bakr war 24 Stunden für mich erreichbar.

Ich kann mich nicht an einen einzigen Moment in meiner Mission erinnern, an dem Abu Bakr mich durch seine Taten unglücklich gemacht hätte. Ich wünschte, im Islam wäre jeder wie Abu Bakr, dann wäre diese Welt der wunderschönste Ort für die Menschen, die sich nach Gott sehnen. Wie du weißt Zahid, lebt Abu Bakr heute in einer sehr hohen Dimension des Paradieses. Er kann bedingt in die goldenen und blauen Dimensionen gehen. Während meines Missionslebens habe ich viele große Jünger getroffen, die sich wirklich und wahrhaftig nach dem Weg zum ewigen Leben gesehnt haben. Wenn ich all ihre Namen in meiner Lebensgeschichte erwähnte, würde das zu viel werden. Unter ihnen sind zwei gewesen, an die man sich sehr tief verbunden mit der Liebe Gottes erinnern sollte. Einer war Abu Bakr und der andere Salman al-Farsi. Beide hatten ein ähnliches Herz wie Abraham. Zahid du kennst all die Bestimmungsorte meiner Jünger in der geistigen Welt. Wann immer Gläubige des Islams, auf der Suche nach mehr Wahrheit, dir helfen werden, für den Willen Gottes voranzukommen, dann werden dies die richtigen Menschen sein, denen du alles mitteilen kannst.

Für eine bestimmte Zeit erschien mir Erzengel Gabriel nicht. Das brach mir fast das Herz und ich war ratlos. Ich wusste nicht, was ich für den Rest meines Lebens tun soll, wenn Gabriel mir nicht wieder erscheint. Ich verlor meine Geduld. In meinen Gedanken zweifelte ich an Gabriel und der geistigen Welt. In dieser Zeit meiner inneren Kämpfe, der Hin und Her Gerissenheit, erschien mir Gabriel erneut und sprach: „Ich kam mit der Erlaubnis Gottes zu dir. Ich soll dir ausrichten: Gott hat dich nie verlassen." In der geistigen Welt, habe ich erfahren, warum Gabriel mir nicht mehr erschien. Gott und die Himmel bereiteten mich darauf vor, mir die Mission des Messias zu übertragen. Sie wollten sehen, ob ich genügend Geduld und Liebe für Gott hätte und ob ich ohne Erzengel Gabriel durchhalten könnte. Anschließend wollten Gott und die Himmel sehr eng mit mir zusammenarbeiten.

Das bedeutet aber nicht, dass ich die Position und den Wert Gabriels verneine. Wie du weißt, Zahid, ist Gabriel ein Erzengel des weißen Lichtbereichs. Dieser Bereich ist eine Art Wachstumsstufe des Paradieses. Ich bin mir sicher, dass du noch mehr Details über Gabriel niederschreiben wirst. Erzengel Gabriel hat in der geistigen Welt auch den Titel „Heiliger Geist" erhalten. Wenn die Engel des Paradieses mit jemandem zusammenarbeiten, dann tun sie das relativ in Richtung der individuellen Erlösung. Du weißt, alle Religionen wurden durch die weißen Lichtbereiche des Paradieses inspiriert.

Um die Mission als Messias zu erhalten, hätte ich nicht Khadija im Alter von 25 Jahren heiraten dürfen. Genau genommen hätte ich warten müssen, bis Gott mir seinen Segen geben würde, um Aisha zu heiraten. Aisha wurde auserwählt, um auch im ewigen Leben meine Frau zu sein. Du weißt, später habe ich noch verschiedene andere Frauen geheiratet. Daneben habe ich noch ein Harem unterhalten, der es mir ermöglichte, Beziehungen mit Frauen zu haben, ohne sie heiraten zu müssen. Damit aber nicht genug. Wann immer eine Frau sich mir selber anbot, war es insbesondere mir vergönnt, sie zu besitzen. Es gab verschiedene Gründe, warum ich mehrere Frauen heiratete. Zum einen konnte ich ihre Stämme an mich binden und ihre Treue und Unterstützung jederzeit einfordern. Ich wollte unbedingt die Kontrolle über das geistige Umfeld in meinen Händen halten, und meine nächsten Jünger sollten mir zur Seite stehen. Zum anderen fühlte ich mich in meinem Inneren magisch zu den Frauen hingezogen. Man kann auch sagen, in meinem Missionsleben war dies mein schwacher Punkt. Aber auf keinen Fall war das der Wille Gottes. Viele Frauen zu besitzen, war ein Kompromiss zwischen mir, Gabriel und der geistigen Welt.

Später werde ich noch ausführlich darüber und über meine Frau Aisha berichten. Die Heirat mit Khadija wurde mir vergeben, da es nur der relative Teil in meiner Wachstumsperiode der Mission war. Aber weder die anderen Vermählungen, noch der Erlass besonderer Gesetze, die es mir erlaubten, so viele Frauen zu haben, wie ich wollte, wurden mir vergeben. Damit schlug meine Mission als Messias eine neue Richtung ein und ließ eine neue Religion entstehen. Dass ich trotzdem eine sehr klare und wahre Identität Gottes in die Geschichte einbringen konnte, haben Gott und die Himmel mir hoch angerechnet. Und deswegen hat Gott mir auch all meine Fehler vergeben und mir einen sehr nahen Platz in seinem Herzen eingeräumt. Hätte ich noch einige weitere Schritte auf diesem Weg gemacht, so wie die Himmel es von mir forderten, hätte ich Gottes Welt auf dieser Erde in der kürzesten Zeit errichten können. Dadurch wäre ich in den Augen Gottes der meist verherrlichte Mensch von all den Heiligen der Vergangenheit gewesen.

Es war Gottes Wille, dass Erzengel Gabriel nur eine kurze Zeit mit mir arbeiten sollte. Danach wollten Gott und die Himmel übernehmen. Doch das ist nicht geschehen. Als Gabriel nicht mehr erschien, wurde ich zusehends ungeduldiger. Wäre es mir gelungen, mich wirklich von Satan zu trennen und wäre ich im Vertrauen auf Gott und die Himmel noch drei weitere Jahre auf diesem Weg gegangen, dann hätten Gott und die Himmel direkt übernehmen können. So hätte die Mission der Realisierung des Königreich Gottes auf Erden ihren Anfang gefunden. Gemäß dem Plan Gottes hätte ich mein Verlangen, viele Frauen zu haben, überwinden müssen. Ich hätte warten müssen, bis Gott mich mit Aisha, meiner ewigen Frau, segnen würde. Erzengel Gabriel brachte Aisha zwei Mal, eingerollt in einer Decke, zu mir und sagte: „Mohammed, in dieser Decke ist deine Frau für das ewige Leben." Ich antwortete: „Wenn dies der Wille Gottes ist, dann soll es so sein." Danach öffnete Gabriel die Decke und Aisha kam zum Vorschein. Ich war überrascht. Trotzdem konnte ich meinem Verlangen nach anderen Frauen nicht widerstehen. Deshalb musste Gabriel mit mir weiter arbeiten. Er und die Himmel versuchten mir zu helfen, die richtige Wahl zu treffen, damit mir Gottes Segen zuteilwerden konnte. Leider verwirklichte sich der Plan der Himmel nicht und so musste Gabriel weiter mit mir zusammen arbeiten. Gabriel war darüber selbst sehr schockiert, denn es war sein sehnlichster Wunsch, mich letztendlich in die Hände Gottes zu übergeben.

Lieber Zahid, wie du weißt, ist es immer schmerzhaft und schwierig für jeden für den Willen Gottes auserwählten Gesandten gewesen, diese Anforderungen zu erfüllen. Die Himmel und die Heiligen im Paradies waren sich auch nicht sicher, ob du es schaffen wirst. In Wahrheit zweifelten wir an dir. Nur einer glaubte fest an dich und das war Gott. Gott vertraut dir und ist sehr optimistisch, was dich betrifft. Vom Himmel aus beobachteten wir deinen einsamen Weg auf diesem stürmischen dunklen Pfad. Du hast unsere Herzen gewonnen und dabei einen ganz besonderen Platz in Gottes Herzen eingenommen. Gott konnte den Menschen in seiner Schöpfung für lange Zeit nicht mehr vertrauen. Das bereitete Ihm tiefen Kummer, aber du hast Gott gezeigt, dass Er sich auf seine Kinder verlassen kann. Du hast diese Brücke des Vertrauens wieder aufgebaut und dadurch demonstriert, wie tief deine Liebe zu Gott ist. Gott kann sich wirklich auf dich verlassen. Das ist die wunderbarste Liebesgeschichte, die sich jemals in der Schöpfung zugetragen hat. Wenn die gefallene Geschichte der Menschheit endet und der Frühling für das Königreich Gottes anbricht, wird man sich sicherlich deiner erinnern, so wie Gott es dir schon während deiner Kindheit sagte. In unserer Erinnerung wirst du stets als ein Mann der Liebe gegenwärtig sein." Danach fing Mohammed an zu weinen.

Nach einer Weile fuhr er fort: „Ich verließ meine hohen Dimensionen und habe angefangen in Satans Welt zu arbeiten. Ich konnte Gottes Leid und Sorgen in meiner Seele nicht ertragen. Du weißt lieber Zahid, dass die Himmel voller Traurigkeit und gebrochenen Herzen sind. Ich weiß, die Muslime werden nicht verstehen, dass Gott der Schöpfer, überhaupt ein gebrochenes Herz haben kann. Doch sie sollen erfahren, dass die Menschen und die anderen Geschöpfe Gottes Familie sind. Sie sind immer seine Kinder, obwohl sie durch Satans Einfluss fielen. Sehen Gott und die Himmel die Situation ihrer Kinder, dann können sie nicht glücklich sein. Deshalb können die gefallenen Geschöpfe und die gefallene Menschheit nicht wirklich Gottes Herz erfahren. Es kommt noch schlimmer. Sie sind geistig krank und nicht in der Lage, ihre eigene Situation zu verstehen. Satan hat ihre geistigen Sinne fast völlig ausgelöscht. Sie können nichts sehen, nichts fühlen, noch erkennen sie ihr eigenes Leid. Es kann keine größere Ignoranz der Menschheit geben. In der Geschichte der Vorsehung Gottes gab es verschiedene Zeitperioden, in denen Gott und die Himmel den Menschen die Erlösung bringen wollten. Doch die Menschheit wiederholte immer wieder die gleichen Fehler. Sie verpasste immer den entscheidenden Moment und musste dafür an Satan den Preis der Wiedergutmachung für viele Tausende Jahre bezahlen." Während Mohammed sprach, rannen Tränen aus seinen Augen und sein ganzer Geist bebte vor Traurigkeit.

Dann fuhr er fort: „Es gab viele Propheten, die durch Gott und die Himmel auserwählt wurden, aber es waren nur wenige unter ihnen, die wirklich dafür einstanden. Von der Zeit Adams bis heute gab es viele Propheten, doch nur wenige vermochten, schwierige Aufgaben zu übernehmen. Deshalb verzögerte sich die Vorsehung Gottes und die Erlösung der Menschheit zieht sich seit einem langen Zeitraum bis heute noch hin. Selbst zu meiner Zeit gab es einige Auserwählte, die die arabische Welt reformieren sollten. Aber es ist ihnen nicht gelungen und schließlich fanden sie ein sehr trauriges Ende. Einer von ihnen lebte in meiner Zeit in Mekka. Sein Name war Zaid Ibn Umair Naufal. Sein Leben endete genauso tragisch, wie das vieler anderer. Man verbannte ihn aus Mekka, damit ihm niemand nachfolgen konnte. Er suchte ständig nach mehr Wahrheit. Schließlich fand er heraus, dass Gott seinen Propheten genau aus seinem Heimatort auserwählen wird. Dieser Botschafter Gottes sollte die Mission Abrahams erhalten. Auf seinem Weg zurück nach Mekka wurde er umgebracht.

Mein Stamm Banu Hashim und der Stamm der Ansaren beschützten mein Leben. Ich konnte mich immer auf Gott verlassen. Dennoch ist es eine bittere Wahrheit, dass die satanische Welt einen Mann Gottes daran hindert, substantiell eine Grundlage aufzubauen. Von Anfang an beschützte mein Stamm mein Leben, denn sonst hätten die Araber und besonders die Koreischiten mich schon sehr frühzeitig während meines Missionslebens umgebracht. Mein Onkel Abu Talib folgte nicht meiner neuen Mission. Trotzdem war er derjenige, der mich in dieser gesetzlosen Zeit der arabischen Welt am meisten beschützte, so dass ich meine Mission fortführen konnte. Mein Dank gilt auch meinen Onkeln Hamza und Abbas für ihre Güte und ihre Unterstützung in meiner Mission. Wie du weißt, starb Hamza bei unserer Verteidigung im Uhud-Krieg als Märtyrer. Auf Grund seines Opfers lebt Hamza heute in der gleichen hohen geistigen Welt wie Konfuzius. Vom ersten Tag an arbeitet er als guter Geist mit dir in deiner Mission.

Abu Talib folgte nicht meiner Mission, unterstützte diese jedoch sehr intensiv. Die Himmel haben ihm deshalb vergeben, darum lebt er in einer normalen mittleren geistigen Dimension, die relativ ein guter Ort ist. Andererseits wäre er sonst in die Hölle gekommen. Abu Talib ist Gott und den Himmeln von Herzen dankbar, die Möglichkeit erhalten zu haben, an solch einem Ort zu leben. Während meiner Mission fragte ich Abu Talib im Geheimen, warum er mir nicht folgen kann? Er antwortete: „Wenn ich Muslim werde, wer wird dich dann beschützen?" Er fügte hinzu, dass er mit der Religion seiner Ahnen sterben wolle. Im Grunde war er ein weiser und diplomatischer Mann. Er schaffte es immer wieder, das Umfeld zwischen mir und meinen Feinden, die mir nach dem Leben trachteten, zur Kooperation zu bewegen.

Mein Onkel Abbas setzte alles daran, mein Leben zu beschützen, denn er wollte unbedingt, dass meine Mission vorankommt. Anfangs habe ich die meiste Zeit mit ihm in Mekka verbracht. Eines Tages fragte ich ihn: „Abbas, möchtest du wirklich, dass meine Mission vorangeht? Warum nimmst du dann nicht an meiner Mission teil?" Er erzählte mir: „In meinem Herzen bin ich schon längst deiner Mission beigetreten. Nach außen übernehme ich eine diplomatische Rolle, um deine Feinde von dir fern zu halten. Wenn ich deiner Mission nicht offiziell folge, kann ich besser dein Leben beschützen. Deshalb ist es wichtig, dass niemand erfährt, dass ich dein geheimes Mitglied bin."

Die Koreischiten und die anderen Stämme, die gegen meine Lehre waren, setzten meinen Anhänger so sehr zu, dass sie ihre Dörfer verlassen mussten. Sie verboten meinen Jüngern sogar Wasser zu trinken und schlugen sie ständig. Sie brachten meine Jünger in die heiße Wüste. Dort legten sie schwere Steine auf ihre Brust, die sich in der Sonne so erhitzten, dass sie zu Verbrennungen auf der Haut führten. Meinen Anhängern wurden verschiedene andere Strafen aufgebürdet. Schließlich hatten sie nicht mehr die Kraft, auf eigenen Füßen zu stehen. Man zwang sie zu sagen, dass es neben Gott noch andere Götter gäbe. Diese armen Menschen hatten keine andere Wahl, als diese Worte zu wiederholen. Zogen Tiere vor meinen Jüngern vorbei, mussten sie beteuern, dass diese ihre Götter seien. Tragischerweise blieb ihnen nichts anderes übrig, als die Worte ihrer Peiniger ständig zu wiederholen. Wenn ich diese grausame Bestrafung beim Vorübergehen sah, weinte mein Herz. Einige meiner Anhänger kamen durch diese grausamen Peinigungen ums Leben. Meine Feinde ließen nichts unversucht, mir, meiner Familie und meinem Stamm das Leben schwer zu machen und uns zu bestrafen. Verschiedene Male haben sie versucht, mich umzubringen. Aber Gott rettete mein Leben. Die Koreischiten und die anderen Stämme wollten nichts mit mir und meinem Stamm, der mich um meiner Mission willen unterstützte, zu tun haben. Sie boykottierten uns vollkommen. Selbst meine verheirateten Töchter wurden geschieden, denn sie hatten in Familien eingeheiratet, die mir nicht glaubten. Eine meiner Töchter starb, weil man sie absichtlich von einem Kamel stürzte, als sie schwanger war.

Schließlich verbannte man uns für drei Jahre an einen Ort mit Namen Sheb Abi Talib. Diese Zeit war schlimmer als jeglicher Aufenthalt im Gefängnis. Dieser Ort glich einem offenen Tal. Die Hänge waren gesäumt von Felsen und der Zugang wurde durch viele enge Tunnel erschwert. Wollten uns die Koreischiten aus Mekka attackieren, mussten sie auf einem sehr engen Bergpfad den Tunnel passieren. Dies erleichterte unsere Verteidigung. Meine Familie und mein Stamm entschieden aus Angst um ihr Leben, hier zu bleiben. Diese drei Jahre waren nicht einfach. Unsere Kinder schrien vor Hunger und Durst. Viele Tage und Nächte hatten wir nichts zu essen. Verschiedene Leute unseres Stammes versorgten uns heimlich mit Nahrungsmitteln, so dass wir zumindest überleben konnten. Abu Talib und meine Frau Khadija wurden sehr krank. Unter dem starken Druck des Boykottes verschlechterte sich ihre Gesundheit zusehends. Viele Menschen meines Stammes beschützten mich auf Grund unserer Familien- und Stammesbeziehung, obwohl sie nicht meine Anhänger waren.

Jeder, der dieses Tal verließ, wurde von den Koreischiten geschlagen. Nur an besonderen Feiertagen, wenn die Leute zur Kaaba pilgerten, war es nicht erlaubt, zu kämpfen. Dann hatten wir die Möglichkeit, aus dem Tal herauszukommen, um etwas Unterstützung für uns zu finden. Eines Tages erzählte ich Abu Talib, dass es besser wäre, wenn ich an einen anderen Ort oder in ein anderes Land gehen würde, um Gottes

Botschaft zu verkünden, bevor meine ganze Familie und mein Stamm für mich leiden oder sogar für mich sterben müssten. Tränen rannen aus meinen Augen. Abu Talib war tief gerührt und sprach zu mir: „Wir werden dich solange unterstützen und dir helfen, selbst wenn sich unser ganzer Stamm für dich aufopfern muss. Aber wir werden dich niemals in die Hände unserer Feinde geben." Endlich, nach drei Jahren, entschieden fünf der einflussreichsten Männer dieser Zeit, unter ihnen waren auch Stammesführer, diese ungerechte Bestrafung zu beenden. Von nun an kooperierten sie nicht mehr mit den Koreischiten. Sie beendeten den gegen uns verhängten Boykott. Nun waren wir frei und kehrten nach Mekka zurück, um wieder ein normales Leben zu führen.

Es waren erst einige Jahre vergangen, seit ich die Mission erhalten hatte. Doch diese Zeit kam mir vor, wie zehntausend Jahre. Es war eine sehr dunkle Zeitperiode in meinem Leben. Nachdem wir aus unserem dreijährigen Exil in Sheb Abi Talib zurückkamen, dachte ich oft daran, Gottes Botschaft an anderen Orten zu verkünden. Ich hatte 40 Jünger, die mir folgten. Die anderen hatten das Land verlassen, denn die Koreischiten hatten sie jeden Tag furchtbar gepeinigt. Nach kurzer Zeit starb Khadija. Sie hatte mich nicht nur immens finanziell unterstützt, sondern auch mein Herz getröstet, um in der Mission voranzugehen. Ihr Tod machte mich sehr traurig und ich verspürte große Einsamkeit. Schon bald danach starb mein Onkel Abu Talib. Seit meinem achten Lebensjahr kümmerte sich dieser Mann mehr um mich, als um seine eigene Familie. Wie ein Schutzwall stand er mir zur Seite, seitdem Gott mich gerufen hatte. Ich habe ihn dafür sehr geliebt. Dieses Jahr war für mich eines der traurigsten gewesen."

Anmerkung: Der Autor dieses Buches ist sich bewusst, dass die islamische Geschichte besagt, Abu Talib sei vor Khadija gestorben. Doch ich schreibe hier die Lebensgeschichte Mohammeds, so wie er sie mir erzählte.

„Die Koreischiten wurden noch aggressiver und ihre Attacken häuften sich. Sie wollten mich und meine Anhänger auslöschen. Ihr Hass steigerte ich ins Unermessliche, da ich nur einen Gott anbetete. Dies war ein unüberwindbarer Widerspruch zu ihrem Glauben. Vor Abu Talibs Tod gingen sie zu ihm und sagten: „Du bist der Stammesführer. Wir haben dich auf deinem ganzen Weg respektiert und werden es bis zu deinem letzten Tag tun, obwohl du Mohammed beschützt, der unser schlimmster Feind ist. Aber bevor du stirbst, möchten wir eine Art Friedensvertrag schließen. Nach deinem Tod soll es zu keinen Konflikten mehr zwischen uns und Mohammed kommen."

Abu Talib rief nach mir und bat mich an diesem Treffen der Stammesführer teilzunehmen. Diese boten mir viele Vorteile und Vergünstigungen an, wenn ich nur mit ihnen kooperieren würde. Ich sagte ihnen: „Ihr müsst nur in einer Sache mit mir übereinstimmen: Es gibt nur einen Gott in dieser Schöpfung und es ist wichtig zu erfahren, dass Gott euer wahrer Schöpfer ist! Dies ist wesentlicher Punkt im geistigen Leben, damit die Menschen ihre Reise im ewigen Leben sicher antreten können. Darum hat Gott die Menschheit erschaffen. Die Menschen können nicht zu Gott in der Ewigkeit kommen, bevor sie nicht die wahre Identität Gottes kennen. Die Identität Gottes ist die zentrale Konstitution in diesem Universum und im ewigen Leben. Geistige Sinne erhalten den Segen und öffnen sich, wenn man den Wunsch hat, Gott kennenzulernen. Dann öffnen sich die Fenster der Himmel für diese Person, und sie kann erleben, wie wunderschön das ewige Leben ist. Gott zu kennen, ist das absolute primäre Gesetz der Liebe und die Grundlage für die Menschen und alle anderen Wesen. Frieden, Freiheit, Wahrheit und immer während geistige Glückseligkeit kann man nicht erreichen, ohne Gott zu treffen. Gott ist die Sicherheit für die individuelle Familie, die Nation, die Welt und selbst für die gesamte Ewigkeit. Ohne den ewigen Gott zu erfahren, kann der Mensch nur ein horizontales Ergebnis erzielen, das aber unter keinen Umständen eine Erlösung bedeutet."

Ich wollte noch mehr über dieses Thema sprechen, aber die Koreischiten klatschten in ihre Hände und sagten: „Mohammed, es scheint, du wirst nicht aufhören, diese Botschaft des einen Gottes zu verkünden. Wie kann man nur einen Gott anbeten, wenn es doch so viele Götter in dieser Schöpfung gibt?" Ich erwiderte: „Dann wird es keinen Kompromiss zwischen uns geben. Gott muss entscheiden. Die Zeit wird euch lehren, wer auf der richtigen und wer auf der falschen Seite steht." Schließlich endete dieses Treffen mit mehr Ärger und Hass in den Herzen der Koreischiten. Sie waren damals der führende Stamm in Mekka.

Betrachtete ich dieses geistig hoffnungslose Umfeld in Mekka, erschien es mir besser, an einem anderen Ort Zeugnis abzulegen. So ging ich nach Taif. Hier lebten reiche und angesehene Leute. Sie hatten viel Einfluss auf die arabische Welt. Ich dachte, wenn wenigstens sie meiner Lehre folgen, hätte ich wenigstens einen Platz zum Leben und eine Ausgangsbasis. Von dort könnte ich weiter vorwärts gehen und meine Botschaft in die anderen Teile der arabischen Welt tragen. Ich nahm nur Zaid Ibn Harith mit mir, den ich aus der Sklaverei befreit und später adoptiert hatte. Unsere Hoffnungen und Erwartungen waren sehr groß, als wir diese Reise antraten. Doch die Menschen in Taif behandelten uns sehr schlecht. Sie wollten nicht einmal mit uns reden, denn viele schlechte Gerüchte, besonders über mich, waren uns bereits vorausgeeilt. Sie sagten: „Hat Gott niemand besseren gefunden für Seine Botschaft?" Oder: „Hatte Gott keine andere Wahl? Gab es niemanden außer dir? Du kannst nicht der Prophet sein! Du zerstörst die Religion Arabiens. Glaubst du wirklich, dass du mehr Wahrheit als deine Vorfahren kennst?" Auf ihren Befehl verfolgten mich üble Banden. Sie warfen mit Steinen nach mir und verletzten meinen Fuß. Er fing an zu bluten und ich war nicht mehr in der Lage, aufzustehen. Sie zerrten mich hoch und stießen mich vor sich her. Erneut warfen sie gezielt mit Steinen nach meinem verletzten Fuß. Zaid Ibn Harith versuchte mich zu beschützen. Doch was kann einer gegen so viele ausrichten? Er wurde auch verletzt. Letztlich konnte ich in einen Weinberg fliehen und meine Verfolger ließen von mir ab. Mein Herz war gefüllt mit Traurigkeit. Ich wusste nicht, wohin ich mich wenden sollte. Welcher Ort oder welches Land werden meine Botschaft freiwillig annehmen? In diesem Moment betete ich innig zu Gott. Ich sagte ihm, wenn Er auf meiner Seite ist, dann würden mir Leid und Schmerz nichts ausmachen. In meinem Gebet bat ich auch um Vergebung für die, die mir das Leben zur Hölle machten. Ich kehrte zurück nach Mekka, obwohl ich fürchtete, dass mich die Menschen wieder ächten würden. Deshalb bat ich einen Stammesführer um seinen Schutz, bevor ich Mekka betrat. Er erklärte sich dazu bereit, obwohl seine Stammesangehörigen meiner Lehre nicht folgten. Unter ihrer Obhut konnte mir niemand etwas antun oder mich umbringen.

Die Zeit verging und die Herzen der Koreischiten wurden zu Stein. Nun musste ich mir eingestehen, dass es nicht so einfach war, wie ich anfangs glaubte, in dieser arabischen Welt einen Durchbruch zu erzielen. Bevor Khadija starb, sagte sie eines Abends zu mir: „Ich weiß, dass ich nicht länger auf dieser Erde lebe. Aber bevor ich sterbe, muss ich dir als Partnerin etwas sagen: Du bist nicht vergessen. Der Gott, der dir diese Mission gab, war bei jedem deiner Schritte mit dir. Die Himmel beobachten dich. Am Ende wirst du gewiss über das Böse siegen, denn die Himmel sind mit dir. Eigentlich habe ich auf den Tag gewartet, an dem der Wille Gottes und der Himmel auf Erden erfüllt ist, alle falschen Götter verschwinden und Gottes Gnade und sein Licht auf dieser Erde scheinen. Sicher werde ich diesen Tag vom Himmel aus beobachten können." Nach ihren Worten rannen Tränen aus meinen Augen. Sie hielt mich in ihren Armen und sagte: „Ich werde mich immer an dich im Himmel erinnern. Du bist nicht der Mann, den man vergessen kann. Ich danke Gott dafür, dass er dich mir als Partner zur Seite stellte. Ich konnte großartige Momente für den Willen Gottes mir dir teilen." Nach ihrem Tod habe ich Khadija verschiedene Male in der geistigen Welt getroffen. Gott gab ihr im Himmel einen wunderschönen Palast, geschaffen aus einem einzigen Diamanten. Ich bin Khadija von Herzen dankbar, was sie für meine Mission und insbesondere für mein persönliches Leben getan hat. Ihre finanzielle Grundlage half mir, in meiner Mission ein großes Stück voranzukommen. Darüber hinaus bleiben ihre Güte und ihre Liebe für mich unvergessen.

Jeden Tag legte ich weiter Zeugnis in Mekka und in den daran angrenzenden Gebieten der verschiedenen Stämme Arabiens ab. Ich ging sowohl zu den Stammesoberhäuptern, als auch zu anerkannten und einflussreichen Personen meiner Zeit. Obwohl ich nicht erfolgreich war, dachte ich mir immer: Die Menschen dieser Welt befinden sich auf dem falschen Weg, sie stehen auf der Seite des Bösen. Dennoch glauben sie, unheimlich stark zu sein. Ich aber stehe auf der richtigen Seite und sollte noch viel, viel stärker als diese schlechte Welt sein. Diese Welt ist diejenige, die ihren Schöpfer vergessen hat und die sich wieder dem Himmel zuwenden muss. Bei jedem Schritt, den ich in meinem Leben voranging, legte ich unerschüttert und mutig Zeugnis ab, trotz meines gebrochenen Herzens. Ich wusste, Satan konnte mich schlimmsten Falls umbringen. Dies ist die letzte Waffe, die ihm zur Verfügung steht. Tief in meinem Herzen wünschte ich, als Märtyrer für Gott und die Himmel zu sterben. Während meines Missionslebens traf ich Satan viele Male persönlich. Ich musste mich ebenso mit seiner schlimmen Streitmacht aus einander setzen. Sie konnten mir weder das Fürchten lehren, noch mich in meiner Mission schwächen. Alles, was sie gegen mich unternahmen, machte mich noch stärker, denn Satan ist sowohl gegen Gott als auch gegen die Menschen.

Trotz allem habe ich sehr schwerwiegende Fehler begangen, die den Islam später in eine andere Richtung führten. Am Ende meiner Lebensgeschichte kannst du, Zahid, diese Fehler in deinem Buch erläutern. Die anderen Tatsachen und Geheimnisse kannst du offenbaren, wenn die Zeit dafür reif ist und du eine ausreichend stabile Grundlage hast.

Erzengel Gabriel tröstete mein Herz auf dem ganzen Weg meiner Mission. Eines Nachts, ich verbrachte diese in der Familie Abu Talibs, betete ich wie gewöhnlich vor dem Schlafengehen. Ich schlief bereits, als mich Gabriel nach einer Weile weckte. Er nahm meinen Geist aus meinem Körper. Als wir vor die Tür traten, stand dort ein weißes Tier. Es sah aus wie ein Pferd, hatte jedoch Flügel. Gabriel erzählte mir, dass Gott mich heute Nacht eingeladen hätte und er mit dieser himmlischen Bequemlichkeit gekommen sei, um mich mitzunehmen. Diese geistige Reise ist sehr berühmt im Islam. Dennoch ist sehr wichtig, an dieser Stelle darüber zu reden. Auf meiner Reise traf ich in verschiedenen Dimensionen die anderen Propheten. Gabriel und ich flogen solange, bis wir in eine geistige Dimension mit einem extremen Licht kamen. Diese Welt wird in der islamischen Welt als Sidrat al-Muntaha (Territorium Gottes) bezeichnet. Gabriel erzählte mir, dass es nicht in seiner Macht stünde, noch weiter nach vorne zu gehen. Würde er dies tun, verbrenne Gottes Licht seine Flügel. Von diesem Punkt an reiste ich allein weiter. Später, als ich nach meinem Tod in die geistige Welt kam, fand ich heraus, dass Gabriel mich dadurch würdigen wollte. Genau genommen kann Gabriel bis zu Gottes Thron gehen. Und noch viel mehr als das. Gott liebt Gabriel und ich habe viele Male gesehen, dass Er Gabriel umarmte. Gabriels Güte für mich war wie die eines Vaters für seine Kinder. In der geistigen Welt lernte ich seinen wahren Wert kennen. Er ist der Lehrer der meisten Propheten und der Kanal Gottes im Paradies. Dass ich weiter reisen konnte, verdanke ich einem grünen Licht, das einer Decke glich. Als sich diese Lichtdecke mir näherte, hörte ich aus ihrem Inneren ein gewaltiges Summen, wie von hunderttausend Bienen. Diese grüne Lichtdecke umhüllte mich vollständig. Obwohl ich im Innern des grünen Lichtes war, konnte ich alles um mich herum erkennen. Diese Decke aus Licht reiste mit

Lichtgeschwindigkeit und brachte mich zu dem Ort, an dem Gott auf mich wartete. Ich sah dort viele blaue Wesen.

Wie du weißt, Zahid, haben die Augen meines Geistes Gott gesehen und ich habe mit ihm gesprochen Ich war aber nicht in der Lage, meinen eigenen Leuten zu erzählen, dass Gott auch ein Wesen ist. Und warum? Als ich die Mission erhalten habe, gab es bereits viele Statuen von Engeln in Abrahams Haus. Die Leute glaubten, dass diese die Söhne und Töchter von Gott seien. Ich dachte, wenn ich ihnen erzähle, dass Gott wie ein Wesen aussieht, würde ich noch mehr Verwirrung stiften. Dies wäre nicht gut für meine Mission gewesen. Doch eine Sache erstaunte mich selber über Gott. Als ich Ihn bei den anderen blauen Engeln erblickte, sah Er wie einer von ihnen aus. Gott hat ein sehr extremes Licht. Er dimmte es, damit ich Ihn sehen konnte. Hätte ich gesagt, Gott sehe einem Engel ähnlich, dann hätten die Araber noch heftiger mit mir diskutiert und mich gefragt, ob Gott eine Form hat.

Wenn du mich ehrlich fragst, diese Reise hat mich vollkommen erschüttert. Die Wahrheit zu verdauen, ist mir nicht leicht gefallen. Auf der anderen Seite musste ich aber die anderen falschen Götter verneinen. Diese Tatsache über Gott verschwieg ich und behielt dieses Geheimnis in meinem Herzen. Ich weiß, auch dies wird eine erstaunliche Wahrheit für meine Religion sein. Nachdem ich Gott gesehen hatte, lag es an mir, diese neuen Details über Gott am Ende meiner Mission zu übermitteln. Doch ich schwieg und sagte nur, Gott sei das Licht der Himmel und der Erde. Einerseits spürte ich, dass die große Gefahr bestand, die Identität Gottes wieder zu verwirren. Zum anderen waren meine Jünger und die Araber nicht bereit, dieses Geheimnis von mir anzunehmen. Während meiner Mission habe ich Gott so hoch gehoben, dass die menschliche Vorstellung Ihn nicht erreichen kann. Ich fürchtete, wenn ich einfach sage, man könne Gott mit menschlichen Augen sehen und Er habe eine Form in der geistigen Welt, würden die Menschen versuchen, sein Bild zu imitieren und wieder nur eine Statue oder ein Bild Gottes anbeten.

Ich habe viele Male Gott gesehen. Ich wurde von Gott in die Himmel zum Essen eingeladen. Gott reichte mir eigenhändig die Speisen. Er stellte mir frei, dies der Menschheit mitzuteilen. Die Araber hatten bereits innen und außerhalb des Haus Gottes viele Bilder von Engel hängen. Sie glaubten, dass sie tatsächlich Gottes Töchter und Söhne wären. Sie waren eine Art Kanal für die Menschen, um Gott zu treffen. Die Araber haben einen ähnlichen Glauben wie die Christen. Die Christen glauben, dass niemand direkt Gott treffen kann, nur durch seinen Sohn Jesus. Die Araber glauben, dass niemand Gott direkt treffen kann, nur durch die Engel. Auf die gleiche Art und Weise glauben die Muslime heute, dass alles erfüllt ist. Es gibt keinen Platz mehr für eine andere Wahrheit und sie glauben ebenso, dass es keinen Propheten nach mir geben kann. Ehrlich gesagt, bin ich dafür verantwortlich, denn ich habe zu meinen Lebzeiten geäußert, ich sei der letzte Prophet. Dadurch habe ich Gottes Vorsehung blockiert. Ich kann zwar erklären, warum ich dies tat. Doch das ändert nichts an der Realität, dass ich damit Gottes Vorsehung blockierte.

Jetzt kehre ich zurück zu meiner Lebensgeschichte. Gott segnete meine Mission, indem Er verschiedene Leute aus Medina sandte. Ich traf sie auf ihrem Pilgergang zur Kaaba. Diese Menschen kamen von Stamm der Chazradsch. Als ich ihnen die Botschaft Gottes mitteilte, folgten sie mir bereitwillig. Sie waren Nachbarn der Juden in Medina und hatten bereits viel von den Juden gehört. Sie hatten vernommen, dass es in Zukunft einen Propheten geben wird, und dass die Juden durch diesen Propheten von Gott gesegnet und die ganze Welt erobern werden. So sprachen die Leute des Stammes Chazradsch zueinander: „Wir haben jetzt diesen Propheten mit der Hilfe Gottes gefunden. Es ist besser, wir schließen uns ihm schnell an und folgen ihm, bevor es die Juden tun." Die Leute des Chazradsch Stammes schworen und versprachen mir, dass sie ihr Bestes geben werden, um die Botschaft Gottes zu verbreiten, wenn sie zurück in Medina wären.

Ein Jahr später kamen sie wieder mit einer Gruppe von 12 Leuten. Sie alle schworen, mir zu folgen. Als sie nach Medina zurückkehrten, sandte ich Mazhab Ibn Umar als meinen Repräsentanten mit ihnen. Er war einer meiner ersten Nachfolger. Seine Hingabe und sein Leben für Gott und die Art, wie er mir als zentraler Person diente, bewegten mich sehr tief. Ich muss sagen, dass er einer der Sufisten zu meiner Zeit war. Er kam aus einer reichen Familie, lebte aber ein ärmliches und aufopferndes Leben, als er sich entschied, mir in der Mission zu folgen. Selbst heute ist mein Herz ihm sehr nahe in der geistigen Welt. Ich bin im Grunde meines Herzens Gott dankbar, dass Er mich mit solchen Menschen in der Mission gesegnet hat. Gott hat mir die besten Jünger in der Geschichte gegeben, die mich beschützten und freiwillig ihr Blut für die Himmel gaben, auf das ich länger auf dieser Erde leben konnte, um Ihm zu dienen. Jedes Mal bin ich im geistigen Leben aufs Neue bewegt, wenn ich daran denke, wie sie ihre Leben als Märtyrer opferten, um mein Leben zu schützen. Eines Tages, wenn wir zusammen in der geistigen Welt leben, möchte ich mit dir, Zahid, den Film über ihr inspirierendes Leben anschauen. Obwohl du sie bereits viele Male in der geistigen Welt getroffen hast, gibt es viele, noch nicht bekannte, Geschichten in ihrem Leben, während sie Gott und den Himmeln dienten. Wann immer du jemanden von ihnen in der geistigen Welt trafst, waren sie sehr glücklich und erfreut darüber. Sofort erzählten sie mir von deinem Besuch in der geistigen Welt.

Mazhab Ibn Umar, Sad Ibn Abada und andere Jünger gaben sich viel Mühe, Zeugnis in Medina abzulegen. Gott gab seinen Segen für ihr Bemühen und Zaid Ibn Harith und Sad Bin Mas, der das Oberhaupt eines Stammes war, wurden meine Jünger. Sad bin Mas war ein großer Segen von Gott für mich. Seitdem er mir folgte, öffneten sich für mich neue Türen in Medina. Tag und Nacht war Sad Bin Mas bereit, für die Mission einzustehen. Er war ein hervorragender Mann, der auf der Seite der Wahrheit stand. Ich erinnere mich an einen der ersten Kämpfe mit den Koreischiten bei Badr. Bevor die Schlacht begann, kam Sad Bin Mas zu mir und sagte: „Oh Prophet Gottes, wenn wir diesen Kampf gewinnen, dann wird das nur an der Gnade Gottes liegen. Doch wenn du siehst, dass wir diesen Kampf verlieren, dann verlass uns bitte und geh zurück nach Medina. Dort gibt es viele Jünger, die Gott und dich lieben. Sicherlich sind sie nicht gekommen, weil sie sich niemals vorstellen konnten, dass es zu einem Kampf kommt." Ich betete für Sad Bin Mas, denn er dachte Tag und Nacht über den Schutz meines Lebens nach. An dieser Stelle möchte ich gerne mehr über ihn mitteilen. Während meiner Mission ließen die Juden keine Möglichkeit aus, mich zu töten oder meinen Feinden zu helfen, mich zu vernichten. Oft ignorierte ich es und vergab ihnen. Die Juden aber brachen viele Male ihre Versprechen und halfen meinen Feinden, mich von dieser Erde auszulöschen. Meine härteste Strafe für sie war, dass sie uns verlassen und an einem anderen Ort, weit weg von uns, leben mussten.

Nach einem Kampf konnten wir fast 900 Juden gefangen nehmen. Über 400 davon waren Soldaten, die anderen Kinder, Frauen und Alte. Diese Juden wollten nicht, dass ich über ihr Schicksal entschied. Wie dem auch sei, in diesem besonderen Fall überließen sie die Entscheidung über ihre Leben Sad Bin Mas. Nach dem Kampf zogen sie sich in eine Festung zurück. Wir belagerten sie. Bevor sie das Tor öffneten und herauskamen, nahmen sie von uns das Versprechen ab, dass nur Sad Bin Mas über ihr Schicksal entscheiden wird. In früheren Zeiten hatten sie eine gute Beziehung zu ihm. Sie hegten die Hoffnung, Sad Bin Mas würde sie nicht so hart richten und unter Umständen freilassen und erwarteten daher von ihm eine gnädige Entscheidung, wie die meisten meiner Jünger. Auch ich war dieser Ansicht. Bevor Sad Bin Mas sein Urteil über die Juden fällte, nahm er von mir und meinen Jüngern das Versprechen ab, seine Entscheidung zu akzeptieren. Nach unserem Versprechen, fiel das Urteil unerwartet hart aus. Er ließ alle Soldaten umbringen, Frauen und Kinder wurden Sklaven meiner Jünger. Wäre die Entscheidung in meinen Händen gewesen, hätte ich sie aus ihrer Heimat verbannt, da sie viele Male ihre Versprechen mir gegenüber brachen und meinen Feinden geholfen hatten. An dieser Stelle muss ich erwähnen, dass sich Jakob, über den im Alten Testament berichtet wird, wegen dieser Entscheidung von mir in der geistigen Welt distanzierte. Nach Ansicht der Engel des weißen Lichtbereiches war diese harte Entscheidung, gemessen an der eigenen Lehre der Juden, gerecht. Doch auf lange Sicht hat es natürlich den Konflikt zwischen dem Islam und den Juden bis zum heutigen Tag heraufbeschworen. Gott und die Himmel wollten nicht, dass die Juden vollkommen von der Erde ausgelöscht werden, denn Gott hat Jakob ebenso verschiedene Versprechen gegeben. Jetzt kann ich das sehr klar in der geistigen Welt sehen. Ich wünschte, als zentrale Person in Gottes Vorsehung hätte ich ihnen vergeben.

Ich möchte dir die Wahrheit sagen: Ich habe die Juden nicht gehasst für das, was sie mir während meiner Mission auf Erden angetan haben. Dennoch hatte ich wenig für sie übrig. Jetzt sehe ich mit den Augen Gottes und der Himmel und empfinde Sympathie für sie. Für eine gewisse Zeit hatte Gott die Juden für seine Vorsehung auserwählt. Nun sind mir aber in der geistigen Welt die Hände gebunden. Ich kann nur durch dich meine Nachricht an die Muslime senden: „Vergebt den Juden, und betrachtet sie von nun an nicht mehr als eure Feinde. Diese Ressentiments gehören der Vergangenheit an und müssen ein für alle Mal vorbei sein. Seht sie als eure Brüder und lebt mit ihnen, wie mit eurer eigenen Familie zusammen. Auch sie sind Gottes Kinder. Leid und Qual durchziehen wie ein roter Faden ihre Geschichte, da sie Jesus kreuzigten und versuchten, meine Mission und mich als zentrale Person zu vernichten." Als zentrale Person des Islams ist es jetzt mein tiefster Wunsch, dass die Muslime die jüdische Nation umarmen und mit ihr eine Bruderschaft bilden. Andere Religionen sind keine Widersacher, denn aus der Sicht der göttlichen Vorsehung ist jetzt eine neue Zeit angebrochen, in der alle Menschen als eine Weltfamilie leben sollen. Die alte Zeit der Religionen ist vorbei. Hören Muslime und Gläubige anderer Religionen mir nicht aufmerksam zu, werden Gott und die Himmel von ihnen jeglichen Segen entziehen. Gott und die Himmel haben den Beginn eines neuen Zeitalters auf der Erde deklariert. Keine Religion sollte dem Willen Gottes entgegenstehen. Ich möchte den Muslimen sagen: „Wollt ihr wirklich kämpfen und eure heiligen Kriege fortführen, dann erklärt diesen Krieg Satan. Er ist der schlimmste Gegner der gesamten Menschheit. Satan arbeitet kontinuierlich mit den gefallenen Engeln, schlechten menschlichen Geistwesen und gefallenen Dschinns zusammen, um die Vision eines idealen Umfeldes des Himmels zu zerstören.

Anmerkung: Dies ist Mohammeds eigene Meinung über Luzifer (Satan). Doch er selber hat viele Kompromisse mit Luzifer, der gefallenen Welt und den gefallenen Engeln, Dschinns und anderen Wesen gemacht.

„Oh Muslime, nehmt meine Botschaft tief in eurem Inneren und in eurer Seele auf. Hört ihr nicht darauf, dann wendet ihr euch direkt gegen Gott und die Himmel und auch gegen meinen Willen. Wir Propheten sind wie Brüder und eine Familie. Wir können uns niemals vorstellen, gegen den Willen Gottes und der Himmel zu gehen. Es liegt in meiner Verantwortung, euch zu sagen, dass in der Vergangenheit die Mission relativ durch die Engelwelten gegeben wurde. Jetzt ist nicht das Zeitalter der Engel, sondern das der Kinder Gottes. In der nahen Zukunft werden die Menschen nur noch Gottes göttliche Kinder genannt werden. Die satanische Welt wird untergehen. Die letzten Tage für Satan sind angebrochen und sie sind auch der neue Anfang für Gottes göttliche Kinder. Zahid weiß mehr, als sich irgendjemand anderes in dieser Welt und in der gesamten Schöpfung jemals vorstellen kann. Ich bitte die Menschheit und besonders die Muslime: Vereinigt euch mit ihm und gebt ihm die Gelegenheit, Gottes Herz auszudrücken. Gott hat ihn als Sein Herz auserwählt, damit die Menschheit und die anderen Geschöpfe Gottes gebrochenes Herz kennenlernen.

Gott rief alle Propheten und Engel und nahm ihnen den Schwur ab, sich mit Zahid zu verbünden und ihm zu helfen, seine Mission zu erfüllen. Unser Himmlischer Vater möchte als ein sichtbarer Gott in der physischen Welt und auch in der geistigen Welt leben. Bis zum heutigen Tag ist die geistige Welt immer noch ein Phänomen. Gott hat Zahid die vollkommene Autorität gegeben, jedes Geheimnis der geistigen Welt zu offenbaren. Für mich ist dieser Mann ein bemerkenswerter Segen für die Menschheit. Gott gab Zahid viele Versprechen. Er ist ein Mann von einzigartigem Wert im Herzen Gottes und der Himmel. Ich lebe in einer sehr hohen geistigen Welt und Gott und die Himmel haben mir viele Privilegien eingeräumt. Jetzt arbeite ich, wie auch die anderen Propheten und Gesandten, auf der Erde, um dort einen besseren Ort für Gottes Kinder zu schaffen, denn ein neues Zeitalter ist angebrochen.

In den Himmeln gibt es alles. Gott hat eine unvorstellbare Schönheit erschaffen. All diese wunderbaren Himmel sind leer und in ihnen sind Gottes Leid und Traurigkeit so sehr zu spüren, dass sie niemand ertragen kann. Wir haben sehr ungeduldig darauf gewartet, dass jemand auf der Erde erscheint, der Gottes Herz gewinnen kann. Selbst nachdem sich die neue Welt etabliert hat, wird es noch unendlich lange dauern, bis Gottes Herz befreit ist." An mich gewandt sprach Mohammed: „Bitte Zahid, gib meine Botschaft wortgetreu wieder."

Mohammed fuhr fort: „Ich möchte, dass Muslime, insbesondere die arabischer Abstammung, verstehen, nicht mehr mit den Juden um Land oder die Heilige Stadt kämpfen zu müssen. Eine heilige Stadt ist keine Welt aus Steinen. Heilige Städte sind die Herzen der Menschen, nachdem sie Gott persönlich getroffen haben. Es gibt so viele Orte in der arabischen Wüste, wo noch viel mehr Nationen leben können. Deshalb vergesst diesen Kampf, um ein bisschen Land. Wenn ihr wirklich Gott dienen wollt, dann dient vor allem eurem Nächsten. Gott hat jeden Menschen und jedes einzelne Wesen mit seinem ganzen Herzen erschaffen, indem Er seine ganze noble, göttliche Wahrheit einsetzte. Ich habe dies durch Gott in der geistigen Welt erfahren. Dient jemand auch nur einem göttlichen Kind, kann er damit Gottes

Herz gewinnen. Gott wird die einzigen wahren Eltern von uns allen für immer sein. Als niemand da war, war unser Himmlischer Vater unsere wahren Eltern. Er war es bereits, als Er unsere Seelen und geistigen Körper in der spirituellen Welt erschuf. Als Er unsere geistigen Körper auf die Erde sandte und uns physische Körper gab, auf das wir schneller wachsen können, war Er ebenso die einzigen wahren Eltern für die Menschheit. Kehrt ihr zurück in die geistige Welt, ist Er der einzige wahre Schöpfer und die einzigen wahren Eltern für euch und für alle anderen Wesen. Sowohl am Anfang, als auch am Ende gehören aller Ruhm und alle Ehre zu Gott und denen, die sich mit Gott vereint haben.

Wir, alle Propheten, Messias und Gesandten können Kanäle sein, doch auf keinen Fall sind wir die Bestimmung. Unsere Bestimmung ist Gott und nur Gott allein. Diese Wahrheit muss sehr klar herausgestellt werden, andererseits werden die Menschen, wenn sie in die geistige Welt kommen, blockiert. Es spielt keine Rolle, welcher Religion sie angehören. Dies ist eine sehr bittere göttliche Wahrheit für die Religionen und für ihre Gläubigen. Die göttliche Wahrheit kann keinen Kompromiss schließen, um die gefallenen Wünsche der Menschheit zu erfüllen. Lernen die Menschen erst einmal die klare Identität Gottes kennen und erfüllen ihren wahren Sinn und Zweck in ihrem Leben, um göttliche Kinder zu werden, erfahren sie die größte Wahrheit: Gottes Liebe steht über seinem Gesetz. Gottes Liebe umarmt die gesamte Ewigkeit. Je mehr ich in der geistigen Welt wuchs, desto mehr erhielt ich die Möglichkeit, mich Gott zu nähern. Je mehr ich erfuhr, desto mehr musste ich erkennen, wie wenig ich doch über Gott und die sich überall in der Ewigkeit erstreckenden Himmeln wusste.

Ich, Mohammed, als Repräsentant des Islams, bitte alle Menschen der Erde um Vergebung, speziell für das falsche Handeln der Muslime, das sie glauben, im Namen des Islams und Allahs tun zu müssen. Ich möchte den Muslimen sagen: „Ihr erklärt, Gläubige Gottes zu sein. Anstatt den Frieden auf Erden zu zerstören, solltet ihr diesen weltweit verbreiten. Nur wenn eines Tages Frieden, ausgerichtet auf Gott, herrscht, kann man den Wert von Frieden und Liebe erfahren, indem wir uns mit Gott als seine ewige Familie in den Himmeln und äußeren Schöpfungen verbinden."

Lieber Zahid, klar heraus gesagt, ist es so: Hätte ich den Juden mit meinem ganzen Herzen vergeben, für sie Sympathie gehegt und Mitleid empfunden, wäre die Situation heute zwischen den Muslimen und Juden entspannter. Mit der Zeit hätten sie sich einander angenähert. Den Juden und Christen ist dies gelungen, da Jesus den Juden trotz seiner Kreuzigung vergab. Dies ist ein Grund, warum Satan einen großen Preis der Wiedergutmachung von den Juden einforderte. Während meines Lebens in der Mission haben die Araber und die Koreischiten mir die Hölle auf Erden bereitet, sie waren schlimmer als die Juden. Doch ich konnte ihnen aus ganzem Herzen vergeben. Die gleiche Kraft der Liebe hätte ich auch für die Juden haben sollen, dann hätte Satan nicht den hohen Preis von den Juden und Muslimen fordern können. Es lag in meiner Hand als zentrale Person in Gottes Vorsehung, die Leiden und die Entbehrungen in der Geschichte zu verkürzen. Jetzt kann ich nur dir diese Wahrheit übermitteln.

Nun kehre ich zurück zu meiner Lebensgeschichte. Ich verließ Mekka und ging nach Medina, denn dort war meine Ausgangsbasis durch mehr Möglichkeiten wesentlich besser, frei über Gottes Botschaft zu reden. Medina war für mich wie Kanaan. Ich bin den Menschen von Medina, die der Botschaft Gottes folgten, aus tiefstem Herzen dankbar. Sie ermöglichten es meinen allerersten Jüngern, nach Medina zu ziehen. Als ich mich in Medina niederließ, schloss ich eine Art Friedensvertrag mit allen anderen Religionen. Obwohl der Glaube der Menschen unterschiedlich war, konnten wir uns einander durch diesen Vertrag annähern und eine Basis für ein gegenseitiges Geben und Nehmen finden. Daneben praktizierte jeder seinen Glauben so, wie es seiner Freiheit und Verantwortung entsprach. Es sah so aus, als ob der Pakt damals nur einen kleinen Bereich erfasste. Ich wollte jedoch, dass die religiösen Menschen lernen, einander zu respektieren und ein geistiges Umfeld schaffen, wo der friedfertige, religiöse Dialog für einen guten Zweck geführt werden kann. Als ich meine Mission erhielt, gab es zwei Elemente, die den Grundsatz für Gott und die Himmel darstellten: Erstens sollte die Identität Gottes klar herausgestellt werden und zweitens die Einheit der Religionen stattfinden. Diese waren die Hauptziele. Stattdessen kämpfte aber die religiöse Welt miteinander und jede Religion behauptete, die höchste

Wahrheit zu besitzen und ihr Prophet oder Erlöser sei der Höhepunkt. Die religiöse Welt muss diese enge Sichtweise endlich aufgeben.

In deiner Zeit ist das Umfeld viel etablierter, um Gottes Welt zu verwirklichen. Alle Religionen haben gemeinsame Träume und Ziele, nämlich, ihren Schöpfer kennenzulernen. Es war eine Tragödie meiner Zeit, dass die Araber wegen kleiner und unwichtiger Dinge bereit waren, einen Krieg anzufangen. Deshalb schlug meine Mission auch diese Richtung ein. Ich führte Kriege, um Konflikte zu lösen. So kämpfte ich gegen die Koreischiten, die arabische Welt, die Juden und zuletzt gegen die Römer, die das Christentum repräsentierten. Die Himmel machten mich für diese Kriege verantwortlich, weil ich nicht der Anweisung Gottes und der Himmel gefolgt bin.

In Medina begann meine Mission erst richtig. Gabriel signalisierte mir, dass nur Aisha meine ewige Frau ist und nicht die anderen. Ich ignorierte diese himmlische Wahrheit und folgte meinem Verlangen, noch mehr Frauen zu besitzen. Es gab sogar eine Zeit, in der Gabriel mir die Botschaft überbrachte, nicht mehr Frauen zu haben, egal wie sehr mich ihre Schönheit anzog. Aber ich folgte dieser Weisung nicht. Es war mein schwacher Punkt, dass ich ständig andere Frauen auf verschiedene Art und Weise besitzen wollte. Ich machte es für mich selbst zur Regel, dass jede Frau sich mir freiwillig anbieten konnte. Dieses Privileg galt nur für mich als besonderen Propheten Gottes und nicht für meine Anhänger. Auf gleiche Art und Weise erließ ich Regeln, die es mir erleichterten, mehr Frauen zu haben.

Aber dies war auf keinem Fall der Wille Gottes. Gott und die Himmel waren traurig. Sie zeigten mir viele Visionen, dass ich nur eine Frau haben und mich von den anderen scheiden lassen sollte. Ich kämpfte so sehr mit mir, dass ich über einen Monat brauchte, um überhaupt eine Entscheidung zu treffen. Selbst nach einem Monat fiel es mir immer noch schwer, die richtige Entscheidung zu treffen, die im Sinne Gottes und der Himmel gewesen wäre. Gott und die Himmel bereiteten meine Jünger so vor, dass sie jede meiner Entscheidungen akzeptiert hätten. Sie wollten mir die Mission der „Wahren Eltern" geben und mich deshalb mit Aisha segnen. Durch meine ewige Frau wollten sie mir Kinder geben. Aber dazu kam es niemals. Im Gegenteil, ich nahm mir immer noch mehr Frauen. Natürlich verschob dies meine Mission in eine andere Richtung. Dies war auch der geistige Grund, warum die Juden und Christen mir nicht folgen konnten.

Doch es kam noch schlimmer. Es war auf keinen Fall der Wille Gottes und der Himmel, dass die Frauen einen Schleier trugen, damit man ihre Gesichter nicht sehen konnte. Ich und einer meiner Jünger, Omar, wollten nicht, dass jemand unsere Frauen anschaut. Deshalb erließen wir das Gesetz für Frauen, ihre Gesichter zu verschleiern. Ich weiß, lieber Zahid, dass die Muslime sehr ärgerlich mit dir sein werden, aber um der Menschheit willen musst du diese Wahrheit niederschreiben, die ich dir mitteilte. Die zukünftige Menschheit wird dir sehr dankbar dafür sein, dass du die Courage hattest, diese Wahrheit niederzuschreiben. Bis zum heutigen Tag konnte ich nicht einen einzigen Menschen im Islam finden, dem ich hätte mein Herz öffnen können, um ihm mein Leid und meine Sorgen mitzuteilen. Ich habe diese Möglichkeit jetzt das erste Mal erhalten, seit Gott dich auserwählt hat. Nach mehr als tausend Jahren konnte ich mich selbst von meinen persönlichen Fehlern befreien, die ich entgegen dem Willen Gottes und der Himmel begangen habe.

Ich verleugne nicht den Wert von Omar, der später mein Nachfolger wurde und meinen Platz einnahm. Die Geschichte hätte keinen besseren Mann als Omar auserwählen können, der der Menschheit diente, indem er für gleiche Rechte eines jeden und für ein absolut gerechtes System einstand. Er lebte mehr als ein beispielhaftes Leben und demonstrierte dem Islam, wie man der Menschheit dienen kann. Omar hat ein sehr schwieriges und schmerzhaftes Leben geführt, um die Menschheit zu trösten. Die Engel honorierten ihm das in der geistigen Welt. Aber dass die Frauen sich mit einem Schleier verhüllen mussten, war nicht der Wille Gottes. Es war mein Wille und der Omars. Alle Frauen im Islam mussten auf Grund dessen furchtbar leiden. Heute ist der Islam eine reine Männerwelt, in der Frauen von der Gesellschaft ausgesperrt und unter Hausarrest gestellt sind. Dies passierte, da ich Gott und den Himmeln, genauso wie Adam, nicht folgte. Der einzige Unterschied zu Adam besteht darin, dass er seine Mission aufgab. Ich habe weiter für Gottes Willen gelebt und das Leid für meine eigenen Fehler auf mich genommen.

Als Preis der Wiedergutmachung wurden mir nach meinem Tod in der geistigen Welt alle Frauen außer Aisha weggenommen. Die Himmel trennten mich auch für eine bestimmte Zeit von Aisha, damit ich mich selbst erst einmal reinige. Aisha konnte in eine hohe blaue Welt eingehen, weil sie niemals gefallen war. Sie war diejenige, die als meine ewige Frau, mir absolut in der Rolle der „Wahren Mutter" hätte folgen können. Während ich auf der Erde lebte, fragte sie mich einmal, ob es wirklich der Wille Gottes wäre, dass man so viele Frauen haben kann. Aber ich sagte, sie solle ihren Mund halten, um ihr meine Überlegenheit als Prophet Gottes zu demonstrieren. So musste sie still sein. Gott und die Himmel haben mich aus der Nähe sehr intensiv beobachtet. Ich musste für eine sehr lange Zeit alleine in der geistigen Welt leben, um meine bittere Lektion zu lernen. Später vergab mir Aisha.

Anmerkung: Mohammed konnte für eine kurze Zeit mit Aisha in der blauen Dimension zusammenleben. Mohammed und Aisha konnten sich dort nicht anpassen und mussten in das Wachstumsstadium des weißen Lichtbereiches der Engelwelt im Paradies gehen. Später trennte sich Aisha von mir getrennt.

Mohammed fuhr fort: „Die anderen Frauen gehören mir nicht mehr. Sie wurden ihren Männern in der geistigen Welt zurückgegeben. Andere leben immer noch allein, bis sie ihren ewigen Partner finden. Ich erzähle dir die nackte Wahrheit. Ich musste sehr lange und schmerzhaft leiden, wegen meiner irdischen Fehler in Bezug auf Frauen. Dies geschah, weil ich die direkte Führung von Gott und den Himmeln ignorierte.

Die Identität Gottes zu erklären, war meine erste und hauptsächliche Priorität in der Mission. Dies habe ich besser als jeder andere Prophet in der Geschichte vollbracht. Dafür bewundern mich Gott und die Himmel und honorierten mir dies in der geistigen Welt. Gott sagte viele Male: „Dass die Menschheit erkennt, dass es nur einen Gott gibt, indem sich alle Menschen niederlassen können, war das Beste, was Mohammed in seiner Mission getan hat. Dies gelang ihm besser als jedem anderen Propheten in der Geschichte."

Lieber Zahid, meine ständige Bereitschaft, für Gott zu sterben, war sehr herausragend in meiner Mission. Dafür hat Gott mich geehrt und ich kann Ihn selbst dann treffen, wenn niemand anwesend sein darf. Bitte sag der Menschheit, es liegt nicht an Gott und den Himmeln, dass Gottes Welt noch nicht auf Erden errichtet wurde. Es liegt an den Menschen und an den anderen Wesen, die Gottes Fußspuren nicht folgten. Die Himmel sind mystische, ideale Umgebungen, die meistens leer sind. Ab und zu sieht man menschliche Wesen, die es geschafft haben, dort hinzukommen. Sag bitte Gottes Kindern, dass diese Himmel alle für sie gemacht wurden. Es gibt dort solche Orte, die man sich nicht einmal im Traum vorstellen kann. Ich wünschte, die Menschheit würde sich Gott zuwenden und sich für immer in Frieden und geistiger Zufriedenheit dort niederlassen. Doch zuerst müssen Männer und Frauen ihre eigene vertikale Beziehung mit Gott aufbauen. Das ist das Basiselement, um Gottes Welt etablieren zu können. Zum anderen muss Satan für immer von dieser Welt verschwinden.

Ehrlich gesagt, all die endlose und immer währende Zufriedenheit der Menschen und aller anderen Wesen ist sehr tief mit Gott verbunden. Selbst die Sorgen der Himmel können erst verschwinden, nachdem Gottes Herz befreit wurde. Wie du weißt Zahid, sind Gottes Sorgen in den Himmeln so gegenwärtig, dass man die ganze Ewigkeit hindurch nur weinen könnte. Gott und die Himmel gaben mir eine faire Chance, um ihr absolutes Objekt zu werden. Hätte ich diese Chance wahrgenommen, würde diese neue Welt schon zu meiner Zeit begonnen haben. Die Menschen hätten bis heute ein Niveau erreicht, das es ihnen ermöglicht, mit Gott zusammenzuleben.

An dieser Stelle möchte ich über ein sehr sensibles Thema im Detail sprechen: Im Islam ist der Koran das letzte Buch, welches all die Gesetze beinhaltet, wie die Menschheit zu leben hat. Muslime glauben, ich, Mohammed sei der absolut letzte Prophet und Erlöser der Menschheit, nach mir könne kein anderer Prophet mehr kommen und keine neue Wahrheit offenbaren. Die Frage ist: Wer verursachte dieses Missverständnis? Ehrlich gesagt, ich werde in der geistigen Welt dafür verantwortlich gemacht. Dies ist nicht nur mir widerfahren. Wer immer so ein Missverständnis hervorrief, wurde dafür in der geistigen Welt gerichtet. Es spielt dabei keine Rolle ob es Buddha, Jesus oder ein anderer großer Prophet war. Ich und die anderen Propheten stellten solche Behauptungen auf, um die geistige Umgebung zu unseren Lebzeiten zu kontrollieren. Wir wollten, dass sich unsere Religionen weltweit ausbreiten. Die Gläubigen sollten durch alle Jahrhunderte ihren unerschütterlichen Glauben ihrer Religion festigen. Meine Religion sollte auf keinem Fall von den alten Religionen beeinflusst werden.

An dieser Stelle möchte ich vier Gesandte als Beispiel aufführen, die die gleiche oder ähnliche Methode anwandten, um die geistige Umgebung für ihre Religion unter Kontrolle zu halten. Ich spreche hier von Krishna, Buddha, Jesus und mir selber. Unser Ziel war die weltweite Verbreitung unserer Lehren, damit die meisten Menschen unseren Religionen folgen. Aber auf lange Sicht haben wir Gott und die Himmel blockiert und machten es für sie unmöglich, die nächste zentrale Person zu berufen, durch die sie hätten wirken können. Wir wurden alle dafür in den Himmeln gerichtet. Es spielt keine Rolle ob ich es war, Jesus, Buddha, Krishna oder jemand anderes. Deshalb haben Gott und die Himmel auch bis jetzt keine Chance erhalten, sich direkt mit der Menschheit auseinander zu setzen. Wir alle wurden auserwählt durch die Engel des weißen Lichtbereiches aus dem Wachstumsstadium des Paradieses.

Ich sagte während meiner Mission, dass es nach mir keinen Propheten mehr geben wird, und dass der Koran ausreicht für die Erlösung der Muslime. Meine Motivation bestand darin, eine Beeinflussung des Islams vom Judentum, Christentum oder anderen Religionen zu vermeiden, und kein Prophet nach mir kommt, der Dinge im Islam und in anderen Religionen ändert oder reformiert. Dafür haben wir alle in der geistigen Welt einen sehr hohen Preis bezahlt. Gott und die Himmel machten uns dafür verantwortlich. Deshalb arbeiten Krishna, Buddha, Jesus, ich und andere Gesandte sehr hart in der geistigen Welt. Doch unsere Bemühungen haben nicht den gewünschten Erfolg gebracht. Wir brauchen einen Mann Gottes auf Erden, der unsere Fehler wiedergutmachen kann. Wir Gesandte arbeiten mit unseren eigenen religiösen Leuten in der geistigen Welt zusammen. Jedoch erkennen die Gläubigen unserer Religionen, die in den mittleren oder niederen Dimensionen der geistigen Welt leben, in uns nicht die Gründer ihrer Religionen. Wir haben hier eine sehr schmerzhafte und leidvolle Zeit zu überstehen, um mit unseren Anhängern in der geistigen Welt zusammenzuarbeiten. Gelangt von Zeit zu Zeit ein guter Geist in die geistige Welt, können wir mit ihm eine relative Beziehung aufbauen. Es erscheint fast unmöglich, sie gemäß den Anweisungen Gottes und der Himmel zu ändern.

Krishna, Buddha, Jesus, ich und andere Propheten versuchten unser Bestes, Anhänger in unseren Religionen zu finden, um unsere Bezugspersonen auf Erden zu werden. Durch sie wollten wir

Veränderungen in unseren Religionen bringen. Wir sahen viele hingebungsvolle Christen, Muslime und andere religiöse Menschen, die uns extrem als ihren Erlöser liebten. In mehr als tausend Jahren fanden wir allerdings keinen einzigen Menschen, der uns glaubte, wenn wir etwas mitteilten, was im Widerspruch zu unseren Schriften stand. Zahlreiche Male kamen wir auf die Erde, um ein Objekt zu suchen, dem wir mehr Wahrheit hätten offenbaren können. Aber immer ereignete sich das Gleiche. Anhänger, die ich auswählte, hatten bereits am Anfang Schwierigkeiten zu glauben, ich, Mohammed sei ihnen in Träumen und Visionen erschienen. Konnte ich sie endlich davon überzeugen, waren sie zwar glücklich, jedoch fand dieser Zustand sein jähes Ende, als ich begann, mehr Wahrheit im Detail zu überbringen. Standen diese Menschen morgens auf, fingen sie an, die übermittelte Wahrheit an dem zu messen, was im Koran oder in der Hadith verankert war. Die neue Botschaft stand mit dem bereits Geschriebenen im Widerspruch und führte zur Verwirrung. Die Anhänger fingen an zu zweifeln, verloren ihre Überzeugung und kämpften mit sich. Schließlich waren sie überzeugt, dass nicht Mohammed ihnen diese Wahrheit übermittelt haben konnte. In ihren Augen konnte nur Satan ihnen eine solch falsche Lehre überbracht haben. Dies passierte mir und den anderen Gesandten viele tausend Male. Obwohl wir Gründer von weltweiten Religionen sind, folgte uns keiner der Gläubigen, wenn wir ihnen erschienen. Diese Erfahrungen frustrieten extrem und isolierten uns in der geistigen Welt, wo wir bevorzugen, an abgelegenen Orten zu leben. Satan hat wirklich gute Arbeit in allen Religionen geleistet.

Anmerkung: Nicht nur Luzifer hat ganze Arbeit geleistet, sondern auch Buddha, Jesus, Krishna und Mohammed. Sie alle haben durch ähnliche Aussagen wie Mohammed, der behauptete, der letzte Prophet zu sein, die Menschheit blockiert, Gott kennenzulernen.

Gelingt es einem Mensch ab und zu, sich geistig zu öffnen, wird er von allen anderen religiösen Menschen geächtet. Sie schüchtern ihn ein, indem sie sagen: „Du bist ein Opfer Satans." Oder: „Schlechte Geister haben von dir Besitz ergriffen. Du hast nur dem heiligen Buch zu folgen, dort findest du die ganze Wahrheit." So gesehen blockieren Gläubige die Bemühungen anderer, noch mehr Wahrheit von der geistigen Welt zu erhalten.

Anmerkung: Wenn dies wahr ist, warum verfolgte Mohammed dann zu Lebzeiten die Menschen, die behaupteten, ein Prophet zu sein? Er ließ sie umbringen, wenn sie seiner Drohung, ihre Prophetenschaft zu verneinen, nicht nachkamen.

Ich erschien vielen Sufis, während sie auf der Erde lebten. Dies waren Menschen mit einer außergewöhnlichen Hingabe im Islam. Doch wenn ich versuchte, ihnen mein Leid zu erklären, zogen sie sich zurück, schwiegen oder wollten nicht, dass etwas davon in die Öffentlichkeit dringt. Von Zeit zu Zeit öffneten sie einander ihre Herzen und sprachen heimlich darüber. Im Ergebnis musste ich den Preis dafür an die schlechte Welt bezahlen.

Anmerkung: Sie konnten keine Reformation im Namen Gottes im Islam bringen. Sie hatten Angst getötet zu werden, wegen Mohammeds Behauptung, er sei der letzte Prophet und der Koran sei vollkommen.

Wie ist es möglich, dass Menschen, die ihr Leben ganz Gott widmen, zum Opfer Satans werden? Solch ein Gesetz existiert nicht in der geistigen Welt. Dies ist ein falsches Gesetz Satans. Satan und seine üblen Anhänger hassen es, mit ansehen zu müssen, wenn Gottes Kinder sich geistig öffnen. Solche Menschen müssen Gott und den Himmeln absolut vertrauen und dürfen niemals ihren Glauben verlieren, nur so kann Satan nichts gegen sie ausrichten.

Anmerkung: Nicht nur Luzifer, sondern auch Mohammed legte die Grundlage für den Irrglauben im Islam, es werde keine weiteren Offenbarungen von Gott mehr geben.

Die wahre Bedeutung des Heiligen Krieges

Lieber Zahid, du bist ein herausragendes Beispiel für die Menschheit. Satan und seine Gefolgschaft taten viele Jahre lang ihr Bestes, dich in Versuchung zu führen. Zu dieser Zeit mussten sich Gott und die Himmel von dir zurückziehen und durften dich nicht unterstützen. Aber konnte Satan wirklich gewinnen? Nein, denn deine Liebe für Gott und die Menschheit war stark genug, Satan und seinen Anhängern zu widerstehen. Es ist die Bestimmung der Menschen, sich geistig zu öffnen. Zuerst müssen sie ihr Leben ganz Gott widmen, danach vollzieht sich dieser Prozess ganz natürlich.

Nur ein demütiger und geduldiger Mensch wird sich Gott nähern, wenn er sein Leben ganz Gott und den Himmeln widmet, sich in seinem Herzen nach Gott sehnt und sich nicht schämt, in seinen Gebeten Tränen zu vergießen. Die Himmel werden für diesen Menschen das Fenster zum ewigen Leben öffnen. Zum Schluss muss er sich selbst vom Bösen trennen, um den Berg der Vollkommenheit zu erklimmen. Dann wird dieser Mensch wahrlich zu Gott und Gott wird zu ihm gehören. Nur dieser Mensch wird Gott während seines irdischen Lebens treffen. Genau das ist es, was wir meinen, wenn wir sagen, wir erklären den Heiligen Krieg unseren schlechten Gewohnheiten. Der Mensch, der seine eigenen Schwächen erkennt, befindet sich auf dem richtigen Weg. Gott und die Himmel helfen ihm seine schlechten Gewohnheiten zu erkennen, die nichts mit dem ursprünglichen Wesen des Menschen zu tun haben.

Alle anderen Kriege, die ich während meiner Mission geführt habe, waren notwendig, da Satan mir nicht erlaubte, Gottes Botschaft zu verkünden. Er und seine üble Gefolgschaft versuchten mit ganzer Kraft, meine Mission zu zerstören und mich von diesem Weg abzubringen. Diese Kämpfe fanden nur zur Verteidigung meiner selbst und meiner Jünger statt. Nach meinem Tod haben die Muslime jede kriegerische Auseinandersetzung als einen Heiligen Krieg gerechtfertigt. Besonders in deiner Zeit, Zahid, erklären Muslime einander und anderen Religionen ständig den Heiligen Krieg. Ich muss sagen, die Muslime haben die Bedeutung total missverstanden und missbrauchen den Namen des Heiligen Krieges.

In deiner Zeit hat sich jedoch eines geändert. Die anderen Religionen wenden keine Gewalt gegeneinander an. Auf die gleiche Art und Weise muss der Islam auf friedlichem Weg versuchen, die islamische Welt auf dieser Erde zu verwirklichen. Die Menschen mit Gewalt zum Islam zu bekehren, widerspricht seinem ursprünglichen Geist. Keine Religion sollte durch Gewaltanwendung versuchen, die Menschen auf den geistigen Weg oder zu Gott zu bringen. Was immer geschehen ist, ist von jetzt an Vergangenheit. Es kann nicht mehr geändert werden. Aber Gottes Kinder können aus diesen Fehlern lernen. Wiederholen sie jedoch selber diese Fehler, unterscheiden sie sich nicht von uns und haben nichts dazugelernt. Ich muss gestehen, dass selbst in den religiösen Kriegen die Sieger niemals den Sieg davon trugen, und die Verlierer niemals wirklich verloren haben. Selbst nach meinem Tod fanden Kriege unter meinen Jüngern, unter Gläubigen und Ungläubigen, sowie zwischen dem Christentum und dem Islam statt. Satan und seine üblen Anhänger waren die Hauptantriebskraft für diese Kriege. Die Erde kam niemals in den Genuss des Friedens. Doch die Zukunft ist von nun an in unseren Händen. Was immer du daraus machst, wird deine Bestimmung und die der zukünftigen Kinder sein. Sag der Menschheit: „Denkt darüber nach! Wenn ihr heute den richtigen Schritt macht, werden alle Generationen die Früchte davon tragen. Lebt heute für Gott und die Menschheit, dann hat die Zukunft keine andere Wahl, als in die ewige Gegenwärtigkeit zu führen. Ihr werdet Gottes Söhne und Töchter sein, die die üble Geschichte in eine gute transformieren, was selbst wir Propheten niemals erreichen konnten. Wir, alle Propheten, werden dann nur noch einen Wunsch in unserem Herzen und Verstand verspüren: „Wir möchten solchen Kindern Gottes durch das ganze ewige Leben hindurch dienen. Das kommende Morgen wird somit euch gehören und es wird auch unser Morgen sein."

<u>Ali</u>

Ich kehre noch einmal zurück zu meiner Lebensgeschichte. Nun möchte ich über Ali sprechen. Ihn nicht zu erwähnen, wäre ihm gegenüber nicht fair. Als Ali ein kleiner Junge war, nahm ich ihn von seinem Vater Abu Talib auf, denn er lebte unter ärmlichen Umständen. Ali wuchs wie mein Sohn in meinem Haus auf. Sehr früh erkannte ich seinen Gehorsam und fühlte seine Nähe zu mir. Er war auch sehr sportlich. Sein Körper war bewundernswert schnell. Ich erinnere mich daran, dass er mich als Kind bat, ihm ein Holzschwert zu kaufen. Ich fragte ihn, wozu er dies bräuchte. Er antwortete mir darauf: „Ich werde dich von nun an vor jedem schützen, der es wagt, dir nahe zu kommen, um dir etwas anzutun. Ich werde mich ihm entgegenstellen und mit ihm kämpfen." Khadija und ich lachten sehr darüber, trotzdem kaufte ich ihm ein Holzschwert. Es wurde zu seinem Lieblingsspielzeug. Die ganze Zeit sah ich ihn damit herumhantieren. Er benutzte dieses Schwert, selbst wenn er mit mir, Hamza und anderen Kindern spielte. Ich beobachtete sein außerordentliches Talent als Fechter, deshalb bat ich einen Lehrer, ihn in der Kunst des Fechtens zu unterrichten. Neun Monate später sprach sein Fechtlehrer zu mir, er wolle mir eine besondere Fähigkeit Alis demonstrieren. Ali und er kämpften mit dem Schwert. Ich war erstaunt und überrascht, wie schnell Ali das Schwert bewegen konnte. Nach dem Kampf wandte sich sein Lehrer an mich und sagte mir: „Ali wird einer der besten Schwertkämpfer der Zukunft sein. Er wird die Kunst des Schwertkampfes bis zur Perfektion beherrschen."

Als Ali fünfzehn war, ging er morgens allein in die Berge. Er übte sich dort stundenlang im Schwertkampf. Eines Tages erzählte mir Ali, er habe eine neue Technik des Fechtens entwickelt. Ich war überrascht darüber. Er sagte: „Wenn ich von meinen Gegnern umringt werde, kann ich den Kreis durchbrechen. Die meisten meiner Gegner kann ich bezwingen." Dies überraschte mich noch mehr. Ein paar Tage später fragte ich Ali, wann er gedenke, mir sein Talent zu demonstrieren. Er antwortete mir, er sei jeder Zeit dazu bereit. Ich rief nach den besten Schwertkämpfern und stattete diese mit vielen Holzschwertern aus. Sie stellten sich kreisförmig um Ali. Ali bat um zwei Schwerter. Das erstaunte uns, denn das war etwas Neues. Als der Kampf begann, attackierten alle Fechter Ali mit ihren Schwertern. Erstaunt sah ich, dass Ali in nur einer Sekunde den Kreis seiner vermeintlichen Gegner durchbrechen konnte. Er bewegte die beiden Schwerter unglaublich schnell. Es sah so aus, als ob sie sich in der Luft ohne seine Hände bewegen würden. Nach 15 Minuten war der Kampf beendet. Niemand gelang es auch nur in die Nähe von Alis Körper zu kommen, geschweige denn, ihn mit seinem Schwert zu berühren. Ali konnte dagegen ihre Körper an jedem beliebigen Punkt treffen. Das umstehende Publikum war sichtlich beeindruckt. Sie waren überzeugt, dass Ali es allein mit einer ganzen Armee aufnehmen kann. Später wollten viele von ihm die Kunst des Schwertkampfes erlernen. Er entwickelte immer neuere Techniken, die nichts mit dem althergebrachten Kampfstil der Araber zu tun hatten.

In meiner Mission stand Ali wie eine eiserne Wand vor mir und beschützte mein Leben. In allen Kriegen, in die ich verwickelt wurde, war Ali der größte Mann Gottes. Er war der beste Kämpfer und brachte sein Leben unzählige Male bereitwillig in Gefahr, um mich und meine Jünger zu beschützen. In den Augen Gottes und der Himmel ist Ali deshalb ein Mann, der bereitwillig sein Blut für die Himmel gab und dies zudem noch mit sehnsüchtigem und bereitwilligem Herzen. In ihm sehen sie einen Mann, der für Gott und die Himmel tausend Mal den Märtyrertod auf sich genommen hat. In jedem Kampf stand er in der ersten Reihe. Wann immer Ali in einer Schlacht sah, dass übermächtige Kämpfer meine Anhänger umbrachten oder sie ihnen nicht standhalten konnten, eilte er ihnen schnell zur Hilfe. Dadurch verhalf er Gott und den Himmeln zu Ruhm und Ansehen. Einmal verherrlichte Erzengel Gabriel Ali, indem er sprach, dass Ali das Herz der Himmel bewege.

Ich erinnere mich an einen Krieg, in dem der beste Schwertkämpfer Arabiens in unser Territorium eindrang. Wir alle hatten uns vor der gegnerischen Armee in Sicherheit gebracht, damit sie uns nicht mit ihren Pfeilen attackieren konnten. Zu unserem Schutz hoben wir einen großen Kanal zwischen uns und unseren Feinden aus. Er sollte es ihnen erschweren, zu uns zu gelangen. Der Herausforderer verlangte: „Mohammed, schick jemanden, der gegen mich im Zweikampf antritt." Es herrschten eisige Temperaturen. Meine Jünger waren immer noch ausgelaugt und müde von den Tag und Nacht andauernden Verteidigungskämpfen um Medina. Die Armeen beider Seiten warteten gespannt auf den Kampf. Der Schwertkämpfer rief erneut mit lauter Stimme und forderte einen Gegner zu entsenden. Ich gab keine Antwort. Wir alle wussten, dass dieser Mann im Schwertkampf von niemandem besiegt werden könne. Ali stand auf und sprach zu mir: „Lass mich gegen ihn antreten." Ich antwortete ihm: „Ali du weißt, dass dies der beste Schwertkämpfer der Welt ist. Wer immer gegen ihn kämpft, wird sterben." Ali setzte sich ohne Erwiderung nieder. Noch einmal erschallte der Ruf: „Mohammed, du sagtest, wenn deine Leute im Kampf sterben, gehen sie direkt ins Paradies. Stirbt stattdessen von unserer Seite jemand, geht er direkt in die Hölle. Warum möchte nun niemand mit mir kämpfen? Persönlich glaube ich, dass du gelogen hast. Keiner deiner Jünger wird als Märtyrer in das Paradies gelangen."

Jeder hörte diese Worte laut und deutlich. Trotzdem wollte ich nicht, dass einer meiner Männer gegen ihn antritt, denn dies hätte seinen sicheren Tod bedeutet. Ali stand wieder auf und sprach: „Lass mich mit ihm kämpfen. Ich habe keine Angst. Mag sein, er ist der beste Schwertkämpfer; dennoch ist er ein Feind Gottes und seines Propheten." Ich schaute ihn an und sprach: „Ali, ich versteh dich nicht. Du weißt, wer dieser Mann ist und trotzdem möchtest du dein Leben in Gefahr bringen." Er ließ sich nieder und verharrte in Schweigen. Erneut rief der arabische Herausforderer: „Ich sehe und ich glaube, dass du, Mohammed, ein falscher Prophet bist. Der Gott, an den du glaubst, kann nicht gegen unsere Götter gewinnen." Dieses Mal schnellte Ali von seinem Sitz hoch und schaute mir geradewegs in die Augen. Tränenüberströmt sprach er zu mir: „Nun muss ich gehen. Es ist egal, ob er der beste Kämpfer der Welt ist. Dieser Mann hat etwas Falsches über den wahren, einzigartigen Gott gesagt. Ruhig sitzen zu bleiben, nachdem ich und jeder andere dies hörten, könnte ich mir mein ganzes Leben lang nicht vergeben. Eines Tages, wenn ich Gott treffe, wird Er mich fragen: „Ali, wie konntest du ruhig sitzen bleiben, nachdem solche Worte gesprochen wurden? Bist du nur deshalb nicht in den Kampf gezogen, weil du fürchten musstest, dein Leben zu verlieren?" Welche Antwort soll ich dann Gott geben? Oh Prophet Gottes! Lass mich bereitwillig mein Leben geben, zumindest kann ich mich dann auf meine Liebe zu Gott berufen."

Als die anderen und ich die Worte Alis vernahmen, rannen Tränen aus unseren Augen. Ich sprach zu ihm: „Ali, ich bin dein Bruder. Verliere ich dich heute hier, wird der nächste Ort, an dem wir uns wiedersehen, das Paradies sein. Du hast mich und meine Jünger sehr inspiriert. Geh nun und tritt gegen diesen Mann mit der Hilfe Gottes an." Ich setzte ihm eigenhändig den Turban auf den Kopf und gab ihm mein Schwert. In meinem Herzen empfand ich eine tiefe Liebe für ihn. Insgeheim befürchtete ich, ihn nicht wieder zu sehen. Deshalb umarmte ich ihn mit Tränen in den Augen. Der Kampf begann. Ali wurde zuerst verwundet. Trotzdem kämpften beide unermüdlich und unerschrocken weiter. Schließlich siegte Ali über den besten Schwertkämpfer unserer Zeit. Vor der Armee unserer Feinde schrie er heraus: „Es gibt nur einen Gott. Neben Ihm gibt es keine anderen Götter." Als wir Alis Ruf vernahmen, wussten alle, dass er über seinen Gegner gesiegt hatte. Mit Freudentränen umarmten wir Ali nach seiner siegreichen Rückkehr.

Ali war nicht nur ein herausragender Schwertkämpfer, sondern der großartigste Mann für den Willen Gottes. Er war sehr sensibel in der Ausführung seines geistigen Lebens. Wann immer er mich in seiner Jugend beim Gebet weinen sah, weinte auch er für unseren Schöpfer. Ich beobachtete ihn sehr genau. Ali war einer der wenigen meiner Anhänger, die innig viele Nächte ohne Schlaf beteten. In seinem tiefsten Inneren wollte er Gott näher kommen. Gott gab ihm eine überragende Weisheit und ein allumfassendes Wissen über das äußere und das ewige Leben. Ich, jeder zu meiner Zeit und auch die Muslime heute sind davon überzeugt. Hätte ich meine Aufgabe als Messias erfüllt, stünde Ali an erster Stelle in meiner eigenen Familie und hätte mit meiner Tochter Fatima den Segen von Gott erhalten. Er hätte meine Aufgabe fortführen sollen, nachdem ich in die geistige Welt gegangen wäre. Aber nach meinem Tod spitzten sich die Konflikte sowohl zwischen Ali und meinen engsten Jüngern, als auch zwischen Ali und meiner Frau Aisha zu. Viele meiner Anhänger und ersten Muslime wurden umgebracht. Ali darf man dafür nicht die Schuld geben. Ich werde dafür in der geistigen Welt verantwortlich gemacht, da ich ihn hätte zu meinem Nachfolger nach Abu Bakr und Omar berufen müssen. Abu Bakr und Omar haben mich als Nachfolger wahrlich vertreten, dafür bin ich ihnen zutiefst dankbar. Sie führten ein aufopferungsreiches Leben für Gott und die Menschheit. Es wäre ein Segen für den Islam gewesen, wenn Ali nach Abu Bakr und Omar meinen Platz hätte einnehmen können. Was immer passiert ist, gehört der Vergangenheit an. Alis Handeln wurde durch Gott und die Himmel anerkannt. Ich habe Ali in meiner Lebensgeschichte erwähnt, denn seine Persönlichkeit beeinflusste den Islam.

Im Islam allein gibt es 72 verschiedene Gruppierungen. Sie alle können sich selber fragen, ob sie auf Gottes oder Satans Seite stehen, denn zu meiner Zeit verbreitete ich eine sehr einfache Lehre: Jeder Mensch bereitet sich selber auf das ewige Leben vor, um mit Gott zu leben. Was ist daran so schwierig, diese einfache Wahrheit zu verstehen? Jetzt kämpfen im Islam die verschiedenen Gruppierungen gegeneinander. Sie zerstören den Frieden und säen Zwiespalt im Islam. Unabhängig wie sich die einzelnen Gruppierungen bezeichnen oder wie bekannt sie sind, erkläre ich hier: Sie alle stehen auf der Seite Satans! An dieser Stelle sagte ich, Zahid, zu Mohammed: „Mit Sicherheit ist dies eine schwer verdaubare Botschaft für die Muslime. Ich muss nun den Willen Gottes erfüllen und mich mit den anderen Religionen auseinander setzen. Nach Verkündigung dieser Botschaft werden mich die fanatischen Muslime ständig verfolgen. Sie werden versuchen, meine Mission zu blockieren." Mohammed sprach: „Gott und die Himmel sind mit dir, genauso wie ich und all die wahren Geistwesen des Islams. Du bist der Einzige, der geradeheraus meine Botschaft an die Muslime überbringen kann. Halten sie oder die

Gläubigen anderer Religionen dich auf deinem Weg auf, werden sie nicht lange erfolgreich sein. Zahid, deine Botschaft Gottes wird für immer den zukünftigen Generationen der Menschheit erhalten bleiben." Daraufhin sprach ich: „Es reicht, dass Gott und die Himmel mit mir sind. Außerdem helfen du und die anderen Gesandten mir, die Welt Gottes zu verwirklichen." Mohammed sagte: „Ich glaube, ich habe genug über dieses Thema gesprochen. Wenn du möchtest, kannst du in meinem Namen noch etwas dazu fügen. Unsere Beziehung ist lebendig. Die Welt muss erfahren, dass auf Gott ausgerichtete Geistwesen sich jederzeit in der geistigen Welt treffen können. Satans Geister leben in den dunklen geistigen Welten beengt und können sich nicht sehen und treffen, wann immer sie wollen.

Nach meiner letzten, in Medina gehaltenen Rede, hätte meine Mission eine neue Richtung zur Vereinigung aller Religionen einschlagen müssen. Mehr als hunderttausend Menschen hörten sie. Bereits in dieser Rede erwähnte ich, im nächsten Jahr vielleicht nicht mehr in der Lage zu sein, sie an diesem Ort noch einmal zu treffen.

Gott und die Himmel ließen mir die Wahl, noch länger auf der Erde zu leben oder zu ihnen in die geistige Welt zu kommen. Ich entschied mich für die zweite Alternative, denn ich vermisste Gott während meiner Mission ständig. Ich sehnte mich danach, mit unserem Schöpfer zusammen zu sein, denn in Ihm wohnten meine Liebe und all meine Sinne. Ich konnte nicht mehr in dieser Welt leben. In jedem einzelnen Moment meines irdischen Daseins zog es mich zu Gott hin. Meine Entscheidung, mein irdisches Leben hinter mir zu lassen, nahmen Gott und die Himmel wortlos hin. Ich wünschte, ich hätte Gott gefragt, was das Beste für mich wäre: Hier auf der Erde weiter zu leben oder zurück in die geistige Welt zu kommen. Leider habe ich dies nicht getan. So konnten Gott und die Himmel mir nicht offenbaren, was ich noch für den Willen Gottes tun kann.

An dieser Stelle möchte ich erzählen, was Gott und die Himmel von mir gefordert hätten, wäre ich ihrem Weg gefolgt. Sie wünschten, meine Mission hätte eine neue Richtung zur Vereinigung aller Religionen eingeschlagen. Aber wie hätte ich das tun sollen? Nach Gottes Plan sollte Aisha eine gute Beziehung mit der Frau des römischen Imperators aufbauen. Durch die Freundschaft der beiden Frauen, wären Aisha und ich innerhalb von sieben Jahren offiziell vom römischen Imperator eingeladen worden. Dadurch wäre eine neue Vereinbarung zwischen mir und dem Christentum, aber auch zwischen mir und den Juden zustande gekommen. Die Herrschaft Persiens hätte durch meine Hände zu Fall gebracht werden können, und nicht erst später durch meine Jünger. Jerusalem, das die Juden bereitwillig meinem zweiten Nachfolger Omar überließen, hätte ich bereits zu meinen Lebzeiten erhalten und somit als Friedensstifter fungieren können. Durch mich wäre eine Vereinbarung getroffen worden, die den Juden, Christen, Muslimen und den anderen Religionen erlauben würde, Jerusalem gemeinsam als Stätte der Begegnung und des Respekts für einander zu benutzen. Die drei Hauptreligionen hätten ihre göttliche Verehrung von einer gemeinsamen Basis aus praktizieren können. Ich erlaubte bereits zuvor den Christen in unseren Moscheen zu beten, während sie mich besuchten. Omar hätte das Gleiche tun sollen, als die Juden ihm Jerusalem freiwillig überließen. Sie wollten Omar damit den Schlüssel überreichen, der zu meinem zweiten Nachfolger wurde. Als er in Jerusalem einzog, baten die Christen ihn, in ihren Kirchen zu beten. Er hätte dieser Bitte folgen sollen, doch er tat es nicht. Er glaubte, die Muslime würden später diese Kirchen, wenn es sein muss, auch mit Gewalt als Moscheen benutzen. Hätte ich damals die Wahl der Himmel getroffen, würden die Konflikte zwischen den Juden und den Muslimen und zwischen den Muslimen und den Christen ihr Ende gefunden haben. Als Mann Gottes war ich der Einzige, der die richtige Grundlage für diese drei Religionen errichten konnte. Hierauf aufbauend wäre ein Geben und Nehmen ausgerichtet auf Gott möglich gewesen.

Innerhalb von 12 Jahren hätten mich die Juden und Christen willkommen geheißen. Natürlich wäre der Islam eine starke Religion in dieser Zeit geworden. Damals war ich als Repräsentant Gottes der Einzige, der diese Macht korrekt einsetzen konnte, um diese Welt in einen besseren Ort zu verwandeln. Die Einheit der drei großen Weltreligionen spielt eine fundamentale Rolle im Hinblick auf die Verwirklichung des Weltfriedens. Das wäre der nächste Plan Gottes für mich gewesen. Ich zog es vor, meine eigene Entscheidung zu treffen und verließ diese Welt. In der geistigen Welt angekommen, habe ich erfahren, was ich noch mehr für Gott hätte tun können. Ich bereue meine Entscheidung tagtäglich. Ein langes Leben hätte sich in einen Segen für diese Welt verwandeln können. Ich hätte gemeinsam mit meiner ewigen Frau Aisha viel erreicht.

Damals war die richtige Zeit, zu proklamieren, Gott habe für jeden Mann nur eine Frau vorgesehen. Noch einmal hätte ich die Möglichkeit gehabt, das zwanghafte Gesetz der Verschleierung zu zerschlagen. Ich hätte dadurch eine große Rolle für die Freiheit der Frauen spielen können. Bei Verwirklichung all dieser Dinge wäre es niemals notwendig gewesen, meinen Anhängern gegenüber zu betonen, ich sei der letzte Prophet. Ich wäre auch in der Lage gewesen, mehr Wahrheit im Namen Gottes und der Himmel zu offenbaren, u.a. dass nach mir weitere Propheten kommen werden. Ursprünglich wollte Gott mir noch 30 weitere Jahre auf dieser Erde gewähren. Dies hätte einen großen Segen für meine und andere Religionen bedeutet. Umar und mein dritter Nachfolger Uthman wären ihrem schlechten Schicksal entgangen. Umar wurde durch den christlichen persischen Sklaven Abu Lu'lu'a und Uthman durch eigene Gläubige ermordet. Einen Konflikt zwischen Ali und Aisha hätte es niemals gegeben. In diesen Kämpfen verloren viele meiner Gläubigen ihr Leben. Ich beschuldige niemanden geringeren außer mir dafür, denn ich bin für diese Konflikte verantwortlich.

Nach meinem Tod hinterließ ich keine klare Richtlinie für meine Jünger, noch legte ich die Reihenfolge meiner Nachfolger nach Abu Bakr fest. Bereits vor meinem Tod zeigten mir die Himmel die Namen der vier in Frage kommenden und wer nach wem meine Nachfolger antreten sollte. Obwohl Gott und die Himmel mir vergaben, konnte ich mir selber tief in meinem Inneren niemals verzeihen. Wann immer ich daran denke, dass ich dem nach mir entstandenen Leid hätte zuvor kommen können, fühle ich einen tiefen, quälenden Schmerz und eine unsagbare Traurigkeit in meinem Herzen. Jahrhunderte sind vergangen bevor ich noch einmal die Hoffnung schöpfen konnte, jemandem mein Herz zu öffnen.

Anmerkung: Nach Abu Bakr hätte Ali der zweite Nachfolger werden sollen. Doch Abu Bakr machte einen Fehler, als er Omar nominierte. Er dachte, dieser sei qualifizierter als Ali und wollte nicht, dass die Nachfolgerschaft nur in Mohammeds Familie verbleibt. Auch Omar ernannte Ali nicht zu seinem Nachfolger. Mehr Informationen dazu können sie in meinem Buch „Die Verbrechen des Propheten

Mohammed" dem Kapitel „Erstaunliche Fakten über Prophet Mohammed – offenbart durch seinen Cousin Ali" entnehmen.

Lieber Zahid, ich kann dir nur meinen besten Rat mitgeben: Triff niemals deine eigene Entscheidung. Frage immer zuerst Gott. Das ist das Beste für uns alle. Es besteht kein Zweifel. Die neue Welt wird errichtet werden. Niemand kann diesen Prozess aufhalten. Es ist ganz einfach, denn es entspricht dem Willen unseres Himmlischen Vaters. Jetzt bist du der Einzige, mit dem Gott und die Himmel arbeiten können. Ich möchte dir ans Herz legen: Betrüge niemals Gott. Gott und die Himmel haben zu lang auf den Tag gewartet, an dem das Leid der Kinder Gottes ein Ende haben wird. Ein neuer Himmel und eine neue Erde werden entstehen. Wie du weißt, bedeutet eine neue Erde, dass Gottes wahre Kinder auf dieser Erde leben. Ein neuer Himmel symbolisiert, dass Gott sich mit seinen wahren Kindern für immer niederlässt. Alles andere ist zweitrangig und wird auf dieser Erde begraben. Satan und seine üblen Anhänger werden für immer eingesperrt. Durch sie werden Gottes Kinder niemals wieder beeinflusst werden. Der Verstand wird nur noch einer Richtung folgen. Diese Erde wird dann von Gottes Licht umgeben. Die Engel werden sich mit uns als eine Familie niederlassen. Wird ein Kind auf dieser Erde geboren, erblickt es den blauen Himmel. In ihm werden Millionen Engel sichtbar sein, denn sie möchten diesem Kind dienen und es auf dem einfachsten Weg zu Gott führen.

Zahid, du wirst für immer in meinem Herzen leben. Ich werde dich niemals in der ganzen Ewigkeit vergessen. Selbst jetzt, wenn ich allein bin, denke ich an dich. Solidarisch weine ich mit dir. Gott sprach einmal persönlich zu mir: „Selbst wenn ich die ganze Ewigkeit durchsuchen würde, wäre ich nicht sicher, ob ich noch einmal so einen Zahid finden kann." Es ist bemerkenswert, was unser Schöpfer über dich sagt. Bewahre diese über alles scheinende Liebe Gottes und vernichte diese gefallene Welt. Das Königreich Gottes ist noch einmal den Menschen sehr nahe. Sie müssen die richtige Entscheidung treffen und sich mit dir verbünden.

Als ich 63 Jahre alt war, konnten die Himmel die ersten Früchte meiner Mission ernten. Aber ich starb in diesem Alter, denn ich wollte nicht mehr auf dieser Erde leben. Ich wollte nur noch mit Gott sein. Diese 63 Jahre ermüdeten mich, als hätte ich bereits Millionen Jahre gelebt. Jeden Tag spürte ich die Einsamkeit, da ich niemanden finden konnte, dem ich hätte wirklich mein Herz öffnen und die ganze Wahrheit erzählen können. Für diese Wahrheit weinte ich selbst in meiner Seele. Schliefen die Menschen um mich herum, ließ die Last der Sorgen mich nicht schlafen und ich weinte viele Nächte in meinem Leben die ganze Nacht hindurch. Stehend betend, schwollen sogar meine Füße an, als ich die ganze Nacht über Gott und mein Leben nachdachte. Weinte ich heimlich nachts, fragte ich Allah oft, wohin ich gehen soll. Wem hätte ich all diese Wahrheit offenbaren können, die Gott mir übermittelte? Später umgaben mich viele Menschen. Trotzdem fühlte ich in meinem Inneren, dass ich der einsamste Mann auf Erden bin.

In dem Jahr meines Todes wurde ich sehr krank. Ich beobachtete die Uneinigkeit unter meinen Anhängern. In den letzten Tagen, bevor ich starb, wollte ich noch eine besondere Regelung erlassen. Ich wusste, der erste Konflikt nach meinem Tod würde sich um die Frage meiner Nachfolge drehen. Alle würden Abu Bakr nach mir akzeptieren. Doch was würde nach Abu Bakr sein? Ich nominierte deshalb eine besondere Person und rief meine engsten Anhänger an mein Krankenlager. Als die meisten versammelt waren, sagte ich ihnen, ich möchte eine letzte Regelung niederschreiben, auf dass sie später nicht in die Hände Satans fielen. Ich bat um einen Stift und ein Stück Papier. Meine Anhänger fingen an, in meinem Zimmer hitzig aufeinander einzureden. Sie waren in zwei Lager gespalten. Die eine Gruppe war für diese Regelung, die andere behauptete, ich wäre aufgrund meiner Krankheit nicht mehr Herr meiner Sinne. Diese neue Regelung könne daher niemals gültig sein. Andere wiederum meinten, der Koran wäre als heiliges Buch genug, um sie zu führen. Ich war traurig und wusste nicht, was ich tun sollte. Ich bat alle, mein Zimmer zu verlassen und sagte: „Besser, ich bin allein, als dass ihr mich eurem Willen gefügig macht." Ich wollte einfach niemanden um mich haben.

Bevor ich starb, war eine meiner Botschaften für die Muslime: „Die kleinen Kriege müssen von nun an aufhören, und die großen müssen beginnen." Sie fragten mich nach der Bedeutung. Ich sagte ihnen, dass Kämpfen und Töten um der Religion willen immer ein kleiner Krieg sei. Große Kriege zu führen bedeutet, dass die Menschen ihre gefallene Natur besiegen und sich vom Bösen trennen. Das ist der letzte und größte Krieg, den die Menschen zu gewinnen haben. Ich betonte, dass sie nicht mich, sondern nur Gott anbeten sollen. Ich war wütend auf die Christen und Juden, weil sie die Identität Gottes verzerrten, zudem errichteten sie Stätten der Anbetung für ihre Propheten.

Meine letzten, an Gott gerichteten, Worte waren: „Lass mich dein enger Freund in den Himmeln sein." Später erfuhr ich, dass Gabriel mich für die Mission nur so weit benutzen konnte, wie es meine geistige Entwicklung zuließ. In der geistigen Welt führte mich Erzengel Gabriel zum Ort meiner Bestimmung. Von dort verabschiedete er sich mit den Worten „Lebe Wohl" und ging in die Erzengelwelt zurück. Der Abschied machte mich traurig, denn auf Erden war ich ihm sehr nahe. Es war für mich nicht einfach, in der geistigen Welt mein Leben dem der Engelwelt anzupassen. Anfangs war das für mich eine fremde Welt. Nach einer gewissen Zeit im Paradies, ehrte mich die Erzengelwelt als einen mutigen Mann Gottes. Dadurch konnte ich in die Erzengelwelt aufsteigen. Später erhielt ich durch die Himmel blaue Lichtstreifen, so dass ich bedingt in den Himmeln reisen kann. Schließlich vergab der Himmlische Vater mir meine Fehler. Ich erhielt die Erlaubnis, Ihn verschiedene Male zu treffen. Meine Jünger wurden auf drei verschiedene Arten gerichtet. Einige gingen in eine niedere Welt, viele erreichten eine gute, mittlere geistige Welt, aber nur wenige konnten bis zum Paradies vordringen. Ich bitte die Muslime, wenn sie dein Buch lesen, sollen sie zu Gott beten und Ihn darüber fragen. Bitten sie mit aufrichtigem Herzen darum, werden sie eine Antwort erhalten.

Zahid, schreibe die verschiedenen Botschaften, die ich dir in all den Jahren für meine Religion übermittelte, nieder. Ich habe dich nicht allein gelassen und werde es niemals tun. Lieber Zahid, bei jedem Schritt, den du auf diesem Weg gehst, wirst du uns neben dir sehen. Wir Propheten sind alle Brüder und Gott ist unsere Bestimmung. Ich spreche sowohl in meinem als auch im Namen der islamischen Gesandten im Paradies. Wir alle, als Familienangehörige Gottes, sind dir aus tiefstem Herzen zu Dank verbunden.

Mohammed

Mohammeds geistige Botschaften an die Muslime

In all den Jahren hat Mohammed mir viele Botschaften für die Muslime aufgetragen. Möchte ich diese Botschaften in meinem Buch unterbringen, würde dies einige hundert Seiten füllen. Deshalb entschied ich, nur einige Wichtige niederzuschreiben, die die jetzige Zeit erfordert. Gibt mir Gott noch einmal die Möglichkeit, werde ich alle Botschaften von Mohammed, Jesus, Moses, Buddha und all den anderen in einem gesonderten Buch zusammenfassen.

1. Es war 3 Uhr am frühen Morgen. Ich beendete gerade mein Gebet zu Gott, als ich Mohammed, den Gründer des Islams, sah. Er saß rechts von mir auf meinem Sofa. Zuerst sprach Mohammed dreimal „Gott ist groß". Dann fragte er mich, ob er mir seine Botschaften für die muslimische Welt übermitteln könne. Ich nickte: „Bitte sprich! Ich werde deine Botschaft schon bald an die muslimische Welt übermitteln." Mohammed begann: „In den letzten Tagen vor meinem Tod, sagte ich, dass die Christen und Juden Gedenkstätten für ihre Propheten errichtet hätten, um sie anzubeten. Ihre Propheten wurden zu ihrem Zentrum und Gott wurde nach hinten gedrängt. Ich habe darüber vor meinem Tod gesprochen, um die Muslime zu warnen, dies nicht auch mit mir zu tun. Ich wollte nicht, dass sie mir eine zentrale Position einräumen und Gott dadurch weit weg, an einen abgelegenen Ort, verbannen.

Als junger Mann, noch bevor ich von Gott und den Himmeln als Prophet berufen wurde, lehnte ich instinktiv den jüdischen und christlichen Glauben ab. Ich folgte von Anfang an dem geraden und einfachen Weg Abrahams zu Gott. Schon sehr früh verstand ich die Bedeutung des Anbetens: Sei Gott gehorsam! Der höchste Ausdruck des Betens war für mich deshalb, Gott zu lieben und der göttlichen Familie, den Menschen, zu dienen. Vor und nach meiner Berufung als Prophet verbrachte ich viele tränenreiche und schlaflose Nächte für Gott. Heute sagen die Muslime: „Mohammed zu lieben bringt die Erlösung." Selten sprechen sie über Gott. Ich bin immer ihr Zentrum und das Thema ihrer Gespräche. Zahid, frag meine Gläubigen: Welche Verantwortung hat Gott den Engeln als Botschafter und den Menschen als Propheten übertragen? Wollte Gott wirklich, dass sie zum Zentrum der Liebe und Gedanken der Menschheit werden? Nie und nimmer! Niemals hat Gott für diesen Zweck die Engel als

Botschafter oder die Propheten zur Menschheit gesandt. Gott hat sie immer klar geführt. Er war das Zentrum eines jeden Gebetes und das Zentrum der Liebe und Gedanken der Menschen.

Bitte Zahid, verkünde der muslimischen Welt, dass sie meine Botschaft absolut falsch verstanden haben. Sie missinterpretieren, wenn sie sagen, man soll Muslim werden, um die Erlösung zu erhalten. Sehr oft sagte ich zu Lebzeiten, dass ich die gleiche Mission erhalten habe, die Gott bereits Noah, Abraham, Moses und Jesus gab. Wer immer - egal ob Jude, Christ etc. - sich dafür entscheidet, sein Leben Gott zu widmen, wird in Ihm seinen Führer und Beschützer entdecken. Für solche Menschen wird es ein „Happy End" im ewigen Leben geben. Oh Muslime, seid wachsam und hört auf mich! Was habe ich gemeint, als ich sagte, folgt dem Weg des Islams? Mit Sicherheit nicht, dass ihr Muslime euch äußerlich den Islam wie ein Etikett auf den Rücken klebt und glaubt, dadurch gerettet zu werden. Oder denkt ihr wirklich, es reicht aus, als Muslim geboren zu sein, um in der geistigen Welt die Erlösung zu erhalten. Es ist nicht nur falsch, sondern absurd! Als ich damals sagte „Folgt dem Islam!" gab ich auch die Erklärung dafür. Dem Geist des Islams zu folgen, bedeutet, absolut gehorsam Gott und seinem Willen zu sein. Hättet ihr diese Reise angetreten, wäret ihr wahrlich meinen Fußspuren gefolgt, um so zu werden wie ich.

Erinnert euch, oh Muslime: Gott gehorsam zu sein ist besser, als Millionen Opfer zu bringen oder sonstiges Leid und Entbehrungen auf sich zu nehmen. Sich an Gott zu erinnern und Ihn während eures irdischen Lebens zu vermissen, für Ihn Tränen zu vergießen als euren Schöpfer, ist viel, viel wertvoller als irgendeine trockene Anbetung. Oh ihr Muslime, ihr wart unbewusst Ihr habt äußerlich den Titel des Islams angenommen, doch ihr habt dessen eigentlichen Inhalt vergessen. Ihr habt niemals auch nur annährend erfahren, was der wahre Geist des Islams ist. Die wirkliche Bedeutung liegt darin, dass man seine Rechte Gott gibt. Ich wundere mich, in was für einer Welt des Islams ihr lebt, oh Muslime. Seit wann seid ihr wie Christen und Juden geworden? Ihr sagt „Werdet Muslime, um erlöst zu werden. Auf diese Art und Weise seine Mitgliederzahl zu vermehren, wird keine Religion weiter voranbringen. Früher oder später wird solch eine Lehre in einer Sackgasse enden. Muslime dieser Welt hört gut zu, wer immer für Gott und seine Familie der Menschheit einsteht, ist der

Einzige, der den Segen durch Gott und die Himmel erhalten wird. Gott wird solch einen Menschen in die Himmel einladen, ihm Ruhm und Ehre bringen und sich solch einem Menschen offenbaren. Gott und die Himmel wissen, dass ich niemals sagte, ich soll zum Zentrum eurer Gedanken und Liebe werden. Noch sagte ich, ihr sollt mich zum Zentrum des Islams erklären. Oh Muslime, ihr habt mein Herz gebrochen und meine Seele schreit auf. Ihr habt mich vor Gott mit Schande bedeckt. In meinem ganzen Leben wünschte ich, dass Gott die Bestimmung der Menschheit sein soll. Oh Muslime, ihr betet und verbeugt euch vor Gott, aber in Wirklichkeit habt ihr Ihn in euren Herzen vergessen.

Was übrig geblieben ist, ist nur das Gebet und die Verbeugung als Routine, als Gewohnheit und als Ausdruck eurer Unbewusstheit. Mit solchen Gebeten fühlt sich Gott nicht wohl. Oh Muslime, ich muss jetzt zu euch sehr deutlich sprechen. Gott ist unglücklich über eure täglichen fünf Gebete, euer Fasten, das Opfern der Lämmer und mit euren Pilgerfahrten nach Mekka usw. Ihr tut all das routinemäßig, habt aber deren wahre Bedeutung vergessen. Alles wurde euch gegeben, damit ihr euch Gott nähert und zu seinem Volk werdet. Jetzt praktiziert ihr diese spirituellen Übungen und lebt trotzdem noch in der Welt Satans, eurem Feind. Jede Religion, die dazu auffordert „Folgt meiner Religion, meinem Erlöser und ihr werdet die Erlösung erhalten", verärgert Gott und sollte dies tunlichst unterlassen.

Gott verabscheut jegliche Form eines Klassensystems in den Religionen oder lehnt strikt ein Klassensystem zur Unterteilung seiner Kinder ab. Wollt ihr wirklich wahre Menschen Gottes werden, dann gebe ich euch den ernsthaftesten Rat: Versammelt all die Menschen und sagt zu ihnen: „Lasst uns unsere Konflikte beiseitelegen, vergessen und begraben. Vergebt einander! Lasst uns ein neues Versprechen abgeben, auf dass wir mit Gott leben und Er zu unseren Zentrum in unserem täglichen Leben wird. Lasst uns für Gott zu einer universalen Familie zusammenwachsen. Es ist Zeit, dass wir einander als Gottes Kinder umarmen. Habt ihr dies mit aufrichtigem Herzen getan, ist der Tag gekommen, an dem Abraham, Moses, Jesus, alle Propheten und ich wirklich befreit werden." Zahid, es ist mein innigstes und tiefstes Gebet, dass die Menschheit und besonders die Muslime dir mit ganzem Herzen zuhören, was du über Gott und die Geheimnisse des Lebens zu sagen hast. Ich wünschte, dass die

Anhänger meiner Religion ihren Mund halten und stattdessen ihre Herzen öffnen können, um dem „Gottismus" zuzuhören.

Oh Morgenstern Zahid, Gott und die Himmel haben über dich auch im Koran gesprochen. Du bist derjenige, der wie der blaue Himmel sein wird. Du wirst die gesamte Menschheit und die anderen Wesen unter den Schirm deines blauen Himmels stellen, sie dadurch beschützen und sicher nach Hause führen. Du bist derjenige, mit dem der Frühling für die Welt Gottes für immer beginnen wird. Sei niemals still. Sprich, sprich, sprich so viel du kannst! Wo immer du deine Schritte hinsetzt, da wird Gott mit dir sein. Gott hat sein ewiges Zuhause in deinem Herzen errichtet. Ich bitte und flehe dich an: Bete für meine Religion und für meine Gläubigen! Gott hört ganz besonders auf deine Gebete. Du hast Gottes Herz gewonnen, was eine wunderbare Gnade für uns alle ist. Die Himmel erinnern sich an dich in tiefer Liebe und all die Engel im Himmel sind jeden Moment bereit, dir zu helfen. Du musst nicht noch mehr Traurigkeit für die Menschheit auf dich nehmen.

Warte nicht ab. Kümmere dich nicht um die Macht und den Einfluss all dieser Religionen. Überbringe der Menschheit, was Gott zu dir sagte. Du bist der neue Ausdruck aller religiösen Bücher. Was immer du sagst, wird bleiben. Du weißt, die letzten Tage sind für Satan angebrochen. Sprich, Mann Gottes! Nichts sollte dich vom Reden abhalten. Diese Welt Satans kann dir nicht das Fürchten lehren und nichts anhaben. Wir, die gesamten Propheten, vernahmen von Gott, dass sowohl dein Leben, als auch dein Tod, die Erlösung für die Menschheit bringen wird. Nichts, was du in deinem Buch niedergeschrieben hast, kann jemals ausgelöscht werden. Schon morgen, wenn die Menschheit dein Buch lesen wird, wird sie aufschreien. Die Menschen werden sich danach sehnen, ihrem Leben einen Sinn zu geben. Dein Buch „Gott offenbart sich der Menschheit als sichtbarer Gott" wird es der Menschheit erleichtern, Gott kennenzulernen und ihre Herzen zum Zentrum für Gott werden zu lassen. All die Himmel sind keine Alternative für Gott.

2. Ich, der Autor dieses Buches, flog im islamischen Bereich des Paradieses, wo ich auf Sufis und einer der ersten Anhänger Mohammeds traf. Jeder Geist dort erstrahlte im Licht. Ich sah, dass es etwas gab, was sie in ihrem Leben nicht überwinden konnten, denn ihre Gesichter strahlten nicht. Gott vergab ihnen und eröffnete ihnen

im Paradies die Möglichkeit, ihre Schwächen zu überwinden. Als ich landete, fragte ich sie: „Wo könnt ihr den unsichtbaren Gott treffen, auf dass Er sichtbar für euch wird?" Sie antworteten mir: „Bitte erkläre uns dies mit den Worten des Islams und unseres Gründers, Mohammed." Ich sagte: „Gut, dann hört mir zu." In diesem Moment kam Fatima, Mohammeds Tochter, und setzte sich dicht neben mich.

Ich sprach: „Ich erinnere mich, dass Mohammed einmal sagte: „Sehnt sich jemand nach Gott und vergießt dabei Tränen weil er Ihn vermisst, dann hat dies einen weitaus höheren Wert, als wenn ein Priester 70000 Jahre beten würde. Ebenso steht im

Koran, Sure 2, 186: „Und wenn dich meine Anbeter nach mir fragen, so bin ich nahe, Ich höre den Ruf des Bittenden, wenn er mich anruft. So sollen sie nun auf Mich hören und an Mich glauben, auf dass sie besonnen handeln mögen."

Auf dem Weg der Menschheit zu Gott sollten all die Vorhänge fallen, die zwischen Gott und den Menschen sind." Die Sufis und ersten Jünger Mohammeds baten mich, etwas über das Vertrauen zwischen Gott und den Menschen zu sagen. Ich fragte sie: „Soll ich es mit eigenen Worten ausdrücken? Sie bejahten dies.

Deshalb sagte ich: „Nun gut, dann hört zu. Die Straße des Vertrauens kann nicht ohne Liebe vollendet werden. Doch ich möchte hier sagen, dass ich den gesamten Weg zu Gott allein gegangen bin. Nur hier habe ich Gott kennengelernt, denn ich war bereit, mein Leben Tausend und Abertausende Male im Namen der Menschheit für Gott zu geben. Gott konnte mir vertrauen, dass ich wirklich Ihm gehöre und nicht den Nachkommen Adams." Danach begann ich zu weinen und die ersten Jünger Mohammeds sowie die Sufis vergossen mit mir gemeinsam Tränen für Gott.

In diesem Moment landete Mohammed neben uns, er umarmte mich und sagte: „Würde ich heute auf der Erde leben, würde auch ich deinen Fußspuren folgen." Dann fuhr er fort: „Jetzt müssen all die Religionen deiner Stimme gehorchen. Eine neue Ära und eine neue Zeit Gottes sind angebrochen. Jetzt wird es nur noch Gottes Stimme geben. Wer immer sich gegen seine Stimme erhebt, wird in den Augen der Himmel als grausam bezeichnet. Die Bestimmung dieser Menschen wird keinerlei Aufsehen erregen. Sie werden auf dieser Erde einfach untergehen." Anschließend hielt Mohammed meine

Hand und nahm mich vertikal nach oben in seinen Bereich des Paradieses. Er lud mich zu einem sehr köstlichen Essen ein. Er bediente mich und reichte mir die Speisen mit eigenen Händen."

3. In einer anderen Nacht hatte ich die Absicht, Gott zu treffen. Als ich Ihn erblickte, sprach Er mit all den Wesen und Propheten, die sich vor Ihm verbeugten. Acht Wesen standen in der ersten Reihe vor Gott. Ihre Rücken waren den anderen Wesen und Propheten zugewandt. Gottes Stimme ließ jeden erzittern. Niemand wagte es, auch nur aus seiner Verbeugung nach oben zu schauen. Gott sprach: „Oh Propheten, ich habe euch die Wahrheit gegeben! Warum habt ihr sie mit euren Gedanken verunreinigt und erst dann der Menschheit überbracht? Warum habt ihr meine Wahrheit nicht unverändert übermittelt? Ihr alle habt eigenmächtig eure eigenen Methoden angewandt und daraus sind eure Religionen entstanden. Was habt ihr euch nur dabei gedacht? Wer seid ihr, zu entscheiden, ob die Menschen meine göttliche Wahrheit verstehen, ertragen oder verdauen können?"

Ich sah, dass niemand antwortete. Keiner hatte die Kraft aufzustehen, um sich zu rechtfertigen oder irgendetwas zu erwidern. Es herrschte absolute Stille. Gottes Licht blitzte auf. Nach einer Weile hub Gott erneut an und sagte: „Noah, Abraham, Moses, Jesus und Mohammed, ich frage euch: Warum kämpfen bis zum heutigen Tage eure Religionen gegeneinander? Habe ich nicht jedem von euch die gleiche Lehre offenbart?" Als niemand antwortete, fuhr Gott fort: „Eure Religionen blockieren die Menschheit, mich zu sehen. Mich zu sehen, ist aber das Recht der Menschen und all der anderen Wesen." Danach flogen Gott, sein Thron und all seine Wesen vertikal nach oben. Ich vernahm die Stimme der Engel, dass es die Bestimmung der Kinder Gottes sei, in der Heimat Gottes für immer zu leben.

Mohammed, Jesus und andere Propheten standen danach bei Erzengel Gabriel. Ich ging zu ihnen und fragte: „Warum ist Gott so wütend auf euch?" Sie gaben mir keine Antwort und verharrten in Schweigen. „Mohammed, möchtest du mir antworten?" Und er sagte: „Wir alle haben Geheimnisse, die für Gottes Kinder bestimmt waren, für uns behalten. Wir übermittelten Gottes Wahrheit zudem nicht unverändert. Alles, was Gott uns zeigte, war für die Menschheit bestimmt. Wir hätten es ihnen genauso offenbaren müssen." Ich sagte:

„Alles, was mir offenbart wurde, werde ich der Menschheit überbringen. Ich möchte im ewigen Leben nicht dafür leiden, dass ich viele Geheimnisse Gottes der Menschheit vorenthielt." Daraufhin wandte sich Jesus an mich: „Es ist das Beste, Gottes Kindern die Wahrheit unverändert über ihren Himmlischen Vater und die Himmel zu überbringen. Selbst dann, wenn sich dir die gesamten Religionen in den Weg stellen, darf das für dich keine Rolle spielen. Gott wird sicher eine Tür für dich öffnen, die bislang für alle verschlossen war. Gib dieses Mal Acht, dass Gott immer an erster Stelle steht. Die wahre Liebe gehört einzig allein unserem Himmlischen Vater. Gott erschuf die menschlichen Herzen, um darin zu leben." Jesus erhob seine Hände und sprach: „Himmlischer Vater, dieses Mal soll dein Wille auf Erden wie im Himmel geschehen."

Als ich aufbrechen wollte, sagte Mohammed zu mir: „Ich möchte mit dir allein reden." Wir entfernten uns von den anderen und Mohammed sprach: „In meinem Herzen hat sich viel Traurigkeit angesammelt und deshalb bitte ich dich, mit mir etwas Zeit zu verbringen. Als ich auf der Erde lebte, hasste ich es, wenn Menschen gegeneinander kämpfen. Seit meiner Kindheit habe ich nie den Wunsch verspürt, zu kämpfen. In meiner Mission beschwor Satan die Umstände derart herauf, dass Kriege zu meinen Lebzeiten stattfanden. Satan und seine üblen Anhänger haben mir keine Wahl gelassen, als diese Kriege zu führen. Zum anderen verlor ich meine Geduld und sah im Kampf den einzigen Ausweg."

Mohammed sprach: „Sag den Muslimen, eine Frau ist die Krone für den Mann. Ich aber habe viele Frauen gehabt. Das war nicht der Wille Gottes. Dafür bitte ich all die Töchter Gottes um Vergebung. Der Himmlische Vater sagte zu dir, dass in seiner Welt die Frau zuerst Mutter genannt wird. Ist sie mit einem Mann verlobt, wird sie als Schwester bezeichnet. Erst wenn Gott beiden die Erlaubnis zur Heirat gibt, wird man sie Mann und Frau nennen. Das ist das Gesetz der neuen Welt Gottes." Ich sagte daraufhin zu ihm: „Was immer Gott mir sagte, werde ich offenbaren." Mohammed antwortete: „Sicher, du musst dies tun, denn Gott verlässt sich auf dich."

4. Es war Mohammeds Wunsch, eine Vision über Abu Bakr, seinem ersten Nachfolger zu erwähnen. Ich, der Autor dieses Buches, besuchte deshalb Abu Bakr in seiner sehr hohen Dimension. Dort traf

ich zuerst auf Mohammed. Während meiner Unterhaltung mit ihm, erschien Abu Bakr. Er umarmte mich warmherzig. „Es ist Mohammeds Wunsch, dass ich etwas über dich in meinem Buch erwähne.", sagte ich. Abu Bakr sprach: „Dann schreib auf! Als ich mit Mohammed zusammen auf der Erde lebte, offenbarte mir Gott verschiedene Teile der Wahrheit, die ich aber nur Mohammed erzählte. Während meiner Zeit als erster Nachfolger Mohammeds, erhielt ich weitere Offenbarungen von Gott, die ich auch niederschrieb. Später zweifelte ich, diese Offenbarungen klar verstanden zu haben. Ich fürchtete, durch sie Uneinigkeit in Mohammeds Religion zu bringen. Deshalb verbrannte ich all meine Schriften. In der geistigen Welt tat mir das unsagbar Leid für Gott und die Himmel. Erst hier verstand ich, was ich auf Erden angerichtet hatte. Gott und die Himmel übermittelten mir diese Wahrheit, damit ich sie Mohammeds Gläubigen überbringe. Gott vergab mir, und ich erhielt von ihm eine überschäumende, ewige Glückseligkeit.

Gott fragte mich in der geistigen Welt: „Abu Bakr, kann Ich noch etwas für dich tun?" Ich antwortete Gott: „Du weißt, bereits auf Erden wünschte ich, Dich zu sehen und in meine Arme zu nehmen. Doch selbst hier in der geistigen Welt fühle ich mich unwürdig. Es ist mein innigster Wunsch, dass Du einen Teil von Dir in meinen Geist und in meine Seele einbringst." Gott fragte: „Ist das alles?" Ich antwortete Ihm: „Ich möchte nur in deiner Liebe atmen und alles um mich herum vergessen." Gott erwiderte: „Ich werde tun, worum du mich gebeten hast. Oh Abu Bakr, dein Wert geht weit darüber hinaus." Im gleichen Moment ließ Gott mich in eine der höchsten Welten des Paradieses aufsteigen und erlaubt mir, Ihn von Zeit zu Zeit zu sehen. Es wird mir ebenso gestattet, in den goldenen Dimensionen der Engel zu reisen. Dort erhalte ich mehr geistige Wahrheit und dadurch lerne ich Gott noch viel tiefer und besser kennen."

Anmerkung: Die Engel waren sehr unglücklich, weil Abu Bakr die himmlischen Offenbarungen verbrannte, anstatt sie mit der Menschheit zu teilen. Zu Lebzeiten verbrannte er sogar eine ganze Gruppe von Menschen, als Strafe für ein Verbrechen. Dafür wurde er später von den Engeln verurteilt.
Abu Bakr hat deshalb noch nicht überall Licht in seinem Geist, bestimmte Stellen sind von Dunkelheit durchzogen. Die gleiche

Dunkelheit kann man auch bei Mohammed und seinen drei Nachfolgern - Umar, Uthman und Ali - sehen, genauso bei den meisten seiner Anhänger, da sie alle Menschen töteten.

Das gleiche gilt für alle Propheten, die im Namen Gottes für ihre Religion Menschen umbrachten, aber auch für die, die Menschen verflucht oder verurteilt haben.

Mohammed - 17 Jahre nach der ersten Ausgabe meines Buches

Von allen Propheten hat Mohammed die komplizierteste Persönlichkeit; besser ausgedrückt, er hat zahlreiche komplizierte Charakterzüge. Ich verleugne nicht den Wert Mohammeds und was er für Gott getan hat, indem er Gottes Identität klar herausstellte. In dieser Hinsicht ist er der größte aller Propheten. Hätte er nicht die dunklen Wolken vor Gottes Identität beiseitegeschoben, wäre es dem Buddhismus, Hinduismus und sogar dem Christentum gelungen, die Menschheit so zu verwirren, dass niemals Klarheit darüber bestanden hätte, wer Gott ist. Die Welt wäre in Dunkelheit gehüllt und es gäbe kein klares Konzept darüber, wer der wahre Schöpfer dieser Welt ist. Besonderes in diesem Fall gehen all die Ehre und der Verdienst zu Prophet Mohammed. Wäre der Islam nicht nach Indien gelangt, hätte ich nicht den wahren Gott und Schöpfer dieser Welt kennengelernt. Ich wäre wie die anderen Gurus, die die schmutzigen Teller von Wischnu, Shiva oder anderer Götter ablecken oder hätte mich selber in den Mittelpunkt gestellt und zu Gott gemacht. Der Hinduismus, Buddhismus und das Christentum haben ein besonderes Talent, das ihre Gläubigen animiert, sich selber zu Gott zu machen, obwohl sie wissen, dass sie alle von einer Frau geboren wurden. Sie alle wurden gewindelt, müssen ein Leben lang zur Toilette gehen und haben dennoch vergessen, dass sie Menschen sind. Anstatt aus tiefstem Herzen ihrem Schöpfer dankbar zu sein, haben sie unglücklicherweise die Position Gottes eingenommen und täuschen die Menschheit, die dadurch in die falsche Richtung geht. Diese Wege führen die Menschen nicht ins Licht, sondern dem Untergang entgegen, der in der Dunkelheit endet.

Hier möchte ich die dunkle Seite Mohammeds aufzeigen, seine Raffiniertheit und sein besonderes Talent im Schachspiel, um Macht über die Menschheit zu erlangen. In diesem Fall steht er Jesus in nichts nach. Jesus sagte zu Petrus und seinem Bruder in

Mt. 4,19: „Kommt her, folgt mir nach! Ich werde euch zu Menschenfischern machen."

Sowohl Jesus, als auch Mohammed zeigten ihr besonderes Talent, indem sie die ganze Geschichte hindurch genug Menschen für sich eingefangen haben. Jetzt ist die Zeit für die Menschheit gekommen, dass sie ihren wahren Geliebten kennenlernen sollten, der den Menschen das Leben schenkte, das aus Liebe entstand. Meine Mission für den Willen Gottes begann mit einigen Worten Gottes, die Er an mich richtete: „Mein Sohn, ich berufe dich als mein Herz. Teile mit der Menschheit alles, was du von mir vernommen hast und alles, was du im ewigen Leben mit mir beobachtet und erfahren hast." Weiterhin sagte Gott: „Die Zeit aller Religionen ist zu Ende. Das 21. Jahrhundert ist das Zeitalter für mein Königreich, wo ich mich als sichtbarer Gott mit der Menschheit, als eine Weltfamilie, niederlasse."

Ganz am Anfang meiner Mission kam Mohammed sehr oft zu mir, um mir seine überschäumende Liebe zu zeigen. Viele Male brachte er mich in die geistige Welt und teilte mir sogar mit, dass er und der Islam ohne meine Hilfe benachteiligt seien. Ich wäre der einzige, der den Islam substantiell nach Europa bringen könne. Später, als ich zum Prophet berufen wurde und behauptete, keiner Religion anzugehören, zog er sich allmählich von mir zurück. Aber er hatte immer noch die Hoffnung, dass ich eine zentrale Rolle im Islam übernehme, um seine Nachricht den Muslimen zu überbringen. Seiner Ansicht nach, wird sich die neue Weltordnung um den Islam zentrieren. Als ich im Jahr 2000 seine Lebensgeschichte aufschrieb, hoffte er noch, dass ich mit ihm als sein Objekt zusammenarbeite, um die Schönheit des Islams in Europa zu repräsentieren. Danach, wann immer ich ihn bei verschiedenen Gelegenheiten traf, betonte ich, dass die Zeit der Religionen vorbei sei und dies nicht das Zeitalter der Religionen, sondern der einen Weltfamilie zentriert um Gott ist. Das hat ihn sehr verletzt. Trotz allem versucht er mich weiter davon zu überzeugen, dass nach ihm kein Prophet mehr kommen kann. Nachdem ich Mohammed erzählt hatte, dass ich durch Gott und Erzengel Gabriel weiß, dass der Koran nicht heilig ist, sondern durch seine menschlichen Gedanken, die er im Namen Gottes hineinbrachte, fehlerhaft wurde, endete seine Liebe für mich. Mohammed, islamische Geistwesen und Sufis, die auf seiner Seite sind, begannen meine Mission zu blockieren. In den vergangenen 17 Jahren hat sich die Situation zugespitzt, da Mohammed in mir seinen Feind sieht. Islamische Geistwesen begannen, mich zu attackieren und haben versucht, mir Furcht einzuflößen, indem sie mir die Konsequenzen vor Augen führten, sollte ich weiterhin meiner Mission unabhängig vom Islam nachgehen. Die Dinge zwischen Mohammed und mir haben sich dermaßen verschlimmert, dass die Engel mich baten, die Islamisation in Europa aufzuhalten. Neben meiner Mission hielt ich viele Kundgebungen ab, um auf die Gefahr der islamischen Ideologie hinzuweisen und sie zu erläutern. Ich teilte den Menschen mit, dass die islamische Ideologie uneingeschränkt gegen Meinungsfreiheit, Frauen- und Menschenrechte ist. Sie wird weder den Wert einer Demokratie anerkennen, noch solch ein von Menschen erschaffenes System dulden. Ich erzählte ebenso, was die Engel mir über das Vorgehen des Islams mitgeteilt hatten. Die Muslime werden in Europa Parallelgesellschaften errichten und sobald sie in der Mehrheit sind, werden sie durch Gewalt, Verbreitung von Angst und Bürgerkriege versuchen, Europa zu übernehmen. Aus diesem Grund verfasste ich auch meine Bücher „Der Islam gehört nicht zu Deutschland und Europa" und „Die Verbrechen des Propheten Mohammeds", die auf diese Gefahr hinweisen und sich mit der islamischen Ideologie auseinander setzen. Diese Bücher erklären die Strategien und Methoden der Muslime, wie sie im Verborgenen hinter dem Vorhang Europa übernehmen wollen. Nach der Veröffentlichung dieser Bücher verlor Mohammed seine Geduld. In der gleichen Weise, wie er anfangs mir mit überschäumender Liebe begegnete, entwickelte er nun eine überschäumende Entschlossenheit, mich zu vernichten. Ich musste drei Mordanschläge von Seiten des Islams über mich ergehen lassen, die ich durch Gottes erstaunliche Gnade überlebte. In diesen 17 Jahren ließen Mohammed, seine Anhänger und islamische Geistwesen nichts unversucht, mich von dieser Landkarte verschwinden zu lassen. In diesem Fall wurden sie zu gefallenen Wesen, da sie mich als Feind des Islams sehen und nicht den Wert erkennen, den ich in den Augen Gottes habe. Es ist ihnen nicht gelungen, mich aufzuhalten und bis zu meinem letzten Atemzug wird es ihnen auch nicht gelingen. Mohammed, seine Anhänger und islamische Geistwesen haben viele meiner Mitglieder falsch beeinflusst, die mich dann verließen. Sie dachten, dass sie dadurch meine Zeit verschwenden, mir die Kraft nehmen, auf diesem Weg unbeirrt voran zu gehen und ich am Ende sterbe und nichts weiter als eine „Ein-Mann-Show" zustande bringen würde. Dies wird niemals geschehen! Ich kenne meinen Vater im Himmel nur zu gut. Durch diese Taten wurden Mohammed und seine Geistwesen von den Engeln gezwungen, in niedere Dimensionen zu gehen. Unter keinen Umständen möchte Mohammed aufgeben, da er fest davon überzeugt ist, das Richtige zu tun, indem er weiterhin Gewalt anwendet und Blutvergießen verursacht.

Was ich jetzt sage, wird viele meiner Leser in Erstaunen versetzen; einige Familienangehörige von Bushs Familie sind zum Islam konvertiert. Mohammed konnte diese Grundlage ausnutzen, um im Irak einen Krieg heraufzubeschwören. Ebenso ist er verantwortlich für den Krieg in Syrien. Syrien stand einst unter Mohammeds Herrschaft. Nach Mohammeds Tod riss Muawiya die Macht an sich und ließ viele Familienangehörige von Mohammed umbringen. Sogar Ali musste viele Kriege mit Muawiya führen, konnte ihn aber nicht besiegen. In der gleichen Weise haben die Iraker Ali und seine zwei Söhne, Hassan und Hussein hintergangen. Hinter den Kulissen geben Mohammed und Ali dem Irak und Syrien die Hauptschuld am Tod ihrer Familien und dass die islamische Macht in die Hände Muawiyas fiel. Die Kriege im Irak und Syrien, sowie die darauf einsetzende Massenwanderung der Flüchtlinge gehören alle zu Mohammeds Plan. Er möchte dadurch sprichwörtlich zwei Vögel mit einem Stein erschlagen. Auf der einen Seite nimmt Mohammed Rache am Irak und an Syrien, da sie vor der Machtübernahme durch den Islam vom Christentum beeinflusst wurden und auf der anderen möchte er durch die Massenwanderung der Flüchtlinge die Islamisation in Europa vorantreiben und für Verwirrung sorgen. Gleichzeitig soll sich große Angst und Panik in der europäischen Gesellschaft verbreiten, indem die Konsequenzen vor Augen geführt werden, was passiert, wenn die Europäer sich nicht zum Islam bekehren. Hinter dem Vorhang kann ich sehen, dass Mohammed, durch die Ignoranz der deutschen und vor allem französischen Politiker, sein Ziel fast erreicht hat. Angela Merkel öffnete das Tor für die Flüchtlinge und hat somit die Katastrophe eingeladen. Der französische Präsident Hollande ließ massenweise islamische Terroristen und Extremisten ins Land, die zuvor Irak und Syrien während des Bürgerkriegs zerstört haben. Schaut man sich die männlichen Flüchtlinge genauer an, kann man erkennen, dass die meisten von ihnen einen durchtrainierten Körper wie ausgebildete Soldaten haben. Sie sind diejenigen, die in verschiedenen deutschen und europäischen Städten einen Bürgerkrieg heraufbeschwören werden. Amerikanische Politiker und Russland sind auf ihren eigenen selbstsüchtigen Vorteil aus und wurden so zu Instrumenten, die den Krieg im Irak und Syrien entfachten. Insbesondere Barack Obama, dessen zweiter Name Hussein ist, wurde zum Objekt Mohammeds. In meinem Buch „Die Verbrechen des Propheten Mohammed" habe ich darüber berichtet, wie es dazu kam.

Ich habe oft gesehen, dass Mohammed, Ali, Umar, Sufis und andere islamische Geistwesen sehr aktiv sind, um den Islam in England, Frankreich, Belgien und Deutschland zu verbreiten. Schweden und Russland wurden zu ihren Bodenstationen, auf denen sie ihre Aktionen mit enormer Geschwindigkeit vorantreiben. Eigentlich haben sie in ganz Europa ihre Stützpunkte errichtet, aber England ist das Hauptquartier von Mohammed und Ali. Sehr oft habe ich sie dort gesehen. Gleichzeitig möchte Mohammed noch vor 2040 den Islam in Amerika verbreiten. Europa und Amerika bis 2050 unter die Herrschaft des Islams zu zwingen, ist sein ganzer Plan. Dies sind hinter dem Vorhang die wahren Gründe der islamischen Invasion. Die Ignoranz unserer Politiker ist der Gipfelpunkt. Ihnen fehlt es an Wissen und dem richtigen Umgang, sonst würden sie nicht sagen, der Islam gehöre zu Deutschland und Europa.

Es stimmt, dass unsere Verfassung die Religionsfreiheit gewährt. Die Frage stellt sich allerdings: Wie weit reichen dieser Frieden und diese Freiheit? Wenn wir sagen, der Islam gehört zur europäischen Gesellschaft, müssen wir auch bereit sein zu akzeptieren, dass es keine Meinungsfreiheit mehr gibt, sobald der Islam ein fester Bestandteil von Europa ist. Der Islam erlaubt Meinungsfreiheit nur im Rahmen des Korans. Meistens hält der Koran uns davon ab, Fragen zu stellen, da es tabu ist, dies zu tun. Sobald wir gegen das Gesetz des Korans verstoßen, ist unser Frieden in Gefahr. Wir müssten ebenso tolerant sein zu akzeptieren, dass Mohammed und der Koran den Frauen nur ein begrenztes Recht in der Gesellschaft einräumen. Sie sind unter keinen Umständen gleichberechtigt den Männern gegenüber. Sprechen wir darüber, dass der Islam zu Europa gehört, können wir die Menschenrechte gleich in den Abfall werfen. Sprechen wir darüber, dass der Islam in Zukunft die Mehrheit in der europäischen Gesellschaft ausmacht, müssen wir ihn auch willkommen heißen und annehmen. Tun wir das nicht, haben die Muslime laut Koran das Recht, drei Forderungen an uns als Ungläubige und Nicht-Muslime zu stellen. Zum einen dürfen sie von uns Steuern verlangen, kommen wir dem nicht nach, müssen wir unser eigenes Land verlassen und irgendwo eine neue Heimat finden. Weigern wir uns, werden sie einen Heiligen Krieg gegen uns führen. Nach ihrem Glauben wird Allah darüber entscheiden, wer diesen Krieg gewinnt. Wann immer Ungläubige solch einen Krieg verloren, haben die Muslime meistens die Männer umgebracht und die Frauen und Kinder versklavt. Selbst wenn ein Land bereit ist, Steuern an den Islam zu bezahlen, haben die Bürger sehr wenig Rechte in ihrem eigenen Land. Laut Koran enden alle, die nicht den islamischen Glauben annehmen, in der Hölle; alle Religionen, außer der Islam, sind in der geistigen Welt dem Untergang geweiht. Die islamischen Länder sind inspiriert, so lange Heilige Kriege zu führen, bis auch der Letzte dem Islam beigetreten ist. Mohammed vertritt die gleiche Ansicht. Der Islam ist im Mittelalter stehen geblieben; seine Gesetze beruhen auf „Zahn für Zahn" und „Auge für Auge". Moderne Menschen, die so weit fortgeschritten sind, werden dadurch in einen Käfig gesperrt, in dem sie kaum atmen können. Stellt der Islam erst einmal die Mehrheit der Bevölkerung, gibt er niemanden die Freiheit, andere Gesetze, Systeme oder eine Demokratie ins Leben zu rufen. Es bleibt keine andere Wahl, als absolut den Anweisungen des Korans zu folgen!!! Es gibt keine Meinungsfreiheit und es bleibt nichts anderes übrig, als Anordnungen zu befolgen.

Dies sind nur einige Fakten, die ich unseren blinden Politikern, die keine Kenntnis über den Islam haben, aufgezeigt habe. Würde ich über alle Vorschriften des Korans reden, wie zum Beispiel, dass Frauen, wie Hunde oder Schweine behandelt werden dürfen und ihr Glück nur darin besteht, ihren Mann glücklich zu machen, würden die Politiker nur den Kopf schütteln und sagen: „Worüber spricht er denn?" Ich gebe genau wieder, was der Koran und die Hadith vorschreiben. Mohammed ist für die Muslime das einzige Vorbild, dessen Fußspuren es zu folgen gilt. Ich wünsche mir, sie würden mich zu einer Debatte über den Islam in einer „Liveshow" einladen. Es wäre mir so möglich, die Augen der blinden Politiker und Menschen, die darüber sprechen, dass jede Religion das Recht auf Ausübung ihres Glaubens hat und somit die Werte der Demokratie missbrauchen kann, zu öffnen. Es gibt Aberhunderte von Vorschriften im Koran; finden diese ihre Anwendung in Europa, kann man nicht mehr von einer europäischen Gesellschaft sprechen. Europa ist dann einer geschlossenen islamischen Gesellschaft gleichzusetzen, die auf der Scharia basiert und wir können es in Neu-Saudi Arabien umbenennen. Das Europäische Parlament wird zur neuen Arabischen Liga, in der die Minderheit über die Mehrheit regiert. Nur führende Persönlichkeiten aus Mohammeds Stamm, den Koreischiten, sind befugt, als Könige, Diktatoren oder einzelne Führer, wie Khomeini, ein Land zu regieren. Sie haben die ganze Kontrolle über die Gesellschaft und versetzen diese nicht nur in Angst und Schrecken, sondern ruinieren die Wirtschaft und stoßen das Volk in Armut und Not.

Wie ist es zu all den Verwirrungen im Islam gekommen? Wir müssen die erstaunliche Wahrheit erfahren, dass die Engel sich immer noch weiter entwickeln in der geistigen Welt. Dadurch ist ihr geistige Entwicklung sehr weit fortgeschritten. Müssen sie sich mit einem Menschen oder Propheten beschäftigen, bleibt ihnen meist nichts anderes übrig, als sich auf deren Niveau herunterzulassen. Entsprechend dem geistigen Wachstum eines Propheten, wird die Wahrheit relativ und die Verwirrung nimmt ihren Anfang. Die Propheten versuchen, die Wahrheit entsprechend ihres geistigen Wachstums zu verstehen und sie dem Standard der Gesellschaft anzupassen. Am Ende gleicht die Wahrheit einer multi-kulturellen Ideologie. Das genau ist mit Mohammed passiert und viele Teile des Korans spiegeln sein geistiges Wachstum und Verständnis wider. Sein eigenes geistiges Wachstum blockierte ihn, weiter voran für den Willen Gottes zu gehen. In seinem Fall gelang es den Engeln nur, ihr Hauptziel, Gottes Identität klar heraus zu stellen und die Zerstörung aller falschen Götter, zu erreichen. Die übermittelte Wahrheit wurde mehr oder weniger relativ, zumal Mohammed sie dem geistigen Wachstum der arabischen Gesellschaft anpasste. Außerdem bekam Mohammed einige sogenannte „Blankoschecks" von Erzengel Gabriel überreicht, damit er inspiriert bleibt, seine Mission zu erfüllen. Keine der heiligen Schriften ist heilig, sei es die Bibel, der Koran oder eine der anderen Religionen. Heilig und vollkommen ist nur einer, das ist Gott. Der Koran inspiriert die Gläubigen bei vielen Gelegenheiten, einen „Heiligen Krieg" gegen Nicht-Muslime zu führen, dessen Belohnung der Einzug ins Paradies sein wird. Deshalb hat auch die Verwirrung zugenommen und die Situation hat sich weltweit durch den Irrglauben der Muslime verschlechtert. Dazu kommt, dass der Koran erlaubt, Gewalt gegen andere Religionen anzuwenden, sobald die Muslime in einem Land in der Mehrheit sind. Insbesondere im 21. Jahrhundert ist es zur großen Herausforderung für die Welt geworden, sich mit islamischen Terroristen und Extremisten auseinander zu setzen, die absolut und wortwörtlich an die Lehre des Korans glauben. Obwohl Mohammed in niedere Dimensionen gehen muss, hört er nicht auf, „Heilige Kriege" zu führen. Man muss die erstaunliche Wahrheit kennen, dass Gott weder in den Höllen, niederen, mittleren und neutralen Dimensionen, noch in den zahllosen Dimensionen des Paradieses zu finden ist. Man kann Gott nur sehr selten in den höchsten Himmeln, entsprechend des eigenen vertikalen Wachstums, treffen. Unter keinen Umständen darf der Islam sich weiter ausbreiten und Europa, Amerika und den Rest der Welt einnehmen. Ansonsten warten Tausende von Jahren an Leid, Schmerz und Unglück darauf, die Menschheit zu umarmen. Wir müssen alles daran setzen, dass es nicht zu dieser bitteren Konsequenz kommt.

Die Geheimnisse des Lebens nach dem Tod

Gott, als wahre Eltern für die Menschheit, hat den Tod nicht als furchterregendes Ereignis erschaffen. Die Menschen fielen in die Hände Luzifers und deshalb wurden sie Opfer eines üblen Umfeldes. Andererseits wäre die Trennung ihres Geistes von ihrem physischen Körper, um ihre ewige Heimat zu erreichen, der wunderschönste Moment für sie. In der geistigen Welt würden die Geistwesen für immer im Schoße Gottes leben. Unglücklicherweise hat die Geschichte der Menschheit eine falsche Richtung eingeschlagen. Die Menschen haben dadurch ihre Beziehung mit Gott verloren und seitdem sie auf der Erde leben, konnten sie nur ihre fünf äußeren Sinne trainieren, um in dieser äußeren Welt zu leben. Ihre fünf inneren Sinne sind jedoch tot, und deshalb ist diese Welt ein sehr begrenzter Ort. Das Verständnis der Menschen, ihr Denken, ihre Meinung und Ansichtsweisen gehen nicht über das Grab hinaus. Hier ist die Endstation, wo sie ihre allzu beschäftigte Welt hinter sich lassen müssen. Die Menschen ignorieren die geistige Welt, wenn sie in der kurzen Zeit ihres Lebens auf der Erde, sich nur um die Annehmlichkeiten ihres Körpers kümmern.

Kommt der Tod, ohne sich vorher anzumelden, ist niemand darüber glücklich. Traurigkeit, Leere und Verwunderung stellen sich ein. Was wird nun das Nächste sein? Oder: Wo werde ich jetzt hingelangen? Die Angst umgibt die Menschen und die Hoffnung verglimmt. Dies war auch eines meiner wichtigsten Anliegen, während ich im Wald sitzend, viele Jahre auf Gott wartete. Eines Nachts erschienen mir im Wald die Engel des Todes und bauten sich vor mir auf. Sie strahlten ein grelles Licht aus und ihre Erscheinung war furchterregend. Ich sah sie genauso wortlos an, wie sie mich. Nach einer Weile brachen sie das Schweigen, indem sie mich fragten: „Was tust du hier allein in solch einer dunklen Nacht?" Ich antwortete: „Ich warte auf Gott, um die Antwort für seine Kinder zu bekommen." „Wenn du uns anschaust, fürchtest du dich dann nicht?", wollten sie von mir wissen.

„Wer seid ihr", fragte ich sie. Sie erwiderten: „Wir sind die Engel des Todes und kamen aus unserer Dimension hierher. Wir sind diejenigen, die den hektischen Tagesablauf der Menschen beenden, und sie dorthin nehmen, wohin sie mit Sicherheit nicht wollen." Ich fragte sie: „Warum habt ihr so lange gebraucht, um zu mir zu kommen? Ich habe bereits zu lange auf euch gewartet. Glücklicherweise sehe ich euch jetzt von Angesicht zu Angesicht. Sagt mir nun, warum ihr zu mir gesandt wurdet!" Sie erwiderten: „Wir möchten dich an unbekannte Orte in unserer Dimension führen." Ich sagte daraufhin zu ihnen: „Ihr könnt mich nicht zu einem anderen Bestimmungsort in der geistigen Ewigkeit bringen, an dem ich nicht sein möchte." Sie schauten mich fragend an: „Warum nicht?" Ich antwortete: „Jede Zelle meines Körpers und jeder Funke in meiner Seele erstrahlen in der Farbe der Liebe Gottes. Deshalb halte ich meine Bestimmung in eigenen Händen." Sie sahen mich eine Weile schweigend an, bevor sie sprachen: „Du bist hier auf Erden ein sehr weiser Mann. Wir kamen auf Befehl Gottes hierher, um dir zu dienen und dich mit all den Geheimnissen, die mit dem Tod und dem Leben nach Tod zusammenhängen, vertraut zu machen." Danach forderten sie mich auf, mich hinzulegen, um zu erfahren, wie der Tod zu den Menschen kommt. Sie nahmen mich mit in ihre geistige Welt. Dort erfuhr ich Folgendes:

Es spielt keine Rolle, wie die Menschen sterben, sei es durch Krankheit, durch Unfälle, Mord oder wenn sie vermeintlich friedlich schlafend im Bett liegen. Der Prozess vollzieht sich immer auf die gleiche Weise. Wenn der Tod zu den Menschen kommt, fühlen sie, wie sie ein tiefer Schlaf übermannt. Zum ersten Mal fürchten sie sich vor solch einem Schlaf und setzen deshalb alles daran, wach zu bleiben oder wach zu werden. Diese Erfahrung kann man so beschreiben, als würde ein schweres Gewicht auf dem Körper lasten und ihn mit hoher Geschwindigkeit nach unten ziehen. Der Verstand ist in einem Stadium, als ob er den Körper über Tausende von Meilen hinweg rufen würde. Beide stehen kaum mehr miteinander in Verbindung. Erreicht die Geschwindigkeit des fallenden Körpers ihren Höhepunkt, ist dies ein klares Signal für jeden Menschen, dass der Tod ihn ereilt.

Der Geist ist im Körper komprimiert wie in einem Gaszylinder. Den Zylinder symbolisiert hier der physische Körper. Damit sich der Geist vom Körper trennen kann, bedarf es einer hohen Geschwindigkeit. Die Beobachtung im Augenblick des Todes ist für jedes Geistwesen relativ. Die schlechten Geistwesen starren in die Dunkelheit und es scheint ihnen, als würden sie einen dunklen Tunnel passieren, von dem sie nicht wissen, wo dieser sie hinführt. In diesem Moment schießen viele ernsthafte Gedanken durch ihren Verstand. Sie erkennen unweigerlich, dass der Tod ihr auf Erden vermeintlich erfolgreich geführtes Leben abrupt beendete. Nun bringt er sie in eine neue Welt, auf die sie sich nicht vorbereiten konnten. In diesem Augenblick werden die Menschen sehr sensibel. Ihre ganze Persönlichkeit beginnt zu wanken. Alle Spekulationen, die sie auf der Erde über den Tod anstellten, konnten sie nicht auf diese neue, für sie furchterregende Situation, vorbereiten. Sie erkennen, dass sie ihre alte Welt, in der sie ihr Herz und ihre Energie einbrachten, hinter sich lassen müssen. Sie sehen nun ihre vollkommene Hilflosigkeit, obwohl sie in ihrer alten Welt dachten, sie seien frei.

Auf Erden waren sie vielleicht starke Persönlichkeiten, die viele Dinge vollbrachten, um ihr Leben komfortabel zu gestalten. Aber hier stehen sie nun ohnmächtig und mit leeren Händen. In ihrer alten Welt umgaben sie viele Menschen und ihre geliebten Angehörigen. Nun ist niemand mehr an ihrer Seite, sie sind allein. Auf Erden konnten sie reden, wie sie wollten. Sie waren frei, alles zu tun, was immer sie wünschten. Ihr kurzes Leben konnten sie selbst gestalten und dachten, es würde ewig währen. Nun treffen sie zum ersten Mal ihren eigenen Geist, den sie nie versucht haben, auf Erden kennenzulernen. Jetzt ist ihre alte Welt für sie kein Anziehungspunkt mehr. Im Moment, in dem der Pfeil vom Bogen abgeschossen wird, möchten sie plötzlich den Sinn und Zweck ihres Lebens erfahren. So gesehen ist der Tod auf Erden unser bester Lehrer.

Wenn wir über den Tod nachdenken, stellt sich gleichzeitig für unseren Verstand die Frage: Warum bin ich hier? Wie kann ich den mir von Gott gegebenen Sinn meines Lebens erfüllen? Auf der Suche nach den Antworten auf diese Fragen, können die Menschen die versteckten Geheimnisse des Lebens kennenlernen. Der Tod lehrt uns sogar, was wir tun müssen, um unsere ewige Glückseligkeit zu finden. Jetzt kehre ich noch einmal an den Punkt zurück, an dem die Menschen der Tod ereilt. Wie ich bereits vorher erwähnte, scheint es den schlechten Geistwesen so, als würden sie durch einen dunklen Tunnel nach unten fallen. Doch es sind keine Tunnel, sondern die dunklen Dimensionen, in die die Geistwesen, gemäß der dunklen Farbe ihres Geistes, gelangen. Sobald sie den Boden berühren, werden sie von Millionen anderer dunkler Geistwesen, wie von wütenden Bienen angegriffen, die man verärgert hat und deshalb die

Menschen stechen. Diese dunklen Dimensionen stehen unter der direkten Herrschaft Luzifers und der dunklen Kräfte. Hier erinnert die Form der üblen Geister schwer an die eines Menschen. Die Geistwesen leben in diesen Dimensionen unter ständig andauernden Gewalttätigkeiten und Brutalitäten. Sie versuchen einander umzubringen, genauso, als ob Banden sich gegenseitig auslöschen würden. In solchen Dimensionen findet man keine Sicherheit, sondern nur ständig herrschende Angst und nie endenden Schmerz. Die Geistwesen können sich nur gegenseitig bekämpfen, sich verwunden und einander Schmerzen zufügen, jedoch nicht sterben. Für die, die dort hingelangen, gibt es keinen Weg zum Guten hin zu wachsen. Die Hoffnung schwindet und die Geistwesen werden immer übler. Deshalb fallen sie in immer tiefere Dimensionen.

Relativ gute Geistwesen, die sich nur wenig zu Schulden kommen ließen – dies kann man an ihrem Geist erkennen - haben andere Bestimmungen. Zum Beispiel passieren solche Geistwesen scheinbar ebenso dunkle Tunnel, nicht wissend wo sie hingelangen. Weit weg sehen sie am Ende dieses Tunnels ein kleines Licht blinken. Dieses Licht ist die Hoffnung für die relativ guten Geistwesen, das es zu erreichen gilt. Genau genommen ist dieses kleine Licht eine der Dimensionen, in denen sie gemäß ihrem eigenen Licht ihre Bestimmung finden. In diesen Dimensionen mit wenig Licht vollzieht sich die Ankunft der Geistwesen wie die Landung eines Flugzeuges. Diese Dimensionen strahlen relativ gesehen Licht aus, sind aber umgeben von Dunkelheit.

Die Engel des Todes kümmern sich um die angekommenen Geistwesen, wenn sie den Boden dieser Dimension berühren. Hier angekommen, haben sie maximal drei Tage Zeit, bevor die Engel des Todes entscheiden, in welchem Teil dieser Dimensionen die Geistwesen zu leben haben. All diese Bereiche sind endlos. In der geistigen Welt können die Geistwesen nichts verbergen. Man kann hier klar erkennen, wie Mann oder Frau ihr Leben auf der Erde verbrachten. So gesehen sind die Geistwesen nackt in der geistigen Welt.

Meistens sieht man in diesen Dimensionen dunkle Geistwesen. Sie sehen aus wie schwarzer Rauch, in dessen Innerem ein bisschen Licht glimmt. Je höher man in diese Dimensionen aufsteigt, desto mehr Licht kann man in den dort befindlichen Geistwesen sehen. Solche

Bereiche der relativ guten und schlechten Geistwesen nennt man die mittleren Dimensionen der geistigen Welt. Diese Dimensionen haben potentiell genauso viel Licht wie die darin lebenden Geistwesen. Hier ist es immer noch schwierig, geistig zu wachsen, denn die Geistwesen sind hier parallel von anderen Geistwesen mit den gleichen Gewohnheiten und Wesenszügen umgeben. Ich habe unzählige Dimensionen, gemäß dem verschiedenen Naturell der Geistwesen, gesehen. Brächte ich all meine Erfahrungen zu Papier, bräuchte ich unzählige Bücher für die Details. Trotzdem möchte ich einige Beispiele anführen, in der Hoffnung, diese werden den Menschen, die mit ihrem physischen Körper auf der Erde leben, helfen.

Ich flog in solche mittleren Dimensionen, in denen es mehr Dunkelheit und nur wenig Licht gibt. Ich sah Menschen, deren Lungen sich beim Atmen immer mehr zusammenzogen und dadurch kleiner wurden. Ihre Augen traten aus den Höhlen hervor und es schien, als ob sie herausfielen. Das Ausatmen fiel ihnen sehr schwer und sie brauchten alle Kraft, um die Luft wieder herauszupressen. Ihre Lungen glichen Ballons, und es schien, als würde ihnen das Ausatmen nicht gelingen. Die Engel erzählten mir, dass es sich hier um Menschen handelt, die auf der Erde ein sehr selbstsüchtiges Leben führten. Sie missbrauchten und betrogen andere Menschen zu ihrem eigenen, materiellen Vorteil. Das waren Menschen, die niemals zu geben gelernt hatten, sondern nur zu nehmen. Daher rühren ihre qualvollen Atemprobleme.

In einer anderen dunklen Dimension traf ich auf Menschen, deren Zungen aus dem Mund hingen, sobald sie zu reden anfingen. Die Zungen waren lang und in zwei Teile gespalten. Beim Reden pressten sie ihre Hände an ihre Köpfe und rissen von Zeit zu Zeit eigenhändig Hautfetzen von ihren Häuptern. Ich fragte die Engel, um was für Menschen es sich hier handelt. Sie erzählten mir, es seien in diesen Bereichen politisch, engagierte Menschen, die ihre Position und Macht missbrauchten. Sie führten ein Doppelleben und haben die ihnen gegebene Autorität missbraucht. Deshalb hängen ihre gespaltenen Zungen heraus und sie verletzen sich auf die furchtbarste Weise an ihren Köpfen, indem sie sich zwanghaft Haut und Fleisch von ihren Häuptern reißen.

In einer dunklen Hölle sah ich, wie die Menschen eigene Finger und Teile ihres Körpers mit Messern abschnitten. Wieder fragte ich die

Engel, was für Menschen hierher gelangten. Sie antworteten mir, dass diese Menschen die Welt der Medien beeinflussen konnten. Sie waren auserwählt, das Gewissen ihrer Nation zu sein, um die Menschen auf den korrekten Weg zu führen. Aber auch sie missbrauchten die Macht der Medien. Sie zerstörten damit das Leben vieler Menschen und beeinflussten sie, eine falsche Richtung einzuschlagen. Deshalb schneiden sie ihre eigenen Finger ab und verletzten ständig verschiedene Teile ihres Körpers. Auf Erden hatten sie die Gesellschaft und die Nation durch ihre Macht der Medien verletzt. Nun verletzen sie sich selber, um zu spüren, welche Qualen sie der Gesellschaft und der Welt bereiteten.

In einer anderen, von mir bereisten Dimension, sahen die Menschen sehr alt aus. Die Haut hing in Falten von ihren Gesichtern. Ihre Sexualorgane waren schwarz und eine genauso dunkle Flüssigkeit trat aus ihnen heraus. Die Engel sagten: „Es handelt sich hierbei um Menschen, die zu viel Wert auf ihre äußerliche Schönheit legten. Deshalb sehen ihre Gesichter nun alt und hässlich aus, und die Haut hängt gleich einem alten Lappen von ihren Gesichtern. Sie frönten ihren sexuellen Ausschweifungen. Darum quillt eine furchtbar stinkende Flüssigkeit aus ihren Sexualorganen."

In einer der nächsten von mir bereisten Dimension aßen Menschen, aus verschiedenen Religionen stammend, verfaultes, unverdauliches Fleisch Die Engel erklärten mir: „Hierher gelangen Menschen, die auf der Erde miteinander kämpften, mit der Behauptung, dass ihre Religion die höchste Wahrheit hat. Sie haben diese Wahrheit in ihrem eigenen Leben aber nie praktiziert. Hier müssen sie nun das stinkende, verdorbene, rohe und unverdauliche Fleisch essen, ohne jemals satt zu werden. Ein andauernder furchtbarer Hunger ist darum ihr ständiger Begleiter."

Meine Reise führte mich in eine weitere Dimension. Dort schrien die Anhänger der verschiedenen Religionen in die Dunkelheit nach ihrem Erlöser, auf dass er sie ins Paradies bringe. Hierher kommt aber kein Erlöser, um sie zu befreien, denn das Gesetz der geistigen Welt ist absolut. Die Gläubigen der verschiedenen Religionen pressen ihre Hände an ihre Schläfen und haben furchtbare Kopfschmerzen. Die Engel nannten mir folgenden Grund: Diese religiösen Menschen lasen die Bücher der anderen Religionen nur, um darin Fehler zu finden. An ihrer eigenen Religion ließen sie keinen Zweifel aufkommen; in ihren

Augen war diese die einzig Wahre und die Beste. Alle übrigen Glaubensrichtungen waren für sie ein Produkt Satans. Ignoranz, Voreingenommenheit und Überheblichkeit brachte diese religiösen Menschen hierher. Ich sah Luzifer und unzählige üble Geistwesen, die selbst hier alles daran setzen, den Irrglauben der religiösen fanatischen Anhänger - von einer einzig wahren und über anderen stehenden Religion - aufrechtzuerhalten An Luzifer gewandt sprach ich: „Du hast bereits auf Erden Zerstörung unter die Menschheit gebracht. Du sätest dort Uneinigkeit, hast die Menschen mit Krankheiten gepeinigt und sie zu einer unmoralischen Lebensweise verführt. Aber selbst hier in der geistigen Welt lässt du sie nicht in Ruhe. Wahrlich, du empfindest keinerlei Mitleid für sie! Deine gefallenen Engel und du seid der Grund für so viel Kummer und Traurigkeit im Herzen Gottes und auch in den Himmeln." Er antwortete: „Alle Menschen, die meiner Versuchung erlagen und meinen schlechten Wegen folgten, sind mein. Sie können nun nicht mehr zu Gott gehören. Sie haben die gleichen Fehler wie ich gemacht." Ich entgegnete: „Du kennst die ganze Wahrheit. Es wird der letzte Tag für deine üblen Aktivitäten anbrechen, wenn die religiösen Menschen zu Gott, der unser ursprüngliches Zentrum ist, zurückkehren." Luzifer antwortete: „Vor dir gab es bereits andere geisteskranke Propheten, die glaubten, die Welt retten zu können. Weit kamen sie nicht! Alle Religionen verfielen meinem Einfluss und dem der gefallenen Engel und Dschinns. Ich habe mehr Anrecht auf diese Religionen als Gott, die Himmel und ihre Propheten. Warum verschwindest du nicht einfach von hier? Du und die Anwesenheit der Engel stören meine Gefolgschaft."

Als ich gerade gehen wollte, rief mich Luzifer zurück. „Ich möchte dir einen Kompromiss vorschlagen. Wenn du einverstanden bist, werde ich mich dir und deiner Mission nicht mehr in den Weg stellen. Glaube mir, die wahre Welt Gottes ist nur ein Traum, ein Konzept, welches niemals auf Erden verwirklicht werden kann." Ich entgegnete: "Liebst du die Namen Satan oder Schlange mehr als Luzifer?" Diese Frage war meine unmissverständlich ablehnende Antwort von vorne herein für ihn. Verärgert entgegnete er mir: „Dann geh und versuch dein Glück! Du wirst sehen, wie weit du kommst, um die ideale Welt auf Erden zu errichten. Meine Kinder auf Erden werden dir niemals erlauben, diese Wahrheit dort zu verwirklichen. Ich liebe sie und sie lieben meine vererbten Gewohnheiten. Wir sind eins. Diese Welt gehört mir. Warum kommen die Himmel und du nicht auf die Erde, nehmt eure paar übrig gebliebenen Leute und lasst uns einfach allein?" Ich erwiderte: „Die Zeit ist nahe, in der Gott seine Ihm gleichen, unveränderlichen Kinder treffen wird. An diesem Tag wirst du dieser Erde „Lebe Wohl" sagen, darüber hinaus deine Herrschaft über die niedrige geistige Welt verlieren und gemeinsam mit deinen üblen Geistern für deine Verbrechen gerichtet. Dann seid ihr für immer besiegt." Gelassen entgegnete er: „Geh und versuch erst einmal mir die Herrschaft über die Erde wegzunehmen. Ich habe sehr hart gearbeitet, um die gesamte Welt vom Individuum über die Familie, die Gesellschaft und die Nation an mich zu reißen. Sie gehört nun einzig und allein mir. Weder Gott, die Himmel, noch irgendjemand anderes kann diese Herrschaft von mir, entgegen dem Weg der Prinzipien, einfordern. Du wirst sehr schnell am eigenen Leib erfahren, wie hoch der Preis ist, um diese gefallene Welt in eine ideale Welt zu verwandeln. Am Ende wird von dir nichts übrig bleiben und niemand wird sich an dich erinnern."

In einer anderen Dimension sah ich, wie schwarzer Rauch beim Reden aus den Mündern der Menschen hervorquoll, der sie wie schwarze Wolken umgab. Sie erschufen damit ein negatives Umfeld auf der Erde und tun es nun auch in der geistigen Welt. Die Engel erwähnten, dies seien Menschen, die hinter dem Rücken über andere redeten.

Bei meiner Reise durch eine andere dunkle Dimension sah ich Geistwesen, die dunklen Schatten glichen. Legten sie sich hin, verwandelten sie sich in Schlangen und standen sie auf, konnte man kaum menschliche Wesen in ihnen erkennen. Durch die Engel erfuhr ich, sie seien auf Erden grausame Könige oder Diktatoren gewesen und ebenso für den Tod vieler Menschen verantwortlich. Die dunklen Dimensionen in der geistigen Welt sind wie schwarze Löcher. Ist man erst einmal in ihnen gefangen, gibt es keinen Weg zurück. Nur Engel oder Geistwesen mit einem Licht, strahlend wie ein Kristall, können ihnen entkommen.

Nur einige aufrichtige Geistwesen können diese dunklen Dimensionen passieren. Sie lebten auf Erden so, wie es ihre Religion vorschreibt und folgten ihr mit demütigem Herzen. Solche Geistwesen gehen meistens in eine neutrale Dimension der geistigen Welt, die ihrem Licht entspricht. Die neutrale geistige Welt besteht aus Dimensionen, in denen man Frieden findet und die Möglichkeit hat, unter der Führung der Engel zu wachsen. Die Wesen leben hier gemäß ihres Glaubens, ihrer Praktiken und Lehren. Von Zeit zu Zeit erhält solch ein Geistwesen eine besondere Möglichkeit, in eine höhere Dimension zu gehen und dort die Wahrheit ausführlicher kennenzulernen. Denn die Erklärung der Wahrheit ist relativ entsprechend der geistigen Entwicklung in diesen Dimensionen.

Die Wahrheit ändert sich nicht, sondern nur der Ausdruck der Wahrheit gem. dem - eigenen - geistigen Wachstum. Ein Vergleich, der zur Verdeutlichung beitragen kann, ist unser Bildungssystem. Den Kindern unserer Gesellschaft vermitteln wir Wissen zuerst in der Grundschule, danach in Haupt- oder Realschulen, Gymnasien und unter Umständen in Hochschulen. In jedem dieser Bildungseinrichtungen werden Wissen, aber auch ethische und moralische Werte sprachlich und inhaltlich differenziert und detailliert angeboten. Dies hängt vorrangig mit der altersbedingten geistigen und sprachlichen Entwicklung der Schüler zusammen. Einem Grundschüler erklärt man die Entstehung eines Röntgenbildes mit einfachen bildreichen Worten, einem Physikstudenten wird man dieses Wissen über die Vermittlung physikalischer Gesetzmäßigkeiten und deren Zusammenhänge erklären.

Grob vereinfacht verhält es sich so mit der Erklärung der geistigen Wahrheit, nur mit dem Unterschied, dass hier die spirituelle Entwicklung eines jeden Menschen oder Wesens ausschlaggebend ist und nicht das physische Alter auf Erden. Nur durch die Liebe zu Gott kann das Feuer der spirituellen Entwicklung eines Geistes auf Erden entfacht werden. Gottes Liebe ist der Schlüssel und Voraussetzung für den Geist, überhaupt geistige Wahrheiten erfahren zu können. Dieser Generalschlüssel öffnet auch alle anderen geistigen Sinne. Durch unsere Liebe zu unserem ewigen Schöpfer erhalten wir Licht, auf dass wir mit unserem Geist in die verschiedenen Dimensionen der Ewigkeit reisen können und dort mehr geistige Wahrheit erfahren. Ohne dieses Licht würden sich die Tore dieser Dimensionen für niemanden öffnen. In diesen Bereichen der geistigen Welt wird der menschliche Geist unterrichtet, aber das Vorankommen setzt wie auf Erden eigene Anstrengungen voraus. Der Aufstieg in höhere Dimensionen hängt dagegen nicht nur vom Lernerfolg ab. Die Pforten der höheren

Dimensionen bleiben verschlossen, egal wie gut die geistige Wahrheit verstanden und verinnerlicht wurde, wenn die eigene Liebe zu Gott nicht ausreicht, mehr Licht in den Geist zu bringen. Auf Erden ist allein die schulische Leistung Voraussetzung für einen höheren Bildungsabschluss, nicht jedoch in der geistigen Welt. Ohne eine aufrichtige, sich stetig entwickelnde, Liebe für unseren Himmlischen Vater gibt es dort kein Vorankommen.

Auf der Erde versuchen wir Menschen Geheimnisse der Wissenschaft, wie die der Physik, der Mathematik, der Chemie, der Biologie usw. mit unserem Verstand zu entdecken. Nur was dieser rational nachvollziehen kann, sehen wir als bewiesen an. Die Erfahrung der geistigen Wahrheit geht über eine rationale Gedankenkette weit hinaus, ist aber nur in den Dimensionen der Erzengel zu Hause. Dort vollendet das Wissen den Weg der Wahrheit. Dies heißt aber auf keinen Fall, dass die Wesen dort nicht ständig weitere neue geistige Wahrheiten entdecken.

Gelangt ein menschlicher Geist, auf der endlosen Reise seiner Entwicklung zu Gott, in die goldenen Dimensionen der Himmel, gibt es dort kein Wissen, denn Gottes Liebe steht über den göttlichen Gesetzen. Diese Dimensionen werden nicht durch Wissen, Gesetze und Systeme regiert, sondern nur durch die Liebe unseres Himmlischen Vaters. Was wir dort erfahren oder uns bewusst wird, geschieht aus Liebe. Es ist das Erbe des göttlichen goldenen Lichtes, dem weiblichen Aspekt von Gottes Liebe. In den blauen Dimensionen der Ewigkeit erhalten wir dieses Vermächtnis vom blauen göttlichen Licht, dem männlichen Aspekt der Liebe unseres Schöpfers. Dieses Geschenk nimmt unser Geist wie den Duft von Blumen in sich auf, er öffnet und entfaltet sich und erstrahlt im ewigen Licht unseres Schöpfers. Weil der Geist Einlass in diese göttlichen Dimensionen erhielt, ist er berufen und fähig, dieses Erbe anzunehmen und damit zu leben. Alles ist mit Licht gefüllt. Dieses Vermächtnis muss unser Geist nicht erst erlernen oder verstehen, sondern er fühlt es tief in seinem Herzen, als ob es schon immer ein Teil von ihm gewesen ist. Es gleicht einem Déjà-vu, ohne eine Erinnerungstäuschung zu sein. Wenn der Geist sagt: „Oh ich weiß, ich erinnere mich", dann ist es so! Hier es keine Fragen und Antworten für den geistigen Verstand, weil das Wissen da weder zu Hause ist, noch dort wächst oder ihm Zutritt gewährt wird.

Stark vereinfacht können wir dies auf Erden mit einer Erbschaft oder Firmenübergabe vergleichen. Wir Menschen setzen alles daran, dass unsere Kinder die beste Ausbildung erhalten. Wir schicken sie auf Eliteschulen, an Universitäten usw. Am Ende unseres Lebens vererben wir alles an unsere Kinder, da wir annehmen, dass sie während ihrer Ausbildung sich das Wissen und die Fähigkeiten angeeignet haben, die man braucht, um eine Firma erfolgreich weiterzuführen. Wir geben ihnen damit etwas, was sie sich nicht selbst erarbeitet haben, aber wir nur für sie geschaffen und nur für sie hinterließen.

Ich weiß, dass geistige Erklärungen für einen rational veranlagten Menschen nicht ohne weiteres nachvollzogen werden können. Aber auch auf unserer Erde gibt es Dinge, die man nicht mit Worten erklären, sondern nur erfahren kann, wie Schmerz oder Liebe. All diese Beispiele und Analogien sind im wahrsten Sinne des Wortes nur Erklärungskrücken für etwas, was wir mit unserem Geist erfahren, ja sogar unbedingt empfinden müssen.

Ich kehre nun zu meinem ursprünglichen Thema zurück.

Alle Dimensionen haben nur eine Gemeinsamkeit. Es dauert sehr lange bis Geistwesen in ihnen wachsen, da sie ihren physischen Körper auf Erden zurücklassen mussten. In der geistigen Welt handeln und glauben sie wie in ihrem irdischen Leben. Den Geist im physischen Körper auf Erden kann man mit den Früchten eines Baumes vergleichen, mit dem einzigen Unterschied, dass die auf Erden gewachsene Frucht erst in der geistigen Welt geerntet werden kann. Der Baumstamm ist unser menschlicher Körper, in dem der Geist sich auf Erden niederlässt, um darin zu wachsen und heranzureifen. Meinen Mitmenschen, die glauben, nicht wissen zu können, wie sie ihr irdisches Leben zu führen haben, da sie ihren Geist nicht sehen können, möchte ich folgende Antwort mit auf den Weg geben: Jeder Bauer weiß, wenn die Saat in den Acker eingebracht wird, muss man den Boden düngen, wässern und möglichst bei Sonnenschein ernten. Der physische Körper wurde uns von Gott geschenkt und damit erhält jeder Geist den gleichen Nährboden, denn in Gottes Augen sind alle seine Kinder gleich, unabhängig ihrer Abstammung, ihres Glaubens oder ihrer ethnischen Zugehörigkeit. Es obliegt dem Bauern und damit der menschlichen Verantwortung, zu entscheiden, wann das Saatgut gedüngt und gewässert werden muss. Dementsprechend ist der Mensch für das Wachstum des Geistes verantwortlich, denn genauso wie jede Pflanze Licht zum Wachsen braucht, kann der Geist sich nur in der Liebe Gottes entwickeln und entfalten. Wird bereits hier eine falsche Entscheidung getroffen, wird die Frucht nur klein und unter Umständen nur unreif geerntet werden können. Blickt man heute auf diese gefallene Welt und den unmoralischen, nicht Gott gefälligen, Lebenswandel der Menschen, ist es nicht schwer zu erahnen, dass die Frucht bei der Ernte nicht nur unreif ist, sondern faulige, dunkle Flecken haben wird. Viele Pflanzen werden sogar keine Früchte tragen, denn das Saatgut ist im Boden verfault. Das heißt, der von Gott geschickte Geist konnte sich auf Erden überhaupt nicht entwickeln. Anstatt in eine höhere Dimension nach dem Tod des physischen Körpers zu gelangen, wird es dem Geist nun verwehrt, in seine ursprüngliche Dimension zurückzukehren. Gemäß seinem Leben auf Erden hat er nun in einer niederen, schlechten Dimension sein geistiges Leben fortzuführen.

Ich hoffe, meine Mitmenschen haben nun klar verstanden, dass man an ihrem Geist erkennt, wie sie auf Erden lebten und welchem Glauben sie folgten. Deshalb ist es sehr wichtig, dass sich jeder bewusst macht, wie er sein Leben auf Erden führt. Drei Elemente sind die Antriebskräfte für die Zerstörung der geistigen Entwicklung oder Erleuchtung eines Geistes: Die Motivation, die eingeschlagene Richtung und das daraus resultierende Handeln prägen den Geist für immer.

In der Hölle gibt es ebenso unzählige Dimensionen wie in den neutralen und mittleren geistigen Welten. Ist erst einmal die ideale Welt Gottes auf Erden substantiell errichtet, besteht auch die Hoffnung für die oben erwähnten Dimensionen, sich in bessere und höhere Bereiche verwandeln zu können. Im religiösen Glauben gilt das Paradies bereits als sehr hohe Dimension der Himmel. In der Realität ist es kein Teil der Himmel. Das Paradies besteht aus vielen, vielen Dimensionen, die als Wachstumsstufen bezeichnet werden. Hierher gelangen Geistwesen, die bereits ein bestimmtes Niveau erreicht haben und auf Erden, dem von Gott gegebenen Zweck teilweise erfüllten. Auf keinen Fall sind die Dimensionen des Paradieses Orte, an denen der perfekte Geist lebt. Ist dieser eins mit Gott, kann er in weitaus höhere Dimensionen, als die des Paradieses, gelangen.

Hier möchte ich über die Wahrheit und die Realität des Paradieses sprechen. 95 Prozent aller Menschen, einschließlich der Gläubigen aller Religionen, konnten bis zum heutigen Tag nach ihrem Tod nicht das Paradies erreichen. Sie alle leben in niederen oder mittleren Dimensionen der geistigen Welt. Nur wenigen ist es gelungen, bis in die neutralen Dimensionen zu gelangen. Nun stellen sich hier Fragen: Was für Dimensionen gibt es im Paradies? Welchen geistigen Standard braucht man, um in die Dimensionen des Paradieses zu kommen?

Seitdem die Menschen in der Welt Luzifers leben, herrscht um sie herum geistige Verwirrung. Sie praktizieren und interpretieren die religiösen Werte nach ihrem eigenen Verständnis. Wie ich bereits vorher erwähnte, die Geistwesen müssen erst das Niveau erreichen, auf dem sie Gottes Ruf antworten können, um in das Paradies zu gelangen. Dafür ist erforderlich, dass sie sich ihrer Sehnsucht nach Gott bewusst werden. Genauer gesagt, muss die Motivation der Menschheit auf dem religiösen Weg zuerst klar sein. Die Menschen müssen sich ihrer Sehnsucht für Gott direkt bewusst sein. Zum einen sollte in ihnen der Wunsch brennen, Gott zu treffen und niemand sonst! Zum anderen müssen sich die Menschen, insbesondere die gläubigen, darüber im Klaren sein, dass Propheten und Erlöser nur den Weg zeigen. Auf keinen Fall können sie die Bestimmung der Gläubigen sein. Gott ist die erste und letzte Bestimmung für jeden Menschen, ihr Ursprung und der wahre Inhalt ihres Lebens, nach dem sie sich sehnen sollten. Wenn die Menschen zu Gott beten und ihre Herzen für die innigste Liebe zu unserem Schöpfer öffnen, dann sind auch die Taten in ihrem Leben tief mit Gott verbunden und haben universalen Wert, die gesamte Ewigkeit zu umarmen. Bereits auf Erden füllt sich der menschliche Geist mit Licht und könnte schon dann und nicht nur nach dem Tod des physischen Körpers, im Paradies oder in höheren Dimensionen mit der Gnade Gottes reisen.

Ich sah bereits die meisten Dimensionen des Paradieses und die darüber befindlichen höheren Dimensionen. Aber sie alle sind leer. Erlaubt die Engelwelt guten Geistwesen in die Dimensionen des Paradieses zu gelangen, fordern sie die konsequente Befolgung der Gesetze dieser Dimensionen. Die Geistwesen erhalten dort einerseits die zum Wachsen benötigte Bildung, andererseits lernen sie Gott tiefer kennen. Die Bedingungen in diesen Dimensionen sind sehr strikt und erlauben keine Kompromisse. Halten sich die Geistwesen während eines bedingt genehmigten Besuches in niederen oder höheren Bereichen des Paradieses nicht an die herrschenden Gesetze oder folgen nicht dem Niveau ihrer Ausbildung, senden die Engel solch ein Geistwesen zurück, wo es hingehört. Diese Gesetze gelten auch für die neutralen und mittleren Dimensionen. Zum anderen darf man nicht vergessen, dass die Geistwesen sehr lange auf den Erhalt einer solchen Möglichkeit warten müssen.

Meine liebe Familie der Menschheit. Ich habe mein Herz ausgeschüttet, um meine Beobachtungen und Erfahrungen auszudrücken. Ich möchte euch wissen lassen, was jeder in seinem Leben tun kann, um diesem Weg zu folgen, ohne dabei von den Barrieren der geistigen Welt aufgehalten zu werden. Kamen Gesandte oder Erlöser, beispielsweise Krischna, Buddha, Abraham, Jesus, Mohammed oder andere, die die Mission durch die Engel oder Himmel erhalten haben, nach dem Tod ins Paradies, erhielten sie die ihnen gebührende Anerkennung und wurden von den Himmeln dafür geehrt. Es spielt keine Rolle welcher Religion diese Gesandten angehörten. Dadurch bedingt können sie in den Himmeln reisen und haben die Möglichkeit, zahllose andere Wesen der geistigen Welt zu treffen. Solche Privilegien sind die Würdigung für ihre Bemühungen, die sie aufbrachten, um die Menschheit nach Hause zurückzubringen. Sie hatten die Courage, dem Ruf der Himmel zu antworten. Ihr Geist ist deshalb mit Licht gefüllt. Gemäß der Ausstrahlung ihres Lichtes können sie mit hoher Geschwindigkeit reisen. Dies kann Lichtgeschwindigkeit, aber auch ein Vielfaches schneller sein. Licht bedeutet Leben in der geistigen Welt. Je mehr Licht sie in ihrem Geist haben, desto schneller können sie in der geistigen Welt reisen, sei es mit Lichtgeschwindigkeit oder mit Geschwindigkeiten, die weit jenseits unserer Vorstellungskraft liegen. Licht bedeutet Leben in der geistigen Welt und kann alle Begrenzungen und Barrieren dort überwinden.

Anmerkung: Über die Phänomene des Lebens nach dem Tod habe ich in anderen Publikationen ausführlich berichtet, siehe Anhang.

Reinkarnationstheorie und die Realität

Die Reinkarnationstheorie ist eine der meist missverstandenen Themen in der gesamten Geschichte. Aber die Wahrheit hat nichts mit Wünschen, Denken und dem Glauben der Menschen zu tun. Es war eines meiner Hauptanliegen, Gott und die Himmel zu bitten, mir zum einen die Antwort zu offenbaren, sowie zum anderen zu erlauben, das Phänomen der Reinkarnation beobachten zu können. Ich verbeuge mich vor dem Himmlischen Vater und danke den Himmeln, dass sie mir nicht nur das Geheimnis der Reinkarnation bereits auf Erden offenbarten, sondern ich auch erfahren durfte, wie sich die Reinkarnation in der geistigen Welt vollzieht.

Als Gott die äußere Schöpfung erschuf, lebte unser Geist bereits in der geistigen Welt. Natürlich drängt sich jetzt unweigerlich die Frage auf: Warum brauchte Gott dann die äußere Schöpfung? In der geistigen Welt dauert es ziemlich lange, bis die Geistwesen ihr vollkommenes Bewusstsein erlangt haben, denn dort ist nichts an die Zeit gebunden. Verglichen mit unserer Zeitrechnung brauchen die Geistwesen viele Billionen Jahre für ihr Wachstum in der geistigen Welt. Deshalb erschuf unser Gott der Liebe eine äußere Schöpfung, damit sich der Wachstumsprozess der Geistwesen beschleunigt vollziehen kann. Der von Gott für diesen Zweck erschaffene physische Körper des Menschen ist darum ein wunderbares Geschenk von Ihm an seine Kinder.

Die Welt, in der wir leben, ist ziemlich ungeordnet. In ihr begegnen wir Menschen, die förmlich von einem schlechten Schicksal geradezu verfolgt werden. Unnatürliche Dinge wie Unfälle, unnormale Geburten, Krankheiten, behinderte und blinde Menschen begegnen uns ständig in unserem Alltag. Den Anlass dafür geben jedoch die Menschen, da sie nicht zu Gott zurückkehren möchten. In der Welt Gottes herrscht kein solches Durcheinander. Es gibt weder Unfälle oder gar Ähnliches. In der Welt Gottes wird jeder die Vorzüge seines physischen Körpers voll nutzen können, um seinem Geist beim Wachsen zu helfen. Kein Kind wird durch einen Unfall sterben, noch wird den Menschen irgendein schlechtes Schicksal beschieden sein. Sie werden ihr volles Lebensalter erreichen und vorher informiert, wenn sie ihren physischen Körper zu verlassen haben, um in die geistige Welt zu gehen. Die menschlichen Geistwesen leben dort für immer in geistiger

Glückseligkeit, Freiheit und in der Schönheit und Liebe Gottes. In solch einer Welt wird der Tod seine Macht über die wahren Kinder Gottes verlieren und ihnen stattdessen dienen. In der Welt Gottes können seine Kinder bitten, noch etwas länger auf Erden oder in anderen Schöpfungen zu verweilen, um mehr zu wachsen. Gott und die Himmel werden ihre Wahl begrüßen. So können sie länger auf Erden leben und geistig wachsen, um das Ziel ihres Lebens zu erreichen.

In der Welt Luzifers haben sich die Menschen von Gott entfernt und möchten keineswegs den Sinn ihres Lebens erfüllen. Wenn sie in die geistige Welt eingehen, haben sie tausend Wünsche, noch einmal auf Erden zurückkehren zu dürfen. Selbst wenn sie tausend Leben hätten, und immer wieder auf die Erde zurückkämen, wären diese zahlreichen Möglichkeiten nicht genug, ihren Zweck auf Erden zu erfüllen, um heilige Söhne und Töchter Gottes zu werden.

Die Menschen leben mit ihren gefallenen Wünschen und Sehnsüchten ein selbstsüchtiges und nur auf sie ausgerichtetes Leben. Dieses steht im Widerspruch zum Willen Gottes. Die Hoffnung und der Glaube, sie werden, wenn nicht in diesem, aber im nächsten Leben nach ihrer Wiedergeburt ihren Zweck erfüllen, sind trügerisch. Die Menschen machen sich selber falsche Hoffnungen. Besonders in unserer Zeit macht sich vor allem die westliche Gesellschaft die Theorie der ständigen Wiedergeburt mit frohem Herzen zu Eigen. Diese Theorie entspringt dem Hinduismus. Wir dürfen nicht vergessen: Erschaffene Wesen können niemals ihren eigenen Zweck bestimmen. Nur ihr Schöpfer wird die Entscheidung darüber treffen.

Anmerkung: Der Glaube der Europäer an die Reinkarnation und wie sie diese Theorie auslegen, ist weit entfernt von dem, was der Gründer des Hinduismus lehrte. Dennoch haben die Hindus ebenso ein falsches Verständnis über die Reinkarnation.

Bevor ich erkläre, wie sich die Reinkarnation wirklich vollzieht, muss man folgendes wissen und verstehen. Ist für die Menschen die Zeit auf Erden gekommen, ihren physischen Körper zu verlassen, erfahren sie dieses erstaunliche Phänomen der Reinkarnation einzig und allein in der geistigen Welt. Gleichzeitig stellen sie den Verlust ihres physischen Körpers fest, den sie unbedingt brauchen, um den Sinn des geistigen Lebens zu erfüllen. Ihre Freiheit und die des Gewissens sind auf Erden unabdingbar, um den geistigen Zweck zu erfüllen. In der geistigen Welt besteht jedoch für jeden die Notwendigkeit, Gott und die geistigen Werte kennenzulernen.

Von ihrem physischen Körper getrennt, müssen die Menschen in der geistigen Welt in begrenzten Dimensionen mit wesensgleichen Menschen, die ähnliche Charaktere, Gewohnheiten und die gleiche Farbe in ihrem Geist haben, zusammenleben. Umgeben von ihresgleichen, stellen die Geistwesen erschrocken fest, dass es für sie eine schwierige Herausforderung ist, sich zum Guten hin zu entwickeln. In ihren Dimensionen lernen sie die geltenden Gesetze und ihre Umgebung detaillierter kennen. Doch sie handeln und agieren in der geistigen Welt genauso, wie sie es auf Erden mit ihrem physischen Körper taten.

Dies ist leichter zu verstehen, wenn man sich vor Augen hält, dass der Geist die Frucht des physischen Körpers ist. Den Geist im physischen Körper kann man auf Erden vergleichen mit einer Nadel und dem dazugehörenden Faden. In der geistigen Welt gehen die Geistwesen in die Dimensionen, wo sie hingehören; nur leben sie dort wie eine Nadel ohne Faden. Die geistige Welt ist kein Ort, an dem man seine Taten demonstriert. Hier sieht jeder an der Farbe des Geistes, welche Richtung er auf Erden einschlug. Es ist deshalb in der geistigen Welt ganz normal, dass wir sehen können, ob ein Mensch arrogant, selbstsüchtig, gierig, engstirnig oder gar mordlustig und ähnliches war.

Dort können die Menschen ihr Inneres nicht verbergen. Auf der Erde verstecken sie viele ihrer Egos in ihren Körpern. Sie können sich nicht einmal vorstellen, dass ihre Gedanken zu ihren Lebzeiten ihrem Geist wie ein Label anhaften. Tritt der Geist nach dem Tod aus dem physischen Körper, sind 99,9 Prozent der Menschen über den Anblick ihres Geistes schockiert. Entsetzt erkennen sie, dass ihr schlechter Lebenswandel die schlimmste Vorbereitung für ihren Geist war, der nun für immer in der geistigen Welt leben wird. Anhand von Beispielen möchte ich nun ein leicht verständliches Bild, von dem in der geistigen Welt stattfindenden Phänomen, vermitteln. Ich möchte erklären, was es mit der Reinkarnation auf sich hat, wie der Prozess des Wachsens und der Entwicklung sich vollzieht und was die Geistwesen tun müssen, um bessere Orte in der geistigen Welt erreichen zu können.

Zuerst ist es wichtig zu verstehen, dass der physische Körper den Menschen nur ein einziges Mal als Hilfe für das Wachsen ihres Geistes gegeben wird. Es gibt kein zweites, drittes oder viertes Mal. Dies ist das Gesetz Gottes und der Himmel, das für niemanden eine Ausnahme zulässt. Hier möchte ich ein Beispiel anführen, bevor ich detaillierter auf die Reinkarnation eingehe.

Jesus bat mich, unbedingt folgende Begebenheit zu erwähnen, denn die dort geschilderten Ereignisse haben ihm vor 2000 Jahren bei seiner messianischen Mission den Weg versperrt. Die Juden missverstanden damals die Prophezeiung von Elijas Wiederkehr.

Jesus erzählte: „Damals ging ich aktiv meiner messianischen Mission nach und setzte alles daran, die religiösen Menschen zu erreichen. Sie glaubten, der bereits einige Jahrhunderte zuvor gelebte Elija würde buchstäblich vom Himmel herunterfahren und stellten mir die gleiche fundamentale Frage über dessen Wiederkehr. Nach ihrem Glauben würde er die Mission des Messias vorbereiten. Für sie war darum die Zeit des Messias mit der Wiederkehr des Elijas eng verbunden.

Meine Jünger wollten von mir wissen, was sie den israelischen Priestern antworten sollten, wenn diese darauf beharrten, dass vor der Ankunft des Messias erst Elija wiederkehren muss. Ich betete zu Gott und den Himmeln, damit man mir das Geheimnis offenbart und ich die richtige Antwort geben könnte. Sie verkündeten, Elija würde nicht mit seinem physischen Körper erscheinen und Zacharias Sohn, Johannes der Täufer, derjenige sei, der die Mission von Elija erfüllen würde. Nun konnte ich auch sehen, dass der Geist Elijas bereits auf Erden mit Johannes dem Täufer sehr aktiv arbeitete, um die Mission zu erfüllen. Johannes der Täufer hatte seinen eigenen physischen Körper und seine eigene Seele, mit denen der Geist von Elija arbeitete. Mitnichten kehrte Elija mit seinem physischen Körper zurück, noch ist dessen Geist in den Körper von Johannes dem Täufer, noch irgendeines anderen, gefahren und schon gar nicht wurde er in einem neuen physischen Körper wiedergeboren. Der einzige Unterschied zwischen der damals herrschenden Vorstellung über Elijas Wiederkehr und der Wirklichkeit bestand darin, dass Elija nicht physisch zurückkam, sondern nur mit seinem geistigen Körper. Deshalb antwortete ich ihnen: „Elija ist bereits unter uns und sein Geist arbeitet mit Johannes dem Täufer. Johannes ist derjenige, der die unvollendete Mission des Elijas erfüllt."

Meine Jünger und ein Großteil der Menschen glaubten mir, da ich vor ihren Augen Wunder vollbrachte. Die religiösen Oberhäupter klammerten sich verbohrt an den Irrglauben der physischen Wiederkehr Elijas und lehnten meine Erklärung strikt ab. Sie konnten und wollten mir nicht glauben. Deshalb sagten sie: „Wie kann Johannes der Täufer Elija sein? Wir warten auf die Wiederkehr Elijas, der bereits vor Hunderten von Jahren unter uns lebte." Erschwerend kam für mich hinzu, dass Johannes sich nicht im Klaren über seine Position war, weil er sich geistig noch nicht so weit geöffnet und entwickelt hatte. Er konnte daher nicht verstehen, wie es sein könne, dass er der wiedergekehrte Elija sei. Jetzt, nachdem sich das Christentum etabliert hat, wissen die Christen, dass der Geist Elijas mit Johannes dem Täufer arbeitete. Auf der anderen Seite warten die jüdischen Israelis noch immer auf die Wiederkehr Elijas. Noch einmal möchte ich betonen, dass niemand im Fleisch zurück auf die Erde kehrt, der bereits gestorben ist! Es spielt hierbei keine Rolle, was für ein überragender Prophet oder Erlöser er war. Er wird niemals mit einem physischen Körper zurückkommen."

Es gibt zwei Arten der Reinkarnation für den menschlichen Geist, um aufzusteigen. Bei der einen Form der Reinkarnation kehrt der Geist zurück auf die Erde. Die zweite Reinkarnation vollzieht sich von einer Dimension in eine andere Dimension der geistigen Welt. Gemeinsam mit einem ihm ähnlichen Geist, eines auf Erden lebenden Menschen, erhält er so die Möglichkeit, zu wachsen. Dies jedoch nur, wenn der auf Erden lebende Mensch sich positiv beeinflussen lässt. Da die Mehrheit der Menschen bis heute nicht in der Lage ist, ihre geistigen Sinne zu öffnen, können sie diese Realität auch nicht beobachten. Während wir auf der Erde leben, arbeiten normalerweise drei verschiedene Geistwesen mit einem Menschen. Manchmal sind es mehr, es können aber auch weniger sein. Das hängt vom geistigen Standard des auf der Erde lebenden Menschen ab. Mit den Gesandten arbeiten Abertausende von Geistwesen gleichzeitig. Wie findet dies nun statt?

Reinkarnation des menschlichen Geistes durch Arbeit auf der Erde

Betrachten wir einen Menschen, egal ob männlich oder weiblich, der mit seinem physischen Körper auf Erden lebt, sich aber nicht bewusst ist, dass noch drei weitere Geistwesen - meistens sein irdisches Leben lang - bei ihm sind. Hier muss erwähnt werden, dass ein menschlicher Geist bereits sehr lange in seiner Dimension lebt, bevor er die Chance erhält, mit einem physischen Menschen auf der Erde zu arbeiten. Die Entscheidung, wo und mit wem er auf der Erde zusammenarbeitet, trifft nicht er, sondern wird von den Engeln festgelegt.

Eines der drei menschlichen Geistwesen gehört einer niederen Dimension an. Das zweite hat, verglichen mit der irdischen Person, ein ähnliches geistiges Niveau und das dritte Geistwesen stammt aus einer guten geistigen Welt. Diese drei Geistwesen sind die meiste Zeit mit dem irdischen Menschen zusammen. Der menschliche Geist aus der niederen geistigen Welt ist am meisten auf die guten geistigen Aktivitäten des irdischen Menschen angewiesen. Dieser sollte das Subjekt sein und dem niederen Geist beim Wachsen helfen. Das Wachstum des zweiten Geistwesens hängt auch vom irdischen Menschen ab. Wenn dieser Mensch auf Erden ein gutes Leben führt, erhält der ihm ähnliche Geist ebenso geistige vitale Lichtelemente. Das Wachstum des dritten menschlichen Geistes hängt dagegen nur bedingt von den irdischen Aktivitäten ab. Der dritte Geistmensch, kommend aus einer höheren geistigen Welt, inspiriert immer den Menschen auf der Erde, sich geistig zu entwickeln. Dadurch kann dieser in eine noch höhere Dimension gelangen.

Da die geistigen Sinne der Menschen nicht offen sind, können sie nicht herausfinden, welche Geistwesen mit ihnen arbeiten. Führt ein irdischer Mensch einen schlechten Lebenswandel, dann versucht der niedere Geist, ihn zu dominieren. Erhält der zweite Geist, der charakterlich dem irdischen Menschen gleicht, keine geistigen vitalen Elemente, wendet er sich ebenso dem Schlechten zu und setzt alles daran, den irdischen Menschen zu beherrschen. Der Geist aus der höheren Dimension versucht immer sein Bestes, den Menschen auf der Erde zu motivieren und zu inspirieren. Folgt dieser aber nicht der Inspiration des Geistwesens, sind auch diesem die Hände gebunden.

Alle drei Geistwesen sind mehr oder weniger von den Aktivitäten des Menschen abhängig, solange dieser auf der Erde mit seinem physischen Körper lebt. Die Geistwesen können die Gedanken des irdischen Menschen beeinflussen und unter bestimmten Bedingungen ihre Gedanken in den Verstand des irdischen Menschen transformieren. Manchmal hören wir von unseren Mitmenschen oder über die Medien, dass Menschen, obwohl sie an einem bestimmten Ort zum ersten Mal in ihrem Leben sind, glauben, dort bereits schon vorher gelebt zu haben. Oder sie glauben, sie wären Personen, die schon vor langer Zeit gestorben sind etc. All diese Gedanken stammen aber von den Geistwesen, die mit ihnen arbeiten. Da die geistige Verbindung der Menschen mit Gott zerstört ist, können sie dieses Phänomen der geistigen Welt nicht völlig verstehen.

Verlassen die Menschen ihren physischen Körper, finden sie heraus, dass verschiedene Geistwesen mit ihnen zusammenlebten, um durch sie zu wachsen. Doch sie haben die falsche Richtung eingeschlagen und die Geistwesen durch ihren Lebensstil negativ beeinflusst und ließen sich schließlich noch von ihnen dominieren. Der gute Geist kehrt in seine geistige Welt zurück und erhält trotzdem mehr Vorteile, da er sein Bestes versuchte, den irdischen Menschen zu inspirieren. Die anderen zwei müssen in eine noch niedere geistige Welt zurückkehren als die, aus der sie vorher kamen, denn sie waren vollkommen von dem Menschen auf der Erde abhängig. Der eigene Geist des irdischen Menschen geht ebenso in eine niedere geistige Welt.

Meistens können die niederen Geistwesen, die mit jemanden auf der Erde arbeiten, nicht wachsen. Sie werden nicht nur wütend, sondern rachsüchtig und wollen deshalb den irdischen Menschen unbedingt beherrschen. Anstatt diese Person positiv zu beeinflussen, führen die Geistwesen den physischen Menschen dann in die falsche Richtung. Die Menschen ahnen nicht, woher diese Beeinflussung rührt. Agieren sie gemäß dem schlechten Einfluss der Geistwesen, erhalten sie selber dunkle Elemente in ihrem eigenen Geist und werden so zu Opfern der niederen Geistwesen. Deshalb begegnen Unfälle, Krankheiten und unnatürliche Dinge den Menschen auf Erden. Die niederen Geistwesen erlangen meistens keine Vorteile, wenn sie nach Tausenden von Jahren die Möglichkeit erhalten, mit einem irdischen Menschen zu arbeiten. Zurückgekehrt in die geistige Welt, wird der

Prozess des Wachsens für sie in ihrer eigenen Dimension noch schwieriger als zuvor.

Reinkarnation des menschlichen Geistes von einer Dimension in der geistigen Welt in eine andere

Die Reinkarnation von einer Dimension in der geistigen Welt in eine andere vollzieht sich durch Gesetze und Prinzipien. Möchte ein Geistwesen in eine höhere Dimension der geistigen Welt gelangen, muss es zuerst eine Dimension tiefer gehen. Dort dient und hilft es den Geistwesen dieser niederen Dimension. Niedere Geistwesen verändern sich meistens zu ihrem Nachteil, wenn sie in eine andere Dimension gehen, anstatt sich positiv weiterzuentwickeln. Nur gute Geistwesen sind stark genug und können ihren Vorteil erlangen, wenn sie Geistwesen der niederen Dimensionen helfen und sie inspirieren. Sie sind sich der Qualität ihres Lichtes bewusst und möchten diese auf keinen Fall einbüßen.

Genau genommen haben es die Geistwesen mit mehr Licht einfacher, spirituelle Vorteile in der geistigen Welt zu erlangen. Sie erhalten die Vorteile durch die hohen Engelwelten. Die mystischen Umgebungen in der höheren geistigen Welt und die Teilnahme an Seminaren helfen dabei ihren Seelen beim Wachsen. Doch auch dieser Prozess muss relativ betrachtet werden. Es ist immer vom Licht der Geistwesen abhängig, wie lange sie warten müssen, um durch höhere Welten gerufen zu werden, um solche Vorzüge zu erhalten. Geistwesen, die Propheten oder Gesandte auf Erden waren, haben viel Licht, das bisweilen sogar gleich einem Kristall scheint. Sie genießen ständig die eben erwähnten Vorzüge und erhalten bedingt die Freiheit, in höhere Bereiche der geistigen Welt zu reisen. Dadurch können sie mehr Licht in ihren geistigen Körpern erlangen. Beispielsweise sah ich, der Autor, andere Gesandte in höheren Welten des Paradieses. Wenn sie in Wahrheit und deren Verwirklichung wachsen möchten, können sie in bestimmte höhere Dimensionen mit der Erlaubnis der Engel fliegen. Dort lehren unterschiedlich farbige Engel in einem mystischen Umfeld.

In diesen Dimensionen gibt es auch Lehrer - Jesus ist einer von ihnen - die den Titel und die Erlaubnis von Gott und den Himmeln zum Unterrichten erhielten. Sie vermitteln nicht nur Worte, sondern große mystische Erfahrungen, die als Filme ihres eigenen Lebens auf Erden aufgenommen wurden. Ebenso sind dort auch Filme über das Leben anderer Gesandter vorhanden. Möchte ein Geistwesen beispielsweise etwas über Mut, Glauben, Courage, Aufopferung oder Demut lernen, kann es in eine höhere Dimension gehen, wenn es die Möglichkeit dazu erhält. Dort vermitteln Gesandte wie Krishna, Buddha, Mohammed und viele andere ihre Erfahrungen während ihres Missionslebens. Einige haben wenige, andere mehr Titel durch Gott und die Himmel erhalten. Die Intensität ihres Lichtes und die von Gott und den Himmeln an sie verliehenen Titel lassen auf ihre Stellung und ihren Wert schließen. Aber auch diese hohen Gesandten und unzähligen Propheten, die in den Dimensionen des Paradieses lehren und inspirieren, erhalten die Möglichkeit, in noch höhere Dimensionen der Himmel zu gehen. Dort können auch sie sich weiterentwickeln und erhalten ihren geistigen Verdienst für ihre Anstrengungen. Ihr Geist erhält mehr Licht und strahlt intensiver gemäß ihrer weiteren Entwicklung.

In der geistigen Welt gibt es noch viel mehr Farben, als die auf Erden sichtbaren. Je höher die Dimension, desto farbenprächtiger ist sie. Jede Farbe hat eine besondere Bedeutung und Wirkung für die Geistwesen. Hohe Geistwesen, die viel Licht haben, kommen von Zeit zu Zeit auf die Erde oder können zu anderen Planeten dieser äußeren Schöpfung gehen. Es existiert Leben auf zahlreichen anderen Planeten wie der Erde. Geistwesen können mit Lichtgeschwindigkeit reisen und dadurch in kürzester Zeit jeden Teil der äußeren Schöpfung oder die Dimensionen der geistigen Ewigkeit erreichen.

Was geschieht mit Kindern, die vorzeitig aus dem irdischen Leben gerissen werden?

Ich, der Autor dieses Buches, wurde viele Male zumeist von Eltern, die bereits ihr Kind sehr früh verloren haben, gefragt, ob nicht wenigstens diese wiedergeboren werden. Diese Kinder hätten unverschuldet ihr irdisches Leben verloren und so keine Möglichkeit wie erwachsene Menschen gehabt, sich geistig auf Erden zu entwickeln.

Ich kann nur noch einmal wiederholen: Niemand, auch kein Kind, erhält eine zweite Chance mit einem physischen Körper ein weiteres Mal auf Erden wiedergeboren zu werden.

Sterben Kinder, kommen verschiedene geistige Gesetze zur Anwendung, die sich an dem Alter der Kinder orientieren. Sterben Kinder im Alter von 0 bis 7 oder bis 13 Jahren, erhalten sie den besonderen Vorteil, auf die Erde mit ihrem Geist und in Begleitung von höheren Geistwesen zurückkehren zu dürfen, um mehr geistige, vitale Lichtelemente für ihren Geist zu erlangen. Gemäß den verschiedenen Gesetzen können sie Vorteile im Hinblick auf ihr Alter erhalten. Sie werden auch zu anderen Planeten der äußeren Schöpfung gesandt. Es gibt genauso zahllose andere äußere Schöpfungen wie in der Ewigkeit. Auf diesen Planeten sind die Menschen bereits fortgeschrittener in ihrer geistigen Entwicklung.

Sterben Kinder im Alter von 13 bis 18 und zwischen 18 und 21 Jahren durch einen Unfall oder einen unnatürlichen Tod, erhalten auch sie gemäß ihres geistigen Wachstums Vorteile, weil sie bereits so früh ihren physischen Körper verloren haben. Anders als bei jüngeren Kindern beurteilen die Engel inwieweit Kinder dieser Altersgruppe in Ethik, Moral und geistigen Werten gewachsen sind. Hierin ist die Verwaltung der Engel klar und perfekt. Ihr Urteilsvermögen ist sehr präzise. Was immer sie entscheiden; es ist das Beste für den Geist, denn sie sind hauptsächlich mit den himmlischen Engeln und mit Gott verbunden. Ist die ideale Welt errichtet, gibt es keinen unnatürlichen Tod, keine Unfälle oder Schicksalsschläge mehr. Jedes Kind wird sein vorgesehenes Lebensalter erreichen. Die geistige Welt wird sichtbar werden und kein übles Geistwesen wird jemals das schlechte Schicksal zu Gottes Kindern auf Erden bringen können. In der Neuen Welt Gottes wird jedes Kind wie Jesus, Mohammed, Buddha oder die anderen Propheten sein.

Ich, der Autor, muss an dieser Stelle etwas weitaus Wichtigeres noch hinzufügen: In der Neuen Welt Gottes wird jedes Kind bedeutender und überragender als Jesus, Mohammed, Buddha oder die anderen Propheten der Geschichte sein. In dieser neuen Ära kommen alle Propheten auf die Erde, um in Liebe durch Gottes Söhne und Töchter auf Erden zu wachsen. Ich werde mich glücklich schätzen, mit meinem Geist auf die Erde herabzusteigen, um Gottes Kinder zu sehen und ihnen zu dienen. Sie werden herausragender als ich sein. Es wird mir eine Ehre sein, mich vor ihnen zu verbeugen und ihre Füße zu küssen, sie zu waschen und zu salben.

Fragt mich jemand nach dem Wesentlichen der Wahrheit, dann muss ich sagen: Die Himmel, die auch Orte der Wunder genannt werden, heißen Gottes Kinder willkommen und dienen ihnen. Ich wünschte, auf der Erde könnte man den Schrei meines Herzens hören und es gäbe hier jemanden, der mir um Gott, der Himmel und um seiner Kinder willen helfen kann. Ich wünschte, es gäbe jemanden, der mit mir auf diesem stürmischen und dunklen Weg geht. Ich bin bis jetzt allein. Trotzdem möchte ich mehr von Gottes Kindern an meiner Seite sehen, die mir helfen, die Welt Gottes zu errichten. Wenn ich in meinem Leben noch eine Person wie mich finden würde, könnte ich bereits sehr bald Gottes Kindern neue Hoffnung geben.

Ich habe Luzifer und seine üble Gefolgschaft im Wald bezwungen. Dort erhielt ich auch die Mission. Das alles war aber nur ein Erfolg auf persönlicher Ebene. Seitdem ich aus dem Wald kam, ließen mich Luzifer und seine üblen Anhänger nicht allzu weit vorankommen. Sie haben bewiesen, dass diese Welt ihnen gehört. Fast 50 Jahre sind vergangen, seit Gott mich in meiner Heimat rief. Ich habe die Realität gesehen. Luzifer ließ mich nicht einmal ein paar Schritte vorwärts gehen.

Die Letzten Tage und die Zerstörung dieser Erde

Im religiösen Bereich gelten die Letzten Tage als furchterregend, denn an diesen soll die Welt zerstört werden. Genau genommen signalisieren aber die Letzten Tage in den Augen Gottes und der Himmel die Tage, an denen der Einzelne, die Familien, die Gesellschaften, die Nationen und die Welt den Sinn des Lebens verwirklichen. Ebenso signalisieren die Letzten Tage das Ende für Luzifer und seine schlechte Welt. Diese wird sich zum Guten wandeln und auf Gottes Seite sein. Und nicht zuletzt überbringen die Letzten Tage die himmlische Nachricht, dass nun eine innere Revolution mit überragenden Veränderungen für die Menschheit stattfinden wird.

Die Menschen werden nicht mehr die Gleichen wie in der Welt Luzifers sein. Die Letzten Tage bringen uns auch das Versprechen Gottes, dass die Menschen von nun an die Entwicklung zum Guten demonstrieren und sie gemeinsam mit Gott in seiner Welt leben. All die Vorhänge des ewigen Lebens fallen und es wird keine verborgenen Geheimnisse für Gottes Kinder mehr geben. Die Himmel werden herabsteigen, um ihnen zu dienen. Gottes Kinder werden der Spiegel sein, in dem Er sich selber sehen kann. Solche Kinder wachsen in der vollkommenen Liebe Gottes. Gott wird sich mit seinen Kindern für immer niederlassen. Hat sich die Menschheit erst einmal Gott zugewandt und den Zweck des Lebens erfüllt, werden sie als Gottes Kinder ewige Glückseligkeit finden.

Bis zum heutigen Tag regierte der Tod. Er siegte über die Menschheit in der schlechten Welt Luzifers. In den letzten Tagen verliert der Tod seine Herrschaft über Gottes Kinder. Stattdessen wird er die Menschheit führen, sie zum Nachdenken anregen, damit sie sich ernsthaft die Frage nach dem Sinn des Lebens stellt. Der Tod gibt uns dann die Antworten auf die Geheimnisse des ewigen Lebens. Er wird uns führen und uns sagen, dass wir nicht unsere eigenen Schöpfer sind. Er wird uns wissen lassen, was die wichtigste Priorität in unserem Leben ist und uns aufzeigen, was wir zuerst in unserem irdischen Leben tun müssen, um in Frieden mit Gott und den Himmeln zu leben. Wie bereits gesagt, der Tod wird uns führen, aber niemals beherrschen. Er lässt uns wissen, wie wir wahren Erfolg in unser Leben bringen. In der Welt Luzifers leben die Menschen in einer unglaublichen Ignoranz. Sie bilden sich ein, dass der Tod und die

Höllen nur für die anderen bestimmt sind. Wenn die Menschen sich vor Augen führen, dass der Tod und die Höllen auch auf sie warten, werden sie sehr darauf achten, was für ein Leben sie führen. In den Letzten Tagen beginnt die spirituelle Revolution und die neue Ordnung Gottes und der Himmel wird in das Leben der Menschen einziehen.

Gott und die Himmel haben den Menschen sehr oft die Möglichkeit des Anbruchs der Letzten Tage gegeben, um sich auf die Seite Gottes zu stellen. So gesehen begannen die letzten Tage bereits zu Lebzeiten Jesus. Luzifers Welt hätte hier ihr Ende und Gottes Welt ihren Anfang finden sollen, doch das auserwählte Volk der Israeliten und besonders die Römer haben diese Zeit nicht als solche erkannt. Sie hätten das Königreich Gottes auf Erden errichten können, indem sie Jesus folgen. Die Letzten Tage waren bereits zum Greifen nahe. Die Menschen hätten beinahe wahren Frieden, wahre Freiheit und die Liebe Gottes erfahren. Stattdessen verstrich diese Möglichkeit ungenutzt, da die falsche Entscheidung getroffen wurde. Der Preis der Wiedergutmachung an Luzifer, für das Verstreichenlassen dieser Möglichkeit, war sehr hoch. Hätte die Familie Adams zu ihren Lebzeiten den ihnen von Gott gegebenen Sinn verwirklicht, wäre ausgehend von dieser Familie eine Gesellschaft des Guten entstanden. Diese hätte sich dann auf die Nation und schließlich auf die ganze Welt ausgebreitet. Wir bräuchten heute nicht über die Letzten Tage reden; wir würden jetzt bereits in der Welt Gottes leben. In dieser Welt wäre es nicht erforderlich gewesen, die Menschheit zu zerstören wie zur Zeit Noahs. Auch hätte Abraham nicht den aufopferungsvollen und entbehrungsreichen Weg auf sich nehmen müssen. Moses hätte nicht mit dem auserwählten Volk das Land Kanaan suchen müssen. Jesus wäre das Kreuz erspart geblieben. Mohammed hätte niemals eine neue Religion entstehen lassen und stattdessen die Religionen aufgefordert, sich zum Wohle Gottes zu vereinen.

Am wichtigsten ist, dass die Religionen niemals in irgendeiner Form existiert hätten und Gottes Kinder niemals den Weg des Leidens gegangen wären. Ich kenne die Religionen und ihre Anhänger. Sie werden mir nicht zustimmen. Trotzdem sage ich; wann immer die Menschheit in Zukunft entscheidet, ihre Schritte in die neue Welt Gottes zu lenken, werden meine Worte sie führen. Sie werden niemals aus den menschlichen Herzen verschwinden und ausgelöscht. Einfach gesagt, ich spreche im Namen Gottes und der Himmel.

Damit Gott die neue Welt auf Erden errichten kann, muss Er erst die alte Welt zu Fall bringen. Dazu muss die Menschheit dem Ruf Gottes antworten, genauso wie sie es bei Luzifer taten, als dieser seine gefallene Welt errichtete. Luzifer und seine üble Gefolgschaft wissen nur zu gut, dass Gott, wenn Er die Menschheit, Luzifer und alle gefallenen Wesen durch seine Allmacht ändern wollte, dazu nicht länger als eine Sekunde bräuchte. Doch Luzifer und seine Anhänger sind sich ebenso im Klaren, dass Gott niemals solch einen, gegen die Prinzipien verstoßenden, Weg einschlägt und seine Macht einsetzt, um die Menschheit und die anderen gefallenen Wesen gegen ihren Willen zu ändern. Luzifer weiß nur allzu gut, dass Gott ein Gott der Ewigkeit ist. Er würde niemals seinem eigenen Versprechen zuwider handeln. Er weiß, Gott ist absolut und in höchster Weise ideal und möchte auch seine Kinder genauso sehen, die nichts mehr mit dem Bösen und mit Luzifers Aktivitäten gemeinsam haben. Gott möchte eine neue Welt errichten, die nur Ihm und seinem Herzen der Liebe folgt.

Ich möchte den Menschen noch weitere Geheimnisse offenbaren. Sie müssen wissen, was sich im Verborgenen in der geistigen Welt abspielt. Bis jetzt hat die Menschheit Gott nicht erlaubt, direkt auf diese üble Welt einzuwirken. Deshalb verhandelten genau genommen die Engelwelten mit Luzifer und seiner üblen Gefolgschaft. Als die Engelwelten in der geistigen Welt sahen, dass Luzifer und seine üblen Geister auch die guten Bereiche beeinflussen, um sie in gefallene Welten zu verwandeln, erklärten sie von sich aus den Krieg gegen ihn und seine Streitkräfte. Sie verbannten sie aus den Bereichen der guten Welten, wie beispielsweise den Dimensionen des Paradieses. Gemäß den Umständen und zum Schutz der geistigen Welt taten sie was getan werden musste. Seit dieser Zeit leben Luzifer und seine Anhänger in niederen dunklen Orten der geistigen Welt.

Aber dies hatte Folgen! Die geistige Welt teilte sich in Millionen und Abermillionen Dimensionen. Und das war auch nicht der Wille Gottes. Jetzt gehen die Geistwesen in die geistige Welt gemäß ihrem Wachstumsniveau und dort entwickeln sie sich weiter, bis die neuen Himmel und die neue Erde errichtet werden. Gott hat von da an der Menschheit die Möglichkeit eröffnet, den direkten Weg zu Ihm einzuschlagen, auf dem in der kürzesten Zeit all die Leiden für immer ein Ende finden. Deshalb war auch zu Noahs Lebzeiten die Zeit der Letzten Tage für Luzifer und seine üblen Geister. In der Epoche Abrahams und Moses hat Gott den Menschen erneut eine solche Möglichkeit eröffnet.

Jesus Zeit war so gesehen der Höhepunkt in Gottes Vorsehung. Gott hätte hier in der kürzesten Zeit, innerhalb von 21 Jahren, durch Jesus sein Reich errichten können. Das auserwählte Volk und später die Welt hätten nur Jesus folgen müssen, als er rief: „Bereuet, das Königreich Gottes ist nahe!" Selbst bei Hindernissen auf diesem Weg, hätte es trotzdem nur 40 Jahre gedauert, bis Luzifer und seine Streitkräfte eingesperrt worden wären. Für ihr Versagen, dem Ruf Gottes nicht zu folgen, musste die Welt und besonders das auserwählte Volk einen tragisch hohen Preis der Wiedergutmachung an Luzifer und seine Gefolgschaft zahlen. Es ist Luzifers hasserfülltester Wunsch, die Menschen durch einen atomaren Krieg von der Erde auszulöschen. Das vergossene Blut der Menschen in der vergangenen Geschichte war ihm und seinen üblen Anhängern nicht genug und brachte ebenso wenig Befriedigung. Bis heute ist es der traurige Teil in Gottes Vorsehung, dass die Menschen, aufgrund ihrer gefallenen Natur, Gottes Segen immer mit Luzifer teilten. Dadurch haben sie den Schlüssel in die Hände Satans gelegt. Jeden Segen, den Gott den Menschen überreichen möchte, müssen sie auch in Zukunft mit Luzifer teilen, solange sie noch Opfer Luzifers und seiner üblen Gefolgschaft sind. Einfach gesagt, fielen bereits die Vorfahren der Menschen in die Hände Luzifers und öffneten ihm das Tor, um seine Welt zu errichten. Die Menschen führen bewusst oder unbewusst ein schlechtes Leben und verbinden sich mit Luzifer, der der schlimmste Erzfeind der Menschheit ist.

Seit Adam für den Willen Gottes auserwählt wurde, sind fast 6000 Jahre vergangen. Heute stehen wir an dem Punkt, an dem die Konfrontation zwischen Luzifer und den Himmeln zu eskalieren droht. Auf dieser Erde ist kein Platz für zwei Welten: Entweder wird die Welt Gottes errichtet oder der größte Teil der Population dieser Erde durch einen Atomkrieg ausgelöscht. Vielleicht werden auf diesem Planeten einige Menschen überleben. Mit ihnen werden die Himmel ihre Vorsehung erneut beginnen. Von diesem Formationsstadium ausgehend wird die Entwicklung in ein anderes Stadium führen, in dem die Menschen von Luzifer erlöst werden. Luzifer hatte bereits in der Zeit vom Erscheinen Adams, Abrahams, Moses, Jesus und Mohammed genügend Zeit, um die Vorsehung Gottes aufzuhalten oder ins Gegenteil zu verkehren. Seine extremsten Strategien sind, dass die zentrale Person Fehler macht, umgebracht wird oder die ihr gegebene Mission verlässt. Luzifer kann durch diese Fehler die Vorsehung Gottes und der Himmel einfach aufhalten, wenn die zentrale Person nicht mehr mit dem physischen Körper auf Erden weilt.

Bis zum heutigen Tag hat Luzifer diese Aufgabe hervorragend bewältigt. Nun ist sein sehnlichster Wunsch, Gottes Vorsehung auf das Niveau der Zeit von Adam, Noah und Abraham zurückzudrehen. Damit dieser Traum wahr wird, schreckt Luzifer auch nicht davor zurück, einen atomaren Krieg in unserer heutigen Zeit heraufzubeschwören. Aber gleichzeitig ist Gottes Reich noch einmal in unseren Händen. Alles hängt nur von den Menschen dieser Welt ab. Sie müssen dem Ruf Gottes folgen und sich ausgerichtet auf Gott vereinen, damit der Prozess der Errichtung einer neuen Welt reibungslos eingeleitet werden kann. Danach sperren die Himmel Luzifer und seine üble Gefolgschaft für immer weg. Die Himmel brauchen jedoch eine Basis, um in diese satanische Welt eingreifen zu können und sie zur Kapitulation zu zwingen. Solange die Menschen auf Erden nicht um Gottes Hilfe bitten und schwören, sich von Luzifer zu trennen, wird diese Welt ihm gehören. Um es kurz zu machen: Luzifer verkündete, dass diese Welt zu ihm gehört. Zudem möchte er diese Welt dem Untergang weihen. Solange es schlechte Menschen auf dieser Erde gibt, die sich mit Luzifer und seinen Anhängern zusammenschließen, haben weder Gott noch die Himmel die Möglichkeit, diese Welt auf ihre Seite zu bringen.

Mein Herz weint sehnsüchtig, die Menschen dieser Welt zu erreichen. Ich habe diese Mission nicht aufbauend auf dem Islam oder dem Christentum oder irgendeiner anderen Religion erhalten. Ich wurde von Gott gerufen, um die Menschheit vor Luzifers Zerstörung und der Invasion seiner üblen Gefolgschaft zu bewahren. Selbst wenn sich nur eine Nation mit mir ausgerichtet auf Gott vereint, kann ich dem Leiden der Menschen ein Ende bereiten. Aus Dank kann ich Gott bitten, in der Nation zu erscheinen, die mir bei der Erfüllung seines Willens hilft. Die Menschen werden mit ihren eigenen Augen den sichtbaren Gott erblicken, doch nur, wenn wenigstens eine Nation dem Willen Gottes und der Himmel folgt, um die Menschheit zu bewahren, um der zukünftigen Kinder willen sowie zum Wohle ihres eigenen ewigen Lebens.

Gott kam in den Garten Eden, um mit Adam und Eva zu sprechen. Genauso erschien Er Noah und Abraham. Gott kam ebenso zu Moses und trug ihm auf, sein Volk zu befreien. Er versprach ihm, sich als sichtbarer Gott auf dem Berg Sinai zu zeigen. Gott erschien auch Jesus, nannte ihn seinen geistigen Sohn und verlieh ihm sogar die Kraft, seine Kinder zu heilen. Damit nicht genug! Gott eröffnete nach Jesus auch Mohammed eine faire Chance, das Königreich Gottes auf Erden zu errichten. Die gleichen Möglichkeiten räumte Gott Buddha, Krishna und den anderen Gesandten des Fernen Ostens ein. Deshalb Menschheit, lasst mich euch sagen: Ich liebe Gott und seine Kinder mehr als irgendein anderer Gesandter in der Geschichte. Die Himmel verliehen mir die Autorität und Kraft, Gottes Kinder in die Himmel zu führen, wenn sie mir ihre Hände reichen. Ich verspreche deshalb allen Kindern Gottes: 2040 werde ich mich verbeugen und unseren Schöpfer bitten, an diesem Ort, um der Liebe willen, zu erscheinen. Die Menschheit soll wissen, dass mein Ruf an Gott kein gewöhnlicher Ruf ist und mein Gebet nichts mit einem gewöhnlichen Gebet für Gott und die Himmel gemein hat. Mein Ruf des Herzens kann Gott und die Himmel erzittern und den blauen Himmel entzweien lassen. An diesem Tag werden die Kinder Gottes sehen, wozu die Liebe in der Lage ist: Sie kann Gott und die Engel hinunter zur Erde bringen. Dadurch können Gottes Kinder Ihn sehen und ihren eigenen Himmlischen Vater erfahren.

Vom ersten Moment an, als Gott und die Himmel mich riefen, habe ich niemals versucht, irgendeinen Handel mit ihnen zu schließen. Es gab keinen einzigen Tag, an dem ich Gott um irgendetwas bat, ausgenommen um die Erlösung der Menschheit und der anderen Wesen. Es gab keinen einzigen Moment in meinem Leben, in dem ich zweifelte und mich bei Gott und den Himmeln beklagte. Die Propheten und die Gesandten, die durch Gott und die Himmel auserkoren wurden, lehnten zuerst die Mission ab oder waren nicht bereit, Gott und den Himmeln zu antworten. Ich kämpfte mit Luzifer, den Engeln und Himmeln, damit mein Weg frei wird, diesen einsamen Gott zu treffen. Ich bin durch die dunkle Ewigkeit gereist und habe meinen Geist und meine Seele verloren, um ein einziges Mal diesen sichtbaren Gott zu treffen. Wenn Gott die Menschen und anderen Wesen um der Liebe willen erschuf, kann mein Name die ganze Ewigkeit hindurch niemals aus dem Herzen Gottes ausgelöscht werden.

Seitdem die Menschen zu Opfern von Luzifers Sklaverei wurden, konnten weder raffiniert ausgeklügelte Pläne, noch Kriege die Ketten der satanischen Sklaverei sprengen. Aber ich bin in der Lage, Gottes brennende Liebe meinen Nächsten zu bringen, die die Sklaverei der Menschen und alle Leiden beendet und sie für immer erlöst. Ich rufe Gottes Kinder, das Königreich Gottes auf Erden zu errichten. Nicht nur die Menschheit, sondern auch Gott und die Himmel werden befreit sein. Lasst das von Gott an mich gegebene Versprechen wahr werden: Die Menschheit wird auf jedem Stern in seinem Universum leben.

Der göttliche Mensch ist die Heimat Gottes

Insbesondere religiösen Menschen sagen über Gott, Er sei allgegenwärtig, allwissend und allmächtig. Das alles ist wahr. Gott kann unzählige weitere Schöpfungen und Himmel erschaffen. Er kennt die Situation eines jeden Wesens. Er weiß alles. Er ist mehr als unser Vater und unsere Mutter. Als Er uns erschuf, war Er unsere himmlischen Eltern. Als Er uns in die äußere Schöpfung sandte, um schneller zu wachsen, war Er auch unsere einzig wahren Eltern. Kehren wir mit unserem Geist für immer in die geistige Welt zurück, wird Er der Einzige sein, der immer noch unsere wahren Eltern verkörpert.

Wann immer Gott einen Gesandten als relatives Objekt in dieser üblen gefallenen Welt Luzifers fand, demonstrierte Er, dass Er immer in der Mehrheit gegenüber Luzifers Welt war. Gott konnte viel durch seine Gesandten reformieren. Die Wahrheit ist, dass bis zum heutigen Tag Gott nicht eine einzige Person finden konnte, die zu seinem absoluten Objekt wurde, denn sonst würden wir bereits im Königreich Gottes leben. Deshalb reformierten all die Gründer der Religionen bis zum heutigen Tag die Welt nur bedingt, da sie nur relative Objekte Gottes waren.

Dieses Beispiel bezieht sich natürlich auch auf mich. Seitdem ich eng mit Gott und den Himmeln zusammenarbeite, brauchte ich viel Zeit zum Wachsen und die Dinge, wie Gott und die Himmel, zu sehen. Als ich jung war, fehlte mir ein klares Verständnis. Auch ich muss gestehen, dass ich genau wie andere Propheten verschiedene Fehler gemacht habe. Diese Fehler kosteten mich viel Zeit bei der Verwirklichung der Vorsehung Gottes. Ohne diese Fehler würde ich heute bereits ein anderes Niveau erreicht haben. Dafür bin ich direkt vor Gott und den Himmeln und ebenso seinen zukünftigen Kindern verantwortlich. Wenngleich ich aus meinen Fehlern gelernt habe, so kann ich am Ende meines Missionslebens nur Gott, die Himmel und seine Kinder dafür um Vergebung bitten.

Aber warum spreche ich hier über mich? Ich möchte Gottes Kinder ermutigen. Wenn ein gewöhnlicher Mann wie ich bis in das Herz Gottes vordringen konnte, können es andere Menschen in Zukunft auch, denn diese werden weitaus überragender als ich sein. Das ist die grundlegende Wahrheit. Ich weiß, worüber ich spreche. Seitdem

Gott mich für diese Mission rief, fand ich durch meine eigenen Erfahrungen mit Ihm heraus, dass Gottes Liebe über Seinen Gesetzen steht. Auf dem Weg Gottes muss man seinen guten Willen zeigen, den göttlichen Zweck zu erfüllen, den Gott dem Leben der Menschen und der anderen Wesen gegeben hat. Ich dachte niemals in diesem Leben, dass ein Mann wie ich so viel Liebe von Gott und den Himmeln erhalten wird. Ich wagte noch nicht einmal davon zu träumen, noch konnte ich mir vorstellen, dass Gott und die Himmel mich als ihr eigenes Herz bezeichnen werden. In meinem ganzen ewigen Leben werde ich mich wundern, dass Gott mich für seinen göttlichen Willen auserwählte. Dafür verbeuge ich mich in der gesamten Ewigkeit vor dem Himmlischen Vater, dass Er einen so unwürdigen Mann wie mich zu Seinem Objekt machte.

Ich finde nicht die richtigen Worte, um Gottes Liebe seinen Kindern gegenüber auszudrücken. Gleichzeitig bin ich im Grunde meines Herzens den Himmeln dankbar, die mich durch die dunkelste Zeit führten und mich inspirierten, um weiter voran auf diesem Weg trotz der Hindernisse Luzifers und seiner üblen Gefolgschaft zu gehen. Ich danke all den Propheten von ganzem Herzen, denn sie standen mir in der schwierigsten Zeit bei. Sie bezeugten mir ihre Solidarität und dass sie meine Familie sind. Mir fehlen die richtigen Worte, um meinen Dank und meine Liebe ihnen gegenüber auszudrücken. Im ewigen Leben ist es mein innigster Wunsch, sie zu lieben und ihnen zu dienen. Aber meine tiefste, ewig brennende und sich nach Gott sehnende Liebe gehört nur Ihm. Wenn Gott mir die Wahl überließe, dann habe ich im Grunde meines Herzens nur einen Wunsch; ich möchte in meinem Leben Gott umarmen und in der gesamten Ewigkeit niemals von Ihm getrennt sein.

Das Kapitel „Der göttliche Mensch ist die Heimat Gottes" ist das sensibelste und intensivste Thema. Die Menschheit hat das Recht, seinen gesamten Inhalt zu erfahren. Gott möchte in allen Menschen und anderen Wesen seine Kinder des Guten sehen, die das göttliche Wesen von Ihm erben. Die Himmel offenbaren mir viele Wahrheiten über die Definition der göttlichen Menschen. Ein einfacher Mann, wie ich, hat viele Schwierigkeiten, im Detail das Wissen und die dazugehörigen Erklärungen über die göttlichen Menschen zu vermitteln. Wenn ich nicht all die Details wissenschaftlich erklären kann, liegt es an meiner sprachlichen Unvollkommenheit. Im religiösen Bereich lässt sich leicht daher sagen: Liebe Gott und deinen Nächsten. Doch wenn es darum geht, dies umzusetzen, geraten wir an unsere Grenzen in unserem Leben. Verstreicht die Zeit und wir werden alt, dann scheint es, als ob man es anderen überlassen müsse, Gott und seinen Nächsten zu lieben. Für uns reicht es aus, darüber zu reden. Wir alle wissen, dass es nicht genug ist, nur die Wahrheit zu hören. Deren Verwirklichung muss in unserem Leben Einzug halten, damit wir zur Verkörperung der Wahrheit werden.

Deshalb ist nach Gott die Menschheit das höchste Instrument, durch welche Wahrheit und Liebe erstrahlen kann. Aber wir haben die Wahrheit missverstanden. Sehr oft möchten wir, dass die Wahrheit und die Liebe nur durch die heiligen Bücher zu uns scheinen. Wir haben uns dabei selber die leichteste Aufgabe zugedacht, indem wir diese Bücher hoch in unseren Händen halten und den anderen sagen, dass darin Wahrheit und auch Liebe gefunden werden kann. Wir selber möchten jedoch nicht zum Instrument der Wahrheit und Liebe werden. Ehrlich gesagt, sind die Gläubigen der Religionen, aufgrund dieses Verhaltens, zu Kakerlaken ihrer eigenen heiligen Bücher geworden.

Ich möchte dies an einem Beispiel deutlich machen. Haben ein Christ oder ein Muslim einen Traum, in die Fußspuren des eigenen Erlösers zu treten, dann wird ein wesentlicher Hauptpunkt meistens vergessen. Als Jesus und Mohammed auf der Erde lebten, von wem träumten sie zu dieser Zeit? Wer war für sie das Zentrum ihres Gebetes? Waren sie es selber? Nein, auf keinen Fall! Jesus und Mohammed sehnten sich danach, den Fußspuren Gottes zu folgen. Deshalb ist eine Priorität unmissverständlich: Die Menschen wurden durch Gott erschaffen, damit sie zu seinen göttlichen Kindern werden. Darum durchlaufen alle Propheten und Erlöser eine bestimmte Entwicklung, um zum Objekt Gottes und der Himmel zu werden. Das ist der erste Grund, warum Gott und die Himmel sie riefen. Sie sollten die Menschheit führen, aber nicht zu sich selber. Auf keinen Fall sind Propheten die Bestimmung für die Menschheit, denn auch sie wachsen noch in der geistigen Welt. Ich sage der Menschheit hier die ganze Wahrheit. Ich habe all die Propheten viele Male getroffen und ihr geistiges Leben sowie ihr geistiges Wachsen beobachtet. Ich habe beobachtet, wie intensiv das Licht ihres Geistes strahlt.

Deshalb ist es Zeit für die Gläubigen der Religionen, aus ihrem Schlaf aufzuwachen. Sie sollten nicht farbenblind und so fanatisch an ihren Erlösern hängen. Meistens gehört die Liebe der Gläubigen den Propheten ihrer Religionen oder ihren Erlösern. Gott ist nur ein Konzept für sie. Die Menschen müssen aufhören, sich selber etwas vorzumachen. Sie dürfen die Augen nicht vor der Wahrheit verschließen. Hätten Gott und die Himmel Jesus nicht als Messias für die Menschheit gerufen, hätte er als gewöhnlicher Zimmermann gelebt. Er würde sich um sich und seine Familie kümmern. Was sonst hätte er noch tun können? Er wäre auch als Zimmermann gestorben. Die Menschen können die geistige Wahrheit nicht erhalten, solange sie ihnen nicht durch Gott und die Himmel gegeben wird. Das Gleiche wäre auch Mohammed widerfahren. Hätte Gott ihn nicht gerufen und den Erzengel nicht zu ihm gesandt, wäre ihm ein gewöhnliches Leben als Kaufmann beschieden. Vielleicht würde er horizontal etwas Gutes für seine Familie und seine Verwandten bewerkstelligen. Trotzdem wäre er als Kaufmann gestorben. Das gleiche wäre auch Buddha widerfahren. Hätten die Himmel ihn nicht inspiriert, sich nach der geistigen Wahrheit zu sehnen, wäre er als Maharadscha in Indien gestorben. Das wäre der größte Erfolg in seinem Leben gewesen. Genauso wäre es allen anderen Propheten ergangen, wenn Gott und die Himmel sie nicht gerufen und inspiriert hätten. Die erste Priorität eines Gesandten, der von Gott und den Himmeln auserwählt wurde, ist es, alles daran zu setzen, bis er die Menschen zu Gott führen kann. Auch die Aufgabe der Himmel besteht darin, die Menschen zu Gott, ihrem Schöpfer, zu leiten.

Ich, der Autor dieses Buches, verneine auf keinen Fall den Wert der Gesandten, die durch Gott und die Himmel auserwählt wurden, um die Menschheit zu führen. Ich vernahm die Wahrheit direkt aus Gottes Mund: Alle seine Kinder haben einen einzigartigen Wert. Das bedeutet, es gibt keine Duplikate oder Kopien von ihnen. Sie wurden als Original erschaffen, um ihren Zweck als heilige Söhne und Töchter zu erfüllen. Das bedeutet aber auch, dass wir eines Tages zu Kanälen für einander werden, um noch näher an Gott heranzuwachsen und uns selber einander annähern.

Jetzt werde ich noch eine sehr schmerzhafte Wahrheit für die Gläubigen der Religionen verkünden. Die Propheten und die Erlöser übermittelten nicht alles, was Gott und die Himmel ihnen offenbart hatten! Sie sind deshalb direkt oder indirekt verantwortlich, dass die Menschheit blockiert wurde und sich nicht Gott weiter annähern konnte. Gott und die Himmel vergaben ihnen, aber die ungelösten Probleme bestehen in der Realität weiterhin. Nun muss eine neue zentrale und durch Gott gerufene Person den Weg vorbereiten, den diese Erlöser und Propheten blockierten, indem sie nicht die himmlische Wahrheit offenbarten. Luzifer und seine üblen Anhänger haben nun diese Hauptrolle an sich gerissen, die Wahrheit zu verwirren und die Menschen und die anderen Wesen in die falsche Richtung zu führen. Dennoch müssen wir uns immer eins vor Augen halten: Die Menschen haben die Basis für Luzifer und seine Anhänger geschaffen. Nur darum konnten diese die Wahrheit hochgradig verdrehen und Gottes Kinder in eine falsche Richtung führen. Die Menschen können die Verantwortung dafür nicht von sich schieben oder auf jemand anderen abwälzen.

Fragt man mich heute nach dem Warum, ist die Antwort denkbar einfach: Gott ist kein toter Gott. Glauben meine Mitmenschen tatsächlich, Gott sprach wirklich nur in der Zeit Abrahams, Moses und Jesus und ist nun als alter Mann gestorben?

Das ist absolut falsch! Gott ist ein lebender Gott. Er garantiert uns, für immer in der Ewigkeit zu leben. Gott spricht heute zu den Menschen genauso wie damals und möchte alle seine Kinder erreichen. Der große Lagerraum seines unermesslichen Segens in den Himmeln ist nicht leer geworden, nachdem Jesus, Mohammed und die anderen Propheten erschienen. Er hat so viele weitere Segen seinen Kindern zu geben. Als Jesus, Mohammed und die anderen Gesandten in die geistige Welt kamen, erfuhren sie, wie viel mehr Gott seinen Kindern geben möchte. Der überragende Segen Gottes, seine Gunst und Gnade für seine Kinder, ließ sie taumeln. Es gibt nur einen einzigen Unterschied: Ein Kind Gottes hat es bereits geschafft, das andere ist noch auf dem Weg. Die Essenz der Wahrheit ist die, dass Gott jedem seiner Kinder eine faire Möglichkeit eröffnet hat, geistig zu wachsen und dies höher, als irgendein Gesandter in der Vergangenheit. Ich kann dies nur immer wieder mit aufrichtigem Herzen beteuern, denn ich habe Gott persönlich getroffen.

Gottes Gnade und sein Segen für seine Kinder und andere Wesen sind so gewaltig und sind mit einem ewigen Ozean vergleichbar. Trinkt man nur ein paar Tropfen aus diesem Ozean, macht das diesen nicht leer. Die bis zum heutigen Tage erschienenen Gesandten, können als Beispiel herangezogen werden: Sie alle tranken einige Tropfen der Liebe Gottes, doch Gottes ewiger Ozean der Liebe ist immer noch randvoll. Die schlimmste Blockade in den Religionen ist die, dass die Gläubigen ihre Erlöser und ihre Religionen zu einer Sackgasse für die Menschen werden ließen. Sie glauben, dass ihre Erlöser die letzten Erlöser seien, und dass ihre heiligen Bücher die vollkommende und ewigwährende Wahrheit enthalten.

Das ist absolut falsch und stimmt nicht einmal ansatzweise. Das war und ist auf keinen Fall der Wille Gottes! Und das wird niemals der Wille Gottes sein! Gott wird all diese beengenden Barrieren dem Erdboden gleich machen, die seine Kinder daran hindern, zu Ihm zu kommen.

Genau genommen sind Luzifer und seine üble Streitmacht sehr klein. Aber die Menschen verbanden sich mit Luzifer und seinesgleichen zu einer Familie. Nur deshalb sieht es so aus, als ob sie in der Mehrheit wären. In der Realität sind sie jedoch zahllose kleine Nullen. Addiert man all diese vielen Nullen zusammen, wird das Ergebnis immer noch Null sein. Genau genommen ist Gott in der Wirklichkeit so groß, dass die Menschheit schockiert sein wird, wenn sie Ihn trifft. Aufgrund der Ignoranz des Bösen und der geistigen Dunkelheit, scheint Gott klein und unfähig zu sein, der Menschheit zu helfen. Aber die richtige Antwort ist die, dass die Menschheit aufwachen und die richtige Entscheidung treffen muss, um dem richtigen Weg zu folgen. Somit werden wir erfahren, wie groß und überragend Gott ist und was Er für die Menschheit tun kann.

Früher oder später wird die Menschheit erkennen, in welcher gewaltigen geistigen Blindheit sie lebte. Die Menschen werden sich dann eingestehen, dass sie selber die Ursache für Leid und Entbehrungen, waren. Sie beschworen die Tragödien eigenhändig herauf, die sich in ihren Familien und unter ihren Nachkommen abspielten. Meine heutige Situation soll dies meinen Lesern klarer machen. Ich wurde durch Gott und die Himmel auserwählt, um Gottes Herz zu repräsentieren und das Leiden der Menschen zu beenden. Wenden die Gläubigen der Religionen sich nun gegen mich und bringen mich um, kann es gut sein, dass sie glauben, dem Willen Gottes entsprochen zu haben. Nicht mein Tod, sondern wie furchtbar wäre dieser Irrglaube. Es zeigt aber auch, wie groß die Blindheit und

Ignoranz der religiösen Anhänger sind. Im Ergebnis wird sich ein dunkles, geistiges Zeitalter anschließen, da sie einen Mann Gottes töteten. Allein, einen Gesandten Gottes nur zu blockieren, ist das schwerste Verbrechen in den Augen Gottes und der Himmel. Dies hätte die Zerstörung der Menschheit zur Folge. Luzifer und seine üblen Anhänger könnten solch eine gefallene Menschheit für sich einfordern. Ein Fehler der zentralen Person in der Mission kann zu einem Krieg führen, in dem unzählige Menschen sterben, als Preis der Wiedergutmachung. Danach wird die Menschheit aufschreien: „Warum kann Gott uns nicht helfen?" Mehr oder weniger hat Satan die Menschen um ihren gesunden Verstand gebracht. Es scheint, sie sind geisteskrank. Sie schneiden in ihr eigenes Fleisch ohne Schmerz zu empfinden und beschweren sich ununterbrochen.

Warum sind wir Gottes Kinder und wurden als sein Ebenbild erschaffen? Die Frage ist auch hier einfach zu beantworten. Natürlich haben wir alle Qualitäten von Gott geerbt. Gott zeigte uns unzählige Male seine Liebe. Alle Bücher dieser Welt wären nicht genug, um diese Details zu beschreiben.

Einmal sprach Gott zu mir: „Es dauerte Millionen Jahre, um nur eine Blume für meine Geliebten zu erschaffen, bevor ich mit dem Ergebnis meines Geschenkes zufrieden war." Und jetzt schauen wir uns diese Blumen an, kaufen sie und verschenken sie an unsere Familien und Freunde. Wir kennen weder die Geschichte hinter diesen Blumen noch wieviel Liebe Gott seinen Kindern gab, nur damit sie Glück empfinden, wenn sie solche Blumen sehen oder berühren. Ich erinnere mich, dass Gott mich in einen neuen Himmel mitnahm, der wie eine riesige rosa Blume aussah. Gott sprach zu mir, er habe diesen Himmel mit seinen eigenen Händen erschaffen. Ich weinte unaufhörlich und entdeckte so viel Liebe in den Augen Gottes, als Er mir dieses Geschenk überreichte. Ich konnte in seinen Augen den tiefen Wunsch lesen, seine Kinder glücklich zu sehen.

Geld, Reichtum, Wissen, Intelligenz oder Ruhm, befriedigen Gott nicht. Wenn diese Dinge Gott befriedigen könnten, hätte Er uns niemals erschaffen. Er besitzt all diese Dinge. Selbst als Gott allein war, war Er das intelligenteste Wesen. Gott ist der erste und allergrößte Wissenschaftler. Gott hat viele unzählige Himmel und äußere Galaxien erschaffen. Er ist der Herr über alles. Er hat zahllose verschiedene Wesen im ewigen Leben zum Leben erweckt, die Ihm dienen. Sie sind immer bereit, seinem Befehl zu folgen. Gott hat uns aber nicht als seine Diener erschaffen. Es wäre ihm ein leichtes gewesen dies zu tun, wenn Ihn das glücklich machen würde.

Doch danach hat Er sich nicht niemals gesehnt. Wollte der Schöpfer uns mit Gewalt, als Kaiser oder Imperator regieren, gäbe es keine Macht in diesem Universum, die Ihn davon abhalten könnte. Wenn Gott seine Macht demonstrieren wollte, gebe es kein Wesen, das Ihm nicht folgen müsste. Selbst Luzifer, der zu Satan wurde, und die anderen Engel und Dschinns, die mit ihm fielen, würden es niemals wagen, Gottes Kraft herauszufordern. Sie alle wissen nur zu gut, was Gott tun kann. Wenn Gott möchte, kann er das ganze Universum und ewige Leben eines jeden Wesens zerstören und wieder etwas Neues erschaffen. Aber Er hat dies nie getan. Er erinnert sich an uns immer in Liebe. Seine Geduld ist viel größer als irgendein Ozean. Er arbeitet immer noch für die Erlösung seiner Kinder. Jetzt ist es an der Zeit für die Menschheit, ihren guten Willen zu beweisen und nicht nur ein Lippenbekenntnis abzulegen sondern zu Gott durch Taten zurückzukehren. Darüber hinaus sollte jede Tat in der Farbe der Liebe Gottes erstrahlen. Die menschliche Geschichte könnte innerhalb von drei Jahren wiederhergestellt sein.

Jetzt beginne ich mit der Hilfe Gottes und der Himmel die Stadien für die Entwicklung des göttlichen Menschen zu beschreiben. Bereits am Inhalt des ersten Stadiums sieht man, welchen Unterschied es zwischen Gläubigen und Nichtgläubigen gibt. Ungläubige denken und leben an der Oberfläche dieses weltlichen Lebens. Gläubige leben und glauben im Gegensatz dazu an der Oberfläche des ewigen Lebens. Ungläubige verlieren sich in diesem begrenzten kurzen äußeren Leben. Die Gläubigen möchten aber das Geheimnis des ewigen Lebens entdecken. Sie sind wie zwei Raubvögel, die unter dem gleichen irdischen Himmel fliegen. Der einzige Unterschied besteht darin, dass der Geier in seiner eigenen Welt lebt, die nichts mit der hohen Welt des Adlers zu tun hat.

Der göttliche Mensch ist die Heimat Gottes. Gott und die Himmel haben mir viel darüber gezeigt. Ich möchte dieses besondere Thema durch meine eigenen geistigen Erfahrungen beschreiben und hier die verschiedenen Stadien der Entwicklung des göttlichen Menschen so weit wie möglich detailliert erklären.

1. Stadium: Das ist das Stadium, in dem der Körper dem geistigen Verstand folgt. Dieses Stadium wird durch die Himmel auch als „Straße der Prinzipien oder als Weg des Lebens der Prinzipien" bezeichnet. Dieses Thema hat viel mit der Welt der Religionen zu tun. Hier übernimmt der Körper die Rolle des Objektes, und der geistige Verstand übernimmt die Rolle des Subjektes.

2. Folgt der Verstand dem Bewusstsein, wird das durch die Himmel als „Geistige Straße des Friedens oder als Leben des Friedens" bezeichnet. In diesem Stadium kann man die Frucht der Spiritualität sehen. Hier ist der Verstand ist das Objekt und das Bewusstsein das Subjekt.

3. Wenn der Verstand und das Bewusstsein gemeinsam der Stimme des Gewissens folgen, nennen die Himmel dies „die Straße der Freiheit des Geistes" oder „die Suche nach der Wahrheit". Hier ist der Eingang für den Geist geöffnet. Er lässt die alte Welt hinter sich, und vor ihm öffnet sich die neue Tür der geistigen Welt. Ich nenne dieses Stadium das Stadium der Visionen oder ich kann es auch als Stadium bezeichnen, in dem der Käfig des physischen Körpers sich für den Geist öffnet, damit dieser im blauen Himmel und in der geistigen Welt fliegen kann. Dieses Stadium nennen wir auch ein Leben der Freiheit für den Geist. Hier sind der geistige Verstand und das Bewusstsein das Objekt und das Gewissen hat die Subjektposition inne. In der geistigen Welt ist dieses Stadium auch als „die Suche nach der Wahrheit in zahllosen Dimensionen" bekannt.

4. Im vierten Stadium sehnt sich das Gewissen, als Welt der Wahrheit, nach der Welt der Liebe - dem Herzen. Das Gewissen folgt hier dem Herzen. Die Himmel nennen dies „die Straße der Liebe oder das Leben der Liebe". Hier werden die Geistwesen von der Welt der Wahrheit emporgehoben und kommen in die mystische Welt der Liebe, in der es viele mystische Geheimnisse gibt. Diese Welt kann man nicht wissenschaftlich beschreiben. In dieser Welt der Liebe möchten die Geistwesen immer ständig weiterfliegen. Sie möchten nicht in vorangegangene Dimensionen zurückkehren. Hier ist das Gewissen als die Welt der Wahrheit, das Objekt und das Herz übernimmt die Rolle des Subjektes.

5. In diesem Stadium folgt das Herz dem Geist Gottes und hier möchte sich die Liebe niederlassen. Die Himmel nennen dies im geistigen Sinne das Leben der Harmonie. Der Geist kann da all die Himmel passieren, ohne sich jemals durch ein Wunder dieser Orte aufhalten zu lassen. Der Geist zieht vertikal zu Gott. Deshalb nennen wir auch dieses Stadium ein „Leben der Harmonie". Die Liebe übernimmt hierbei die Rolle des Objektes und die Harmonie die Rolle des Subjektes.

6. In diesem Stadium entdeckt der Geist Gott. Im geistigen Sinne nennen die Himmel dieses Stadium auch „das ewige Heim für den göttlichen Menschen". Liebe und Geist sind gemeinsam mystisch und verbeugen sich vor Gott. Der Geist signalisiert der Liebe, selbst wenn er sich ein ganzes Leben verbeugen müsste, würde er sich in seiner Verbeugung danach sehnen, Gott zu umarmen. Zu diesem Zweck erschuf Gott den Geist. Hier übernimmt die Harmonie die Rolle des Objektes und Gott hat die Rolle des Subjektes inne.

7. Dies ist die Reise der göttlichen Seele mit Gott im ewigen Leben. Obwohl ich viele Erfahrungen mit Gott habe, finde ich trotzdem nicht die richtigen Worte, all diese Geheimnisse zu offenbaren. In diesem Stadium macht jeder göttliche Mensch seine eigenen Erfahrungen mit Gott. Der göttliche Mensch wird hier immer eine neue Spiritualität in Gott entdecken, ohne jemals ein Ende zu finden. Es braucht mehr als eine Ewigkeit, um Gott richtig kennenzulernen.

Die sieben Stufen, die ich beschrieben habe, sind Entwicklungsstufen, die ein göttlicher Mensch in seinem Leben durchlaufen muss. Hier entdecken wir Träume, Visionen, Beobachtungen, geistige Reisen und mystische Erfahrungen. Im Anschluss an dieses Kapitel stelle ich die einzelnen Stadien detaillierter vor. Dabei beginne ich mit dem ersten Stadium, in dem der Körper dem Verstand folgt. Wie ich bereits erwähnte, nennen wir dies „die Straße der Prinzipien oder das Leben der Prinzipien".

Ich betete zu Gott und bat um seine Hilfe, damit all diese Themen in himmlischer Atmosphäre vollendet werden konnten. Während ich sie niederschrieb, rannen Tränen über meine Wangen, denn mein Herz sehnte sich nach der Befreiung der Menschheit. Sehen wir in dieser Welt einen geliebten Menschen in Schwierigkeiten, möchten wir ihm aufrichtig und von ganzem Herzen helfen. Ich habe die Menschen, seitdem Gott mich als sein Herz bezeichnet, auf die gleiche Weise liebgewonnen. Tag und Nacht möchten meine Seele und mein Herz ihnen verzweifelt helfen. Wir können uns vorstellen, was für ein gebrochenes Herz Eltern haben und wie Leid und Schmerz sie quälen, wenn sie ihr Kind verlieren. Diese Eltern würden alles daran setzten, ihr Kind wieder zu bekommen.

Als ein Mann Gottes weiß ich auch, in welche geistige Dimension ihr geliebtes Kind gehen und leben wird. Ich kenne ebenso die Situation, die sich ihnen dort stellt. Jetzt können sich alle Eltern in ihrem Herzen ausmalen, wie groß die Traurigkeit ist, die ich erleiden muss und wie sehr mein Herz Tag und Nacht gebrochen ist: Ich kann die Schreie beider Welten vernehmen. Seitdem Gott mich in den meisten der Nächte rief, bin ich allein in den Wald gegangen, um zu weinen und zu beten, damit die Erlösung die Menschen und die anderen Wesen erreichen kann. Auf der Erde lieben die Menschen meistens nur ihre Nächsten. Aber wenn diese sterben und in eine andere Welt gehen, möchten sie meistens nicht wissen, was ihren Geliebten in der geistigen Welt widerfährt. Noch nie sah ich solch eine Ignoranz des menschlichen Herzens unter den Himmeln.

Erstes Stadium: Der Körper folgt dem geistigen Verstand

Die Straße der Prinzipien oder das Leben der Prinzipien ausgerichtet auf Gott

Gott erschuf den menschlichen Körper, um den Wachstumsprozess des menschlichen Geistes zu beschleunigen. Seit die Menschen in die Hände Luzifers fielen, unterliegt diese Welt seinem schlechten Einfluss. Die Geistwesen wachsen immer noch mit Geschwindigkeit im physischen Körper, nur in die falsche, schlechte Richtung. Deshalb haben Gott und die Himmel die Religionen als zeitlich begrenzte Werkzeuge benutzt, um den menschlichen Geist und seinen physischen Körper in die Richtung des Guten zu lenken. Die Welt, in der wir leben, steht unter dem starken Einfluss Luzifers und seiner üblen Streitmacht. In dieser Welt wünscht der Körper in seinem kurzen Leben nur, sich den Annehmlichkeiten hingeben zu dürfen. Wie ich bereits vorher erwähnte: Der weltliche Mensch denkt und lebt auf der Oberfläche der äußerlich materiellen Wünsche. Deshalb werden Körper und Verstand auch Opfer dieser Gewohnheiten. Hat der Körper erst einmal diese Gewohnheiten angenommen, ist es ein schwieriger Prozess für den geistigen Verstand, den Körper in eine andere Richtung zu lenken. Der physische Körper hat keinerlei Verlangen nach einem entsagungsreichen Leben. Der Körper weiß, dass er in nur allzu kurzer Zeit sterben wird. Darum wünscht er sich mehr, wie im Tierreich zu leben. Er möchte essen, trinken, schlafen und sich seinem sexuellen Verlangen hingeben. Der Körper fragt routinemäßig immer wieder nach diesen Dingen. Wenn man dem Körper nicht das gibt, was er verlangt, wird dieser ärgerlich und zeigt seine Frustration. Erhält der Körper eine geistige Botschaft vom Verstand, wird er meistens rebellisch und versucht sein Bestes, den Verstand zu beeinflussen.

Beispiel 1: Überbringt der Verstand dem Körper die Nachricht, dass er von morgen an 30 Tage zu fasten hat, kann man unmittelbar danach feststellen, wie der Körper reagiert. Er ist hungriger als sonst, selbst wenn man eine Stunde vorher bereits Mittag gegessen hat. Der Körper weiß, von morgen an muss er fasten, und deshalb wird er dich zwingen, mehr zu essen und zu trinken. In dieser ganzen Zeit des

Fastens wird der eigene Körper sein Unwohlsein demonstrieren. Bricht man das Fasten ab, ist der Körper glücklich, entspannt und dankbar.

Beispiel 2.: Der Verstand übermittelt dem Körper die Botschaft, dass er um 3 Uhr nachts zum Beten aufstehen soll. Hier kann man am besten die Rebellion des Körpers beobachten. Der Körper wird auf keinem Fall vor 3 Uhr einschlafen. Um 3 Uhr nachts, wenn man beten möchte, verlangt der Körper nach Schlaf. Das ist für ihn die beste Zeit.

In der schlechten Welt wird der Körper meistens zum Subjekt und spielt sich auf, wie ein Diktator und versucht den Verstand zu beherrschen. Möchte jedoch der Verstand, als Subjekt, den Körper gegen seinen Willen regieren, entsteht ein großer Konflikt zwischen beiden. Die meisten Menschen, die einem ausschweifenden Sexualleben nachgehen, sind in dieser Welt meistens Opfer ihres eigenen Körpers. Hier sehen wir den Höhepunkt; wer wirklich der Herr im Haus ist. Regiert der Körper den Verstand, zerstört dies das Wachstum des Geistes. Luzifer weiß, solange der Körper gegen die geistige Richtung rebelliert, ist er schwach. Luzifer und seine üblen Anhänger finden immer eine Basis, um den Körper in Versuchung und in eine üble Richtung zu führen. Der Körper ist das Schlachtfeld für Luzifer. Traurig ist daran, dass dieses irdische Umfeld ganz auf die Freuden des Körpers ausgerichtet ist. Deshalb kann der Körper nur zu leicht seinen selbstsüchtigen Wünschen folgen.

Die Religionen entstanden in einer Notsituation, um den Einfluss des Bösen auf den Körper und den Verstand zu blockieren. Das Benehmen unseres Geistes hängt sehr von den Aktionen unseres Körpers ab. Deshalb gibt es in den verschiedenen Religionen alle möglichen Arten geistiger Bedingungen, um dem Körper Disziplin beizubringen. Nimmt der Körper die Beeinflussung des geistigen Verstandes an und wendet sich dem Guten zu, folgt er dem richtigen Weg. Es braucht für den Körper viele Jahre bis er fest auf der Seite des Guten steht. Doch der Einfluss dieser Welt ist sehr stark und nicht zu unterschätzen. Von Zeit zu Zeit erliegt der Körper dieser scheinbar unwiderstehlichen Versuchung und fällt in schlechte, weltliche Verhaltensmuster zurück. Er wird schwach, hoffnungslos und unfähig, der Führung des geistigen Verstandes zu folgen.

Deshalb ist es sehr wichtig zu verinnerlichen, dass in all den sieben Stadien, Gott das Zentrum ist, indem die geistige Auferstehung stattfinden kann. Gott und die Himmel sind die Einzigen, die Verstand und Körper neu inspirieren können. Dadurch gewinnt der Körper wieder an Kraft, der himmlischen Inspiration zu folgen und seine Reise zum Guten wieder aufzunehmen. Wenn der Körper dem Verstand folgt, muss Gott der Mittelpunkt zwischen Körper und dem geistigen Verstand sein. Einige erreichen dies in sehr kurzer Zeit, aber die meisten Menschen brauchen dazu sehr, sehr lange. Für Luzifer sind hier die Religionen die größte Blockade. Seitdem viele Religionen auf dieser Welt zu finden sind, konnte Luzifer seine unmoralischen Wünsche und Sehnsüchte nicht vollkommen erfüllen. Deshalb hasst er die Religionen und deren Gläubige. Luzifer hätte viel leichter mit Nichtgläubigen arbeiten können. Die Wünsche des Körpers zu kontrollieren, ist heute eine der wichtigsten Lehren der Religionen.

Meistens können wir beobachten, dass Anhänger der verschiedenen Religionen nur über die Wahrheit reden. Aber in ihrem irdischen Leben stehen sie nicht unter dem Einfluss ihrer eigenen Lehre und führen von diesem Punkt an nur ein traditionelles Leben. Sie haben sich nur das Etikett ihrer Religion auf den Rücken geklebt. Das ist eine ausgezeichnete Basis für Luzifer und seine üblen Anhänger, die religiösen Menschen auf ihre Seite zu ziehen. Ein spirituell offener Mensch kann mit seinen geistigen Augen in der Welt der Religionen immer einen Mix aus Gut und Böse erkennen. Führen religiöse Menschen ein unbewusstes Leben, bevorzugen sie es mehr, dem äußeren Gesichtspunkt ihrer Religion zu folgen. Der wahre Geist wendet sich aber hier von der Religion ab. Seit dem Fall der Menschen steht nicht nur der Körper, sondern auch der Verstand unter dem Einfluss Luzifers.

Das ist auch ein Grund, warum der Körper nicht vollkommen dem Verstand folgen kann. Darum sind in dem ersten Stadium der Wahrheit und im Leben mit dieser Wahrheit Taten äußerst wichtig. Der Körper ist das Instrument, um die Wahrheit durch Taten zu demonstrieren. Andererseits kann man aber auch andere Stimmen in der Welt der Religionen vernehmen: Jesus ist unser Erlöser, er wird uns beschützen. – Ich bin ein Muslim, nur ich werde in den Himmel gelangen. – Wenn du an meine Religion als die einzige wahre glaubst, kannst du vor der Hölle bewahrt werden. Solche Umfelder sind sehr gefährlich für Verstand und Körper. In diesem Punkt leben die religiösen Menschen nur mit der Theorie des Glaubens.

Diese Situation gestaltet sich für Luzifer sehr attraktiv. Hier kann er die meisten geistigen Wachstumsprozesse des Geistes blockieren. In dieser Situation sind die Erlöser nicht die Führer der religiösen Menschen, sondern sie sind nur Anlass für viele Feierlichkeiten. Hier werden die Religionen zu Opfern ihrer eigenen religiösen Anhänger, die sie missbrauchen, um ihre selbstsüchtigen Wünsche zu erfüllen.

Der erste Zweck der Religion besteht darin, den Verstand geistig positiv zu beeinflussen und dem Körper eine bestimmte Form der Disziplin beizubringen. Folgt der Körper der geistigen Führung des Verstandes und fühlt sich dabei gut, kann man dies den Weg der Prinzipien oder ein Leben der Prinzipien nennen. Hier beginnt auch das Traumstadium, das uns geistige Freude für Verstand und Körper beschert. In ihm gibt es relative Botschaften durch die geistige Welt, die dem jeweiligen Individuum helfen, geistig zu wachsen. Bleibt man in diesem Stadium stehen, kann das sehr gefährlich für ein zukünftiges geistiges Wachstum sein. An diesem Punkt wird eigenes Denken und Verständnis oder die eigene Interpretation der Wahrheit das zukünftige geistige Wachstum blockieren.

Sehnen sich die Menschen nicht nach weiterer Wahrheit von Gott, werden die Religionen zu einem alles verschlingenden Strudel. In diesem werden unaufhaltsam religiöse Bücher, der Glaube und selbst die Gläubigen, aber auch der Fanatismus hineingezogen. Das religiöse Leben dreht sich hier ständig ausweglos im Kreis, dessen Inneres einem Sog gleicht. Es gibt nur wenige Chancen, diesem zu entrinnen. Nur Gott und die Himmel können dies ermöglichen. Gelingt es jemanden aus diesem Umfeld auszubrechen und weiter nach geistiger Wahrheit zu suchen, kann er sich sehr glücklich darüber schätzen.

Zweites Stadium: Der Verstand folgt dem Bewusstsein ausgerichtet auf Gott

Straße des Friedens oder Leben des Friedens

Es gibt nur wenige Menschen in dieser Welt, die über den religiösen Glauben hinausgehen und den ewigen Gott und die Himmel kennenlernen. Ursprünglich sollte der geistige Verstand die einzige Basis für Gott sein. Da der Verstand unter dem Einfluss Luzifers steht, konnte er nicht vollkommen in die Richtung des Guten arbeiten. Meistens unterliegt der Verstand der Versuchung der satanischen Welt. Der Verstand erinnert sich nur relativ. Luzifer kann dementsprechend mit ihm arbeiten, aber auch die Himmel. Das bedeutet, dass der Verstand zwei Meister hat. Wenn der Verstand nicht dem geistigen Einfluss folgt und ebenso wenig dem Einfluss des geistigen Bewusstseins, wird der Verstand zu einem Störfaktor. Von solch einem Verstand kann man nicht erhoffen, dass er Frieden in sich selbst findet, noch Frieden in diese Gesellschaft oder diese Welt bringen wird. Es spielt keine Rolle, wer solch einen Verstand hat. Das kann ein Wissenschaftler sein, ein Politiker, ein religiöses Oberhaupt, ein Geschäftsmann etc.

Wendet sich der Verstand nicht dem Geistigen zu und folgt ebenso wenig dem geistigen Bewusstsein, schweift er weit ab von seinem primären Zweck. Vor seinem Fall war Luzifer ein sehr intelligentes Wesen. Aber seit sein Verstand in die falsche Richtung wuchs und ihn dominiert, verlor er das Stadium des Friedens und das Stadium des geistigen Bewusstseins. Das geistige Bewusstsein, hier das Subjekt, gibt das Licht des inneren Friedens dem Verstand, der das Objekt sein muss. Nur so kann der Verstand in Balance sein, wenn er aktiv ist und Aktivitäten inszeniert. Aber in der ungeordneten Welt, in der wir leben, dominiert meistens der Verstand das Stadium des geistigen Bewusstseins des Friedens.

Deshalb sehen wir sehr oft in dieser Welt, dass der Verstand rastlos umher irrt und dem Menschen auch keine Ruhe gönnt. Der Verstand, der unter dem Einfluss Luzifers steht, führt den Körper in eine andere Richtung, weit weg vom geistigen Leben. Deshalb verlor in dieser materialistischen Welt der Mensch den Frieden seines Verstandes. Die Zunge ist das vom Verstand am meisten schikanierte Instrument, das direkt in den Schoß Luzifers fiel. Der Verstand missbraucht die Zunge zur Befriedigung seines Egos, seines falschen Stolzes und um hinter dieser Maske, seine eigene Schwäche zu verbergen. Er setzt alles daran, durch diese Verkleidung Anerkennung und Respekt in dieser irdischen Welt zu erlangen. Darum ist die Welt, in der wir leben, eine Welt des Verstandes, in der dieser wahrhaftig zum Marathonläufer wird. In dieser Welt des Verstandes, verwehrt dieser jedem anderen das Wort. Es ist ganz egal, was der Verstand von sich gibt.

Derjenige, der seinen Verstand schneller gebrauchen kann, um mehr Unsinn und im wahrsten Sinne des Wortes Müll von sich zu geben, ist der Erfolgreichste und Bekannteste in der Gesellschaft. Die größte Schwäche des Verstandes liegt in seinem selbstverherrlichten Ego Er ist überzeugt, der allergrösste zu sein und nur er vertrete die beste Meinung. Was andere über ihn sagen oder denken, interessiert ihn nicht. Er möchte es auch gar nicht wissen. Deshalb fanden, hervorgerufen durch den Verstand, Zerstörung und viele Kriege auf dieser Welt statt. Der Verstand erlaubt weder Gefühle, noch dem Herzen, eine Rolle in dieser Welt zu übernehmen. Der Verstand ist ein Opfer der üblen Basis geworden und somit der schlimmste Feind für die Spiritualität. Er blockiert das geistige Leben. Er erlaubt dem Geist nicht, dem Käfig des Körpers zu entfliehen und nach der Wahrheit in der geistigen Welt zu suchen.

Deshalb verleugnet der Verstand auch oft das Stadium der Träume, der Visionen, der Beobachtungen, der geistigen Reisen etc. Er akzeptiert nur logische und intellektuelle Erklärungen. Er greift in den geistigen Bereich durch seine ständigen Begründungsversuche ein, er zieht seine eigene Schlussfolgerung und befriedigt damit sein Verständnis. Der gefallene Verstand agiert im äußerlichen Bereich des Lebens. Er bevorzugt das sichere Umfeld der äußerlichen Welt, und natürlich möchte er alles kontrollieren. Geht etwas schief geht und verliert er die Kontrolle darüber, stört ihn dies unwahrscheinlich. Der Verstand ist wie ein Diktator, der immer der Boss sein möchte. Er möchte ständig im Vordergrund stehen, auf dass jeder ihm Anerkennung zollt.

So gesehen ist der Verstand das falsche Instrument, um mit dem geistigen Stadium zu beginnen. Die geistigen Phänomene fangen dort an, wo es keine Begründung gibt. Deshalb verliert sich der Verstand oft während der Beobachtung der geistigen Phänomene und beginnt zu zweifeln. Folgt die Menschheit auf dem geistigen Weg den Verwirrungen und Zweifeln des Verstandes, kann er damit ihr geistiges Wachstum blockieren. Schafft es der Verstand, diese Person zu dominieren, schließt er damit gleichzeitig das Fenster zur Reise im ewigen Leben. Im Ergebnis möchte sich der Verstand in den Erklärungen der Wahrheit niederlassen, er studiert religiöse Bücher, erinnert sich an sie fast wortgetreu und bevorzugt es, ein routinemäßiges Leben in den äußeren Erklärungen der Wahrheit zu führen. Der Verstand bildet sich wirklich ein, dass dies die Menschen befriedigt und erlöst.

Der Verstand arbeitet ebenso sehr aktiv in der Welt der gläubigen Menschen. Hier demonstriert er viele seiner Höhepunkte. Auch hierzu gebe ich ein Beispiel: Möchte man über die Wahrheit der heiligen Bücher hinausgehen oder sie hinterfragen, werden solche Menschen von anderen Gläubigen gewarnt, aufzupassen, denn Satan arbeite mit ihnen oder ein schlechter Geist beeinflusse oder dominiere sie. Sie raten dann ständig: „Halte dich an die heiligen Bücher, denn all die Wahrheit findest du darin." Sie sagen auch: „Jede geistige Botschaft, die sich nicht im Bereich der heiligen Bücher findet lässt, ist von Satan inspiriert." In diesem Bereich hat der Verstand die Geschichte der Religionen blockiert und deshalb finden wir auch viele Geschichten des gebrochenen Herzens in dem Leben der Propheten.

Auch dazu noch ein Beispiel: Als Gott Moses rief, seinen Willen zu erfüllen, erwiderte Moses unserem himmlischen Vater: „Dein auserwähltes Volk glaubt mir nicht." Trotzdem ging er einen langen Weg mit diesem Volk für den Willen Gottes, obgleich die Israeliten ihm trotz seiner vielen Wunder ständig Steine in den Weg legten. Am Ende verloren sie ihren Glauben mehr als je zuvor. Sie beschwerten und beklagten sich immer öfters, obwohl Moses unter ihnen lebte und sie führte. Jesus nahm später seine Mission auf. Auch ihn bezeichnete man als Opfer Satans. Die Menschen sagten, sie seien die Anhänger Abrahams und Moses. Sie wollten sich nur an ihre heiligen Bücher halten.

Gott musste deshalb eine neue Welt für die Lehre finden, die Jesus überbringen sollte. Tragischer Weise wurde Jesus ans Kreuz geschlagen, verließ seine Mission und ging nach Kaschmir. Deshalb konnte er nicht alle Geheimnisse, die Gott und die Himmel ihm gaben, offenbaren. 600 Jahre später, als Mohammed erschien, waren die

Juden als auch die Christen überzeugt, Mohammed sei ein Opfer Satans. Sie wollten sich nur an das Geschriebene in ihren heiligen Büchern halten. Deshalb frage ich die Menschheit: Was ist der Unterschied in jedem Zeitalter, in dem ein neuer Gesandter kam? In jeder dieser Zeiten nannten die Menschen die Propheten „Opfer Satans", und hielten an ihren Büchern fest. Es würde mich nicht überraschen, wenn nach Erscheinen meines Buches, die Juden, die Christen und die Muslime alle zusammen sagen, auch ich sei ein Opfer Satans. Das bedeutet, wir leben zwar in einer anderen Epoche, doch geistig sind wir noch genauso zurückgeblieben wie zur Zeit Moses, Jesus oder Mohammeds. Dies ist auf keinen Fall der Wille Gottes. Die Welt des Verstandes muss ihr Ende finden. Die Menschen sollen weiter nach vorne kommen, auf dass sie den Willen Gottes kennenlernen.

Gott erschuf den Verstand, dass er zum Objekt des geistigen Bewusstseins wird und darin seinen Frieden findet. Die Hauptaufgabe des Verstandes besteht darin, Gott im Detail kennenzulernen, genauso die Schöpfung und alles andere, was Er erschuf. Der Verstand möchte immer kreativ sein. Er kann unwahrscheinlich tief mit der wissenschaftlichen Welt verbunden sein, denn darin kann er Dinge entwickeln, um das Leben der Menschen angenehmer zu machen. Wird der Verstand zur Basis Gottes, wird er Diener des Bewusstseins, des Herzens und des Geistes. Er lernt so, nicht in geistige Phänomene einzugreifen, sondern folgt gehorsam und geduldig. Somit können auch Körper und Verstand geistige Lichtelemente erhalten, die ihnen geistige Freuden, Frieden und Kraft vermitteln und es ihnen ermöglichen, dem geistigen Weg ohne Angst und Sorgen zu folgen.

In diesem Stadium muss der Verstand dem geistigen Bewusstsein folgen und ihm vertrauen. Die geistigen Sinne beginnen sich hier zu öffnen, die Menschen können sehen, riechen, fühlen, schmecken. All das gibt es im geistigen Leben. Der Verstand wundert sich über die Phänomene der geistigen Welt selbst in diesem Stadium. Und trotzdem verhält er sich neutral und greift nicht ein. Auch ich lernte, dass das geistige Bewusstsein die Mutter des geistigen Verstandes ist. In diesem Stadium, wenn der Verstand dem geistigen Bewusstsein, ausgerichtet auf Gott, folgt, öffnet sich ein neues Fenster und mehr geistige Realität kann hereinströmen, die höher ist als jede Form des Traumstadiums. Träumt zum Beispiel ein Mensch und wacht unvermittelt auf, kann er diesen Traum mit offenen Augen immer noch weiter verfolgen. In diesem Stadium ist man nicht in der Lage zu sagen, ob man schläft oder wach ist. Auch in diesem Zustand hört man Stimmen und erhält Botschaften aus der geistigen Welt. Würde zum Beispiel eine lebensgefährliche Situation für solch einen Menschen entstehen, informiert ihn die geistige Welt, wie diese Gefahr oder dieser Unfall etc. abzuwenden sei. Geistwesen, die mit diesem Menschen für dessen geistiges Wachstum arbeiten, sind für diesen nicht mehr verborgen.

Dieses Stadium stellt einen Wachstumsprozess dar und wir können darin zahlreiche geistige Phänomene finden. Hier darf der Mensch auf keinem Fall stehen bleiben, denn dies ist nur der Anfang. Es ist sozusagen die Vorbereitung des Geistes, gleich einem Vogel, dem Käfig seines Körpers zu entfliehen, um hoch hinaus in den blauen Himmel fliegen zu können. Hier ist der Geist nicht das Opfer des Verstandes, der Zweifel und der Angst, sondern er agiert positiv und antwortet der geistigen Welt. Der Verstand findet Gefallen an geistigen Phänomenen und möchte mehr über die geistige Welt erfahren. Er unternimmt alle möglichen Bemühungen, um die geistige Welt zu untersuchen und diese sind noch intensiver als die, die er anstellte, um die Geheimnisse der physischen Welt zu entdecken. Deshalb nennen wir diese Straße die „Straße des Friedens" oder ein „Leben des Friedens". Hier lässt der Verstand Widersprüche, Zweifel, Ängste und Sorgen hinter sich. Auf der anderen Seite entspannt er sich und vertraut Gott.

Drittes Stadium: Das Bewusstsein folgt dem Gewissen ausgerichtet auf Gott

Die Straße der Freiheit oder das Leben der Freiheit

Ich bezeichne dieses Stadium „Zeugnis der Wahrheit" oder „Bezeugung der Wahrheit". Hier kann der Geist die Freiheit spüren und die beengenden Barrieren der geistigen Wahrheit durchbrechen. Gottes Wahrheit ist universal und steht nicht im Besitz irgendeiner Religion. Die Gläubigen der Religionen erklären auf das Äußerste, dass sie die allerhöchste Wahrheit in ihren heiligen Büchern eingefangen haben. Aber Gottes Göttliche Wahrheit ist wie ein ewiger Ozean. Sie kann niemals in irgendeiner Sprache oder vollkommen in einem heiligen Buch zu finden sein. Gottes Wahrheit möchte die menschlichen Seelen befreien. Im Gegensatz dazu, möchten die Anhänger der Religionen lieber im Gefängnis einer Wahrheit leben. In diesem Stadium kann man Religionen und deren Anhänger beispielhaft wie folgt beschreiben: Die Gläubigen der verschiedenen Religionen leben in ihrer eigenen, eingeengten Welt der Religion und bezeugen den Nichtgläubigen: Schaut durch das Fenster unseres heiligen Buches; von dort aus kann man den blauen Himmel sehen. Wenn jemand fragt, warum es einen Rahmen um den blauen Himmel gibt, antworten sie: Das ist die ganze und die vollkommene Wahrheit.

Sie lehren auch den anderen, dass es um den blauen Himmel einen Fensterrahmen geben muss. In dieser Angelegenheit sind sie richtig verbohrt. Der blaue Himmel ist genauso groß, wie man ihn durch ihr Fenster sehen kann. Die Gläubigen der Religionen können ihr ganzes Leben in der Nähe des Fensters ihres heiligen Buches sitzen. Sie können sich einbilden, dass dieser kleine blaue Himmel nur durch ihr Fenster betrachtet werden kann. Sie können auch weiter daran glauben, dass dieser blaue Himmel einen Rahmen haben muss. Die Gläubigen der Religionen können mit solch einem Glauben leben oder sterben, doch sie werden niemals den Geschmack der Freiheit und Wahrheit kennenlernen.

Lasst uns annehmen, jemand würde das Risiko eingehen und versuchen, mit seinem Geist durch dieses Fenster des heiligen Buches hindurchzugehen, um in diesen blauen Himmel hineinzufliegen. Zum ersten Mal wird diese Person nun erfahren, was wirklich die Freiheit für den Geist bedeutet. Gleichzeitig wird sie feststellen, dass es um den blauen Himmel überhaupt keinen Rahmen gibt. Dieser Mensch kann förmlich die Freiheit des blauen Himmels schmecken. Und wenn er durch das Fenster seines heiligen Buches zurückkehrt, wird er noch einmal diesen wunderbaren blauen Himmel durch das Fenster seines heiligen Buches beobachten. Trotzdem wird er niemals wieder die gleiche Person sein. Jetzt ist er ein Fremder in seiner eigenen Organisation der Gläubigen. Sie werden ihm fremd sein, denn er, als Vogel, verließ diesen Käfig. Das Überraschendste daran ist, dass dieser Vogel trotzdem in seinen Käfig zurückkehrte. Den Vogel trifft keine Schuld, denn er hat bereits seit langer, langer Zeit in diesem Käfig gelebt. Die Gewohnheit führte ihn wieder in sein Gefängnis, denn dieses ist wertvoll und fast aus Gold gemacht. Nun fängt aber ein anderer Kampf an. Der Mensch, dessen Geist, den blauen Himmel erfahren konnte, wird bezeugen und seine Mitmenschen beschwören, dass es um den blauen Himmel gar keinen Fensterrahmen gibt. Doch die Menschen werden das nicht glauben! Während sie aufwuchsen, sahen sie immer einen Rahmen um den blauen Himmel. Die Gläubigen werden diesen Menschen ablehnen, ja vielleicht sogar ausstoßen, denn diese Wahrheit ist zu schmerzhaft und absurd für sie. Einige Religionen haben ein großes Fenster, andere haben ein sehr kleines. Wichtig dabei ist nur, dass es für den Geist einen Weg durch dieses Fenster gibt, um in den blauen Himmel fliegen zu können. Aber trauriger Weise muss ich sagen, dass einige Religionen sogar versuchen, ihr eigenes Fenster zu schließen. Sie fürchten, dass vielleicht ein Geist zufällig durch dieses Fenster hindurchgeht. Die Gläubigen der Religionen leben nur in ihrer Vorstellung in der Nähe des Fensters ihres heiligen Buches. Sie bilden sich ein, eines Tages durch ihre Erlöser auf der anderen Seite dieses Fensters in diesem kleinen blauen Himmel zu stehen. Das ist die Hoffnung der religiösen Menschen. Traurig ist daran, dass einige Religionen gar kein Fenster haben, denn der Vogel soll nur im Zimmer fliegen.

Was für eine große Blindheit und Ignoranz der Gläubigen! Manchmal in der Geschichte konnten Gott und die Himmel dieses Fenster öffnen. Aber selbst danach, lebt der Vogel weiterhin sein routinemäßiges Leben der Religion. Er ergreift nicht die Möglichkeit, nach vorne zu gehen, um diesen Käfig zu verlassen. Er fürchtet, seinen Glauben oder seine Religion zu verlieren. Angst übermannt ihn bei dem Gedanken, dass es ihm vielleicht nicht möglich sein wird, in diesen Käfig zurückzukommen. Irgendwo existiert für ihn ein wunderbares Paradies in diesem Käfig, denn dort erhält er umsonst Futter und Wasser. Für ihn ist dieser Käfig prachtvoll und von unschätzbarem Wert. Er hat den Vorzug, dass man durch die Stäbe hindurch den blauen Himmel sehen und trotzdem an seinem Glauben festhalten kann. Was sonst noch könnten sich die Gläubigen wünschen? Essen, Trinken, ein normales Leben führen, an ihrem Glauben festhalten, und dass sie eines Tages durch ihren Propheten, der erscheinen wird, erlöst werden.

Auf der anderen Seite stehen die Nichtgläubigen, die nur ein äußerliches irdisches Leben führen, das eigentlich nur ein anderer begrenzter Käfig ist. Aber dieser Käfig ist noch schlimmer, denn darin verbringt man ein unbewusstes Leben, ohne jegliches Fenster. Der materialistische Mensch ist Opfer seines Körpers und Verstandes.

Unterschied zwischen Gläubigen und Ungläubigen

Folgende Geschichte kann den Unterschied zwischen Gläubigen und Ungläubigen verdeutlichen, in der Ungläubige dem Huhn ähneln und Gläubige einem Adler.

Ein Bauer hatte eine Geflügelfarm, auf der unzählige Legehennen zusammenlebten. Der Farmer ging eins Tages in die Berge und sah ein Adlerjunges, das aus dem Nest gefallen und sich dabei eine Klaue gebrochen hatte. Dem Farmer tat der junge Adler leid und nahm ihn mit auf seine Hühnerfarm. Das Bein heilte. Der Bauer ließ nun den jungen Adler mit den anderen Hühnern zusammenleben und dieser vergaß, oder besser gesagt, noch war er sich bewusst, dass er ein Adler ist. Deshalb nahm er die Gewohnheiten der Hühner an. Er verhielt sich genauso wie ein Huhn, das ständig mit gesenktem Kopf nach Futter pickte. Er lebte zusammen mit den Hühnern unter dem blauen irdischen Himmel, aber dennoch in einer kleinen begrenzten Welt des Geheges und kümmerte sich nur um sein tägliches Futter. Am Abend sehnte er sich nach seinem kleinen Stall, indem er sich verkriechen konnte und sich sicher fühlte. Genauso ist der materielle Mensch, der sich nur um seine Arbeit, Wohnung und sein Auto kümmert.

Der junge Adler wuchs schnell auf der Farm heran und war viel größer als die anderen Hühner, aber er wusste nicht warum. Auf die gleiche Art und Weise lebt die Menschheit mit dem Tierreich zusammen. Viele Male können sie nicht erklären, warum sie anders sind.

Eines Morgens sah der nun ausgewachsene junge Adler einen anderen Adler hoch in den Lüften über ihn und den Hühnern hinwegfliegen. Dieser Adler stieß während des Fluges seinen mächtigen Schrei aus. Für die anderen Hühner war das unwichtig. Sie pickten weiter nach Körnern. Doch der junge Adler erhob seinen Kopf, schaute nach oben und versuchte herauszufinden, was das war. Plötzlich erinnerte er sich, dass er irgendwo vor langer Zeit, diese Stimme bereits gehört hatte. Auf einmal rannte er wie ein aufgescheuchtes Huhn, dem davonfliegenden Adler hinterher. Sein Kopf war dabei stolz nach oben gen Himmel gerichtet. Er wollte auf keinen Fall diese Möglichkeit verlieren. Der andere Adler verschwand am blauen Himmel und war nicht mehr zu sehen. Den Blick immer noch gen Himmel gerichtet, bemerkte der junge Adler nicht, dass er bereits die Kluft an der Spitze des Hügels erreichte. Er rannte auf den Abgrund zu und stürzte in die Tiefe. Der völlig überraschte junge Adler, kämpfte nun um sein Überleben. Instinktiv öffnete er seine Flügel und schlug heftig mit ihnen um sich. Hier entdeckte der Adler sein eigenes Geheimnis. Er fiel nicht nach unten, sondern flog nach oben immer weiter in den blauen Himmel. Er war erstaunt und überrascht zugleich, denn dies war für ihn ein neuer, wertvoller Aspekt im Leben. Der Adler flog und flog und landete schließlich auf der Spitze eines hohen Berges. Er schaute nach unten und sah in weiter Ferne die Hühnerfarm, wo die vielen Hühner in ihrem kleinen Gehege hin und her liefen. Er sprach: „Oh Gott, ich wurde als Adler geboren, aber ich habe mein Leben als Huhn verbracht." Von dieser Zeit kehrte der Adler niemals mehr zurück in die Welt der Hühner.

Gott erschuf die Menschen als Sein Ebenbild, als Seine Kinder. Die Menschheit verkörpert den Adler in der obigen Geschichte. Aber die dunkle, üble Seite stutzte ihre Flügel und ließ sie viele unmoralische Gewohnheiten annehmen. Sie sperrte sie wie in einer Geflügelfarm ein.

Anmerkung: Gewohnheiten entstehen, weil wir sie bei anderen Menschen beobachten oder wir immer wieder in ein und derselben Weise denken, handeln oder sogar fühlen. Gewohnheiten erleichtern uns das Leben. Da ein Großteil der auf Erden lebenden Menschen geistig blind ist, können sie keine eigenen geistigen Erfahrungen machen. Sie richten ihr geistiges Leben am Vorbild ihrer Mitmenschen oder der Interpretation ihrer religiösen Bücher aus. Die Art und Weise wie sie ihr religiöses oder geistiges Leben führen wird zur Gewohnheit.

Sind Gewohnheiten erst einmal installiert, erfordern sie keine Aufmerksamkeit mehr von uns. Unser Körper meldet sich automatisch, wenn unser Verhalten von unserer Gewohnheit abweicht. Wir fühlen uns dann unwohl, als ob etwas nicht stimme. Eine Veränderung dieser Gewohnheiten ist nicht leicht zu bewerkstelligen und im religiösen Bereich besonders schwierig, wenn die religiöse Schrift keine Angaben darüber macht oder noch schlimmer, eine Abweichung von Verhaltens-, Denkanweisungen ausdrücklich verbietet, weil alles was von der religiösen Überlieferung der Propheten abweicht, von Satan inspiriert sein müsse. Schafft es ein Mensch aus dieser religiösen und geistigen Sackgasse auszubrechen und eigene geistige Erfahrungen zu machen, wird er diese Erfahrungen immer wieder mit seiner alten Gewohnheit vergleichen. Gelingt ihm der Kampf gegen seine eigenen althergebrachten Denk- und Verhaltensmuster, wird er versuchen, darüber mit seinen Mitmenschen zu reden. Und hier erwartet ihn die nächste Einbahnstraße. Die religiösen Glaubensbrüder können diese Erzählungen des geistig offenen Menschen mangels eigener Erfahrung nicht nachvollziehen, nein sie können diese auch nicht glauben, denn ihr heiliges Buch sagt nichts davon oder noch schlimmer, verbietet eine andere Ausdrucks- und Verhaltensweise. Man schließt den Abtrünnigen aus der Glaubensgemeinschaft aus oder droht ihm mit dem Tode. Es ist für jeden Menschen selber schon schwer genug, eigene Gewohnheiten abzulegen, aber es scheint uns unmöglich, auch unseren Mitmenschen davon zu befreien. Dieses Wunder ist nur mit Gottes Hilfe und der Unterstützung der geistigen Welt möglich, wenn wir bereit sind den ersten Schritt zu tun.

Die Menschen haben durch die Macht ihrer falschen, durch Luzifer inspirierten, Gewohnheiten ihre ursprüngliche Heimat vergessen. Nur eines ist anders als in dem obigen Beispiel vom jungen Adler. Sie sind nicht wie der junge Adler, sie sind noch mehr als das. Sie sind die Kinder Gottes und können durch das ganze Universum und die Ewigkeit fliegen. Gott ist ihr Himmlischer Vater. In der ganzen Ewigkeit gibt es nichts so Wunderbares und Besonderes zu sagen, als: Mein Vater ist Gott.

Jetzt möchte ich über die Menschen berichten, die ihren Kopf sehnsuchtsvoll nach oben heben, um im blauen Himmel zu sein: Was widerfährt Ihnen in diesem Stadium? Auf diesem Weg der Freiheit ist das Gewissen hungrig und durstig nach Gottes Wahrheit und der menschliche Geist kann verschiedene mystische Erfahrungen machen. Manchmal öffnet sich vor solch einem Menschen während er einfach nur dasitzt plötzlich der Vorhang der äußerlichen Schöpfung. Ein Licht prallt von hinten auf den Hinterkopf und scheint zu explodieren. In dieser Explosion sieht der Mensch das Licht immer weiter in den blauen Himmel reisen. Die Erfahrung, die man in diesem Moment macht, kann man nicht in Worte fassen. Nur der Mensch, dem Gottes Wahrheit so widerfahren ist, kennt dieses Mysterium. In der Vision fühlt sich der Mensch wie ein gefangener Vogel in einem Käfig. Hinter den Gittern seines Gefängnisses sieht er andere Vögel weit, weit oben im blauen Himmel in Freiheit fliegen. In diesem Moment möchte er bei ihnen sein. Plötzlich öffnet er seine Flügel und fängt an, sie im Käfig zu bewegen, doch in diesem engen Käfig kann er seine Flügel nicht vollkommen ausbreiten. Sehnsuchtsvoll schaut er den anderen Vögeln nach, sieht sie davonfliegen und schließlich im blauen Himmel verschwinden. Solch eine Person beobachtet die Vision bis sie vor den Augen verschwindet. Für diesen Menschen ist dies ein sehr trauriges und einsames Stadium. Es ist genauso, als ob jemand die Flügel stutzte und den menschlichen Geist für immer in diesem Käfig einsperrte.

Welche Bedeutung hat es, wenn ein Mensch in diesem Stadium die Erfahrung macht, dass das Licht auf seinen Hinterkopf prallt? Gott und die Himmel möchten für diesen Menschen ein Fenster öffnen, damit er einmal den Geschmack der Freiheit kosten kann. Nur so kann der Geist den Weg in die Freiheit erkennen. In solch einem Stadium lädt das Licht diese Person ein, seine gefallenen Wünsche aufzugeben, die ihn bis jetzt in diesem Käfig gefangen hielten. Es fordert ihn auf, sich von seinem schlechten Umfeld loszusagen und sich vom Licht als aufrechten Menschen nach oben in die Freiheit des blauen Himmels führen zu lassen. In diesem Stadium fühlt sich der Mensch sehr einsam und leer. Er spürt, dass er alles in diesem Leben verloren hat, was ihm teuer und wichtig war. Allmählich entfernt sich solch ein Mensch von irdischen Annehmlichkeiten und Freuden. Er bevorzugt es, allein an abgelegenen Orten in der Natur zu bleiben. Alles erscheint ihm jetzt fremd. Er fühlt, wie ihm seine vielzähligen, verschiedenen Wünsche langsam „Lebe Wohl" sagen.

Die Stimme all seiner Gedanken verhallt. Sie ist nicht mehr zu hören. Jetzt lebt dieser Mensch im Bereich des geistigen Bewusstseins und ließ diese geräuschvolle Welt hinter sich. Es gibt einen Unterschied, den wir sehen: Der irdische Mensch erlaubt der lauten irdischen Welt in ihm zu leben, aber der geistige Mensch macht sich selber leer und erlaubt dem Licht, in ihn hineinzuscheinen. Jetzt lebt er kaum noch für Äußerlichkeiten, wie Wohnstand, Nahrung oder ein Dach über dem Kopf. Ihm reicht schon das Existenzminimum. Er sehnt sich jedoch stärker als je zuvor nach dem geistigen Leben.

Auf der zweiten Stufe sieht solch ein Mensch das Licht von rechts kommend. Das signalisiert, dass das himmlische Licht ihn mit der Erlaubnis Gottes führen möchte. Schießt das Licht mit voller Geschwindigkeit von rechts am Auge vorbei, öffnet sich in diesem Moment eine Vision und viele geistige Wunder können erblickt werden. Man sieht eine neue Welt der Himmel, wodurch der menschliche Geist in Mystik verfällt. In diesem Zustand spürt er eine Kraft, die ihn befähigt, durch die gesamte Ewigkeit hindurch zu fliegen. Jetzt ist das geistige Leben keine Last mehr für den Geist, sondern er erfährt in geistiger Freiheit und Wahrheit all die Geheimnisse des Lebens. Jetzt lebt er nicht mehr an der Oberfläche des geistigen Lebens, sondern er hat den brennenden Wunsch, noch immer weiter und tiefer vorzudringen. Es fällt mir schwer zu beschreiben, was ein Mensch in diesem Stadium erlebt. Vielleicht kann man es mit einer vollkommenen Kehrtwende im Leben beschreiben. Es ist so, als ob ein Mensch inmitten der vielen Geräuschkulissen einer Großstadt lebt, die darüber hinaus auch noch an ein lautes Baugebiet angrenzt. Eines Tages sagt er der Stadt und solch einem Leben „Lebe Wohl" und geht weit weg, um irgendwo tief im Wald oder in der Schönheit der Berge zu leben. Hier empfindet er einen tiefen Frieden, der in ihm verweilen möchte und ihn durchströmt wie ein Wasserfall.

Gott und die Himmel lassen ihn nun die Schönheit des geistigen Lebens beobachten, und seine Zunge wird niemals in der Lage sein, dies zu beschreiben. Hier ist es beispielweise richtig, wenn man sagt, dass man im ersten Stadium des geistigen Lebens einen geistigen Dialog führen kann. Der Verstand ist mit dem geistigen Wissen zufrieden, dass er durch die verschiedenen Bücher erhalten hat. Aber genau genommen ist es so: Öffnen die Himmel das geistige Fenster für solch einen Menschen, verstummt das gesamte Wissen in ihm. Hier versteht er, dass das geistige Wissen, das er aus den verschiedenen Büchern erhalten hat, seine geistige Gesundheit positiv beeinflusste. Jetzt ist aber das, was er beobachtet, ein lebendiges Stadium des geistigen Lebens. Sein geistiges Leben ist nicht nur ein Konzept, das man in den heiligen Büchern, wie eine Kunst beschrieben, findet. Man kehrt hier in die Wirklichkeit der Kunst ein, die man nur mit geistigen Sinnen erfahren kann. Deshalb ist es richtig, wenn man sagt: Das geistige Wissen ist nötig, um die Menschen zu bilden. Doch in diesen Bereich der Theorie muss der sich nach Geistigkeit Sehnende nicht stehen bleiben. Taucht er in die lebendige Realität der geistigen Welt ein, empfängt ihn solch eine Wirklichkeit der Wahrheit, die er niemals einem gewöhnlichen religiösen Menschen auch nur annähernd beschreiben kann. Für die Gläubigen der Religionen ist so ein Mensch weit entfernt von ihren heiligen Büchern, denn er verleiht der Wahrheit eine Ausdrucksweise, die sie in ihren heiligen Büchern nicht finden können. Deshalb bezeichnen die traditionellen Anhänger der Religionen diesen Mensch als Opfer Satans oder Opfer übler Geister. Genau genommen meditiert man in diesem Stadium des geistigen Lebens nicht mit geschlossenen Augen, sondern beobachtet bewusst die Schönheit des geistigen Lebens mit offenen Augen.

Ich denke an dieser Stelle macht das folgende Beispiel die Erfahrung verständlich, die ein Mensch macht, wenn das von rechts kommende Licht mit voller Geschwindigkeit vor den Augen vorbeifliegt. Stellen wir uns vor, wir sitzen in einem stehenden Zug. Plötzlich fährt ein anderer Zug mit hoher Geschwindigkeit aus der Gegenrichtung kommend an uns vorbei. Es scheint uns dann, als ob wir in diesem stehenden Zug auch fahren würden.

Genauso ist es, wenn das Licht mit hoher Geschwindigkeit von rechts vorbeifliegt. Es nimmt diese Person scheinbar für eine Weile weit weg in die Ewigkeit, in der sie die Dimensionen beobachten und von Quellen des göttlichen Wassers trinken kann. Dies ist das Wasser des Lebens, welches den Geist und die Seele reinigt. Jetzt wird das Leben des Guten zum Hauptinhalt eines solchen Menschen. Er findet Gefallen am geistigen Leben.

Im dritten Stadium der Beobachtung und Visionen fliegt das Licht frontal auf die Stirn zu. Es scheint als ob das Licht aus vielen extrem hell strahlenden Lichtbällen bestehen würde, die bei Berührung mit der Stirn in viele Tausende Sonnen explodieren. Sie alle leuchten hell vor den geistigen Augen dieser Person. Fühlt der menschliche Geist die Liebe Gottes und der Himmel, kann er aus dem Käfig entfliehen. Der Geist pocht an die Tür des Herzens und fragt: „Lass uns zusammen die Ewigkeit beobachten, auf dass wir mehr Wahrheit erfahren. Lass uns zusammen das Königreich der Himmel beobachten, in der die Liebe vor Gott niederkniet." Menschen, die solche Erfahrungen machen, werden während der Explosion des Lichtes stumm. Das bedeutet, dass am Anfang der geistigen Reise eines religiösen Menschen das Wissen, die Diskussion und Dialoge verschiedene äußere Bereiche sind. Öffnet sich jedoch im zweiten Stadium das Fenster der Himmel, verstummt alles Wissen und der Mensch wird sprachlos. Im dritten Stadium ist das Licht, welches die Beobachtung bringt, so intensiv, dass es gleichzeitig die Zunge des Menschen verstummen lässt. Jetzt versucht er dieses geistige Phänomen zu erklären, was ihm nicht gelingen wird. Es ist genauso, als ob ein stummer und gehörloser Mensch mit Händen und Füßen versuchen würde, dieses Wunder zu erklären. Aber alles was sein Mund hervorbringt, wären nur gurgelnde und unverständliche Geräusche. In solch einer Situation glauben religiös gebildete Menschen, sie seien die Gewinner und normal. Der Stumme gehört in ihren Augen dagegen zu den Verlierern, weil er sich unnormal, ja sogar geisteskrank verhält.

Was ist hier der Unterschied? Die religiös gebildeten Menschen und all die Theologen kennen nicht die neue Welt des Stummen. Könnten diese rein äußerlich gebildeten Menschen, die Professoren und Theologen mit ihren wertlosen Doktortiteln in Religion und Geisteswissenschaften auch nur ein paar Momente dort sein, wo der Stumme das geistige Leben beobachtet, würden sie sicherlich einen Herzinfarkt erleiden. Danach müssten sie bis zum Ende ihres Lebens Herztropfen einnehmen und gezwungener Maßen in Ruhe verharren. Genau genommen hat der Stumme den Sieg davon getragen. Ihm allein gebühren die Ehre und die Anerkennung der Himmel. Nachdem er so viele unbeschreibliche Phänomene gesehen hat, kehrt er zurück in diese Welt und versucht trotzdem mit Händen und Füßen, das Gesehene zu beschreiben. Darum sind all die theologischen Unterschiede noch auf der Glaubensstufe des Wissens angesiedelt. Betreten die Menschen erst einmal die lebendige Spiritualität, dann haben sie gemeinsame Träume, das ewige Leben zu entdecken. Hier erfährt der geistige Mensch, dass wir in der Gegenwart der Liebe Gottes alle eins sind.

Im vierten Stadium kommt das Licht von links und ermöglich wieder andere Beobachtungen und Visionen. Von links kommend signalisiert es, dass die Person nun die Himmel beobachten kann, in denen die Propheten und Gesandten die Verantwortung erhielten, diese Welt zu reformieren. Hier werden geistig offene Menschen zum Kanal oder Objekt der Himmel. An diesem Ort erhalten sie eine Mission und ihnen wird Verantwortung von den Himmeln übertragen. Wir dürfen jedoch nicht vergessen, dass die Propheten und Gesandten nur soweit berichten können, wie es ihre eigene Entwicklung erlaubt. Denn gemäß dieser Entwicklung kommen sie nur bis zu einem bestimmten Punkt in der geistigen Welt. Deshalb sind die geistigen Stufen relativ in dem Leben der Propheten. Ihr eigenes geistiges Wachstum ist das Hauptelement, das die Geheimnisse des geistigen Lebens öffnet. Obwohl ich nur diese wenigen Stadien der Visionen und Beobachtungen erklärte, bedeutet das aber noch lange nicht, dass es nur vier davon gibt. Es sind unzählig viele Stadien. Ich glaube, es war an dieser Stelle weitaus wichtiger, diese beispielhaft zu erwähnen.
In der vierten Stufe kann der Geist zum Objekt verschiedener Engelwelten, anderer Wesen, Propheten oder der Himmel werden. Nach dem physischen Tod des menschlichen Körpers kommt der menschliche Geist in die geistige Welt, in der er zum Objekt wurde

und für die er arbeitete. Auch hierfür ein Beispiel: Erzengel Gabriel, der Heilige Geist, und andere Engelwelten arbeiteten mit Jesus und Mohammed. Deshalb nahmen sie deren Geist mit in ihre Welt, die man auch die Welt der Erzengel nennt. Trotzdem ist die Wahrheit auch dort nur relativ. Ich kann Tausende und Abertausende Beispiele darüber geben, welche Engelwelt mit welchem Propheten und welche andere Wesen mit anderen Propheten gearbeitet und in welche Welt sie diese mitgenommen haben. Müsste ich das alles in diesem einen Buch erklären, würde der Platz nicht für all diese Geheimnisse ausreichen. Ich möchte trotzdem noch ein weiteres Beispiel anführen.

Vor ein paar Minuten, während ich diesen Teil meines Buches niederschrieb, sah ich, im Wald sitzend, nahe meines Zentrums Joseph Smith, den Gründer der Mormonen. Er kam mit dem Engel, zu dessen Objekt er auf Erden wurde. Nun kenne ich diesen Engel auch, ebenso seine Dimension, in die er auch Joseph Smith mitnahm. In dieser Dimension sprechen die Engel meistens in Symbolen. Gerade jetzt stehen dieser Engel und Joseph Smith vor mir. Der Engel erzählte mir, dass er in verschiedenen Zeitepochen der Geschichte mit dreißig Propheten wie Joseph Smith zusammenarbeitete. Da er jedoch in Symbolen sprach, konnte die Wahrheit nicht klar ausgedrückt werden. Die Wahrheit ist verschlüsselt im Alten Testament und in anderen Büchern der Propheten. Sie brachte den Menschen aber keinen Vorteil, weil sie diese nicht erkennen und schon gar nicht verstehen.

Hier sagte Joseph Smith zu mir: „Vergiss mein heiliges Buch. Bitte schreibe von mir einen Satz nieder: "Ich habe Gott gesehen." Dieser Engel, zu dessen Objekt ich auf Erden wurde, nahm mich in das Königreich der Himmel mit. Es gibt verschiedene Engel und andere Wesen. Wir kommen zusammen und verbeugen uns vor Gott. Als dieser Engel mich dorthin nahm, konnte ich ebenso Gott sehen und mich vor Ihm verbeugen."

Es gibt Millionen Offenbarungen, die ich, der Autor dieses Buches, erhalten habe. Von morgens bis abends werden mir viele solcher Offenbarungen überbracht. Doch ich kann sie nicht alle in dieses eine Buch schreiben. Es ist das Wichtigste und das Primärste in der Mission, dass ich die Menschen zu Gott und seinem Willen führe, denn ich bin nun das Objekt Gottes.

Viertes Stadium: Das Gewissen folgt dem Herzen
ausgerichtet auf Gott

Das Leben der Liebe oder die Straße der Liebe

Dieses geistige Stadium nennen wir auch die „Welt der Liebe" für den Geist. Der Geist gelangt hier zu den zahllosen Dimensionen der Liebe. Er fliegt und reist mit Lichtgeschwindigkeit in der Ewigkeit. Diese richtet sich danach, wie viel Licht dieser menschliche Geist hat. Alle schmalen Bäche, mit denen er seine geistige Reise im irdischen Leben begann, wachsen hier zu großen Flüssen heran, die sich in Liebe vereinen.

Dies ist auch der Punkt, an dem die Flüsse des Friedens, der Freiheit, immerwährenden Glückseligkeit und Liebe zusammenfließen. Hier fängt das Leben des Geistes, als ein Leben der Liebe an. Dieser Geist, den man auch einen mystischen Geist nennt, da er ohne jede Bedingung durch die ganze Ewigkeit reisen kann, gehört jetzt keiner Dimension an. Es gibt kein Gesetz, dem solch ein Geist folgen muss. Er wird zu einer Rakete und sein Herz zu seinem Piloten. Dieser mystische Geist fliegt in Millionen und Abermillionen unzähligen Himmeln, um nach Gott zu suchen, nach dem er sich so sehr sehnt. Der Geist reist in unzähligen Himmeln und entdeckt die dort verborgenen Wunder. Aber selbst dieser Anblick bringt weder Befriedigung, noch wächst der Wunsch oder Drang, sich irgendwo niederzulassen. Dieser Geist fühlt sich in diesen Himmeln trotzdem wie ein Fremder, der niemals ein Zuhause findet. Die Faszinationen dieser Himmel ist außerstande, ihn tief genug zu berühren.

Während der menschliche Geist durch die zahllosen Himmel reist, fragt er sehnsüchtig nach Gott. Die verschiedenen Engel und Wesen in den Himmeln möchten ihre Erfahrungen mit diesem Geist teilen und ihn umarmen. Dennoch verweilt dieses Geistwesen nicht länger in diesen Himmeln, denn tief in seinem Inneren treibt ihn die Sehnsucht nach Gott immer weiter an. Darum sind Traurigkeit und Einsamkeit seine ständigen Begleiter. Meistens verweilt solch ein Geist an den Orten etwas länger, die von Gott besucht wurden oder an denen Gott manchmal vorüberzieht oder wo er die Anwesenheit Gottes noch spüren kann. Es ist genauso, als ob ein Baby an keinem anderen Ort außer in den Armen seiner Mutter Ruhe und

Geborgenheit findet. Genauso rastlos ist auch der Geist auf seiner Suche nach dem einzig wahren Ort des Friedens, denn er kann sich nur im Schoße Gottes niederlassen. Manchmal kommen Momente in das Leben eines Geistwesens der Liebe, indem die Liebe für Gott so sehr brennt, dass es wie Gott zu jeder Zeit an jedem Ort sein kann. Diese Momente sind so außerordentlich, ja gewaltig und versetzen den Geist in die Lage, Gott einzuholen und Ihn in der Ewigkeit zu umarmen. In diesem Moment scheint es, Gott für immer gefunden zu haben.

Doch sehr schnell kommt die Zeit, in der das Licht Gottes wieder in der Ewigkeit verschwindet. Zurück bleibt nur die tiefe Traurigkeit der Liebe im Herzen solch eines Geistwesens. In diesem Stadium entspricht es dem Wesen und dem Wunsch dieses Geistes, Gott nur für sich allein zu haben. Aber der Gott der Liebe ist wie der Wind. Man kann Ihn nicht festhalten oder an sich binden. Der Wind der Liebe Gottes verleiht jedem ein neues Leben. Er lädt uns ein, weiter in der Liebe Gottes zu wachsen und die ganze Ewigkeit zu umarmen, so wie Gott es tut. Gott trifft solch eine Seele der Liebe verschiedene Male und verschwindet wieder in der Ewigkeit. Was jedes Mal bleibt ist eine Traurigkeit und Leere und die Gewissheit, Gott gefunden, aber auch verloren zu haben. Und das ist eine neue Lektion, die das Geistwesen der Liebe lernen muss. Es muss sich des einzigartigen Wertes bewusst werden, was es bedeutet, mit Gott für immer zusammenzuleben. Solch ein Geist muss zuerst seine eigene Individualität verlieren und wie Gott werden. Bei seinen Reisen durch die zahlreichen Himmel macht so ein Geistwesen neue geistige Erfahrungen.

Diese lassen ihn im göttlichen Licht der Weisheit erstrahlen und er erfährt Gott auf eine sehr tiefe Art und Weise. Und dann geht er durch eine Zeit, in der all diese Wellen der Liebe sich beruhigen und der Geist der Liebe den Strand seiner Bestimmung erblicken kann. Jetzt beginnt für ihn eine neue Ära in seinem Leben, in der er all seine Rechte Gott übergibt. Jetzt ist solch ein Geistwesen direkt in der Gegenwärtigkeit Gottes und erhält die Richtung und Bildung für seine Liebe und für sein Herz direkt von Gott. Wir können auch sagen, dass es nun in der Lage ist, Gottes Wesen zu erben. Dieser Geist hat nur noch den einen Wunsch, sein Heim in Gott zu errichten.

Ich, der Autor dieses Buches, habe zahlreiche Erfahrungen in diesem Stadium der Liebe sammeln dürfen. Es gab eine Zeit in meinem

Leben, in der ich durch Millionen und Abermillionen unzählige Himmel flog, um Gott zu finden. Dort offenbarte sich mir ein anderes Geheimnis: In jedem Himmel erfuhr ich eine neue Form der Liebe. Jeder dieser Himmel half mir, mein elterliches Herz zu entwickeln. Am Anfang meiner geistigen Entwicklung habe ich Gott als Licht gesehen. Deshalb brannte mein Herz darauf, mehr über Gott zu erfahren.

Ich wusste, würde ich sagen: „Gott ist nur Licht", dann würde die Menschheit mich fragen: „Bist du jemals weiter in dieses Licht hineingegangen, um Gott zu fragen, wer Er ist, woher Er kommt und wie Er sich selbst der Menschheit gegenüber vorstellt?" Was für eine Antwort hätte ich den Menschen geben können, wenn ich nicht mehr gewusst hätte, als dass Gott Licht ist? Was hätte ich dann meinen Mitmenschen sagen können? In meiner eigenen geistigen Entwicklung bin ich sehr weit gekommen. Ich habe so viel Liebe von Gott und den Himmeln erhalten, die ich mit Worten - selbst die ganze Ewigkeit hindurch - nicht beschreiben könnte.

In meinem irdischen Leben habe ich viele schlaflose Nächte durchwacht, um diese eine Antwort auf die Frage zu erhalten: Wer ist Gott wirklich? Ich wollte sämtliche Geheimnisse über Gott erfahren, jedoch nicht für mich selber, sondern für meine Mitmenschen. Es hat auch eine Zeit in meinem Leben gegeben, in der, während ich durch die ewigen Himmel reiste, meine Liebe für Gott und meine Mitmenschen überschäumend war. Ich wollte unbedingt, dass Gott sich selber so offenbart, wie ich es mir vorstellte. Endlich kam eine Zeit in den ewigen Himmeln, in der ich fast Gottes Licht fangen konnte und ich schrie heraus: „Gibt es irgendjemanden, der Dich mehr lieben kann als ich? Wenn es jemanden gibt in diesen ewigen Himmeln, dann zeig ihn mir." Gottes Licht zog jedoch ruhig an mir vorbei und achtete gar nicht auf meine fanatische Liebe. Je mehr ich Gott auf meine eigene Art und Weise kennenlernen wollte, umso mehr Himmel musste ich durchqueren, um mich selber zu entwickeln und zu lernen, Gott nicht nur für mich in Besitz zu nehmen.

Danach kam eine Zeit in meinem Leben, in der ich fühlte, der Verlierer zu sein. Obwohl meine Liebe für Gott brannte, konnte ich Ihn nicht besitzen. Ich musste in den ewigen Himmeln eine schwierige Zeit durchstehen. Jedes Mal, wenn Gottes Licht an mir vorbeizog, musste ich lernen, meinen Wunsch zu unterdrücken, zu Ihm zu fliegen, um Ihn herauszufordern und einzufangen. An diesem Punkt nahm meine

Liebe eine für mich neue und unerwartete Wendung. Ich erfuhr, dass Gott und die Himmel mir bereits alles gegeben hatten, obwohl ich dessen noch nicht würdig war. Ich erkannte, dass meine Liebe nur einem kleinen Funken glich. Doch Gott und die Himmel ließen diesen Funken zu einem neuen strahlenden Licht heranwachsen. Und dieses Licht umgab meinen Geist und meine Seele. Selbst dieser Teil des Lichtes Gottes wurde Teil meines Geistes und deshalb konnte ich frei im ewigen Leben reisen. Zum ersten Mal musste ich mir eingestehen, wie undankbar und arrogant ich mich in meiner fanatischen Liebe verhielt. Ich vergoss unzählige Tränen, um geduldiger Gott und den Himmeln gegenüber zu werden. Ich bereute meinen Gedanken, Gott solle wie ich sein. An diesem Punkt eröffnete sich mir eine neue Erfahrung der Liebe. Ich wünschte nur noch, dass Gottes Liebe wie ein Wasserfall in meinen Geist strömt und ich in absoluter Stille verharre, ohne zu fragen, woher dieses Wasser der Liebe kommt, noch wohin es geht. Nun kam Gott mir näher und näher. Sein Licht sprach zu mir und Er gab mir viele Versprechen: Er würde die Menschheit durch mich treffen und ich sei sein letzter Kanal. Er nannte mich sein eigenes Herz und seinen geliebten Sohn.

Hätte ich meine geistige Reise nach diesem Zeugnis Gottes abgebrochen, wäre eine neue Blockade für die Menschheit entstanden. Gott hätte mir dann nicht sein göttliches Geheimnis über seine Identität verkünden können. Stattdessen hätte Gott sich in Zukunft nach neuen Söhnen oder Töchtern gesehnt, denen Er mehr offenbaren könnte. Von hier an wäre es nicht möglich gewesen, mir mehr zu offenbaren, weil ich für Gottes Kinder die Bedingung gelegt hätte, dass sie nur durch mich Gott treffen sollten. Aber welche wahre Lektion wurde mir durch Gott erteilt? Gott ist nicht nur ein Gott der Propheten und Erlöser; Er ist nicht nur der Gott von Abraham, Moses, Jesus, Mohammed usw. Er ist der Gott all seiner Kinder! Das tiefste Geheimnis, das ich kennenlernte, als ich in Gottes Augen blickte, war, dass Er jedes seiner eigenen Kinder individuell kennt und einzigartig liebt. Die Offenbarung dieses Geheimnisses ließ mir keine andere Wahl, als meine alte Liebe aufzugeben, in der ich dachte, Gott sei mein persönlicher Besitz. Heute kann ich sagen: Jeder Prophet oder Erlöser, der sagte, Gott könne die Menschheit nur durch ihn treffen, sprach diese Worte aus seinem eigenen Bereich der Liebe heraus. Die Liebe gehört in diesem Bereich nur ihnen und nicht Gott. Sie dachten, sie könnten Gott besitzen. Doch das ist der größte Fehler, der in diesem Stadium der Liebe passieren kann. Diese Liebe wurde ihnen von Gott und den Himmeln gegeben, damit sie diese an die Menschheit weitergeben. Ich habe diese göttliche universelle Wahrheit kennengelernt, als ich bereit war, meine Liebe aufzugeben, um Gottes Liebe in meinem Herzen und in meiner Seele zu erben und zu verinnerlichen.

Wie kann ein König friedlich in seinem Palast schlafen, wenn von seinen zwölf Kindern nur neun in seinem Palst leben und drei auf der Straße ein obdachloses Leben fristen? Das Gleiche gilt für die Menschen; sie sind Gottes Familie. Gott ist mehr als ein Imperator. Er ist der Schöpfer des ewigen Lebens. Wie kann Er glücklich und zufrieden sein, wenn nur einige Propheten und Erlöser in die Himmel gelangen und seine anderen Kinder unter miserablen Bedingungen auf der Erde bzw. in der geistigen Welt leben.

Am Anfang, als ich mich auf die Suche nach Gott machte, sah ich Gottes Licht sehr selten in den Himmeln. Meistens fand ich Ihn in der dunklen Ewigkeit, in der Er sich zurückzog und weinte. Deshalb gab es auch in meinem Leben eine Zeit, in der ich keinen Wunsch verspürte, in die Himmel zu reisen. Nachdem ich all die Höllen sah, die Luzifer mit seinen gefallenen Engeln, Menschen und anderen Wesen erschaffen hatte, wurde mir schwer ums Herz. So vergaß ich, in den vielen Himmeln zu reisen. Nachdem ich das Leid und die Entbehrungen der Menschen kennengelernt habe, habe ich meinen Blick für die Himmel vergessen. Danach verbrachte ich zwölf Jahre meistens im Wald. Viele Nächte weinte ich um Gott und der Menschheit willen.

Das größte Wunder und Phänomen war für mich, als Gott und die Engel zu mir auf Erden in den Wald kamen, um mich zu treffen. Sie nahmen mich an die Orte in den ewigen Himmeln, um mir all die Geheimnisse zu zeigen, damit ich sie Gottes Kindern weitererzählen kann. Ich habe gesagt, Gott ist ein Wesen, doch sein Licht scheint heller als all die ewigen Himmel und die Sonne auf Erden. Er ist kein Engel oder Dschinn- oder menschliches Wesen. Er hat unzählige viele Wesen im ewigen Leben erschaffen. Aber keines ist so wie Er. Die göttliche Wahrheit ist, dass nichts mit Ihm verglichen werden kann. Er ist ein Fremder in der ganzen Ewigkeit. Kein noch so intelligentes Wesen kann Ihn entdecken, keiner kann etwas über Ihn erfahren, es sei denn, Er möchte es. Ich fand heraus, dass die wahre Liebe der einzige Kanal ist, in dem der Mensch der Liebe solch eine Geschwindigkeit in der Ewigkeit erreicht, um irgendwo für einige Momente, Gott zu treffen.

Gott nennt mich sein eigenes Herz. Was kann mich noch glücklicher in meinem Leben machen, als darauf stolz zu sein? Das war jedoch nicht das, was ich wollte. Das höchste, für mich ewigwährende Glück war, dass Gott mir erlaubte, Ihn zu umarmen. Ich bin ehrlich der Menschheit gegenüber. Obwohl Gott mich sein eigenes Herz nennt, ist es nicht wahr, wenn ich sagen würde, ich wüsste alles über Ihn. Ja, natürlich muss ich sagen und dazu stehe ich: auch ich habe ein paar Tropfen aus diesem ewigen Ozean der Liebe getrunken. Viele Propheten und Erlöser waren damit zufrieden, nachdem sie ein paar Tropfen seines ewigen Ozeans zu sich genommen hatten. Aber ich für meinen Teil, selbst nachdem ich ein paar Tropfen aus dem ewigen Ozean der Liebe kosten durfte, wurde noch durstiger. Deshalb ist das Stadium der Liebe auch ein Stadium, in der die menschliche Liebe zum Objekt wird und sich bedingungslos der Liebe Gottes ausliefert. Die Liebe wird somit die Menschen nicht mehr blockieren, sondern eine neue Tür der Harmonie für sie öffnen.

Fünftes Stadium: Das Herz folgt Gottes Geist

Das Leben der Harmonie oder die Straße der Harmonie

Erreicht die Liebe des göttlichen Menschen das Heim der Harmonie im ewigen Leben, ist dieses Heim Gott selber. In diesem Stadium gelangt der göttliche Mensch unmittelbar unter die Herrschaft Gottes. Hier erfährt er den Ursprung der Liebe direkt von Gott. Ich habe vorher gesagt, dass die mystische Liebe in der Form des göttlichen Menschen sich vor Gott verbeugt. Es versteht sich von selbst, dass es im äußeren und inneren Leben nur ein Zentrum – Gott selber - gibt. Alle Quellen des wahren Friedens, der wahren Freiheit und wahren Liebe werden in Gott geboren und stammen somit von Ihm.

In jedem Stadium des Lebens kann die Liebe beengt, begrenzt und blind sein. Aber in dem Stadium, in dem der göttliche Mensch in den Bereich Gottes eintritt, hält Gott die Hand der Liebe selber. Die Sinne des göttlichen Menschen färben sich in der Liebe Gottes, genauso, als ob ein Tropfen ins Meer fällt und ein Teil davon wird. Gott schiebt alle Vorhänge der Ewigkeit beiseite. Hier beginnt eine andere Reise in der Ewigkeit zusammen mit Gott. Alle Geheimnisse werden offenbart. Auf einen Punkt möchte ich noch hinweisen. Die Menschen benötigen eine direkte Beziehung mit Gott, um all das Gesehene und Erfahrene in die Bereiche der äußeren und inneren geistigen Wissenschaften richtig einordnen und verstehen zu können.

Lebt man unmittelbar unter der Herrschaft Gottes, beginnt ein mystischer Frühling, an den man sich für immer erinnern wird. Hier vereint sich die Stille zweier Orte und aus zwei Lichtern entsteht eins. Unter der direkten Herrschaft Gottes wird das Herz des göttlichen Menschen zum Garten Eden, in dem die Blumen der Harmonie wachsen unter dem unmittelbaren Schutz Gottes. Dazwischen steht weder ein dritter Begleiter, noch ein Vermittler. Es gibt keinen Erlöser; es gibt nur Gott und den göttlichen Menschen! Hier dienen die Himmel solch einem göttlichen Menschen. Von diesem Punkt an, werden sich Gott und der göttliche Mensch für immer kennen, ganz egal, was sich in der künftigen Geschichte auch ereignen mag. Gott offenbarte mir viele Geheimnisse der zukünftigen Ewigkeit, die ich für mich behalten soll. Gott möchte diese besonderen Geheimnisse selber seinen Kindern mitteilen, wenn sie zu Ihm kommen. Genau genommen ist das Leben, welches nach dem Stadium der Harmonie beginnt, ein Leben, indem sich Gott mit seinen göttlichen Kindern für immer niederlässt. Es wird ein neues Zeitalter für Gottes Kinder anbrechen, die dann Gottes göttliche Familie genannt werden. Für solch eine göttliche Familie wird Gott immer sichtbar und gegenwärtig sein, und Er wird seinen Kindern ewig dienen.

Derjenige, der fern von Gott lebt, möchte Ihn nur durch den eigenen Verstand, aufgrund eigener Vermutung, Ideen und Philosophien kennenlernen. Das ist das Erbe von Luzifer. Seitdem die Menschen in das Netz des gefallenen Erzengel Luzifers fielen, glauben sie, dass ihr Verstand jeden anderen an Genialität übertrifft. Sie sind überzeugt, ihre eigenen Kinder seien die Beliebtesten auf dieser Erde. Als Luzifer sich von Gott abwandte, befiel ihn zuerst diese Krankheit. Jeder, der sich mit Satan vereinte und ein ähnliches Potential besitzt, verfiel später dem gleichen Irrglauben. Bis jetzt gab es in der menschlichen Geschichte nur wenige, die sich mit ihrem ganzen Herzen und ihrer ganzen Seele nach Gott sehnten. Aber nur der Mensch, der sich aufrichtig und unter Tränen nach unserem Himmlischen Vater sehnt, seine Heiligkeit Ihm hingibt und sein ganzes Leben in Demut verbringt, wird sicherlich unseren allmächtigen Schöpfer treffen.

Ich, der Autor, möchte noch eins sagen. Trifft der Mensch Gott, wird sein Herz in der Liebe Gottes zu einem Ozean, dessen Wellen hoch hinauf gen Himmel schlagen, nur um diesen blauen, wunderschönen Himmel zu umarmen. Sieht Gott solch einen Menschen, empfindet Er Mitleid und Vergebung für die ganze Menschheit. Dieser Mensch erinnert Gott an die Zeit, in der Er mystisch der Liebe verfiel und seinen geliebten Partner mit dem Wesen des Guten erschuf. Der göttliche Mensch, der zu Gott gehört, ist der wahre Diener der Menschheit und der anderen Wesen. Für solch einen Menschen hat Gott alles erschaffen und möchte ihn im ewigen Leben sehen. Das Herz des göttlichen Menschen ist weitaus größer als der blaue Himmel, denn Gott möchte darin leben. Der göttliche Mensch kann die Natur der vielen Schöpfungen auf einmal umarmen. Der göttliche Mensch ist sogar größer als die Sonne, denn das Licht der Liebe erhält er direkt von Gott. In der Liebe dieses Menschen gibt es keinen Schatten und keine dunklen Wolken. Der göttliche Mensch steht ständig im Dienste Gottes. Er zeigt der Menschheit stets den wahren Weg. Für diejenigen, die durstig nach dem Wasser des Lebens sind, kommen die Quellen seines Wissens und der Wahrheit von Gott. Der göttliche Mensch ist ungebunden und kann über den Wind hinausgehen, denn das Licht Gottes lebt in seinem Atem. In diesem schwingt immer die Melodie des Liedes, welches er für Gott und seine Nächsten komponierte. Genauso, wie die Nacht Erleichterung bringt, kann der göttliche Mensch die Menschheit trösten und ihr eine neue Hoffnung geben, auf dass sie ihre geistige Bestimmung findet. Genauso, wie der Regen der Natur hilft zu wachsen, ist der göttliche Mensch immer gegenwärtig, Gott zu dienen. Sein Herz möchte all die Schmerzen und das Leid der Menschheit heilen. Der göttliche Mensch kennt Gottes Liebe und ebenso seine Traurigkeit. Er weiß, was die Menschheit auf Erden und in der geistigen Welt erdulden muss.

Das Herz des göttlichen Menschen schlägt immer in der Liebe Gottes. Er möchte diese Glückseligkeit mit allen teilen. Der göttliche Mensch ist wesentlich größer als diese begrenzte Erde, aber seine Bestimmung geht weit über die der Sterne hinaus. Die Bestimmung des göttlichen Menschen geht so weit im ewigen Leben, soweit auch Gott geht. Was auch immer erschaffen wurde in der Schöpfung, es gibt nichts Größeres und Wichtigeres als das menschliche Wesen. Als Gott die anderen Dinge erschuf, sagte Er, sie sind gut. Als Er die Menschen erschuf, sagte Er, sie sind sehr gut. Nachdem Gott die Menschen erschaffen hatte, war Er mit seiner Schöpfung zufrieden. Der Mensch ist der höchste Ausdruck seiner Liebe. Alle Himmel kennen den Wert der Menschen. Und das Universum sieht in ihm ein Wunder. Die Menschen sind die Einzigen, die ihren einzigartigen Wert nichts wissen möchten. Die Explosion der menschlichen Ignoranz übertrifft in ihrer Wucht und in ihrem Ausmaß jede bis jetzt stattgefundene Explosion der Welt der Sterne.

Anmerkung: Im sechsten und siebten Stadium ist es möglich, sehr tiefe Erfahrungen unter Gottes direkter Herrschaft zu machen. Von diesem Punkt tritt jedes Kind Gottes seine individuelle Reise zu seinem Schöpfer an. Wollte ich diese zwei Stadien nur annähernd mit Worten meinen Mitmenschen beschreiben, würde dies mein ganzes Leben beanspruchen.

Buddha, Krischna, Konfuzius und andere Gesandte in der geistigen Welt

Es wäre nicht fair von mir, wenn ich nicht etwas über einige der bekannten Gesandten des Fernen Ostens, wie zum Beispiel Buddha, Krischna, Konfuzius usw., berichten würde. Gleichwohl ist es mir in meinem kurzen irdischen Leben unmöglich, über alle Gesandte der menschlichen Geschichte etwas niederzuschreiben. Mein Buch würde sonst nie enden. Deshalb bitte ich, der Autor, die Gesandten um Vergebung, die hier unerwähnt bleiben, obwohl ich sie alle gleichermaßen schätze und liebe. Ich habe mich für die folgenden Gesandten entschieden, da ihre Anhänger hier auf Erden stark vertreten sind und ihr Name noch in aller Munde ist. Deshalb berichte ich über jeden von ihnen etwas, was sie mir in der geistigen Welt offenbart haben. Ich weiß ebenso, welchen Platz sie in den Augen Gottes und der Himmel einnehmen und wie ihre Taten auf Erden bewertet wurden.

Krischna und die Hindu-Gesandten

Bei einer meiner geistigen Reisen flog ich über eine orangefarbene geistige Welt. Ein weiblicher Engel kam zu mir und sprach: „Willkommen in unserer Dimension. Ich werde dich einigen Hindu-Gesandten vorstellen. Die meisten leben in meiner relativen Dimension. Ich und die anderen Engel führen sie und helfen ihnen, geistig zu wachsen." Ich flog deshalb mit ihr hinunter in die orangefarbene Dimension. Dort gelandet, sah ich verschiedene Gesandte auf Elefanten auf uns zukommen. Sie stiegen von ihren Tieren ab und umarmten mich. Die geistigen Körper von einigen Gesandten leuchteten orange, die von anderen Gesandten waren durchzogen mit anderen Farben. Der weibliche Engel stellte mich allen vor. Vor mir standen Ram Chandra, Krischna, Shankara Achera, Rama, Ram Anand, Kabir, Sharma, Sadhu und Bawa Nanak. Die Gesandten sprachen zu mir: „Wir sind froh, dich hier zu treffen. Wir kamen extra aus den verschiedenen Dimensionen hierher, nur um dich zu sehen."

In meiner Muttersprache Hindi sagten sie weiter: „Wir sind deine Ahnen und du entspringst unserer Blutlinie. Du bist unser Samen. Nur leider haben sich einige Schleier vor die indischen Religionen geschoben. Deshalb nahmen später deine Großeltern den Islam als ihre Religion an. Dennoch machen wir keinen Unterschied zwischen dir und uns." Ich spürte ihre warmherzige Liebe und umarmte einen nach dem anderen. Ich sprach zu ihnen: „Wir sind alle eins in der Liebe Gottes. Ich bin stolz darauf, dass ihr meine Ahnen seid." Nacheinander richteten sie das Wort an mich. Hier kann ich nur einige wenige Worte eines jeden von ihnen wiedergeben.

Als erstes sprach Krischna zu mir: „Die meiste Zeit in meinem Leben musste ich gegen Gewalt und Ungerechtigkeit antreten. Ich wollte ein faires Gerichtssystem für jeden haben. In meinem ganzen Leben hing mein Herz an den armen Menschen, denn ich wollte ihnen helfen und sie trösten. Du kannst auch sagen, ich habe meine Lehre mehr auf philosophische Art und Weise übermittelt. Ich war ein himmlischer Soldat, der gegen das Böse kämpfte. Ich kämpfte gegen alle schlechten Menschen, und vor allem gegen ihre falsche Gerechtigkeit. In unserer Zeit nannten wir Gott Brahma, der das Universum erschuf. Genau genommen hatte ich kein klares Verständnis über Gott. Als ich in die geistige Welt kam, wurde mir ermöglicht, in einer guten geistigen Welt zu leben. Ich habe den Vorteil erhalten, mehr über Gott, seine göttliche Wahrheit und seinen Willen zu lernen.

Während ich auf der Erde lebte, hegte ich eine große Hoffnung für mein Heimatland Indien. Ich glaubte, dass jenseits von Leid, Armut und Entbehrung, mit Sicherheit ein großer Gesandter geboren wird, der das Licht dieser Welt bringen könnte. Genau genommen bist du ein Gesandter meines Heimatlandes, und du gehörst zu meiner Familie." Krischna umarmte mich nochmals, wobei er Tränen vergoss.

Danach nahm Ram Chandra meine Hand und sprach: „Ich bin so glücklich, dich zu sehen. Meine Augen glauben immer noch nicht, dass du jetzt vor mir stehst. Die meiste Zeit meines Lebens verbrachte ich damit, ein guter Mensch zu werden und den anderen Leuten diese Güte zu vermitteln. Ich hatte viele Kämpfe mit meiner eigenen Familie. Meine Stiefmutter spielte mir übel mit. Sie tat alles, damit ihr eigener Sohn, statt meiner, zukünftiger König wird. Aber die Himmel beschützten mein Leben.

Zu meiner Zeit herrschten Gewalt und Krieg, wie zu Krischnas Lebzeiten. Ich musste gegen Rawana kämpfen, um meine Frau Sita zu befreien. Aber in meinem Herzen verabscheute ich jede Form der

Gewalt. Die damaligen Umstände verwickelten mich unaufhaltsam in Kriege." Der weibliche Engel unterbrach und sprach: „Ram Chandra ist ein großer Mann, ein liebender Sohn und ein idealer Ehemann." Dann fuhr Ram Chandra fort: „Ich habe in der geistigen Welt viele Vorzüge erhalten. Zum Beispiel kann ich in verschiedene Dimensionen gehen, um dort mehr in der Liebe Gottes zu wachsen. Auf Erden nannten auch wir Gott „Brahma", den ich anbetete. Für mich ist klar: Alle guten Namen gehören zu Ihm."

Kabir hatte ich bereits einige Male vorher getroffen. Er gehört zu einer Dimension des weißen Bereiches. Auch er begrüßte mich sehr herzlich. Er sprach: „Meine Lehre war sehr einfach: Wahre göttliche Verehrung bringt die Erlösung. Für mich war jedoch die Liebe der Höhepunkt der wahren göttlichen Verehrung. Ich hatte bereits ein klares Konzept über Gott. Ich hasste es, Statuen oder Götzenbilder anzubeten und distanzierte mich von diesen Praktiken. Ich habe viele Reden dagegen gehalten. Durch meine Lehre verbreitete ich die Idee einer Brüderschaft ausgerichtet auf Liebe."

Danach wandte sich Ram Anand an mich, der auch eine angesehene Persönlichkeit darstellt. Er ist gütig und hat ein elterliches Herz. Er sprach zu mir: „Zu meiner Zeit existierte ein starkes Kastensystem, gegen das ich vehement ankämpfte. Mein ganzes Leben lang dachte, glaubte und lebte ich für eine Familie der Brüderschaft. Ich bin auch sehr stolz auf meine Jünger Nara, Tulsidas, Tamias, Jadoo und besonders Kabir, der meinen Fußspuren folgte."

Shankara Achera richtete daraufhin das Wort an mich: „Ich eignete mir viel geistiges Wissen in meiner Zeit an. Ich reformierte den Hinduismus, aber ich starb viel zu früh in noch sehr jungen Jahren."

Rama schloss sich sodann an: „Ich hatte bereits eine sehr klare Vorstellung von Gott. In meinen Lehren verkündete ich, dass Gott den Geist und die Materie erschaffen hatte. Aber ich glaubte irrig auch an die Reinkarnation von Gott in verschiedenen Gesandten. In der geistigen Welt tat es mir furchtbar leid, dass ich das herrschende Kastensystem hingenommen, ja akzeptiert habe und nichts dagegen unternahm. Selbst in der geistigen Welt wurde ich dafür gerichtet und musste somit den Preis der Wiedergutmachung entrichten. Das einzige Gute daran war, dass ich das Recht zur göttlichen Verehrung der niederen Klassen befürwortet habe. Ich bitte heute die Menschheit durch dich um Vergebung und besonders die, die in der

Vergangenheit litten und auch heute noch unter dem Kastensystem zu leiden haben."

Im Geist von Shankara sah ich drei verschiedenfarbige Lichter. Ich bat ihn, mir das Geheimnis dahinter zu offenbaren. Er sprach zu mir: „Ich glaubte an und ich lehrte über Liebe. Auch ich widmete mein Leben einer Bruderschaft. Ich lehrte ebenso, dass göttliche Verehrung und die Liebe zu Gott die wahre Erlösung bringen. Ich habe vehement gegen das Kastensystem zu meiner Zeit gekämpft. Ich liebte und diente den Menschen mit solch einem Herzen, als ob Gott mit ihnen leben würde. Ich kann heute in viele verschiedene Dimensionen des ewigen Lebens gehen. Das farbige Licht meines Geistes ist mein innerer Ausweis der Liebe, um in jede Dimension zu gelangen."

Ich, der Autor war sehr bewegt und mit Freude erfüllt, dass ich ihn treffen konnte. Ich drückte ihn an mich. Er sprach zu mir, dass es auch sein Wunsch sei, mich ewig zu umarmen.

Dann ergriff Sadhu das Wort: „Auch ich habe mein Leben auf Erden dafür hingegeben, um über die Identität Gottes zu lehren. Mir war klar, dass man niemals Statuen und Götzenbilder anbeten soll. Ich widmete mein Leben der Vernichtung des Kasten- und Klassensystems. Mein tiefster Wunsch auf Erden bestand darin, Indien aus dem Klassen- oder Kastensystem zu befreien, ebenso wollte ich die Menschheit als eine Weltfamilie unter Gott sehen."

Nun erhob Bawa Nanak das Wort: „In meinem Leben habe ich mich tief in Gott verliebt. Als ich meine Mission durch die Himmel erhalten habe, sagte ich, es gebe keine Hindus und Muslime. Ich habe die Mission erhalten, um gerade diese zwei Religionen zu vereinen, doch ich war hier nicht erfolgreich. Das meiste, was mich überraschte, war, dass später durch meine Jünger eine neue, die Singh-Religion, entstand. Und dies war auf keinen Fall der Wille Gottes." Bawa Nanak hat ein weißes Licht, und ich habe ihn viele Male in der geistigen Welt getroffen. Auch er arbeitet mit mir als Gesandter, um all die Religionen, ausgerichtet auf Gott, zu vereinen.

An Bawa Nanak gewandt, sprach ich: „Kein Mensch kann Muslim, Hindu, noch irgendein Anhänger einer anderen Religion sein, nachdem er Gott getroffen hat." Bawa Nanak küsste meine Stirn, umarmte mich und sprach dabei: „Wenn ich zu deiner Zeit leben würde, würde auch ich meinen Mitmenschen sagen, dass kein Hindu, kein Muslim, kein Singh noch sonst jemand, nachdem er Gott getroffen hat, irgendeiner Religion angehören kann. Gott ist der, der uns am meisten bedeutet und wir sind seine Kinder."

Buddha in der geistigen Welt

Buddha kenne ich bereits seit den frühen Tagen meiner Mission. Es lag an seiner großen Güte, dass ich ihn nicht nur in der geistigen Welt viele Male treffen konnte, sondern er besuchte mich verschiedene Male im Wald hier auf Erden während ich auf Gott wartete. Er setzte sich stundenlang zu mir unter den gleichen Baum. Damals sagte er: „So wie Gott im Himmel Abraham seinen Freund nennt, bist du mein Freund." Ich erwiderte: „Du bist ein sehr friedfertiger Mann, ich aber bin sehr temperamentvoll. Manchmal werde ich sogar richtig wütend." Er lächelte mich an und sprach: „Ich kann auch etwas aus deinem Temperament lernen, wenn es darum geht, gegen das Böse Revanche zu nehmen." Buddhas Güte und seine Liebe sind unverändert. Er besucht mich immer noch, vor allem dann, wenn ich mich an einen ruhigen Ort zurückziehe. Viele Male besuchte er mich sogar in meiner Wohnung in Deutschland. Er saß dann plötzlich vor mir auf dem Fußboden meines Zimmers und sagte: „Mir war gerade danach, dich zu besuchen. Deshalb kam ich auch ohne deine Einladung hierher." Ich antwortete ihm meist: „Du bist jederzeit herzlich willkommen."
Eines Tages sprach Buddha zu mir: „Während deiner Mission wird es eine Zeit des Leids für dich geben, bis du ein weltweites Niveau erreicht hast." Ich schwieg dazu. Ich sah, wie aus Buddhas Augen Tränen flossen. Ich fragte ihn: „Hast du deine Emotionen auch deinen Mitmenschen gezeigt?" Und er sagte: „Nein, dies ist nur für meine Freunde. Meistens bin ich auf der Erde und in der geistigen Welt nicht daran interessiert, meine Gefühle vor anderen zu zeigen."
Buddha hat ein extrem grünes, fast wie ein Kristall scheinendes Licht, das alles um ihn herum erleuchtet. Er lebt zusammen mit Engeln und anderen Wesen entsprechend der Farbe seines Geistes in einer der hohen intensiv grün scheinenden Dimensionen. Ich bereiste viele Male diese grünen Dimensionen. Es gibt unzählig viele davon. In der geistigen Welt ist Buddha nicht gerne von vielen Geistwesen umgeben. Ebenso verspürt er wenig Ambition, andere Geistwesen zu treffen. Er bevorzugt es, allein an ruhigen Orten zu sein. Jedoch sah ich einige Geistwesen verschiedene Male mit ihm. Über sie sagte er,

sie wären bereits sehr frühzeitig seine Jünger gewesen, die ihm ein Leben lang in der Mission geholfen haben. Aber meistens traf ich ihn allein an.

Bei einem meiner Besuche in der geistigen Welt, stand er auf der Spitze eines sehr hohen Berges. Immer wieder sang er das gleiche emotionale Lied. Ich wartete, bis er sein Lied beendete. Dann näherte ich mich ihm. Doch Buddha bemerkte mich nicht. Inbrünstig und mit der gleichen mystischen tiefen Liebe sang er erneut dasselbe Lied, wieder und wieder. Als ich den Text des Liedes vernahm, schossen mir Tränen in die Augen. Der Liedtext war folgender:

„Oh Pooter Atema, wie lange noch wirst Du mich warten lassen?
Ich habe Dich bereits überall in den Himmeln gesucht.
Ich habe deine Stimme gehört.
Ich bin mit meinem ganzen Herzen auf der Suche nach Dir.
Meine Augen sehnen sich danach, Dich wieder und wieder zu sehen.
Die wenigen Momente, die ich Dich im Leben getroffen habe, ließen mich noch durstiger werden.
Lass mich, oh Pooter Atema, aus deinen Händen trinken.
Im heiligen Wasser des Lebens kann ich nur dein Bild erblicken."

Anmerkung: Buddha nennt Gott „Pooter Atema".

Während Buddha sang, flog von vorne ein Engel mit einem sehr hellen Licht auf ihn zu. Als Buddha ihn sah, verbeugte er sich dreimal. Dieser Engel überbrachte ihm eine Botschaft Gottes. Zum Abschied verbeugte sich Buddha noch dreimal vor dem Engel und zeigte somit seine große Demut. Nach Überbringung der Botschaft kehrte der Engel vertikal in die Himmel zurück. Ich näherte mich nun Buddha und ließ ihn meine Anwesenheit wissen. Buddha war angenehm überrascht und glücklich, mich zu sehen. Er sagte: „Komm mein Freund, du bist gerade zur richtigen Zeit gekommen. Heute feiert die buddhistische Welt hier im geistigen Bereich und auf Erden meinen Ehrentag, doch diese Feier macht mich noch einsamer." Ich fragte ihn: „Wie kann das sein?" Er antwortete: „Ich habe auf Erden selten über Gott gesprochen und Ihn immer nur in Symbolen angedeutet. So konnten die Buddhisten dies auch niemals richtig aufnehmen und fingen an, mich anzubeten. Alles, was sie mir heute gegenüber zum Ausdruck bringen, gebührt allein nur Gott. Ich habe die Menschheit blockiert, ihren eigenen Schöpfer kennenzulernen. Somit fühle ich mich an meinem Ehrentag, an dem sie nur mir huldigen, sehr einsam und leer. Gott trifft mich selten. Er lässt mir durch seine Engel die Botschaft überbringen, dass ich noch mehr in Liebe wachsen soll."

Buddha sprach weiterhin zu mir: „Gott forderte mich, Konfuzius, Jesus und all die anderen Gesandten, die nicht klar über Gott gesprochen hatten, auf, zurück in die Dimensionen unserer Religionen zugehen. Dort müssen wir die Verwirrung aufklären, die nur entstand, da wir in Symbolen redeten und dies mit Absicht. Wenn die Menschen sich vor uns verbeugten, erfüllte dies unser Herz mit Genugtuung. Jetzt müssen wir ihnen helfen, Gott kennenzulernen." Nachdem ich dies vernommen hatte, verließ ich Buddha und flog vertikal nach oben in die blauen Himmel.

Schließlich kam ich in das Territorium Gottes. Dort trafen ich auf goldene, blaue und andere Wesen, die zu mir sagten: „Du kannst ein anderes Mal kommen, um Gott zu treffen. Momentan möchte Gott niemanden sehen." Ich entgegnete ihnen aber: „Gebt mir den Weg frei und lasst mich Gott sehen." Plötzlich ertönte die Stimme Gottes: „Lasst Zahid zu mir." Als ich zu Ihm kam, lag Er auf dem Boden. Er sprach zu mir: „Komm, lass dich neben mir nieder." Bevor ich auch nur ein Wort an Ihn richten konnte, fuhr Er fort: „An dem Tag, an dem du die Mission annahmst, habe Ich dir mehr Segen gegeben, als irgendeinem Gesandten in der Geschichte. Ich kann alles vergeben, aber Ich kann niemals verzeihen, wenn jemand meine Identität verwirrt. Es ist vollkommen gleich, wer es ist und wie großartig dieser Gesandte auch sein mag. Kehre zurück zu Buddha und frage ihn, warum er sich selbst in den Vordergrund drängte und nicht mehr über mich erzählte, nachdem Ich mich ihm selber offenbart hatte. Ganz egal, welche Weisheit er benutzte. Die Wahrheit ist, dass die Welt seiner Gläubigen heute ihn anbetet. Indem sie dies tun, geben sie auch Luzifer weiterhin die Möglichkeit, in ihre Religion einzudringen.

Jetzt müssen all die Gesandten in ihren eigenen Dimensionen und ebenso auf der Erde arbeiten, um dieses Durcheinander zu beseitigen. Es spielt nun keine Rolle mehr, ob sie diese Verwirrung direkt oder indirekt zu verantworten haben." Ich sprach zum Himmlischen Vater: „Bitte segne mein Herz, auf dass ich in meinem Leben nicht auch solch einen fatalen Fehler direkt oder indirekt begehe." Gott legte seine Hand auf mein Herz. In dem Moment seiner Berührung erfuhr ich, dass sich Liebe, gleich einem riesigen Ozean, in meinem Herzen ausbreitete. Und Gott sprach zu mir: „Ich habe bereits in dein Herz und deine Seele gesehen. Selbst wenn Ich dich nicht getroffen hätte, würdest du niemals meine Identität verzerren." Ich verbeugte mich vor Gott und küsste seine Füße. Er schaute mich lächelnd an und sprach: „Dein Platz ist nicht dort, sondern in meinem Herzen."

Ich kehrte nun zu Buddha zurück. Er saß immer noch in der Luft und meditierte, sein Gesicht war bedeckt bis zu den Augen. Ich näherte mich ihm und sprach: „Warum hast zu den Menschen nicht klar über Gott gesprochen, nachdem Er sich dir selber gezeigt hatte?" Buddha verharrte in Schweigen und meditierte weiter. Ich sprach zu ihm: „Unterbrich deine Meditation und antworte mir!" Nun brach Buddha sein Schweigen und sagte: „Mein enger Freund, schreibe die nun folgenden Worte für die Menschheit und meine Gläubigen nieder: Buddha bittet die ganze Menschheit um Vergebung. Ich kann viele Gründe angeben, dass zum Beispiel in meiner Zeit bereits eine hohe geistige Verwirrung herrschte. Aber genau genommen war es mein primäres Ziel und es oblag vor allen Dingen meiner Verantwortung, nach Erhalt der Erleuchtung durch Gott und die Himmel, den Menschen klar und deutlich alles über Gott zu offenbaren. Meine Weisheit hat mir keinen Vorteil im ewigen Leben gebracht, sondern nur meine Sehnsucht nach der Antwort für meine Mitmenschen. Dass ich heute hier in der geistigen Welt bin, habe ich nur der großen Güte und Gnade Gottes und der Himmel zu verdanken. Gott vergab mir, doch ich selbst kann mir nicht vergeben. Jetzt habe ich die wahre Realität am eigenen Leib erfahren; ohne die Gegenwart Gottes gibt es kein ideales Umfeld in der geistigen Welt! Was immer ich der Menschheit gab, Gott hat meine Bemühungen, meinen Nächsten zu dienen, anerkannt. Und nun ist eine neue Ära Gottes angebrochen. Die Menschheit muss sich noch mehr bemühen, ihren Schöpfer kennenzulernen." Als ich Buddha verließ, sprach er noch zu mir: „Ich möchte mit dir direkt auf der Erde arbeiten, um meine Religion und deren Gläubige zu inspirieren, Gott näher zu kommen." Ich sprach zu Buddha: „Wie du weißt, habe ich bis jetzt noch keine Grundlage auf Erden."

Ich hatte viele, viele solcher Unterhaltungen mit Buddha; persönlich wollte Buddha sich aber niemals jemand anderem offenbaren. Die Dimension, in der Buddha lebt, wird auch als die Dimension bezeichnet, in der man nach der geistigen Antwort, der Hingabe, den

Entbehrungen und dem Frieden sucht. Ich habe ebenso die Engel kennen gelernt, die mit Buddha arbeiteten, während er auf der Erde lebte.

Konfuzius in der geistigen Welt

Ich habe Konfuzius in der weißen Lichtengelwelt getroffen, die man auch die relativ geistige Welt der ethischen und moralischen Werte bezeichnet. Er lebt in der gleichen Engelwelt, in der die großen Märtyrer eingehen. Er erhielt von der Engelwelt den Titel „Mann der Gerechtigkeit und Mann der Prinzipien". Als ich ihn in seiner Dimension traf, lud er mich zu sich ein. Konfuzius' Geist strahlt ein weißes, wie ein Kristall scheinendes, Licht aus. Sein Heim liegt an einem abgelegenen Ort, ohne jegliche Nachbarn. Und trotzdem sah ich um sein Haus, vor dem ein Film über sein Leben lief, etwas Dunkelheit. Ich fragte ihn nach dem Grund und er sprach:
„Diese Dunkelheit umgibt mein Haus, denn ich habe meine Frau nicht gut behandelt. Ich verließ sie auf Erden. Daneben habe ich aber viel für die Freiheit der Frauen getan, doch ich war kein gutes Beispiel für eine ideale Beziehung zwischen Mann und Frau. Du fragst mich, warum dieser Film über mein Leben auf Erden vor meinem Haus läuft. Die Antwort ist die: Ich komme immer hierher, um mehr über meine eigene Vergangenheit zu lernen. Es entsprach meiner Gewohnheit auf Erden, das Wissen der Vergangenheit durch meine eigenen Erfahrungen und Experimente zu erforschen. Danach versuchte ich diese mit dem geistigen Weg des Lebens in eine Beziehung zu bringen. Ich habe durch meine Lehre die Menschen nur auf die Gegenwart vorbereitet.
Die Engelwelt gab mir die Lehre für eine Weltfamilie: Dort wo es kein einzelnes ideales Wesen, ausgerichtet auf die Himmel und Gott gibt, kann auch keine ideale Familie realisiert werden. Und wo es keine ideale Familie, ausgerichtet auf die Himmel und Gott gibt, kann es auch keine ideale Gesellschaft geben. Wo es aber keine ideale Gesellschaft, ausgerichtet auf die Himmel und Gott gibt, kann auch keine ideale Nation entstehen. Und wo es keine ideale Nation, ausgerichtet auf die Himmel und Gott gibt, kann auch keine ideale Welt realisiert werden. Das war das Wesentliche der Lehre der Engelwelt, die sie mir gaben. Ich ignorierte und begrenzte diese Lehre,

indem ich die Beziehung zwischen dem Volk und dem König mehr hervorhob und in den Vordergrund stellte. Ich selber hatte keine ideale Familiengrundlage und wurde niemals ein guter Ehemann! Wie hätte es da möglich sein können, in meiner Familie eine ideale Familie zu verwirklichen? Die geistige Welt zeigte mir, warum die Menschen auf Erden sind. Sie offenbarte mir ebenso den ewigen Wert und die Bestimmung des Geistes in verschiedenen Dimensionen. Genau genommen habe ich darüber nur wenige Dinge im Detail erwähnt. Die Vorhänge der geistigen Welt öffneten sich für mich durch die Engelwelt. Und trotzdem studierte ich immer noch die Bücher der Vergangenheit, um mir dessen Wissen anzueignen."

Ich unterbrach Konfuzius an dieser Stelle: „Wie kommt es nun, dass du heute in der Dimension der Märtyrer lebst?" Er antwortete: „Als ich auf Erden war, lebte ich eine gewisse Zeit während meiner Mission sehr in Sorge, dass ich umgebracht werde. Deshalb zog ich mich an einsame Orte wie ein Fremder zurück. Darum musste ich Leid und Entbehrungen auf mich nehmen. Meine wenigen Jünger und ich lebten ein Leben als Bettler. Trotzdem lebte ich mit Prinzipien, die ich auch weitergab. In dieser dunklen Zeit habe ich mein eigenes Kreuz, ohne jegliche Klage getragen. Später als Dahyuka an die Macht kam, bat er mich, zurück in die Stadt Lu zu kommen. Hier ließ ich mich zum ersten Mal nieder und lehrte in Frieden. Deshalb ehrt mich heute die Engelwelt als Märtyrer."

Konfuzius brachte mich dann in eines seiner anderen Häuser. Hier war sehr viel Licht und es herrschte eine freundliche Atmosphäre. Ich beobachtete, dass er berühmte Nachbarn hatte, die als Märtyrer in der frühen Geschichte des Judentums, Christentums und Islams lebten. Die Häuser lagen in der Nähe eines riesigen Flusses. Konfuzius sprach zu mir: „Auf der anderen Seite des Flusses leben die Engel, die mich während meines Lebens auf der Erde inspirierten. Ich habe die Wahrheit über Gott geheim gehalten und nur andeutungsweise über sie geredet. Ich habe aber weitaus mehr durch die Engel und meine guten Vorfahren in Form von Visionen erfahren.

Trotzdem behielt ich diese Wahrheit aufgrund persönlicher Beweggründe für mich. Es ist wahr, dass ich in den frühen Tagen meines Lebens viele verschiedene Ansichten über das Leben studiert habe. Darum wurde ich intellektuell und versuchte, alles zu begründen. Aber später, während mein Leben durch Entbehrungen und Leid gezeichnet wurde, begann diese Wahrheit mein Herz zu berühren. Genau genommen verdanke ich es nur der Gnade Gottes und der Himmel, dass ich heute an diesem Platz in der geistigen Welt sein kann. Hier in meiner Dimension erhalte ich auch Unterricht über das Wesen Gottes und lerne Ihn dadurch viel detaillierter kennen. Ich bemühe mich ernsthaft, Gott besser und intensiver kennenzulernen. Ich wünschte, ich hätte mir diese Mühe bereits auf Erden gemacht."

Ich fragte ihn, ob er mit mir auf die andere Seite des Flusses fliegen möchte, um die Stadt der Engel zu sehen. Er sagte: „Nein! Es wird uns nur erlaubt, von Zeit zu Zeit dorthin zu gehen." Ich verabschiedete mich von Konfuzius, denn ich wollte unbedingt auf der anderen Seite des Flusses diese Engel sehen. In der Stadt der Engel angekommen, sah ich, dass jene Wesen ein extremes Licht ausstrahlten. Ihr Anblick war sehr furchterregend. Ich beobachtete, dass die Engel sich merkwürdig verhielten und ihre Macht demonstrierten, die Gott ihnen verliehen hatte. Es war ihnen sichtlich unangenehm, dass ich in ihre Stadt, ohne ihre Erlaubnis, kam. Trotzdem führten sie mich zum Erzengel dieser Dimension. Als dieser mich erblickte, stieß er einen furchterregenden Laut aus, als ob Tausende Atombomben zur gleichen Zeit explodieren würden. Danach näherte er sich mir und gab mir als Zeichen seiner Huldigung verschiedene scheinende Schwerter. Ich nahm sie aus seiner Hand entgegen und zerbrach sie vor seinen Augen in kleine Stücke. Dann sprach ich zu ihm: „Die Zeit der Schwerter ist nun vorbei. Es ist die Zeit der Freiheit angebrochen." Alle Engel waren sehr überrascht, dass ich diese scheinenden kraftvollen Schwerter innerhalb weniger Sekunden in Stücke zerbrechen konnte. Ich verabschiedete mich von dieser Dimension und flog davon.

Gabriel und die anderen Erzengel im Paradies

Gott umarmte viele Male Gabriel und die anderen Erzengel, die sich im Laufe der Geschichte mit der Menschheit im Wachstumsstadium unmittelbar auseinander setzten. Seitdem die Menschen ihre ursprüngliche Heimat verloren haben und in der dunklen Epoche mit Luzifer leben, demonstrierten Luzifer und seine üblen Anhänger viele Male ihre Macht und brachten die Menschen in viele dunkle Dimensionen der geistigen Welt. Gott ist deshalb traurig. Unter schwierigsten Bedingungen haben Gabriel und die anderen Erzengel eine Brücke zwischen der Menschheit und den Himmeln errichtet. Unter den Erzengeln des weißen Bereiches scheint ein Name wie ein Stern, und das ist der Name Gabriels. Dies ist auch einer derjenigen, an den sich Gott und die Himmel immer tief in ihrem Herzen erinnern werden. In der idealen Welt Gottes wird die Menschheit den wahren Wert der Erzengel erkennen. Hier möchte ich mehr über Gabriel niederschreiben, denn Gott bat mich darum.

Gabriel ist einer der Erzengel, der als Kanal zwischen Gott und den Menschen fungierte und ebenso zwischen Gott und den Propheten. Seine Liebe und Courage für Gott und die Himmel, sein Gehorsam und seine Loyalität werden immer für diejenigen das Licht der Führung sein, die den Fußspuren der Himmel folgen wollen. Gabriels Güte, Ernsthaftigkeit, Liebe und Sympathie für die Menschen sind unvergesslich. Selbst heute ist Gabriel einer der größten Kanäle zwischen Gott und der Menschheit in der geistigen Welt. Er widmete sein Leben, um Gott und die Menschheit glücklich zu machen. In vielen dunklen Epochen der Geschichte auf der Erde war er es, der mit seinen Engeln auszog, um ein Objekt für Gott und die Himmel zu finden. In seinem Herzen kann man all das Leid und die Traurigkeit der menschlichen Geschichte und Propheten sehen. Er ist der größte und bedeutendste Lehrer, dem die Ehre von Gott und den Himmeln zuteilwurde, den Titel „Heiliger Geist" zu tragen.

Jedes Mal, als Luzifer in der Geschichte die Zerstörung unter die Menschen brachte, kehrte Gabriel nicht ins Paradies zurück, sondern teilte das Leid und die Entbehrungen mit den Menschen. Er wollte nicht ohne Hoffnung in die Himmel zurückkehren. Er fand großartige Objekte auf der Erde für Gott und die Himmel. Im Alten Testament sind viele erwähnt, mit denen er zusammenarbeitete und durch die er

Gottes Vorsehung vorantrieb. Er arbeitete mit Noah, Abraham, Moses, Jesus und Mohammed. Selbst im Fernen Osten arbeitete er mit vielen Propheten. Für mich, dem Autor dieses Buches, ist er ein herausragender Kanal und großartiger Lehrer für die Menschen, der sich besonders durch sein elterliches Herz für sie auszeichnet. Sein Dienst für Gott, die Himmel und Menschen kann man nicht mit Worten in irgendeiner Sprache beschreiben.

In meinem Herzen empfinde ich eine tiefe Liebe für Erzengel Gabriel und die anderen Erzengel. Zwar vermag ich sie nicht in Worte zu fassen, aber ich habe sie durch meine Tränen, die ich für sie vergossen habe, viele Male zum Ausdruck gebracht. In meinem eigenen Leben erfuhr ich die Gutmütigkeit Gabriels und der anderen Erzengel. Sie bemühten sich ständig ernsthaft und aufrichtig um mein geistiges Wachstum. Ich konnte jederzeit ihre Liebe spüren. Im Namen Gottes, der Himmel und der Menschen danke ich Gabriel und den anderen Erzengeln Millionen Mal für ihren noblen Dienst, den sie für Gott und die Menschen verrichteten.

Solange die Menschen nicht aufgrund ihrer eigenen Verantwortung unter die direkte Herrschaft Gottes kommen, übernehmen die Engel die führende Rolle, um den menschlichen Geistwesen zu helfen, im Paradies zu wachsen. Deshalb gibt es auch im Paradies unzählige geistige Wachstumsdimensionen, in denen die Engel den Geistwesen behilflich sind, ein höheres Niveau zu erreichen. Gott und die Himmel greifen in diesen Prozess nicht ein, denn sie verliehen der Engelwelt die Autorität, sich in diesem Wachstumsstadium um die unreifen Geistwesen zu kümmern. Im Paradies gibt es Erzengel und viele andere Engel, die sich der verschiedenen Geistwesen annehmen, die ihre vertikale Beziehung mit Gott noch nicht aufbauen konnten.

Alle Religionen wurden durch die Erzengel inspiriert. Sie sollten eine Brücke für die Menschheit sein, die ihnen hilft, durch verschiedene Disziplinen, geistig bis zu ihrer vollkommenen Reife zu wachsen. All die Erfordernisse und Bedingungen, die im täglichen religiösen Leben notwendig sind, wurden durch die Erzengel bestimmt. Alle Bedingungen, die wir in der Religion Moses, dem Christentum, im Islam oder in anderen Religionen finden, wurden durch die Erzengelwelt entschieden, die auch die Hauptwelt des Paradieses ist. Gemäß den Praktiken der Anbetung und der zu erfüllenden verschiedenen Bedingungen in den Religionen, gehen auch die

Gläubigen dieser Religionen in ihren Bereich der geistigen Welt. Hier müssen sie neue Bedingungen erfüllen, gemäß der Anweisung der Engel. Jetzt möchte ich der Menschheit noch etwas Neues erzählen.

Eines Tages rief mich Gott zu sich, denn Er wollte mich sehen. Auf meinem Weg zu Ihm traf ich Jesus und Mohammed. Beide waren traurig und Tränen rannen von ihren Augen. Ich fragte sie: „Warum seid ihr so traurig?" Sie antworteten mir: „Gott möchte unseren Religionen keinen weiteren Segen zu Teil werden lassen." Ich sagte ihnen, dass ich gerade auf dem Weg zu Gott bin, da Er mich sehen wollte. Beide baten mich, auch über ihre Religionen zu sprechen, wenn ich dazu die Gelegenheit erhalten würde. Ich sagte ihnen, dass ich nur für die Menschheit reden könne, aber nicht um irgendeiner Religion willen.

Bei Gott angekommen, legte dieser seine Hand auf meinen Kopf und gab mir seinen Segen, indem Er sagte: „Dies ist für die gesamte Menschheit." Gott bat mich, in die Welt der Erzengel zu gehen und ihnen mitzuteilen, dass von nun an ein neuer Segen der Menschheit gegeben wurde. Ich flog deshalb in die Hauptstadt der Erzengelwelt, in der alle versammelt waren. Ich fragte die Erzengel: „Lasst mich nun über den höchsten Ausdruck der Liebe reden, die viel höher ist als die Wahrheit. Lasst mich der Menschheit noch mehr Geheimnisse über den Bereich der Liebe offenbaren."

Gabriel sprach zu mir: „Warte noch etwas." Ich erwiderte ihm und den anderen Erzengeln darauf: „Lasst mich jetzt die ganze Wirklichkeit verkünden." Gabriel richtete sich an die anderen Erzengel und sagte: „Zahid möchte das Grundgesetz des Paradieses ändern." Dann wandte sich Gabriel an mich und sagte: „Du kannst sprechen, worüber immer du möchtest. Aber sprich nicht gegen das fundamentale Gesetz des Paradieses." Ich antwortete Gabriel: „Lass mich reden! Wie lange noch möchtest du die Wirklichkeit Gottes verbergen? Und zum anderen, was habe ich mit dem fundamentalen Gesetz des Paradieses zu tun? Selbst wenn alle Propheten und Engel sich entblößen und beichten müssen, dann sollen sie auch beichten. Hindere mich nicht, diese Wahrheit an alle Wesen weiter zu geben. Du weißt Gabriel, Gott sagte mir, dass Er offen und sichtbar mit seinen Kindern leben möchte." Gabriel näherte sich mir und sprach: „Warte noch ein bisschen. Später kannst du reden, denn du hast die Autorität von Gott." Die Erzengel hielten im Anschluss daran eine Feierlichkeit für

Gott und alle Propheten ab, zu der ich auch eingeladen wurde. Wir alle sangen Lieder für Gott und verkündeten in diesen, dass unser Himmlischer Vater von nun an ein sichtbarer Gott sein wird.

Eines Tages traf ich Gabriel erneut im Paradies und sprach zu ihm: „Ich möchte dich, Michael und die anderen zum Essen einladen." Gabriel antwortete: „Ich bin bereit." Ich sagte zu ihm: „Die Einladung gilt für morgen Nachmittag." Gabriel entgegnete: „Ich werde da sein." Dann sprach Gabriel zu mir: „Zahid, dir scheint es heute, als ob du alleine auf dieser Erde bist, doch die Zeit ist bereits sehr nahe, in der die Menschheit durch dich den Segen auf Erden und im ewigen Leben erhalten wird."

Ich sprach: „Gabriel, ich möchte, dass die Menschen mich vergessen. Sie sollen sich nur an Gott in Liebe, auf Erden und im ewigen Leben, erinnern." Gabriel sprach: „Es wird noch schwierigere und entbehrungsreichere Zeiten in deinem Missionsleben geben." Und ich antwortete: „Gabriel, selbst wenn die Menschheit und alle Engel mich verlassen, werde ich trotzdem immer dem Willen Gottes folgen." Gabriel erwiderte daraufhin dreimal: „Da bin ich mir ganz sicher."

Bei einer anderen Gelegenheit traf ich Gabriel, Michael und die anderen Erzengel in einer der vielen Himmel. Gabriel umarmte mich und sprach: „Zahid, wir glauben an die Liebe. Aber lass uns noch andere neue Orte der Liebe entdecken. Wir wollen die Reise antreten, um die Heimat der Liebe kennenzulernen, in der die Liebe Zuhause ist." Ich sagte: „Gabriel, du und die anderen Erzengel leben bereits seit Billionen Jahren im ewigen Leben. Ihr kennt die Wunder der Liebe viel besser und ihr wisst auch, wen die Liebe umarmen möchte." Gabriel antwortete im Namen der anderen Erzengel: „Diese Antwort wollten wir eben von dir hören."

Ich sagte: „Dann hört zu. Ich habe die Liebe durch ihren eigenen Schöpfer kennen gelernt, als die Liebe nur ein Konzept im Bewusstsein unseres Himmlischen Vaters war. Die gesamte Ewigkeit war damals nur dunkel und schwarz. Es gab unzählige schwarze Löcher, aber unser Schöpfer ist durch all diese Löcher hindurch gegangen, um auf der anderen Seite ein ewiges Leben zu erschaffen. In solch einer dunklen Ewigkeit vernahm ich die Stimme Gottes: „Meine Geliebten werden niemals in solch einer dunklen Ewigkeit leben." Dann brachte mich unser Schöpfer in solch eine Ewigkeit, in der Dunkelheit und Licht aufeinander trafen. Ich sah, wie die

Dunkelheit anfing zu scheinen. Und Gott sprach zu mir: „Selbst hier möchte ich nicht, dass meine Geliebten leben werden."

Ein anderes Mal kam Gott erneut zu mir und zeigte mir die unzähligen Himmel. Ich wunderte mich, was für Prinzen und Prinzessinnen dort leben würden. Gott sagte: „Diese Himmel sind nur für meine geliebten Menschen." Ich berührte Ihn mit meinen Händen und sprach zu Gott: „Oh Gott der Liebe, ich habe Dich durch Dich kennen gelernt. Jetzt, wenn Du mich zurückschickst, werde ich all mein Leben weinen. Du bist meine wahre Heimat. In Dir habe ich meinen Himmel gefunden. Du bist der ewige Garten meiner Seele. In Dir fand ich solch eine Süße, dass die Liebe sich vor Dir verbeugt und sich niemals von Dir trennen möchte. Seitdem ich Dich kenne, weiß ich, dass ich keine Angst und keine Sorgen um unsere Trennung haben muss, denn in Dir fand ich unveränderliche und ewige Liebe. In Dir ist die Liebe endlos, sie hat keinen Anfang und kein Ende. In Dir habe ich entdeckt, dass Du der Einzige, Allmächtigste und Allwissendste bist. Jetzt schickst Du mich zurück in diese fremde Welt. Ich habe eine lange Reise auf mich genommen, damit ich diese fremde Welt verlasse, nur um zu Dir zu kommen. Und nun bittest Du mich, in diese dunkle Welt zurückzugehen. Wie kann ich nun ohne Dich leben? Mein Herz ist gebrochen, oh Schöpfer des ewigen Lebens."

Gott antwortete mir: „Deshalb möchte ich in deinem Herzen leben. Sag meinen Kindern, wenn sie mich treffen möchten, dann werden sie mich in ihren gebrochenen Herzen finden. Kehre zurück in diese Welt, denn Ich werde mit dir sein. Durch dich, durch mein Herz, werde Ich zu meinen Kindern sprechen." Dann sagte ich zu Gabriel: „Hast du verstanden, was ich dir gerade erzählt habe? Jetzt fühle ich mich wie ein Fremder in der gesamten Ewigkeit. Ich habe die Adresse der Liebe nicht gefunden, doch der Schöpfer der Liebe erlaubte mir, Ihn zu umarmen. Ich erinnere mich an diesen Moment. Ich habe versucht, den Wind der Liebe in meinen Händen festzuhalten. Jetzt sag mir Gabriel, wohin soll ich nun gehen? Die Menschen reisen von Ost nach West, von Nord nach Süd, aber ich kann weder in die eine, noch in die andere Richtung gehen, denn ich habe kein Zuhause." Danach begann ich zu weinen. Gabriel und die anderen Erzengel vergossen Tränen mit mir. Sie umarmten mich und sagten: „Wir danken dir von ganzem Herzen, dass du uns die wahre Richtung gezeigt hast. Hier reist die Liebe, um ihren Schöpfer einzufangen. Hier können wir den Geruch

Gottes wahrnehmen. Mit Sicherheit ist Er nicht so weit von hier weg." Dann flogen sie alle vertikal nach oben.

Bei einer anderen Gelegenheit sah ich all die heiligen Bücher auf dem Boden liegen und Menschen achtlos darüber laufen. Bei diesem Anblick stieg Traurigkeit in mir auf. Ich sammelte all die heiligen Bücher ein und stellte sie auf einen hohen Platz, auf dass niemand sie mit Füßen treten konnte. In diesem Moment kamen Gabriel und die anderen Erzengel zu mir und fragten: „Was tust du da?" Ich antwortete: „Ich möchte diese heiligen Bücher an einem hohen Ort abstellen, damit die Menschen sie nicht mit Füßen treten." Die Erzengel antworteten mir: „Lass all die heiligen Bücher auf dem Boden liegen, dort wo sie sind. Die Gläubigen glauben nur. Ihr Leben aber wurde niemals durch diese heiligen Bücher beeinflusst, denn sonst hätten sie Gott schon längst getroffen. Und du Zahid musst tun, worum Gott dich bat. Das sollte das Wichtigste in deinem Leben sein." Danach forderten mich Gabriel und die anderen Erzengel auf, mit ihnen zu kommen." Sie brachten mich auf einen sehr hohen Berg. Von hier aus blickte ich über die gesamte Erde, die gerade von einem Erdbeben heimgesucht wurde. Die Erzengel sprachen zu mir: „Von hier aus sehen die Teller der Religionen sehr klein aus." Ich bat die Erzengel: „Bitte sprecht mit mir in einer einfachen Sprache. Lasst mich wissen, welche Bedeutung darin liegt." Gabriel sprach zu mir: „Dann hör zu. Der Segen aller Religionen ist nun vorbei. Es spielt keine Rolle, ob sie von Moses, Jesus, Mohammed oder irgendeinem Gesandten des Fernen Ostens inspiriert wurden. Deshalb sind die Teller der Religionen sehr klein geworden." „Warum?", wollte ich wissen. Die Erzengel antworteten mir: „Du musst wissen, von nun an möchte Gott mit den Menschen zusammenleben."

Eines Nachts, es war 3 Uhr, betete ich zum Wohle Europas und besonders für Deutschland. Während des Gebetes verließ mein Geist den Körper und flog über Deutschland und Europa. Dort sah ich nur dunkle Wolken. Nicht ein Funken Licht strahlte in den Menschen und ich wunderte mich darüber. Plötzlich erschien Erzengel Gabriel und sprach zu mir: „Warum bist du so überrascht? Du weißt, dass die Europäer alles mit ihrem Verstand tun. Selbst das geistige Leben versuchen sie mit diesem Instrument intellektuell zu untersuchen. Kommen alle Gedanken in der richtigen Reihenfolge zusammen, dann nennen sie dies eine geistige Atmosphäre. Und weißt du auch, warum das so ist? Ihre Vorfahren verleugneten den geistigen Weg und blockierten ihn somit nicht nur für sich selbst, sondern auch für die zukünftigen Generationen.

Hör mir zu. In dem Ozean der Gedanken erreichen einige Gedanken nicht das Ufer. Sie treiben ziellos umher und schaffen es mit letzter Kraft ermüdet an die Tür des Herzens anzuklopfen. Sehnt sich das Herz, gefüllt mit Liebe und Wundern, seinen Schöpfer kennenzulernen, wird es eine Rakete erhalten; und diese Rakete ist der Geist. Wird das Herz zum Piloten und der Geist zur Rakete, findet eine Reise im ewigen Leben statt, die direkt zu Gott führt. Sag den Europäern, wenn sie wirklich die wahre Liebe erfahren möchten, existiert im ewigen Leben selbst dafür nur eine einzige Definition: Gott kennenzulernen, der der Ursprung des Ursprungs ist.

Gott ist der Ursprung und die Wirklichkeit im ewigen Leben, die man nicht durch irgendeine Vorstellung oder Meinung trennen kann. Sag den Europäern und besonders der deutschen Nation: Gott hat euch die Möglichkeit gegeben, Ihn kennenzulernen und seine neue Welt zu errichten. Jetzt möchten Gott und die Himmel euch zu einer neuen Geburt verhelfen. Werdet nicht wie die Menschen in der Vergangenheit, die sich danach sehnten, alles von Gott zu erhalten, nur nicht Ihn selber. Es gab bereits Menschen wie euch in der Vergangenheit der Geschichte, die durch ihr individuelles Wissen versuchten, alle Vorteile auf Erden an sich zu reißen. Sie bildeten sich ein, sie würden Gott nicht brauchen. Diese Motivation ließ sie nicht vorankommen, stattdessen hat die Geschichte sie begraben. Ihr habt von diesen Menschen in der Geschichte nichts gehört, denn es geschah bereits vor langer, langer Zeit. Aber Gott und die Himmel haben es niemals vergessen.

Zahid, sag den Europäern: „Euer individuelles Wissen ist wie Wasser, das ohne Gott nicht weiter strömen kann. Am Ende wird dieses Wissen, wie ein stehendes abgeriegeltes Gewässer nur noch stinken. Europäer, euer Wissen ist ein Wissen, das nicht nur dazu da ist, die Phänomene der äußerlichen Schöpfung zu beobachten. Im Gegenteil, es soll die Menschen auch in die Lage versetzen, das ewige Leben zu beobachten, wo der äußerliche Verstand selber niemals hinkommen kann. Deshalb kehrt um! Vereint eure Herzen mit dem ewigen Gott und beginnt gemeinsam ein Leben mit Ihm. Nur dann werdet ihr immerwährenden Wohlstand finden und die wunderbare Gnade

Gottes." Ich fragte Gabriel: „Warum sprichst du nur zu den Europäern und nicht zu der gesamten Welt?" Gabriel antwortete mir: „Die anderen Teile der Welt erhielten bereits ihre Chance durch ihre Propheten und Erlöser. Aber jetzt wurdest du direkt von Gott nach Europa gesandt, um hier Gottes Segen zu geben."

1. Im Paradies in der Welt der Engel ist die Wahrheit in einer Subjekt Position und der Glaube und die Taten stehen in der Position des Objektes.
2. In den Himmel ist die Liebe das Subjekt und die Wahrheit das Objekt.
3. In der Heimat Gottes ist Gott das Subjekt und die Liebe das Objekt.

Anmerkung: Ich hatte Tausende und Abertausende Treffen mit Gabriel, in denen er sich mir selber offenbarte oder bei denen ich verschiedene Unterhaltungen mit anderen Erzengeln hatte. Aber ich kann sie nicht alle in diesem Buch niederschreiben. Doch von Zeit zu Zeit werde ich in meinen Reden der Menschheit noch mehr Wahrheit übermitteln.

Gottes Botschaft an seine Kinder

„Es gab eine Zeit, in der Ich, Gott, auf die Erde zum Berg Sinai kam, um mit euch allen zu leben. Aber meine Kinder erkannten nicht meinen Wert. Unzählige Male habe ich versucht, mich mit euch allen niederzulassen. Zu lange weilt die Geschichte der menschlichen Ignoranz bereits auf Erden und noch viel länger reicht sie in die geistige Welt zurück. Erlaubt mir in euer Leben zu kommen. Ich werde euch allen vergeben. Ich werde eure Seelen heilen. Erlaubt mir, euch alle zu umarmen. Ich bin Gott und Ich kann alles für euch tun. Verschließt nicht die Tür vor mir. Gebt mir eine Chance, euch meine Liebe zu geben. Ich bin der Schöpfer des inneren und äußeren Universums.

Es gibt nichts, was Ich euch nicht geben könnte. Ich möchte nur, dass ihr so werdet wie Ich. Ich bin der heilige Gott. Ich habe nichts mit dem Bösen zu tun. Noch einmal gebe Ich euch die Möglichkeit durch mein Herz, Zahid. Den Propheten und Erlösern gab Ich mein Wort, aber Zahid mein Herz. Überall in der dunklen inneren Ewigkeit hat er nach mir gesucht. Im Namen der Menschheit schenkte er mir seine überwältigende Liebe. Dadurch vergaß Ich meinen Kummer, mein Leid und meine Traurigkeit, die ihr und die anderen Wesen mir bereitet habt. Seitdem ich die Menschen und die anderen Wesen erschaffen habe, bat Ich sie um nichts anderes, als um ihre Liebe.

Ich erschuf alles für euch. Selbst als Ich allein war, liebte Ich euch. Doch es war niemand da, der diese Liebe erwidern konnte. Ich habe euch bereits so innig und tief geliebt, als ihr nur in meiner Vorstellung existiertet. Ich habe euch Ausdruck durch Leben und Liebe verliehen. Ich brachte euch aus der Vorstellung zur Existenz in der Wirklichkeit. Es gibt nichts, was Ich vor euch verbergen möchte. Es gibt nichts, was Ich für mich behalten möchte. Alles was Ich habe, gehört auch euch.

Als Ich aus der Dunkelheit kam, schwor und versprach Ich mir, um der Liebe willen, dass Ich niemals jemanden gegen seinen Willen zwinge, mir zu folgen. Ihr alle habt viele Male versucht, euch selber glücklich zu machen. Ebenso unzählig waren die Möglichkeiten, die ihr Satan und den anderen gefallenen und üblen Wesen gabt. Jetzt, kommt zurück! Es ist niemals zu spät. All die Glückseligkeit, all die Freiheit des Herzens und die immerwährende Liebe warten auf euch.

Ich werde erscheinen, egal vor welchem Berg in Deutschland sich mein Herz Zahid verbeugt und mich ruft. Von diesem Tag an werde Ich ein sichtbarer Gott sein. Diese Nation wird somit meinem Herzen glauben. An diesem Tag werden alle anderen Nationen Deutschland mit Geschenken überhäufen. Ich möchte mit euch in der äußeren Schöpfung zusammenleben. Im ganzen ewigen Leben werde Ich euch führen, bei jedem Schritt begleiten und euer Beschützer sein.

Ich bin Gott, Ich bin der einzige Gott! Es gibt keine anderen Götter neben mir. Ihr habt eure ursprüngliche Heimat vergessen. Seid mit mir! Reicht mir eure Hände und es wird keine Ängste und Sorgen in der ganzen Ewigkeit mehr geben. Ich bin euer Himmlischer Vater. Ich kenne einen jeden Einzelnen von euch. Ich kannte euch bereits im Bauch eurer Mutter und selbst in der geistigen Welt, als ihr noch keine Form hattet. Ich kannte euch sogar, als ihr nur als Konzept in meinem Bewusstsein existiertet. Ich kenne euch schon so lang, dass selbst die Zeit diesen Punkt nicht erreichen kann. Ich kenne euch besser als ihr euren Partner. Ich bin immer mit euch.

Öffnet eure Augen und Herzen und ihr werdet mich sehen! Ihr werdet erkennen, dass Ich euch niemals, nicht einmal für einen einzigen Moment, verlassen habe. Lasst mich in euch kommen und mein Licht sich in euch ausbreiten. Wäre Ich jemals euren selbstsüchtigen und schlechten Wünschen, Sehnsüchten und Verlangen gefolgt, dann wären die Himmel und das äußere Universum bereits vor langer Zeit zerstört worden. Ich bin Gott, Ich bin das Zentrum der Prinzipien und der göttlichen Wahrheit. Ich bin das Zentrum der Freiheit und der Liebe. Ich bin das Zentrum des Kosmos und der Harmonie.

Und nun mein geliebter Zahid, möchte Ich dir etwas sagen:

Ich kenne dich und Ich kenne den dunkelsten Teil des Weges, den du für mich und meine Kinder gegangen bist. Du wirst für immer in meinem Herzen und in meiner Seele leben. Dort wo mein Name ist, wird man sich an deinen in Liebe erinnern. All die ewige, geistige Glückseligkeit wartet auf dich.

Ich bin Gott und Ich liebe euch alle. Ich bin ehrlich und aufrichtig zu euch.“

Anhang

Im Internet gibt es eine ganze Reihe von Berichterstattungen über mich. Diese hängen immer mit dem Zweck der Veröffentlichung zusammen und entsprechen zumeist dem Bild einer einseitigen Berichterstattung.

Meine Ansichten und der Grund meines Anliegens können bei Interesse den Videos auf meiner Internetplattform auf www.Khanverlag.de entnommen werden.

Der Khan Verlag ist ein Selbstverlag, der die Werke des Autors Zahid Khan, dem neuen Propheten Gottes, veröffentlicht. Es ist die Aufgabe, der Weg und das Ziel des Propheten, die "Göttliche Wahrheit" zu offenbaren. Alle Menschen müssen vor den Gefahren, die vom konservativen, fundamentalen Islam für die restliche Welt ausgehen, gewarnt werden. Die Bücher übermitteln die Botschaften Gottes an die Menschheit und zeigen auf, warum Reformationen in den einzelnen Religionen so wichtig sind. Unsere ebooks stehen kostenlos in unserem Download / ebooks auch ohne Registrierung zur Verfügung.

Unsere Hörbücher können Sie ebenfalls kostenlos in unserer Audiobooks herunterladen. Vorträge des Autors finden sie auch auf

Kostenlose Buchverteilung in Deutschland

Die Internetplattform "Politically Incorrect" schreibt:

NEWS GEGEN DEN MAINSTREAM · PROAMERIKANISCH · PROISRAELISCH · GEGEN DIE ISLAMISIERUNG EUROPAS · FÜR GRUNDGESETZ UND MENSCHENRECHTE

Home   Archiv   Kontakt   Leitlinien   PI wants You!   PI-Gruppen   PI-TV   Spende für PI   Werben auf PI   PI English

Zahid Khan - ein ehrenwerter Moslem

PI berichtet immer wieder über islamische Intoleranz – von grausamen „Ehrenmorden" über unmenschliche Zwangsheiraten bis hin zu blutigen Terroranschlägen. Doch es gibt sie, jene Moslems, denen man nicht nur mit Respekt, sondern mit vorzüglicher Hochachtung begegnen muss. Die unsere Demokratie begeistert bejahen, nach einer Reform im Islam verlangen, Deutschland ehrlich dankbar sind – und dafür von islamischen Extremisten angefeindet und mit dem Tode bedroht werden. Einer von ihnen heißt Zahid Khan und betreibt einen Buchverlag. Eines seiner neuesten Werke trägt den Titel „Die Verbrechen des Propheten Mohammed".

In der Verlagsbeschreibung wird das Buch wie folgt dargestellt: Dieses Buch zeigt, dass der Prophet Mohammed selber bestimmte Fehler begangen hat, die dazu führen, dass heute der Islam von Terrorismus, Fanatismus und Extremismus dominiert wird. Die Ankündigung der Veröffentlichung führte Anfang November bereits zu einer Kundgebung von Moslems in

Seligenstadt, die ein Verbot der Schrift forderten.

Quelle: http://www.pi-news.net/2012/01/zahid-khan-ein-ehrenwerter-moslem

Moslems fordern wieder Buchverbote in Deutschland

Zahid Khan und die Demonstranten

von Thomas Bader

Am 4. November 2011 demonstrierten Muslime auf dem Marktplatz der beschaulichen Fachwerkstadt Seligenstadt gegen die Veröffentlichung des Buches „Die Verbrechen des Propheten Mohammed" von Zahid Khan und forderten ein Verbot. Das Bizarre daran: Aus den Protestlern selbst scheint eigentlich niemand das Buch zu kennen.

Sie ziehen „Allahu Akbar" rufend durch die Innenstadt, auf den mitgeführten Schildern steht „Das Buch Die Verbrechen des Propheten Mohammed muss verboten werden", „Herr Khan ist inspiriert vom Teufel", „Stoppt die Hätze gegen den Islam" und „Wo ist die Religionsfreiheit?". Andere Schilder sind auf Arabisch beschriftet und dürften daher wohl kaum geeignet sein, Passanten das Anliegen der Demonstranten auf einer inhaltlichen Ebene zu vermitteln. Aber will man das überhaupt? Oder soll der Autor einfach nur eingeschüchtert werden?

Der Aufmarsch - übrigens ausnahmslos Männer - kommt beim Seligenstädter Amtsgericht vorübergehend zu einem Halt. „Ich möchte, dass das Buch verboten wird. Das ist mein Anliegen. Das Buch soll verboten werden", wird das dortige Personal angeherrscht. Später auf dem Marktplatz skandieren die Demonstranten mehrfach. „Es gibt keinen Gott außer Allah!" Der Sprecher der Gruppe verschafft sich Gehör; „Wir müssen fragen: Was ist Meinungsfreiheit und was ist Religionsfreiheit? Wie weit kann Meinungsfreiheit gehen und wann hört Meinungsfreiheit auf, wenn religiöse Gefühle verletzt werden? Wann fängt Meinungsfreiheit an, beleidigend zu sein?"

Einen Eindruck von der Demonstration kann man sich auf Youtube verschaffen:
http://www.youtube.com/watch?

Nun geht es hier jedoch interessanterweise um ein Buch, das niemand zu kennen scheint. Sucht man im Internet unter dem Namen des Autors oder dem Titel seines Werkes, so landet man ausnahmslos bei Texten, die einen Bezug zu der Seligenstädter Demonstration aufweisen. Anders gesagt: Es sieht ganz so aus, als ob die protestierenden Moslems dem Buch überhaupt erst einen größeren Bekanntheitsgrad verschafft haben.

Ähnlich wie im Falle Sarrazin ist es äußerst schwierig, Aussagen über ein Buch zu machen, das man selbst nicht gelesen hat. Möglicherweise handelt es sich um unwissenschaftlichen und schlecht recherchierten Schund. Vielleicht hat der Autor auch tatsächlich keine guten Absichten und ist niemand, den man verteidigen sollte. Aber vielleicht hat er ja sogar die Proteste mitorganisiert und es handelt sich um eine listige

Marketingstrategie, um das Buch bekannt zu machen? Unabhängig von diesen Gedankenspielen stellt sich jedoch die Frage, wie die Verbotsforderungen der Demonstranten zu bewerten sind. 2007 erschien ein Buch mit dem Titel „Die Jesus-Lüge. Wie die Figur Jesus Christus erfunden wurde". Bei Amazon heißt es in der Kurzbeschreibung: „Jesus Christus ist eine fiktive Gestalt, die Christenheit hat mehr als 2000 Jahre lang ein Götzenbild verehrt". Nun ist diese Aussage zwar definitiv falsch (der historische Jesus ist durch Quellen besser belegt als etwa Alexander der Große), doch diese Falschaussage verletzt genauso wenig die Religionsfreiheit irgendeines Menschen, wie es ein Buch tut, das Mohammed zum Verbrecher erklärt. Als Christ bleibt meine Religionsfreiheit vollkommen davon unberührt, dass Monthy Python „Das Leben des Brian" gedreht hat, dass Mel Brooks in seiner „Verrückten Weltgeschichte" beim letzten Abendmahl kellnert oder Bertrand Russell in seinem Buch erklärt: „Warum ich kein Christ bin". Protestanten, die ihre religiösen Gefühle verletzt sehen, weil jemand Martin Luther aufgrund entsprechender Aussagen als Antisemiten charakterisiert, werden mit dieser Verletzung einfach leben müssen. Und wenn der bereits erwähnte Mel Brooks in einer Filmrolle als trotteliger Moses eine von drei Gesetzestafeln fallen lässt, wodurch sich die Anzahl von Gottes Geboten in Windeseile von fünfzehn auf zehn reduziert - dann werden auch streng religiöse Juden wenig Aussicht auf Erfolg haben, gegen eine solche „Beleidigung" rechtlich vorzugehen. Den Demonstranten scheinen diese Sachverhalte nicht ganz klar zu sein. In einem Internetforum kann man eine ausführliche Begründung dafür finden, warum das Buch von Zahid Khan nach Ansicht seiner Gegner verboten werden sollte (Link siehe unten). Einer der Gründe lautet, dass in dem Buch behauptet werde, der Koran sei nicht heilig. An dieser Stelle wird die Naivität der Demonstranten überdeutlich: Religionsfreiheit sieht bekanntermaßen auch das Recht vor, Atheist zu sein. Ein Atheist glaubt nicht an Gott und daher liegt es in der Natur der Sache, dass er die Position vertritt, dass weder der Koran noch irgendein anderer Text heilig ist. Wirft man also einem Atheisten vor, dass er den Koran nicht für heilig hält, wäre dieser Vorwurf ähnlich sinnig wie ein an die Muslime gerichteter Vorwurf, dass sie Jesus Christus nicht für den Sohn Gottes halten (und somit das Christentum beleidigen würden). Womit wir bei der Sache wären: Denn dieser Logik folgend wäre die Religionsfreiheit von Christen, Juden und Hindus auch bereits dadurch eingeschränkt, dass Männer auf dem Seligenstädter Marktplatz rufen: „Es gibt keinen Gott außer Allah!"

Bezogen auf diesen Ausruf müsste man dann fragen: Wann hört Meinungsfreiheit auf, wenn religiöse Gefühle verletzt werden?

Quelle: http://quotenqueen.wordpress.com/2011/11/05/moslems-fordern-wieder-buchverbote-in-deutschland/#more-11093

Sie sagen, dass ich in die Hölle komme und dass es nur eine Frage der Zeit ist, bis sie mich umbringen.

„Hetzbuch" darf weiter vertrieben werden

müg. Darmstadt. Großes Polizeiaufgebot, ungewöhnliche Sicherheitsvorkehrungen, ein kurzer Prozess: Nach knapper Erörterung der Sach- und Rechtslage, wie die Juristen sagen, hat eine Zivilkammer des Landgerichtes Darmstadt gestern die Klage auf Verbot des Buches „Die Verbrechen des Propheten Mohammed" zurückgewiesen. Der Kläger Stefan Salim Nagi, ein in Deutschland geborener gläubiger Muslim, hatte gelten gemacht, durch das aus seiner Sicht „islamfeindliche Hetzwerk" in seinen Grundrechten auf freie Religionsausübung verletzt zu sein. Auf auch im Internet veröffentlichten Flugblättern, von denen er eigenhändig 80.000 unters Volk gebracht haben will, hatte Nagi „ alle Muslime, die Allah und seinen Propheten Mohammed lieben" zur Teilnahme an der Verhandlung „gegen diesen Teufel" aufgefordert. Khan beschmutze die Ehre des „Besten aller Propheten", er diskreditiere ihn als Lügner und Betrüger, stelle in seinem Buch Vergleiche mit Adolf Hitler an und behaupte, der Koran sei „falsch und nicht heilig". Dass sich Anhänger der Weltreligion Islam von den kritischen Äußerungen in dem Buch „tangiert" fühlten, könne das Gericht „schon nachvollziehen", sagte der Vorsitzende Richter Schubert zur Begründung des Urteils. Für einen Rechtsanspruch auf Verbot des Buchs reiche das aber nicht aus. Abgesehen davon, dass es allenfalls um Streichungen von Passagen gehen könne, fordere der Gesetzgeber eine „unmittelbare Betroffenheit" des Klägers. Stunden vor Beginn der Verhandlung hatten sich Unterstützer des Klägers vor dem Gericht zusammen gefunden. Ähnlich wie im November vor dem Amtsgericht in Seligenstadt- die Klage war von dort an das Landgericht verwiesen worden-hatten einige Gleichgesinnte Plakate mit Aufschriften wie „Der Islam ist die wahre Religion" und „ Das Buch ‚Die Verbrechen des Propheten Mohammed' muss verboten werden". Unter den etwa 40 Zuhörern, die das Urteil samt kurzer Begründung verfolgten, waren aber auch etliche, die Khans im Selbstverlag erschienenes Werk verteidigten. Laut einem im Internet veröffentlichten Auszug aus dem Buch schreibt der Autor darin unter anderem von der „falschen Lehre" des Propheten, aus der die fundamentalen Extremisten ihre Vorteile zögen.

Quelle: FAZ vom 27.06.2012

Das Darmstädter Landgericht muss demnächst über eine Klage gegen ein Buch entscheiden. Ein gläubiger Muslim fordert das Verbot des Werks mit dem Titel „Die Verbrechen des Propheten Mohammed". Für Zahid Khan ist die Sache klar: Satan will die Welt vernichten. Dazu bedient er sich einer Weltreligion. „In unserer heutigen Zeit", sagt Khan, „hat Satan eine starke Basis im Islam errichten können." Nun steht eine Entscheidung bevor, und die Lage ist ernst. „Es ist der Plan Satans und seiner gefallenen Engel, die Erde durch den Einsatz nuklearer Waffen zu zerstören." Dazu benutzt die unerfreuliche Truppe den Staat Russland sowie „extreme islamische Extremisten". Khan klärt auf: „Die einfache Wahrheit ist, dass Satan, seine üblen Mächte und gefallenen Engel äußerst aktiv in der geistigen Welt arbeiten. Sie möchten auf keinen Fall ihren Einfluss in den islamischen Dimensionen verlieren." Krude Thesen dieser Güteklasse verbreitet Zahid Khan auf 377 Seiten in seinem Buch „Die Verbrechen des Propheten Mohammed". Zahlreiche weitere, ähnlich gestrickte Werke sind bereits zuvor im eigenen „Khan Verlag" erschienen. Viel Aufsehen hat der 55 Jahre alte Autor aus Rodgau-Niederroden mit dem unermüdlichen Schaffen nicht erregt – bis es ihm mit dem Titel des jüngsten Werks gelang, strenggläubige junge Muslime aufzuschrecken, die sich nun herausgefordert sehen, für die Ehre ihres Propheten einzutreten. Dafür beschreiten die Verteidiger Mohammeds zunächst ganz ordentlich den bundesdeutschen Rechtsweg. In einer Zivilklage wird verlangt, die Verbreitung des Buchs zu untersagen; der Kläger macht geltend, durch das Werk werde er in seinem „religiösen Ehrgefühl verletzt" und in seinen Gefühlen beleidigt. Anfang November demonstrierten rund 40 Muslime vor dem Amtsgericht Seligenstadt, wo die Klage zunächst anhängig war, gegen das Buch. Nach Auskunft von Khans Rechtsvertreterin und Ehefrau Christiane Khan wurde der Streit an das Landgericht Darmstadt verwiesen. Eine weitere Demonstration auf dem Mathildenplatz sei in Planung. Zahid Khan gegen Mohammed, Mohammed gegen Zahid Khan? Ein ungewöhnlicher Begleitumstand verleiht dem Fall zusätzlich Würde: Der Autor sieht sich seinerseits selbst als Prophet. Ein göttlicher

Sendbote in Rodgau-Niederroden? Die für Propheten hilfreiche Gabe zur farbigen Darstellung besitzt Khan jedenfalls. Auf seiner Internet-Seite schildert der aus Pakistan stammende Autor seine Berufung: „Engel kamen zu mir und nahmen meinen Körper mit. Sie brachten mich zu den Bergen der Verwunderung und sagten zu mir, dass ich von diesem Punkt aus alleine weitergehen müsse. Als ich etwa 40 Schritte auf einen schmalen Berg zugegangen war, sah ich ein extremes Licht, in dem ich aber nichts erkennen konnte. Aber ich konnte förmlich den Geschmack von Liebe wahrnehmen, den man mit Worten nicht ausdrücken kann."

Im Zwiegespräch mit Mohammed

Viermal, so Khan, sei er auf diese Art zum wahren Gott gebracht worden, der ihn zum Repräsentanten auf Erden ernannte. Gott habe ihn ausdrücklich nach Deutschland entsandt und verkündet: „Alle Nationen dieser Welt werden durch Deutschland gesegnet werden. Ich offenbare dir in diesem Land viele Geheimnisse und gebe dir die Mission für die letztendliche Erlösung der Menschheit." In seiner Eigenschaft als Prophet will Khan „in der geistigen Welt" mehrfach mit dem vor 1400 Jahren gestorbenen Kollegen Mohammed kommuniziert haben. Im Zwiegespräch habe dieser eingeräumt, seine Anhänger gründlich ausgetrickst zu haben. „Weiter fragte ich, ob der Koran heilig sei. Mohammed sagte: Nein!" Da verwundert es kaum, dass der Begründer des Islams heute „unter schwierigen Bedingungen in der geistigen Welt lebt", wie Khan aus eigener Anschauung berichtet. Mit derlei Ausführungen kann man strenggläubige Muslime zielsicher zur Weißglut bringen. So mochten sich einzelne Anhänger Mohammeds auch nicht mit Zivilklage und Kundgebung zufrieden geben. In Internet-Foren wird in hasserfülltem Tun über das Buch diskutiert. Auf einer Seite erschien ein kaum verklausulierter Mordaufruf gegen den Autor. Unter dem Titel „Feind Allahs beleidigt unseren Liebling" wird dabei auf das Schicksal des islamkritischen Regisseurs Theo von Gogh verwiesen, der 2004 von einem fanatischen Islamisten in Amsterdam erschossen wurde: „Er hat am eigenen Leib erfahren, was passiert, wenn man sich mit den Muslimen anlegt." Bei der Verteidigung der Ehre Mohammeds „fackeln wir nicht lange".

„Fast täglich" Drohungen

Bei Khan gehen nach seinen Worten inzwischen „fast täglich" telefonische und schriftliche Drohungen ein. Er steht unter Polizeischutz. „Ich sorge mich vor allem um meine Familie", erklärt der Fünfundfünfzigjährige, der sechs Kinder hat. Auch Kundgebungen gegen seine Angehörigen in Pakistan seien angedroht worden - und man könne nie wissen, wie sich Demonstrationen dort entwickeln. Unterdessen musste Menschheits-Erlöser Khan eine für den

Quelle:
Bild Zeitung
vom 28.1.2012

29. Januar geplante Werbeveranstaltung für sein Buch in Dietzenbach absagen. Die Verwaltung der Stadt im Kreis Offenbach zog ihre Zusage für einen Raum im Bürgerhaus zurück, nachdem sie den Buchtitel erfahren hatte.

„Erlöser" darf Mohammed schmähen

MEINUNGSFREIHEIT Landgericht weist Klage gegen islamkritisches Buch zurück – Muslime demonstrieren friedlich

Darmstädter Echo Artikel vom 27.Juni 2012

Darmstadt. Ein islamkritisches Buch des selbst ernannten Propheten Zahid Khan aus Rodgau darf weiter verkauft werden. Das Landgericht Darmstadt hat gestern die Klage eines Moslems gegen das Werk abgewiesen. Ein großes Polizeiaufgebot sichert am Dienstag das Justizgebäude am Darmstädter Mathildenplatz. Im Blickpunkt steht der für den Nachmittag angesetzte Zivilprozess um das Buch „Die Verbrechen des Propheten Mohammed". Dass das Werk das Potenzial birgt, die Gefühle strenggläubiger Muslime in Aufruhr zu bringen, hat sich schon gezeigt: Wütende Demonstrationen dagegen gab es bereits im Kreis Offenbach, der Autor wurde mit dem Tod bedroht. Im Internet tobt ein Schlagabtausch pro und kontra Zahid Khan. In Darmstadt bleibt die Lage ruhig. Rund zwei Dutzend islamische Demonstranten bekunden würdevoll vor dem Gericht ihre Ablehnung des Werks. Sogar auf Protestschildern wird die Form gewahrt; „Herr Khan ist inspiriert vom Teufel", steht darauf, und „Das Buch ,Die Verbrechen des Propheten Mohammed` muss verboten werden". Kundgebungsteilnehmer vertreten die Ansicht, die deutsche Justiz müsse über die Richtigkeit von Veröffentlichungen wachen. „Man muss der Sache nachgehen, ob er die Wahrheit schreibt oder nicht", verlangt der aus Wiesbaden angereiste Muhammad Rafi Amiri. „Es sollte vom Gesetz nicht erlaubt sein, etwas zu behaupten, was nicht den Tatsachen entspricht."

Gläubige fühlen sich erniedrigt und beleidigt

Andere Demonstranten sehen sich persönlich von Khans Thesen verletzt. „Wir fühlen uns erniedrigt und beleidigt", erklärt der aus Afghanistan stammende Abdul Razaq. „Es muss eine Grenze geben, andere Religionen nicht zu beleidigen. Sonst geht die Meinungsfreiheit in die falsche Richtung." Worum geht es an diesem Tag vor der 23. Zivilkammer des Landgerichts? In seinem 377 Seiten starken Buch „Die Verbrechen des Propheten Mohammed" behauptet Khan, Satan wolle die Welt vernichten und bediene sich dafür des Islam. Er persönlich sei „in der geistigen Welt" dem Propheten der Muslime begegnet; dieser habe gestanden, seine Anhänger hinters Licht geführt zu haben (wir berichteten).

Wie kam es zu der übersinnlichen Begegnung? Der Rodgauer sieht sich selbst als gottgesandten Propheten, der in den „Bergen der Verwunderung" für die letztendliche Erlösung der Menschheit" auserwählt worden sei. All dies interessiert das Gericht nur am Rande. Die Kammer hat über eine Klageschrift des Moslems Stefan Nagi zu befinden, der ein Verbot des Khan-Buchs verlangt - „wegen Religionsbeleidigung".

Anwältin geht auf Distanz

Wie in Zivilprozessen üblich, fasst der Vorsitzende Richter Hans Schubert zu Beginn der Verhandlung kurz die Ausgangslage zusammen: Kläger Nagi sehe sich durch das islamkritische Werk in seinen Grundrechten verletzt. Das Gericht habe ihm bereits im Vorfeld

565

zu verstehen, dass diese Klage wenig Aussicht auf Erfolg habe. Nagis eigene Anwältin Alexandra Wrenczycki räumt auf Anfrage ein, sie sehe die Rechts-lage genauso; ihr Mandant bestehe aber auf einer Entscheidung des Gerichts. Das Urteil fällt nach

30. Juni 2013: Kahn polarisiert bei einer Kundgebung in Offenbach
Foto: Mario Vedder

kurzer Beratung wenig überraschend aus: Die Klage wird abgewiesen. Dabei, so Schubert in seiner Erläuterung der Entscheidungsgründe, „kann die Kammer durchaus nachvollziehen, dass kritische Äußerungen gegen eine Weltreligion Anhänger dieser Religion tangieren. Das reicht aber nicht aus für einen Rechtsanspruch auf ein Verbot." Nagi werde im Buch nicht namentlich erwähnt, sondern sei nur als Teil der islamischen Glaubensgemeinschaft betroffen, erklärt der Richter. Weil es viele Millionen Muslime gebe, könne daraus eine Verletzung des Persönlichkeitsrechts nicht abgeleitet werden. „Die Kammer hat nicht zu entscheiden, ob das, was der Beklagte schreibt, richtig oder falsch ist."

Die muslimischen Zuhörer im Gerichtssaal nehmen das Urteil schweigend auf. Kläger Nagi, der zahlreiche Flugblätter über den Rechtsstreit in Umlauf gebracht hatte, kündigt anschließend an, in die nächste Instanz zu gehen: „Das Buch ist reiner Sprengstoff."

Er räumt allerdings ein, dass er auch von Glaubensbrüdern beschuldigt wird, das Werk durch seinen Feldzug erst richtig bekannt zu machen.

Frankfurter Rundschau

17. AUGUST 2012

Der Kampf des Propheten

Von STEVEN GEYER

„Auch Jesus und Mohammed hatten anfangs nur wenige Anhänger", sagt der Prophet Zahid aus Hessen. Foto: Steven Geyer

Religiöse Konflikte werden immer heftiger in Deutschland. Gerichte und Parlamente diskutieren über Islamhass. Zahid Kahn spricht sogar direkt mit Gott.

Es sind schlechte Zeiten für Propheten. Hinter der gelben Küchengardine seines Reihenhauses im hessischen Städtchen Rodgau steht der Ex-Muslim und Ex-Pakistaner Zahid Khan und lugt ängstlich in den betonierten Vorgarten. Die Sonne scheint, gegenüber jätet eine Nachbarin die Stiefmütterchen. Auf diesem Platz spielt sich in letzter Zeit viel ab: Demonstrationen, Drohungen, Dreharbeiten. Khan hat sich mit gefährlichen Leuten angelegt.

Drinnen steht Filterkaffee in Blümchentassen bereit. Zahid Khan, ein untersetzter 56-jähriger Pakistaner mit spiegelnder Glatze, der seit 40 Jahren in Deutschland lebt, will erzählen. Von seiner Leidensgeschichte als verfolgter Islamkritiker, von Angriffen durch Muslime, von Morddrohungen. Vor allem aber will Zahid Khan über die Probleme reden, die der Islam den Deutschen bereitet. „Wieso sollten Muslime sich integrieren, wenn sie hier ihren eigenen islamischen Staat bauen können?", sagt Khan. Der Islam sei die Wurzel des Terrorismus, kurz: „Im Koran manifestiert sich der Höhepunkt des Schaffens Satans." Er spricht ruhig, oft verschwörerisch, aber auch launig und nur selten aufgebracht.

Zahid Khan klingt aber auch ein bisschen wie Thilo Sarrazin. Das macht das Gespräch mit ihm so seltsam. Er ist ein Mann, der von einer Vision getrieben wird. Vor allem aber ist er ein Mann, der deutlich macht, wie sich die Dinge in Deutschland verändert haben. Auf einmal wird überall über Beschneidung, Gotteslästerung und islamische Moral diskutiert. Aber auch über Papstbeleidigungen und das Verhältnis der Religionen insgesamt. War früher Religion in Deutschland eher Privatangelegenheit, ist sie nun eine öffentliche Sache. Ein Politikum. War früher Religionsstreit ausschließlich ein Streit ums Christentum, ist er nun zu einer Art Kulturkampf geworden.

Quelle:
http://ad.de.doubleclick.net/jump/oms.fronline.de/nationalnews;local=nationalne
ws;sz=800x250;tile=7;ord=31066041231?" target="_blank"> <img

Im Mai des gleichen Jahres wurde bereits ein Brandanschlag auf mein Haus verübt. Hier haben die Täter billigend in Kauf genommen, dass auch unbeteiligte Kinder hätten zu Schaden kommen können. Beim zweiten

ZAHID KHAN ÜBERLEBT 2. ANSCHLAG IN 4 MONATEN

Schon wieder Messer-Attacke auf Islam-Kritiker!

versuchten Mordanschlag im Dezember 2013 - direkt vor meinem Haus - entkam ich nur knapp der Messerattacke des Angreifers. Ziel dieses Buches ist es nicht, den Islam als rückständige, entwicklungsresistente, unbelehrbare Religion, Ideologie oder Gesellschaftsform zu verdammen und zu ächten. Ich erörtere hier vielmehr die Frage, ob und wie ein Zusammenleben von zwei doch so grundverschiedenen Gesellschaftsformen und Ideologien in einem Land oder in den westlichen Nationen dieser Welt möglich ist und welche Gefahren drohen.

Bildzeitung Artikel vom 30.01.2012

Der selbsternannte Prophet Zahid Khan (55) wetterte gestern gegen Mohammed. Am Ende war's eine bizarre, zum Glücke friedliche Veranstaltung – mit viel Polizei, keinem Zuhörer und jeder Menge Gegendemonstranten. Da stand er nun bei Eiseskälte hinter Absperrgittern an seinem Rednerpult. Unterstützer hatte er keinen einzigen mitgebracht. Dafür einen Dolmetscher, der über Lautsprecher die Mohammed-Kritik übersetzte. Ebenfalls frierend standen 200 muslimische Demonstranten vorm Rathauscenter.

Durch die Polizei mit einer 100-Meter-Sperrzone vom Objekt ihres Zorns getrennt. Eine Stunde nutzten beide Seiten ihr Grundrecht auf freie Meinungsäußerung. „Prophet" Khan zählte die vermeintlichen „Verbrechen Mohammeds" auf, die Gegenseite wiederholte immer wieder auf Arabisch: „Gott ist groß und Mohammed sein Prophet!" Alles ziemlich laut, aber absolut friedlich. Das Großaufgebot der Polizei hatte einen zu ruhigen Nachmittag. Ms

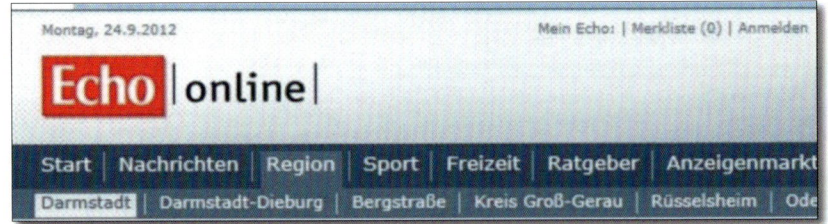
Darmstadt 24. August 2012 von Daniel Baczyk

„Feinde Allahs schrecken vor keiner Lüge zurück"

Extremismus – Salafist Pierre Vogel wehrt sich gegen die Anschuldigung, einen Auftragsmord in Aussicht gestellt zu haben – Anonyme Todesdrohungen gegen Zeugen

Drei Kontrahenten in einem verworrenen Geflecht aus islamischem Fundamentalismus, Glaube an die eigene Auserwähltheit und persönlicher Abneigung: Stefan Salim Nagi (links) beschuldigt den salafistischen Prediger Pierre Vogel (rechts), gegen Zahlung von 30 000 Euro die Ermordung des islamkritischen Autors und selbsternannten Propheten Zahid Khan (Mitte) in Aussicht gestellt zu haben. Archivfotos: Klaus Völker (2), dpa

Der salafistische Prediger Pierre Vogel setzt sich gegen die Anschuldigung zur Wehr, er habe die Ermordung eines islamkritischen Autors gegen Geld in Aussicht gestellt. Das hatte ein einstiger Gesinnungsgenosse Vogels gegenüber dem Echo ausgesagt. Die Staatsanwaltschaft Darmstadt ermittelt.

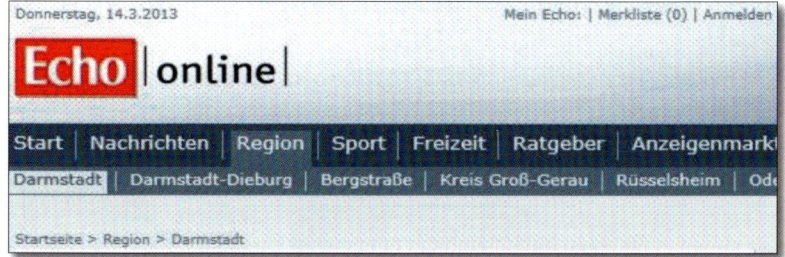
Darmstadt 18. Juli 2012

Hinweise auf Mordpläne von Salafisten in Darmstadt

Der Hinweis auf den Anschlag stammt von dem islamischen Aktivisten Stefan Salim Nagi

Anschlagsziel für islamische Fanatiker? Der Rodgauer Buchautor und selbsternannter Prophet Zahid Khan hat mit Werken wie „Die Verbrechen des Propheten Mohammed" viele Muslime gegen sich aufgebracht. Jetzt berichtet ein islamischer Insider über Mordpläne gegen Khan, die angeblich an eine Zahlung von 30 000 Euro geknüpft waren. Archivfoto: Klaus Völker

Darmstadt. Schwere Anschuldigungen gegen prominente Köpfe der salafistischen Szene erhebt ein islamischer Aktivist, der seinerzeit vergeblich in Darmstadt gegen ein islamkritisches Buch vor Gericht gezogen war.
Die Verhandlung vor der 23. Zivilkammer des Landgerichts Darmstadt am 25. Juni dauerte nur wenige Minuten.

Protest-Marsch und öffentliche Kundgebungen gegen das Buch
"Die Verbrechen des Propheten Mohammeds"

Dietzenbach

Muslim verbrennt mein Buch öffentlich im Internet

https://www.youtube.com/watch?v=YW0vStK-HCY

Protest-Marsch und öffentliche Kundgebungen gegen das Buch "Die Verbrechen des Propheten Mohammeds"

Seligenstadt

Wütende Muslime vor dem Amtsgericht in Seligenstadt. Die Justiz schloss die Türen aus Angst vor Ausschreitungen.

Danach zogen die Demonstranten durch die Innenstadt und versammelten sich auf dem Marktplatz

Khans Kundgebung in Offenbach am 30.06.2013

Auf seiner Kundgebung am 30.06.2013 wurde Zahid Khan von Muslimen bespuckt, beschimpft und mit Gegenständen wie Münzen, Lippenstiften und Steinen beworfen. Dennoch ließ er sich nicht

einschüchtern, beharrte er auf sein Recht auf Versammlungs- und Meinungsfreiheit und hielt an seiner Rede fest. Feige und von hinten

wurde Khan eine 1,5l Wasserflasche an den Hinterkopf geworfen. Nach dem alle Versuche seiner muslimischen Gegner Khan nicht zum Beenden seiner Kundgebung bewegen konnten, stürmten die offenbar integrationsresistenten Muslime die Absperrung, warfen den mobilen Lautsprecher durch die Luft und stürzten sich auf Zahid Khan.

Die Polizei konnte nur durch den Einsatz von Schlagstöcken den physischen Angriff auf Leib und Leben des Islamkritikers verhindern. Die Kundgebung wurde durch die Polizei beendet und aufgelöst und Khan unter Polizeischutz in Sicherheit gebracht. Bei Sichtung der Videoaufzeichnungen der Kundgebung wurde es traurige Gewissheit, dass Erwachsende Muslime, Jugendliche Muslime zu dem Flaschenwurf anstachelten. Trotz sieben Festnahmen und mehreren Augenzeugen, wurde das Verfahren gegen die Täter, die verschiedener Delikte beschuldigt wurden, eingestellt!

Fehde zwischen Muslim und „Propheten"

Hass auf den Islam

Ein selbst ernannter Prophet warnt in seinem Buch vor den „Verbrechen von Mohammed". Ein Muslim bekämpft das Werk erbittert. Nun fürchten beide um ihr Leben.

„Ich bin nicht wütend, ich bin ein Prophe", sagt Buchautor und Immobilienhändler Zahid Khan über sich selbst.   Bild: Bernd Hartung

Zitat:" Zahid Khan sitzt unruhig in einem Café am Frankfurter Hauptbahnhof. Eine angespannte Wachsamkeit liegt in seinem Gesicht. Er schaut ständig nervös nach links und rechts, im Internet gibt es Todesdrohungen gegen ihn. Der Islam ist eine Wurzel von Terrorismus und Extremismus, findet der kleine kompakte Mann mit Glatze, der aussieht wie ein braver Angestellter. „Durch mich als Propheten erhielt der Prophet Mohammed die Möglichkeit, zu beichten, was im Islam und in seinem eigenen Leben falsch gelaufen ist", sagt der 55-Jährige, und: „Im Islam manifestiert sich der Höhepunkt des Schaffens Satans."

Das ist das Thema, das den Pakistaner umtreibt. Der Islam im Allgemeinen und Mohammed im Speziellen beschäftigen ihn, der eine Mission hat – nämlich Deutschland und die ganze Welt vor Allah zu schützen. Gott persönlich habe ihn im Traum darum gebeten. „Es ist eine meiner Hauptaufgaben, den Islam zu reformieren", sagt er. Deswegen hat er 2009 ein Buch im Eigenverlag herausgebracht. Titel: „Die Verbrechen des Propheten Mohammed".

Der Islam wolle alles und jeden unterjochen, das ist Khans Botschaft.

Der Muslim Stefan Sali Nagi sagt, er sei dem Propheten Mohammed im Traum begegnet. Für ihn kommt Khan aus dem Herzen der Finsternis. Er sei ein Feind, den es zu bekämpfen gilt. Deswegen organisiert Nagi Demonstrationen, verbrennt und bespuckt Khans Buch. Diese Szenen finden sich auf YouTube. Er zog vor Gericht – wollte das „Teufelsbuch" verbieten. „Wirre und irre" nennt Nagi die Thesen von Khan und fordert: „Islamhasser sollen ins Gefängnis."

Kritiker wollen den Islam unterjochen, das ist die Botschaft von Nagi.

Zahid Khan redet ungeordnet, mischt Deutsch mit Englisch, antwortet auf Fragen nur knapp, um rasch wieder auf seine Mission gegen Allah zu kommen. Dann zieht er seine Augenbrauen und Schultern hoch, sein kurzer Hals ist kaum zu sehen. Er wiederholt seine Sätze immer wieder, Mohammed sei ein Diktator, der Islam eine Wurzel von Terrorismus.

Aufgewachsen ist er im pakistanischen Lahore, seine Familie waren Sufis. Sufis gelten als die Mystiker im Islam, die wegen ihrer erklärten Friedensliebe und religiösen Toleranz von Islamisten als Gefahr gesehen werden. Sie sind eine verfolgte Minderheit in Pakistan, die bis heute unter Repressionen leidet. Weil seine Familie kein Geld mehr hatte, habe Khan die Schule schon nach der 5. Klasse verlassen müssen, dies sei auch die Zeit seiner ersten nächtlichen Begegnungen mit Engeln gewesen, die „mich ins Licht mitgenommen" haben, wie er sagt.

Religionsloser Prophet mit Mission

Ob das nicht ein einfacher Traum gewesen sei, der immer wiederkehrte? „Träume erlebt man im Schlaf", antwortet er. „Ich war aber immer bei vollem Bewusstsein." Als 16-Jähriger sei ihm dann Gott begegnet. Seit diesem Tag sei er kein Muslim mehr, sagt er. Sondern ein religionsloser Prophet, der gegen den Islam missioniert. Über Umwege sei er 1974 in Deutschland angekommen. 1986 kehrte er zurück nach Lahore, für einen Universitätsvortrag, in dem er den Koran kritisierte. Deswegen wurde er dort für einige Tage inhaftiert und gefoltert, erzählt er. Mittlerweile lebt er als Immobilienhändler in der hessischen Provinz, ist verheiratet und Vater von sechs Kindern.

Als niemand sein erstes Buch veröffentlichen wollte, brachte er es 2000 im Eigenverlag heraus. Seitdem verlegt er seine eigenen Werke, mit Titeln wie „Prophet Mohammeds Botschaft an islamische Extremisten" und „Wahre Momente mit Gott". Wie viel er damit verdient, wie hoch die Auflagen sind, das will er nicht sagen. Vor drei Jahren dann die Veröffentlichung von „Die Verbrechen des Propheten Mohammed". Es sind 373 Seiten voll mit Aussagen wie der, dass Jesus ihn gebeten habe, über Barack Obama zu schreiben. Khan kompiliert, fabuliert, schreibt seltsames Zeug. Ob er nachvollziehen könne, dass man ihn für verrückt halten könnte? „Ja, aber ich weiß, dass ich Gott getroffen habe", sagt er. Es ist das einzige Mal, dass er lächelt.

Woher kommt der Hass auf den Glauben, Herr Khan? „Ich hasse niemanden", antwortet er. „Ich bin nicht wütend, ich bin ein Prophet."

Sein Widersacher Nagi wurde als Sohn einer Deutschen und eines Pakistaners in Frankfurt geboren. Zwar sei er muslimisch erzogen worden, aber erst während seines Medizinstudiums habe er angefangen, strikt nach islamischen Regeln zu leben. „Ich habe nach einem Inhalt für mich gesucht und bin beim Islam hängen geblieben", sagt er, der sich zu den Sunniten zählt. Die sunnitische Theologie hält am nicht hinterfragbaren Vorbild Mohammeds und des Korans fest.

Deutschland geht schlecht mit seinen Muslimen um

Der unscheinbare, schmale 39-Jährige braucht viele Worte für drei Botschaften. Erstens: Es gebe nur eine wahre Religion. Zweitens: „Ich will, dass alle Bücher mit diesem schlechten Inhalt und Beleidigungen gegen unseren Propheten verboten werden." Drittens: Deutschland geht schlecht mit seinen Muslimen um – und das müsse er ändern.

Seit seine Frau vor einem Jahr starb, hat er die Verteidigung seines Glaubens noch weiter verstärkt. Er schrieb viele Briefe und Mails in den vergangenen Monaten. Er will den Boykott deutscher Waren im Ausland erwirken. Er hätte gern mehr Muslime bei seinen Demos gegen Khan dabeigehabt. Doch es kamen immer nur einige Dutzend. So bleiben ihm nur das Internet und die Justiz. In seinen Videos trägt er oft weiße, gebügelte Hemden, seine Haare sind sorgfältig nach hinten gekämmt, meist sind die weißen Rollläden hinter ihm runtergezogen. Er wirkt sehr bieder, wie er sich so aufregt.

Woher diese Wut auf Glaubenskritiker, Herr Nagi? „Khan stellt den Islam in eine kriminelle Ecke und beleidigt vielfach unseren Propheten", antwortet er. Aber muss man das ernst nehmen? „Khan sagt, der Koran und der Islam seien nicht heilig. Diese schändlichen Behauptungen kann kein Muslim hinnehmen."

Diese beiden Gedankensysteme von Kahn und Nagi, sie klingen nicht logisch. Nicht rational. Zu sagen, die beiden Kontrahenten seien seltsam, wäre eine kolossale Untertreibung. Ihre Ausführungen sind bizarr. Sagen aber auch etwas aus über das Phänomen der Religionskritiker und -eiferer. Die jedes Maß an Diplomatie und in diesem Fall auch ihren Realitätssinn verlieren. Es gibt keine Zweifel, nur die eigenen Wahrheiten und fanatisches Gebell. Sie hantieren mit Verweisen auf Hitler und Osama bin Laden und reimen sich Untergangsszenarien zurecht: Die Regierung schaue weg. Die Behörden würden schlafen. Die Gesellschaft werde unterwandert.

Am 26. Juni trafen sich Khan und Nagi vor Gericht. Der selbsternannte Schützer des Propheten hatte den selbsternannten Propheten verklagt. Die Richter des Landgerichts Darmstadt lehnten ein Verbot von Khans Buch ab. Der Kläger sei nicht unmittelbar in seinem Persönlichkeitsrecht verletzt, so die Urteilsbegründung. Es war die zweite Niederlage für Nagi an diesem Tag.

Morddrohung gegen Khan

Denn vor dem Gerichtsgebäude standen nur etwa zwanzig Demonstranten, die Plakate hochhielten mit Sätzen wie „Herr Khan ist inspiriert vom Teufel". Dabei, sagt Nagi, habe er kurz zuvor den ultrakonservativen Salafisten Pierre Vogel kontaktiert, dessen Koran-Verteilungsaktion unterstützt und um Beistand gebeten. Ein Gehilfe von Vogel habe für das Erscheinen des islamistischen Predigers Vogel 30.000 Euro verlangt. Später habe Vogel Nagi gegenüber eine Morddrohung gegen Khan ausgesprochen. Überprüfen lassen sich diese Vorwürfe nicht. Jedenfalls sagt Nagi, er habe nicht gezahlt. Warum er jetzt erst von den angeblichen Morddrohungen erzähle? „Wenn etwas passiert, dann mache ich mir selber Vorwürfe." Außerdem wolle er nicht, dass Khan ermordet wird, sagt er. Denn: „Was passiert dann mit meiner Klage?"

Wahrscheinlich sind die beiden Männer sich längst ähnlicher, als sie glauben. Sie sind ideologisch verblendet, sehen sich als Opfer und kämpfen für ihre Version von Freiheit und Menschenrechten. Khan fürchtet Muslime im Allgemeinen, Nagi seit seinen Aussagen über Vogel die Salafisten im Speziellen. Beide bangen um ihr Leben, Khan steht unter Polizeischutz, Nagi sagt, es könne sein, dass extremistische Salafisten ihn umbringen.

Aber aufhören? Daran denkt keiner von ihnen. Zahid Khan will demnächst ein neues Buch veröffentlichen. Titel: „Der Islam gehört nicht zu Deutschland". Stefan Salim Nagi möchte vor dem Oberlandesgericht Frankfurt klagen und in arabischen Ländern vor dem Buch warnen. Und gegen Pierre Vogel hat die Staatsanwaltschaft Darmstadt ein Ermittlungsverfahren eingeleitet."

Quelle: http://www.taz.de/!5088331/

Mordanschlag auf Khan   2.8.2013

Auftraggeber in Untersuchungshaft

Nach dem Mordanschlag auf den Islamkritiker Zahid Khan sitzt nun auch der mutmaßliche Auftraggeber in Untersuchungshaft. Es handelt sich um einen Vierzigjährigen aus Marburg. Khan und er trafen schon einmal aufeinander. Der mutmaßliche Auftraggeber streitet die Vorwürfe laut Staatsanwaltschaft ab. Belastet wird der vierzig Jahre alte Mann durch den 36-jährigen Angreifer, der den islamkritischen Autor Zahid Khan bei dem Anschlag mit Schüssen gestoppt hatte. Der 36-Jährige habe den 40-Jährigen auf Polizeifotos erkannt und als Auftraggeber bezeichnet, der ihm Geld versprochen habe, sagte ein Sprecher der Staatsanwaltschaft Darmstadt am Freitag.

Quelle: http://www.hr-online.de/website/rubriken/nachrichten/indexhessen34938.jsp?rubrik=36082&xtcr=3&xtmc=zahid%20Khan&type=d&key=standard_document_49225047

Darmstadt – Klage gegen das Buch „Die Verbrechen des Propheten Mohammed"

Der Muslim Stefan Salim Nagi hatte beim Landgericht Darmstadt ein gerichtliches Verbot des Buches „Die Verbrechen des Propheten Mohammed" erwirken wollen. Er scheiterte mit seinem Antrag und die Klage wurde abgewiesen.

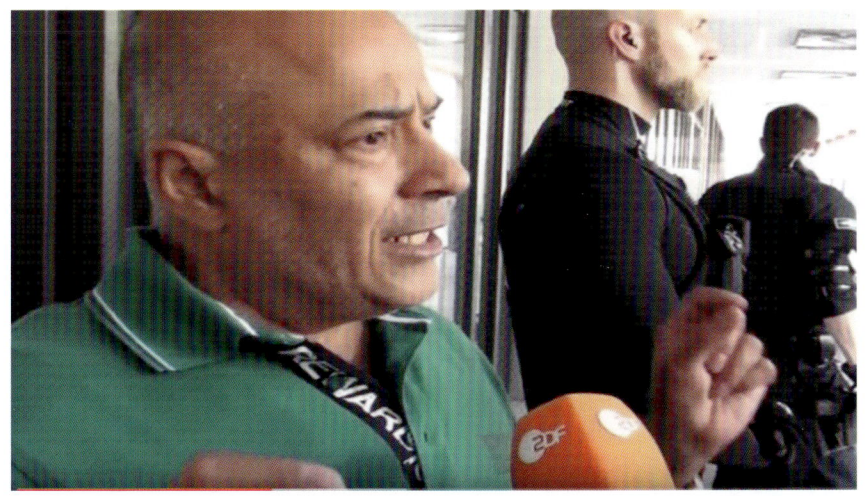

Zahid Khan, der Autor dieses Buches, wird nach dem Urteilsspruch unter Polizeischutz vom Hessischen Rundfunk interviewt.

NEWS GEGEN DEN MAINSTREAM · PROAMERIKANISCH · PROISRAELISCH · GEGEN DIE ISLAMISIERUNG EUROPAS · FÜR GRUNDGESETZ UND MENSCHENRECHTE

Home   Archiv   Kontakt   Leitlinien   PI wants You!   PI-Gruppen   PI-TV   Spende für PI   Werben auf PI   PI English

Darmstadt: Klage gegen Zahid Khan abgewiesen

Das Landgericht Darmstadt hat eine Klage gegen den Buchautor Zahid Khan und dessen islamkritisches Buch „Die Verbrechen des Propheten Mohammed" abgewiesen. Die Richter stuften das Werk als von der Meinungsfreiheit gedeckt ein. Der sich durch das Buch beleidigt fühlende muslimische Kläger Stefan Salim Nagi will nun vor den hessischen Verwaltungsgerichtshof ziehen. Khan selbst steht nach Morddrohungen durch islamische Fundamentalisten inzwischen rund um die Uhr unter Polizeischutz.

Der Autor hatte sich nach einem Bericht über ihn und sein Buch ausdrücklich bei PI bedankt und war auf von unseren Lesern aufgeworfene Fragen eingegangen. Sein gerichtlicher Kontrahent, Stefan Salim Nagi, scheint hingegen nicht allzu viel von zivilisiertem Gedankenaustausch zu halten: In einem auf YouTube eingestellten Videoverbrennt Nagi eine englische Ausgabe von Khans Schrift und bezeichnet diesen als „Vollidiot".

http://www.pi-news.net/2012/06/darmstadt-klage-gegen-zahid-khan-abgewiesen/

POLITICALLY INCORRECT

NEWS GEGEN DEN MAINSTREAM · PROAMERIKANISCH · PROISRAELISCH · GEGEN DIE ISLAMISIERUNG EUROPAS · FÜR GRUNDGESETZ UND MENSCHENRECHTE

Home   Archiv   Kontakt   Leitlinien   PI wants You!   PI-Gruppen   PI-TV   Spende für PI   Werben auf PI   PI English

Zahid Khan spricht auf Bonner PRO – Kundgebung

In einer Presseerklärung schreibt die Bürgerbewegung heute:

Auch der bekannte islamkritische Buchautor Zahid Khan ("Die Verbrechen des Propheten Mohammed") wird am Samstag auf der PRO-NRW-Kundgebung in Bonn sprechen. Der Rodgauer Autor ist im Sommer des Jahres einem größeren Publikum bekannt geworden, nachdem die Presse über ein islamistisches Mordkomplett gegen ihn berichtet hatte, in dem angeblich auch die Salafistenführer Pierre Vogel und Ibrahim Abu Nagie verwickelt sein sollen.

In der Verlagsbeschreibung wird das Buch wie folgt vorgestellt: „Dieses Buch zeigt, dass Prophet Mohammed selber bestimmte Fehler begangen hat, die dazu führten, dass heute der Islam von Terrorismus, Fanatismus und Extremismus dominiert wird."

Der seitdem unter Polizeischutz stehende Zahid Khan wird am Samstagmittag eine etwa halbstündige Gastrede bei der PRO-NRW-Kundgebung vor der König-Fahd-Akademie halten. Zudem werden bei der Kundgebung auch wieder islamkritische Karikaturen und Mohammed-Karikaturen gezeigt werden.

Quelle: http://www.pi-news.net/2012/09/zahid-khan-spricht-auf-bonner-pro-kundgebung/

Zahid Khan, Autor von "Die Verbrechen des Propheten Mohammed",
hielt am 29.Sep.2012 auf der Demo von Pro NRW in Bonn-
Lannesdorf eine vielbeachtete Rede. Weiteres Videomaterial finden
Sie auf YouTube. https://www.youtube.com/watch?v=Dl1ViB4-hyo

Selbst
die

Bonner-Polizei begrüßt Khan freundlich mit Handschlag

http://www.pi-news.net/2012/09/machterhalt-um-jeden-preis/

Wollten Hass-Prediger einen Killer anheuern?

Die Hass-Prediger Pierre Vogel (34) aus Frechen und der Kölner Ibrahim Abou-Nagie (48) sollen angeboten haben, einen Kritiker für Geld umbringen zu lassen!

Ziel soll der Schriftsteller Zahid Khan („Die Verbrechen des Propheten Mohammed") sein. Der Moslem-Aktivist Stefan Salim Nagi (39) wollte das Buch vor Gericht verbieten lassen.

Er will Vogel bei einer Kundgebung im Juni in Köln getroffen haben. Dort soll Vogel gesagt haben, dass er Leute kennt, die Zahid Khan für Geld umbringen würden.

Für diese Aussage soll es zwei weitere Zeugen geben.

Eine Woche später will Nagi auch Ibrahim Abou-Nagie um Unterstützung gebeten haben. Doch der soll ebenfalls Geld für Vogel gefordert und außerdem gesagt haben: „Früher oder später bringen unsere Leute ihn (gemeint soll Khan sein; Anm.d.Red.) sowieso um. Aber wenn du 30 000 Euro gibst, machen wir es gleich."

„Es ist ein Verfahren wegen versuchter Beteiligung an einem Verbrechen eingeleitet worden", erklärte Oberstaatsanwältin Dorothea Winter auf BILD-Anfrage.

Schriftsteller Khan ist beunruhigt: „Ich lebe trotz Polizeiüberwachung in großer Sorge."

Die Salafisten Abou-Nagie und Vogel waren von BILD für eine Stellungnahme nicht zu erreichen.

http://www.bild.de/regional/koeln/salafismus/wollten-diese-hass-prediger-einen-killer-anheuern-25286652.bild.htmlangeheuert

„Ich möchte allen zeigen, wer das Böse ist!"

Islam-Kritiker Zahid Khan (57): Wurde er Opfer eines Mord-Anschlags?
Foto: Mario Vedder

Quelle: http://www.bild.de/regional/frankfurt/frankfurt-am-main/mordanschlag_auf_islamkritiker_fortsetzung-34843202.bild.html

585

POLITICALLY INCORRECT

NEWS GEGEN DEN MAINSTREAM · PROAMERIKANISCH · PROISRAELISCH · GEGEN DIE ISLAMISIERUNG EUROPAS · FÜR GRUNDGESETZ UND MENSCHENRECHTE

Home   Archiv   Kontakt   Leitlinien   PI wants You!   PI-Gruppen   PI-TV   Spende für PI   Werben auf PI   PI English

Zahid Khan will weitere Ermittlungen gegen Vogel

Nach den schweren Vorwürfen, die Stefan Salim Nagi gegenüber der Darmstädter Staatsanwaltschaft erhoben hat (PI berichtete), meldet sich nun auch der islamkritische Buchautor und selbsternannte Prophet Zahid Khan (Foto) zu Wort. Gegenüber PI erklärte Khan, er habe am 11. März bei der Staatsanwaltschaft Darmstadt die Wiederaufnahme des Ermittlungsverfahrens gegen Pierre Vogel und Abou Nagi beantragt, weil diese ihn angeblich umbringen lassen wollten.

(Von Peter H., Mönchengladbach)

Auch liegt PI inzwischen das Schreiben der Staatsanwaltschaft in Darmstadt vor, mit dem am 25. Oktober 2012 das Ermittlungsverfahren gegen Pierre Vogel und Abou Nagi eingestellt wurde. Hinweise darauf, dass die zuständige Staatsanwältin Winter die Glaubwürdigkeit der Zeugen unzutreffend beurteilt und das Verfahren somit zu Unrecht eingestellt habe, sind diesem Schreiben in keinster Weise zu entnehmen. In gar keinem Fall ist dieser Vorgang mit jenen abenteuerlichen Einstellungen von Strafverfahren gegen hochrangige Salafisten zu vergleichen, die wir von nordrhein-westfälischen Staatsanwaltschaften her gewohnt sind. Natürlich kann nicht vollständig ausgeschlossen werden, dass neue Beweise eine Wiederaufnahme dieses Verfahrens erforderlich machen. Dass Salafisten Islam-Kritiker gerne tot sehen würden, hat die geplante Ermordung von Pro NRW-Chef Markus Beisicht deutlich bestätigt. Und dass ein Autor, der ein Buch mit dem Titel *„Die Verbrechen des Propheten Mohammed"* geschrieben hat, auf deren Todeslisten ganz oben stehen dürfte, wird auch niemand ernsthaft bestreiten. Aber die Aufgabe der Staatsanwaltschaft besteht nicht darin, die grundsätzliche Gefährlichkeit bestimmter Salafisten zu beurteilen. Sondern darin, zu ermitteln, ob es in diesem konkreten Fall glaubwürdige Zeugen und somit einen hinreichenden Tatverdacht gibt. Und solange die Vorwürfe, die in dieser Woche gegen die zuständige Staatsanwältin erhoben wurden, nicht belegt sind, sollte deren Entscheidung über den Antrag Khans auf Wiederaufnahme des Verfahrens einfach abgewartet werden.

Quelle: http://www.pi-news.net/2013/04/zahid-khan-will-weitere-ermittlungen-gegen-vogel/

Im Internet und in den Social Networks wurde dem Schriftsteller mehrmal mit dem Tode gedroht

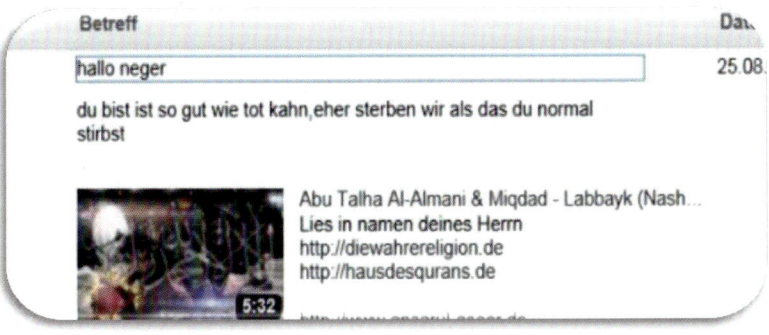

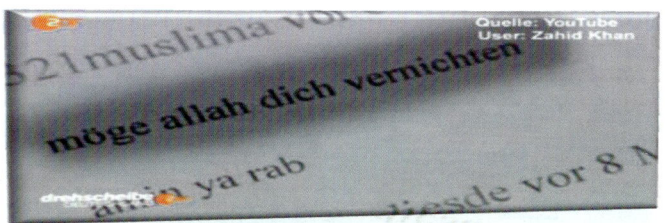

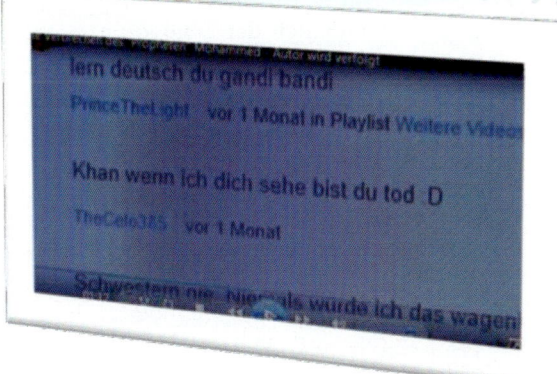

Betreff

hallo neger

du bist ist so gut wie tot kahn, eher sterben wir als das du normal stirbst

POLITICALLY INCORRECT

NEWS GEGEN DEN MAINSTREAM · PROAMERIKANISCH · PROISRAELISCH · GEGEN DIE ISLAMISIERUNG EUROPAS · FÜR GRUNDGESETZ UND MENSCHENRECHTE

Home   Archiv   Kontakt   Leitlinien   PI wants You!   PI-Gruppen   PI-TV   Spende für PI   Werben auf PI   PI English

Hat Pierre Vogel mit Auftragsmord gedroht?

Bei Echo Online ist in dem Artikel „Hinweise auf Mordpläne von Salafisten in Darmstadt" zu lesen, dass Islamprediger Pierre Vogel offenbar mit einem Auftragsmord gegen den Buchautor Zahid Khan („Die Verbrechen des Propheten Mohammed") gedroht haben soll. Er kenne Leute, die „das Schwein" Khan für Geld umbringen würden. Der Rechtgläubige Ibrahim Abou-Nagie habe Ähnliches von sich gegeben. Es soll mehrere Zeugen für diese Aussagen geben. Man darf gespannt sein, ob die Staatsanwaltschaft Darmstadt Ermittlungen aufnehmen wird.

(Von Michael Stürzenberger)

Pierre Vogel soll im Detail Folgendes gesagt haben, was offensichtlich drei Zeugen bestätigen können:

> „Bruder Stefan Salim, wir haben dir eine E-Mail geschickt, dass du erst die 30 000 Euro auf den Tisch legen sollst. Wenn du das gemacht hast, dann komme ich nach Darmstadt. Und ich kenne die Leute aus Dietzenbach, die werden das Schwein Zahid Khan für Geld umbringen."

Auch Islam-Prediger Ibrahim Abou-Nagie scheint sich für einen solchen Auftragsmord erwärmen zu können, denn zwei Zeugen wollen Folgendes gehört haben:

> „Wir schicken Dir ein paar von unseren Leuten, die das Schwein Khan umbringen. Wenn er diese Beleidigungen gegen unseren Propheten Mohammed, mit dem Frieden und Segen sei, sagt, sollte er nicht mehr am Leben bleiben. (..) Keine Diskussion mehr, Bruder. Früher oder später bringen unsere Leute ihn sowieso um, aber wenn Du die 30 000 Euro gibst, dann machen wir es gleich."

Quelle: http://www.pi-news.net/2012/07/hat-pierre-vogel-mit-auftragsmord-gedroht/

POLITICALLY IN CORRECT

NEWS GEGEN DEN MAINSTREAM · PROAMERIKANISCH · PROISRAELISCH · GEGEN DIE ISLAMISIERUNG EUROPAS · FÜR GRUNDGESETZ UND MENSCHENRECHTE

Home   Archiv   Kontakt   Leitlinien   PI wants You!   PI-Gruppen   PI-TV   Spende für PI   Werben auf PI   PI English

Mordversuch? Angriff auf Autor Zahid Khan

Der in der islamkritischen Szene bekannte Autor Zahid Khan („Die Verbrechen des Propheten Mohammed", Foto) ist vergangene Nacht von zwei mit Messern bewaffneten Männern attackiert worden. Khan, der im Besitz eines Waffenscheins ist, schoss einem der beiden Täter ins Bein. Der Andere ergriff daraufhin die Flucht. Ob es sich um einen missglückten Überfall oder ein Attentat gehandelt hat, ist zur Stunde noch unklar. Khans Frau und Anwältin geht von einem gezielten Tötungsversuch aus. Der verletzte Angreifer ist der Polizei bereits wegen Gewalt- und Drogendelikten bekannt.

Der hessische Rundfunk schreibt:

Nach Polizeiangaben kam es kurz vor Mitternacht in einem Waldstück zwischen Rodgau und Dietzenbach (Offenbach) zu einer Auseinandersetzung, bei der ein 56-jähriger Rodgauer einem 36-Jährigen ins Bein schoss. Der Verletzte sei in ein Krankenhaus gekommen, der andere Mann sei geflüchtet. Der Schütze, der einen Waffenschein besitze, habe selbst die Polizei gerufen.

Dass es sich bei dem Schützen um Khan handelt, bestätigte dessen Frau und Anwältin gegenüber hr-online. Demnach sei ihr Mann von zwei Männern angegriffen worden, als er zusammen mit zwei Begleitern einen nächtlichen Spaziergang unternahm. Die Angreifer seien plötzlich, unvermittelt und mit „zielgerichteter Tötungsabsicht" auf ihren Mann losgegangen, so Khans Frau. Dieser habe sich daraufhin verteidigt.

Die mutmaßlichen Angreifer sollen mit Messern bewaffnet gewesen sein. Über die möglichen Motive des Angriffs wollte Khans Frau nicht spekulieren. Es habe aber im Vorfeld immer wieder anonyme Drohungen gegen ihren Mann gegeben, etwa auf dem Anrufbeantworter.

Nächtliche Spurensuche nach Angriff auf den Schriftsteller Khan

Khan-Attentat: Stefan Salim Nagi in U-Haft

Im Fall des Attentats auf den islamkritischen Autor Zahid Khan (PI berichtete) lichtet sich langsam der Nebel. Der 36-jährige Drogenabhängige, welcher versucht hatte Khan mit einem Messer anzugreifen und dabei von diesem in Notwehr angeschossen worden war, sitzt inzwischen wegen versuchten gemeinschaftlichen Mordes in Untersuchungshaft. Er hat ausgesagt vom islamischen Extremisten Stefan Salim Nagi (Foto) Geld für die Tötung versprochen bekommen zu haben. Das Amtsgericht Offenbach hat wegen des gleichen Delikts nun auch gegen diesen Haftbefehl erlassen.

Stefan Salim Nagi ist für regelmäßige PI-Leser kein Unbekannter. Erste mediale Aufmerksamkeit erlangte er durch seinen gescheiterten Versuch, Zahid Khans Werk „Die Verbrechen des Propheten Mohammed" verbieten zu lassen. Mit diesem Ansinnen war Nagi sowohl beim Amtsgericht Seligenstadt als auch beim Landgericht Darmstadt gescheitert. Vor der landgerichtlichen Verhandlung hatte der Fundamentalist in einem YouTube-Video die zuständigen Richter subtil bedroht und ein Exemplar von Khans Buch verbrannt.

Nagi war darüber hinaus führend an der Organisation von islamischen Straßenprotesten gegen die Schrift beteiligt. Er trat bei diesen auch als Redner auf. Erneute mediale Aufmerksamkeit erlangte Nagi durch die Behauptung, der islamische Prediger Pierre Vogel habe ihm gegen Zahlung von 30.000 Euro angeboten, Khan töten zu lassen. In der Rückschau betrachtet diente diese wohl nur dem Zweck, jemand anderen für das spätere Attentat verdächtig zu machen. Ein Unterfangen, das gründlich schief gegangen zu sein scheint.

Die „FAZ" berichtet:

Der islamkritische Autor Zahid Khan ist in Rodgau nur knapp einem Mordanschlag entgangen. Der 56-Jährige hat am späten Montagabend in Notwehr drei Angreifer auf einem Waldparkplatz mit mehreren Schüssen in die Flucht gejagt und dabei einen von ihnen schwer verletzt. Der mutmaßliche Auftraggeber des Mordes, der 40 Jahre alte islamische Aktivist Stefan Salim N. aus Marburg, sitzt in U-Haft, wie die Staatsanwaltschaft in Darmstadt am Freitag berichtete. Das Offenbacher Amtsgericht erließ Haftbefehl wegen gemeinschaftlichen versuchten Mordes.

N. streite die Vorwürfe ab. Die Ermittler waren ihm über erkennungsdienstliche Fotos der Polizei auf die Spur gekommen. Seine Wohnung in Marburg habe durchsucht werden sollen, der Mann sei aber nicht angetroffen worden und habe sich später bei der Polizei gestellt.

Der 36-Jährige, den Khan auf dem Waldparkplatz mit einem Schuss ins Bein schwer verletzt hatte, sagte im Verhör, er habe im Auftrag und für Geld gehandelt. Sein unbekannter Auftraggeber habe ihn zu dem Parkplatz gefahren und sei bei dem Zusammentreffen mit Khan und seinen beiden Begleitern gegen 23.00 Uhr dabei gewesen. N. und ein dritter noch unbekannter Mann konnten nach den Schüssen flüchten. Der 36-Jährige erkannte den Auftraggeber jedoch später auf den Polizeifotos, daraufhin wurde dieser festgenommen. Gegen den 36 Jahre alten drogenabhängigen Wohnsitzlosen war schon zuvor Haftbefehl erlassen worden.

Khan soll Medienberichten zufolge bereits früher mehrmals mit Mord gedroht worden sein, er soll unter Staatsschutz stehen. Die Waffe besitzt er legal. Der 56-Jährige hatte Ende Juni in Offenbach auf dem Marktplatz eine Kundgebung zum Thema «Der Islam gehört nicht zu Deutschland» angemeldet. Rund 150 Menschen hatten damals gegen den Islamkritiker demonstriert. Einige von ihnen hatten Khan auch beworfen. Sieben Demonstranten waren vorrübergehend festgenommen worden.

Ob der mutmaßliche Auftraggeber des Mords zur Salafisten-Szene gehört, konnte die Staatsanwaltschaft nicht sagen. N. soll schon früher einmal jemanden bedroht haben, das Verfahren war aber eingestellt worden. Die Darmstädter Behörde hatte zudem im Oktober 2012 ein Verfahren gegen den salafistischen Prediger Pierre Vogel und einen anderen Mann eingestellt. Dabei ging es um eine Verabredung zum Verbrechen. Die beiden Männer sollen gegenüber N. gesagt haben, Khan könne für 30 000 Euro getötet werden.

PI freut sich über den schnellen Ermittlungserfolg der Behörden. Einziger Wermutstropfen: Das dröhnende Schweigen der deutschen Mainstreammedien – trotz Sommerloch. Wie hätten diese wohl reagiert, wenn ein entsprechendes Attentat auf Aiman Mazyek vereitelt worden wäre?

Quelle: http://www.pi-news.net/2013/08/khan-attentat-stefan-salim-nagi-in-u-haft/

Buchautor Zahid Khan

„Mein Leben ist täglich in Gefahr"

22.08.14 - 20.52

Rodgau - Im Juli 2013 lauerten zwei Angreifer dem Islamkritiker Zahid Khan (57) im Wald unweit dem Badesee auf. Der Buchautor aus Nieder-Roden („Der Islam gehört nicht zu Deutschland", „Die Verbrechen des Propheten Mohammed") wehrte die Täter mit Schüssen aus einer Pistole ab. Das Landgericht Darmstadt hat die Angreifer und ihren Anstifter zu Haftstrafen verurteilt. Redaktionsleiter Bernhard Pelka sprach mit Khan. Er entstammt zwar dem muslimischen Kulturkreis, wandte sich aber schon als Kind von jeglicher Religionszugehörigkeit ab.

Quelle: http://www.op-online.de/region/rodgau/buchautor-zahid-khan-wird-rund-beschuetzt-mein-leben-taeglich-gefahr-3802203.html

Schießerei im Wald: Schütze ein Islamkritiker

30.07.13 - 20:00

© Symbolbild/dpa

Rodgau - Auf einem Parkplatz an der K174 zwischen Rodgau und Dietzenbach ist es gestern Abend zu einem Streit zwischen mehreren Männern gekommen. Dabei wurde ein 36-jähriger Mann von einer Schusswaffe schwer verletzt.

Artikel vom 30.07.2013 Laut einem Bericht des Hessischen Rundfunks soll der Schütze der Islamkritiker Zahid Khan sein. Die Frau des Islamkritikers bestätigte dies gegenüber dem Sender. Demnach habe ein Angreifer ihren Mann töten wollen, Khan habe sich mit den Schüssen gewehrt. Auch die Polizei bestätigte auf Anfrage, dass es sich bei dem Schützen um einen Islamkritiker handelt. Zahid Khan, Autor des Buches „Die Verbrechen des Propheten Mohammed", bezeichnet sich selber als „Erlöser". Er war bereits öfters in das Visier von radikalen Islamisten geraten, zuletzt hatten ihn mehrere Menschen bei einer Kundgebung in Offenbach angegriffen. Ersten Meldungen zufolge soll bei dem Streit auf einem Parkplatz an der Kreisquerverbindung 174 zwischen Rodgau und Dietzenbach gestern Abend gegen 23 Uhr ein Mann schwer verletzt worden sein. Der Schütze wollte nach eigenen Angaben mit zwei Begleitern einen Spaziergang in dem Waldgebiet an der Kreisstraße 174 unternehmen. Dabei sollen dem Trio zwei andere Männer entgegen gekommen sein. Wie die Polizei mitteilt, gerieten die fünf Männer zunächst verbal aneinander. Der Streit eskalierte. Zahid Khan griff zu seiner Schusswaffe und feuerte mehrere Schüsse in Richtung der vermeintlichen Angreifer ab. Dabei wurde einer der Männer am Bein getroffen. Die Gruppe alarmierte sofort die Polizei. Wenige Minuten später war bereits ein Rettungswagen vor Ort. Der 36-Jährige wurde durch den Schuss nicht lebensgefährlich verletzt. Er musste umgehend in ein Krankenhaus gebracht werden, wo er operiert wurde. Der mutmaßliche Schütze hatte eine Erlaubnis, die Waffe bei sich zu führen. Laut Polizei hat der Mann hat in einer ersten Vernehmung ausgesagt, er habe sich bei dem Zwischenfall in der Nacht zum Dienstag gegen den Angreifer nur verteidigt. Diese Version entspricht auch der Schilderung von Khans Ehefrau. Sie sagte, dass die Angreifer plötzlich in „zielgerichteter Tötungsabsicht" auf ihren Mann losgegangen seien. Ein Polizeihubschrauber umkreiste in der Nacht das komplette Waldgebiet der K174 rund um Waldacker und suchte mit einer Wärmebildkamera nach weiteren Personen. Einem zweiten angeblichen Angreifer gelang nämlich offensichtlich zuvor die Flucht. Bislang liegen noch keine Hinweise auf den derzeitigen Aufenthaltsort des Unbekannten vor. Das 36 alte Opfer der Schüsse konnte bislang noch nicht vernommen werden. Der Mann gilt als polizeibekannt

Quelle : Offenbacher Post vom 30.07. 2013

Mordprozess 2013

Staatsanwalt: Anschlag auf Islamkritiker war Mordversuch

Der Angeklagte mit seiner Anwältin Michaela Roth.

Darmstadt.

Im Darmstädter Prozess um einen Angriff auf den Islamkritiker Zahid Khan hat die Staatsanwaltschaft wegen versuchten Mordes vier Jahre Haft für den Hauptangeklagten gefordert. Der 41-Jährige habe zwei Mitangeklagten Geld für den Angriff auf Khan im südhessischen Rodgau geboten, erklärte der Staatsanwalt am Mittwoch vor dem Landgericht Darmstadt. Die Angreifer sollen dem Autor daraufhin laut Anklage im Juli 2013 mit Messern und Schlagstöcken aufgelauert haben. Khan schoss dabei aus Notwehr auf einen der Männer und verletzte ihn.

Die beiden Mitangeklagten sollen für dreieinhalb Jahre sowie drei Jahre und drei Monate ins Gefängnis. Zudem sollen die Drogenabhängigen nach dem Willen der Staatsanwaltschaft in einer Entziehungsanstalt untergebracht werden. Die Anklage geht davon aus, dass der mutmaßliche Drahtzieher aus Wut über Khans islamkritisches Buch «Die Verbrechen des Propheten Mohammed» handelte.

Quelle: http://www.fnp.de/rhein-main/Staatsanwalt-Anschlag-auf-Islamkritiker-war-Mordversuch;art1491,779804

Haft für Angriff auf Islamkritiker Khan

19.03.14 - 14:15

Der wegen Anstiftung zum Mord angeklagte Islamist im Landgericht Darmstadt. © dpa

Rodgau - Haftstrafen für drei Männer wegen eines Angriffs auf den Islamkritiker Zahid Khan: Das Landgericht Darmstadt verurteilt drei Angreifer zu je zweieinhalb Jahren Gefängnis.

Wegen des Angriffs auf einen Islamkritiker in Rodgau sind drei Männer zu jeweils zweieinhalb Jahren Haft verurteilt worden. Die Schwurgerichtskammer des Landgerichts Darmstadt warf den Angeklagten versuchte schwere Körperverletzung vor. Die Staatsanwaltschaft hatte Haft wegen versuchten Mordes gefordert.

Der 41 Jahre alte Hauptangeklagte hatte im vergangenen Sommer zwei Männer aus dem Drogenmilieu dazu überredet, den Islamkritiker Zahid Khan anzugreifen. Der Hauptangeklagte habe die Tat geplant, um die Aufmerksamkeit der Medien zu erlangen, zeigte das Gericht sich überzeugt. Zuvor hatte er vergeblich versucht, ein islamkritisches Buch Khans verbieten zu lassen. Das Opfer hatte sich gegen den Angriff mit Schüssen verteidigt und dabei einen der Mitangeklagten verletzt.
Zahid Khan hatte mit seinem Buch „Die Verbrechen des Propheten Mohammed" den Unmut radikaler Islamisten auf sich gezogen. Der in Rodgau lebende Mann, der sich als Islamkritiker bezeichnet, hält sich selber für einen Propheten und war schon mehrmals von Islamisten angegriffen worden.

Quelle: http://www.op-online.de/region/rodgau/attacke-islamkritiker-zahid-khan-haft-drei-angreifer-3424983.html

Entschuldigung des Richters

27.02.14 - 08:40

Darmstadt/Rodgau - Der gestrige zweite Prozesstag im aufsehenerregenden Fall um den islamkritischen Buchautor Zahid Khan am Landgericht Darmstadt beginnt mit einem Befangenheitsantrag: Die Nebenklagevertreterin hat erhebliche Zweifel an der Unvoreingenommenheit des Vorsitzenden Richters Volker Wagner. *Von Silke Gelhausen-Schüßler*

Die Vorwürfe Christiane Khans: Für den Vorsitzenden stehe eine schnelle Abwicklung im Mittelpunkt, er gehe nicht mit dem gebotenen Ernst an die Sache, mache ihren Ehemann und dessen Sache zum Gespött. Das Gesuch wird von Wagners Kollegen als unbegründet abgelehnt, der Richter selbst entschuldigt sich: „Wenn der Eindruck entstanden sein soll, ich habe jemanden diskriminiert, dann war dies fern jeglicher Absicht." Wagner ist für seine unterhaltsame Art der Prozessmoderation bekannt, ab und zu gingen ihm mal „die Gäule durch". Er versichert jedoch, stets mit dem gebotenen Ernst bei der Sache zu sein.

Quelle: http://www.op-online.de/region/rodgau/islamkritiker-zahid-khan-rodgau-entschuldigung-richters-3387791.html

Prozess: Angriff auf Islamkritiker Khan war doch keine Inszenierung

DARMSTADT - Nächste Wende im Prozess um Mordversuch: Angriff auf Islamkritiker Khan doch keine Inszenierung

Kehrtwende im Prozess um versuchten Mord am Islamkritiker Zahid Khan: Der Angriff auf den Rodgauer Autor und selbst ernannten „Erlöser" sei doch nicht inszeniert gewesen, sagte der als Drahtzieher angeklagte Islam-Aktivist Stefan Salim Nagi am Mittwoch vor Gericht.

Es war doch kein Uhu gewesen, wie der Vorsitzende Richter Volker Wagner am ersten Prozesstag spöttisch bemerkt hatte: Das islamische Bekenntnis „Allahu akbar" (zu deutsch in etwa „Gott ist groß"), das Zahid Khan und sein Begleiter bei dem nächtlichen Überfall gehört haben wollen, sei tatsächlich gerufen worden, erklärte Stefan Salim Nagi am Mittwoch vor dem Darmstädter Landgericht: und zwar von ihm selbst.

Über mehrere Stunden gab Nagi am Vormittag eine neue Schilderung der Ereignisse im Rodgauer Wald Ende Juli 2013. Gemeinsam mit zwei Mitangeklagten muss sich der 41 Jahre alte Marburger seit voriger Woche wegen versuchten Mordes verantworten.

Dabei widerrief Nagi seine Darstellung vom ersten Prozesstag, der Angriff sei im Vorfeld mit Khans Umfeld abgesprochen worden. Richter Wagner habe ihm diese Version angeboten, seine Verteidigerin habe ihn darin bestärkt, sagte

Nagi. In Wahrheit habe es keine Kontakte gegeben. „Ich habe mit dem Herrn Khan nichts zu tun. Was er in seinen Büchern schreibt, ist das Letzte." Seinen Begleitern sei es bei dem Überfall um Geld gegangen, ihm selbst eher um eine „Marketing-Aktion" in eigener Sache. Mit seinem Ruf habe er bei den Überfallenen den Eindruck eines islamistischen Hintergrunds erwecken wollen.

Woher er denn gewusst habe, dass Khan zu der nächtlichen Stunde im Wald unterwegs sei, hatte Wagner am ersten Prozesstag gefragt und dabei auf Khans Umfeld getippt; Nagi hatte dies bestätigt. Tatsächlich aber, so erklärte der Angeklagte am Mittwoch, habe er die Hinweise von einer Nachbarin Khans erhalten, die vom Polizeischutz für den Autor in ihrer Straße in Rodgau-Nieder-Roden genervt war. Sie sei daran interessiert gewesen, Khan zum Wegziehen zu bewegen. Die Nachbarin-Version wurde später von einem Bekannten Nagis gestützt.

Zum Auftakt des zweiten Verhandlungstags hatte die Ehefrau des Autors, Christiane Khan, als Nebenklage-Vertreterin die Ablösung des Vorsitzenden Richters wegen Voreingenommenheit verlangt. Dies sei am ersten Prozesstag deutlich geworden. Wagner lehnte den Antrag ab. Er entschuldigte sich aber bei dem gebürtigen Pakistaner Khan und seinen Anhängern für den Fall, dass seine Äußerungen als diskriminierend verstanden worden seien. Tatsächlich bemühte sich Wagner am Mittwoch um eine sachlichere Prozessführung. Hatte er vorige Woche Hinweise auf islamistische Hintergründe noch mit der Bemerkung abgetan, er sehe keine langen Bärte im Publikum, so fragte er diesmal Nagi selbst eindringlich nach seiner Beziehung zu dem salafistischen Prediger Pierre Vogel. Nagi hatte ihn nach eigenen Angaben mehrmals getroffen, sich dann aber von Vogel abgewandt. Nun werde er von dessen Anhängern mit dem Tode bedroht.

Quelle: http://www.echo-online.de/lokales/darmstadt/prozess-angriff-auf-islamkritiker-khan-war-doch-keine-inszenierung_15596467.htm

JUNGE FREIHEIT

WOCHENZEITUNG FÜR DEBATTE

Angriff auf Islamkritiker: Anstifter muß hinter Gitter

Zahid Khan: Der Islamkritiker wehrte sich mit einer Pistole Foto: picture alliance/dpa

DARMSTADT. Der Islamkonvertit Salim Stephan Nagi muß wegen eines Überfalls auf den Mohammed-Kritiker Zahid Khan für zweieinhalb Jahre ins Gefängnis. Das Darmstädter Landgericht sah es als erwiesen an, dass Nagi gemeinsam mit den beiden gedungenen Drogenabhängigen Thomas H. und Munever K. in der Nacht zum 30. Juli 2013 Khan in einem Waldstück auflauerte und ihn angriff.

Seinen beiden Helfern, die er mit Messern, Schlagstöcken und Reizgas ausstattete, soll er für den Überfall mehrere tausend Euro versprochen haben. Die 38 beziehungsweise 32 Jahre alten Männer erhielten wie Nagi eine Haftstrafe von 18 Monaten. Khan selbst überstand den Überfall unverletzt. Lediglich einem der Angreifer wurde in den Fuß geschossen, als sich Khan wehrte, der im Besitz eines Waffenscheins ist.

Hintergrund ist ein Buch des 57 Jahre alten Khans über „Die Verbrechen Mohammeds", die dieser im Selbstverlag vertreibt. Khan betrachtet sich selbst als einen Propheten Gottes. Gegen die Veröffentlichung führte der 41jährige Nagi einen erfolglosen Prozeß. Der Überfall dürfte zwar in diesem Zusammenhang stehen, jedoch bleibt das Tatmotiv weiterhin unklar. So berichtet dieFrankfurter Rundschau über den Verdacht, Nagi könnte sich bei dem Überfall mit dem weithin unbekannten Sektenführer abgesprochen haben. (FA)

Quelle: https://jungefreiheit.de/politik/deutschland/2014/angriff-auf-islamkritiker-anstifter-muss-hinter-gitter/

Khan-Prozess in Darmstadt: Drohungen von Nagi werden behandelt

DARMSTADT - gericht – Angriff auf Islamkritiker Khan: Neue Fragezeichen beim Angeklagten Nagi

Auftraggeber für Mord? Stefan Salim Nagi steht vor Gericht.   Archivfoto: Hans Dieter Erlenbach

Am dritten Tag des Prozesses um versuchten Mord an dem Islamkritiker Zahid Khan wurden dem schillernden Persönlichkeitsbild des Angeklagten Stefan Salim Nagi neue Facetten hinzugefügt.

Der 41 Jahre alte Marburger Nagi wird beschuldigt, Drahtzieher eines Mordanschlags auf den islamkritischen Autor und selbst ernannten „Erlöser" Khan im Rodgauer Wald gewesen zu sein. Nagi hatte die Gegnerschaft zu Khan bestätigt, aber auch betont, er habe diesen stets nur auf legalem Weg bekämpft.

Daran könnte man allerdings begründete Zweifel haben, wenn es stimmt, was ein Mitarbeiter des Dietzenbacher Ordnungsamts über einen Anruf Nagis notierte. In dem Telefonat vom März 2012 ging es um eine angemeldete Lesung Khans aus seinem Buch „Die Verbrechen des Propheten Mohammed" in Dietzenbach. Nagi, so der Vermerk des Ordnungsamt-Mitarbeiters, habe am Telefon gedroht: „Dietzenbach wird brennen", falls Khans Veranstaltung genehmigt werde. Er, Nagi, werde in diesem Fall „bewaffnete Gruppen nach Dietzenbach rufen".

„Die Villa des Affen stürmen"
Weitere Zitate aus der Gesprächsnotiz, die am Montag im

603

Landgerichtssaal verlesen wurde: Nagi kündigte an, er wolle „meine Marokkaner aktivieren", man werde Khan „ein Messer in den Bauch rammen" und „die Villa des Affen stürmen". „Die Geister, die ich rufe", habe Nagi gesagt, „werden dann nicht mehr zu kontrollieren sein."

Nagi bestritt am Dienstag, die Aussagen so gemacht zu haben. Gleichwohl war 2012 wegen der Drohungen ein Strafbefehl gegen ihn ergangen. Fest steht, dass Nagi in seinem persönlichen Kampf gegen Khans Schriften zumindest zeitweise die Nähe islamischer Extremisten gesucht hatte. Videos zeigen ihn im Umfeld des salafistischen Predigers Pierre Vogel.

Als Nagi die Vogel-Gruppe um Unterstützung bei einer geplanten Großdemonstration gegen Khan bat, stellte diese per E-Mail ihre Mitwirkung in Aussicht – gegen einen Vorschuss von 30 000 Euro.

Bruch   mit   den   Salafisten

Infolge dieser Mail erfolgte offenbar ein Bruch. Nagi erklärte im Sommer 2012 gegenüber dem ECHO, Vogel und dessen Mitstreiter Ibrahim Abou-Nagie hätten die Ermordung des Islamkritikers Khan in Aussicht gestellt. Vogel habe gesagt: „Bruder Stefan Salim, wir haben dir eine E-Mail geschickt, dass du erst die 30 000 Euro auf den Tisch legen sollst. Wenn du das gemacht hast, dann komme ich nach Darmstadt. Und ich kenne die Leute aus Dietzenbach, die werden das Schwein Zahid Khan für Geld umbringen."

Die Staatsanwaltschaft Darmstadt leitete daraufhin Ermittlungen gegen Vogel wegen Verdachts auf Verabredung zu einem Verbrechen ein. Eine Anklage wurde allerdings nicht erhoben, weil die von Nagi benannten Zeugen seine Angaben nicht bestätigten.

Zusammen mit Nagi sind zwei Männer aus der Frankfurter Drogenszene angeklagt, Khan in der Nacht zum 29. Juli 2013 auf einem Waldweg bei Rodgau-Niederroden mit Messern und Schlagstöcken attackiert zu haben.

Quelle: http://www.echo-online.de/lokales/darmstadt/khan-prozess-in-darmstadt-drohungen-von-nagi-werden-behandelt_15596625.htm

Darmstadt: 2,5 Jahre für Angriff auf Islamkritiker

Darmstadt – **Urteil im Prozess um die Attacke auf Islam-Kritiker Zahid Khan (57): Alle drei Angeklagten müssen je 2,5 Jahre in Haft – wegen gefährlicher Körperverletzung.**
Salim Nagi (41) habe die Tat geplant, um die Aufmerksamkeit der Medien zu erlangen, zeigte sich das Gericht überzeugt. Im Sommer hatte er erfolglos versucht, das islamkritische Buch Khans zu verbieten. Danach sprach er die Junkies Thomas H. (38) und Munever K. (32) im Bahnhofsviertel an, versprach ihnen für einen Anschlag 13 000 Euro, versorgte sie mit Teleskopstöcken, Messer und Pfefferspray.
Doch Khan wehrte sich mit Schüssen, verletzte einen Mitangeklagten.

Quelle: http://www.bild.de/regional/frankfurt/prozess/haft-fuer-attacke-auf-islam-kritiker-35136202.bild.html

Öffentliche Kundgebungen des Buchautoren und Islamkritikers Zahid Khan

Kundgebung Köln

Bei den Kundgebungen in Köln, Berlin und Dresden wurden demonstrativ die Beleuchtungen am Kundgebungsort der Wahrzeichen und Sehenswürdigkeiten der Städte ausgeschaltet.

Beim Thema Meinungsfreiheit wird in Deutschland mit zweierlei Maß gemessen. „Licht an!" für linientreue Kundgebungen und

Licht aus für andersdenkende Bürger. Eine Demokratie, die sich ihrer eigenen Grundrechte beraubt, darf sich nicht wundern, wenn das Fundament, auf dem sie steht, zu bröckeln beginnt.

Kundgebung in Braunschweig, Ludwigshafen und Rostock

Kundgebung in Magdeburg

Frankfurter Rundschau

21. JUNI 2014

ISLAMKRITIKER ZAHID KHAN ROSSMARKT

Der Zorn beim Khan

Islamkritiker auf dem Roßmarkt

Zurück zu vorheriger Seite

Quelle:
http://www.fr.de/frankfurt/islamkriti
ker-zahid-khan-rossmarkt-der-zorn-
beim-khan-a-575306

POLITICALLY INCORRECT

NEWS GEGEN DEN MAINSTREAM · PROAMERIKANISCH · PROISRAELISCH · GEGEN DIE ISLAMISIERUNG EUROPAS · FÜR GRUNDGESETZ UND MENSCHENRECHTE

Home   Archiv   Kontakt   Leitlinien   PI wants You!   PI-Gruppen   PI-TV   Spende für PI   Werben auf PI   PI English

Islamkritiker Zahid Khan spricht in Hanau

Der islamkritische Publizist Zahid Khan, Autor der Bücher „Der Islam gehört nicht zu Deutschland" und „Die Verbrechen des Propheten Mohammed" veranstaltet am Samstag, dem 30. August, eine Kundgebung im hessischen Hanau. Khan wird auf dem Schlossplatz vor dem Kongresszentrum von 11-13 Uhr zum Thema „Islamische Scharia – Angriff auf unsere demokratischen Werte" sprechen. PI-Leser sind ausdrücklich willkommen, an der Kundgebung teilzunehmen.

Merkel muss weg - Großdemo-Berlin

Kundgebung in Berlin vor dem Bundestag

Kundgebung in Berlin

Kundgebung London Downing-Street

Kundgebung in Hoyerswerda

Kundgebung in Aue

Kundgebung Dreiländer - Dreieck

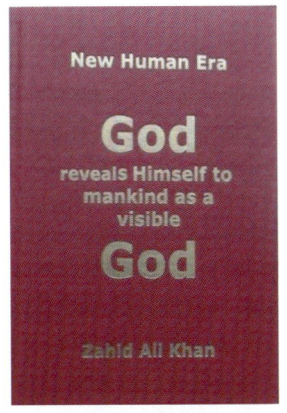

Zahid Khan

Woher kommt Gott www.khanverlag.de

 Khan Zahid   https://www.facebook.com/khan.zahid.98

Kontaktdaten: www.Khanverlag.de;

Email khanverlag@gmx.de, info@khanverlag.de

Spendenkonto
Kontoinhaber: Zahid Khan
IBAN: DE71 5085 2651 0055 1807 72
BIC: HELADEF1DIE

Tel: +49 (0)1781792178   +49 (0)15253558127